V&R

Aribert Reimann

Dieter Kunzelmann

Avantgardist, Protestler, Radikaler

Vandenhoeck & Ruprecht

Kritische Studien zur Geschichtswissenschaft

Herausgegeben von
Helmut Berding, Jürgen Kocka, Paul Nolte,
Hans-Peter Ullmann, Hans-Ulrich Wehler

Band 188

Bibliografische Information der Deutschen Nationalbibliothek

Die Deutsche Nationalbibliothek verzeichnet diese Publikation in der Deutschen Nationalbibliografie; detaillierte bibliografische Daten sind im Internet über http://dnb.d-nb.de abrufbar.
ISBN 978-3-525-37010-0

Umschlagabbildung: Passfotos, die Dieter Kunzelmann für gefälschte Ausweispapiere in verschiedenen Verkleidungen zeigen. © dpa – Report; picture-alliance/dpa.

Gedruckt mit Unterstützung der Gerda Henkel Stiftung, Düsseldorf.

Satz und Litho: Dörlemann Satz GmbH & Co. KG, Lemförde
Druck und Bindung: ⊕ Hubert & Co, Göttingen

Inhalt

Die »Ursprünge der Bewegung«
intellektuell aufzuarbeiten,
ist Futter für akademische Gäule –
wir benötigen heute alles andere
als ausgerechnet dies!

Dieter Kunzelmann in einem Brief
an Herbert Nagel am 26. 5. 1973,
nach: Subversive Aktion, S. 476.

»Futter für akademische Gäule«

Kaum einer der Protagonisten der sogenannten Studenten-Revolte von 1967/68 ist öffentlich so umstritten wie der Theoretiker und Mitbegründer der legendär gewordenen Kommune I, Dieter Kunzelmann. Auch Jahrzehnte nach seinen öffentlichkeitswirksamen Provokationen der West-Berliner und bundesdeutschen Nachkriegsgesellschaft scheiden sich an seiner Person die Geister. An abschätzigen Charakterisierungen – insbesondere aus dem Mund ehemaliger SDS-Mitglieder und Veteranen der Bewegung – mangelt es denn auch nicht. Schon 1976 hat Wolfgang Kraushaar ihn als den »Dr. Kimble der Bewegung« bezeichnet, der auf der Suche nach den jeweils radikalsten Positionen innerhalb der Protestbewegung auf der fortwährenden Flucht vor sich selbst gewesen sei.[1] Ein Jahr später wurden Tilman Fichter und Siegward Lönnendonker in ihrer »Kleinen Geschichte des SDS« deutlicher: »Wahrscheinlich war niemand innerhalb der Neuen Linken auf so viel Horror-Trips wie Dieter Kunzelmann. Jemand, der so viele Genossinnen und Genossen reingerissen hat, sollte vielleicht mal einige Jahre den Mund halten und nachdenken, um seine Fehler so aufzuarbeiten, daß andere etwas davon lernen können.«[2]

Gerd Koenen schilderte Kunzelmann in seiner Analyse der Entstehungsgeschichte der RAF als den »leicht unzurechnungsfähigen Senior« der Inkubationsphase der Berliner Stadtguerilla, der maßgeblich an der Militarisierung des linksradikalen Untergrunds, den »Urszenen des deutschen Terrorismus«, mitgewirkt habe.[3] Für andere ist Kunzelmann schlicht ein »erledigter Fall«, dessen antisemitische Parolen der Jahre 1969/70 »hinlänglich in die Irrenecke wegsortiert« seien[4], oder ganz einfach nur ein antisemitischer »Drecksack«.[5] Fest steht, daß kein anderer Aktivist der bundesdeutschen Protestgeschichte so ausdauernd und radikal an subversiven Projekten und Strömungen teilgenommen und so konsequent die Grenzen und Abgründe des Radikalismus vermessen hat. Seit den avantgardistischen Aufbrüchen in der subversiven Kultur um 1960 war Kunzelmann über die Gruppe Spur, die Situationistische Internationale und die von ihm selbst ins Leben gerufene »Subversive Aktion« maßgeblich an der theoretischen und praktischen Entwicklung von subversiven Provokationstaktiken beteiligt, bevor er 1967 als führender Kopf der Berliner Kommune I überregionale Bekanntheit erlangte. Seitdem hat er die Radikalisierung der sogenannten Protestbewegung von »'68« unablässig vorangetrieben, zunächst in den Reihen der »Umherschweifenden Haschrebellen« und schließlich nach einer terroristischen Grundausbildung bei der palästinensischen Fatah in Jordanien als Anführer einer Untergrund-Guerilla mit dem Namen »Tupamaros

West-Berlin«. Während einer fast fünfjährigen Haftzeit kehrte Kunzelmann dem sogenannten »bewaffneten Kampf« des linken Terrorismus den Rücken, schloß sich der »Roten Hilfe e.V.« an und engagierte sich im Umfeld der maoistischen KPD, bevor er sich 1980 der Berliner Alternativen Liste zuwandte und von 1983 bis 1985 als Mitglied des Berliner Abgeordnetenhauses eine kurze Phase als Parlamentarier absolvierte. Noch 1988 wehrte sich Kunzelmann gegen Versuche einer Historisierung der bundesdeutschen Protestbewegung, weil er die Kontinuität einer Fundamentalopposition am Leben erhalten sehen wollte, deren subversive Traditionen er fortzusetzen gedachte. Das bezog sich ganz besonders auch auf seine eigene Person, weil es ihm nicht gelingen wollte, »mich in meiner eigenen Geschichte wie im Museum zu bewegen, weil das hat so was abgeschlossenes und so einen Abheftecharakter, der eigentlich nicht meiner Situation entspricht.«[6] Zehn Jahre später veröffentlichte er dann allerdings seine Lebenserinnerungen, die zwar, geprägt von einem launig-distanzierten Erzähljargon, erhebliche inhaltliche Lücken aufweisen, als reich bebilderte Materialsammlung aber von Wert sind.[7] Seine Memoiren sind zunächst nur beiläufig von der Extremismusforschung zur Kenntnis genommen worden und erst mit einiger Verspätung in die historische Forschung eingegangen.[8]

Das allmähliche Verschwinden Kunzelmanns aus der öffentlichen Erinnerung an die Geschichte der Revolte endete schlagartig, als Wolfgang Kraushaar im Sommer 2005 seine Untersuchung eines der ersten linksradikalen Bombenattentate veröffentlichte: des versuchten Brandanschlags auf das Jüdische Gemeindehaus in Berlin im November 1969, als dessen Drahtzieher er Dieter Kunzelmann identifizierte.[9] Kraushaars Analyse, die den Antisemitismus als »Konstituens« der deutschen Stadtguerilla nach 1968 kennzeichnete, zog im gleichen Jahr eine umfangreiche öffentliche Debatte um Kunzelmanns Person und das Phänomen des Antisemitismus innerhalb der Neuen Linken nach sich, während der sonst so medienversessene Kunzelmann selbst unsichtbar blieb. Ein letztes Mal erschien er im Januar 2007 bei einem vom Nachrichtenmagazin Der Spiegel organisierten Veteranentreffen der Kommune I in der Öffentlichkeit.

Die biographische Literatur zu den Protagonisten der sogenannten Revolte von 1968 hat sich bislang vor allen Dingen Rudi Dutschke und Ulrike Meinhof gewidmet. Die biographische Würdigung Dutschkes setzte direkt nach seinem Tod im Jahr 1979 ein und hat inzwischen ein vielschichtiges Bild erarbeitet, das sowohl seine persönlichen Motive ausgeleuchtet als auch seine militanten Gefährdungen deutlich gemacht hat.[10] Die Diskussion um die Person Meinhofs ist demgegenüber noch längst nicht zu einem abwägenden Urteil gelangt; sie wird im Gegenteil von sowohl politischen als auch persönlichen Motiven angeheizt und trägt damit nicht wenig zur anhaltenden Meinhof-Faszination intellektueller und feministischer Kreise bei.[11] Andreas Baader, über dessen Person von allen Seiten jederzeit eindeutige und vernichtende Urteile zu hören waren und sind, ist zwischenzeitlich ebenfalls Gegenstand einer Biographie geworden, nachdem sich schon Gerd Koenen um eine Art Dreifach-Biographie des Gründungskerns der RAF um Bernward Vesper, Gudrun Ensslin und Andreas Baader bemüht hatte.[12] Von den Kommunarden ist einzig Fritz Teufel biographisch untersucht, doch leidet diese Arbeit wie viele andere Beiträge zur biographischen Erforschung der sogenannten »'68er« an ihrem journalistischen Duktus und der mangelnden Wissenschaftlichkeit.[13] Die Publikationswelle zur Biographie des deutlich jüngeren ehemaligen Bundesaußenministers Joschka Fischer war andererseits stark von parteipolitischen Interessen überlagert.[14]

Der wissenschaftliche Forschungsstand ist insbesondere vom 30-jährigen Revolte-Jubiläum am Ende des 20. Jahrhunderts geprägt worden, als sich die Geschichtswissenschaft erstmals um eine Historisierung der bundesdeutschen Protestgeschichte bemühte.[15] Neben der publizistisch erfolgreichen Jubiläumsliteratur[16] sind dabei insbesondere die internationalen Vernetzungen der Protestgeschichte betont worden, die diese globale Revolte gekennzeichnet haben.[17] Seitdem versucht die neuere Forschung, eine systematische Kontextualisierung des Revolte-Jahrzehnts vorzunehmen: Einerseits wurde auf die Verbindungen zwischen Protestkultur und Konsumkultur hingewiesen, welche die Attraktivität kulturrevolutionärer Aufbrüche für die jüngere Generation erklären helfen sollen. Dabei ist die Konsumorientierung der Protestgeneration der sechziger Jahre stärker betont worden, als dies in der Erinnerungsliteratur der Protest-Veteranen zum Ausdruck gekommen war.[18] Andererseits ist die Revolte von »'68« inzwischen zum Gegenstand der Mediengeschichte geworden, welche die kulturrevolutionären Aktivitäten der sechziger Jahre endgültig als medial vermitteltes Spektakel begreift und sich an die Analyse der strukturellen Bedingungen einer medialen Revolte gemacht hat.[19] Die privatpolitischen Aspekte der sogenannten sexuellen Revolution haben ebenfalls ihre historische Kontextualisierung erfahren, die mit durchaus überraschenden Einsichten in das Verhältnis von repressiven und emanzipativen Tendenzen aufwarten kann.[20] Die naheliegenden nächsten Aufgaben der neueren historischen Forschung zur Revolte von »'68« werden in Syntheseversuchen dieser bislang noch einigermaßen unverbunden operierenden Forschungsfelder liegen müssen, um dem durchlebten Erfahrungsraum der Angehörigen der sogenannten »Protestgeneration« besser gerecht zu werden als bisher.[21]

Innerhalb der allgemeinen Sozial- und Kulturgeschichte der Bundesrepublik hat sich seit den neunziger Jahren ein Paradigmenwechsel vollzogen, der sich in einer Hinwendung zur Erforschung und Analyse der »neuen Bürgerlichkeit« nach 1945 ausdrückt. War in früheren Jahren noch allenthalben Habermas' These von einer »Fundamentalliberalisierung« der Bundesrepublik zu hören, die durch die Protestbewegung der sechziger Jahre geleistet worden sei und die schließlich in eine »Umgründung« der Republik unter den Vorzeichen einer nunmehr alltäglich erfahrbaren Demokratisierung gemündet sei, orientieren sich neuere Interpretationen immer stärker an der Vorstellung eines letztlich erfolgreichen Abschlusses des »langen Wegs nach Westen« (H. A. Winkler), innerhalb dessen sich die kulturrevolutionären Umtriebe der einstigen Protestgeneration zunehmend irritierend und störend, wenn nicht gar unmotiviert und als militante Gefahr für diesen erfolgreichen Weg ausnehmen. Statt dessen stehen Analysen der staatsbürgerlich informierten, konsumorientierten, diskussionsfreudigen und geschlechterpolitisch zunehmend liberalisierten Partizipationsmechanismen und Formen der Selbstorganisation im Vordergrund, die eine letztlich erfolgreiche Rekonstruktion bundesrepublikanischer Bürgerlichkeit nachzeichnen.[22] Die neue Erfolgsgeschichte der bundesdeutschen Nachkriegsgesellschaft, die ganz wesentlich von der weltpolitischen Zeitenwende von 1989 auf den Weg gebracht wurde, hat immer größere Schwierigkeiten, die Revolte von »'68« sinnvoll in die Sozial- und Kulturgeschichte der Bundesrepublik zu integrieren und begreift diese meist als Irrweg einer politischen Romantik, den die Mehrheitskultur und das mittlerweile bewährte öffentliche Institutionengefüge der Republik gerade noch rechtzeitig und mit vergleichsweise zivilen Mitteln in seine Schranken verwiesen hätten.[23] Innerhalb des Paradigmas der »neuen Bürgerlichkeit« scheint kaum Platz für die anti-bürgerlichen Affekte der frühen Bundesrepublik, es sei denn, die »'68er«-Revolte wird als spektakulärer Aufbruch in post-materielle Wertnormorientierungen aufgefaßt, die sich letztlich in grün-alternativen Lebensentwürfen und Politikvorstellungen ausgedrückt hätten.[24] Was innerhalb dieses Trends möglicherweise stärkere Beachtung verdient ist die enge Beziehung, die immer schon zwischen historischen Formationen der Bürgerlichkeit und deren radikal-romantischer, bisweilen anarchistischer Infragestellung bestanden hat.[25] Insofern würden sich die radikal anti-bürgerlichen Ausbruchsversuche durchaus in den Befund einer Rekonstruktion der Bürgerlichkeit nach 1945 fügen, weil mit dem Ideal des Bürgerlichen auch die vergangen geglaubten, neo-romantischen (Alb-)Träume des deutschen Bürgertums in der Bundesrepublik eine verspätete Rekonstruktion erfahren haben.

Die historische Protestforschung hat sich nach ihrer weitgehend soziologischen Inspiration in den achtziger Jahren inzwischen stärker auf die historische Empirie eingelassen und widmet sich konkreten Protestanlässen und -ereignissen.[26] Dabei spielen Beobachtungen der medialen und performativen Kontexte gegenüber der sozialstrukturellen Einbettung eine immer wichtigere Rolle. Insbesondere die sogenannten »Halbstarken«-Krawalle der späten fünfziger Jahre gewinnen in dieser Hinsicht inzwischen immer mehr an spezifischer Kontur.[27] Während frühere Interpretation noch Traditionslinien vom Jugendprotest der fünfziger Jahre zum politischen Protest der sechziger Jahre zu ziehen versuchten[28], hat die Interpretation nun an Differenzierung und historischer Spezifik gewonnen. Dabei spielte nicht zuletzt die Erforschung der später als »Mutter der Revolte« titulierten »Schwabinger Krawalle« von 1962 eine wichtige Schlüsselrolle.[29] In der neueren Forschung herrscht inzwischen eine größere

Aufmerksamkeit für die spezifischen Kontexte des jeweiligen Protestgeschehens vor.[30] Durch einschlägige Hilfsmittel kann das Forschungsfeld mittlerweile als gut erschlossen gelten.[31] Die historische Protestforschung wird zudem seit einigen Jahren durch die systematische Erforschung des Gegenübers der Protestteilnehmer, der bundesdeutschen Polizei ergänzt. Hier bieten sich inzwischen interessante Einsichten in die Eliten-Kontinuität seit dem Nationalsozialismus und die verzögerte Modernisierung von polizeilichen Einsatzphilosophien und -taktiken, die in einer Protestgeschichte der Bundesrepublik berücksichtigt werden müssen.[32]

Gleichzeitig ist es im Bereich der Generationenforschung, die im Zusammenhang mit der »'68er«-Forschung immer auch mit der Protestforschung verknüpft gewesen ist, zu einer skeptischen Differenzierung gekommen. Protestereignisse galten zunächst nicht selten als geradezu formative Momente der Generationenerfahrung, die sich epochenübergreifend als Werkstätten der Generationenbildung betrachten ließen.[33] Andererseits hat die Generationenforschung zeitweilig mit dem sozialpsychologischen Konzept der frühkindlichen Traumatisierung experimentiert, um sich auf diese Weise der Generationengeschichte der sogenannten Kriegskinder nähern zu können, die später als die »'68er« bekannt werden sollten. Die komplizierte Einbettung der Geburtsjahrgänge um 1940 in die deutsche Erfahrung von Krieg und Verbrechen schien einen Schlüssel für einen rebellischen »Generationenstil« (K. Mannheim) bereitzustellen, durch den sich – zumindest im deutschen Fall – manches unerklärliche besser verstehen lassen sollte.[34] Letztlich sind derart großräumige und methodisch eher spekulative Ansätze an ihrem hypertrophen Deutungsanspruch gescheitert, so daß neuere Beiträge die Tragfähigkeit des Generationenbegriffs erneut kritisch überprüfen.[35] Für den Bereich der »'68er«-Forschung kann dabei inzwischen Stefan Hemlers Vorschlag als wegweisend gelten, daß weder die politik- und sozialwissenschaftlich orientierten Ansätze der Protestforschung noch die letztlich spekulativen Thesen der Generationenforschung allein ein taugliches Instrumentarium für die historische Analyse bereitstellen, sondern daß sie als komplementäre Deutungsangebote jeweils spezifisch einzusetzen sind.[36]

Für eine Biographie Dieter Kunzelmanns sind daneben die Ergebnisse zweier weiterer Forschungsfelder von Bedeutung, die gerade in den letzten Jahren mit neuen Einsichten und weiterführenden Fragestellungen auf sich aufmerksam gemacht haben: einerseits die Rekonstruktion einer Kulturgeschichte der avantgardistischen Subversion nach 1945 und andererseits die historische Erforschung des deutschen Linksterrorismus, die pünktlich zum dreißigsten Jahrestag des sogenannten »Deutschen Herbstes« Fahrt aufgenommen hat. Die Kulturgeschichte der avantgardistischen Subversion profitierte einerseits von einer seit den neunziger Jahren verstärkten Editionstätigkeit einschlägig interessierter Verlage, die viele zentrale Texte und sonstigen Quellenbestände in deutscher Übersetzung neu zugänglich gemacht und so der wissenschaftlichen Diskussion eine solide empirische Grundlage verschafft hat.[37] Auf dieser Basis hat sich insbesondere Roberto Ohrt um die Rekonstruktion und Darstellung der Nachkriegsavantgarde verdient gemacht.[38] Nach der inzwischen klassischen Darstellung von Greil Marcus liegen nun auch neuere Forschungen aus dem literatur- und kulturwissenschaftlichen Bereich vor, die den Blick auf diesen bislang so obskuren Kontext der europäischen Nachkriegskultur erweitern.[39] Die deutsche Künstler-Gruppe SPUR ist daneben durch wiederholte Ausstellungen in ausgezeichneten Katalog-Ausgaben dokumentiert, zuletzt mit einem vollständigen Faksimile-Nachdruck ihrer Zeitschrift »Spur«.[40] Neben den bereits klassischen Editionen der siebziger Jahre kann die situationistische Traditionslinie der subversiven Avantgarde damit als erstaunlich gut dokumentiert gelten.[41] Auf die zentrale Bedeutung dieser kulturhistorischen Tradition für die Geschichte von Protest und Radikalismus nach 1945 ist dabei wiederholt hingewiesen worden.[42] Inzwischen ergeben sich in der Tat Ansätze einer Kulturgeschichte der subversiven Gewalt, welche die Terrorismusforschung von einer ganz unerwarteten Seite neu inspirieren. Die latente Gewaltbereitschaft innerhalb avantgardistischer Konzepte der Subversion ist seit langer Zeit wohlbekannt, entwickelt sich aber zu einer neuen, in vielerlei Hinsicht aufschlußreichen Fragestellung der Zeitgeschichte, die inzwischen auch an die immer noch hochgradig tagespolitisch aufgeladene Diskussion um Ursprünge und Kontexte des Linksterrorismus in Deutschland rührt.[43] Dieser neue Zugang befindet sich zunächst noch abseits der gängigen Fragestellungen, wie sie in der gegenwärtigen Terrorismus-Forschung verfolgt werden. Seit den beiden Klassikern der deutschen Terrorismus-Geschichte von Stefan Aust und Jilian Becker hat insbesondere Gerd Koenen wichtige Einsichten in die Entstehungsgeschichte der RAF erarbeitet, die auch für die Biographie von Dieter Kunzelmann von zentraler Bedeutung sind.[44] Daneben hat Wolfgang Kraushaar auf die längerfristigen Traditionen des militanten Denkens innerhalb des SDS und der subversiven Provokationskultur hingewiesen.[45] Schließlich wurden die internationalen Verbindungen des entstehenden deutschen Terrorismus, insbesondere in den Nahen Osten, näher beleuchtet, wodurch die bislang auf nationale Kontexte und Fragestellungen begrenzte Perspektive erheblich erweitert worden ist.[46] Die neuere Terrorismusforschung konnte inzwischen erste Bilanzen dieser neuerlichen Publikationswelle vorlegen. Zu den wichtigsten Beiträgen zählen dabei zwei umfangreiche Aufsatzsammlungen, welche die unterschiedlichen Ergebnisse zur Sozial- und Kulturgeschichte des Terrorismus gebündelt haben.[47] Der derzeitige Diskussionsstand ist für eine Biographie Kunzelmanns um so bedeutsamer, als sich die zeithistorische Forschung auf die subkulturellen Strukturen und Radikalisierungsprozesse innerhalb des sogenannten Berliner »Blues« im Jahr 1969 konzentriert hat, als Kunzelmann ein führender Impulsgeber für die Radikalisierung und Militarisierung der zerfallenden Protestbewegung von

1967/68 war. Jenes Jahr der »großen Sonnenfinsternis« hat sich als Schlüsselmoment der Radikalisierung der deutschen Stadtguerilla erwiesen.[48]

Die Quellenlage zu Kunzelmanns Biographie erweist sich als überraschend reichhaltig. In seiner bereits erwähnten Autobiographie finden Interessierte große Mengen an faksimiliertem und photographischem Material, auch wenn die Auswahl sichtlich im Sinne Kunzelmanns erfolgt ist. Die subversive Literatur ist, wie geschildert, in zahlreichen Editionen gut zugänglich und erlaubt eine genaue Rekonstruktion der avantgardistischen Gedankengebäude der fünfziger und sechziger Jahre. Daneben existiert eine durchaus reichhaltige Erinnerungsliteratur von ehemaligen Weggefährten Kunzelmanns, die zwar mit der gebotenen Vorsicht einer kritischen Lektüre unterzogen werden muß, trotzdem jedoch wichtige Innenansichten der radikaloppositionellen Subkultur bereithält.[49] Auch aus den Reihen der neuen Frauenbewegung sind wichtige rückblickende Beobachtungen der männlich dominierten radikal-subversiven Gruppenbildungsprozesse entstanden, die für die Biographie Kunzelmanns von Bedeutung sind.[50] Zumindest in vergleichender Perspektive lassen sich auf der Grundlage dieser Erinnerungsliteratur brauchbare Rückschlüsse auf die internen Strukturen und Prozesse der Subversion und ihrer Radikalisierung ziehen.

Von besonderer Wichtigkeit ist der Bereich der sogenannten grauen Literatur des subversiven Untergrunds, die seit Mitte der sechziger Jahre im Selbstverlag erschienen ist. Dabei handelt es sich einerseits um das weite Feld der subversiven Raubdrucke von bis dato unpublizierten Texten der Kulturkritik und des undogmatischen Sozialismus, die von der »Subversiven Aktion«, der Kommune I oder später auch von der sogenannten Wieland-Kommune herausgegeben wurden. Die inzwischen vergilbten und verstaubten Exemplare dieser Untergrund-Publikationen sind noch in erstaunlicher Anzahl im Umlauf und erlauben einen recht authentischen Einblick in den subversiven Lektürekanon jener Jahre. Andererseits publizierten die Gruppen um Kunzelmann eigene Texte in – meist sehr kurzlebigen – Untergrund-Zeitschriften oder Einzelpublikationen, die ebenfalls noch überraschend leicht zugänglich sind.[51] Die radikal-subversive Zeitschrift »Agit 883« ist seit kurzem als digitalisierte Gesamtausgabe erschienen und steht damit ebenfalls der Forschung zur Verfügung.[52] Ältere Quellen- und Dokumentensammlungen vervollständigen das Bild der zeitgenössischen Untergrund-Publizistik.[53]

Die Archivsituation zur Kunzelmanns antiautoritärer Revolte der Jahre 1967/68 und seiner folgenden Radikalisierung bis 1970 präsentiert sich ebenfalls günstig. Die Bestände der Bamberger Archive erlauben zwar nur einen konventionellen Einblick in die katholisch-provinzielle Soziokultur Oberfrankens, doch ergeben sich wichtige Anhaltspunkte für die Rekonstruktion einer provinziellen Kindheit im Schatten des Krieges. Im Berliner Archiv »APO und soziale Bewegungen« am Otto-Suhr-Institut der Freien Universität sind insbesondere die komplett erhaltenen Bestände des SDS (hier vor allen Dingen die Materialien der Delegiertenkonferenzen), die Dokumentationen zur Geschichte der antiautoritären Fraktion und der Kommune sowie die Materialien der sogenannten K-Gruppen der siebziger Jahre von besonderer Bedeutung. Einige wichtige Kongreß-Veranstaltungen der studentischen Opposition wurden bereits zeitgenössisch publiziert.[54] Neben dem Berliner »APO-Archiv« sind die archivalischen Sammlungen des Hamburger Instituts für Sozialforschung von unschätzbarem Wert. Zum einen finden sich im dort aufbewahrten Nachlaß Rudi Dutschkes in Briefwechseln und sonstigen Niederschriften wichtige Hinweise auf die Interna der »Subversiven Aktion«, zum anderen hält dort das Archiv des Sozialistischen Anwaltskollektivs von Horst Mahler, Hans Christian Ströbele und Klaus Eschen umfangreiche Materialien zu Ermittlungsverfahren und Prozessen Kunzelmanns bereit, die sich über den gesamten Zeitraum des antiautoritären Protests, des militanten Untergrunds und seiner Inhaftierung bis in den Anfang der siebziger Jahre hinein erstrecken. Leider setzen hier die einschlägigen Bestimmungen des Persönlichkeitsschutzes einer publizistischen Nutzung dieser Materialien Grenzen, weshalb in den relevanten Passagen der vorliegenden Studie einige Personennamen zu anonymisieren waren und auf wörtliche Zitate aus den betreffenden Dokumenten verzichtet werden mußte. Von gelegentlichem Interesse sind auch die Bestände der Bundesbeauftragten für die Unterlagen des Staatssicherheitsdienstes der ehemaligen DDR, in denen Observationen von Kunzelmann und anderen Subversiven dokumentiert sind. Insbesondere das immer wieder kontrovers diskutierte Dossier zum radikalen Untergrund in West-Berlin, das Michael Baumann 1973 für den Staatssicherheitsdienst angefertigt hat, hält gelegentlich wichtige Informationen eines Insiders des militanten Untergrunds bereit.

Daneben vermeidet die vorliegende Studie die methodischen Unwägbarkeiten von mündlich erfragten Erinnerungen und Einschätzungen der Zeitgenossen. Vor dem Hintergrund der ohnehin gegebenen Probleme einer ursprünglich alltagshistorisch konnotierten Oral history muß das Zeitzeugengespräch im Fall der polemisch aufgeladenen Diskussion um Kunzelmanns Biographie zu einer Sammlung strategischer Anklagen und Schutzbehauptungen verkommen, deren Quellenwert äußerst zweifelhaft wäre.[55] Angesichts des biographischen Erkenntnisinteresses wären die gesprächstaktischen Verzerrungen der Erinnerungen von Kunzelmann und anderen kaum einer haltbaren Quellenkritik zu unterziehen, die vor dem Hintergrund der notwendig asymmetrischen Gesprächssituation und der allenthalben zu vermutenden strategischen Gesprächsziele methodisch auf verlorenem Posten stehen muß.[56] Aus diesem Grund ist auf eine mündliche Materialerhebung von vornherein verzichtet worden.

Schließlich sind einleitende Bemerkungen über die Konzeption und die mögliche Reichweite einer Biographie Dieter Kunzelmanns angebracht. Die Biographieforschung reflektiert seit geraumer Zeit die Möglichkeiten einer sogenannten »neuen Biographieforschung«, die sich deutlich vom historistischen Subjektivitätskult und der impliziten Verehrung der geschichtsmächtigen Individuen verabschieden soll. Dabei ist bereits vor Jahrzehnten das Konzept einer sozialhistorischen Biographie favorisiert worden, das die historische Individualität nach Möglichkeit einer damals noch zeitgemäßen Kontextualisierung nach sozialwissenschaftlichen Kategorien unterziehen soll.[57] Gerade im Bereich des politischen Radikalismus sind einige vorbildliche Studien entstanden, welche die Erkenntnispotentiale eines derart kontextualisierten biographischen Ansatzes demonstrieren.[58] Die interdisziplinären Erweiterungen der historischen Biographieforschung haben daneben auch den Konstruktionscharakter der erinnerten wie auch der historisierend erzählten Biographie betont, der die sozialhistorische Bedingtheit der Biographie um eine kulturwissenschaftliche Komponente erweitert. Bourdieus Hinweis auf die »biographische Illusion« war nur der erste Schritt auf dem Weg zu einem kulturtheoretisch informierten Konzept der biographischen (Selbst-)Erfindung, indem auf die narrativen Sinnstiftungsprozesse hingewiesen wurde, die sowohl im Hinblick auf den Protagonisten als auch den Biographen zu berücksichtigen sind.[59] Derartige Hinweise sind insbesondere bei der Lektüre von Kunzelmanns Autobiographie von Nutzen, die ein Paradebeispiel für eine narrativ nachkonstruierte Rebellenbiographie darstellt.[60]

Das Konzept einer sozialhistorischen Biographie stößt in Kunzelmanns Fall allerdings auf grundsätzliche Schwierigkeiten: Zwar lassen sich seine Kindheit und Jugend gut in den Bamberger Kontext der fünfziger Jahre einbetten, der von der kulturellen Hegemonie des Katholizismus, der relativen Liberalität seines Elternhauses, der sowohl von amerikanischen Einflüssen als auch vom Sport dominierten provinziellen Jugendkultur und schließlich vom Kino als Leitmedium der jugendlichen Imagination geprägt war. Doch seit seinem zwanzigsten Lebensjahr hat Kunzelmann alles daran gesetzt, sich einer durch Herkunft, Bildung, Familie und Beruf identifizierbaren Sozialisation nach herkömmlichen Kategorien zu entziehen. Seit einem halben Jahrhundert repräsentiert er damit das Gegenteil der bundesrepublikanischen Nachkriegsgesellschaft, einen konsequent subversiven Gegenentwurf zu den sozialwissenschaftlich greifbaren Strukturen der Rekonstruktionsphase der bundesdeutschen Zivilgesellschaft. Die methodische Antwort auf diesen Befund kann eine doppelte sein: Einerseits ist die Fundamentalopposition Kunzelmanns zu der ihn umgebenden Gesellschaft selbst ein nicht uninteressanter Indikator der Wertnormen und Sozialstrukturen der Nachkriegsgesellschaft – insbesondere weil er diese mit fortgesetzten Provokationen an neuralgischen Punkten immer wieder empfindlich zu treffen vermochte. Andererseits bietet sich der Rückgriff auf ein soziokulturelles Konzept des rebellischen Lebens an, das der Literaturwissenschaftler Helmut Kreuzer bereits vor vier Jahrzehnten als eigenständigen sozialen Kontext der Fundamentalopposition analysiert hat: die europäische Bohème.[61] Für Kreuzer zeichnete sich die Lebensweise der Bohème durch spezifische Elemente der sozialen Organisation aus: die habituelle Negation jeglicher Form von »Bürgerlichkeit«, die gezielt verwahrloste oder zur Verkleidung stilisierte äußere Erscheinung, die separierte, oft schäbige oder in Unordnung gehaltene Wohnsituation, die Organisation des Lebens in Gruppen, Cliquen und parodistischen Vereinen, innerhalb derer implizite Hierarchien eingehalten wurden (wie etwa die Meister-Schüler-Verhältnisse), die Orientierung an bestimmten Lokalen und Treffpunkten des großstädtischen Lebens, die problematische Beziehung zur Großstadt als attraktivem Traumort einerseits oder materialistische Konsummaschine andererseits, damit einhergehend eine gewisse Affinität zur gelegentlichen Stadtflucht und ländlichen Kolonie-Projekten, ein ambivalentes Verhältnis zur Arbeiterbewegung und der politisch extremen Linken bei gleichzeitiger Sympathie für den Anarchismus, eine relative Verherrlichung der kriminellen Delinquenz und einen utopischen Ultraradikalismus, der sich den herkömmlichen Kategorien von »rechten« und »linken« Politikvorstellungen zu entziehen schien. Kunzelmanns Lebensweg und Protestpraxis lassen sich beinahe lückenlos auf Kreuzers Beobachtungen beziehen und als öffentliche gegengesellschaftliche Bohème-Performance lesen. Damit kehrt die vorliegende Studie herkömmlicheren Ansätzen einer sozialhistorischen Biographie nicht den Rücken, sondern versucht, diesen ein für gewöhnlich vernachlässigtes – und in den meisten gängigen sozialhistorischen Zusammenhängen auch zu vernachlässigendes – Detail hinzuzufügen.

In diesem Sinne bietet sich in Kunzelmanns Fall ein biographischer Ansatz an, der bereits in der historischen Forschung zur Frühen Neuzeit als mikrohistorischer Zugang Beachtung gefunden hat. Gerade bei der Erforschung gesellschaftlich randständiger Biographien hat besonders die englischsprachige Geschichtswissenschaft den Umstand zu nutzen gewußt, daß sich aus den abenteuerlichen, bisweilen tragischen Biographien von Rebellen und Außenseitern Beobachtungen zu großräumigeren Strukturen und Phänomenen der Sozial- und Kulturgeschichte ableiten lassen, die weit über den eigentlichen biographischen Rahmen der Untersuchung hinausweisen. Die Geschichte des Hochstaplers Arnaud du Thil, der sich die Identität des verschollenen Martin Guerre aneignete, erschloß neue Fragestellungen zu den Geschlechterverhältnissen und Identitätskonzeptionen des 16. Jahrhunderts, der häretische Müller Menocchio demonstrierte die Potentiale autodidaktischer Mechanismen der Wissensaneignung, für die er freilich vor der Inquisition mit dem Leben bezahlen mußte, und der »kleine Herr Hu« exemplifizierte schließlich eine frühe Geschichte der Mobilität und Interkulturalität, lange bevor diese Schlagwörter Eingang in kulturhistorische Diskussionen gefunden hatten.[62] Eine systematischere Würdigung haben die Lebensläufe politisch radikal »ungewöhnlicher Leute« bei Eric Hobsbawm erfahren, der die diffusen Zwischenräume von revolutionären Selbstbildern, subversiven Gegenkulturen und militanter Delinquenz auszuleuchten versucht hat.[63] Diese historiographischen Vorbilder sollten in der zeithistorischen Forschung nicht unbeachtet bleiben.

Kunzelmanns Biographie eignet sich in diesem Sinne in besonderer Weise für eine Analyse der Strukturen und der Praxis von Avantgarde, Protest und Radikalismus in der bundesdeutschen Nachkriegsgesellschaft. Das liegt zunächst an seiner bereits angesprochenen Allgegenwart in beinahe allen subversiven und radikaloppositionellen Kontexten seit den späten fünfziger Jahren. Für die historische Analyse ist sein Lebensweg damit der ideale Fremdenführer durch eine subversive Gegengesellschaft, die sich in vielen Fällen als die radikale Kehrseite der neo-bürgerlichen Mehrheitsgesellschaft begreifen läßt. Eine solche Lesart hat gleichzeitig eine relative Abwertung historischer Subjektivität zur Folge, denn eine in diesem Sinne kontextorientierte Biographie Kunzelmanns betont die situativen Einflüsse jener subversiven Gegengesellschaft, aus denen sich seine eigene subversive Biographie Stück für Stück zusammensetzte. Darüber hinaus ist es für das eigentümliche provokatorische »Werk«, das Kunzelmann hinterlassen hat, kennzeichnend, daß in ihm anstatt psychologischer Wesenszüge, für die sich die traditionelle Biographieforschung interessiert haben dürfte, vorzugsweise die performativen Talente seiner Person zum Ausdruck kommen, die wiederum auf die Medienbedingtheit von Politik und Protest nach dem Zweiten Weltkrieg verweisen. Insofern hat auch Kunzelmanns provokative Praxis viel dazu beigetragen, seine eigene Persönlichkeit zu verbergen oder in subversive Inspirationen umzuformen. Ob Kunzelmann – wie Tilman Fichter sich ausgedrückt hat – ein »Drecksack« ist oder nicht, steht damit ausdrücklich nicht zur Debatte.

Gleichzeitig ergibt sich damit ein medientheoretisch zugespitztes Grundkonzept für Kunzelmanns Biographie. Seine subversive Allgegenwart hat unter anderem auch dazu geführt, daß Kunzelmann zu einem Übersetzer und Transformator der europäischen Protestkultur geworden ist. Er importierte und adaptierte gemeinsam mit der Gruppe SPUR den ursprünglich französischen Situationismus, unterhielt europaweite subversive Kontakte, inspirierte mit seinem situationistischen Aktionismus den studentischen Neo-Marxismus von Dutschke, Rabehl und anderen, entwickelte aus dieser spezifischen avantgardistischen Tradition heraus das Konzept der Kommune I, betätigte sich als Pfadfinder in den internationalen Kontexten des beginnenden »bewaffneten Kampfes« der sogenannten Stadtguerilla und blieb bis zum Ende des Jahrhunderts nicht nur der »APO-Opa«, sondern auch ein wandelndes Archiv subversiv-avantgardistischer Traditionen des 20. Jahrhunderts. Insofern bietet es sich an, Kunzelmann selbst als ein zentrales Medium der Protestgeschichte der Nachkriegszeit zu betrachten, in dem sich die rekonstruierten Traditionen der europäischen subversiven Avantgarde spiegelten und immer wieder neu zusammensetzten, der dabei als Person aber selbst seltsam durchsichtig und eigenschaftslos erscheint.[64] Die spektakuläre öffentliche Präsenz seiner Person ging fast immer mit einer vollständigen Identifikation mit den Protestanlässen und -formen einher, einer totalen Transformation der Person in den performativen Protest. Marshall McLuhans Schlagwort vom Medium, das die Botschaft sei, ließe sich hier in einen Schlüssel der biographischen Dekodierung von Kunzelmanns lebenslanger Protestpraxis verwandeln.[65] Wenn McLuhan bereits Mitte der sechziger Jahre die modernen Massenmedien als virtuelle Erweiterungen des modernen Menschen charakterisierte, dann liegt damit die spiegelverkehrte Pointe nicht fern, daß ein Berufsprovokateur wie Kunzelmann seine Person zur medialen Erweiterung der subversiven Praxis verwendete. Wer diesen Prozeß nachzuzeichnen versucht, verliert Kunzelmanns Person innerhalb der subversiv-avantgardistischen Traditionen im Europa der Nachkriegszeit nur scheinbar aus den Augen, denn diese Traditionen hat er fortwährend an sich selbst reaktualisiert.

Das Ziel einer solchen Untersuchung kann daher nicht eine empathische Annäherung an die Persönlichkeit eines führenden deutschen Kulturrevolutionärs der sechziger Jahre sein, sondern die Biographie Kunzelmanns steuert statt dessen eine Symptomatik von Avantgarde, Protest und Radikalismus nach 1945 an, die sich in seinem Lebensweg nachvollziehen läßt. In keinem denkbaren Kontext war Kunzelmann für irgendetwas oder irgendeine soziale Gruppe repräsentativ, doch im oben erläuterten Sinne läßt sich seine Biographie als symptomatisch charakterisieren. Diese Symptomatik von Protest und Subversion erscheint in seiner Person seit den späten fünfziger Jahren chronologisch aufgefächert und nicht selten bis in die äußerste Radikalität zugespitzt. Die postavantgardistische Unzeitgemäßheit seiner subversiven Inspirationen erklärt einerseits die erhebliche öffentliche Aufmerksamkeit, die sein provokatives Wirken auf sich gezogen hat, und ist andererseits selbst ein Symptom der bundesrepublikanischen Kulturgeschichte. Die westdeutsche Nachkriegsgesellschaft hat länger an den vom Nationalsozialismus verursachten gesellschaftlichen und kulturellen Verwerfungen zu tragen gehabt, als es zeitgenössische Verfechter von Modernisierung und »Verwestlichung« glauben machen wollten, und die provokativen Störmanöver der subversiven Avantgarde können auch als paradoxe Symptome der komplexen Rekonstruktionsversuche einer Moderne verstanden werden, die in mehr als einer Hinsicht über Jahrzehnte hinweg im Schatten des Krieges stand. In Kunzelmanns Biographie haben sich einige dieser Verwerfungen wie in einem Vexierspiegel abgebildet, und sie sollen im beschriebenen Sinne einer Sozial- und Kulturgeschichte der Nachkriegszeit hinzugefügt werden.

Daraus ergeben sich die leitenden Fragestellungen der vorliegenden biographischen Studie, die über die Person des Protagonisten hinausweisen:

1. Welche Funktion hatte die soziale Außenseiterfunktion Kunzelmanns für seine protestpolitischen Aktivitäten und deren öffentliche Wirksamkeit? So sehr selbst die ehemals anti-autoritären Protagonisten der Protestbewegung ihn

zu einem marginalen Außenseiter und »leicht unzurechnungsfähigen Ober-Mufti des Chaos« zu erklären versuchten, so symptomatisch war doch die Außenseiterposition Kunzelmanns für die gesamte kulturrevolutionäre Bewegung innerhalb der bundesrepublikanischen Nachkriegsgesellschaft. Nicht wenige haben in einer relativen Emanzipation der Minderheiten- und Außenseiterperspektive geradezu den logischen Kern der sogenannten Kulturrevolution der sechziger Jahre ausgemacht.[66]

2. Welche Rolle spielte Kunzelmann als ein »Unzeitgemäßer« innerhalb der bundesdeutschen Nachkriegsgesellschaft? Die zu merkwürdigen Ungleichzeitigkeiten verschobene Chronologie der bundesdeutschen Kulturgeschichte bildet sich gerade an Kunzelmanns Version einer subversiven Protestkultur in prominenter Weise ab und verweist damit auf die komplex verschränkten Beziehungen zwischen Moderne, Avantgarde, pathetischen Zukunftserwartungen und naturalistischen Rückzugsphantasien angesichts von gleichermaßen beispiellosen Potentialen des technischen Fortschritts einerseits und der zeitgenössisch als bedrohlich empfundenen möglichen Selbstzerstörung der westlichen Zivilisation andererseits.

3. In welchem Verhältnis standen Kunzelmanns Protest und die zeitgenössischen Medien? Auf die paradoxe Symbiose von Protestkultur und Massenmedien ist bereits verschiedentlich hingewiesen worden.[67] Kaum ein Phänomen ist dabei seinerzeit so sehr ins Zentrum der öffentlichen Aufmerksamkeit gerückt wie Kunzelmanns Kommune I, die dabei wiederum zur Ikone der Protestbewegung wurde, mochten sich andere Teilnehmer der Protestbewegung der sechziger Jahre auch dagegen wehren.[68] Am Wechselspiel zwischen subversiver Provokation und massenmedialer Empörung (wobei sich gerade auch die Justiz als Multiplikator der dabei entstehenden Konflikte entpuppte) läßt sich die Funktionsweise der medial vermittelten Eskalation minutiös nachvollziehen.[69]

4. In welchem Kontext konnte Kunzelmann zu einem Vorreiter des sogenannten »bewaffneten Kampfes« der radikal-oppositionellen Linken in der alten Bundesrepublik werden? Die »Urszenen des Terrorismus« in Deutschland sind bislang vorwiegend aus einer nationalen Perspektive in den Blick genommen und gleichzeitig nach Maßgabe politischer Kategorien bewertet worden. Insofern stellt sich am Beispiel Kunzelmanns die doppelte Frage einerseits nach den internationalen Beziehungsnetzwerken der sich radikalisierenden politischen Militanz gegen Ende der sechziger Jahre, auf die z.B. Wolfgang Kraushaar unlängst hingewiesen hat[70], und andererseits nach den habituellen und emotionalpolitischen Rahmenbedingungen, die den Weg in den bewaffneten Untergrund als einen plausiblen erscheinen ließen.

5. Welche geschlechterspezifischen Stereotype revolutionärer Männlichkeit lassen sich in Kunzelmanns Protest- und Lebenspraxis identifizieren? Daß die Emanzipationspolitik der Neuen Frauenbewegung dem politischen Aktivismus der antiautoritären Kulturrevolutionäre erst folgte, ist inzwischen ein Allgemeinplatz, hat aber wenig daran geändert, daß der politisch und kulturell codierte Habitus des männlichen Revolutionärs der sechziger Jahre noch weitgehend unerforscht ist. Gerade weil Kunzelmann vielen als ein besonders extremes Beispiel des autoritären Machismo gilt, lohnt sich ein Blick auf die geschlechterspezifischen Prägungen eines radikal-subversiven Extremisten.

6. In welchem Verhältnis standen Form und Inhalt von Kunzelmanns Provokationen der Öffentlichkeit? Den protestpolitischen Aktivitäten gerade auch der Berliner Kommunarden ist bereits zeitgenössisch ein erheblicher Mangel an politischer Ernsthaftigkeit und ein enervierender Zug zur provokanten Clownerie vorgeworfen worden. Die dabei im Hintergrund zu vermutende Unterscheidung zwischen inhaltlich-ideologisch bestimmten politischen Zielen und der zur Erreichung dieser Ziele mehr oder minder erfolgversprechenden politischen Praxisformen gilt es dabei vor dem Hintergrund von Kunzelmanns eigenen Vorstellungen von kommunikativer Partizipation am Politischen neu zu bestimmen.

Das Ziel derartiger Fragestellungen ist dabei ein Symptomatik von Avantgarde, Protest und Radikalismus in der bundesdeutschen Nachkriegsgesellschaft, wobei mit »Avantgarde« eine Haltung gemeint ist, die sich seit dem Ende des 19. Jahrhunderts aus künstlerischen Zusammenhängen immer mehr in den Bereich des Politischen übersetzte und dabei ein erhebliches Fortschritts- und Revolutionspathos mit einem selbstbewußten Elitarismus und einer zuweilen militanten Ungeduld gegenüber institutionalisierten Partizipationsmechanismen verband. Unter »Protest« sollen im weitesten Sinne alle kommunikativen Handlungen gefaßt werden, die sich jenseits jener Partizipationsmechanismen verbal oder physisch um überproportionales Gehör der Öffentlichkeit bemühten. Und als »Radikalismus« kann schließlich eine politische Haltung gelten, die eine grundsätzliche Veränderung der sozialen und politischen Ordnung anstrebte und bei der Erreichung dieser Ziele weder zu pragmatischen Kompromissen bereit war noch auf institutionell eingespielte Regeln des politischen Interessenausgleichs Rücksicht nahm. Die Biographie Dieter Kunzelmanns bietet in allen drei Bereichen reiches Anschauungsmaterial für eine oft genug vernachlässigte Geschichte der radikal-oppositionellen politischen Kultur in Deutschland nach 1945.

Erster Teil
Bamberg – 1939–1959

»Dutschke, Teufel, Kunzelmann«

Am 21. Februar 1968 waren auf einer vom Berliner Senat organisierten Demonstration gegen den gerade zuendegegangenen Internationalen Vietnam-Kongreß der APO unter dem vom Senat ausgegebenen Motto »Berlin steht für Frieden und Freiheit« Spruchbänder zu sehen, auf denen Berliner Bürger ihrem Unmut über die revoltierenden Studenten Luft machten: »Berliner! das geht alle an: Raus mit DUTSCHKE, TEUFEL, KUNZELMANN«[1]

Neben der damals populären Forderung, die rebellierenden Linken möchten doch »nach drüben« gehen, schwang hier auch eine Spannung zwischen der Berliner Wohnbevölkerung und den zugezogenen Studenten mit, die dabei von der Berliner Presse und ihren Lesern ganz unwillkürlich als Fremdkörper wahrgenommen wurden. Diese Stimmung, die sich an diesem Tag nicht nur in offen neo-nazistischen Plakaten ausdrückte, sondern sich auch fast bis zum Lynchmord an dem Verwaltungsangestellten Lutz-Dieter Mende steigerte, der Dutschke ähnlich sah, reflektierte im Modus des Fremdenhasses eine Besonderheit der sozialen Situation der Berliner Studentenrevolte.[2] Die Aktivisten des politisch und kulturell radikalen Flügels entstammten den west- und ostdeutschen Provinzen, und sie waren daher in Berlin – wie im großstädtischen Leben überhaupt – »Zugezogene«. Gerd Koenen schildert die subversive Kultur West-Berlins in den sechziger Jahren als Produkt der Ära des Regierenden Bürgermeisters Willy Brandt, der junge Zuwanderer aus der Bundesrepublik anzulocken versuchte. Attraktiv sei insbesondere das unreglementierte Nachtleben gewesen, »in erster Linie natürlich für die jungen Zuzügler, die sich frühmorgens, wenn sie aus den Kneipen kamen, über die zur Arbeit strömenden ›Frontstadtkadaver‹ lustig machten. So lag der politischen Aufheizung der Situation mit den Studentendemonstrationen 1966/67 ein schon länger schwelender Konflikt zweier unverträglich gewordener Lebenskulturen zugrunde.«[3] Gerade diejenigen, die wenig später mit Konzepten einer »Stadtguerilla in den Metropolen« auf sich aufmerksam machen sollten, waren selbst zunächst durchgängig kleinstädtisch-provinziell geprägt. Bezeichnende Ausnahmen in diesen Kreisen waren einerseits gerade diejenige Kommunardin, die durch ihre innere Distanz zum politischen Radikalismus und ihren eigenen, weitgehend unpolitischen Hedonismus ihr revolutionäres Umfeld irritierte, die geborene Münchnerin Uschi Obermaier, und andererseits die Kristallisationsfigur des deutschen Terrorismus, Andreas

Baader, der bereits als Kleinkind aus Erfurt ebenfalls nach München kam, aber auch kaum zum intellektuellen oder politischen Kern der subversiven Kulturrevolution gerechnet werden kann.[4] Welcher Zusammenhang zwischen der provinziellen Herkunft der Protagonisten der späteren »Revolte von 1968« und ihrer politischen Radikalität bestand, bleibt vorerst nur zu vermuten.

Die Herkunft der radikalen und subversiven Protagonisten der Revolte von 1967/68 ist bislang immer wieder angemerkt, aber kaum untersucht worden. Einzig Rudi Dutschkes Jugend in der brandenburgischen Provinz hat eine biographische Würdigung erfahren, und der Luckenwalder Hintergrund seiner bis an sein Lebensende nicht verlorengegangenen protestantischen Prägung spielt in der Einschätzung seiner Person gelegentlich eine Rolle.[5] Die Jugend anderer Mitstreiter der subversiven Anti-Autoritären, auch der Berliner Kommunarden von 1967, weist – bei allen sozialen und geographischen Differenzen – erstaunliche provinzielle Ähnlichkeiten auf: Rainer Langhans stammte aus Jena[6], Fritz Teufel wuchs in Ludwigsburg auf[7], Bernd Rabehl war aus dem ostdeutschen Rathenow nach West-Berlin übergesiedelt, und Dieter Kunzelmann hat in seinen autobiographischen Erinnerungen seiner Jugend in Bamberg einigen Raum gewidmet.[8] Keiner brachte eine großstädtische Sozialisation mit nach Berlin. Für viele andere Protagonisten der »Revolte« gilt ähnliches. West-Berlin war damit während der sechziger Jahre von einer Dialektik zwischen westlich fixiertem Frontstadtbewußtsein einerseits und der sozialpolitischen Notwendigkeit einer verstärkten Einwanderung jugendlicher Bildungseliten andererseits geprägt. Auf diese Weise wurde während der sechziger Jahre in der Stadt ein kritisches Jugendmilieu versammelt, das den West-Berliner Grundkonsens der kritiklosen Amerika-Verbundenheit nicht länger mitzutragen bereit war.[9] Die provinzielle Herkunft der Berliner Revolte schlägt sich auch in einer Randbemerkung eines Handzettels nieder, mit dem die Kommune I im August 1967 zum Besuch der chinesischen Botschaft in Ost-Berlin aufforderte. Die Einreisebestimmungen der DDR wurden zum Anlaß einer technischen Bemerkung, die ein wenig in die Herkunft der Revolutionstouristen zurückwies: »Einen gültigen westdeutschen Ausweis benötigt Ihr, Berliner gibt es unter uns sowieso nicht.«[10] Dieter Kunzelmanns Jugendzeit in Bamberg ist vor diesem Hintergrund eine nähere, kontextualisierende Betrachtung wert.

Kindheit im Schatten des Krieges

Dieter Kunzelmanns Jugend läßt zunächst kaum teleologische Vorahnungen der späteren radikalen Umbrüche in seiner Biographie zu. Geboren am 14. Juli 1939, dem 150. Jahrestag des Sturms auf die Bastille, dem er später eine tiefere Bedeutung beimessen würde[11], wuchs Kunzelmann zwischen zwei älteren Geschwistern, Otto und Helga, sowie der jüngeren Schwester Elisabeth auf. Seine eigene Familie blieb vom Krieg weitgehend verschont, und der Vater soll Zeit seines Lebens stolz darauf gewesen sein, »es in Hitlers Armee nur bis zum Obergefreiten gebracht zu haben.«[12] Seine Eltern beschrieb Kunzelmann später als ein durchaus unauffälliges Bürgerpaar: Der Vater Otto gehörte als Bamberger Sparkassendirektor der städtische Elite in Bamberg an.[13] Die Mutter Amalie erzog die Kinder gut katholisch – damit setzte sie sich gegen ihren zumindest agnostischen Ehemann durch – doch offenbar ohne jede übertriebene religiöse Strenge.[14]

Die Stadtgeschichte Bambergs ist während des Krieges und in der unmittelbaren Nachkriegszeit durch ihre provinzielle Lage und einen gleichzeitigen tiefgreifenden sozialen Wandel geprägt. Die Stadt hatte das Kriegsende äußerlich vergleichsweise unzerstört überstanden.[15] Die bei Kriegsbeginn etwa 60000 Einwohner blieben bis in die letzte Kriegsphase hinein von den direkten Kriegshandlungen verschont, erst zum Jahreswechsel 1944/45 begann die amerikanische Luftwaffe auch Ziele in Bamberg anzugreifen.[16] Anlaß boten die für den deutschen Nachschub wichtigen Bahnanlagen sowie einige kriegswichtige Betriebe, die teilweise aus dem völlig zerstörten Schweinfurt in unterirdische Gewölbe wie etwa unter dem Stefansberg verlagert worden waren.[17] Die Firma Bosch produzierte in Bamberg Zündkerzen und Einspritzanlagen für das Jagdflugzeug Me 109, elektrotechnische Komponenten für Feuerleitanlagen verließen die Firma Wieland, ebenso beherbergte Bamberg feinmechanische Produktionsstätten der Firmen Ullmann und Kachelmann, und Teile der Produktionen der Schweinfurter Unternehmen FAG und VKF waren in unmittelbarer Nähe in Gaustadt, Hirschaid und Gundelsheim angesiedelt worden. Der erste schwerwiegende Angriff auf Bamberg erfolgte am 14. Februar 1945 im Zusammenhang mit dem alliierten Großangriff auf Dresden. Insgesamt 94 Opfer waren an diesem Tag in der Stadt zu beklagen, darunter viele Schüler aus dem Umland, die am Bahnhof in den Angriff gerieten. Eine Woche später, am 22. Februar, folgte ein weiterer Angriff in drei Wellen, der erhebliche Opfer unter der Zivilbevölkerung forderte: Die Bamberger Kriegschronik verzeichnet 216 tote Zivilisten. Kunzelmann selbst erinnerte sich in den neunziger Jahren »deutlicher an kleine Abenteuer als an Katastrophen«, den Umzug in den Keller und den Luftschutzbunker im Felsenkeller einer Brauerei. Dem damals Fünfjährigen blieb deutlich der Pelzmantel seiner Mutter in Erinnerung, den man ihm in den Bombennächten übergezogen hatte.[18] Im März waren Verbände der 7. US-Armee zwischen Neckar und Main auf dem zügigen Vormarsch, so daß die Stadt nur noch sporadisch von Jagdflugzeugen angegriffen wurde.[19] Anfang April begann der Endkampf um die sogenannte »Festung Bamberg«, der noch einmal einige Dutzend Menschen das Leben kostete.[20] Der sogenannte »Nero-Befehl« Hitlers wurde in Bamberg offensichtlich weitgehend ignoriert, so daß der ökonomischen und zivilen Infrastruktur weitere Schäden erspart blieben.[21] Am 13. April besetzte die US-Armee Bamberg.

Die Verluste hielten sich insgesamt in Grenzen: Die Stadt hatte mindestens 378 tote Zivilisten zu beklagen, und daneben hatte die Wehrmacht bei ihrem Rückzug alle Brücken gesprengt. Etwa 2000 Bamberger Soldaten waren während des Krieges gefallen[22], unter ihnen auch der größte Teil einer eilig zusammengestellten Volkssturmeinheit von etwa 150 Mann, die in den letzten Kämpfen um die Oder-Front unterging.[23] Bei Kriegsende galten 1642 Bamberger Soldaten als vermißt.[24] Die ältere Bamberger Kriegsgeschichtsschreibung verschwieg in dieser Bilanz allerdings konsequent das Schicksal der etwa 1000 jüdischen Bamberger, die in den Jahren 1941/42 deportiert worden waren und bis auf einige wenige dem nationalsozialistischen Völkermord zum Opfer fielen.[25] Die Wohnraumzerstörungen beziffert das Bamberger Stadtarchiv auf 1698 schwer beschädigte oder zerstörte und 2437 leicht beschädigte Wohnungen. Zwar galten insgesamt zwei Drittel aller Gebäude als beschädigt, doch etwa 90 Prozent der Wohnungen waren weiter nutzbar, so daß die Zahl der durch den Bombenkrieg obdachlos gewordenen Bamberger nur etwa 6800 betrug.[26] Daß die Hinterlassenschaften des Krieges in Bamberg keineswegs harmlos waren, erfuhren die Überlebenden am 19. April, als sechs Tage nach der amerikanischen Besetzung in der Nähe des Bahnhofs ein zurückgebliebener Munitionszug explodierte, wahrscheinlich nachdem Plünderer versucht hatten ihn aufzuschweißen. Die Detonation, die die gesamte Stadt erschütterte, forderte noch einmal 17 Todesopfer.[27] Im Oktober 1945 drängten sich in der vergleichsweise intakten Kleinstadt über 100000 Menschen, beinahe die Hälfte von ihnen Flüchtlinge und Vertriebene.[28] Bis 1950 sank die Einwohnerzahl wieder auf etwa 75000. Unter den Neu-Bambergern war auch eine amerikanische Garnison, welche die Stadt zu einem wichtigen Stützpunkt der US-Armee ausbaute[29], woran sich für Dieter Kunzelmann erste Kindheitserinnerungen knüpften. Das Kriegsende erlebte der beinahe Sechsjährige dadurch, »daß in unserer Straße alle Bürgerhäuser für amerikanische Offiziere und ihre dann später nachkommenden Familien geräumt werden mußten. Wir zogen ins Hinterhaus im Garten, in unserer Wohnung wurde eine Feldküche installiert, was für uns Kinder den aufregenden Vorteil hatte, daß wir von den GI's Kaugummi, Schokolade, Milchpulver und Reste vom Eintopf geschenkt bekamen.«[30] Die Inanspruchnahme von Wohnraum durch die amerikanischen Truppen weckte in der von Flüchtlingen überfüllten Stadt schließlich zaghaften Protest: Im März 1949 richteten der Stadtrat und weitere Unterzeichner eine »Bamberger Bitte an General Clay« in Berlin.[31] Dem zu dieser Zeit als Vater der Berliner »Luftbrücke« populär gewordenen Clay rechneten die Bamberger Bürger penibel vor, daß die Besatzungstruppen über 600 Wohnungen in Anspruch genommen hätten, während Bamberg mit 2,8 Einwohnern pro Wohnraum zu den dichtbevölkertsten Städten der Bizone gehöre. Gefordert wurde die Aufhebung des Verbots, daß Deutsche und Amerikaner im selben Haus zusammenlebten. Die Reaktion der Beatzungsmacht ist nicht bekannt.

Kunzelmanns Erfahrungen entsprechen – zumindest in der autobiographischen Rückschau – recht genau dem soziologischen Modell der sogenannten »Kriegskindergeneration«.[32] Die zentrale Bedeutung der Begegnung mit den Besatzungssoldaten überlagerte die nur schwachen Erinnerungen an die Kriegszeit, und in den ersten Nachkriegsjahren dominierten die Themen Nahrung und Genußmittel, welche die Soldaten bevorzugt an die Kinder verteilten.[33] Gleichzeitig gebot die Notlage, daß die Kinder stärker als sonst in die familiären Pflichten eingebunden wurden, diese aber in großer Selbständigkeit übernahmen. Dazu gehörte in erster Linie die Nahrungsbeschaffung, sei es durch sogenannte »Hamster«-Touren aufs Land oder gelegentliche, stillschweigend geduldete Diebstähle: »Für Kinder waren die Jahre nach dem Krieg, in denen es für die meisten Familien ums blanke Überleben ging, von grandioser Selbständigkeit geprägt. Wir sammelten Pilze in den Wäldern, angelten Fische in Regnitz und Main, holten Obst von eigenen und fremden Bäumen, klauten Kartoffeln und Kohlköpfe von den Feldern der hervorragenden Bamberger Gärtner.«[34]

Unter diesen Bedingungen schien der Tagesablauf weniger streng geregelt, für die Kinder verwischte die Trennung von Arbeit und Spiel, wie überhaupt alltägliche Normen und Autoritäten weniger wirksam wurden. Die grundlegenden gesellschaftlichen Erschütterungen, welche die Kriegsniederlage mit sich brachte, blieben aber auch den Kindern nicht verborgen, etwa wenn es um die Frage des alltäglichen Grüßens mit »Grüß Gott« statt »Heil Hitler!« ging.[35] Diese Jahre relativer Freiheit nahmen für die Kriegskinder mit dem Eintritt in die Schule ein jähes Ende, so auch für Kunzelmann, der sich an eine Zeit der »Vorschriften, unergründlichen Regeln und Vorhaltungen« erinnerte. Eine nachträgliche Selbstdeutung als anti-autoritärer Rebell klingt an, wenn er in seiner Autobiographie betont, daß »die meisten Schulmeister [...] ihre Lehre im Tausendjährigen Reich gemacht« hätten. Er habe die Nachkriegsschule in Bamberg »nur durch sture Opposition und böse Streiche« aushalten können.[36]

Katholische Jugend

Die nach dem Krieg dominierende gesellschaftliche und kulturelle Macht stellte in Bamberg die katholische Kirche dar. Kunzelmann erinnerte sich 1999 in einem Interview an den fränkischen Katholizismus und spielte auf eine Verbindung zu seinem späteren Talent als Verkleidungskünstler und aktionistischer Rebell an. Beeindruckt habe ihn schon früh »das barocke Verwandlungs- und Verkleidungsspiel, besonders in Franken und Bayern. Das Archaisch-Mythologische des Katholizismus hat mich in meiner Kindheit fasziniert.«[37] Gemeint sind seine Erfahrungen als Ministrant, der nicht nur die sonntägliche Liturgie, sondern auch die großen Prozessionen mitzelebrierte.[38] Noch fünfzig Jahre später nahm Kunzelmann eine Photographie von der Fronleichnamsprozession

1949 in seine Autobiographie auf, die den Zehnjährigen andächtig schreitend zeigt, oder – wie die Bamberger Tagespresse aus gleichem Anlaß ein Jahr später sichtlich entzückt über die Ministranten notierte – »voll lieber Wichtigkeit«.[39] Zu Beginn der neunziger Jahre betonte Kunzelmann im Blick auf die eigene Biographie: »Das Ministrantendasein würde ich nicht geringschätzen, denn Ministranten schauen hinter die Kulissen, Ministranten sind sehr pfiffige Leute.« Gleichzeitig würde sich so der Glaube an die Mystifikationen des katholischen Rituals schnell verflüchtigen.[40]

Kunzelmann war in den frühen fünfziger Jahren in das Vereinswesen der katholischen Jugendarbeit integriert. Das Bistum sah es in den Nachkriegsjahren als eine vorrangige Aufgabe an, die durch den Krieg weitgehend unberührte kulturelle Hegemonie des Katholizismus zu verteidigen und zu vertiefen. Der Jugendarbeit fiel dabei eine zentrale Rolle zu, die in der lokalen Diözesanpresse ganz offen strategisch formuliert wurde.[41] Gelegentlich verknüpften sich durchaus martialisch klingende Papst-Worte mit älteren Parolen der Zwischenkriegszeit: »›Die Jugend ist der Einsatz aller Schlachten‹, wer möchte die Wahrheit dieses Wortes bezweifeln? Papst Pius XII. hat es kurz nach dem größten aller Kriege geprägt. Es ist eine Neuformung des alten ›wer die Jugend hat, hat die Zukunft.‹«[42] Die Landesstelle der Katholischen Jugend Bayerns wandte sich appellierend an die katholische Jugend der Region, denn: »Unser Land ist ein christliches Land, Kirchen und Kreuze, Kapellen und Heiligenbilder beherrschen weithin das Landschaftsbild.« Doch diese Landschaft schien gleichzeitig »überflutet und überfremdet von unchristlichem Geist und Leben, wenn ihr jungen Christen euch nicht vereint. Schließt euch zusammen zu religiöser und geselliger Gemeinschaft!«[43]

Eine wichtige Form der Jugendarbeit stellten die Aktivitäten des Salesianerordens des heiligen Don Bosco dar. Ursprünglich der Mission und Fürsorge bedürftiger Kinder und Jugendlicher aus der Arbeiterschicht gewidmet, übernahm die Organisation auch allgemeinere Aufgaben in der katholischen Jugendarbeit. In den Salesianerhäusern wurde auf die Integration benachteiligter Jugendlicher und auf den Ausgleich sozialer Spannungen wertgelegt, z.B. in der Form des Zusammenlebens von Schülern und Lehrlingen, »so daß der Begriff ›Klassengegensatz‹ gar nicht aufkommen kann. [...] Das freundliche, brüderliche ›Du‹ zwischen dem Berufstätigen und dem Schüler, die gleiche Behandlung beider überbrückt von vornherein bestehende kleine Spannungen.«[44] Besonders attraktiv waren aber die Jugendfreizeiten der Salesianer, an denen auch Kunzelmann teilnahm.[45] Ein Bericht aus dem Sommer 1949 veranschaulichte der Bamberger Diözese das Leben im Ferienlager einer Nürnberger Jugendgruppe. Das Bild prägten 10- bis 14-jährige »Indianer, Häuptlinge und solche, die zwischendrein mal am Marterpfahl hingen«: »Die Großstadt lag weit im Vergessen. Jeder Tag begann mit der Feier der hl. Messe. Da standen die kleinen Indianer um den Tisch des Herrn und holten sich die Kraft für ihren buntbewegten Tag und ihr junges Leben. Der Altar stand inmitten der Zelte unter dem weitragenden Lagerkreuz. – Dann ging es los. Spiele im Wald, sportliche Übungen, Wanderungen! Auch gebadet wurde. Ein Singewettstreit spornte alle Tenöre zu Höchstleistungen an. Dazwischen erzählte P. Schweikardt spannende Geschichten oder leitete eine Unterhaltung über die Aufgaben des Jungschärlers.«[46]

Kunzelmann erinnerte diese Sommerfahrten als jugendbewegten Abenteuerurlaub mit »Lagerfeuer, Nachtwanderungen und wüsten Raufereien«.[47] Das Bamberger St. Heinrichsblatt schilderte diese Freizeiten ganz ähnlich, vergaß jedoch nicht den religiösen Akzent. Die Jungen lebten demnach »frei und ungebunden« unter sich. Sie verwirklichten »unbewußt, was ihnen das Jungschargesetz vorschrieb: Das unbeschwerte Treiben eines Jungen, der sich der Schirmherrschaft Gottes bewußt ist.«[48] So fehlten auch nicht die religiös-pädagogischen Elemente: Das größte Ereignis sei für die Jungen die »Tour rund um den Feuerstein« gewesen. Die Tour fördere dabei nicht nur die physische Stärke sondern auch »das Köpfchen und den Krips [sic]«. An 15 Zwischenstationen würden jedem Jungen »verschiedenste Fragen gestellt«: »Einmal muß er den Namen seines Bischofs wissen, dann wird er nach dem Jungschargesetz gefragt. Erst wenn alle Fragen und Geschicklichkeitsfragen gelöst sind, ist der Weg frei zum Ziel.«[49]

An die Jugendbewegung der Zwischenkriegszeit erinnerten nicht nur derartig funktionalisierte Geländespiele, sondern auch problematische Fragen nach Autorität und Demokratiefähigkeit. Nach 1945 konnte das »Führerprinzip« der Jugendbewegung nicht mehr unkommentiert auf die katholische Jugend übertragen werden, denn: »Die Zeiten des Mitmarschierens sollen für uns vorbei sein. Aus ist es mit dem Kommandieren und Parieren, mit dem Führen und Befehlen!« Ein Diskussionsaufruf an die katholische Jugend Bambergs bemühte sich 1949 denn auch um eine weitgehende Distanzierung vom militärischen Führerprinzip, denn der katholische Jugendführer sei »ja gar kein richtiger«. Er trage keine Orden und kommandiere nicht, »der Führer einer Gruppe in unserem Bund hat damit gar nichts gemein.«[50] Kunzelmann erinnerte sich an seine Gruppenführer in der katholischen Jugend als die wohlvertrauten Freunde seines älteren Bruders Otto oder die »Verehrer meiner Schwester Helga«[51], pflegte also einen eher freundschaftlichen Umgang. Mit scheinbarem Verständnis verfolgte das Bistum die Bemühungen »mancher«, welche die hierarchischen Verhältnisse innerhalb der katholischen Jugend kritischer erlebten, demokratischer organisiert sein wollten und Ausschüsse wählten: »Das hat seine Berechtigung, geht aber nicht immer und nicht überall.« Und schließlich machte sich die Bistumszeitung dann doch an eine vorsichtige Reformulierung des Jugendführerprinzips, denn es müsse »schon einige geben, die den anderen oftmals um eine Nasenlänge voraus sind und ihnen zu einer brauchbaren Richtung verhelfen wollen.« Das habe nichts mit soldatischem Gehabe zu tun, und daher stand am Ende nicht ohne eine gewisse Herablassung die ironische Frage: »Wollten wir einen solchen Führer im Grunde nicht akzeptieren, oder diese Frage lieber einem Unterausschuß übergeben?«[52]

Die »brauchbare Richtung« schien dem Bamberger Bistum um so dringlicher, als man meinte, Tendenzen jugendlicher Verwahrlosung und neue Verlockungen des Konsums und der Jugendkultur beklagen zu müssen. »Angesichts der Erotisierung des öffentlichen Lebens« sei eine nachdrückliche Erziehung zur Schamhaftigkeit vonnöten, vor den Gefahren des Alkohol- und Tabak-Konsums müßten die Jugendlichen geschützt werden, und unter den Kindern grassiere der übermäßige Genuß von Süßigkeiten und Speise-Eis. »Darin liegt oft auch Veranlassung für andere Sünden.«[53] Die menschliche Natur erschien in diesem Zusammenhang als Herausforderung für die christliche Pädagogik: »Der Mensch trägt den Hang und die Neigung in sich, überheblich zu sein. Er erhebt sich allzu gern über sich selbst und seine Schwachheit hinaus, rebelliert gegen Gott, verachtet seine Gesetze und ist schnell bereit, ihm den demütigen und dienenden Gehorsam aufzukündigen. Der Mensch möchte sich von Natur aus zur Geltung bringen, sich erheben, sich durchsetzen, etwas aus sich machen und wie alle diese schönen Redensarten heißen. Warum das alles? Der Mensch ist von Natur aus ein Rebell. Es ist ihm angeboren, daß er hinauf, nach oben will. Wohin?«[54] Diese Analyse beantwortete das Bistum mit der Forderung nach einer religiösen Erneuerung der Erziehungs- und Jugendarbeit gemäß den Erziehungsidealen der Demut und der Selbstbeherrschung. Alle verantwortlichen Institutionen hätten sich diesem Erneuerungsgedanken zu verschreiben, den man zumindest auf regionaler Ebene zu verankern suchte: »Wir wollen nicht gleich nach dem Staate rufen, sondern nach Eltern, Schule und Kirche als Erziehern.«[55]

Damit war ein weiteres Betätigungsfeld der katholischen Jugendarbeit angesprochen, das die jugendliche Nachkriegserfahrung in Bamberg prägte. Schon im September 1949 fand im Neuen Gymnasium die erste »Religiöse Woche« statt. Das Bistum hatte den Jesuitenpater Pereira aus dem Aloisiuskolleg Bad Godesberg in die Schule entsandt, um dort Morgenmessen und religiöse Schulungsstunden abzuhalten. Die Aula dieses öffentlichen Gymnasiums wurde wie selbstverständlich in einen sakralen Raum verwandelt, »und von da an scharten sich Tag für Tag die Jungen und Mädchen aller Klassen in diesem herrlichen, zur Kirche gewordenen Raum um den Opferaltar Christi.« Nach Altersstufen getrennt hatten die Schüler zweimal täglich die Vorträge des Paters zu besuchen, »um sich durch P. Pereira […] einführen zu lassen in die ewigen Wahrheiten, sich hinführen zu lassen zu den starken Quellen des Lebens und sich das eigene Leben, seine Größe, seine Berufung, seine Gefährdung, seine Heilung deuten zu lassen.« Das Bamberger St. Heinrichsblatt schilderte mit Begeisterung die Veranstaltung als vollen Erfolg der religiösen Erneuerung der Bamberger Jugend: »Von den kleinsten bis zur Oberklasse, vom ersten bis zum letzten Vortrag folgten sie begeistert und wirklich im Innersten angesprochen, seinen so lebens- und jugendnahen Worten.« Die »Religiöse Woche« erreichte schließlich ihren Höhepunkt, »als die ca. 650 im Bad der hl. Beichte am Vortag gereinigten Gotteskinder Reihe für Reihe zur Kommunionbank gingen und als zum grandiosen Abschluß dieses herrlichen Gotteserlebnisses von der Empore herab unser Chor, von Orchester und Orgel begleitet, die machtvolle Hymne ›Die Himmel erzählen die Ehre Gottes‹ aus Haydns Schöpfung schmetterte. Das war der herzliche Jubel froher junger Menschen, der uns noch lange in den Ohren und in den Herzen nachzittert.«[56]

»Begeistert und wirklich im Innersten angesprochen« fühlte sich der junge Kunzelmann zu Beginn der fünfziger Jahre in erster Linie vom Sport. Wiederum war es eine Einrichtung des Salesianerordens, der 1950 von Pater Richard Feuerlein aus dem Canisiusheim heraus gegründete Sportverein »Deutsche Jugendkraft (DJK) Don Bosco Bamberg«, die den Rahmen für die jugendliche Freizeitgestaltung bot.[57] Sein Weg führte Kunzelmann bald regelmäßig in den Sportverein nahe dem Elternhaus. Der Fußball und besonders das Tischtennisspiel beanspruchten schnell jede freie Minute und beeinträchtigten erheblich die schulischen Leistungen, während Kunzelmann es andererseits im Fußball bis zum Zweiten und 1955 im Tischtennis zum Gewinner der bayrischen Jugendmeisterschaft brachte. Rückblickend sprach er von einer »Sucht nach immer mehr Perfektion, nach immer mehr Siegen«. Das Spielerische, Kommunikative, Soziale des Sports habe seine »Kämpfernatur« fasziniert, »als ob das Leben nur in dieser einen Passion seine Erfüllung fände.«[58] Damit verfehlte Kunzelmann vollständig die Intentionen des katholischen Sportvereins, die sich ganz im Rahmen der religiösen Erneuerung bewegten. Die »Erziehung zur Selbstbeherrschung«, die das Bistum propagierte, versuchte den Sport als mäßigenden Einfluß auf die Persönlichkeitsentwicklung zur Geltung zu bringen: »Das Kind von heute hat durchaus Verständnis für *Willensstärke*, die es bei den Spitzenleistungen der Sportler immer wieder bewundert. Das Kind möchte gern selbst ein Held werden, das ist aber nur möglich durch rechte Charakterbildung. Es muß dem Kind ferner nahegebracht werden, daß es erst durch Selbstbeherrschung ein freier Mensch und ein freies Kind Gottes wird.«[59] Sport gehöre zum Leben eines jungen Christen – aus Freude am Spiel, auch an der Leistung, »jedoch nicht aus Sucht nach Rekord«. Das christliche Ideal des Sportlers sei »der Junge, der schwimmen, laufen und spielen *kann*, der sich seines Könnens freut, der dankbar ist für seine gesunden Glieder und sie übt, um der Seele ein immer besseres Werkzeug zur Verfügung zu stellen. Sport in dieser Gesinnung ist Verherrlichung Gottes.«[60] Diese disziplinierende Wirkung der sportlichen Erziehung sollte also immer auch in die religiöse Erziehung münden. Die Verantwortlichen der katholischen Jugend- und Sportvereine wurden nicht müde, den metaphysischen Auftrag der jugendlichen Leibeserziehung zu wiederholen, der zudem einer kulturellen Konfessionalisierungspolitik untergeordnet wurde.

Anläßlich der Eröffnung des Bamberger Diözesansportfestes von 1954, an der sicher auch der damals beinahe 15-jährige Kunzelmann teilgenommen hat, betonte Willy Bokler, Bundespräses der Deutschen Katholischen Jugend, »das Recht der Katholiken, auf ihre Art Sport zu treiben und wandte sich gegen eine Auslassung des Bayrischen Rundfunks, in der es hieß, daß das Geld für Sportzwecke ›entkonfessionalisiert‹ werden müßte.« Die »Deutsche Jugendkraft« wolle den Sport »technisch, richtig, umfassend, unter dem Primat des Geistes und dienend pflegen« und Menschen erziehen, »die der Erde treu und dem Himmel verbunden in der Kraft des Geistes wirken.«[61] Erzbischof Joseph Otto Kolb unterstrich am selben Ort den höheren Sinn des Sports im Kontext einer gottgewollten Persönlichkeitsbildung. Wer für Rekordleistungen oder im Dienst »fremder Leidenschaften« trainiere, stelle die Persönlichkeitswürde des Menschen in Frage. Diese stehe jedoch in engem Zusammenhang mit dem gläubigen Denken, und da auch der Sport »nicht frei von Weltanschauung« sei, bedürfe es eines katholischen Jugendsports in der »Deutschen Jugendkraft«. Kontakte zu anderen Sportvereinen wolle er zwar gestatten, doch: »ihr sollt aber um euere Berufung wissen, ihnen ein Vorbild zu sein in der Pflege höherer Lebensauffassung, in der Einordnung des Sportes in den großen ewigkeitsorientierten Sinn des Lebens.«[62] Noch deutlicher wurde schließlich der Bamberger Oberbürgermeister Luitpold Weegmann, dessen Diktion nicht nur die kirchlichen sondern auch politischen Implikationen der Veranstaltung erkennen ließ: »Durch den hl. Kaiser Heinrich, der Schutzpatron der Stadt Bamberg sowohl wie der DJK ist, seien beide auf engste miteinander verbunden. Er forderte die kath. Sportler auf, hineinzuwachsen in die große Volksgemeinschaft und in die Front zur Verteidigung unserer höchsten und heiligsten Güter, unseres hl. Glaubens und unserer hl. Kirche.«[63]

Obwohl die Begriffe »Front« und »Volksgemeinschaft« ein wenig aus der Zeit gefallen schienen[64], endete die Eröffnung des Sportfestes mit Hilfe der US-amerikanischen Garnison spektakulär: »Nachdem ein amerikanischer Hubschrauber den Ball über dem Sportfeld abgeworfen hatte, vollzog Oberbürgermeister Weegmann selbst den ersten Anstoß.«[65] Während des Eröffnungsspiels war mit den italienischen Gästen vom Sportverein »Auxilium« aus dem salesianischen Mutterhaus in Turin schließlich auch der Europa-Gedanke auf dem Fußballplatz präsent, so daß bei dieser Veranstaltung die Abendland-Ideologie des politischen Katholizismus der Nachkriegszeit in der Form eines populären Sportfestes nachvollzogen wurde.[66] Der mitgereiste geistliche Beirat des italienischen Vereins deutete das Fest denn auch »als ein Symbol der katholischen Einheit der Völker [...] und als einen Beitrag zu einer neuen europäischen Einheit.«[67] Durch den symbolischen Schulterschluß von abendländischer Kampfesrhetorik und US-amerikanischem Kriegsgerät wurde den Teilnehmern das ideologische Programm der Salesianer im Kalten Krieg vor Augen geführt.

Unweit der innerdeutschen Grenze entfaltete die katholische Kirche eine anti-kommunistische Kampagne gegen den »modernen Antichristen«. Die sozialistischen Heilsversprechen dürften nicht mit einem christlichen Humanismus verwechselt werden, wie schon Jahre zuvor ein amerikanischer Gastartikel im St. Heinrichsblatt betonte, denn die materialistische Grundüberzeugung des sozialistischen »Antichristen« tarne sich mit humanistischen Reden von Menschenliebe, Freiheit und Gleichheit, verberge aber dabei ein dunkles Geheimnis, »das Geheimnis, daß er nicht an Gott glaubt.«[68] Die sozialen Aktivitäten der Salesianer sollten daher einen Gegenpol zur marxistischen Arbeiterbewegung bilden. Zum Festtag ihres Ordensgründers, des heiligen Don Bosco, erinnerten die Salesianer regelmäßig am 31. Januar an die Bedrohung, die von säkularen sozialen Bewegungen, besonders aber vom Sozialismus ausgehe: »Bedeutet es nicht furchtbarste Tragik, daß im zwanzigsten Jahrhundert der großangelegte Plan zur Durchführung kommt, ohne Gott, ohne Christentum im materialistischen Sozialismus eine Welt zu formen? Im Nebenmenschen den Bruder zu sehen, ohne ein Christ zu sein?«[69] Damit erhielt die katholische Jugendarbeit neben der religiös-pädagogischen auch eine spezifisch politische Funktion im Kalten Krieg. Ob dies allerdings den jugendlichen Sportlern bewußt wurde, die zunächst ohne gedankliche Alternative in das katholische Vereinswesen der Nachkriegszeit hineinsozialisiert wurden, kann bezweifelt werden.

Kinokampf und Filmclub in Bamberg

In sein 16. Lebensjahr datierte Dieter Kunzelmann in seinen Erinnerungen das abrupte Ende seiner Sportleidenschaft und damit auch seine Abkehr von der katholischen Jugend. In seinen Erinnerungen betonte er diesen Schritt als »meine erste wirklich eigene Entscheidung«.[70] Diese autobiographische Betonung der »wirklich eigenen Entscheidung« gegen die dominierende soziokulturelle Umgebung gehört vermutlich in den Kontext einer rebellischen Selbsterzählung und -deutung.[71] In den folgenden Jahren habe er sich dem Lesen gewidmet, inspiriert auch durch Anregungen des Vaters und einiger Freunde. Ein Jugendfreund steuerte das Interesse an der Musik bei, und gemeinsam erlebten beide die Ankunft der westlichen Populärkultur in Bamberg, die insbesondere durch die amerikanischen Garnisonstruppen im Stadtbild präsent war, z.B. in den GI-Kneipen mit Rock'n Roll aus der Musikbox.[72] Diese Lokale waren in der Provinz wohl der einzige Ort, an dem die neue amerikanische Musikkultur und der damit einhergehende kulturelle Habitus, nicht zuletzt auch das neue Körpergefühl mit seiner männlichen »Lässigkeit« von deutschen Jugendlichen aus erster Hand erlebt werden konnten. Schritt für Schritt vollzog sich so für Kunzelmann die Wende aus der provinziellen katholischen Jugendkultur in die weite Welt der internationalisierten Nachkriegskultur.[73] Überregionale Einflüsse ersetzten die Kindheitslektüre der Gebrüder Grimm, Wilhelm Hauff, Karl May und »Lederstrumpf«. Vor seinem Leseeifer soll »kein Bücherschrank sicher gewesen« sein, er erwähnte explizit die französischen Existentialisten und Marcel Proust[74], und die neuen kulturellen Einflüsse gerieten sehr bald in Konflikt mit der oberfränkischen Lebenswelt der fünfziger Jahre: »Naiv und ungestüm erlebten wir Literatur, Filme und Musik als Anregung und Maßstab für unser eigenes Leben, verglichen die Welt der von uns geliebten Werke mit der trostlosen Engstirnigkeit unserer katholischen Heimatstadt und wurden uns so des Miefs der Adenauerzeit erst richtig bewußt.«[75] Auch wenn der »Mief der Adenauerzeit« an dieser Stelle eine nachträgliche Deutung darstellt, war der Widerspruch zum katholisch geprägten Kultur- und Moralverständnis jener Jahre nicht mehr zu vermeiden.[76] Das gilt insbesondere für den Bereich der Filmkultur der Nachkriegsjahre.[77]

Im Februar 1949 hatte die Bamberger Diözesanpresse an die Enzyklika »Vigilanti Cura« Papst Pius XI. aus dem Jahr 1936 erinnert. In dieser »Enzyklika über die Lichtspiele« hatte der Papst einen sittlich-moralischen Niedergang des internationalen Kinos beklagt, der sich nachteilig auf die christlichen Moralvorstellungen auswirke. Der Film erreiche täglich Millionen von Menschen, laufend würden »bei zivilisierten und halbzivilisierten Völkern« neue Kinos für eine Unterhaltung eröffnet, die »nicht nur den Reichen, sondern allen Klassen der Gesellschaft offensteht.« Unmoralische Filme böten »Gelegenheit zur Sünde, sie führen die Jugend auf schlechte Wege, indem sie eine Verherrlichung der Leidenschaften darstellen.« Zerstört würden die Ideale der Liebe, Ehe und Familie. Die Kirche scheute sich vor diesem Hintergrund nicht, während der Beratungen über das Grundgesetz die zensurpolitischen Positionen des Vatikans aus den dreißiger Jahren zu wiederholen: »Wir erinnern uns mit Genugtuung daran, daß manche *Regierungen*, voll Sorge wegen des Einflusses des Films auf sittlichem und erzieherischem Gebiet, rechtschaffene und ehrenhafte Personen beriefen, insbesondere Familienväter und -Mütter und so *Zensurbehörden* schufen, sowie *Ämter zur Regelung der Filmproduktion* [...]«[78] Bis in dieser Hinsicht die Erwartungen der katholischen Kirche erfüllt würden, falle dem Episkopat eine zentrale Rolle bei der Reglementierung des Kinobesuchs zu. Das Volk müsse durch die regelmäßige Veröffentlichung von Bewertungslisten in der katholischen Presse über die moralische Qualität der aktuellen Filme unterrichtet werden, ein katholisches Filmamt solle über die Bewertungen und deren Publikation wachen und katholische Pfarrkinos ins Leben rufen, um über die Nachfrage Einfluß auf die kommerzielle Filmproduktion zu nehmen: »Durch die Organisation solcher Kinos, die für die Industrie oft gute Abnehmer sind, kann sich ein neues Verfahren herausbilden, demgemäß die Industrie selber Filme produziert, die ganz und gar unseren Prinzipien entsprechen. Filme, die man nicht nur in unseren Theatern, sondern in allen anderen leicht vorführen kann.«[79]

Das Bistum wies wenig später darauf hin, daß bei den kirchlichen Bewertungen der Filme »die moralisch-pädagogische Seite des Films stärker herausgearbeitet ist als die formal-künstlerische.«[80] Im folgenden Jahr charakterisierte das St. Heinrichsblatt den modernen Film als Bedrohung des Katholizismus, als »eine einzige, uniformierende, religiös unterernährte Simultanschule.« An Stelle von christlichen Werten seien die Kinogänger dem Einfluß eines diesseitigen Relativismus ausgesetzt, es werde »ein praktischer Atheismus gepredigt, d.h. die Menschen werden gezeigt als solche, die aus rein diesseitigen Motiven handeln: die arbeiten, leiden, lieben, leben, sterben, – immer nur mit dem Blick auf das Diesseits.« Die Folge sei der Untergang aller sittlichen Maßstäbe: »Alles ist Schicksal, Fatalismus, Existentialismus.«[81]

Zum endgültigen Ausbruch kam die katholische Kino-Kampagne im Frühjahr 1951 unter dem Eindruck des Films »Die Sünderin« mit Hildegard Knef. Im Zuge einer bundesweiten Kontroverse propagierte das Bamberger Bistum: »Keinen Groschen für die ›Sünderin‹!« Die Kinobesucher würden den »Kassenerfolg dieses Schmutzfilms« unterstützen, wenn sie glaubten, sich ein eigenes Urteil bilden zu dürfen. Dabei sei die Vorführung des Films besonders in Bamberg äußerst unangebracht. In der Stadt, die »nicht nur Bischofsstadt ist, sondern auch eine der größten amerikanischen Garnisonen in ihren Mauern beherbergt«, stünden jedermann »die verheerenden Folgen des Dirnenunwesens auf Schritt und Tritt deutlich vor Augen.« Daher habe das Problem gerade in Bamberg nicht nur eine moralische, sondern auch »eine höchst kostspielige finanzielle Seite«. Dieser »Verherrlichung des Dirnentums« würde bald eine katholische Filmliga entgegentreten, die nach amerikanischem Vorbild eine restriktivere Kulturpolitik anmahnen sollte: »Dieses amerikanische Beispiel soll uns ermutigen, nicht länger abseits zu stehen und alles zu schlucken, was die Filmproduzenten uns zugedacht haben. [...] Kein Christ hat bei diesem Film etwas zu suchen!«[82] Untermauert wurde dieser Aufruf durch den Erzbischof Joseph Otto Kolb, der in einem Hirtenwort einerseits »vor unbesonnenen und unwürdigen Demonstrationen« warnte, andererseits das kirchliche Verbot, den Film anzusehen, nochmals erneuerte: »Kein Vorwand, sich selber ein Urteil bilden zu wollen, keine Neugier wäre eine Rechtfertigung des Ärgernisses, das durch den Besuch gegeben wird!«[83] Da dieses Hirtenwort in Bamberg von allen katholischen Kanzeln verlesen wurde, stellte es einen prägnanten Einspruch gegen die kommerzielle Unterhaltungskultur dar und gehörte angesichts des Gegenstands sicherlich zum Stadtgespräch. Das wird auch dadurch deutlich, daß gleichzeitig das Bistumsblatt eine »machtvolle Kundgebung« von über 1000 Bamberger Christen beiderlei Konfession vermeldete, die sich in der alten Dominikanerkirche versammelten, um »eine feste, entschlossene Abwehrfront gegen Schmutz und Schund im Filmwesen« zu bilden.[84] Die teilweise ans Hysterische grenzenden Redebeiträge wurden ebenfalls zusammenfassend dokumentiert.

Die Disziplinierung der Gläubigen übernahmen daraufhin einerseits der katholische »Filmdienst«, der regelmäßig klassifizierte Bewertungen des Bamberger Kinoprogramms veröffentlichte, andererseits die überregionale katholische »Filmliga«, der sich die Gläubigen – und unter ihnen insbesondere die Bamberger Jugend – durch eine förmliche Verpflichtungserklärung unter Angabe von Name, Familienstand und Anschrift anschließen sollten: »Mein Versprechen in der Filmliga – Ich verspreche, keinen Film zu besuchen, der christlichem Glauben oder christlicher Sitte widerspricht. Ich erkenne es daher als meine Aufgabe, mich rechtzeitig über die kirchliche Stellungnahme zu den Filmen, die ich besuchen möchte, zu unterrichten. Ich werde den Lichtspieltheatern fernbleiben, die bewußt und regelmäßig Filme spielen, von deren Besuch die Katholische Filmkommission für Deutschland abrät. Ich werde gute und wertvolle Filme durch Besuch und Empfehlung nach Kräften unterstützen.«[85]

Vor den Folgen des kirchlich nicht gebilligten Kinobesuchs warnte die Jugendseite in eindringlichen Worten: »Das Gift des schlechten Filmes wirkt heimlich aber unheimlich. Es frißt unsere Seele kaputt, ohne daß man es merkt.« Es würden Luftschlösser erzeugt, welche die jungen Menschen irritieren und mit falschen Vorbildern versehen würden. Unzufriedenheit sei die Folge: »Hinterher weißt du nicht mehr, wo du wirklich stehst. Du wirst wild gemacht, und hinterher mußt du sehen, wie du damit fertig wirst.«[86] Das Ergebnis sei der »Kinomensch«, dessen Welt in den düstersten Farben geschildert wurde: »Sein Blick starrt wie hypnotisiert auf eine flimmernde Leinwand; eine leere Fläche hält sein Auge fest, damit es ja nicht in die Tiefe dringen kann. Der Film verzaubert sein Leben, er gibt ihm Ersatz für eigenes, echtes Erleben; alles, was ein gewisser moderner Menschentyp sich erträumt und wünscht, wird ihm ersatzweise vorgestellt. Er ist in eine Scheinwelt gebannt, die ihn selber zum Schein werden läßt. So wird er zum Gespenst; er kann mit seinem eigenen Schatten tanzen – oder tanzt vielleicht sein Schatten mit ihm?« Von diesen »Kinomenschen« sollte sich die Bamberger Jugend fernhalten, »diesen Illusionisten, Phantasten und Opiumrauchern in der schummrigen Höhle ihres Daseins.«[87]

Andere Beiträge schlugen dagegen den Ton der Kapitalismuskritik an: Die Tendenz, seelische Belange und Beweggründe aus den Filmen zu verbannen, sei dem Erwerbswillen der Filmindustrie und dem Einbruch des materialistischen Kapitalinteresses geschuldet. Dort, wo das Kapital auf die »Pflegestätten geistigen Lebens« zugreife, fördere und achte es nicht seelische Werte sondern erziele mit deren Schädigung Profite. »Die Unternehmer begegnen sich dabei mit den materialistischen Neigungen der Masse, die für ihr Eintrittsgeld möglichst viel an Nervenreiz und Sinnenkitzel empfangen will.«[88] Diese kritische Sprache der katholischen Kapitalismus- und Moderne-Kritik, die ganz in der Tradition der katholischen Modernismusdebatte fünf Jahrzehnte zuvor die »materialistischen Neigungen der Masse« beklagte, stand in derselben Ausgabe einem Appell an die Gläubigen gegenüber, den Bischöfen dadurch »Dank abzustatten«, indem sie in die katholische Filmliga einträten. Die Liga wolle »gar nicht die Menschen autoritativ führen, sondern ihren Geist und ihr Gewissen erleuchten.« Dies setze allerdings bei den Gläubigen »Gutwilligkeit und Aufgeschlossenheit gegenüber den kirchlich bestellten Organen« voraus.[89]

Vor dem Hintergrund dieses kulturellen Konflikts engagierten sich Bamberger Bürger für ein qualitätvolles, unabhängiges und selbstorganisiertes Kino. Kurz nach dem bundesweiten Skandal um »Die Sünderin« entstand auf Initiative von Karl Löser der »Film-Club Bamberg e.V.«, der es sich zur Aufgabe machte, regelmäßig, meist in einem 14-tägigen Rhythmus, eigene Sonntags-Matineen zu veranstalten, welche die Club-Mitglieder gegen einen bescheidenen Mitgliedsbeitrag besuchen konnten.[90] Diese Terminwahl in offensichtlicher Opposition zur Sonntagsmesse kann unter dem Eindruck der vorangegangenen katholischen Film-Kampagne kaum dem Zufall zugerechnet werden. In einer der ersten Veranstaltungen sprach der Vorsitzende des Dachverbands der deutschen Film-Clubs, Johannes Eckardt, im Juni 1952 über die »Krisis des deutschen Films«.[91] Der Filmclub teilte demgemäß die Analyse einer qualitativen Krise des deutschen Kinos, zog daraus jedoch ganz andere Konsequenzen als die katholischen Kulturkritiker des Erzbistums. Den »Schmachtschnulzen über Förster, Ärzte und Freizeitkapitäne oder Revuefilmen voller alberner Schlager aus deutscher Produktion«, auch den »biblischen Prachtschinken aus Hollywood«, an die sich Dieter Kunzelmann als Kernprogramm des Bamberger Publikumskinos erinnerte[92], wollte der Club ein eigenes Programm entgegensetzen, das sich sowohl von den populären Zwängen des Marktes als auch von den glaubens- und sittenstrengen Zensurwünschen des katholischen Episkopats absetzen sollte. In der Satzung vom Januar 1952 wurde denn auch die »ideell-kulturelle Grundlage« des Vereins betont, der »keine Bindungen politischer oder konfessioneller Natur« habe. Ziel des Vereins sei, »alle Werke eigengesetzlicher Filmkunst« durch die Vorführung von »künstlerisch bedeutsamen und dokumentarisch außergewöhnlichen Filmstreifen aus allen Entwicklungsstufen des Films und aus allen Ländern« zu würdigen. Durch geschlossene Kino-Vorstellungen, aber auch Vortrags- und Diskussionsveranstaltungen sollte so die »Aufnahmebereitschaft weiterer Kreise, insbesondere der heranwachsenden Jugend« gefördert werden.[93]

Zu den Mitgliedern zählten neben dem Gründungsvorsitzenden Löser mit dem Rechtsanwalt Dr. Hans Hertschik als neuem Vorsitzenden seit 1954, dem Stadtoberinspektor Ulrich Höck als Kassier, dem städtischen Angestellten Dr. August Kurt Laßmann als Schriftführer oder Staatsanwalt Dr. Kuhr als Kassenprüfer die lokale Funktionselite Bambergs.[94] So überrascht es nicht, daß sehr rasch auch der Sparkassendirektor Otto Kunzelmann mit seinem gleichnamigen ältesten Sohn zu den Film-Enthusiasten zählte und 1955 zum Kassenprüfer gewählt wurde.[95] Die Mitgliedsnummern lassen erkennen, daß beide bereits

1952 in den Filmclub eintraten, bevor im Dezember desselben Jahres schon über 200 zahlende Mitglieder verzeichnet wurden. Finanziell schien der Verein damit gesichert, nicht zuletzt weil das Amerikahaus jährlich etwa 600 DM als Kulturförderung zur Vereinskasse beisteuerte, was bei einem Monatsbeitrag von 1,50 DM (für Schüler, Studenten und sozial Schwache ermäßigt 1 DM) den Beiträgen weiterer etwa 30 Mitglieder entsprach.[96] Der Verein erkannte schließlich auch, daß eine erfolgreiche Arbeit einer quasi-professionellen Öffentlichkeitsarbeit bedurfte, was zur Einsetzung August Laßmanns als »Pressewart« führte.[97] Die Veranstaltungen des Filmclubs wurden daraufhin regelmäßig zum Wochenende im Bamberger Volksblatt angekündigt. Aus diesen Ankündigungen und den teilweise erhaltenen Vereinsunterlagen läßt sich das Programm des Clubs recht genau rekonstruieren. Dabei fällt ein deutlicher Schwerpunkt im Bereich des europäischen, d.h. in erster Linie des französischen und italienischen Nachkriegsfilms auf, aber auch das amerikanische Kino, einige deutsche Vorkriegsfilme, japanische und lateinamerikanische Regisseure und auch vereinzelte osteuropäische Filme waren vertreten. Dieter Kunzelmann folgte seinem Vater und seinem älteren Bruder wohl im Sommer 1955 in den Filmclub, als er das Mindestalter von 16 Jahren erreichte. In diesen Jahren gehörte das selbstorganisierte Gegenkino der Bamberger Stadthonoratioren zum festen Bestandteil des Wochenendprogramms in der Familie Kunzelmann. Vor dem Hintergrund des repressiven kulturellen Klimas in der Stadt avancierte der Filmclub bald zum Sehnsuchtsort des jungen Kunzelmann, an dem er sich gemeinsam mit einem Jugendfreund zu orientieren begann: »Sehnsüchtig warteten wir jeden Sonntag-Vormittag auf die Matineen des Bamberger Film-Clubs, bewunderten die Filme von Cocteau bis Ophüls und die rebellischen Filme der italienischen Neorealisten.«[98] Seine Erinnerung an die Filme seiner Jugendzeit war demnach auch nach vier Jahrzehnten noch recht präzise: Zu den Regisseuren, deren Filme vom Sommer 1955 bis zum Sommer 1959 in den Matineen des Filmclubs gezeigt wurden – in der Zeit also, als Kunzelmann sie als Jugendlicher dort sehen konnte –, zählten u.a. Jean Cocteau, Fritz Lang, Akira Kurosawa, Marcel Carné, Carol Reed, Vottorio de Sica, Joseph Mankiewicz, Marcel Pagnol, Jean Delannoy, Max Ophüls, Jean Renoir, Jacques Tati, René Clément, Frederico Fellini und László Benedek. Mit Filmen wie »Fahrraddiebe«, »Alles über Eva«, »Das Testament des Dr. Mabuse«, »Tod eines Handlungsreisenden«, »Le Plaisir«, »Die Frau des Bäckers«, »Die Müßiggänger«, »Unter dem Himmel von Paris«, »Der Wilde« (mit Marlon Brando), »Il Bidone«, »Wir sind alle Mörder« oder »Kinder – Mütter, und ein General« präsentierte der Club eben jenes Kino, welches das Erzbistum zuvor als »praktischen Atheismus, Schicksal, Fatalismus und Existentialismus« gebrandmarkt hatte.[99]

Währenddessen kam im Jahr 1957 Dieter Kunzelmanns schulische Laufbahn am altsprachlichen Alten Gymnasium, dem heutigen Kaiser-Heinrich-Gymnasium, an ihr erfolgloses Ende. Er hatte bis dahin zwei Schuljahre wiederholen müssen und erinnerte später »unzählige Verweise und Direktoratsermahnungen«. Ein Leben lang habe er vom altsprachlichen Unterricht eine »regelrechte Sprachphobie« zurückbehalten.[100] Ohne Abschluß begann er auf »Beschluß des Familienrats« eine Banklehre an den Vereinigten Sparkassen Coburg, die ihm vermutlich sein Vater verschaffte.[101] In einem Zimmer zur Untermiete genoß Kunzelmann zum ersten Mal eine relative Unabhängigkeit vom Elternhaus und verbreitete später, er habe die Nächte meist in Bücher vertieft verbracht. In seiner Lehre scheint er unauffällig und zuverlässig gearbeitet zu haben, und Photographien aus der historischen Sammlung der Coburger Sparkasse zeigen ihn als zurückhaltenden jungen Mann anläßlich von Faschingsfesten und Abteilungsabenden der Sparkassen-Angestellten.[102] Die betriebsinternen Chronisten vermerkten Kunzelmann wiederum als Tischtennis-Spieler in der Sparkassenmannschaft, er hatte seinen sportlichen Ehrgeiz also nicht so grundsätzlich aufgegeben, wie er in seiner Autobiographie behauptete.[103] Von Bedeutung erschien seinen Coburger Kollegen auch sein gesegneter Appetit: »Bei einem ›Tennis-Essen‹ verspeiste er 12 Thüringer Klöße kurz hintereinander!«[104] Eine lockere Freundschaft verband ihn mit seinem Ausbildungsbetreuer Hans Müller.[105] Doch zufrieden war er mit dieser Existenz nicht, denn »langsam steigerte sich in mir die Vorstellung, ich müsse mein Leben verändern, ja beenden und mich auf den Weg machen in die große Stadt Paris.«[106] Müller hielt den Kontakt mit Kunzelmann, auch nachdem dieser seine Lehre abgebrochen hatte, aufrecht: »Auch noch nach der abgebrochenen VCS-Lehre / Flucht des K. bestanden noch ca. 2–3 Jahre Briefverbindungen obwohl H. Müller deswegen bei den VCS-Direktoren Probleme bekam (Deckung der Flucht usw.)«.[107] Zu den Gründen für den existentiellen »Sprung«, den Kunzelmann im Frühjahr 1959 unternahm, hat er selbst in seiner Autobiographie den Einfluß französischer Literatur und französischer Filme erwähnt. Die Zensoren des katholischen Filmdienstes, die nicht müde wurden, vor dem verderblichen Einfluß des modernen Kinos zu warnen, hätten ihm wohl zugestimmt.

Die gängigen Motive, die gewöhnlich als entscheidende Prägungen für die Protestbiographien der sogenannten Revolte-Generation von 1968 angeführt werden, sind in Dieter Kunzelmanns Jugend kaum auszumachen. Einerseits kann Kunzelmann ein ausgeprägtes Kriegstrauma durch Bombenkrieg oder Kampferfahrungen in Bamberg – ebenso wie viele andere seiner späteren Mitstreiter in ihrer jeweiligen provinziellen Heimat – kaum erlitten haben.[108] Zumindest stellen sich seine Kindheitserfahrungen im Kontext der allgemeinen deutschen Erfahrungsgeschichte des Kriegsendes und der unmittelbaren Nachkriegszeit als vergleichsweise behütet und glücklich dar. Andererseits ist auch ein Generationenkonflikt mit einem nationalsozialistisch belasteten oder wenigstens übermäßig autoritären Elternhaus nicht auszumachen. Im Gegenteil: Kunzelmanns Vater förderte seinen Sohn, nahm dessen schulische Schwächen zumindest hin und versuchte seinen Söhnen nicht zuletzt über die Literatur und den Filmclub offensichtlich Horizonte zu eröffnen, die weit über den erzkatholischen Bamberger Rahmen hinauswiesen. Der Sohn würdigte später das Bemühen seines Vaters, »seinen Kindern die eigene, schmerzhaft erfahrene autoritäre Erziehung« zu ersparen. Kunzelmann mochte auch nach Jahrzehnten seinem Vater nur den einen Vorwurf machen, daß er keinen aktiven Widerstand gegen den Nationalsozialismus geleistet habe, weil für ihn die Verantwortung für die Familie schwerer gewogen habe. Statt dessen betonte der Sohn in seinen Erinnerungen ganz andere Motive für sein Leben als Berufsprovokateur und »Aktionspolitologe«, und die erscheinen selbst in Anbetracht des damaligen Abstands von vier Jahrzehnten durchaus noch als subjektiv plausible Deutung: »Der Grundstein für dieses Leben war in meiner Familie gelegt worden, in der ich Liebe, Solidarität und Toleranz erfuhr. Die Rebellion, die mein Leben prägte, richtete sich gegen eine Gesellschaft, die dieser Werte verlustig gegangen ist.«[109]

Eine Generationengeschichte?

Liebe, Solidarität und Toleranz konnten ebenfalls zu psychologischen Fesseln einer »mißlungenen Ent-Identifizierung« von den Eltern (H. Bude) werden, auch wenn das Erbe von Krieg und Nationalsozialismus nicht die eigene Familie betraf, sondern später als eine abstrakte Belastung empfunden wurde. Vielleicht ist daher gerade die Abstraktheit und Verspätung der Kriegs- und Schulderfahrung nach dem Zweiten Weltkrieg ein Schlüssel zum Verständnis der psychologischen Prägungen derjenigen, die aus relativ unbelasteten Elternhäusern (wie im Falle Dutschkes, Teufels oder Ensslins) in die historisch belastete Nachkriegszeit hineinwuchsen.[110] Dabei sind die eingangs beschriebenen Probleme der Generationenforschung zu berücksichtigen:[111] Einerseits stellten die politisch aktiven Protagonisten der Revoltejahre 1967/68 innerhalb ihrer Geburtskohorte tatsächlich eine verschwindend kleine Minderheit dar, so daß das Etikett der »Revolte« nicht umstandslos auf einen konstruierten Generationen- oder Kohortenzusammenhang der Geburtsjahrgänge 1938–1948 angewandt werden sollte.[112] Andererseits unterstellt der Generationenbegriff eine gemeinsam erfahrene Prägung in der Kindheit und Jugend, die jeweils konkret zu überprüfen wäre. Kunzelmanns Kindheit im provinziellen Bamberg unterschied sich gewiß grundlegend von der Erfahrung des Kriegsendes im zerbombten Ruhrgebiet, inmitten der Endkämpfe in Berlin, auf der Flucht aus Ostpreußen oder in der Isolation der Kinderlandverschickung. Und schließlich droht auch die Gefahr einer ahistorischen Rückprojektion, wenn etwa die schuldbeladene Geschichte des Nationalsozialismus als persönlich erfahrene Belastung der nachwachsenden Generation angesehen wird, während dieses Thema oft erst später problematisiert wurde und auch nicht immer das eigene Elternhaus betraf.

Damit sind die Grenzen der Implikationen abgesteckt, die die Biographie

Dieter Kunzelmanns für eine Generationengeschichte der sogenannten »'68er«-Jahrgänge haben kann. Der Bamberger Kontext präsentiert sich zunächst als ein vom Krieg erstaunlich unberührt gebliebener Kosmos einer religiös und traditional imprägnierten Kleinstadtkultur. Die unbeschädigte Autorität der katholischen Kirche überwölbte dabei implizite kulturelle Kontinuitäten zur Zwischenkriegszeit, wie z.B. den Rückgriff auf den Vitalismus der bürgerlichen Jugendbewegung im Rahmen der katholischen Jugendarbeit oder den Bezug auf sozio-moralische Diskurse der Weimarer Zeit, wenn etwa die empörten Bamberger Bürger den »Schmutz und Schund« der Nachkriegskultur beklagten. Dieser äußeren Kontinuität stand in den ersten Nachkriegsjahren die tendenziell chaotische Alltagserfahrung der gesellschaftlichen und besonders der ökonomischen Lebensbedingungen gegenüber, die sich dem 6- bis 9-jährigen Kunzelmann auf Hamster-Touren oder beim Gemüse-Klau im Modus des Abenteuers einprägten. Die Jugendzeit während der fünfziger Jahre zeichnete sich demgegenüber durch eine Umkehrung der Verhältnisse aus: Die Neuordnung der ökonomischen Verhältnisse, besonders aber die disziplinierende Macht der Schule setzten dem Abenteuer ein Ende, während sich im Bereich der Kultur – sei es im Sport, durch die amerikanisierte Populärkultur, französische Literatur und nicht zuletzt auch im Bamberger Filmclub – neue Erfahrungsräume der Selbsterprobung und der Phantasie entwickelten. Diese Aspekte einer partiellen kulturellen Dynamik und Modernität der fünfziger Jahre, die von der neueren Forschung immer mehr betont werden[113], stellen deshalb die Annahme einer kulturrevolutionären Umgründung der Republik in den sechziger Jahren nicht in Frage, sondern sie sind einerseits die Vorbedingung dieser Umgründung, so wie sie andererseits das komplementäre Gegenstück einer durch eine ökonomisch, politisch und sozial festgefügte provinzielle Mittelstands-Corsage zusammengehaltenen Gesellschaft darstellen, die ihre grundlegende Erschütterung durch Diktatur und Krieg nur mühsam überwand. Diese Widersprüche erlebte Dieter Kunzelmann anschaulich und aus nächster Nähe. Damit ergibt sich schließlich ein Erfahrungsschema, das einerseits geeignet scheint, über den individuellen Kontext hinauszuweisen, und das andererseits hinreichend präzise auf die um das Jahr 1940 Geborenen zugeschnitten ist. Diese »Kriegskinder«, das hat schon die ältere Forschung beobachtet, erlebten die entstehende Nachkriegsgesellschaft in einem »Zwiespalt zwischen einer ungebundenen Kindheit und einer eingezwängten Jugend«. Heinz Bude faßt auf diese Weise die bereits traditionellen Erkenntnisse über jene Kohortenlage griffig zusammen: »Die um 1940 Geborenen hatten in ihrer Kindheit eine Ahnung von Freiheit und Abenteuer bekommen, und daher konnten sie auf das zwanghaft wiederhergestellte Regime der Väter nur mit Hohn und Spott reagieren. In der Atmosphäre einer in stiller, großer Gleichgültigkeit dahinziehenden Zeit wuchs die Sehnsucht nach einer anderen Welt.«[114]

Kunzelmanns Fall war insofern komplizierter gelagert, als sein eigener Vater nicht zum zwanghaft wiederhergestellten autoritären Regime »der« Väter gehörte, sondern, im Gegenteil, in relativer Liberalität zu eben diesem Regime eine innere kulturelle Distanz zu wahren suchte. In seinen Lebenserinnerungen reflektierte der Sohn seinen eigenen Lebensweg in kritischer Distanz zur »Platitüde vom ›Aufstand gegen die Eltern‹«, da ihm schon in den sechziger Jahren bewußt geworden sei, »daß meine Kindheit und Jugend nicht generationstypisch verlaufen war.« Indem Kunzelmann allerdings die »Aufgeschlossenheit, Liberalität und auch Großzügigkeit« seines Vaters als untypisch charakterisierte, setzte er eine »typische« Herkunft der späteren »Kulturrevolutionäre« aus autoritären Elternhäusern voraus, während diese in vielen Fällen aus ähnlich liberalen Elterhäusern stammten, wie er selbst.[115] Die kulturelle Aufgeschlossenheit des Kunzelmann'schen Elternhauses kann insofern für die Protagonisten der späteren »Studentenrevolte« beinahe als typisch gelten. Den Kontrast mit der wenig inspirierenden Banklehre in Coburg und den kleinbürgerlich-fröhlichen Mitarbeiterfesten mit ihren Thüringer Klößen mag Kunzelmann um so schmerzlicher erlebt haben. Gleichzeitig lassen sich seine Erfahrungen nicht auf eine konsumorientierte Generationengeschichte der sogenannten »Halbstarken« der fünfziger Jahre reduzieren, wie dies in der einschlägigen Forschung oft geschieht.[116] Neben den kulturkonservativen Prägungen der Kindheit und den Einflüssen der amerikanisierten Populärkultur standen gleichzeitig auch literarische und cineastische Beispiele der rekonstruierten europäischen Moderne, die eine andere, interessantere Welt versprachen als die der fränkischen Provinz. Diese ersehnte »andere Welt« konnte verschiedene Gestalten annehmen, sei es als cineastische Imagination des Nachkriegskinos oder in Form der unter den Nationalsozialisten exilierten Intelligenz, die später zur Inspirationsquelle der »Neuen Linken« wurde.[117] Was Kunzelmann von der großen Mehrheit seiner Altersgenossen unterschied, ist, daß er die »Sehnsucht nach einer anderen Welt« beim Wort nahm und auf sie im buchstäblichen Sinn reagierte. Am 8. Mai 1959 stellte sich der 19-Jährige in Schweinfurt an den Straßenrand (Bamberg hatte er mit der Bahn umgangen) und reiste per Anhalter nach Paris, während seine Mutter in Bamberg auf sein Erscheinen bei ihrem Geburtstagskaffee gewartet haben soll.[118] Das war nicht nur der romantische Aufbruch zu einem Sehnsuchtsort der europäischen Moderne[119], sondern auch der Auftakt von Kunzelmanns Leben als subversiver Rebell.

Zweiter Teil
München – 1960–1966

Prolog: Ein Sommer in Paris und der Mythos von Schwabing

Kunzelmanns Aufbruch nach Paris stellte eine radikale Zäsur in seiner bis dahin kleinstädtisch-provinziell geprägten Biographie dar. Zur »Beruhigung seiner Eltern« seien nur die engste Familie und sein Schwager Rudolf May, der Mann seiner Schwester Helga, eingeweiht gewesen, »ein außergewöhnlicher Mensch, dem ich viele Anregungen zu verdanken habe«, wie er sich später erinnerte.[1] Damit deutet Kunzelmann an, daß es für seine Eltern offenbar wichtig war, die bloße Tatsache seiner Abreise und den Ort bzw. Charakter seines Aufenthalts vor der Bamberger Öffentlichkeit geheimzuhalten. Für die Sommermonate des Jahres 1959 wählte er die Obdachlosigkeit unter den Brücken von Paris als Zufluchtsort vor der »Sicherheit und Gleichförmigkeit« der bürgerlichen Existenz, gegen die er im Laufe seiner Jugend »eine regelrechte Abscheu« entwickelt habe. Ganz apodiktisch und in der biographischen Rückschau des lebenslangen Rebellen bilanzierte er 40 Jahre später: »Mit diesem Schritt, der mich mit großem Stolz erfüllte, stellte ich vor allem für mich selbst klar, daß meinerseits mit einem geordneten bürgerlichen Lebensweg nicht mehr zu rechnen sei.«[2]

Ein Rätsel dieser Jahre scheint zunächst die Frage nach Kunzelmanns Dienstpflicht bei der Bundeswehr zu sein. Der Jahrgang 1939 gehörte ab 1957 zu den ersten Jahrgängen, die für die neu eingeführte Wehrpflicht in Frage kamen, doch Kunzelmann hat weder den Dienst an der Waffe noch den später eingerichteten Ersatzdienst geleistet. Auch in den folgenden Jahren, als sein Lebenslauf regelmäßig vor Münchener und Berliner Gerichten zu Protokoll gegeben wurde, kam dieses Thema nicht mehr zur Sprache. Eine Flucht vor einer Einberufung wäre von den deutschen Behörden spätestens dann beendet und strafrechtlich geahndet worden, als Kunzelmann sehr bald wieder öffentlich sichtbar und gerichtsnotorisch wurde.[3] Doch in dieser Sache lag nichts Gerichtsverwertbares gegen ihn vor. Tatsächlich wurde Kunzelmann lange Zeit schlicht nicht einberufen, weil der Aufbau der Bundeswehr um 1956 während des Übergangs im Verteidigungsministerium von Theodor Blank zu Franz-Josef Strauß mit erheblichen organisatorischen Schwierigkeiten verbunden war, die einen schrittweisen Aufbau der Armee zur Folge hatten, der sehr viel langsamer ablief, als es ursprünglich in den Zusagen an die NATO-Partner vorgesehen war.[4] Die provisorischen Bundeswehr-Strukturen der ersten Jahre waren allein mit den ersten Freiwilligen bereits ausgelastet. Als dann das Bamberger Kreiswehrersatzamt Kunzelmann 1962 vorlud, verweigerte er den Kriegsdienst, und die Kommission, die über seinen Antrag zu entscheiden hatte, soll nach seiner eigenen Darstellung eine Überraschung erlebt haben: Anstatt mit Hilfe der üblichen ethischen oder religiösen Beweggründe habe er politisch argumentiert, »die Wiederaufrüstung der Bundesrepublik wegen des Potsdamer Abkommens von 1945 für rechtswidrig« erklärt, habe die kubanische Revolution verteidigt und die Kommission abschließend vor folgende Aussicht gestellt: »Wenn Sie mich nicht als Wehrdienstverweigerer anerkennen, werde ich alles unternehmen, um so schnell wie möglich aus der Bundeswehr rauszufliegen.«[5] Da Kunzelmann zu diesem Zeitpunkt der Öffentlichkeit bereits gerichtsnotorisch als Unruhestifter aufgefallen war, soll seinem Antrag tatsächlich stattgegeben worden sein, als habe die Kommission der Truppe diesen widerspenstigen Rekruten ersparen wollen.

Doch im Frühjahr 1959 waren solche Konflikte noch nicht in Sicht, und Kunzelmann schlug das romantisch erscheinende Leben der Pariser Clochards in seinen Bann. Dabei vermied er nach seiner Ankunft bewußt das touristisch beworbene Paris oder die intellektuellen Zentren an der Rive Gauche, wo Intellektuelle das Leben einer kritischen Bohème führten, und suchte Anschluß bei den Außenseitern selbst der anti-bürgerlichen Subkultur, in einem sub-proletarischen Kontext: »Nicht der schillernde Ruhm der Intellektuellen und Künstler in Saint Germain des Prés zog unsere Clique an, sondern das Leben der Gescheiterten, der Ausgestoßenen.«[6]

Seine Erinnerungen sind von späteren theoretischen Prämissen der Urbanismus-Kritik überlagert, wenn er z.B. davon sprach, daß es »keinen besseren Weg« gebe, »sich mit einer Stadt und ihren Menschen vertraut zu machen, als auf der Straße zu leben«. Die »soziale Verfassung« einer Stadt lasse sich an den Möglichkeiten ablesen, »außerhalb gewohnter Existenzbedingungen überleben zu können, ohne Wohnung, ohne Geld, ohne Arbeitszwang.«[7] Empirisches Quellenmaterial zu dieser Episode seiner Biographie ist naturgemäß knapp, aber auch seine Erinnerungen lassen nach Jahrzehnten seine – vermutlich deutlich verklärte – Faszination für die sub-proletarische Existenz unter den Seine-Brücken erkennen: »Das Paris von 1959 – die Markthalle im Herzen der Stadt war noch nicht abgerissen und die Ufer der Seine noch nicht mit Autobahnen zubetoniert – bot ideale Voraussetzungen für ein unangepaßtes, umherschweifendes Leben, denn die Clochards besaßen ihre eigene Infrastruktur mit Treffpunkten, Kneipen und Schlafplätzen in den Metroschächten.«[8]

Im Januar 2007 kolportierte ein Spiegel-Artikel von Matthias Matussek und Philipp Oehmke das Gerücht, Kunzelmann sei beim Nachtlager an der Seine dem späteren Philosophen Jean Baudrillard begegnet – eine prominenzverliebte Anekdote, die sich kaum verifizieren läßt und deren Relevanz sich auch nicht unmittelbar erschließt.[9] Festzuhalten bleibt, daß das sommerliche Paris in jener Zeit Anziehungspunkt für zahlreiche junge Leute aus ganz Europa war, die sich von Gelegenheitsjobs ernährten und wenigstens vorübergehend ihre Aussteigerexistenz genossen.[10] Die Qualität einer derartigen Erfahrung vor dem Hintergrund eines behüteten oberfränkischen Elternhauses war gewiß einschneidend und charakterprägend, auch wenn man Kunzelmanns Erinnerungen mit der gebotenen Vorsicht zur Kenntnis nimmt, etwa wenn er in seiner späteren Selbstdeutung einen überhöhten und pathetischen Ton anschlägt, der die Konstruktion seiner Rebellen-Autobiographie unterstützen soll: »Die gängigen Lebensängste habe ich in dieser Zeit abgeschüttelt: die Angst vor dem Alleinsein, die Angst vor dem Verhungern, die Angst vor einer fremden Welt, die Angst vor einem Leben jenseits aller Konventionen.«[11]

Jenseits dieses real und in der Erinnerung konstruierten Bruches lassen sich in Kunzelmanns Biographie auch Kontinuitäten beobachten, welche die unkonventionelle Existenz als Clochard in Paris mit der Bamberger Heimat verbanden. Er erkundete die Pariser Stadtviertel, »immer zu Fuß, nur so lernt man ein Stadtquartier kennen«, und stieß in der Rue d'Ulm auf das Filmmuseum, »wo in jeder Vorstellung jeweils ein anderer Film lief. Eisenstein, Pudowkin, Fritz Lang, Ernst Lubitsch zum Beispiel.« Seine cineastische Leidenschaft aus den Tagen im Bamberger Filmclub setzte sich für ihn fort, und sein autodidaktischer Eifer fand hier reiche Nahrung, denn: »In diesem kleinen Kino war es möglich, innerhalb weniger Wochen die besten Filme der Film-Geschichte kennenzulernen.«[12] Gleichzeitig war Paris auch Filmkulisse: Im selben Jahr sorgte Jean-Luc Godards Erstling »Au Bout de Souffle« (dt. »Außer Atem«) für Aufsehen, ein Film, dessen Ästhetik für die Jugend- und Protestgeneration der sechziger Jahre von Bedeutung werden sollte. Die jugendliche und virile Delinquenz des Kleinkriminellen Michel Poiccard (gespielt von Jean-Paul Belmondo) prägte gemeinsam mit Godards unkonventioneller Regie den rebellischen Blick auf das zeitgenössische Kino.[13] Erste Konflikte mit der Staatsmacht kündigten sich auch für Dieter Kunzelmann an. Das Leben unter den Brücken von Paris blieb dem Zugriff der Polizei unterworfen, die in den Aussteigern und Obdachlosen in erster Linie ein ordnungspolitisches Problem sah: »Meine erste unangenehme Bekanntschaft mit der Polizei machte ich in den ersten Wochen in Paris. Alle 14 Tage veranstaltete eine Sondereinheit eine Großrazzia an den Ufern der Seine, nahm alle Clochards, derer sie habhaft werden konnte, fest, verfrachtete die aufgelesenen Personen in Gefangenen-Busse und transportierte sie in Polizei-Kasernen am Stadtrand von Paris. Anlaß für diese Razzien war meist ein Staatsbesuch mit Bootsfahrt auf der Seine. Dabei sollte den Staatsgästen ein sauberes Paris ohne Clochards und Gammler präsentiert werden. Ich war entsetzt über den Kommandoton der Flics und über ihr arrogantes Verhalten gegenüber sechzig-, siebzigjährigen Clochards, von denen jeder seine außergewöhnliche Lebensgeschichte hatte, die Respekt verdiente.«[14]

Damit stand die Erfahrung des freien Lebens »jenseits aller Konventionen« in einem Spannungsfeld zwischen abenteuerlicher Sozialromantik und administrativ-technokratischen Ordnungsbedürfnissen, die während der fünfziger

Jahre das Verhältnis zwischen der bürgerlichen Mehrheitskultur und der sozialen Randgruppe prägten. Die Clochards wurden immer wieder zum Objekt angewandter Sozialwissenschaften, die nicht selten den administrativen Blick informierten und unterstützten. Ein Beispiel sind in diesem Zusammenhang die Arbeiten des französischen Sozialpsychologen Alexandre Vexliard, der sich während der fünfziger Jahre sowohl mit der Feldforschung zu den Pariser Clochards als auch mit den historischen Hintergründen der »Theorie des Vagabundierens« beschäftigte.[15] Vexliard hatte die traditionellen neuzeitlichen Theorien der Obdachlosigkeit, insbesondere des neunzehnten Jahrhunderts studiert. Dabei arbeitete er den traditionellen, individualisierenden Blick heraus, der die Clochards vorwiegend unter psychologisierenden, moralisierenden oder kriminologischen Gesichtspunkten betrachtet hatte. Das Ergebnis seien bislang jeweilige Idealtypen gewesen, wie z.B. die »Nichtstuer«, die »Abenteurer«, der »nutzlose Abschaum«, die »Unfähigen« oder auch die »romantischen Helden«.[16] Vexliard favorisierte seinerseits den wissenschaftlichen Blick und sah sich als Vorkämpfer eines erneuerten und modernisierten Humanismus, der sich von jedweder Romantisierung fernhielt. Das »Recht auf Leben« stand für ihn dabei im Mittelpunkt, worunter er ein gesellschaftlich integriertes Leben verstand, und gesellschaftliche Integration bedeutete für ihn den Genuß sozialstaatlicher Fürsorge.[17] Unter dieser Prämisse führte er seine eigenen empirischen Forschungen durch, die sich durch quantifizierende soziologische und psychologische Methoden auszeichneten. Im Laufe der fünfziger Jahre nahm Vexliard psychologische Tests an etwa 60 ausgewählten Pariser Clochards vor, darunter möglicherweise einer Reihe von Kunzelmanns späteren Bekannten. Zum wissenschaftlichen Repertoire gehörten dabei vor allen Dingen standardisierte Tests von Intelligenz, Motorik und Persönlichkeit, die Vexliard zu einer neuen, ausgefeilten Kategorisierung der Probanden in Idealtypen verhalfen. Er unterschied dabei drei Haupttypen von »Obdachlosen«, »Bettlern und Kriminellen« sowie »Gelegenheitsarbeitern«. In zahlreichen Unterkategorien präsentierte er sodann ein Kaleidoskop sozialer Inadäquatheit von Alkoholikern, psychisch Instabilen und geistig Schwachen über »parasitäre«, »wanderlustige« und gewalttätige Clochard-Formen bis hin zu »speziellen« Fällen, die in keine Kategorie zu passen schienen. Die Karriere des Clochard stellte sich Vexliard in einer idealtypischen und langfristigen Verlaufsform von psychischen Stadien dar: von der Aggression über die Regression bis hin zu Fixiertheit und schließlich Resignation.[18] Doch selbst Vexliards hochdifferenzierte Typologie hatte keinen Platz für die jugendlichen Aussteiger auf Zeit, wie Kunzelmann einer war; sie galten ihm offensichtlich nicht als wirkliche Clochards. Die individuellen Lebensgeschichten nahm der Wissenschaftler zur Kenntnis, behandelte sie jedoch nach standardisierten Methoden und mit großer Skepsis. Unter die »charakteristischen Verhaltensweisen« zählte er auch die Erfindung von Lebensgeschichten, welche die Clochards sich als fiktive Biographie zueigen machen würden. Paris schien ihm von abgestürzten Rechtsanwälten, Professoren, Philosophen und Notaren nur so zu wimmeln, doch Wahrheit und Dichtung seien dabei kaum zu unterscheiden gewesen.[19] Sein Blick war damit der eines Sozialtechnikers, der die psycho-soziale Sphäre der Clochards in Kategorien der Pathologie, zumindest aber als sozialpolitisches Problem auffaßte, um Wege zu erforschen, sie nach Möglichkeit zum Verschwinden zu bringen. Kunzelmanns Wahrnehmungen waren demgegenüber die eines teilnehmenden Clochard-Touristen, der den Lebensgeschichten lauschte und sie nach eigener Aussage respektierte.[20] Sein Interesse galt den menschlichen Objekten städteplanerischer und sozialstaatlicher Ordnungspolitik und ihren Geschichten bzw. Legenden ohne analytische Interessen oder kritische Distanz.

Als die Nächte kälter wurden, verließ Kunzelmann Paris und kehrte per Anhalter über Marseille, Genua und Basel nach Bamberg zurück: »Abenteuerträume in Wirklichkeit zu verwandeln, sie bis ins Extrem auszuleben, sie dadurch hinter sich zu lassen und auf dieser Erfahrung aufbauend Neues zu beginnen – so ungefähr sah schließlich das banale Resümee meiner Clochardzeit aus.«[21] Die Familie reagierte tolerant und wohl auch erleichtert. Kunzelmanns Vater erklärte sich sogar bereit, »ohne jegliche Auflage«, wie sich sein Sohn später erinnerte, einen monatlichen Unterhalt von 250 Mark zu zahlen, den Kunzelmann dazu benutzen wollte, in einer deutschen Großstadt seiner Wahl das Leben eines Privatgelehrten zu führen.[22] Dabei war er nach seinem Paris-Aufenthalt wählerisch geworden, als er – wiederum per Anhalter – die deutsche großstädtische Lebensart des Jahres 1960 in Augenschein nahm: »In Hamburg paßten mir die Arroganz und Hochnäsigkeit der Menschen nicht, und ich bekam Probleme im Theater und in Kneipen wegen meines Gammlerlooks; in Berlin gefielen mir die Leute wegen ihrer Kaltschnäuzigkeit, doch die Stadt hatte keinerlei Gesicht. Köln und Frankfurt waren reichlich provinziell – blieb also nur München übrig, damals tatsächlich die heimliche Hauptstadt.«[23]

Mit dem Verweis auf die »heimliche Hauptstadt« reflektierte Kunzelmann mit dem zeitlichen Abstand von 40 Jahren den Mythos des letzten verbliebenen Künstlerviertels der frühen Bundesrepublik – ein Bild, das von der Stadt selbst gepflegt wurde und sich mit den großen Namen der Münchner Bohème der Jahrhundertwende verband: Thomas Mann, Franz Werfel, Gustav Landauer und Erich Mühsam erinnerten, wenn auch nur dem Namen nach, an die große Zeit vor dem Ersten Weltkrieg, als München tatsächlich als die heimliche kulturelle Hauptstadt Deutschlands gelten konnte, bevor in den zwanziger Jahren die kulturelle Elite Mittel- und Ost-Europas sich in Berlin versammelte.[24] Die zeitgenössische Publizistik tat – gerade während der fünfziger Jahre – ein übriges, um die non-konformistische Attraktivität des Stadtteils über Bayern hinaus bekannt zu machen, und ein touristisch-ökonomisches Interesse ist dabei kaum zu übersehen. So schwärmte etwa Oda Schaefer vom »Montmartre von München«, »kein Ort sondern ein Zustand« (ein vielzitierter Satz der Gräfin Reventlow), der gleichzeitig mehr zu bieten habe, denn der Bohemien habe »etwas vom Affen und vom Genie«. Dieser »Magnetberg für alles Außergewöhnliche« sei berüchtigt und berühmt für »seine verkannten Genies, entgleisten höheren Töchter« und für alle Arten bedeutender Persönlichkeiten: »Dichter, Maler, Bildhauer, Schauspieler, Regisseure, Philosophen, Ärzte, Musiker, Wissenschaftler, Okkultisten, Mystiker, Theosophen, Buddhisten, Zionisten, Pazifisten, Kollektivisten, Nihilisten und Anarchisten – ja, sogar Bolschewisten, denn Lenin hat kurze Zeit in einer der stillen Straßen gelebt, mit seiner Frau und seinem ›Kreis‹, und sein ›Geheimjournal‹ ausgebrütet.«[25] Bildbände voller Atmosphäre bemühten sich redlich, in der Öffentlichkeit ein Stadtteil-Image voller Nachtschwärmer, randständiger Originale, Studenten und Künstler zu verankern.[26] Während der Nachkriegszeit waren die aufregenden Tage jedoch meist nur noch Erinnerung, wie sie sich denn auch in der Schwabinger Erinnerungspublizistik, z.B. in den Memoiren des Simplwirts Theo Prosel niederschlug.[27] Obwohl also nach dem Zweiten Weltkrieg von den ehemals avantgardistischen intellektuellen Strukturen Münchens fast nichts übriggeblieben war – nicht zuletzt weil die jüdische Intelligenz, für München von zentraler Bedeutung, vertrieben oder ermordet worden war –, lebte der Stadtteil weiter von einem magischen Reiz, der Studenten, Künstler und andere liberale Geister anzog. Auch die Theaterszene und die auflebende Münchner Filmindustrie brachten neue, unkonventionelle Charaktere wie z.B. Klaus Kinski in die Stadt. Kunzelmann erlebte den Stadtteil ganz unter diesem Eindruck und schwärmte auch später noch: »In der gesamten Bundesrepublik gab es keinen lebendigeren Ort als München-Schwabing mit all seinen Künstlern, Studenten, Gammlern und der liberal gesonnenen Münchner Einwohnerschaft. Preiswerte Wirtschaften, Straßencafés, Stehkneipen, Jazzlokale, Galerien, Film-Kunst-Studios, Buchhandlungen, die Leopoldstraße, der Englische Garten – in Schwabing pulsierte das Leben.«[28]

In der Bauerstraße 24 fand er eine kleine Kellerwohnung mit WC über den Hof, in der er die nächsten sechs Jahre als »Privatgelehrter« verbrachte. Die vorläufige Leitidee seiner Existenz, so schilderte er es später, sei die eines Schwabinger Künstlers gewesen, »auch wenn ich im strengeren Sinne gar keiner war.«[29] Kunzelmann lebte fortan das Leben eines Bohemiens, mit allen Eigentümlichkeiten dieses Lebensstils, die bereits von Helmut Kreuzer identifiziert worden sind.[30] Die abseits gelegene Unterkunft, die Orientierung an Bars und Lokalen als Treffpunkte eines als künstlerisch verstandenen Lebensstils und die gezielte Verwahrlosung und Parodie bürgerlicher Respektabilität bildeten den Ausgangspunkt für seinen Weg in eine Gegenwelt der avantgardistischen Subversion, für die er sich nach seinem sub-proletarischen Selbstversuch in Paris offenbar gut gerüstet fühlte. Kunzelmann fand damit im Geiste Anschluß an eine untergegangen geglaubte Tradition der europäischen Bohème – schließlich hatte dieser die französische Metropole Paris als heimliche Hauptstadt gegolten, die regelmäßige internationale Kontakte ermöglichte.[31] Kreuzers Beobachtungen entstanden gegen Ende der sechziger Jahre, sind also von den Kommune-Experimenten Kunzelmanns und anderer sicher nicht unbeeinflußt geblieben, auch wenn die Kommunarden von Berlin nicht explizit erwähnt werden. Die Anwendung seiner historischen Analyse auf Kunzelmanns Lebensweg entbehrt mithin nicht einer gewissen Tautologie. Andererseits sind Kreuzers historisierende Beobachtungen weiterhin von Wert und erlauben auch Einblicke in die Selbstbilder der Bohèmiens der sechziger Jahre, von denen Kreuzer möglicherweise inspiriert war.

Situationismus

Während Kunzelmann 1959 als Clochard an der Seine, den Pariser Markthallen und dem Filmmuseum umhergestreift war, hatte sich seit einigen Jahren im Stadtteil St.-Germain-des-Prés ein junger subkultureller Intellektuellenkreis versammelt, der nicht nur Kunzelmanns Biographie sondern die subversive Avantgarde-Kultur ganz Europas entscheidend beeinflussen sollte.[32] Rund um das Lokal »Chez Moineau« in der Rue du Four hatte sich schon zu Beginn der fünfziger Jahre ein lockerer Freundeskreis von jugendlichen Nonkonformisten, Intellektuellen, Künstlern und sozialen Aussteigern eingefunden, die auf zunächst unbestimmte Weise ihre Opposition zur vorherrschenden Lebenswelt des Pariser Bürgertums zum Ausdruck brachten.[33] Zu dieser lokalen Subkultur gehörte Jean-Michel Mension, der in einem umfangreichen Erinnerungsinterview jene Jahre in St.-Germain-des-Prés aus der Perspektive der damaligen Außenseiter schilderte.[34] Während es einerseits durchaus Berührungspunkte zur Clochard-Kultur gab (die Kunzelmann nicht nutzte – er hatte damals offenbar keine Verbindung zum »Chez Moineau« und den anderen Lokalen dieser Pariser »Szene«[35]), spielten andererseits der Alkoholkonsum und die gezielte Erregung öffentlichen Ärgernisses eine zentrale Rolle für die jungen Provokateure. Konflikte mit Passanten und Touristen waren keine Seltenheit, und einige aus der Gruppe suchten gezielt den größtmöglichen Skandal. Ausgedehnte Trinkgelage, Auseinandersetzungen mit der Polizei, nicht selten wiederholte Verhaftungen schildert Mension aus jener Zeit, als er zu der regelmäßig im »Moineau« residierenden Bohème-Gruppe stieß, die mehr im Sinn hatte, als die bloße alkoholisierte Randale und Dauerprovokation der Staatsmacht.[36]

Zu legendären Ruhm gelangt ist dabei schon damals ein Vorfall, der vielen als Gründungsmoment der subversiven Pariser Nachkriegsavantgarde gilt: der »Überfall auf Notre Dame«.[37] Am 9. April 1950, um elf Uhr vormittags während der Ostermesse, stieg Michel Mourre in der mit Gläubigen vollbesetzten Kathedrale als Dominikanermönch verkleidet auf die Kanzel und verkündete den Tod Gottes. Von seiner vorbereiteten blasphemischen Predigt konnte er allerdings nur wenige Worte verlesen, bevor sich die Kathedralengarden und zahlreiche Gläubige auf ihn und seine zwei Begleiter stürzten: Ghislain de Marbaix und Serge Berna, der von einem Säbelhieb im Gesicht verletzt wurde. Nachdem Mourre der wütenden Menge noch eilig den Segen erteilt hatte, kam ihre Festnahme durch die Polizei der Rettung vor einer katholischen Lynchjustiz gleich. Der Vorfall und ein Photo der Festgenommenen gingen durch die internationale Presse. Die Surrealisten um André Breton verteidigten die provokative Tat mit zahlreichen Zuschriften an die Zeitschrift »Combat«, die zur Diskussion des Skandals aufgerufen hatte.[38] Weniger spektakulär, doch ebenfalls justitiabel, war das von Ivan Chtcheglov und Henry de Béarn in Umlauf gesetzte Gerücht, man plane die Sprengung des Eiffelturms, um des Nachts nicht von den blinkenden Markierungslichtern des Bauwerks am Schlafen gehindert zu werden.[39]

Aus diesem sozial randständigen Zirkel ging in den frühen fünfziger Jahren die Lettristische Internationale hervor, eine Intellektuellengruppierung, die sich der theoretischen und praktischen Zivilisationskritik verschrieben hatte.[40] Die Parodie auf die internationale Arbeiterbewegung, die in der Namensgebung enthalten war, gehört zu den ironischen Elementen, die Kreuzer bei den Sozialisationsformen der Bohème beobachtet hat.[41] Mit Lautgedichten, Experimentalfilmen und bald auch einer eigenen Zeitschrift machten junge Künstler und Essayisten auf sich aufmerksam und entwickelten grundlegende Konzepte der subversiven Nachkriegsavantgarde, die für die sechziger Jahre bestimmend wurden. Neben Berna, Mension und Chtcheglov zählten noch Michèle Bernstein und Gil J. Wolman zum inneren Zirkel, als führender Kopf galt der Experimentalfilmer Guy-Ernest Debord.[42] Zu den Inspirationen der Lettristen zählten die Vorkriegstraditionen des Dadaismus und des Surrealismus, die Gegenstände ihrer Reflexionen fanden sie vor Ort in der europäischen Nachkriegskultur. Zu den wichtigsten Themen der Gruppe gehörte die Kritik des funktionalistischen Städtebaus, wie er sich in den Arbeiten Le Cobusiers und in Form der anlaufenden Pariser Stadtsanierung andeutete, und eine radikale Kritik der zeitgenössischen Avantgarde. In ihrer eigenen Zeitschrift POTLATCH, die Debord herausgab, und gelegentlich in anderen Organen formulierten die Lettristen ihre Positionen, die auf einen aktiven provokativen Eingriff in die modernen Alltags- und Verkehrsformen sowie in den avantgardistischen Kunstbetrieb abzielten.[43] Dabei entwickelten sich bereits um die Mitte der fünfziger Jahre zwei Konzepte der provokativen Praxis, die längerfristig von Bedeutung werden sollten: das »Umherschweifen« und die »Zweckentfremdung«.

Die Technik des Umherschweifens (frz. »dérive«) unterschied sich zunächst kaum von den üblichen täglichen Gewohnheiten der »Moineau«-Gruppe, die regelmäßig auf der Suche nach preiswerter Nahrung und Getränken durch das Pariser Stadtgebiet zog.[44] Als gezielte Aktivität entstand die Technik ursprünglich eher beiläufig während des Eisenbahnerstreiks im Sommer 1953. Mension erinnerte sich, welche Auswirkungen der Streik auf das städtische Leben in Paris hatte und wie sich aus dieser exzeptionellen Situation eine Inspiration für die Lettristen ergab: »Das war eine komische Zeit. Vom Streik waren die Züge und der öffentliche Nahverkehr in Paris betroffen. Viele fuhren per Anhalter, und Militärlaster waren unterwegs, um die Leute zu transportieren. Während dieser Tage wurde der Autostop in Paris zu einer ganz normalen Fortbewegungsart. […] Mein erstes Umherschweifen habe ich mit Guy, Eliane und ihrer Freundin Linda unternommen. Wir hielten einfach den Daumen raus, aber nach dem fünften Auto hatten wir keine Lust mehr. Guy kaufte Wein in einem Bistro, den wir austranken und dann zogen wir wieder los. Wir machten das solange, bis wir völlig abgefüllt waren. Das war natürlich nicht sehr poetisch. Ich fand es damals ermüdend zu laufen. Dennoch liefen wir die Straßen vom Quartier ab, und wenn wir die Runde machten, mußten wir natürlich laufen.«[45]

Aus den Rundgängen im Quartier und anderswo entwickelte Debord die Vorstellung eines »beschleunigten Durchgangs durch abwechslungsreiche Umgebungen«. Das Umherschweifen in der großstädtischen Umgebung sollte dabei einerseits der bewußten Wahrnehmung psychischer Wechselwirkungen zwischen Umherschweifendem und der jeweiligen Umgebung dienen, andererseits die »Behauptung eines konstruktiven Spielverhaltens« realisieren. Als subversive Aneignungsform des urbanen Raums sei diese Technik daher »in jeder Hinsicht den klassischen Begriffen der Reise und des Spaziergangs entgegengestellt.«[46] Damit sollte die oberflächliche Nähe zum urbanen Flanieren des bürgerlichen Intellektuellen, wie es Charles Baudelaire und Walter Benjamin reflektiert hatten, abgewehrt werden. Ziel war vielmehr die Dekonstruktion des passiven Transports oder der bloß ästhetischen Kontemplation der Großstadt zugunsten einer kreativen und aktiven Erforschung »psychogeographischer« Potentiale für die Subversion der metropolitanen Lebenswelt.[47]

Die andere Technik der Lettristen stand in einer ästhetischen Traditionslinie des Dadaismus und kann als gedankliche Weiterentwicklung und Radikalisierung der künstlerischen Collage-Technik aufgefaßt werden. So wie das Rohmaterial der Collage aus alten Bedeutungszusammenhängen herausgelöst und in neuen Zusammenstellungen mit einer neuen ästhetischen Bedeutung aufgeladen wurde, so propagierten die Lettristen die Zweckentfremdung (frz. »détournement«) als universales Prinzip der aktiven Subversion. Dabei komme es auf vier Elemente des Vorgehens an, so Debord und Wolman 1956, die der lettristischen Zweckentfremdung einen radikaleren Charakter verleihe als ihn die dadaistische Collage erreicht hatte: Neben der Nutzung möglichst weit vom ursprünglichen symbolischen Zusammenhang entfernter Versatzstücke müsse das Material einer äußersten Vereinfachung unterzogen werden, dürfe nicht auf der Ebene eines bloß rationalen Widerspruchs zur herrschenden Ästhetik oder Gesellschaftsordnung verwendet werden und könne nur durch die Vermeidung der einfachen Umkehrung des ursprünglichen symbolischen Sinns zur kulturellen Waffe entwickelt werden. Die Technik der Zweckentfremdung müsse,

»da sie frontal mit allen gesellschaftlichen und rechtlichen Konventionen zusammenstößt, als ein mächtiges kulturelles Werkzeug im Dienst eines richtig verstandenen Klassenkampfes zur Verfügung stehen.« Der Sinn dieser Aktivität sollte also keinesfalls ein bloß künstlerisch-ästhetischer sein, sondern stand im Zusammenhang mit einer gesellschaftlichen und politischen, letztlich revolutionären Auseinandersetzung mit dem Kapitalismus. Die Produkte der zweckentfremdenden subversiven Praxis würden das »schwere Geschütz« bilden, »mit der in alle chinesischen Mauern der Intelligenz eine Bresche geschossen werden kann. Das ist ein echtes Mittel der proletarischen Kunsterziehung, der erste Entwurf eines *literarischen Kommunismus*.«[48] Debord und Wolman scheuten sich denn auch nicht, ihre kulturellen Techniken der Subversion einer radikalen Agitation zur Verfügung stellen zu wollen, die den bürgerlichen Kunstbegriff selbst auflösen sollte: »Das literarische und künstlerische Erbe der Menschheit muß insgesamt für eine parteiliche Propaganda benutzt werden.« Es genüge nicht, die bürgerliche Kulturauffassung, etwa mit den Mitteln der öffentlichen Skandalisierung, zu ironisieren oder der Lächerlichkeit preiszugeben. Vielmehr sei es erforderlich, »über jede Idee des Skandals hinauszugehen«: »Da die Negation der bürgerlichen Auffassung des Genies und der Kunst schon lange überholt ist, bietet der Schnurrbart der Mona Lisa keinen interessanteren Aspekt als die erste Version des Bildes. Jetzt muß dieser Prozeß bis zur Negation der Negation fortgesetzt werden.«[49] Damit war eine paradoxe Zielvorstellung formuliert, um die in den folgenden Jahren die subversive Theoriebildung kreisen sollte und die nicht selten zu Konflikten innerhalb der europäischen Neo-Avantgarde führte: die Überwindung bürgerlicher Kultur durch die Zerstörung eben derjenigen kulturellen Rahmenbedingungen, innerhalb derer bisherige Traditionen der Avantgarde, der Subversion und des kulturellen Protests überhaupt von Bedeutung gewesen waren. Das kam dem Wunsch nach einer Selbstaufhebung der Avantgarde durch die Sabotage des (bürgerlich-) avantgardistischen Kunstbetriebs gleich.

Die tatsächlichen Aktivitäten der Lettristen beschränkten sich auf die Herausgabe ihrer Zeitschrift Potlatch, die gelegentliche Produktion von provokativen Flugblättern, Rezitationen von neo-dadaistischer Lyrik und die Experimentalfilme Debords, in denen er seine Prinzipien auf der Leinwand praktisch umzusetzen versuchte.[50] Berühmt geworden ist sein Erstling »Hurlements en Faveur de Sade« (»Geheul für Sade«) von 1952, ein Film ohne Bilder, dessen auf die Tonspur gesprochene Textsequenzen von einer leeren weißen, Passagen des Schweigens dagegen von einer leeren schwarzen Leinwand begleitet wurden. Die letzte Schweigesequenz dauerte 24 Minuten. Bei der Uraufführung am 30. Juni kam es im »Ciné-Club d'Avant-Garde« allerdings schon kurz nach Beginn des Films zu tumultartigen Szenen im Publikum, das sich provoziert und beleidigt fühlte – nicht zuletzt von begleitenden Textpassagen wie: »Es gibt keinen Film. Das Kino ist tot. Man kann keinen Film mehr haben. Lassen Sie uns jetzt, wenn Sie es wünschen, zur Diskussion übergehen.«[51] Die Sabotage der herkömmlichen Avantgarde schien geglückt. Der Gil Wolman gewidmete Film machte gleichzeitig deutlich, daß sich das Prinzip der Zweckentfremdung nicht nur auf klassische Objekte künstlerischer Ästhetik beziehen ließ, sondern auch auf die Veranstaltungen, Rituale und Medien des Kulturbetriebs selbst. Debord zweckentfremdete nicht Bilder oder Texte sondern den »Ciné-Club d'Avant-Garde«, die Zeit und die Erwartungshaltungen der Anwesenden und damit schließlich die ganze Situation einer avantgardistischen Filmvorführung.

Von hier aus war es nur ein kleiner intellektueller Schritt zur Entdeckung der zentralen Bedeutung der »Situation« für die subversive Avantgarde. Aus der Lettristischen Internationale entwickelte sich folgerichtig – nach einem bereits früheren, gezielten Wechsel des Stammlokals ins »Charlot« in der Rue de la Montagne Sainte-Geneviève[52] – um 1957 die »Situationistische Internationale«. Begleitet wurden die Aktivitäten dieses nun wirklich internationalen Netzwerks der subversiven europäischen Avantgarde von der Zeitschrift »internationale situationniste«, die von 1958 bis 1969 erschien und seit 1977 in einer zweibändigen Gesamtausgabe in der deutschen Übersetzung von Pierre Gallissaire gut dokumentiert ist.[53] Die Situationistische Internationale kann darüber hinaus als gut erforscht gelten, und auch an aktuellen Anknüpfungsversuchen im 21. Jahrhundert fehlt es nicht.[54] Am Beginn der situationistischen Bewegung stand ein Text von Debord, der 1957 als »interne Diskussionsgrundlage« diente und dabei in einer Mischung aus kulturhistorischer Bilanz und thesenartiger Programmschrift die Leitlinien einer neuen subversiven Tendenz markieren sollte, die von nun an um den Begriff der »Situation« herum entwickelt wurde. Dieser »Rapport über die Konstruktion von Situationen und die Organisations- und Aktionsbedingungen der internationalen situationistischen Tendenz« könne verschiedenen Gruppen als »Dokument für ihre Propaganda« vorgelegt werden, schrieb Debord, sollte aber »unter keinen Umständen zum Verkauf angeboten werden.«[55] An Selbstvertrauen mangelte es ihm nicht, nachdem er gleich im Eröffnungssatz einen rhetorischen Mischton aus Cato d.Ä. und Karl Marx als CETERUM CENSEO der neuen Avantgarde anschlug: »Wir meinen zunächst, daß die Welt verändert werden muß.« Ziel der Subversiven sei die »größtmögliche emanzipatorische Veränderung der Gesellschaft und des Lebens«, die Debord als ein repressives Gehäuse der eigenen Existenz im Zeitalter der Moderne empfand. Doch die gesellschaftliche Veränderung sollte kein Traum oder bloßes Ideal bleiben, sondern einer konkreten aktionistischen Praxis folgen: »Wir wissen, daß es möglich ist, diese Veränderung mit geeigneten Aktionen durchzusetzen.«[56] Gegenüber der lediglich verbalrevolutionären Rhetorik der Lettristen schlug Debord nun einen schärferen Ton an. Im Begriff der »kollektiven Avantgarde« sei ein militanter Aspekt enthalten, und im Kampf gegen die Kräfte der Verhinderung sei ein »kohärentes revolutionäres Programm« vonnöten. Avantgardistische Gruppen würden dazu übergehen, Organisationsmethoden der revolutionären Politik zu übernehmen, »und von nun an kann ihre Aktion nicht mehr ohne Verbindung mit einer Kritik der Politik verstanden werden.« Dies sei ein bemerkenswerter Fortschritt der Avantgarde-Geschichte vom Futurismus über den Dadaismus bis zum Surrealismus und der Nachkriegs-Avantgarde.[57]

Eine bloße Politisierung der Avantgarde reichte Debord aber nicht aus, denn das Ziel sei nicht eine Revolutionierung der Ästhetik oder ihrer Wahrnehmung und Funktion, sondern ein Revolutionierung des alltäglichen Erlebens und damit des Lebens selbst: »Alles, was unsere Wahrnehmung der Straßen verändert, ist wichtiger als das, was unsere Wahrnehmung der Malerei verändert.«[58] Das Ziel »revolutionärer Aktion auf dem Gebiet der Kultur« sei also nicht eine revolutionäre Art der Repräsentation des Lebens, sondern dessen revolutionäre Erweiterung. »Überall muß das Unglück zurückgeschlagen werden.« Das Unglück lag für ihn dabei nicht allein und nicht einmal in erster Linie in einem mangelhaften Niveau des materiellen Lebensstandards begründet, denn nicht die »Produktionsstufe der Schwerindustrie« sei Indikator für den Erfolg revolutionärer Umgestaltung (hier war eine deutliche Kritik am sowjetischen Modell des Staatssozialismus herauszuhören), sondern gemeinsam mit den ausbeuterischen Produktionsverhältnissen müßten »die Kompensationen und die Gewohnheiten sterben, die Produkte der Ausbeutung waren. Es müssen neue, in Zusammenhang mit den heutigen Möglichkeiten stehende Begierden definiert werden.« Aus dem aktuellen »Gefecht zwischen der gegenwärtigen Gesellschaft und den Kräften, die sie zerstören werden«, sollten demgemäß »die ersten Bausteine für eine höhere Umgebungskonstruktion und neue Verhaltensbedingungen gefunden werden; als Experiment und auch als Propagandamittel.«[59] Aus den revolutionären Aktionen selbst sollten also in experimenteller Weise die Antworten auf die entfremdeten kapitalistischen Lebensformen hervorgehen, die diese dereinst überwinden würden. Die »Situation« spielte dabei als performativer Ort einer derartigen Kulturrevolution gegen die durch den Kapitalismus deformierten Lebensweisen die zentrale Rolle: »Unser Hauptgedanke ist der einer Konstruktion von Situationen – d.h. einer konkreten Konstruktion kurzfristiger Lebensumgebungen und ihrer Umgestaltung in eine höhere Qualität der Leidenschaft. Wir müssen eine geordnete Intervention in die komplizierten Faktoren zweier großer, sich ständig gegenseitig beeinflussender Komponenten durchführen: die materielle Ausstattung des Lebens und [die] Verhaltensweisen, die diese Ausstattung hervorbringt und durch die sie erschüttert wird.«[60]

Der Gefahr einer bloß rückwärtsgewandten und letztlich destruktiven Zivilisationskritik wollte Debord dabei ausdrücklich entgegentreten, die moderne Kultur solle nicht einfach abgelehnt werden, sondern seine neue Avantgarde müsse sie in ihren »Besitz bringen, um sie zu negieren.«[61] Die bislang viel zu geringe Zahl der »poetischen Objekte und Subjekte« sollte zu diesem Zweck vervielfacht werden, und man werde »des weiteren die Spiele dieser poetischen Subjekte inmitten dieser poetischen Objekte organisieren.« Kennzeichnend war schließlich auch sein Bekenntnis zum ephemeren Charakter situationistischer Aktionen, deren Programm ausdrücklich ein »Übergangsprogramm« sei: »Unsere Situationen werden ohne Zukunft, sie werden Durchgangsorte sein.«[62]

Auf der Basis derartiger Vorüberlegungen entwickelte sich um 1957 ein internationales Netzwerk, aus dem am 28. Juli bei einem Treffen im norditalienischen Cosio d'Arroscia die »Situationistische Internationale« hervorging.[63] Maßgebend beteiligt waren neben Debord der dänische Maler Asger Jorn, der zuvor an der Gruppe COBRA beteiligt gewesen war, und der italienische Maler Giuseppe Pinot Gallizio.[64] Piero Simondo schließlich übernahm bei dieser Gelegenheit die Rolle des Gastgebers. Die internationalen Verbindungen gingen wesentlich auf Asger Jorn zurück, der seine vielfältigen europaweiten Kontakte nutzte, um immer wieder neue Interessenten heranzuziehen. Nach und nach entwickelte sich so ein Netz aus Kontakten, das ganz Westeuropa und Skandinavien durchzog. In der Folgezeit etablierten die Gruppenmitglieder national organisierte »Sektionen«, die weitgehend unabhängig voneinander innerhalb des Netzwerks aktiv sein sollten. Verbindlich blieben dabei allein die konzeptionellen Leitlinien, über die Debord wachte, und die Beschlüsse der in unregelmäßiger Folge stattfindenden Konferenzen an wechselnden europäischen Orten.

Eineinhalb Jahre später erschien die erste Nummer der Zeitschrift INTERNATIONALE SITUATIONNISTE, der verwandte Publikationen der jeweiligen nationalen Sektionen zur Seite treten sollten. Diese erste Ausgabe leistete einerseits eine Bilanz der bisherigen Überlegungen im Rahmen der Lettristischen Internationale und präsentierte gleichzeitig grundsätzliche Konzepte für eine zukünftige Arbeit an situationistischen Aktionen. Von zentraler Bedeutung waren zunächst »Vorbereitende Probleme zur Konstruktion einer Situation«, wie sie in der Zeitschrift entwickelt wurden. Notwendig sei »eine Art Psychoanalyse zu situationistischen Zwecken«, allerdings nicht in analytisch-therapeutischer Absicht, sondern die Analysanden sollten »genaue Wünsche nach Umgebungen« finden, »*um sie zu verwirklichen*. Jeder soll nach dem suchen, was er liebt und was ihn anzieht«. Entscheidend sei die »Möglichkeit der Anwendung des Geistes in den konstruierten Situationen«[65]. Eine derartige »Vollendung des Individuums« bedürfe allerdings einer »kollektiven Beherrschung der Welt«. Unter den kapitalistischen Produktionsverhältnissen verhindere die systematische Entfremdung der Menschen von ihren Bedürfnissen und voneinander die Freisetzung der lebendigen Potentiale des Individuums: »Vor ihr [der kollektiven Beherrschung der Welt, A.R.] gibt es noch keine Individuen, sondern nur Gestalten, die mit den Dingen umgehen, die ihnen von anderen anarchisch gegeben werden.« Diese »getrennten, ziellos umherziehenden Individuen« würden derzeit mit ihren arbiträren und zufälligen Gemütsregungen und Konsumbedürfnissen nichts weiter erreichen als die »feste Umwelt der Langeweile« aufrechtzuerhalten. Demgegenüber kündigte die Situationistische Internationale kämpferisch an: »Wir werden diese Bedingungen zugrunderichten, indem wir das Brandzeichen *eines höheren Spiels* an einigen Punkten erscheinen lassen.«[66]

Im Spiel sollte sich eine neue revolutionäre Lebenswirklichkeit entwickeln, die sich insbesondere durch eins auszeichnen würde: Leidenschaft. Die nüchterne Rationalität der wirtschaftlichen Rekonstruktionsphase nach dem Zweiten Weltkrieg konnte z. B. Ivan Chtcheglov, der von seinen französischen Freunden »Gilles Ivain« genannt wurde und unter diesem Namen auch publizierte, nur in Kategorien der Pathologie auffassen[67]: »Eine Geisteskrankheit hat unsere Welt befallen: die Herrschaft der Banalität.« Die industrielle Überwindung der Armut durch die Produktion von Komfortgütern hatte in ihm ein »unmittelbar quälendes Bild« hervorgerufen: »Zwischen der Liebe und dem automatischen Müllschlucker hat die Jugend aller Länder gewählt: sie zieht den Müllschlucker vor.« In Vergessenheit geraten seien so die grundlegenden Wünsche und Begierden der Menschen, deren Wiederentdeckung in seinen Augen eine geradezu revolutionäre Sprengkraft haben würde: »Eine völlige geistige Wendung muss unumgänglich dadurch bewirkt werden, dass vergessene Begierden ins helle Licht gesetzt und vollkommen neue geschaffen werden. Sowie dadurch, dass eine *intensive Propaganda* zugunsten der Begierden getrieben wird.«[68]

Die Konsequenz war für Debord eine spezifische aggressive mediale Taktik, derer sich die situationistische Aktion bedienen müsse und die den Bereich der kulturellen Kommunikation von Grund auf verändern werde. Ganz im Sinne der »Zweckentfremdung« forderte er den subversiven Angriff auf die entfremdeten Kommunikationsverhältnisse, um einer unordentlichen Ordnung den Weg zu bahnen: »Alle Formen der Pseudokommunikation müssen bis zu ihrer äussersten Zerstörung geführt werden, damit man eines Tages eine wirkliche, unmittelbare Kommunikation erreicht – die konstruierte Situation in unserer Hypothese höherer kultureller Mittel. Diejenigen werden siegen, die es verstanden haben, die Unordnung zu schaffen, ohne sie zu lieben.«[69]

Die Technik des »détournement« konnte an dieser Stelle also eine konkrete und praktische Bedeutung erlangen und wurde in der dritten Ausgabe der Zeitschrift ausdrücklich noch einmal in Erinnerung gerufen. Es erschien den situationistischen Theoretikern notwendig, »dass alle Elemente der kulturellen Vergangenheit entweder ›reinvestiert‹ werden oder verschwinden müssen. So ergibt sich die Zweckentfremdung zunächst als Negation des Wertes der vorherigen Ausdrucksorganisation zu erkennen.«[70] Auf einer »höheren Ebene der Beziehungen« sei dann eine Rückkehr zur Bedeutung denkbar – wohl ganz im Sinne von Debords »wirklicher, unmittelbarer Kommunikation«. Darin drückte sich ein ästhetisches Verständnis der marxistischen Entfremdungsproblematik aus, das die spielerische Eskalation der modernen, medialisierten Kommunikationsverhältnisse als eine erfolgversprechende Taktik für deren Überwindung auffaßte.

Dem stand, nun wiederum ganz zeittypisch, das optimistische Vertrauen in die Rationalisierung und Mechanisierung der Arbeitswelt gegenüber. Weit entfernt davon, zu archaischen Produktionsformen zurückkehren zu wollen oder die moderne Technik als solche zu verteufeln, erkannte Asger Jorn in der Entwicklung der Maschinisierung und Automation auch das Potential eines befreienden Elements, das es zu nutzen gelte. Zwar seien die gegenwärtigen Produktionsverhältnisse auf die Ausbeutung und Entfremdung des Individuums ausgerichtet, doch an der technologischen Entwicklung der Automation ließen sich immerhin »zwei entgegengesetzte Perspektiven« ablesen: Einerseits nehme sie »dem Individuum jede Möglichkeit, der den Fortschritt *festbindenden* automatischen Produktion irgendetwas Persönliches hinzuzusetzen«, entwerte also die persönliche Qualität des Produzenten, doch »zu gleicher Zeit spart sie menschliche Kräfte, die massiv von den reproduzierenden und nicht schöpferischen Aktivitäten befreit werden.« Allerdings redete er damit nicht einer bloßen Freizeitgesellschaft das Wort, die ihrerseits im Interesse des kapitalistischen Konsums stehen würde, sondern er wollte die durch die Automation gewonnene Freizeit für Aktivitäten genutzt sehen, »die über sie [die Automation, A.R.] hinausgehen und neue menschliche Energien auf einer höheren Stufe befreien.«[71] Doch bis dahin schien es noch ein weiter Weg zu sein, solange die konsumorientierte Nachkriegsgesellschaft das wachsende disponible Zeitbudget und auch die Kreativität der Konsumenten in immer neue Bahnen der affirmativen Beschäftigung lenken zu können schien. Die neue Freizeit beschrieb Jorn als Abgrund, »den die heutige Gesellschaft nur dadurch auszufüllen denkt, dass sie die Pseudospiele eines lächerlichen Bastelns multipliziert.« Die Freizeit könne statt dessen aber auch die Basis der »grossartigsten kulturellen Konstruktion« sein, »die je erdacht wurde.« Mit derartigen Plänen, das war Jorn bewußt, verfolgte er allerdings nicht das Interesse der Automatisierungstechniker, sondern propagierte im Gegenteil ein revolutionäres Moment der Überwindung der technisierten Industriegesellschaft – ein Moment, das »der direkten Tendenz der Automation entgegengesetzt ist.« Doch in dieser subversiven Überwindung der automatisierten Produktionsverhältnisse – man könnte sagen: in der Aufhebung der Freizeit – lag für ihn der Sinn der technischen Automation: »Erst von dem Augenblick an kann die Automation sich positiv weiterentwickeln, wo sie eine ihrer eigenen Festlegung entgegengesetzte Perspektive als Ziel hat und es gelingt, eine solche allgemeine Perspektive je nach ihrer Entwicklungsstufe durchzuführen.« Und schließlich stand diese Zweckentfremdung der Automation wiederum im Dienst der situationistischen Beförderung einer neuen Kultur der Begierden, die erst noch zu entdecken sei. Die verdrängten Begierden würden sich unter den gegebenen Verhältnissen nicht mehr von selbst zu erkennen geben: »Eine gemeinsame Aktion ist unbedingt notwendig, um sie aufzuspüren, zu offenbaren und zu verwirklichen.«[72] Jorns Plädoyer für die Befreiung der Begierden von der Entfremdung sowohl in der Arbeitswelt als auch in der Freizeit zielte also auf so etwas wie eine Technik im Dienste der Leidenschaften.

Damit war gleich zu Beginn der Situationistischen Internationale ein beinahe vollständiges kritisches, subversives und aktionistisches Programm ausformuliert. Aus der Auseinandersetzung mit dem Surrealismus, dem die Situationisten eine Komplizenschaft mit der »bürgerlichen Propaganda« vorwarfen, entstand ein aktionistisches Programm, das direkt in die kulturelle Praxis und in den Alltag der industrialisierten Moderne eingreifen sollte: »Die Schöpfungen der Zukunft sollen das Leben direkt gestalten, indem sie die ›aussergewöhnlichen Augenblicke‹ schaffen und verallgemeinern.«[73] Das situationistische »Manifest« von 1960 stellte in diesem Zusammenhang eine durchaus konkrete »Aktion neuen Typus« in Aussicht, die der »bewußten Konstruktion von Situationen« zu einer unübersehbaren Anschaulichkeit verhelfen sollten. Der Bürokratisierung der Kultur, z.B. in Form der UNESCO, müsse mit geeigneten Mitteln entgegengetreten werden: »Da das Vorhandensein dieser konzentrierten und in einem einzigen Gebäude lokalisierten Führung der Kultur die Beschlagnahme durch einen Putsch begünstigt; da diese Einrichtung ausserdem gar keinen anderen sinnvollen Gebrauch als unsere subversive Perspektive haben kann, halten wir uns unseren Zeitgenossen gegenüber für berechtigt, uns dieses Apparats zu bemächtigen. Und wir werden ihn bekommen. Wir sind entschlossen, von der UNESCO Besitz zu ergreifen, und wenn es nur für eine kurze Zeit sein sollte, da wir sicher sind, dort schnell ein Werk zu verrichten, das als bedeutungsvolles Zeichen zur Erhellung einer langen Periode von Forderungen bleiben wird.«[74]

Und im selben Atemzug wechselte das »Manifest« in einen chiliastischen Ton, der Utopie, Drohung und Hybris in sich vereinte. Die Einführung des »historisch letzten Berufs« würde die »Zeit des ökonomischen und geistigen Überflusses« einläuten, »in der jeder zu einem solchen ›Künstler‹ wird, wie es den Künstlern nicht gelungen ist – für die Konstruktion seines eigenen Lebens.« Und auf diese Hoffnung, die der kommunistischen Vision aus Karl Marx' »Deutscher Ideologie« nicht unähnlich war, folgte ein nun schon traditioneller avantgardistischer Verbalangriff auf die »Welt der Beraubung«: »Denjenigen, die uns nicht gut verstehen sollten, sagen wir mit trotziger Verachtung: ›Die Situationisten, für deren Richter Ihr Euch vielleicht haltet, richten Euch früher oder später. Wir warten auf Euch an der nächsten Ecke – d.h. bei der unvermeidlichen Liquidierung der Welt der Beraubung in all ihren Formen. Das sind unsere Ziele, die die zukünftigen Ziele der Menschheit sein werden.‹«[75]

Auf der vierten Konferenz der Situationistischen Internationale wurden im September 1960 konkrete und weniger pathetische Perspektiven einer Kulturrevolution diskutiert, die keine weltrevolutionären Strategieplanungen, sondern ganz praktische Überlegungen für die Entwicklung einer revolutionären Infrastruktur zum Ziel hatten. Die versammelten Situationisten vereinbarten

»Stützpunkte (situationistische Schlösser)« zu schaffen, »Orte also, in denen Begegnungen und Umherschweifelemente angesammelt werden; konkret ausgedrückt, Gebäude, die uns gehören.« Derartige situationistische Stützpunkte sollten in ein mehr oder minder permanentes Kommunikationsnetzwerk der Stützpunkte untereinander eingebunden sein. Attila Kontányi forderte gleichzeitig, »diesen Plan innerhalb bestimmter – und folglich zeitlicher – Grenzen ins Auge zu fassen«. In einer geradezu generalstabsmäßigen Beratung wurde denn auch gleich festgehalten, daß sich diesem Zeitplan, der für die Herstellung eines ersten Netzwerkes notwendig sei, alle anderen Aktivitäten und »Werkzeuge« der Situationistischen Internationale unterzuordnen hätten, »inklusive der Apparat der Propaganda und der Veröffentlichungen«.[76]

Der institutionelle Status der Situationistischen Internationale war allerdings seltsam unbestimmt. Während es sich formell lediglich um ein loses Netzwerk europäischer Künstler handelte, begann Debord, der sich mehr und mehr zum Wächter der ideologischen Reinheit der situationistischen Lehre entwickelte, schon in den ersten Jahren mit der Praxis der Ausschlüsse gegen Abweichler oder all jene, die »nur« als Künstler aktiv sein wollten. Bevor die Gruppe quer durch Europa quantitative Substanz entwickeln konnte, verkleinerte sie sich laufend aufgrund von Abspaltungen und der Trennung von – in den Augen Debords – häretischen Fraktionen.[77] In den »Instruktionen für eine Parade« kam dabei ein Pathos zum Vorschein, das schon zu Beginn der sechziger Jahre die großen subversiven Linien zu entwerfen begann, die von dieser kleinen, permanent zerfallenden Gruppe esoterischer Untergrund-Intellektueller dereinst möglicherweise ausgehen würden. Es klingt, als sei paradoxerweise (obwohl Debord den Gral der situationistischen Lehre beinahe autoritär hütete) eine feste, kaderförmige Struktur niemals angestrebt worden, denn die Situationisten erklärten, es sei nicht ihre Absicht, »Schüler bzw. Anhänger zu werben, sondern Leute zusammenzubringen, die sich mit allen Mitteln und ohne Rücksicht auf das Etikett in den folgenden Jahren mit dieser Aufgabe zu beschäftigen fähig sind.« Ohne Rücksicht auf das Etikett – das mochte langfristig eine diffuse, kaum noch organisatorisch oder gar institutionell greifbare Verbindung von unterschiedlichsten Gruppierungen in ganz Europa bedeuten. Jedenfalls konnte man das aus der folgenden Passage herauslesen, die bereits 1961 in sentimental-pathetischer Diktion einen langen, geradezu romantischen Marsch auf die Weltrevolution voraussagte, die selbst die damals gängigen trotzkistischen und maoistischen Konzepte einer »permanenten Revolution« in den Schatten stellen sollte und die nicht ohne die theoretischen Prämissen der Situationisten gelingen können würde: »Wir erheben keinen Anspruch darauf, ein neues revolutionäres Programm allein zu entwickeln. Wir sagen, dass dieses im Entstehen begriffene Programm die herrschende Wirklichkeit eines Tages praktisch angreifen wird und dass wir an diesem Angriff teilnehmen werden. Was aus uns auch individuell werden mag, [so] wird die neue revolutionäre Bewegung nicht aufgebaut, ohne Rücksicht darauf zu nehmen, was wir zusammen versucht haben und was als der Übergang von der alten Theorie der begrenzten permanenten Revolution zur Theorie der generalisierten permanenten Revolution definiert werden kann.«[78]

Dieser »Angriff auf die herrschende Wirklichkeit« sollte von Beginn an in den Großstädten erfolgen, und die Situationisten widmeten einen erheblichen Teil ihrer kritischen Reflexionen auf die Entwicklungen der modernen Stadtplanung. Die Rekonstruktion und Modernisierung der europäischen Großstädte folgte nach dem Zweiten Weltkrieg funktionalistischen Planungsprinzipien, welche die Entmischung von Wohn- und Arbeitsbereichen, die dadurch notwendige Gewährleistung eines reibungslosen Verkehrs, eine rationalisierte Befriedigung der Grundbedürfnisse der Einwohner und nicht zuletzt die Renditesicherung der städtischen Grundeigentümer zum Ziel hatte.[79] Im Zusammenspiel mit der – durch die Kriegsschäden besonders in Deutschland – überproportionalen Nachfrage nach neuem, bezahlbaren Wohnraum führte das zu einer Bevorzugung kostengünstiger und leicht realisierbarer Planungsentwürfe der klassischen Moderne, die eine rationelle, und vor allen Dingen schnelle Lösung des Problems versprachen.

Die Situationisten widmeten sich dieser Problematik bereits in den fünfziger Jahren auf radikal entgegengesetzte Weise.[80] Der Pariser Kontext bot reiches Anschauungsmaterial für vergangene und gegenwärtige Stadtplanungssünden, und kritische Geister wie Debord scheinen von den Frontlinien des modernen Urbanismus geradezu angezogen worden zu sein. Schon der Lokalwechsel, den er und die Lettristen vom »Chez Moineau« ins »Charlot« unternommen hatten, geschah anscheinend auf der Suche nach den Schauplätzen des modernen Städtebaus, der sich langsam durch die noch weitgehend unzerstörten Strukturen der Stadt zu arbeiten anschickte. Das »Charlot« lag im dreizehnten Arrondissement, einem alten Arbeiterbezirk voller Abrißhäuser, wo in den fünfziger Jahren die Konzepte des modernen Urbanismus in die Praxis umgesetzt wurden. Mension erinnerte den Stadtteil als »sehr proletarisch, mit Fabriken, sehr populär, sehr kommunistisch, sehr links. Ähnlich wie auf den Mréchaux Boulevards, wo es praktisch uneinnehmbare Gebäudekomplexe gab, wo die Bullen keinen Fuß reinsetzten.« Debord verpflanzte so die kleine Gruppe der Lettristen auf einen Kampfplatz der modernen Stadtentwicklung, der sich strukturell ohnehin am Rand der öffentlichen Ordnung befand, und die subkulturellen Potentiale dieser Situation wollte er offensichtlich nutzbar machen. Mension vermutete im Nachhinein ein gewisses Maß an gezielter Planung hinter diesem Umzug, »es würde mich überraschen, wenn das Zufall gewesen sein sollte.« Der topographische Schnitt sollte jedenfalls auch innerhalb der subversiven Netzwerke mit aller Deutlichkeit vollzogen werden. Wer weiterhin die bisherigen Treffpunkte im Quartier Latin frequentieren würde, der sei, so Debord damals, nicht mehr Teil der Gruppe.[81]

In seiner »Einführung in eine Kritik der städtischen Geographie« formulierte Debord 1955 erste Leitlinien einer Kritik des modernen Urbanismus. Was ihn interessiere sei einzig »die fragmentarische Suche nach einer neuen Lebensform«. Was ihm als Projekt vorschwebte, war zunächst eine Beobachtung des Geschehens auf der Straße, der großstädtischen Lebenspraxis, und in Paris bedeutete dies eine kritische Auseinandersetzung mit den städtebaulichen Gegebenheiten des 19. Jahrhunderts. Die Neugestaltung der Stadt unter Napoleon III. folgte dem Plan von George-Eugène Haussmann und hatte eine urbane Topographie zum Ziel, die besser als zuvor den Erfordernissen der inneren Sicherheit und militärischen Beherrschbarkeit gerecht werden konnte, »aber abgesehen von diesem rein polizeilichen Gesichtspunkt ist das Paris von Haussmann eine Stadt voll sinnlosem Lärm und Gedränge, die von einem Idioten erbaut wurde«, so Debord. Im 20. Jahrhundert bestehe das Hauptproblem der Stadtplanung in der »Herstellung guter Verkehrsmöglichkeiten für eine schnell wachsende Anzahl von motorisierten Fahrzeugen«, und er war noch ganz Fortschrittsoptimist, da er vermutete, »daß ein zukünftiger Urbanismus sich um – sehr wohl nützliche – Konstruktionen bemühen wird, die den psychogeographischen Möglichkeiten weitgehend Rechnung tragen.«[82] Doch die »Vorstellung vom Glück«, wie sie sich in der modernen Stadtplanung äußere, sei bis in alle Einzelheiten eine, »wie sie in der Bourgeoisie gültig ist.« Damit meinte Debord eine auf Verkehr, Reklame und Konsum abgestimmte urbane Architektur, welche die materiellen Interessen in den Vordergrund stelle, wohingegen eine Stadt, wie er sie herbeiwünschte, radikal andere Prioritäten setzen würde, die alle Potentiale des Wohlstands freisetzen könne: »Die revolutionäre Umgestaltung der Welt – aller Aspekte der Welt – wird allen Vorstellungen vom Überfluß recht geben.«[83] Seine Hoffnungen setzte er in das »Bewußtwerden der handelnden Massen über die Lebensbedingungen, die ihnen in allen Bereichen auferlegt werden, sowie über die praktischen Mittel, diese Bedingungen zu verändern«, doch er sah auch die retardierenden Momente in einem solchen Prozeß der »Bewußtwerdung«, die »Ablenkungen und mehr oder weniger vulgären Kompensationen.« Er beklagte die wiederholten »Kapitulationen« kritischer Geister vor den urbanen Gegebenheiten und sah sie in ein Millionenheer der »Schwachsinnigen« zurückfallen. Daraus folgte für ihn die schlichte Grundregel der Subversion: »Der erste moralische Mangel bleibt die Duldsamkeit in allen ihren Formen.«[84]

Von größerer Bedeutung war daneben das »Formular für einen neuen Urbanismus« aus der Feder von Ivan Chtcheglov, das ebenfalls Mitte der fünfziger Jahre entstanden war, aber erst 1958 in der ersten Ausgabe der INTERNATIONALE SITUATIONNISTE veröffentlicht wurde. Im Gegensatz zur zeitgenössischen Stadtplanung, die nach topographischen Bezügen und Funktionen urbaner Strukturen für Wohnen, Arbeit, Verkehr und Konsum ausgerichtet war, interessierte Chtcheglov der Erlebnischarakter der städtischen Geographie, den er in magische Metaphern kleidete. Allen Städten hafte »etwas geologisches« an, man begegne bei jedem Schritt »bewaffneten Gespenstern mit dem ganzen Zauber ihrer Legenden.« Der Betrachter bewege sich in einer »*geschlossenen* Landschaft, deren Markierungen uns ständig zur Vergangenheit hinziehen.« Nur gewisse »*bewegliche* Winkel« und »*flüchtige* Perspektiven« stünden der Perspektive für »originelle Auffassungen« zur Verfügung, insgesamt müsse der Blick jedoch noch bruchstückhaft bleiben. Diese »originellen Auffassungen« seien daher in den »magischen Stellen der Volksmärchen und den surrealistischen Texten« zu finden: »Schlösser, endlose Mauern, kleine, vergessene Bars, Mammuthöhlen, Spielbankenspiegel ...«[85] Dieser Mangel an unverfälschter Erlebnisqualität, den er in der modernen Stadt beklagte, sei durch ein völlig neues Konzept der urbanen Gestaltung zu beheben, das er im Namen der Pariser subversiven Avantgarde ankündigte: »Wir werden die mechanischen Zivilisationen und die kalte Architektur, die am Ende ihres Wettrennens zur gelangweilten Freizeit führen, nicht verlängern. Wir haben vor, neue bewegliche Szenerien zu erfinden.«[86]

Die strukturellen Bedingungen für die zeitgenössische modernistische Städteplanung nahmen die Situationisten ohne Illusionen wahr. Attila Kotányi stellte auf der vierten Konferenz der Situationistischen Internationale in London nüchtern fest, daß man sich mehr um die legislativen Rahmenbedingungen der urbanistischen Planungen kümmern müsse und faßte seine Einsichten in der einprägsamen Formel zusammen: »All das, was heute gebaut wird, wird nicht auf dem Baugelände, sondern auf dem Gesetz gebaut.«[87] In einem ganz ähnlich apodiktischen Stil verfaßte er im folgenden Jahr gemeinsam mit Raoul Vaneigem das »Elementarprogramm des Büros für einen Unitären Urbanismus«, einer Art urbanismuskritischen Unterabteilung der Situationistischen Internationale, die in Brüssel etabliert worden war. Kotányi und Vaneigem stellten ebenso grundsätzlich wie lakonisch fest, »in Wirklichkeit bewohnt man nicht ein Stadtviertel, sondern die Macht. Man wohnt irgendwo in der Hierarchie.« Der moderne Städtebau zeichne sich durch nichts anderes als die »kapitalistische Dressur des Raumes« aus. Zu den Symbolen des modernen, kapitalistischen Urbanismus gehöre daher z.B. der Verkehr, insbesondere der individuelle Berufsverkehr, in dem sich Statusunterschiede unter den Funktionsträgern manifestierten: »Auf dem Gipfel dieser Hierarchie kann die Rangordnung am Grad des Verkehrs gemessen werden. Die Macht wird sichtbar durch die Verpflichtung, täglich an mehr und mehr und immer weiter voneinander entfernten Orten anwesend zu sein (Geschäftsdiners). Man könnte die moderne Führungskraft als einen Mann charakterisieren, bei dem es vorkommt, daß er sich im Laufe eines einzigen Tages in drei verschiedenen Hauptstädten befindet.«[88]

Die Konditionierung erschien bereits vollständig geglückt: »Der ganze Raum ist schon besetzt vom Feind, der alles bis zu den Grundregeln dieses Raumes für seinen Gebrauch gezähmt hat (über die Gerichte hinaus sogar die Geometrie).« Möglichkeitsräume der Freiheit könnten nur in bewußten Konstruktionen von exemplarischen Freiräumen entstehen, die Kotányi und Vaneigem mit der Metapher des »positiven Lochs« bezeichneten. Ziel sei, »dieser gezähmten Welt einige Parzellen ihrer Oberfläche zu entziehen.« Mit Bezug auf die Überlegungen der Londoner Konferenz vom Vorjahr formulierten sie noch einmal in aller Deutlichkeit das Projekt situationistischer Stützpunkte, die sie in militärischer Diktion als »Brückenköpfe« einer situationistischen Invasion der modernen Stadt verstanden wissen wollten: »Lebendige Kritik bedeutet: Errichtung von Stützpunkten für ein experimentelles Leben, Vereinigung derer, die ihr eigenes Leben auf einem für ihre Zwecke ausgerüsteten Territorium erschaffen wollen. Diese Stützpunkte sollen auf keinen Fall reserviert sein für eine von der Gesellschaft getrennte ›Freizeit‹. Keine Raum-Zeit-Zone ist vollständig abtrennbar. Praktisch übt die globale Gesellschaft immer einen Druck auf ihre aktuellen ›Ferienreservate‹ aus. In den situationistischen Stützpunkten, die die Funktion von Brückenköpfen für eine Invasion des gesamten Alltags übernehmen werden, wird dieser Druck in umgekehrter Richtung ausgeübt werden. Der unitäre Urbanismus ist das Gegenteil einer spezialisierten Aktivität. Die Anerkennung eines getrennten urbanistischen Gebiets bedeutet schon die Anerkennung der ganzen urbanistischen Lüge und der Lüge im ganzen Leben.«[89]

Damit war die Aussicht auf subversive Wohnprojekte eröffnet, die schließlich im Sommer 1961 unter den Situationisten konkret diskutiert wurden. In der gleichen Ausgabe der INTERNATIONALE SITUATIONNISTE wurde auch die ganze ideologische Radikalität der situationistischen Urbanismus-Kritik deutlich. Ausschlaggebend war dabei das Gefühl einer feindlichen Übernahme der eigenen Lebenswelt durch das kapitalistische System: »Wir werden bewohnt – von diesem Punkt muss man ausgehen«[90], so Vaneigem, der mit polemischen Vergleichen nicht sparte, wenn er die Auswirkungen des modernen Städtebaus charakterisierte. Wie eine Spinne in ihrem Netz verhungern könne, so werde der »letzte Mensch« vor Langeweile sterben.[91] Der moderne Urbanismus hatte für Vaneigem offensichtlich verheerende und menschenfeindliche Auswirkungen, die ihm denen des kriegführenden Militärs in nichts nachzustehen schienen: »Man muss in aller Eile bauen, es gibt so viele Leute, die eine Wohnung brauchen – so die Humanisten des Stahlbetons. Man muss unverzüglich Schützengräben ausheben, sagen die Generäle, das ganze Vaterland wartet auf seine Rettung. Ist es nicht irgendwie ungerecht, jene zu loben, während man sich über diese lustig macht? Im Zeitalter der Raketen und der Konditionierung enthält der Schmerz der Generäle immerhin noch etwas Geschmack. Aber unter demselben Vorwand Schützengräben in die Höhe errichten!«[92]

Und vom Vorwurf der Militarisierung des Lebenswelten war es nicht mehr weit bis zum Faschismus-Vorwurf. In einer intellektuellen Parallelentwicklung zu entsprechenden Interpretationen der exilierten Kritischen Theorie entstand in der situationistischen Urbanismus-Kritik auch die explizite Gleichsetzung von modernistischen und faschistischen Ordnungsprinzipien des Sozialen. Vaneigems Worte ließen hier an Deutlichkeit nichts zu wünschen übrig: »Wenn die Nazis die zeitgenössischen Urbanisten gekannt hätten, so hätten sie die KZ's in Sozialbauwohnungen verwandelt. [...] Der ideale Urbanismus soll jeden ohne Unbehagen und Revolte den Weg zur Endlösung des Problems des Menschen einschlagen lassen. Der Urbanismus ist die vollendete konkrete Verwirklichung eines Alptraums.«[93]

Die entwürdigende Rationalisierung des Wohnens in den modernen Vorstädten kam in dieser Sichtweise der totalen Negation der Subjektivität durch den europäischen Faschismus gleich. Damit erschien der moderne Wohnungsbau nur als eine offen zutage tretende Veranschaulichung eines grundlegend menschenfeindlichen und – wie man später sagen würde – »faschistoiden« Nachkriegskapitalismus in Westeuropa.

SPUR

Am 23. Januar 1959 fand im Münchner Museum für Völkerkunde die Eröffnung der Ausstellung »Extremisten – Realisten« statt, mit deren Gestaltung der Berufsverband der Bildenden Künstler eine Gruppe junger Münchner Künstler beauftragt hatte.[94] Angekündigt war ein Vortrag des Kulturphilosophen Max Bense, dessen Bekanntheit offensichtlich mit derjenigen des zeitgleich in München vortragenden Martin Heidegger durchaus mithalten konnte. Die anwesende Kunstwelt mußte sich an diesem Abend allerdings mitteilen lassen, daß Bense leider verhindert sei und statt dessen seinen Vortrag auf ein Tonband gesprochen habe, das man nun abspielen werde – nicht ohne das obligatorische Glas Wasser auf dem verwaisten Rednerpult. Über den Vortrag berichtete der MÜNCHNER MERKUR am 27. Januar: »Zum Schlafwagenregisseur und Flugzeugdirigenten haben wir jetzt auch den Tonbandphilosophen, der an mehreren Stellen zugleich einen Vortrag halten kann. [...] Die etwa 300 gekommenen Kunstfreunde bekamen am Eröffnungsabend eine Menge unverständlicher philosophischer Termini zu hören, deren Urheber unsichtbar und unansprechbar blieb. Man hielt die Neo-Da-Da-Nummer für eine neue Farce von Ionesco und applaudierte erfreut.«[95]

Die Unverständlichkeit des Vortrags hatte einen einfachen Grund: Es handelte sich um eine absichtlich unsinnige Vortragscollage aus verschiedenen Texten Benses, die willkürlich und ohne erkennbare argumentative Struktur auf Band gesprochen worden war. Erst ein erstaunter Leserbrief Benses an den MÜNCHNER MERKUR, in dem er einen Strafantrag gegen die Urheber ankündigte, konnte den Sachverhalt aufklären.[96] Das Ergebnis war eine weitgehende Ächtung derjenigen Künstler, die den bekannten Kritiker und die beeindruckten Zuhörer seines Nonsens-Vortrags gleichermaßen der Lächerlichkeit preisgegeben hatten.[97] Es handelte sich dabei um die Maler Helmut Sturm, Heimrad Prem und Hans-Peter Zimmer. Gemeinsam mit Lothar Fischer hatten sie im Jahr zuvor die Künstler-gruppe SPUR gegründet, die auf diese Weise zum ersten Mal öffentliche Aufmerksamkeit erregen konnte.[98] Den Beginn der Gruppe schilderte Helmut Sturm in einem späteren Interview schlicht als eine Suche nach »einer anderen Form von Leben, ohne immer gleich an die Nutzanwendung zu denken.«[99] Im November des vorangegangenen Jahres hatte die Gruppe auf Initiative Zimmers ihr erstes Manifest verfaßt, mit dem sie sich in die Neo-Avantgarde der Nachkriegszeit einreihte. Europa stehe, so die Münchner Kunst-Rebellen, »kurz vor einer großen Revolution, vor einem einzigartigen kulturellen Putsch.« Die Maler wandten sich »gegen das folgerichtige Denken«, das »zum Akademismus, zur Atombombe« geführt habe. Ganz im Stil der Kulturrevolutionäre zu Beginn des 20. Jahrhunderts verkündeten sie: »Wer Kultur schaffen will, muß Kultur zerstören.«[100] Den Konstruktivisten und Kommunisten warf die Gruppe im selben Atemzug den Glauben an die Wahrheit vor, den sie selbst ablehne: »Wir sind gegen die Wahrheit, gegen das Glück, gegen die Zufriedenheit, gegen das gute Gewissen, gegen den fetten Bauch, gegen die Harmonie. Der Irrtum ist die herrlichste Fähigkeit des Menschen! Wozu ist der Mensch da? Den vergangenen ihm nicht mehr gemäßen Irrtümern einen neuen Irrtum hinzuzufügen.« Die SPUR-Künstler forderten demgemäß einen »ehrlichen Nihilismus«, der sich gegen den Fortschritt wenden müsse, und damit auch gegen die zeitgenössische Moderne, insbesondere die abstrakte Malerei, die ein »leerer Ästhetizismus«, ein »hundertfach abgelutschter Kaugummi« sei, der »unter der Tischkante klebt«. Die neue Malerei würde statt dessen »polydimensionale«, »unendliche Dimensionen« erobern. Das Manifest endete schließlich einerseits mit einer aggressiven Kampfansage an den Kulturbetrieb der Nachkriegszeit, dem man eine »militante Diktatur des Geistes« entgegensetzen wolle, andererseits mit einer guten Portion Ironie: »Wir können nichts dafür, daß wir gut malen. Wir bemühen uns auch noch in diesem Sinn. Wir sind arrogant und exzentrisch. Wir spotten jeder Beschreibung.«[101]

Durch den international gut vernetzten Asger Jorn, den in München ausstellenden Pinot Gallizio und Helmut Sturm, der innerhalb der Gruppe SPUR die Rolle des Seniors übernahm und durch ein Frankreich-Stipendium Kontakte zu Debord unterhielt, entwickelte sich schnell ein lebhafter Kontakt zur Situationistischen Internationale, die ihre dritte Konferenz im April 1959 in München-Schwabing abhielt.[102] Die Gruppe SPUR nahm an dieser Tagung teil und wurde unverzüglich zur »deutschen Sektion« erklärt. Hans-Peter Zimmer, der sich von den Münchnern am stärksten für die Aktivitäten der Situationistischen Internationale engagierte, referierte aus diesem Anlaß über die »Bedingungen unserer Aktion in Deutschland und die Geschichte der neuen Tendenz der deutschen Avantgarde seit 1957«. »Zimmer und seine Genossen«, wie sie in der INTERNATIONALE SITUATIONNISTE genannt wurden, gingen auf dem Gebiet der Malerei gegen die modernistische Eintönigkeit vor und würden bald »auf ein totales, gesellschaftliche bzw. politische Aspekte einschliessendes Kunstwerk«

zusteuern. Zimmer erwähnte in diesem Zusammenhang die Vision des Gesamtkunstwerks, wie es z.B. Ludwig II. von Bayern vorgeschwebt habe, auch Wagners Opern blieben nicht unbeachtet. Die Gruppe SPUR bezog sich dabei auf »noch unausgedrückte und von denen der deutschen Kunst unterschiedene Ziele«, die es zu reaktivieren gelte. Die »Bense-Aktion« habe »viel Staub« aufgewirbelt und damit die Richtung zukünftiger Tätigkeit markiert. Dem »antikreativen Kollektivismus«, wie ihn Bense propagiere, würden sie die »kollektive Aktion« entgegensetzen. Damit traf Zimmer offensichtlich den Geschmack der französischen Gäste, wie das Protokoll pflichtgemäß vermerkte. Demnach äußerte sich Debord angesichts des »durch Zimmers Bericht ausgedrückten Willen zum Extremismus beifällig«.[103] Interessant ist dabei ein theoretischer Widerspruch, der offenbar übersehen oder vorerst nur zurückgestellt wurde. Der Wille zur »kollektiven Aktion«, von dem Zimmer sprach, war im Manifest der Gruppe SPUR nur sechs Monate zuvor noch deutlich gebremster ausgefallen, eine »Erneuerung der Welt jenseits von Demokratie und Kommunismus«, so hatte es da noch geheißen, sei »nur durch die Erneuerung des Individualismus, nicht durch das kollektive Denken« möglich.[104] Das vertrug sich auf den ersten Blick kaum mit den Visionen der französischen Situationisten um Debord, die von der »kollektiven Beherrschung der Welt« träumten und sich eindeutig gegen den künstlerischen Individualismus im Sinne einer herkömmlichen traditionellen Werkästhetik ausgesprochen hatten. Hier deuteten sich bereits konzeptionelle Konflikte an, die sich letztlich als unüberbrückbar erweisen sollten.

Doch zunächst vermeldeten die Situationisten nicht ohne Stolz den Neuzugang der »deutschen Sektion«, die sich in »München, Kaulbachstr. 2« etabliert habe. Demnach sorgten die nationalen Sektionen auch für die Übersetzung zentraler Texte der Situationisten.[105] Die Münchner Konferenz beschäftigte sich u.a. mit Debords »Thesen über die kulturelle Revolution« und verabschiedete einen »Übergangsbeschluß«, demzufolge eine »äusserste Experimentalinflation« angestrebt werden sollte.[106] Daneben bleib auch Zeit für gesellige Rituale, die das ausgelassene Beisammensein mit provokativen Aktionen verbinden konnten: »Gleich darauf wird ein für diese Gelegenheit von Pinot-Gallizio hergestellter ›Experimentalalkohol‹ verteilt, auf den die klassischen Getränke bis tief in die Nacht hinein folgen. Am frühen 21. April wird das Flugblatt ›Ein kultureller Putsch während ihr schlaft!‹ in München verteilt, während die Situationisten schon anfangen, die Stadt zu verlassen.«[107]

In diesem Flugblatt, das sich mit der Formulierung eines »kulturellen Putsches« an das SPUR-Manifest von 1958 anlehnte, persiflierten die Situationisten das Genre einer Pressemitteilung, die die Öffentlichkeit über die eben stattgefundene Konferenz informieren sollte. Die Ankündigungs- und Manifest-Rhetorik drehte sich erkennbar um sich selbst und spielte mit den Ängsten der Münchner Bürger, die schon vom Bense-Skandal im Januar düpiert und verunsichert waren:

»Ein kultureller Putsch – während ihr schlaft!
Die dritte Konferenz der Internationalen Situationisten
hat soeben in München stattgefunden und wird am Dienstag, den 21. April, mit einer Mitteilung an die Presse schließen. Sie werden dort erfahren können:
warum die Gruppe Spur ihr Manifest verfaßt und Herrn Prof. Bense angegriffen hat
warum Pinot-Gallizio industrielle Malerei produziert[108]
warum München nie seine Ruhe wiederfinden wird.
Bei dieser Gelegenheit werden sie die Fortsetzung hören – Sie wird noch schlimmer sein!«[109]

Ganz im Sinne der internationalen Vernetzung und Organisation der Situationistischen Internationale machten sich die Künstler der Gruppe SPUR an die Herstellung der ersten Nummer einer Zeitschrift der »deutschen Sektion«, die den simplen Titel »SPUR« trug. Diese erste Ausgabe begann mit dem Abdruck der deutschen Übersetzung des situationistischen »Manifests« vom Mai 1960, in dem von der Besetzung der UNESCO, dem »historisch letzten Beruf« und der »Liquidierung der Welt der Beraubung« die Rede war.[110] Unter der Überschrift »Aktuelle Banalitäten« entwarfen die SPUR-Künstler dann situationistische Perspektiven zukünftiger künstlerischer Tätigkeiten, die topologische Wechselwirkungen zwischen Makro- und Mikrosphäre in ein »Spiel zwischen den Dingen« verwandeln könnten.[111] In sorgsam kalligraphierter Aufmachung bekannte sich die Gruppe zu einem »Willen zu einer neuen Gesamtkultur«, welche die »Zerstörung der Pseudokommunikation« voraussetze, so daß sich dann »die Frage nach der Erfindung überlegener Mittel von selbst erhebt«.[112] Das Ziel sei die Schaffung einer »grundlegend neuen Situation«. Diese zeichne sich dadurch aus, »daß sich jedes Individuum schöpferisch und frei entfalten kann und daß es wieder notwendig gebraucht werden wird. Durch das *Ende* des *absoluten Individualismus* wird das Individuum in unserer *neuen gemeinsamen Schöpfung* Gestalt finden.«[113] Den bestehenden Kulturbetrieb würden sie enttäuschen müssen, »*indem wir uns in keine der bestehenden Systeme einordnen lassen, auch nicht im kulturellen Sektor, sondern wir bilden selbst eine Gemeinschaft und werden alle Bereiche des Bestehenden und zukünftigen Lebens innerhalb unserer Gemeinschaft für unsere Ziele verwenden.*«[114]

Zu den Lesern dieser ersten Ausgabe gehörte im Sommer 1960 auch Dieter Kunzelmann, der sich in den Schwabinger Lokalen nach eigener Aussage einen Namen als »leidenschaftlicher Diskutant« machte.[115] Als Pseudo-Künstler hatte er die Rolle eines Bohème-Außenseiters angenommen, der sich in die laufenden Diskussionen des Schwabinger Künstler-Viertels einklinkte. Kunzelmann bewies ein Talent, neue Trends der subversiven Theorie und der avantgardistischen Praxis auszumachen und sie sich kompromißlos als Autodidakt anzueignen. Helmut Sturm erinnerte sich an eine Phase intensiver Gruppenerfahrungen unter den SPUR-Künstlern, während der das »gemeinsame Erleben und das oft nächtelange Darüber-Sprechen« im Mittelpunkt gestanden habe. »Dann ist oft plötzlich irgendein Punkt entstanden, wo sich eine neue Türe öffnete, wo man wußte, jetzt könnte oder fängt etwas Neues an.« Im Interview mit Emil Kaufmann assoziierte Sturm diese Situation spontan mit Kunzelmann:

> K.: »Was sollte hinter dieser Türe sein?«
> S.: »Du verlangst natürlich ... Soll ich mich jetzt dahinein versetzen, in den, der das damals erlebt hat?«
> K.: »Ja nur, du tust, glaube ich, das eh schon. So eine Art von Reflexionsvorgang ist bei dir immer unterirdisch am Werk, so ein Maulwurf, der gräbt und grübelt ...«
> S.: »Ja, den mag ich nicht so gerne. Er hindert mich oft am Leben.«
> K.: »Darauf kommen wir ...«
> S.: »Ja, es ist vielleicht gar nicht so abwegig, daß mir ausgerechnet jetzt der beharrlich verdrängte Kunzelmann einfällt. Weil wir vom Maulwurf und von der exzessiven Art zu leben sprechen. Da war der erste Kontakt mit Kunzelmann.«
> K.: »Wie war das?«
> S.: »Da haben wir 1960 in Schwabinger Lokalen Manifeste, oder die erste Nummer unserer Zeitschrift verteilt. Manchmal war das so eine Art Spießrutenlaufen. Oft haben wir mit den Linken diskutiert. Da kam einmal ein rothaariger Fanatiker uns nachgelaufen auf die Straße. Da hat er mich gepackt und gefragt: Meint ihr das wirklich? Und das war der Kunzelmann. Dann ist er anschließend mitgegangen und wir haben bis frühmorgens diskutiert, und dann war halt Kunzelmann mit dabei.«[116]

Die Erinnerungen der Gruppe an Kunzelmann waren nach zwanzig Jahren von Distanz und Skepsis geprägt. Lothar Fischer steuerte die Bemerkung bei, daß Kunzelmann kein Künstler gewesen sei sondern »ganz gut und frisch geschrieben« habe. Er war ihm als »Spielertyp« im Gedächtnis, »immer auch ein fanatischer Mönch mit umgekehrten Vorzeichen«, dem es trotzdem immer um die »Gaudi« gegangen sei.[117] Gleichzeitig kamen in diesem Gespräch aber auch persönliche Konflikte zum Vorschein, die die Gruppe belasteten. Kunzelmann sei, so Sturm, mit Heimrad Prem nach Dachau gefahren und habe das dortige NS-Konzentrationslager »doll« gefunden. Über die Gründe konnte Sturm nur spekulieren, er vermutete im Hintergrund eine undifferenzierte Faszination für das ganz Andere, doch auch Kunzelmanns Lektüre von Marquis de Sade mochte eine Rolle gespielt haben. Sturm erwähnte in diesem Zusammenhang auch frühe Rauschgift-Experimente Kunzelmanns mit Meskalin. Insgesamt deutete er Kunzelmanns Äußerungen allerdings ganz im Licht seiner späteren Karriere als subversiver Berufsprovokateur: »Die erste Motivation wird gewesen sein, daß er schockieren wollte, weil es zu der Zeit das Unmöglichste war, auch bei Leuten, die es vertuschen wollten, oder gerade bei denen. Aber es ist eigentlich falsch, das von daher aufzuziehen. Es ist höchstens insofern [Wort fehlt] weil es als Wunde nachwirkt und wahrscheinlich auch bei ihm selber.«[118]

Das Ergebnis waren interne Streitigkeiten, an die sich Sturm auch noch zwanzig Jahre später genau erinnerte: »Ich habe ihm gesagt: Du gebärdest dich als links, in Wirklichkeit bist du ein Superfaschist. Es waren fürchterliche Streitereien.« Kunzelmann habe auf derartige Vorhaltungen nur geantwortet: »Du bist nur ein Bürger.«[119] Die bislang unbearbeitete Last der deutschen NS-Vergangenheit und der eigene avantgardistische und anti-bürgerliche Radikalismus der subversiven Situationisten gingen hier eine provokante Mischung ein, die frontal mit den Sprachregelungen der bundesdeutschen Nachkriegsgesellschaft kollidieren mußten. Daneben erwähnte Sturm aber auch persönliche Komplikationen, die er im Gespräch nur andeutete. Kunzelmann hätte »eine andere Geschichte« hinter sich gehabt, die seine spätere, »ganz spezielle Entwicklung« mit beeinflußt hätte. Persönliche Probleme, familiäre Belastungen, eine hochkomplizierte Gruppendynamik, theoretische und politische Ansprüche, nicht zuletzt aber auch die mehr als bescheidenen Lebens- und Arbeitsbedingungen verwickelten sich zu einem unentwirrbaren Knäuel, das auch Sturms Erinnerung überschattete: »Ich war für Kunzelmann zu alt, allein schon weil er doch die ungewöhnlichen Schwierigkeiten mit dem Elternhaus hatte. Da bin ich dann quasi in die Vaterrolle gerückt, und das war für beide Teile schlecht. Was ich herausbringen möchte, ist, daß man das Spannungsfeld der Auseinandersetzung auf unsere konkrete damalige Situation bezieht, die sich auch als sehr beschissen darstellt. Andererseits waren wir vielleicht die einzigen, die sich auf dieses Zwischenfeld Kunst und Politik, Praxis eingelassen haben.«[120]

Auf welche »ungewöhnlichen Schwierigkeiten mit dem Elternhaus« Sturm hier mit Blick auf Kunzelmann anspielte, bleibt unklar. Denkbar ist, daß Kunzelmann anders als die offensichtlich hochtalentierten Meisterschüler der Münchner Akademie der Künste unter einem ungleich höheren Legitimationsdruck stand, wenn es darum ging, gegenüber dem Elternhaus den fortlaufend gezahlten Unterhalt für seine Existenz als »Privatgelehrter« zu rechtfertigen. Er selbst hat in Interviews und in seinen Erinnerungen immer das Gegenteil betont, auch wenn sein Paris-Aufenthalt mit einem vorübergehenden »Abbruch aller Beziehungen zum Elternhaus« einhergegangen sei.[121]

Kurz nachdem Kunzelmann zur SPUR-Gruppe gestoßen war, reisten Zimmer, Sturm und Prem Ende September 1960 zur vierten Konferenz der Situationistischen Internationale nach London. Die Kooperation der deutschen Situationisten mit Debords internationalem Netzwerk stieß gleich zu Beginn auf

Schwierigkeiten der subversiven Theoriebildung. Heimrad Prem wies auf der Londoner Konferenz in einem »sehr langen Text« darauf hin, daß über die Fähigkeit der Arbeiterschaft, sich von den bürokratischen Fesseln der eigenen organisatorischen Tradition zu befreien, erhebliche Zweifel bestünden. Er schlug daher vor, »die S.I. solle sich vorbereiten, ihr ganzes Programm allein zu verwirklichen, indem sie die Avantgardekünstler mobilisiert«, die in unerträglichen Verhältnissen existieren müßten und sich »nur auf sich selbst verlassen können, um sich der Waffen der Konditionierung zu bemächtigen.« Damit kam der Konflikt zwischen den avantgardistischen Kulturrevolutionären, die hier die Randgruppentheorie Marcuses vorwegnahmen, und den traditionelleren Marxisten wie Debord zum Ausbruch: »Debord antwortet auf diese Stellungnahme mit einer scharfen Kritik.«[122] Die Hoffnung auf eine zukünftige proletarische Revolution hatte er noch nicht aufgegeben.

Neben diesen kontroversen Strategiefragen zu einer zukünftigen Kulturrevolution, die Prem gegenüber Debord aufwarf, und den Planungen für situationistische Schlösser befaßten sich die Situationisten gegen Ende der Tagung auch mit einer »Erklärung über den Wahnsinn«, welche die »deutsche Sektion« verfaßt hatte und die von der Situationistischen Internationale als gemeinsamer Text übernommen wurde.[123] In dieser Erklärung stellten die SPUR-Künstler fest, daß sie sich angesichts des gegenwärtigen gesamtgesellschaftlichen Wahnsinns weigern würden, »das Verhalten eines der Menschen, die die Gesellschaft ändern wollen, mit Wahnsinn bezeichnen zu lassen«. Ihr Widerstand gelte insbesondere den »praktischen Konsequenzen« der Bezeichnung als Wahnsinniger, »die sie nach sich ziehen könnte, im Falle der Mitglieder der Internationalen Situationisten.« Das Kriterium einer solchen Diagnose sei bislang ausschließlich der soziale Erfolg, und damit erlaube das System der Psychiatrie »theoretisch die Internierung aller Künstler. Dieser Bedrohung gegenüber sind zunächst alle Künstler solidarisch.« Damit kam die Gruppe ersten Ansätzen einer fundamentalen Psychiatriekritik nahe, die ihren Ursprung in einer aktuellen Diskussion um den Geisteszustand des Wiener Künstlers Friedensreich Hundertwasser hatten.[124]

Jenseits aller geschilderten persönlichen Konflikte waren die SPUR-Künstler vor allen Dingen an Kunzelmanns literarischen Talenten interessiert. Für Flugblätter und insbesondere ihre Zeitschrift »Spur« suchten sie einen begabten Texter, und Kunzelmann übernahm diese Rolle. Erste Resultate von Kunzelmanns Engagement in der Gruppe SPUR waren zwei kurze Texte mit Manifest-Charakter. Das sogenannte »Januar-Manifest« aus dem Januar 1961 und das Protest-Flugblatt »Avantgarde ist unerwünscht!« aus demselben Monat. Lothar Fischers Hinweis auf Kunzelmanns Talent zur »Gaudi« ist offensichtlich vom ersten Text, dem Januar-Manifest, geprägt, denn Kunzelmann fügte der situationistischen Subversion mit Hilfe dieser Vokabel ein spezifisch bayrisches Leitmotiv hinzu, das den Text von Anfang bis Ende durchzog. In »Politik, Staat, Kirche, Wirtschaft, Militär, Parteien, Organisationen«, so die SPUR-Künstler, sei für die deutschen Situationisten nichts als eine »Gaudi« zu entdecken, und alle »herrschenden Systeme und Konventionen« könnten nur als »mißratene Gaudi« betrachtet werden. Die Gruppe SPUR verkündete das Zeitalter der »l'art pour la Gaudi« und definierte die situationistische Technik der Zweckentfremdung als ein Verfahren, »durch dauernde Neuschöpfung mit allen Dingen seine Gaudi« zu treiben. Notwendig sei die Befreiung der Gaudi von der »Unterdrükkung durch die herrschenden Ideologien und den Rationalismus«, und dem Zeitalter der Wissenschaft, das unter dem Motto »Wissen ist Macht« gestanden habe, würde so ein neuer Leitsatz entgegengestellt: »›Gaudi ist Macht‹, der das Zeitalter der Gaudi einleitet.« Konsequenterweise wandte sich das Manifest damit auch gegen den wissenschaftlichen Marxismus, der durch die Gaudi überwunden werden sollte: »So wie Marx aus der Wissenschaft eine Revolution abgeleitet hat, leiten wir aus der Gaudi eine Revolution ab.« Eine Revolution ohne Gaudi sei keine Revolution, im Gegenteil, erst die Revolution der Gaudi würde eine umfassende Kulturrevolution bedeuten: »Wir fordern allen Ernstes die Gaudi. Wir fordern die urbanistische Gaudi, die unitäre, totale, reale, imaginäre, sexuelle, irrationale, integrale, militärische, politische, psychologische, philosophische … Gaudi.« In halb-ironischer Hybris stellte die Gruppe SPUR die Lösung aller aktuellen Weltprobleme in Aussicht: »Ost-West-Problem, Algerienfrage, Kongo-Problem, Halbstarkenkrawalle, Gotteslästerungsprozesse und sexuelle Verdrängungen.« Um jedoch nicht mißverstanden zu werden, distanzierte sich das Manifest allerdings auch deutlich von allen karnevalesken Assoziationen, die sich dem unbefangenen Leser aufdrängen mochten: »Wir sind gegen den Fasching, weil der Fasching die Gaudi kommerziell engagiert. Der Mißbrauch der Gaudi ist das größte Verbrechen.«[125] Wenn man diesem Text auch einerseits eine deutliche Banalisierung des situationistischen Gedankenguts vorwerfen kann, hatte die Gruppe SPUR doch andererseits einen Autor zur Mitarbeit eingeladen, der immerhin den zuweilen extrem hermetischen Stil der französischen Avantgarde-Theoretiker auf einen Ton umstimmen konnte, der öffentlichkeitswirksamer war als die esoterischen Reflexionen aus der INTERNATIONALE SITUATIONNISTE. Der Text erschien nicht nur als Flugblatt, sondern zierte anläßlich der Ausstellung »Engagierte Kunst« eine der Wände des Münchner Kunstvereins. Das Ergebnis war ein Ausstellungsverbot, welches das bayrische Kultusministerium über die Gruppe für das »Haus der Kunst« verhängte.[126]

Das Flugblatt »Avantgarde ist unerwünscht!« bezog sich direkter auf die Situation der SPUR-Künstler, insbesondere auf ihr Verhältnis zum existierenden Kunstbetrieb und zu den Medien. Während einer Diskussionsveranstaltung zur Avantgarde segelten die Exemplare in den Münchner Kammerspielen von den Rängen und prangerten eine käufliche »Pseudoavantgarde« an.[127] Daran anschließend entwickelte der Text eine aggressive Rhetorik, die Versatzstücke der Sprache der klassischen Avantgarde mit einem generativen Konflikt auflud. Die künstlerische Existenz sei »das Ferment zur Metamorphose unserer absterbenden europäischen Kultur, einem Prozeß, der nicht aufzuhalten, sondern zu beschleunigen ist.« Plastisch und betont aggressiv stellten die Spur-Künstler die europäische Kultur als ein »krankes, altes, schwangeres Weib« dar, das sterben werde: »Sollen wir den absolut aussichtslosen Versuch unternehmen, die Mutter zu retten – oder soll das Kind leben? – Die Restaurativen wollen noch die Mutter retten – und töten damit auch das Kind. Die Avantgarde hat sich entschieden: die Mutter muß sterben, damit das Kind leben kann!«[128]

Damit wurde der kulturelle Konflikt, in den sich die Münchner subversiven Künstler verstrickt sahen, in das Bild eines bedingungslosen Generationenkonflikts übersetzt. Die europäische Tradition als überaltertes kulturelles System zu charakterisieren und ihren Untergang in der Metapher der Lebenszyklen zu postulieren hatte als apokalyptische Denkfigur bereits zu jener Zeit eine lange intellektuelle Vorgeschichte, die schon immer kulturpolitisch zwischen den Extremen zu oszillieren schien.[129] Zivilisationspessimismus und avantgardistischer Tatendrang schlossen sich dabei aber nur in den seltensten Fällen aus. Der Text endete mit einer apodiktischen Ankündigung, die in einer Mischung aus taktischer Defensive und avantgardistischer Angriffsrhetorik den Anspruch der Situationistischen Internationale auch im deutschen Kulturbetrieb klarzustellen versuchte. »Die Aufgabe der Avantgarde besteht einzig und allein darin, ihre Anerkennung zu erzwingen, ehe ihre Disziplin und ihr Programm verwässert worden sind. Das ist es, was die Situationistische Internationale zu tun gedenkt.«[130] Diese Schlußsätze waren ein wörtliches Zitat aus einem anderen Text mit dem Titel »Über die soziale Unterdrückung der Kultur«, den die Situationistische Internationale im Rahmen einer Kampagne gegen polizeiliche Maßnahmen gegen einzelne Künstler veröffentlicht hatte. Anlaß waren vorausgegangene Verhaftungen, z.B. des englischen Schriftstellers Alexander Trocchi, der in den USA des Rauschgifthandels bezichtigt wurde, oder auch des deutschen Graphikers HAP Grieshaber, der mit einer Plakat-Aktion gegen die Verdrängung der NS-Vergangenheit des Münchner »Hauses der Kunst« (vormals »Haus der Deutschen Kunst«) protestiert hatte – desselben Hauses, für das der Gruppe Spur auf Anordnung des bayrischen Kultusministeriums Ausstellungsverbot erteilt worden war.[131]

So erschien es nur konsequent, daß die Gruppe im Januar 1961 die vierte Ausgabe ihrer Zeitschrift ganz dem Thema der »Verfolgung der Künstler« widmete, wie sie die Nummer untertitelte. In einer Solidaritätsadresse für Trocchi, die in Spur in englischer Sprache abgedruckt wurde, hatte die vierte Konferenz der Situationisten in London den Vorwurf des Rauschgifthandels als polizeiliche Provokation bezeichnet, von der man sich nicht einschüchtern lassen werde. Den Drogenkonsum selbst bezeichneten die Situationisten als bedeutungslos und vermeldeten die Gründung eines Solidaritätskomitees, das sich für Trocchi einsetzen sollte.[132] Für Grieshaber engagierte sich die Gruppe Spur durch den Abdruck eines seiner lithographierten Hähne und die Dokumentation von Pressereaktionen und eines Photos von der Beseitigung seiner am »Haus der Kunst« geklebten Plakate.[133] Außerdem dokumentierte das Heft die »Erklärung vor dem Fernsehen«, die Hans-Peter Zimmer bereits im Oktober 1960 anläßlich der Ausstellung des Deutschen Künstlerbundes im »Haus der Kunst« öffentlich verlesen hatte – im »Hitler-Stakkato«, wie die Chronik der Gruppe SPUR vermerkt.[134] Die Erklärung begann grundsätzlich: »Die Freiheit der Kunst ist die menschliche Handlungsfreiheit.« Die Regelverletzung und auch der Gesetzesbruch gehörten untrennbar zur künstlerischen Aktivität, »weil Gesetze Ausdruck für das Schon-Bekannte sind.« Die Unterordnung der künstlerischen Freiheit unter soziale Grundrechte käme dagegen dem Ende der Kunst gleich. Damit reklamierten die SPUR-Künstler eine absolute Freiheit des künstlerischen Ausdrucks, »die auch nicht durch das Grundgesetz gestört werden kann.« Sie vertraten gleichzeitig einen extremen künstlerischen Individualismus, dessen Wurzeln sie in einer etwas eigenwilligen Sichtweise im Protestantismus vermuteten: »Die Befreiung der Kunst aus der sozialen Verantwortlichkeit ist identisch mit der Befreiung der Individualität und der freien Entfaltung der Persönlichkeit in Übereinstimmung mit seiner inneren Notwendigkeit.« Staat und Kirche seien zu einem Feldzug gegen die Avantgarde aufgebrochen, und die Verhaftungen von Trocchi und Grieshaber würden diese Entwicklung augenfällig illustrieren. Diese Konfliktsituation kommentierte die Erklärung lapidar mit den Worten, die man sich wohl im Tonfall von Zimmers Hitler-Persiflage vorstellen muß: »Der Krieg ist erklärt.« Es folgte ein Aufruf zur situationistischen Subversion: »Die Künstler und Intellektuellen werden gezwungen, jetzt ein neues Proletariat der Minorität zu werden als minderwertige Diener von Volk und Gott. Die Alternative heißt: selbständiger schöpferischer Geist oder Stupidität und geistige Vernichtung. Intelligente Resignation gibt es nicht. Die einzig produktive Folgerung heisst deshalb: Situationist zu sein.«[135]

Die Technik der Provokation bestand hier in einer Spiegelung der für alle sichtbaren architektonischen Hinterlassenschaft des Nationalsozialismus durch die entsprechende militante Diktion und Sprechweise, die ihrerseits auf die von den Künstlern als autoritär und vergangenheitsblind angeprangerten politischen Verantwortlichen für Kultur und Medien zurückverweisen sollte: Bayrischer Kultusminister war zu dieser Zeit der NS-Jurist und Autor der NATIONAL-ZEITUNG Theodor Maunz.[136] Situationistische Zweckentfremdung bedeutete hier also nicht einfach, die Traditionen der Moderne zu spiegeln, nachdem diese ja einen nicht unerheblichen Einfluß auf die faschistische Ästhetik und Rhetorik der zwanziger und dreißiger Jahre gehabt hatten, sondern ihre Formensprache für einen ironisierenden Angriff auf die personellen Kontinuitäten zu nutzen, welche die bundesdeutsche Nachkriegsgesellschaft zu dieser Zeit noch allenthalben prägten.

Diese kritische Distanz zur avantgardistischen Tradition kam auch in den Reflexionen zur »sozialen Unterdrückung der Kultur« zum Ausdruck, die in der SPUR-Ausgabe zur »Verfolgung der Künstler« abgedruckt wurden. Hier beklagten die SPUR-Künstler die weitgehende affirmative Akzeptanz der bisherigen formal-avantgardistischen Moderne in der bundesdeutschen Nachkriegsgesellschaft. Vierzig Jahre zuvor, um das Jahr 1920 also, sei die Avantgarde noch ein echtes Ärgernis gewesen, seit dem Zweiten Weltkrieg gebe es allerdings keinerlei Werte mehr, denen gegenüber die Avantgarde provozierend auftreten könne, »und infolgedessen kann die Beschuldigung, irgendeine Ordnung nicht zu respektieren, nur mehr von Leuten aufgegriffen werden, die noch an völlig veralteten Gesellschaftsordnungen hängen (z.B. dem Christentum).« Schlimmer als der direkte Konflikt mit diesen alten Mächten sei aber der Versuch der etablierten Kultur, die Avantgarde totzuschweigen. Unter diesen neuen, veränderten Bedingungen einer kulturellen Repression – eine Beobachtung, die Marcuses Postulat der »repressiven Toleranz« vorwegnahm – würde die Entwicklung einer revolutionären Avantgarde deutlich gehemmt. Doch die Permissivität der kapitalistischen Moderne verwandele sich auf unerwartete Weise in eben jenem Moment in eine revolutionäre Chance, da der kulturelle Liberalismus sich aus der Reserve locken lasse und eine oppositionelle Avantgarde anerkennen müsse: »Die moderne Kultur ist substanzlos, sie besitzt keinerlei Kraft, die sich den Beschlüssen dieser Avantgarde zu widersetzen vermöchte, von dem Augenblick an, wo es dieser gelungen sein wird, als solche anerkannt zu werden.« Und der im Flugblatt »Avantgarde ist unerwünscht!« abgedruckte Aufruf des Situationismus stand in eben diesem Zusammenhang, dem modernen, liberalen Kapitalismus die Anerkennung einer subversiven Avantgarde zuallererst aufzuzwingen, »ehe ihre Disziplin und ihr Programm verwässert worden sind«.[137]

Kunzelmanns persönlicher Beitrag zu einer solcherart subversiven Provokationstaktik bestand in derselben SPUR-Ausgabe in einem Text, der sich in wohlüberlegter Pietätlosigkeit mit dem Tod des Münchner Erzbischofs Joseph Kardinal Wendel auseinandersetzte, der 1956 zum ersten Militärbischof der Bundeswehr ernannt worden war und damit ein willkommenes Angriffsziel für die subversive Avantgarde darstellte. »Der Kardinal ist von uns gegangen«, beklagte Kunzelmann in geheuchelter Trauerrhetorik, um gleich darauf in das Spiel der ironischen Provokation einzusteigen: »Vergebens warteten wir auf das Segnen der Bundeswehr bei dem Kreuzzug gegen den Osten. Ebenso warteten wir darauf, daß der Kardinal uns seinen Platz auf der Kanzel eines Tages zur Verfügung stellen würde, um neuen mythologischen Experimenten den Weg zu ebnen. Warteten wir doch auf die solang ersehnte Freigabe der Frauen- und aller anderen Kirchen, um sie ihrer eigentlichen Bestimmung, dem *Feiern neuer orgiastischer Feste und ekstatischer Spiele, die auf der aktiven Teilnahme aller beruhen*, zu übergeben.« Ganz parodistisch wurde Kunzelmann daraufhin mit der Ankündigung eines »Europäischen Orgienausschusses«, »der mit dem urbanistischen Büro in Brüssel, der skandinavischen Geschlechtszentrale und dem Kommissariat für Zeremonien und Volksbräuche in München zusammenarbeitet«. Die Simulation etablierter institutioneller Strukturen der subversiven Avantgarde bediente sich der in Westdeutschland angstbesetzten Terminologie des organisierten Kommunismus und suchte gleichzeitig die Konfrontation mit der katholischen Kirche, deren »Zeremonien und Volksbräuche« der ehemalige Ministrant noch gut in Erinnerung hatte. Andererseits konnte Kunzelmann auch eine andere wichtige Inspirationsquelle seiner subversiven Reflexionen und Phantasien nicht verleugnen, wenn er im selben Atemzug aktuelle Kinofilme als Argumentationshilfe heranzog. Einerseits deutete er eine »überdrehte Bettszene« in Daniel-Valorozes Film »L'eau en la Bouche« als Signum der sexuellen Frustration und verlangte andererseits die Beteiligung des Publikums an der cineastischen Imagination: »Wer hätte sich nicht gerne an der herrlichen Schlägerei in ›Zazie‹ beteiligt?« Am Ende einer solchen performativen Einheit von theatralischer Handlung und teilnehmender Publikumsaktivität läge dann – wiederum in deutlicher Anspielung auf den frühen Marx – eine Ära, in welcher der Mensch nicht mehr vom Künstler zu unterscheiden sei: »Die Kinos können dann die Tempelstätten neuer Orgien werden.«[138] Noch blieben derartige Provokationen – von den repressiven Maßnahmen des bayrischen Kultusministeriums abgesehen – eher unbeachtet, doch die Gruppe SPUR hatte sich konzeptionell bereits darauf vorbereitet, was es heißen könnte, die öffentliche Anerkennung einer subversiven Avantgarde mit provokativen Mitteln zu erzwingen. In derselben Ausgabe der Zeitschrift kontrastierten die SPUR-Künstler ihre Situation mit dem etablierten Geniekult des bürgerlichen Kunstbetriebs und seinen Ritualen: »Die Festbankette zu Ehren tragisch geendeter Künstler zeigen die alten Opferriten: tragische Gesten, die Selbstkasteiung der Gesellschaft. Dann beginnt man, den Frauen unter die Röcke zu greifen und sich um das kalte Buffet zu prügeln. Jeder Versuch, aus der Nicht-Kommunikation auszubrechen, gehört zu den Spielen, die man detournieren kann und – ist die Verfolgung nicht auch ein Spiel?«[139]

Mit der Zweckentfremdung (»Detournierung«) der »Verfolgung der Künstler« schien hier zum ersten Mal der Gedanke auf, die staatlichen Reaktionen auf das eigene künstlerische und provokative Handeln selbst als »bewußte Konstruktion von Situationen« zu verstehen. Ganz im Sinne der Ankündigung aus der SPUR Nr. 1 würden sie *»alle Bereiche des Bestehenden Lebens für unsere Ziele verwenden«*.[140] Die Gruppe SPUR sah sich zu Beginn des Jahres 1961 verfolgt und verfemt, zumindest aber solidarisch mit denjenigen, die – wie Grieshaber – bereits tatsächlich mit dem Gesetz in Konflikt geraten waren. Nachdem sie als »deutsche Sektion« der Situationistischen Internationale in der fünften Ausgabe ihrer Zeitschrift, der »Spezialnummer über den Unitären Urbanismus«, zentrale Texte der situationistischen Urbanismus-Kritik in deutscher Übersetzung präsentiert hatten, nahmen Kunzelmann, Prem, Sturm und Zimmer im

Juli eine Einladung der Situationisten Jørgen Nash und Katja Lindell an, den Sommer auf ihrem Bauernhof Drakabygget in Südschweden zu verbringen.[141] Ende August sollte die fünfte Konferenz der Situationistischen Internationale im nahegelegenen Göteborg stattfinden, so daß sich ein solcher vorbereitender Ausflug anbot. In diesem Sommer stilisierten sich die SPUR-Künstler zur »SPUR im Exil« und arbeiteten an einer neuen Ausgabe ihrer Zeitschrift, die unter diesem Titel erscheinen sollte. Zum ersten Mal zeichnete Kunzelmann für die Redaktion verantwortlich, den Druck organisierte er in Kopenhagen.[142]

Doch zunächst reisten die SPUR-Künstler nach Göteborg, wo sich die Konferenz der Situationistischen Internationale unerwartet kontrovers entwickelte. Insbesondere Heimrad Prem nahm – offenbar unter dem Eindruck der Ereignisse in der Münchner Kulturszene – seine kritischen Gedanken zur Taktik der Subversiven wieder auf, die er bereits ein Jahr zuvor in London formuliert hatte, und setzte damit eine Eskalation der Diskussion in Gang. Die »tatsächlichen Chancen« würden, so Prem, von den Situationisten vernachlässigt, »grosse Gelegenheiten« würden von der Situationistischen Internationalen zurückgewiesen, eine »greifbar nah liegende Macht« in der Kultur auszuüben. Die Mehrheit der Situationisten »sabotiere die Chancen einer wirksamen Aktion auf dem Gebiet des Möglichen. Sie schikaniere die Künstler, denen es gelingen könnte, etwas zu tun; sie werfe sie in dem Augenblick hinaus, wo sie anfangen, eine gewisse Macht zu haben, worunter wir alle zu leiden haben.«[143] Das war – wie schon in London – an die Adresse Debords gerichtet, von dem es spöttisch hieß, seine Hauptbeschäftigung habe darin bestanden, den Malern das Malen zu verbieten.[144] Prem äußerte dagegen die Ansicht, daß die Theorie unfähig sei, »die Dinge praktisch zu modifizieren«. Kotányis Einwurf, Prem habe, wenn er der situationistischen Theorie Praxisferne vorwerfe, die theoretische Opposition der Situationisten gegen den Kunstbetrieb offenbar falsch verstanden, konterte dieser mit der Bemerkung, »dass die situationistischen Theorien zumindest wenig verständlich seien.« Andere fragten ihn daraufhin, »warum er eigentlich hier sitze«. Damit war der Zeitpunkt gekommen, an dem sich Debord in unübertrefflicher Süffisanz in die Diskussion einschaltete: »Debord erinnert an die von Majakowski erzählte Geschichte: ›Keiner behauptet, er sei klug, nur weil er die Mathematik oder Französisch nicht versteht; jeder aber findet seine Klugheit dadurch bestätigt, dass er nichts vom Futurismus versteht.‹. Unser Fortschritt liege darin, dass Majakowskis Geschichte sich auf den bürgerlichen Zuschauer bezog, die S.I. aber die erste Avantgarde ist, in der ein Mitglied sich selbst darin bewundert, die Theorie nicht zu verstehen, der er sich seit über zwei Jahren angeschlossen hat.« Nach weiteren Kontroversen auch unter den deutschen Teilnehmern, die sich teilweise dagegen wehrten, mit Prems Einwänden identifiziert zu werden (offenbar waren die Situationisten gewöhnlich zutiefst in nationale Lager gespalten), konnte das Treffen zunächst nur mit Mühe vor einem Eklat bewahrt werden: »So endet die dritte Sitzung mitten in der

Nacht und nicht ohne heftige Aufregung und Lärm ›Die Theorie ist genau das, was einem eines Tages aufs Maul zurück fällt!‹ kann man von einer Seite hören, auf der anderen Seite Rufe wie: ›Zuhälter der Kultur!‹«[145]

Die Konsequenz war am nächsten Tag der Versuch, das Projekt einer einheitlichen Zeitschrift der Situationistischen Internationale in vier nationalsprachigen Ausgaben ins Leben zu rufen – nicht zuletzt wohl, um die Münchner Situationisten besser in die theoretische Disziplin einbinden zu können. Neben Hans-Peter Zimmer war es besonders Kunzelmann, der sich an dieser Stelle als Vermittler anbot, indem er auf die jüngsten Ausgaben der Zeitschrift Spur verwies und einen konstruktiven Diskussionsprozeß in Aussicht stellte. Während einerseits der deutschen Spur-Redaktion mit Kotányi und Jaqueline de Jong zwei theoretische »Berater« zur Seite gestellt wurden, wählte die Konferenz andererseits Kunzelmann in den »Zentralrat« der Situationistischen Internationale. Offenbar hatte sich der Neuling Kunzelmann in einer kritisch zugespitzten Lage der subversiven Organisation auf Anhieb als nützlicher und vertrauenswürdiger Moderator erwiesen – es sei denn, von den übrigen in Göteborg anwesenden Deutschen war einfach niemand mehr bereit, mit Debord in einem Gremium zu sitzen: Der gerade erst neu zur Gruppe Spur hinzugestoßene Uwe Lausen wurde gleich in Abwesenheit gewählt. Zumindest das überlieferte Protokoll der Konferenz schließt mit versöhnlichen Eindrücken: »Nach dieser letzten Arbeitssitzung geht die Konferenz als Fete zuende. Über diese viel konstruktivere Fete gibt es leider kein Protokoll. Von der Reise über den Sund an soll sie sogar an ein Umherschweifexperiment gegrenzt und viele bis zum Hafen von Friedrichshafen geführt haben, während andere es bis nach Hamburg verlängerten.«[146]

Diese »Fete« muß Kunzelmann in – gelinde gesagt – gehobener bis euphorischer Stimmung erlebt haben, denn seine Erinnerungen an die Göteborger Konferenz, die für ihn doch ein eindrückliches Erlebnis gewesen sein muß, ließen ihn später angeblich im Stich: »Um was es inhaltlich ging? Ich weiß es nicht mehr«, so das Fazit in seinen Lebenserinnerungen, die einerseits das überschwengliche Lebensgefühl des Augenblicks, das ihn offenbar erfaßt hatte, erahnen lassen, andererseits der Legendenbildung augenzwinkernd Vorschub leisteten: »Selbst die Ereignisse beim legendären orgiastischen Abschlußfest auf der Schiffsreise nach Dänemark kenne ich nur aus den Erzählungen der Beteiligten: angeblich mußte man mich in eine Kajüte einsperren, weil ich mehrmals versucht haben soll, Hölderlin zitierend (›Ach du Stille-Schöne, seelig holdes Angesicht …‹), über Bord zu springen. Gut erfundene Legenden gewinnen ihre Glaubwürdigkeit dadurch, daß nicht auszuschließen ist, die Geschichte hätte tatsächlich so ähnlich ablaufen können.«[147] Nur wenige Jahre zuvor hatte Kunzelmann in einem Interview allerdings recht genau die theoretischen Konflikte zwischen Prem und Debord geschildert, die in Göteborg zum Ausbruch gekommen waren. Das Problem brachte demnach Prem selbst auf den Punkt: »Zimmer hat erzählt, daß Prem sagte, wenn wir das Proletariat nicht akzeptieren, überwerfen wir uns mit den Situationisten, wenn wir es akzeptieren, überwerfen wir uns mit dem Münchner Kunstmarkt.«[148] Das war wohl der handfeste Hintergrund des Konflikts, der eher auf die prekären ökonomischen Verhältnisse der Gruppe SPUR verweist als auf theoretische Differenzen bei der Planung einer Weltrevolution.

Zurück in München machte sich die Gruppe SPUR zunächst nichtsahnend an den Vertrieb der neuen, sechsten Ausgabe ihrer Zeitschrift. Das Heft war im Vergleich mit den vorangegangenen Ausgaben in jeder Hinsicht außergewöhnlich: Zum ersten – und einzigen – Mal erschien die Zeitschrift im Vierfarbdruck, den die Künstler zu ausgiebigen Collage-Experimenten nutzten, welche die deutlich textlastige Ausrichtung der Ausgabe graphisch akzentuierten. Auch typographisch orientierte sich das Heft am Collage-Stil. Kunzelmann war nicht nur verantwortlicher Redakteur, sondern auch der wichtigste Autor dieser Nummer, die für große öffentliche Aufmerksamkeit sorgen sollte. Das Heft begann mit einem Gedicht von Steffan Larsson und zwei Texten von Børge Madsen und Jørgen Nash, welche die Gruppe SPUR und ihre derzeitige Situation behandelten, alle drei in schwedischer Sprache. Die konstruierte Exil-Situation der Künstler, die sich so in die Rolle der nach Schweden Geflüchteten hineinversetzten, nahm Kunzelmann danach in einem eigenen Gedicht auf, das im Titel den GENIUS LOCI »Drakabygget« beschwor. Die Einsamkeit in der Fremde, »permanentes Fortgehen aus gegebenen Räumen«, überlagerte sich mit einer Collage aus erotischen Szenen und gezielt blasphemischen Passagen: »Christi agfacoloreskes Blut beschmutzt meinen Anzug / Und ich beginne das Lauschen an den Türen zu hassen«, so führte Kunzelmanns Lyrik in eine Zwischenwelt aus Isolation und Provokation: »Die Abtreibung der Jungfrau Maria begeistert mich«, endete eine Strophe, und in der nächsten montierte Kunzelmann in emphatischer Typographie: »Hostie und Inzest, Sakrament und Koprophagie / Ich kenne keine näher annähernden Wahrheiten«. Explizit wurde dann die letzte Strophe, in der es hieß: »Lass doch die Länge des Penis (Penis) ambivalent, dialektisch und asymptotisch / Im exzeptionellen Augenblick in deine verpestete Vagina eindringen«. Diese unentwirrbare Mischung aus subjektiver Erlebniswelt und symbolischer Provokation kreuzte sich dabei immer wieder mit einer ironischen Zivilisationskritik der neuen Avantgarde: »Gegen die dünn zugefrorene Eisschicht des sich Austauschenden / Wird Sisyphos' Last zum Sommerurlaub auf Mallorca«. Schließlich endete die erotische Szene in der Entfremdung des urbanen Verkehrs: »Ich und du ist die Verwi[r]klichung eines transponierten Mandalas / Ohne den Regen auf deinem Körper zu spüren / Und das Hupen der Autos wird zum Purgatorium.«[149]

Im »Kanon der Revolution« arbeitete Kunzelmann die Pole von Intimität und Zivilisationskritik gleich zu Beginn deutlicher heraus und variierte den Eingangssatz der »Erklärung vor dem Fernsehen«, in der die Gruppe ein Jahr zuvor die Handlungsfreiheit des Künstlers eingeklagt hatte, des Künstlers, der von der allgemein menschlichen Existenz nicht zu trennen sein sollte:

> »Tumeszenz, Ejakulation, Zigarette meines Lebens!
> Die Gesellschaft wirft uns Brocken in unsere aufgesperrten Mäuler – und die Frage ist nur: stopfen sie es?
> Es darf mich nicht stören, dass du mit anderen schläfst. Die Freiheit des Menschen ist seine Handlungsfreiheit.«

Die Forderung nach kollektiver Kreativität illustrierte Kunzelmann ironisierend mit phantastischen Beispielen, die wiederum aus einer Mischung von Erotik, blasphemischem Anti-Katholizismus und einer entgrenzten archaischen Spiritualität bestanden: »Wer gerne mit Glaskugeln spielt, bekommt einen Park mit Glaskugeln. James Dean bekommt seinen Schamanenbaum, der aussieht wie die Raketenbasis von Cape Caneveral. Wer einen Mythos braucht, erhält spesenfrei und per Nachnahme seine Mutter Gottes ins Haus geliefert, damit er sich im göttlichen Beischlaf befriedige. Wer ›Panem et Circenses‹ schreit, wird in Schlagsahne versinkend die Holi-Orgien feiern, bis sein orgiastischer Schrei röchelnd ins Leere fällt. Jeder muss kreativ werden! Ihr werdet Fliegen lernen, getrieben wie von einer Windhose, alles zerstörend, und Ebenen durcheinanderwirbeln und durchbrechen.«

Zwischen konventionelleren Passagen einer situationistischen Moderne-Kritik, die darauf abzielten, den Wert »Eurer Autos und Euerer Wohnmaschinen« allein darin zu sehen, »den Mythos der Technik zu zerstören und die Werke ihrer Offenbarung als blasphemisches Spielzeug [zu] benutzen«, fanden sich auch Abschnitte, die eine drogeninduzierte Wahrnehmungswelt vermuten ließen. Nach der zweideutigen Aufforderung, »Ihr sollt nicht länger auf das Rauschgift warten, das die Antinomien der Befindlichkeit in das grosse Dritte fallen läßt«, folgten traumartige Phantasien, die zugleich die Wirkung halluzinogener Substanzen nachzeichnen: »Die Bank in der Sonne war mein Weltenbaum, doch Dich fand ich nicht an Gottes Thron. Dein Haar war transsubstantiiert in den brennenden Dornbusch des Moses und Dein Körper in die Himmelsleiter des Jakob. Wie konnte ich bei Dir wohnen, da doch das Volk sich um uns drängte, um unser Lager als Vereinigung von Himmel und Erde zu schauen …« Wenige Zeilen darauf wechselte Kunzelmann wieder in die präzise Kritik der etablierten Avantgarde der klassischen Moderne, die er der Komplizenschaft mit der Warenproduktion bezichtigte. Er haderte mit der Tatsache, daß Genialität allein noch kein revolutionäres Bewußtsein garantiere und beklagte die Kommerzialisierung der Avantgardisten: »Hätten sie nicht wissen können, dass Lyrik und Konfekt, Hochöfen und Opern, Plastiken und Sportartikel, Kaffee und Film auf allen Weltmessen verschleudert werden? Ihr Werk wird in den Silos der Kultur gespeichert, die revolutionären Ideen werden durch den stumpfen Konsum zum alltäglichen Kaffeehausgeschwätz, wodurch der Keim des revolutionären Feuers im Menschen schmerzfrei und schuldlos abgetrieben wird.« In den sich anschließenden surrealen Phantasien von Großstädten, die in »Sandspielkästen für erwachsene Kinder« verwandelt werden würden, und von »Weltraumvolkswagen für alle« kam dann auch für einen kurzen Moment noch einmal der jugendliche Bamberger Leistungssportler zum Vorschein, der im Geiste die internationale Politik durcheinanderwirbelte: »Staaten werden zu Tischtennisbällen, die von transobjektiven Kräften zur allgemeinen Belustigung über Planeten geschmettert werden.«[150] Dieser »Kanon« verwob damit die unterschiedlichen Stimmen intimer Erotik, prinzipieller Avantgarde- und Konsum-Kritik, rauschhafter Phantasien sowie einer provokativen Zweckentfremdung katholischer Symbolik ineinander.

Von ganz anderer Qualität war daneben Kunzelmanns »Hommage à C.G. Jung« im selben Heft. Die rätselhafte Faszination, die von den esoterischen Begriffen und Kräftemetaphern des Psychologen ausging, schlug sich in einem längeren Text Kunzelmanns nieder, der über weite Strecken ein auf die Spitze getriebenes Assoziationsfeuerwerk abbrannte, das von rätselhaften Fremdwörtern und Fachbegriffen, religiösen Formeln, Aufzählungen der Namen von Religionsstiftern, Philosophen und Alchimisten, schließlich auch von satirischen politischen Anspielungen wimmelte. Den Kern des Textes bildete die Erzählung eines mißglückten Rendezvous' mit einer Geliebten, zu der sich der Erzähler auf einen undeutlichen Weg macht: »Die Strassenbahnschaffnerin schrie die Haltestellen: Rosarium Philosophorum, Aurora Consurgens, Ars Chemica und bei Hermes Tresmegistos stieg ich aus.« Assoziationen versperrten den erzählerischen Weg und förderten kollektiv Unbewußtes zutage, garniert mit scheinbar zusammenhanglosen Aufzählungen: »Wir werden im königlichen Inzest das göttliche Kind zeugen und von Ganzheitssymbolen überschwemmt werden: Mandala, Trinität, Hermaphroditus. Unsere Kollisionen werden wir züchten, um immer neue Trichotomien zu finden. Ich kämpfe mich durch das Gewühl der Strassen und begegne den Bilokationen von Celsus und Jamblichos, von Arisleus und Dion Crysostomos, von Paracelsus und Rosencreutz, von Maria Prophetissa und Nikolaus Cusanus, von Abu Sulaiman und Michael Majer.« Sexuelle Anspielungen und ein umfangreicher Apparat von Sublimierungstechniken der Religion und der modernen Konsumgesellschaft vermengte Kunzelmann zu einer Collage einer phantastischen Reise, die letztlich nicht ans Ziel gelangt. Individuelle psychische Probleme erschienen hier in einem ekstatischen Protokoll eines »Umherschweifexperiments«, das subjektives Empfinden, psychologische Deutungsversuche und religiöse Symbole in letztlich blasphemische Reflexionen verwandelte: »Du bist der einzige Mensch, der den Sarg der Bücher, in dem ich leidlich ruhe, hinwegzaubern kann und meistens komme ich dann ans Tageslicht. Ich warte auf dich, damit du Wein und Brot holst für unser Abendessen. Warum haben mich die Inhalte meines Unbewussten an die Peripherie der Stadt getrieben? Die täuschende Quadratur des Kreises bei den Strassenbahnschienen, Haltestelle Zosimos von Panopolis, erinnerte mich an die Algolagnie der letzten Nacht. War sie Wirklichkeit, ein Initialtraum oder nur die Phobie einer inzestuösen Wunschtendenz? Dir habe ich es zu verdanken, dass ich noch nicht das Axiom der Maria assoziiere mit Koprophagie [...]«. Erst am Schluß des Textes wird der konkrete autobiographische Zusammenhang noch einmal deutlicher. Das Generalthema Kunzelmanns in diesem Heft, die Verbindung von erotischer Bedürftigkeit und dem revolutionären Willen zum Umsturz einer modernen Konsumgesellschaft, die sexuelle Verdrängungen im Sinne der Industriegesellschaft funktionalisiere und ausbeute, tauchte aus dem Strudel der Assoziationen wieder auf: »Ich werde läuten bei dir und du wirst mir aufmachen. Du wirst mir sagen, dass schon jemand bei dir liegt und mein Fahrrad bringt mich heim. Den Briefkasten werde ich vergeblich öffnen und die Kälte in meinem Keller nicht verhindern können. Konsum wurde die genehmigte Arkansubstanz für die Menschheit, damit dem kurz vor der Explosion stehenden Fahrradschlauch legitim und schlafend die aufgestaute Luft aus dem Ventil entwichen kann. Der Kollektivausbruch der individuell verdrängten Problematiken – einem ruhenden infinitesimalen Stein auf einem gepflügten Acker vergleichbar, der aufgehoben, ein Meer brodelnden Gewürms sichtbar macht – wird überall noch kommen, wenn es nicht gelingt die Kollisionen, latenten Psychosen, das Vas Hermeticum, die Komplexitäten des Selbst hinauszuschreien, in die Welt zu brüllen, so dass selbst der kataleptische Körper des Esoterikers zu stöhnen beginnt. Wirst *Du* bei uns sein, wenn unsere Stimmen zu versagen beginnen? Der Regen in der Wüste verkündet: ›Ich werde bei euch sein, Ich werde nicht bei euch sein, und zwar schon *morgen.*‹«[151]

Welche sexuellen Nöte im Hintergrund dieser Zeilen gestanden haben mögen, deutete Kunzelmann 1991 in einem Interview an, als er von seinem lange Zeit unterentwickelten Sexualleben sprach: »Ja, ich war lange Zeit sehr verklemmt, glaube ich. Ich hab ja nicht onaniert, der Leistungssport ... und gleich danach Sublimation durch Literatur, Musik, Film. Ich hab das erste Mal im Knast onaniert mit weit über 20!«[152] Es wäre jedoch zu einfach, diesen Text schlicht als Symptom einer sexuellen Deprivation zu deuten, denn Kunzelmann reflektierte seine Situation bereits selbst mit Hilfe der katholisierten Metaphernsprache recht explizit und deutlich innerhalb ihrer kulturell bedingten Normenzusammenhänge, die er während seiner oberfränkischen Sozialisation erlebt hatte. Und außerdem benutzte er seine Collage als gezielte und provokative Waffe, indem er diesen Text nicht einem Tagebuch anvertraute sondern der Öffentlichkeit übergab.

Ein letztes Gedicht Kunzelmanns mit dem Titel »København« setzte zunächst noch einmal mit urbanismuskritischen Impressionen ein:

»Die Cafes sind vollgestopft mit schnarchenden Menschen
Die Bierfabriken wachsen aus dem Boden wie Vergissmeinnicht
Die Vitalität der Städte ist nur die vorgetäuschte Projektion
Von Milliarden langweiliger Sekunden der Millionen Menschen«

Nach lockeren Gedankencollagen zu Erotik, Religion und der alltäglichen Lebenswelt in Zeiten des sogenannten »Wirtschaftswunders« endete Kunzelmanns Poesie betont militant und persiflierte gleichzeitig den rein abstrakten Verbalradikalismus der klassischen Avantgarde:

»Vielleicht explodiert ein Aschenbecher durch Konzentration
Wahrscheinlicher sind aber die Maschinengewehrsalven
Aus den Strassenbahnen, Regierungspalästen und Pissoire
Manche glauben an Manifeste, Manifeste mit Atomsprengköpfen
Warum nicht gleich an verfaulte Tomaten und Straussenejer«[153]

Das Heft war daneben durch zahlreiche Collagen der übrigen SPUR-Künstler geprägt, die einerseits den Skandinavienaufenthalt der Gruppe dokumentierten, andererseits die Textpassagen thematisch illustrierten und variierten. Gegenüber den früheren Ausgaben, die sich weitgehend auf die Sammlung von Lithographien, den Abdruck manifestartiger Texte oder die Dokumentation der Urbanismus-Kritik beschränkten, offenbarte das Heft einen sehr viel deutlicheren Bezug auf die Konzepte der situationistischen Avantgarde, indem herkömmliche Ausdrucksformen spielerisch über ihre Grenzen hinausgetrieben und streckenweise in provokanter Weise ironisiert wurden. Dadaistische Lyrik und surreale Phantasien waren damit sowohl Mittel als auch Gegenstand einer Zweckentfremdung, die Kunzelmann gezielt einsetzte.

SPUR vor Gericht

Unter den Interessenten für die Zeitschrift »SPUR im Exil«, welche die Gruppe im Herbst 1961 in den Schwabinger Lokalen verkaufte, befanden sich auch Leser, die den avantgardistischen Eifer der SPUR-Künstler nicht teilen mochten. Die Schrift erregte Aufsehen und rief nach einer Anzeige eines italienischen Studenten die Münchner Staatsanwaltschaft auf den Plan.[154] Wie später das Landgericht München feststellte, hatte sich auch das Erzbistum in das Verfahren eingeschaltet: »Wieviel Personen an dieser Schrift tatsächlich Anstoß genommen haben, ließ sich nicht feststellen. Sicher aber ist: Eine etwa 23-jährige Deutsche, die am 28. 10. 1961 in Begleitung des italienischen Studenten Marcello Ferrari das Café Europa aufsuchte, brachte ihrem Begleiter gegenüber ihre Abscheu unmißverständlich zum Ausdruck. Außerdem nahmen mehrere Angehörige des Ordinariats des Erzbistums München und Freising Anstoß.«[155]

Die Folge waren polizeiliche Hausdurchsuchungen, bei denen im November alle verbliebenen Exemplare sämtlicher SPUR-Nummern sichergestellt wurden. Die SPUR-Künstler reagierten auf die polizeilichen Aktionen unverzüglich mit einem Flugblatt, in dem sie sich scharf gegen die Beschlagnahmungen zur Wehr setzten. »Plumpe Drohungen« prangerten sie an, eine »Polizeiprovokation«, man wolle sie »mit Publikationsverbot, Prozeß und Gefängnis« einschüchtern. Am verwerflichsten erschien den Künstlern aber die historische Parallele, die sie aus Anlaß des Datums für die Öffentlichkeit nachzeichneten: »Heute, am 9. November 1961, besaß die Münchener Staatsanwaltschaft die herausfordernde Frechheit, die gesamte Auflage aller sechs Nummern der Künstlerzeitschrift SPUR zu beschlagnahmen. Zum ersten Mal seit 1945 werden bei Künstlern wieder Hausdurchsuchungen durchgeführt.« Der Jahrestag der nationalsozialistischen Pogrome gegen die deutschen Juden diente ihnen als Anknüpfungspunkt einer Selbstidentifikation mit den NS-Opfern, und im Gegenzug fanden sich die Behörden damit einem impliziten Faschismus-Vorwurf ausgesetzt. Die Künstler beschuldigten gleichzeitig »Agenten veralterter religiöser Institutionen oder der herrschenden Klassen« der gezielten Denunziation der freien Kunst und riefen alle Gleichgesinnten zur Solidarität auf. Um diesem mobilisierenden Impetus Nachdruck zu verleihen, war das Flugblatt von allen Mitgliedern der Situationistischen Internationale unterzeichnet und gehörte ganz offensichtlich zu einer öffentlichen Strategie der Agitation gegen die Institutionen der Nachkriegsgesellschaft, die über das Mittel der juristischen Auseinandersetzung sichtbar ins Unrecht gesetzt werden sollten.[156]

Inwieweit die Konfrontation mit den Strafverfolgungsbehörden von vornherein geplant und beabsichtigt war, ist nicht mehr schlüssig zu rekonstruieren, aber die Anklage kam den Situationisten offensichtlich nicht ungelegen, um zu einem Generalangriff gegen eine in ihren Augen unfreie und autoritär bevormundete Welt aufzurufen. In einem Brief hatten Debord und Asger Jorn die deutschen Situationisten zur Eskalation der Angelegenheit aufgefordert. Die Gruppe SPUR solle den Grund für die Publikationsschwierigkeiten in die Öffentlichkeit tragen: »Ihr müßt verstehen, daß es notwendig ist, die deutschen Autoritäten dazu zu drängen, öffentlich die Verantwortung zu übernehmen. Und dann werden wir auf internationaler Ebene einen immensen Skandal entfachen. Das ist die Weihe der revolutionären Aktivitäten der Gruppe Spur.«[157] Die Strafverfolgung diente so als subversive Qualitätssicherung, mit der die eigene Theorie unter kritischen Geistern vermarktet und die öffentliche Anerkennung einer oppositionellen Position der subversiven Avantgarde durchgesetzt werden konnte. Im Winter 1961/62 lautete der endgültige Vorwurf der Staatsanwaltschaft auf »Verbreitung unzüchtiger Schriften« und »Gotteslästerung«. Der Prozeß fand am 4. Mai 1962 nicht ohne journalistisches Interesse statt, und die SPUR-Künstler nutzten die Gelegenheit zu gezielten Provokation. Während der Verhandlung machten sie so z.B. darauf aufmerksam, daß der Anklagepunkt der Gotteslästerung nur unter Einvernahme des Hauptzeugen, nämlich Gott selbst, verhandelt werden könne.[158] Die damit wohl verbundene Hoffnung, in diesem Zusammenhang zumindest einen Theologen oder gar Bischof im Zeugenstand erleben zu dürfen, erfüllte sich jedoch nicht. Statt dessen verlas Kunzelmann ein vorbereitetes Schlußwort, in dem die subversive Theorie noch einmal grundsätzlich entfaltet wurde. Hauptangriffspunkt war für ihn »das Zeremonielle der heutigen Gesellschaft« zur Aufrechterhaltung »brüchig gewordener Selbstverständlichkeiten«. Kategorisch lehne die Gruppe die »Spielregeln der Auseinandersetzung und Entscheidungsfindung ab, bei denen im Vorhinein der Inhalt der Entscheidungen festgelegt ist.« Der demokratische Mensch sei nicht einer, der die »Unterdrückung von Handlungsimpulsen« akzeptiere, sondern ein Mensch, »der mit anderen übereingekommen ist, verschieden zu sein in allen seinen Lebensäußerungen.« In der Konsumgesellschaft sei ausschließlich ein Befriedigungsinstrument reaktionär verleugneter Bedürfnisse zu sehen, dem sich die Kunst nicht beugen werde.[159] Gleichzeitig übte die Gruppe scharfe Kritik an der Justiz und ihren juristischen Kategorien: »Mit Rechtsmaßstäben von gestern werden Problemstellungen von heute unterdrückt und das abgeschlossene System des Rechts versucht mit bürokratischer Pedanterie die Kunst, deren Wesen offen, experimentell und dynamisch ist, in ihre Determinologie einzuordnen.« Die Kunst habe jedoch demgegenüber das Recht, »das Ferment der Auflösung in einer stagnierenden Gesellschaft mit spielerischen Methoden des Suchens existenziell darzustellen.« Kunzelmann beschrieb die Texte der Gruppe SPUR als anti-ideologisch und anti-tendenziös – »vielschichtige Palimpseste, surrealdadaistisch überlagert, und das Herauslesen von Eindeutigkeiten fällt auf den Leser zurück.«[160]

In der Urteilsbegründung mochte das Gericht solchen Verteidigungspositionen jedoch kein Gewicht einräumen. Das Urteil lautete auf fünfeinhalb Monate Gefängnis für Kunzelmann, Prem und Zimmer, die zur Bewährung ausgesetzt wurden. Schuldig gesprochen wurden die Künstler eines »fortgesetzten gemeinschaftlich verübten Vergehens der Verbreitung einer unzüchtigen Schrift rechtlich zusammentreffend mit einem fortgesetzten gemeinschaftlich verübten Vergehen der Gotteslästerung und Religionsbeschimpfung in Tatmehrheit mit einem gemeinschaftlich verübten Vergehen der Beleidigung.«[161] Sturm kam mit fünf Monaten Gefängnis auf Bewährung davon, weil auf ihn der Anklagepunkt der Beleidigung nicht anwendbar war. Noch einmal ging das Gericht ausführlich und detailliert auf die Texte ein und bewertete sie im Licht der Anklage. Die Hefte hätten provozieren und sich über die Schranken der Gesetze hinwegsetzen sollen, sie sollten offensichtlich »Andersdenkende herausfordern, Gott und die Religion beschimpfen und das Scham- und Sittlichkeitsempfinden in geschlechtlicher Beziehung verletzen. Diese Absicht gaben die Angeklagten selbst kund.« In Kunzelmanns Gedicht »Drakabygget« trete »die Verhöhnung Christi und die Verächtlichmachung der Christus- und Marienverehrung klar zu Tage. Kommunion und Abendmahl werden insbesondere durch den Vergleich mit dem ›Kotfressen‹ in bewußt abstoßender Art in den Schmutz gezogen. Der grob unzüchtige Charakter bedarf keiner Erläuterung.«[162] Kunzelmanns »Kanon der Revolution« galt dem Gericht als unzüchtig und enthalte eine Beschimpfung der Marienverehrung. Seine »Hommage à C.G. Jung« mochte das Gericht nicht in einem intellektuellen Zusammenhang sehen, sondern wertete den Text als pubertäre Machtphantasie, die letztlich ebenso unzüchtige und gotteslästerliche Zwecke verfolge: »Inwieweit sich der Angeklagte K. mit den Werken des Schweizer Philosophen und Psychologen, des früheren Schülers Freuds, beschäftigt hat, ließ sich nicht nachprüfen. Das Erzeugnis scheint weniger als die Frucht wuchernder Phantasie, als vielmehr als ein verkrampft wirkendes Bemühen durch gesuchtes Aneinanderfügen fremder Wörter und Begriffe, den Anschein zu erwecken, als bewege sich der Verfasser auf der nur wenigen erreichbaren Höhe bedeutender Gelehrsamkeit. Die Xenoglossie wird auf die Spitze getrieben. Ein Kunstwerk ist dieser Artikel ebensowenig, wie die anderen hier behandelten Beiträge.«[163] Die Angeklagten hätten es abgelehnt, sich zur Sache zu äußern. Besonders hervorgehoben wurde dabei Kunzelmanns Entgegnung, »die Staatsanwaltschaft und das Gericht hätten bisher so wenig Kunstverständnis gezeigt, daß es nicht sinnvoll erscheine, Angaben zu machen.« Darauf entwickelte die Urteilsbegründung allgemeinere Reflexionen zur Freiheit der Kunst und ihrer Begrenzung durch die allgemeinen Gesetze. Zwar sei die Kunst frei, »nicht aber der Künstler überhaupt und allgemein«. Das Gericht wolle nicht ausschließen, daß die Angeklagten befähigt seien, Kunstwerke zu schaffen. Das vorliegende Material sei aber nicht mehr dem künstlerischen Bereich zuzurechnen, sondern dem der Meinungsäußerung, der den allgemeinen Gesetzen unterliege. Aufschlußreich waren in diesem Zusammenhang die richterlichen Definitionsversuche zur Erotik in der Kunst: »Eine das Geschlechtliche berührende Darstellung ist nicht unzüchtig, wenn sie das Dargestellte in den höheren Bereich des Geistigen erhebt und es dadurch veredelt. Im vorliegenden Fall kann keine Rede davon sein, daß das Sexuelle durch künstlerische Ausdruckskraft veredelt und in eine höhere Sphäre gehoben worden wäre. In Spur 6 stiegen die Angeklagten auf ein Niveau herab, das mit Kunst nichts zu tun hat. Wird das Geschlechtliche roh und niedrig dargestellt, so ist diese Darstellung unzüchtig, mögen die Hersteller Künstler sein oder nicht.«[164]

Die abschließend erwähnten entlastenden Momente, die den Angeklagten zugute gehalten wurden, lassen ebenfalls Rückschlüsse auf die Urteilsfindung des Gerichts zu. Neben der Jugend der Angeklagten, die Hoffnung auf Besserung zulasse, sei auch zu erkennen gewesen – und das war an dieser Stelle ebenfalls entlastend gemeint –, »daß zum Teil auch vom Ausland her Einflüsse auf die Angeklagten einwirken, wobei allerdings nicht geprüft werden konnte, wie weit sie etwa durch die Verbindung mit anderen Gruppen im In- und Ausland sich irgendwie gebunden und verpflichtet fühlen.«[165] Den internationalen Kontext der Situationistischen Internationale interpretierte das Gericht also offensichtlich als ein Element der Verführung und der Manipulation, der die SPUR-Künstler möglicherweise zum Opfer gefallen seien. Eine deutsche subversive Avantgarde war zu jener Zeit für die wenigsten vorstellbar.

Mit diesem Urteil kam die Angelegenheit allerdings noch lange nicht zum Abschluß. Die SPUR-Künstler gingen in Berufung und waren in zweiter Instanz besser auf die juristischen Auseinandersetzungen vorbereitet. Die Verteidigung hatte eine Reihe von Gutachten eingeholt, mit deren Hilfe der künstlerische Charakter der SPUR-Hefte besser gewürdigt werden sollte. Zu den Gutachtern zählte auch Joachim Kaiser, der sich zu dieser Zeit in der Süddeutschen Zeitung insbesondere als Musik-Kritiker einen Namen machte. Kaisers Urteil fiel zwar einerseits für die angeklagten Künstler im juristischen Sinne günstig aus, andererseits wollte Kaiser den SPUR-Künstlern seine grundsätzlich kritischen Kommentare auch nicht ersparen. Gerade die frei collagierte Gestaltung widerlege zwar, so Kaiser, die gotteslästerliche oder pornographische Intention der vorliegenden Zeitschrift. Statt dessen sei aber »für jeden Kenner der modernen Literaturgeschichte außer Zweifel, daß sich hier auf einem sehr bescheidenen Niveau die Techniken des sogenannten Dadaismus und eines heruntergekommenen Expressionismus treffen.« Während pornographische Abbildungen »im allgemeinen von höchster Deutlichkeit und Anschaulichkeit sein müssen, um ihren (eindeutigen) Zweck zu erfüllen«, sah Kaiser in der inkriminierten SPUR-Nummer den Ausdruck eines »radikal-anarchistischen Weltgefühls, aber im logisch-nüchternen Sinne weder Ausdruck direkter Gottesleugnung, noch Pornographie.«[166] Kaiser betonte den anti-bürgerlichen Affekt als Motiv der Textproduktion und verteidigte speziell Kunzelmanns Texte immerhin insofern, als er in ihnen eine Kritik der Kommerzialisierung religiöser Themen in der heraufziehenden Mediengesellschaft vermutete: »So ist der erste angegriffene Satz ›Christi agfacoloreskes Blut‹ unmißverständlich nicht gegen Christi Blut, sondern gegen die Beziehung zwischen Christus und Agfacolor gerichtet, wie sie von geschmacklosen Farbfilmen ja immer wieder produziert wird. Eine englische Filmkritikerin hat noch jüngst im ›Observer‹ geschrieben, Christus sähe in einem dieser Filme aus ›wie ein Mondkalb mit ausrasierten Achselhöhlen‹.« Gleichzeitig sparte Kaiser nicht mit Kritik an der Perspektive in der Urteilsbegründung vom Mai, die er als verfehlt betrachtete. Die Texte als unzüchtig zu bezeichnen, würde auf die Verwendung einer Realitätsebene hinauslaufen, »die sie [die Texte] weder beanspruchen können, noch wollen.« Mit der Verurteilung im Mai, in der von der Veredelung des Sexus durch die Kunst die Rede gewesen war, hätte das Gericht Vorstellungen einer Ästhetik offenbart, »wie sie im Jahr 1750 Mode gewesen sein mag. Damit kann man heute nicht mehr sinnvoll arbeiten.« Statt dessen empfahl er dem Gericht Kafka und Picasso als Vorreiter einer modernen Ästhetik, die mit der Kategorie der »Veredelung« nichts mehr zu tun habe. Abschließend versuchte sich Kaiser sowohl vom zur Überprüfung anstehenden Urteil als auch von den Heften der Gruppe SPUR zu distanzieren – für ihn wies die ganze juristische Auseinandersetzung in die falsche Richtung: »Ohne großen Erfolg wandeln die Spur-Leute auf den Spuren des Expressionismus. Sie haben ein dumpfes anarchistisches Weltbild, das mit den Mitteln logischer Aussage beim besten Willen nicht zu bewältigen ist. Man kann sagen, daß sie als primitive Eklektiker älteren Protestes sich künstlerischer Ausdrucksmittel bedienen, ohne Kunst im höheren Sinne zu produzieren.«[167]

Dieses Urteil kam der Taktik der Verteidigung, die doch gerade die Freiheit der Kunst verteidigen wollte, nicht wirklich gelegen. Nützlicher erschien da schon das Gutachten Werner Haftmanns, das sich in deutlicher Sympathie und Solidarität mit den SPUR-Künstlern an eine Offensive gegen veraltete ästhetische Begriffe machte. Seit den Zeiten lebensphilosophischer und psychoanalytischer Innovationen des europäischen Denkens hätten sich der Kunst völlig neue Erfahrungs- und Gestaltungsräume erschlossen, »die Traumwelt, die Halluzination, das Narzistische [sic], die ganze solipzistische [sic] Welt, in der nun eben auch das Sexuelle, wie uns die Wissenschaft belehrt, eine außerordentlich wichtige Stelle einnimmt.« Für diese Bereiche seien Expressionismus und Surrealismus lange Zeit die bevorzugten Ausdrucksformen gewesen, was zu einem Charakterwandel der Kunst geführt habe – es überwiege seitdem nicht mehr der idealistisch-repräsentative sondern der evokative Ausdruck im Kunstwerk: »Es ruft auf – es ›evoziert‹ – die Regungen in der Innenwelt des Menschen. Von daher bringt es Bericht. Es richtet sich nicht mehr auf die Außenwelt, sondern auf den Bezug, der sich zu ihr im Menschen herstellt. Es dient der Bewußtwerdung dessen, was der Mensch in dieser Zeit ist. In dieser Auslotung der mehr unbewußten Schichten im Menschen fördert es auch die erschreckenden Tatbestände im Menschen zutage.«[168] Und schließlich identifizierte sich Haftmann ausdrücklich mit der inneren Haltung der Autoren, die bis dahin noch als pubertär oder – in Kaisers Worten – als »dumpfes anarchistisches Weltbild« gegolten hatte. Wenn es um den Kampf gegen »unglaubliche Zustände der Gesellschaft« ging, stellte er sich demonstrativ auf die Seite der Angeklagten. Neben der ersten intellektuellen Sympathie, die Kunzelmann hier außerhalb subversiver Zirkel ernten konnte, schien die subversive Mobilisierungstaktik aufzugehen. Haftmanns Urteil schloß mit einer ausdrücklichen Legitimation des subversiven Handelns, das lediglich durch den Hinweis auf das jugendliche Alter des Angeklagten ein wenig abgeschwächt erschien: »Der Gemütszustand, der sich in der Zeitschrift der Gruppe Spur ausdrückt und ihre scharfe Polemik beflügelt, ist der einer künstlerisch exaltierten, sozusagen ›abstrakten‹ Wut, die sich gegen die unglaublichen und nur durch ein abscheuliches Flitterwerk von Moral und vorgeschobener Religiosität verdeckten Zustände der Gesellschaft richtet. Man kann es jungen Künstlern nicht verargen, wenn sie gerade diese Tarnwände von ›Moral‹ und ›Religiosität‹ mit dem wüstesten Hohn überschütten. Das ist ihr menschliches und moralisches Recht.«[169]

Als die Gruppe am 7. November 1962 ihren zweiten Prozeß erwartete und die Zeichen für eine Aufhebung oder zumindest eine Milderung des Urteils vom Mai gut standen, durchkreuzten Kunzelmann und der immer ebenso radikale Zimmer die Strategie der Verteidiger, indem sie mit einer »offenen Erklärung« in die Offensive gingen. Darin nahmen sie unter anderem positiv Bezug auf eine »wollüstig pornographische Literatur, die sich als solche bekennt.« Die beiden forderten »die Freigabe und Publikation aller Werke der Weltpornographie«, auch aus den »Geheimarchiven des Vatikan, der Polizei und der Staatsbibliotheken«.[170] Die Idee hinter dieser Erklärung war das offensive Bekenntnis zur Pornographie und damit das provozierende Geständnis vor Gericht, das Kunzelmann später so auf den Punkt brachte: »Jawohl, Euer Ehren Landgerichtsrat, ich bekenne mich zum Verfassen pornographischer Texte und mit Begeisterung lästere ich Gott. Was soll daran strafbar sein?«[171] Ganz in diesem Sinne schloß auch schon die Erklärung von 1962: »Es ist daher ein Gebot der Stunde, daß sich der Künstler eindeutig zu der von ihm verfaßten Pornographie bekennt, ohne sie als Kunst zu drapieren.«[172]

Die Anwälte legten daraufhin ihre Mandate nieder, weil Kunzelmann und Zimmer damit die Verteidigung und insbesondere die vorbereiteten Gutachten entwertet hatten. Offensichtlich waren die Mandanten mit dem defensiven Rückzug auf die Freiheit der Kunst nicht einverstanden und wollten die von ihnen angeprangerte Absurdität der Anklage selbst zum Thema der Verhandlung machen. Der Prozeß endete dennoch mit deutlich verkürzten Bewährungsstrafen über fünf Wochen Gefängnis. Die Prozeßlawine ließ sich jedoch nicht mehr aufhalten. Nach endlosen Instanzenwegen endete der Fall am 4. April 1975 vor dem Bundesverfassungsgericht, das eine Verfassungsbeschwerde gegen die letztlich auf Geldstrafen hinauslaufenden Verurteilungen endgültig abwies.[173] Kunzelmann selbst hatte nach eigener Aussage schnell den Überblick über den Fortgang der Sache verloren, die beinahe vierzehn Jahre lang die deutschen Gerichte beschäftigt hat: »Ich weiß bis heute nicht, wie alles ausging.«[174]

Kunzelmanns erlahmendes Interesse an der Münchner Prozeßwelle kann auch mit der Tatsache zu tun gehabt haben, daß die Gruppe Spur zwischenzeitlich in einen Gerichtsprozeß ganz anderer Art verwickelt worden war, der für ihn möglicherweise von größerer Bedeutung war. Im Oktober 1961 waren Zimmer, Fischer, Prem und Sturm auf Einladung des Mailänder Industriellen Paolo Marinotti in Italien und bereiteten dort ohne Wissen und Zutun Kunzelmanns die nächste, siebte Ausgabe der Zeitschrift Spur vor, ein vollständig künstlerisch geprägtes und sehr spielerisches Heft, das Zimmer mit dem Untertitel »Album per disegno« herausgab.[175] Dieses Heft erregte den Unwillen der situationistischen Theoretiker, allen voran Debord, der nun endgültig die radikal-subversive Theorie von den Spur-Künstlern zu einer rein spielerischen visuellen Rhetorik verwässert wähnte. Die früheren Auseinandersetzungen, ganz besonders mit Prem, mögen eine Rolle gespielt haben, als der »Zentralrat der Situationistischen Internationale« im Februar 1962 eine Erklärung verfaßte, die kurz und bündig den Ausschluß der Münchner Situationisten aus ihrer Internationale bekanntgab: »Der Zentralrat der Situationistischen Internationale hat in der Zusammenkunft in Paris am 10. Februar 1962 beschlossen, aus der deutschen Sektion der S.I. die für die Herausgabe der Zeitschrift ›Spur‹ verantwortliche Gruppe auszuschliessen. (D. Kunzelmann, H. Prem, H. Sturm und H.-P. Zimmer): Es ist bewiesen, dass die fraktionistische Aktivität dieser Gruppe auf einem systematischen Missverständnis der situationistischen Thesen basierte: und dass die Mitglieder dieser Gruppe vollkommen die Disziplin der S.I. missachtet haben, um als Künstler zu arrivieren. Die Zeitschrift »Spur« wird durch eine neue Zeitschrift als Organ der S.I. in Deutschland ersetzt.«[176]

Dieser Beschluß war im »Zentralrat« von Debord, Kotányi, Vaneigem und dem gerade erst zu den Situationisten gestoßenen Uwe Lausen eingebracht worden, der kurz darauf selbst mit der Gruppe SPUR zusammen in München vor Gericht stand – allerdings war sein Verfahren auf Grund seines Alters abgetrennt und dem Jugendgericht überstellt worden. Kunzelmann gehörte seit Göteborg selbst dem »Zentralrat« an und stellte in der Diskussion klar, daß er Debords inhaltliche Kritik an dieser siebten Nummer der SPUR in allen Punkten teile, gleichzeitig aber gerade für dieses Heft nicht persönlich verantwortlich gemacht werden könne, da er an der Herstellung gar nicht beteiligt gewesen war. Daraufhin stellte Debord ihn vor die Alternative, entweder den Ausschluß seiner Münchner Freunde zu unterstützen oder mit ihnen ausgeschlossen zu werden. Kunzelmann entschied sich gegen die Situationistische Internationale und behauptete später: »Da war ich schon zu selbstbewußt, als daß mir irgend jemand so eine Alternative hätte vorlegen können.«[177] Mit fünf gegen eine Stimme war damit der Ausschluß der Gruppe SPUR beschlossen. Indem Kunzelmann gegen den Ausschluß votierte, erklärte er also gleichzeitig seinen eigenen.[178] Der Beschluß wurde kommentarlos per Post verschickt und markierte das Ende der Kooperation zwischen den Situationisten und der Gruppe SPUR – wenige Wochen, bevor der erste SPUR-Prozeß vor dem Münchner Amtsgericht begann. Lothar Fischer, der ohnehin kaum in die Situationistische Internationale einbezogen war, erinnerte sich an Debords Radikalismus und dessen Auswirkungen auf die betroffenen Mitglieder der Gruppe SPUR: Debord habe die Gruppe »wie ein Richter« abgeurteilt, und Zimmer und Kunzelmann seien davon so betroffen gewesen, »als wäre ihnen das Todesurteil ausgesprochen worden. Daran hat man gemerkt, wie stark die engagiert waren.«[179] Die INTERNATIONALE SITUATIONNISTE begleitete zwar den Prozeß in München solidarisch[180], und Debord setzte sich noch für seine nun ehemaligen Genossen ein[181], »die inzwischen wegen ihrer Mässigkeit in anderen Punkten aus der S.I. ausgeschlossen wurden«, wie das Pariser Zentralorgan vermerkte[182], doch das Tischtuch war zerschnitten, und Kunzelmann konnte auch nach Jahrzehnten eine gewisse Bitterkeit nicht verbergen: Debord sei ein Paranoiker gewesen, der um jeden Preis eine Korruption situationistischer Ideen z.B. durch den Kunstmarkt habe verhindern wollen. Das Resultat sei gewesen, so Kunzelmann, daß »die künstlerische Kreativität und Produktivität der Situationisten kaputtgegangen« sei: »Übriggeblieben ist die Mystifikation, die Situationisten hätten irgendetwas mit dem Pariser Mai zu tun, was ich bestreite, das ist alles von Debord lanciert worden, – bekannt ist, daß er im Mai 1968 auf den Bahamas weilte.«[183]

Zur Person Debords entwickelte Kunzelmann in diesem Zusammenhang auch noch eine eigenwillige Deutung, die darauf hinauslief, Debord sei ein »sehr charmanter, netter, echter Trottel« gewesen, eine von Asger Jorn inspirierte Kunstfigur, die niemals wirklich existiert habe. Jorn, der ohnehin die Situationistische Internationale und ganz besonders Debord finanziert habe, sei bei einer seiner Sauftouren in Paris »einem Gammler mit Namen Dupont begegnet und hat ihn angestellt als den Guy Debord«. Der habe daraufhin »den Stalin gespielt« und sei nach Jorns Tod im Jahr 1973 wieder spurlos verschwunden: »Und nach dem Tode von Asger Jorn kann niemand beweisen, daß Guy Debord lebt. Es gibt niemanden, der seitdem nachweisen kann, daß er Guy Debord gesprochen hat.«[184] Ob Kunzelmann hier zu Beginn der neunziger Jahre Debord zu einem Gespräch herausfordern wollte, auf das er nach eigener Aussage seit bereits zehn Jahren vergeblich hoffte, ob er mit der Person Debords ein ironisches Spiel zum Zweck der Selbstdarstellung spielte oder ob es sich nur um eine besonders perfide Art der Rache an Debords subversivem Nachruhm handelte, in jedem Fall ließen Kunzelmann seine Geschichte mit der Situationistischen Internationale und die Person Debords auch nach dreißig Jahren ganz offensichtlich nicht los – ganz im Gegensatz zu den endlosen SPUR-Prozessen, die er bald verdrängt hatte.

Das wichtigste Fazit jener gerade einmal zwei Jahre, die Kunzelmann zwischen 1960 und 1962 mit den situationistischen Künstlern verbracht hatte, war seine gedankliche Einbindung in einen avantgardistischen Kontext, der über die Vermittlung französischer Intellektueller die Avantgarde der Zwischenkriegszeit kritisch reaktualisierte. Ganz so, wie er im Kino – sei es in Bamberg oder im Filmmuseum in der Rue d'Ulm – die Regisseure der zwanziger und dreißiger Jahre sowie ihre Nachfolger des italienischen Neorealismus bewunderte, fand Kunzelmann über die Situationistische Internationale Zugang zu den revolutionären Traditionen des Dadaismus und Surrealismus. Dazu gehörte aber auch die erste Lektüre der Kritischen Theorie, zunächst vornehmlich Adornos.[185] Beinahe dreißig Jahre später erinnerte sich Kunzelmann daran, daß es »Ende der Fünfziger, Anfang der Sechziger Jahre durch die ganze Rekonstruktionsperiode des Kapitalismus und die Adenauer-Ära usw. und Verdrängung des Faschismus, Konsumideologie« dringlich geworden sei, »daß wir all das, was vor '33 an kulturrevolutionären Inhalten in Kunst usw. vorhanden war, überhaupt erstmal wieder zur Kenntnis genommen haben. Das kann sich heute überhaupt niemand mehr vorstellen, in welchem Nichts man in den Fünfziger

Jahren aufgewachsen ist.« Neben der kritischen Erfahrung der Nachkriegs-Urbanität in Paris entstand damit gleichzeitig ein sich anti-faschistisch verstehendes kulturrevolutionäres Interesse, das bewußt den Rückbezug auf die verlorengegangene Avantgarde der Zwischenkriegszeit suchte. Die Zeit mit der Gruppe Spur habe seinen persönlichen Emanzipationsprozeß in Gang gebracht, so bilanzierte er, »das war ein enormes Erlebnis und wir hatten überhaupt niemanden, der hier ähnliche Intentionen hatte oder irgendwie die Anstrengung sah, daß man überhaupt erstmal wieder nach diesem fürchterlichen Faschismus und nach der fürchterlichen Nachkriegsepoche begreifen muß, was Menschen bisher gedacht und getan haben. Das war ja verschüttet.«[186] Kunzelmanns Aufbruch in die subversive Avantgarde war demnach ein im Wortsinne restaurativer, insofern die ersten Auseinandersetzungen, in die er zu Beginn der sechziger Jahre geriet, nachholende Konflikte einer durch den Nationalsozialismus unterbrochenen und zeitlich verzerrten europäischen kulturellen Tradition waren. Nach einer letzten gemeinsamen Fahrt nach Wien trennte sich Kunzelmann, der »mehr und anderes« wollte[187], im Herbst 1962 von den Künstlern der Gruppe Spur, die – das hatte Debord schon ganz richtig vermutet – fortan ihre Karrieren als Maler weiterverfolgten. Zu Hans-Peter Zimmer hielt er noch jahrelang freundschaftlichen Kontakt, doch im Jahr 1962 deuteten sich für Kunzelmann neue subversive Perspektiven an.

Krawall und Subversion

In der Nacht vom 21. zum 22. Juni 1962 ereignete sich in Schwabings touristischem Zentrum, gerade einmal etwa 500 Meter von Kunzelmanns Keller in der Bauerstraße entfernt, Unerhörtes. Anwohner hatten gegen 22 Uhr 30 die Polizei gerufen, weil eine Handvoll jugendlicher Musiker auf der Straße spontan ein nächtliches Konzert veranstalteten. Als die Beamten dem Musizieren ein Ende setzen wollten, solidarisierten sich die Umstehenden mit den Musikern, und die Situation geriet außer Kontrolle. Auf die Festnahme der Musiker folgte eine Straßenschlacht mit der Polizei, die sich in wechselnder Gestalt in den folgenden fünf Nächten des Fronleichnamswochenendes fortsetzte. Diese als »Schwabinger Krawalle« bekannt gewordenen Auseinandersetzungen erlangten bundesweite Aufmerksamkeit und sind Jahrzehnte später zu einem Mythos der bundesdeutschen Protestkultur geronnen. Mit einiger Verspätung hat die historische Forschung sich des Themas angenommen und inzwischen eine gründliche Aufarbeitung der Proteste geleistet.[188] Demnach lag der Krawall in diesem Sommer erkennbar in der Schwabinger Luft: Bereits am 5. Juni war es vor der Universität zu Auseinandersetzungen gekommen, nachdem ein Jazz-Konzert abgebrochen und von den Beteiligten unter freiem Himmel fortgesetzt worden war. Diesmal jedoch entwickelten die Ereignisse eine Eigendynamik, die einerseits auf das lange Wochenende, andererseits auf die große Aufmerksamkeit zurückzuführen ist, welche die Lokalpresse den Zwischenfällen widmete. Eine Krawall-Nacht zog die andere nach sich, wobei die soziale Beteiligung weder homogen noch konstant erschien, teilweise junge Leute gezielt aus Neugier oder vom Wunsch nach einer Auseinandersetzung mit der Polizei angetrieben nach Schwabing anreisten[189]. Besondere Brisanz entwickelten die Krawalle, weil die vollkommen überreagierende Polizei – teilweise ganz unerfahrene Polizeischüler – im Zuge der Räumungen der Leopoldstraße wahllos auch auf Passanten oder unbeteiligte Neugierige einschlug. Zu den Opfern zählten der griechische Generalkonsul und der 62-jährige Münchner Stadtjugendamtsleiter Kurt Seelmann.[190] Die innere Ablehnung einer kritischen Presseberichterstattung fügte der Polizei eine katastrophale Niederlage in den Medien zu, die von einer »wildgewordenen Obrigkeit« sprachen.[191] In der Folge formierte sich um den ortsansässigen Rechtanwalt Till Burger eine »Interessengemeinschaft zur Wahrung der Bürgerechte«, die Betroffene und Öffentlichkeit gegen die obrigkeitsstaatlichen Maßnahmen in Stellung brachte.[192] Auf diese Weise entstand in diesen Junitagen ein komplexes Protestszenario, das die bekannten Praktiken der Halbstarkenkrawalle der späten fünfziger Jahre mit politischen Konflikten, sporadischer studentischer Beteiligung und einer Eigendynamik der Medienöffentlichkeit verband.[193] Zur »Mutter der Revolte«, wie die »Schwabinger Krawalle« der Protestgeneration von 1968 häufig erschienen, wurden die Ereignisse – darauf weist Stefan Hemler hin – erst in der theoretischen und mythologisierenden Rückschau der anti-autoritären Subversiven.[194] Der breiteren Öffentlichkeit hat sich gleichzeitig die Tatsache eingeprägt, daß der spätere RAF-Terrorist Andreas Baader gemeinsam mit dem befreundeten Graphiker Holm von Czettritz unter den revoltierenden Jugendlichen gewesen ist. Nach seiner Verhaftung auf der Leopoldstraße soll Baader seiner Mutter gegenüber geäußert haben: »In einem Staat, wo die Polizei gegen singende junge Leute vorgeht. Da ist etwas nicht in Ordnung.«[195] Der zeitliche Zusammenhang zwischen dieser fünfzehn Jahre später geäußerten Erinnerung seiner Mutter und dem Tod ihres Sohnes charakterisiert diese Erinnerung, auch wenn sie zutreffen mag, ebenfalls als nachträgliche Sinnstiftung.

Dieter Kunzelmann beteiligte sich offenkundig nicht an den Auseinandersetzungen, die ihm der Sommer 1962 gleichsam vor die eigene Haustür getragen hatte. Über die Gründe kann an dieser Stelle nur spekuliert werden. Stefan Hemler verweist auf eine Krise in Kunzelmanns subversiven Aktivitäten, nachdem im Februar die Gruppe Spur aus der Situationistischen Internationale ausgeschlossen worden war und unter der Last der juristischen Schwierigkeiten nach und nach auseinanderfiel.[196] Demnach erinnerte sich der damalige Kunzelmann-Vertraute Frank Böckelmann bedauernd: »Wir haben das verschlafen.«[197] Denkbar ist ebenso, daß die gerade erst im ersten Spur-Prozeß über Kunzelmann verhängte fünfeinhalb-monatige Bewährungshaftstrafe Eindruck auf ihn machte. Ebenso wahrscheinlich werden der Prozeß und das Urteil, die erst sechs Wochen zuvor inklusive Photo ihren Niederschlag in der Presse gefunden hatten, auch in Bamberg nicht unbemerkt geblieben sein, von wo weiterhin monatlich Kunzelmanns Unterhalt floß. Eine Postkarte, die er in diesen Tagen an seine Mutter schickte, sollte offenbar beruhigend wirken: »Hoffentlich habt Ihr Euch nicht aufgeregt wegen der Krawalle in der Leopoldstraße. Ich gehe nämlich seit einiger Zeit nur noch sehr selten nach Schwabing und am Wochenende überhaupt nicht mehr. Ich bin die ganzen Krawalltage gar nicht aus dem Haus gegangen, da ich einerseits einen Sonnenbrand hatte und andererseits ... Ich erfuhr die ganze Sache teils aus Zeitung, Radio, teils von Freunden, die mich besuchten.«[198]

In der Rückschau erhielten die Schwabinger Krawalle für Kunzelmann eine Schlüsselrolle innerhalb seiner Biographie. Er sei »wahnsinnig angetan« gewesen von denjenigen, »die sich nichts haben bieten lassen. Das waren sehr viel mehr als wir dachten.«[199] Schließlich beteiligte sich Kunzelmann in seinen Memoiren an der nachträglichen Mythenbildung, indem er seine Schwabinger Erfahrungen vom Sommer 1962 autobiographisch folgendermaßen einordnete: »Zum ersten Mal hatte ich erlebt, daß Hunderte von Menschen sich mit gitarrespielenden ›Gammlern‹ solidarisierten und daß es nur eines banalen Anlasses bedarf, Ruhe und Ordnung schnell in prächtiges Chaos umschlagen zu lassen. Diese Erfahrung beeindruckte mich so tief, daß ich in den folgenden Jahren keine Gelegenheit ausließ, sie in anderer Form noch einmal erleben zu dürfen ...«[200] Nach Lage der Dinge gewannen die »Schwabinger Krawalle« in der Öffentlichkeit aber wohl erst Ende der sechziger Jahre aus – dann wieder – aktuellem Anlaß an erinnerungspolitischem Gewicht, schon allein weil die Ereignisse selbst binnen weniger Monate von anderen öffentlichen Erregungsmomenten wie z.B. der Spiegel-Affäre und der Kuba-Krise überlagert wurden. Das reflektierte implizit auch Kunzelmann, als er von seinem Kriegsdienstverweigerungsverfahren in Bamberg berichtete, wo er etwa zur selben Zeit die kubanische Revolution verteidigt habe.[201]

Das provokatorische Spiel mit der öffentlichen Erregung war zu Kunzelmanns bevorzugtem ästhetischen Modus geworden, wie zum Beispiel in einem Einzelblatt, das bereits im Januar 1962 dem sogenannten SPUR-Buch beilag, einer Art Gesamtausgabe aller Nummern der inzwischen eingestellten Zeitschrift SPUR. Unter dem Titel »Ritus contra Depravation« überraschte den Leser ein ironisch-zynisches Spiel mit den zeitgenössischen Ängsten vor einem Nuklearkrieg – der »Wert der Atombombe« bei der »Bekämpfung der Kulturindustrie« sei von der Gesellschaft bedauerlicherweise bislang nicht erkannt worden. Jedem Einkauf in einem »Kultursupermarket« solle eine »handliche Atombombe« hinzugefügt werden, um so ein »öffentliches Atombombenpotlatch«[202] zu ermöglichen. »Dekorativ herumliegende Leichen der Kulturmanager und ihrer Untergebenen« würden daraufhin »Künstlern, Innenarchitekten und Nekromanen als Arbeitsmaterial zur Verfügung gestellt«. Auf der Suche nach den zeitgenössisch besonders heiklen Provokationen steuerten die Autoren während der Vorbereitung des ersten SPUR-Prozesses zielsicher auf die konservative Privatpolitik zu, der sie einen symbolisch-militanten Spiegel vorhielten: Der »Missbrauch der Atombomben zu friedlichen Zwecken wie Abtreibung, Selbstbefriedigung und Ehescheidungen« werde mit mindestens »fünf Jahren traditionellen Kulturkonsums bestraft. (Für die Kosten der Fahrt nach Amerika muss der Verurteilte selbst aufkommen.)« Der Text endete wiederum in klassischer Tradition der Avantgarde mit einer militanten Vision des »explosiven Kulturzeitalters«: »(erste Planziele sind: Unesco, Vatikan, Museen, alle Radio- und Fernsehstationen)«, denn erst auf der Basis eines Trümmermeeres könne »das Suchen nach experimentellen Lebensformen in ein kreatives Stadium treten.«[203] Die traditionelle avantgardistische Gedankenfigur der Apokalypse feierte hier eine ironisch-provokative Auferstehung.[204]

Unterzeichner des Blattes waren neben Kunzelmann und Hans-Peter Zimmer auch Christofer Baldeney und Rodolphe Gasché. Der bereits 32-jährige Baldeney hieß mit bürgerlichem Namen Rudolf May, hatte ab 1947 am Aufbau der Katholischen Jugend in der Erzdiözese Bamberg mitgewirkt und 1957 Kunzelmanns Schwester Helga geheiratet.[205] Bereits im Mai 1959 hatte er seinem Schwager Dieter bei dessen Aufbruch nach Paris als Eingeweihter zur Seite gestanden. Nachdem ihn die Atmosphäre des Priesterseminars abgestoßen hatte, gab Baldeney seine Pläne für eine theologische Laufbahn auf, studierte Philosophie und Psychologie und arbeitete als Erzieher. Eine Stelle in Düsseldorf wurde ihm 1956 gekündigt, nachdem er gegen die dort praktizierte Prügelstrafe protestiert hatte. Den Luxemburger Soziologie-Studenten Gasché von der Freien Universität Berlin hatte Kunzelmann am Rande der Situationistischen Internationale kennengelernt. Gasché waren offensichtlich die hierarchischen Verhältnisse innerhalb der Situationistischen Internationale wohl bewußt, als er sich im September 1962 – während Kunzelmann mit der Gruppe SPUR nach Wien reiste und sich schließlich von der Gruppe trennte – bei Debord in Paris schriftlich um die Billigung seiner Kontakte zu den ein halbes Jahr zuvor ausgeschlossenen Kunzelmann und Zimmer bemühte. Die Antwort des situationistischen Theoriewächters klang erstaunlich versöhnlich: »Ich betrachte Deine jetzige Zusammenarbeit mit Kunzelmann und Zimmer nicht als unangebracht. Wir haben kein metaphysisches Konzept des Ausschlusses. Der Bruch mit der S.I. bezeichnet eine objektive Meinungsverschiedenheit in einem zentralen Punkt, aber offensichtlich nicht notwendigerweise, daß diejenigen, die an diesen Punkt gekommen sind, unehrenhafte Motive hätten, auch nicht, daß sie dazu verdammt wären, danach auf eigene Faust durchweg schlechtere Positionen anzusteuern.« Kunzelmann und Zimmer würden auch weiterhin von den Situationisten hoch geschätzt, und zumindest in Kunzelmanns Fall sei der Ausschluß letztlich zu bedauern, aber es sei auch von positivem Wert, wenn die ehemaligen Situationisten nun selbständig und ohne Pariser Aufsicht subversive Erfahrungen sammeln würden. Mit »Interesse und Sympathie« würden die Situationisten die deutsche Zeitschrift erwarten, von deren Vorbereitung Gasché berichtet hatte. Außerdem sei es derzeit, im September 1962, die Taktik der Situationisten, die Unabhängigkeit benachbarter Gruppen zu fördern, solange keine gänzlich unannehmbaren Positionen vertreten würden: »Man kann also hoffen, daß nach und nach unsere mögliche Teilnahme an besser fundierten gemeinsamen Aktionen eines Tages umfangreicher und dauerhafter sein wird.«[206] Jede Möglichkeit einer Wiederannährungen an die Situationisten, die hier anklang und auf die Kunzelmann möglicherweise gehofft hatte, zerschlug sich jedoch, noch bevor Debords Brief seinen Adressaten erreichte. Gerade zwei Tage später revidierte Debord seine Position. Zimmers Mitarbeit an einem »Situationistischen Bauhaus«, das Jørgen Nash in Schweden plante, erschien Debord nun endgültig als Verrat an der revolutionären Sache: »Es muß berücksichtigt werden, daß sich alles, was ich Dir in meinem Brief vom 22. September geschrieben habe, radikal geändert hat.« Die Mitarbeit an der »nashistisch-situationistischen Lüge«, schrieb Debord ebenso erbost wie umständlich, sei »eine definitive Wahl auf der Ebene der Prinzipien des Handelns«. Die Situationistische Internationale werde in Zukunft alle Beteiligten und ihre Mitstreiter konsequent boykottieren.[207]

Bei der Zeitschrift, deren Vorbereitung Gasché erwähnt hatte, handelte es sich um ein kleines gelbes Heft mit dem ironischen Titel »Unverbindliche Richtlinien«, das Kunzelmann, Gasché und Baldeney im Dezember 1962 herausbrachten. Gedruckt wurde das Heft in Dänemark in einer Auflage von immerhin 3000 Stück, die Finanzierung besorgte Hans-Peter Zimmer durch den Verkauf eines seiner Bilder.[208] Einleitend bemerkten die Herausgeber das »Bedürfnis des gegenwärtigen Menschen, *Richtlinien* an der Hand zu haben«, das »jedem, der sich auch nur in etwa in der Lage weiss, Hinweise zu geben, die Verpflichtung auferlegt, sich zu äussern.« Es werde die Frage gestellt, ob Sittengesetz und öffentliche Ordnung ewig und notwendig oder vielmehr historisch veränderlich und entbehrlich seien: »Zur Frage steht demnach, ob die Menschheit wagen darf, Normen und Ordnung einer gewaltsamen, vorherkalkulierten Veränderung zu unterwerfen.«[209] In drei Abschnitten folgten daraufhin »Abrechnung« und »Programm« der neuen Subversiven. In der »Abrechnung« bilanzierten die Autoren – vornehmlich wohl Kunzelmann und Gasché – die theoretischen Beiträge der Situationisten und erweiterten sie unter der Vokabel des »Proponismus« um eine Kritik am kapitalistischen »Spektakel«, die Debord in den folgenden Jahren zu seinem berühmt gewordenen Hauptwerk »Die Gesellschaft des Spektakels« ausarbeiten sollte und die gleichzeitig deutliche Einflüsse der Kritischen Theorie und ihrer Analyse der »Kulturindustrie« verriet.[210] Außerdem enthielt diese »Abrechnung« in ihrem urbanismuskritischen Teil auch eine Kritik der »Halbstarken«-Kultur, die den kleinbürgerlichen Idealen verfallen sei. Die jungen Menschen seien »unfähig, Traum mit Wirklichkeit koinzidieren zu lassen«, würden ziellos herumirren und schließlich von der konditionierten Gesellschaft integriert. Eine revolutionäre Perspektive schien sich hier nicht anzudeuten, womit letztlich auch die »Schwabinger Krawalle« des vergangenen Sommers als perspektivlos abgetan schienen. Allerdings bezogen sich Kunzelmann, Gasché und Baldeney an dieser Stelle explizit auf die Krawalle in den von Arbeitern geprägten Vorstädten und nicht auf die Ereignisse im künstlerisch-studentisch orientierten Schwabing – ein Unterschied, der einige Jahre später bedeutend werden sollte.[211]

Die zweite Hälfte des Heftes bestand aus wiederum zwei Teilen eines kulturrevolutionären »Projekts«. In den »Parallelen« machte sich der Einfluß Herbert Marcuses geltend, dessen Schriften Kunzelmanns Schwager Baldeney in die Gruppe eingeführt hatte. Entlang den katholischen Sakramenten variierte der Text hier Marcuses Kritik des Zusammenhangs von religiöser, sexueller und gesellschaftlich-ökonomischer Repression. Zentral war dabei der Begriff der »Kohorte«, gedacht nicht als eine militärische Formation sondern als »eine Schar, die imstande ist, Impulse zu geben und dann freilich andere Kohorten auszuheben.«[212] Über derartige kleine subversive Formationen sollte das bewerkstelligt werden, was auf eine Identifizierung von Privatleben und Politik hinauslief. Religiöse, sexuelle und ökonomische Formen der Reglementierung, Konditionierung und Unterdrückung würden »nur durch eine alle Lebensbereiche umfassende Aktivität der Kohorte« überwunden.[213] Damit war zum ersten Mal ein konkretes subversives Programm entworfen, dessen gruppenkollektive Ausrichtung sich als konsequent anti-bürgerlich und anti-liberal kennzeichnen läßt. Der dritte Teil mit dem Titel »Eschatologisches Programm« folgte auf einen nachträglich angebrachten Stempel »Von der eigenen Zensur gestrichen«. Beabsichtigt war hier wohl der Eindruck eines zensierenden Eingriffs, der die juristischen Auseinandersetzungen der vergangenen Monate reflektierte und den Leser möglicherweise zu eigenen subversiven Gedanken anregen sollte. Das abschließende »Programm« läßt sich am besten als ein etwas entrücktes religiös-esoterisches Entwicklungsmodell einer zukünftigen Kulturrevolution charakterisieren, das sich entlang eines Drei-Phasen-Modells von der Relativierung bisheriger Gegebenheiten über die dynamische Veränderung bis hin zur eschatologischen Verwirklichung eines befreiten Lebens entfalten sollte. Als Zielvorstellung definierte das Programm den Menschen als »Schöpfer und Zerstörer der Projektion ›Gott‹«, »Herr über Leben und Tod«, »Gestalter seines Trieb- und Gefühlslebens«, »Lenker seines Denkens und Wollens«, sowie schließlich als bewußten »Träger jeglicher Gemeinschaft«.[214] Religions-, Sexual- und Gesellschaftskritik waren damit untrennbar zu einer Einheit verbunden.

Auf dieser Basis entwickelte sich zunächst eine längere Lektüre- und Diskussionskultur, die unterschiedliche subversive Akzente zusammenführte: Kunzelmanns situationistische Erfahrungen verbanden sich dabei mit Gaschés soziologischer Perspektive und Baldeneys Interesse an einer Kulturrevolution des Privatlebens, die auf die Etablierung kommuneartiger Gemeinschaften hinauslaufen sollte, in denen unreglementierte bisexuelle Mehrfachbeziehungen möglich sein sollten.[215] Inwiefern diese Konzepte seiner Frau bekannt waren, ist ungewiß, doch die Tatsache, daß er derartige Projekte gemeinsam mit dem Bruder seiner Frau entwickelte, läßt zumindest auf familiäre Komplikationen schließen – die Ehe von Baldeney und Helga Kunzelmann wurde schließlich 1966 geschieden.[216] Dieter Kunzelmann begann seinerseits eine Beziehung mit der aus Wien stammenden Dekorateurin Marion Steffel-Stergar, mit der er in den folgenden Jahren zusammenlebte. Zwei Jahre später wurde die gemeinsame Tochter Grischa geboren. Im Sommer 1963 führten die beiden in Hamburg mit Gasché erste Gespräche über eine neue überregionale subversive Organisation.[217] Hinzugestoßen war inzwischen der Philosophiestudent Frank Böckelmann, der an der Münchner Universität eine studentische Literaturzeitschrift mit dem Titel »Texturen« herausgab.[218] Den entscheidenden Schritt in Richtung auf ein neues subversives Netzwerk unternahm Kunzelmann am 5. November 1963 in Form eines Rundschreibens, das er gleichlautend u.a. an Böckelmann, aber auch noch an Hans-Peter Zimmer verschickte. Der inzwischen zu einschlägiger Bekanntheit gekommene Text begann mit einem Zitat André Bretons, das den revolutionären Impuls des Surrealismus bündelte: »Mit dieser Welt gibt es keine Verständigung: wir gehören ihr nur in dem Maße an, wie wir uns gegen sie auflehnen.« Und gleich darauf setzte Kunzelmann im Pathos eigener Bedeutsamkeit ein: »Aus dem Bewußtsein heraus, alle verstreuten Kräfte in einer neuen revolutionären Bewegung formieren zu wollen, erlaube ich mir, Dich zu einem ersten informativen Gespräch am Sonntag, den 10. November 1963, 20 Uhr in meinen Keller einzuladen. Um einer endlos-unproduktiven Diskussion aus dem Wege zu gehen, wird bei allen Erscheinenden der Standort vorausgesetzt: der Worte sind genug gewechselt oder was not tut ist einzig die Aktion oder wir müssen eine Welle von Mikrorebellionen starten. Dieser Ausgangspunkt soll die gemeinsame Basis sein, und von dieser selbstgewählten Verpflichtung ausgehend sind Kritik und produktive Ideen erwünscht. Ansonsten ist noch nichts festgelegt und jeder, der sich in der neuen Bewegung engagiert, kann den Kurs mit seinen Intentionen bestimmen.«[219]

Dieser Abend im Keller der Schwabinger Bauerstraße gilt als Gründungsmoment der »Subversiven Aktion«, die Kunzelmann in Eigenregie ins Leben rief. Baldeney, Gasché und Kunzelmann gingen an ihren jeweiligen Wohnorten Erlangen, West-Berlin und München auf die Suche nach Gleichgesinnten, denen sie die »Unverbindlichen Richtlinien« und einige Flugblätter vorlegten, um einen Eindruck von deren Eignung für die Subversion zu erhalten. Über den aus Stuttgart stammenden Böckelmann bestanden auch Verbindungen in den Südwesten. Dabei kam der Gruppe gleich zu Beginn der welthistorische Zufall zur

Hilfe. Die weltweite öffentliche Erregung um die Ermordung des amerikanischen Präsidenten John F. Kennedy am 22. November war der Anlaß für ein erstes Flugblatt der »Subversiven Aktion« mit dem provokanten Titel: »Auch Du hast Kennedy erschossen!«. Zunächst beklagte die Gruppe die Stimmung kollektiver Lynchjustiz, der sie durch die verspätete Publikation ihres Flugblatts aus dem Weg hätten gehen müssen. Die massenhafte Anteilnahme der Bevölkerung wurde von den Subversiven einer freudianisch beeinflußten sozialpsychologischen Analyse unterworfen, indem sie die kollektive Erschütterung als Ausdruck eines kollektiven Todestriebes deuteten, der seine stellvertretende Erfüllung an der Person Kennedys schuldhaft erfahre und nun im Gegenzug die Witwe in die Nähe der »Maria Immaculata« rücke. Dieser psychologische Reflex stehe im Zusammenhang mit einer kapitalistischen Konditionierung, die sich nun um so fester um die Begriffe »Produktion« und »Konsum« gruppieren würde. »Die westliche Wohlstandsgesellschaft braucht solche Pannen wie Lengede und Kennedy, um an Hand der Reaktion zu testen, ob noch alle gleichgeschaltet sind: Durch dieses Manifest geben wir kund, dass der gegängelte Zauber nicht mehr überall ankommt.«[220] Abschließend wurde allen, die diese Argumentation nicht nachvollziehen mochten, bescheinigt, daß ihre Reaktion die eigenen Thesen bestätige. Damit war ein argumentativer Zirkelschluß erreicht, der jeden Widerspruch unmöglich machte.

Etwa gleichzeitig mit diesem Flugblatt erschien die zweite und letzte Ausgabe der »Unverbindlichen Richtlinien«. Die Herausgeber bezeichneten sich als »sehr kleinen Kreis«, dem die finanziellen Mittel fehlen würden, um öffentlich wirksam zu werden. Ziel sei, »die Elemente zu sammeln, die bereits in ihrem Denken und Empfinden von den Intentionen der Gesellschaft sich gelöst haben.« Der Leser müsse »bereit sein, den Funken überspringen zu lassen.«[221] Ganz ähnlich wie in der ersten Ausgabe begann das Heft mit einem bilanzierenden Abschnitt unter dem Titel »Repressive Aktion«, der sich einer – deutlich von Marcuse beeinflußten – Analyse der entfremdeten Lebenswelt in den Industriegesellschaften widmete. Eine »Subversive Aktion« sei vor dem Hintergrund seiner fortschreitenden Gattungsgeschichte die einzige Verwirklichungsform des Menschen – die Gruppe stemmte sich also gegen die Vorstellung eines »Endes der Geschichte« im Kapitalismus.[222] Auf einen Durchgang durch alle denkbaren politischen und kulturellen Ausdrucksformen, die jede Kritik sofort in einen Akt der Affirmation verwandeln würden, folgte eine weitere Folge der »Parallelen«, die diesmal die Sakramente der bürgerlichen Gesellschaft persiflierten – vom Geburtsschein über die »gebührenpflichtige Verwarnung«, das Grundgesetz, die Beförderung, das Standesamt und das Beamtentum bis hin zum Totenschein. Wiederum diente das Gegenbild der »Kohorte« dazu, diese Institutionen als Orte der psychologischen und sexuellen Depravation zu kennzeichnen.[223] Auffällig ist dabei, daß zum ersten Mal der Begriff des »Terrors« auftauchte. Dem »Terror der Industriegesellschaft« habe, so die Autoren, die

Cosa Nostra immerhin die Maske abgerissen.[224] An anderer Stelle erschien der Terrorist als ein »Geber von Impulsen«, der den Mythos von der ewigen Wiederkehr des Gleichen widerlege, also durchaus als ein progressives Element der Geschichte aufzufassen sei.[225] Die »Aspekte und Konklusionen«, die sich anschlossen, entfalteten an Hand einer Kritik der Frankfurter Schule bereits den gesamten Begriffsapparat der antiautoritären Linken der sechziger Jahre. Der perfekten kritischen Analyse der Ausweglosigkeit der bestehenden Situation setzten die Subversiven ein aktionistisches Credo entgegen: »*Kritik muss in Aktion umschlagen. Aktion entlarvt die Herrschaft der Unterdrückung.*«[226] Unter der Überschrift »Subversive Aktion« endete das Heft mit der Proklamation des »Homo Subversivus«, dessen Leitideen der Psychoanalyse und der Frankfurter Schule entnommen waren. Am Horizont der kulturrevolutionären Avantgarde erschien ein neuer Typus des revolutionären Bewußtseins, das sich radikal von der organisierten Opposition innerhalb der bürgerlichen Gesellschaft unterscheiden sollte: »Der Mensch, der sich als Möglichkeit entdeckt und infolgedessen die Aufgabe akzeptiert, allen Möglichkeiten des Menschlichen in sich und um sich Raum zu schaffen durch den Umsturz der gültigen Werteordnung, und darüber hinaus entschlossen ist, alle Möglichkeiten des Menschlichen zu realisieren, um – wie es der Ordnung des Seins entspricht – die Entwicklung voranzutreiben, – der unverblendete Mensch, der zugleich die irrlichternden Faszinationsmechanismen dieser repressiven Welt durchschaut hat und dem es nicht genügt, innerhalb der Kohorte den Möglichkeiten des Menschlichen hic et nunc Raum zu schaffen, sondern sich entschieden hat, alle Möglichkeiten des Menschlichen hic et nunc im lebendigen Vollzug experimentell zu realisieren – ist der Homo Subversivus.«[227]

Mit diesen Texten gingen die Subversiven weiter auf die Suche nach ähnlich kritischen Geistern, die sie in erster Linie im Umfeld der Universitäten zu finden hofften. Im Verlauf des Jahres 1963 begegneten Rodolphe Gasché an der Freien Universität Berlin zwei marxistisch bewanderte Studenten, die aus der DDR stammten: Bernd Rabehl und Rudi Dutschke. Über einen gemeinsamen Bekannten – Herbert Nagel, mit dem gemeinsam Rabehl und Dutschke gerade an einer Statistikklausur gescheitert waren – kam man ins Gespräch, und es dauerte nicht lange, bis Gasché und Nagel ein Treffen mit Kunzelmann arrangierten, »dem Geheimnisvollen aus München«, wie sich Bernd Rabehl später erinnerte.[228] Wann genau dieses erste Treffen stattfand, erscheint unsicher – Rabehl erinnerte sich an den Herbst 1963, Kunzelmann an das Jahr 1964.[229] Das Treffen selbst schilderte Rabehl in der Rückschau anschaulich und nicht ohne einen deutlich ironischen und süffisanten Unterton. Kunzelmann sei ihnen als einer der »Komponisten« der »Unverbindlichen Richtlinien« bekannt gewesen: »Uns hatten die Kohortenbilder und die Ansammlung von Fremdworten, die Sinnhaftigkeit von Unsinn in diesem Opus belustigt.«[230] Dazu kamen zunächst schwer überbrückbare alltagskulturelle Differenzen: Während Rabehl und

Dutschke zu den strebsamen und fleißigen Aufsteiger-Typen des Universitätsbetriebs gehört hätten, seien Kunzelmann und Gasché eher einem weit in die tiefe Nacht verschobenen Tagesrhythmus gefolgt. So wurde das Treffen mit Kunzelmann in einem Café am Kurfürstendamm auf Mitternacht terminiert, was für die »Abhauer« aus der DDR, wie Rabehl sich selbst und Dutschke bezeichnete, einem ersten Kulturschock gleichkam. Was dann geschah, gibt einen ersten Einblick in die Gruppendynamik der »Subversiven Aktion«: »Alle waren schon da. Herbert Nagel winkte übermütig oder beflissen. Gasché zeigte Zähne und nickte. Ein rothaariges Teufelchen feixte. Sein lockenähnliches Rothaar zeigte an der Stirn erste Kahlschläge. Dafür war der Bart üppig, Sichtblende und Versteck, aber auch hier waren die Augen Signalpunkte für Freude, Spaß und Wut. Irgendwelche Urlaute, fränkisch und münchnerisch durchmischt, für brandenburgische Preußen unerkennbar, drangen an unser Ohr. Neben dem Kerlchen saß eine Frau. Er stellte sie vor: ›Marion‹. Dann drückte er uns die Hände. Die Frau schien alle zu überragen an Anmut, Schönheit und Sinnlichkeit.«[231]

Dutschke habe sich sofort der Textkritik gewidmet, »warf mit einer Kopfbewegung sein schwarzes Haar aus der Stirn und zog aus seiner Tasche griffbereit die ›Richtlinien‹ hervor. Er schüttelte den Kopf und trug mit seiner dunklen und festen Stimme Bedenken vor. Sein Blick war wie festgenagelt auf Seiten und Sätze der Schrift. Die Subversiven hatten Rede und Antwort zu stehen.«[232] Die ersten Diskussionen offenbarten Differenzen, weil Dutschke sich zu dieser Zeit vorwiegend an kritischen Positionen innerhalb des Marxismus-Leninismus, wie etwa bei Georg Lukács, orientierte, mit denen Kunzelmann seinerseits überhaupt nichts anfangen mochte oder konnte. Dennoch kam es zu tagelangen Gesprächen in der Wohnung Gaschés, und der Kontakt war hergestellt. Wie schwierig die Kommunikation der disziplinierten Theoretiker mit Kunzelmann gewesen sein muß, lassen auch die nach über dreißig Jahren entstandenen Erinnerungen Rabehls erahnen: »Der Mann aus München hatte keinerlei prophetische Züge. Er war kein Theoretiker, nicht einmal ein guter Geschichtenerzähler. Er war fahrig, zupfte nervös an seinem Bart, folgte keinerlei Logik in seinem Gespräch, spielte auch nicht den Gebildeten oder den Durchblicker. Er ging oft auf die Argumente der Ostler nicht ein, sondern erwähnte nebenbei seine Sicht der Dinge und sprang von Thema zu Thema, so daß erst nachträglich, oft erst Tage später deutlich wurde, was er wollte. Nie war es eindeutig, ob er Witze machte, Ironie verbreitete oder sich um ernsthafte Kommentare bemühte.«[233]

Schließlich bemerkte Rabehl, daß Kunzelmann, obwohl er »wohl aus gutem Elternhaus« stammte, das Universitäts- und Bildungsmilieu suspekt gewesen zu sein schien: »Allerdings schien er auf dieses Universitätsmilieu angewiesen zu sein, denn hieraus kamen die Leute, mit denen er etwas anstellen wollte, aber was, das ließ er vorerst im Dunkeln.«[234] Kunzelmann agierte zu dieser Zeit als Autodidakt, der keinen Schulabschluß erreicht hatte und daher auch nicht studieren konnte, aber dennoch den Anschluß an intellektuelle Milieus suchte, weil er vorerst nur hier Verbündete für seine subversiven Ideen zu finden hoffte. Er war damit eine exzentrische Inspiration für eine zunächst verschwindend kleine Zahl von kritisch-oppositionellen Studenten, die sowohl überregionale Kontakte zu Gleichgesinnten als auch nach Antworten darauf suchten, wie ihre fast vollständige politische Isolation innerhalb der Wirtschaftswundergesellschaft der Bundesrepublik zu überwinden sei. Damit waren die Bedingungen für eine kulturrevolutionäre Radikalisierung dieser Gruppen im Sinne Kunzelmanns durchaus günstig.

Kunzelmann meinte es denn auch mit der aktionistischen Ausrichtung der »Subversiven Aktion« durchaus ernst. Zum Jahreswechsel 1963/64 begannen erste Aktionen, mit denen er ein provozierendes Spiel mit den Medien, insbesondere mit der Springer-Presse, beabsichtigte. In einem Brief an Frank Böckelmann schilderte er erste subversive Gehversuche in Berlin. Ziel war der Bauzaun der gerade direkt an der Mauer entstehenden Springer-Zentrale an der Kochstraße, der mit Parolen bemalt werden sollte, wie z.B.: »Ulbricht baut nur die Mauer / BZ und Bild enthirnen alle auf die Dauer«, »Hier entsteht das grösste Verdummungszentrum Europas« oder »Bild fordert: mehr Mauertote (d.h. grössere Auflage)«. Die Polizei war aber unverzüglich vor Ort, und die Subversiven mußten fliehen – der beabsichtigte Skandal blieb aus. »Wenn die Aktion geklappt hätte, wäre es bis jetzt unsere erfolgreichste gewesen, denn wir hatten schon vorher die ganze Antispringerpresse mobilisiert, und von Pardon war Dieter Lübeck an Ort und Stelle, um alles sofort zu photographieren.«[235] Von Beginn an war die mediale Begleitung subversiver Aktionen eingeplant, um eine überproportionale Aufmerksamkeit in der kritischen Öffentlichkeit zu erreichen. Kunzelmanns Phantasie steuerte dabei zielsicher auf die größtmögliche Provokation zu, und er spielte durchaus mit dem Gedanken, andere in extreme Situationen zu entsenden und bewußt mit strafrechtlichen Konsequenzen zu konfrontieren. Ein Einfall bezog sich direkt auf die Warenwelt der Konsumgesellschaft: »Wir stürmen z.B. ein Kaufhaus, nehmen alle Güter und verteilen sie auf der Strasse; der folgende Prozess müsste so frech-geschickt geführt werden, dass die Lüge der freien Wirtschaft selbst dem letzten Trottel bewusst wird.« Berüchtigt geworden ist seine Idee aus demselben Brief, Böckelmann solle mit Marion Steffel-Stergar auf dem Münchner Stachus eine »Vögel-Szene« inszenieren, um sich auf der Stelle verhaften zu lassen, »und im Prozess treten wir dann auf: ›Warum nicht?‹« Seine Besuche in Berlin vermittelten ihm den Eindruck einer schnell wachsenden Anhängerschaft der »Subversiven Aktion«, die neue Spielräume zu erschließen schienen. Und solange andere sich ins Visier der Justiz begaben, konnte er in einer möglichen Freiheitsstrafe sogar noch ein Bildungserlebnis vermuten: »In dem Moment, wo wir viel Leute zählen, können wir auf ein paar immer verzichten, die eben dann im Gefängnis die Bücher lesen, die sie bis jetzt zu faul waren zu lesen.«[236] Daß diese Bemerkung im vorliegenden Zusammenhang auch Böckelmann selbst meinen mußte, wird den Empfänger nicht sonderlich erfreut haben. Es war die Zeit aktionistischer »Einfälle«, welche die Gruppe auch zu Papier brachte. Am 2. April entstand so eine Liste mit möglichen provokativen Aktionen gegen die DOCUMENTA-Ausstellung in Kassel. Darin war von der manipulierten Ausladung der ausstellenden Künstler die Rede, dem fingierten Abtransport der Kunstwerke, der Einbindung von Industrie und Werbung in die Kunst-Ausstellung, manipulativen Eingriffen in die Presseberichterstattung und von ironischen Beiträgen wie einer Einladung an die Schöneberger Sängerknaben und der Anlieferung von Lorbeerkränzen für die »Siegerehrung«.[237] In gut situationistischer Manier wollten die Subversiven hier noch einmal den kommerzialisierten Kunstbetrieb der etablierten Avantgarde als Pseudo-Avantgarde bloßstellen, die längst ihren Frieden mit der Gesellschaft des Wirtschaftswunders gemacht habe.

In eine ganz ähnliche Richtung zielte eine Flugblatt-Aktion anläßlich des Werbeleiter-Kongresses am 8. Mai 1964. Während der Eröffnungsveranstaltung in der Stuttgarter Liederhalle gelang es Kunzelmann gemeinsam mit Frank Böckelmann mit Hilfe von zwei Tonbandgeräten die Eröffnungsansprache des Stuttgarter Oberbürgermeisters Klett zu unterbrechen und die versammelten Gäste mit Flugblättern in Aufruhr zu versetzen. Als musikalische Kulisse hatten Kunzelmann und Böckelmann Bachs Matthäus-Passion und den aktuellen Schlager »Surfing Bird« gewählt – zwei Stücke, die unterschiedlicher nicht sein konnten und deren gleichzeitiges Erklingen die Beliebigkeit des kommerzialisierten Kulturkonsums bloßstellen sollte.[238] Unter der Überschrift »Aufruf an die Seelenmasseure« bezeichneten die Subversiven die Werbe-Spezialisten als »*Prediger der Unterdrückung*«. Durch die Suggerierung von scheinbaren Bedürfnissen würde die Werbeindustrie einen »subtilen Zwangskonsum« propagieren, der die wahren Bedürfnisse der Bevölkerung und die Möglichkeit einer »Welt ohne Arbeit« verschleiere. Die Kongreß-Teilnehmer wurden aufgefordert, die Manipulation zu beenden, und die »Subversive Aktion« prophezeite die Selbstaufklärung der Konsumenten, die sich aus der Welt des Massenkonsums befreien würden. In einer »Nachbemerkung« nahmen Kunzelmann und Böckelmann unausgesprochene Einwände vorweg, eine Kritik der Werbeindustrie vernachlässige den ökonomischen Gesamtzusammenhang. Dessen sei man sich bewußt, so das Flugblatt, doch: »Marionette zu sein, die selbst wieder gängelt und durch jeden ersetzbar ist, kann *Sie* nicht davon entbinden, die Fäden durchschneiden zu müssen.«[239] Kunzelmann und Böckelmann wurden sogleich festgehalten und der Polizei übergeben. Der fällige Strafbefehl wegen »groben Unfugs« fiel mit 80 DM dann aber erstaunlich milde aus – nicht zuletzt weil das Gericht eine gewisse Sympathie mit den Subversiven nicht verhehlen konnte und die Werbeindustrie, so die Urteilsbegründung, sich angesichts ihrer eigenen Aktivitäten schon einen derben Spaß gefallen lassen müsse.[240]

Zur gleichen Zeit hatte auch die Berliner Sektion der »Subversiven Aktion«, die im Gegensatz zu den Münchnern diesen Titel übrigens niemals verwendete, mit eigenen Aktionen auf sich aufmerksam gemacht. Gasché, Nagel, Dutschke und Rabehl griffen dabei mit einem ironischen Flugblatt in die Berliner Hochschulpolitik ein, nachdem die Burschenschaft »Obotritia« sich um den Status einer förderungswürdigen studentischen Vereinigung bemühte. Als »Ha(c)ke(n)-Crux-TEUTONICA (schlagende Verbindung)« priesen die Berliner Studenten den reaktionären Traditionsbestand des deutschen Verbindungswesens und die autoritären Strukturen der bundesdeutschen Nachkriegsgesellschaft.[241] Diese Einladung zu einer »ur-deutschen Met-Shuffle« sorgte bei Kunzelmann, wie er im Mai nach Berlin schrieb, für einen »Schock«: »So geht es nicht! Wenn Ihr weiter auf einer solch banalen Ebene agieren wollt, sehe ich keine Möglichkeit mehr, mit Euch zusammenzuarbeiten.« Kunzelmann verglich den Angriff auf das Verbindungswesen mit Aktionen gegen »Brieftaubenzüchter, Schrebergärtner, Galeriebesitzer usw.« und konstatierte mißmutig: »In Berlin scheint sich eine neue Studentengruppe zu bilden.«[242] Seine eigenen Intentionen zielten noch immer auf das große Ganze des gesellschaftlichen »Verblendungszusammenhanges«, und nichts schien ihm in der aktuellen Situation unnützer zu sein als eine auf den Rahmen der Hochschule begrenzte Studentenbewegung.

Dabei übte Kunzelmann innerhalb der Gruppe eindeutig die richtungsweisende Autorität aus. Noch Monate später notierte Dutschke Kunzelmanns Kritik in sein Tagebuch und räumte kleinlaut ein, dessen Einwände seien auch nicht durch die zustimmenden Reaktionen im universitären Umfeld zu entkräften. Der Hintergrund für Dutschkes Empfänglichkeit für Kunzelmanns Kritik wurde dabei auch deutlich: »ein ›Situationist‹ war ich nicht, hatte dazu in der DDR keine Gelegenheit.«[243] Kunzelmanns internationaler Erfahrungsvorsprung aus seiner Zeit mit der Situationistischen Internationale stach also offenbar vorerst andere Sichtweisen aus, und die Gewichtung des Einflusses zwischen Kunzelmann einerseits und den sogenannten »Abhauern« aus der DDR andererseits fiel eindeutig aus – zumindest was Planung und Kritik der »Aktionen« betraf. Aus dem radikalen Außenseiter Kunzelmann war ein subversiver Insider geworden, der seinen Kompetenzvorsprung verteidigte und sich selbst ins Zentrum der hierarchischen Gruppenstrukturen der »Subversiven Aktion« rückte.

Überhaupt muß die soziale Logik der unter dem Etikett »Subversive Aktion« Versammelten als asymmetrisch und konfliktgeladen bezeichnet werden. Kunzelmann achtete auf eine strenge subversive Disziplin, die eine vollständige Absage an ein bürgerliches Privatleben und herkömmliche Karrierewege bedeutete. Nicht selten dienten unangemeldete Besuche der Einhaltung dieser Disziplin, zum Beispiel als die Münchner Gruppe sich im Februar 1964 auf den Weg nach Erlangen machte, um Baldeneys subversiven Lebensstil zu überprüfen, der mit seinen familiären Verpflichtungen kollidierte. In zwei Protokollen vom Februar 1964 nahm die »Subversive Aktion« zu diesen persönlichen Konflikten Stellung. Überraschenderweise wandten sich diese Texte gegen Baldeneys Postulat einer Gleichzeitigkeit von theoretischer Analyse und sexueller Befreiung. Seine Vorstellungen von sexuell befreiten Wohnkollektiven wurden zurückgewiesen, ebenso seine Befürchtung, die »Subversive Aktion« könne »durch verdrängte Sexualität verfälscht werden.«[244] Insbesondere witterten die Münchner Subversiven die Gefahr, Experimente einer sexuellen Befreiung könnten die theoretischen Bemühungen der Gruppe gefährden oder verdrängen: »Freie Sexualität und Theorie-Praxis haben miteinander nur soviel zu tun, als die erstere nicht die Theorie ist. [...] Wenn mit uns darin eingestimmt wird, dass die einzige Form der Selbstverwirklichung in der heutigen Gesellschaft die zielgerichtete totale Revolte ist, sowie die einzige Form reellen Glücks, so kann freie Sexualität als angebotene Möglichkeit (Verwirklichung der Utopie in abstracto im Hier und Jetzt) nur eine Fallgrube sein, durch die wir wieder zurückgegängelt werden könnten.«[245]

Damit bleib der Primat des Politischen im Zentrum der »Subversiven Aktion«, eine »sexuelle Revolution« stand dabei nur als utopischer Bezugspunkt im Hintergrund, gerade auch weil in der Gruppe die Überzeugung herrschte, befreite Sexualität sei unter den gegebenen Umständen nicht realisierbar. Statt dessen praktizierten die einzelnen Gruppen der »Subversiven Aktion« psychoanalytische Gruppensitzungen, in denen die individuellen Motivationen der Beteiligten offenzulegen waren – die »Psychoamoks«, wie sie gruppenintern genannt wurden.[246] Das Ergebnis waren nicht selten Machtkonflikte und persönliche Verletzungen, die gelegentlich noch in der Erinnerung der Beteiligten aufscheinen. Inga Buhmann hatte sich seit Ende 1963 dem Kreis der Subversiven genähert, machte jedoch wenig einladende Beobachtungen. Sie sei »ängstlich, eingeschüchtert und abgestoßen« gewesen vom »brutalen, autoritären Verhalten einiger Typen«, die auf die noch Schwankenden Druck ausübten. Nicht zuletzt ihr weibliches Geschlecht habe es ihr in der Gruppe nicht leicht gemacht: »Es herrschte da ein Sadismus, vor allem Frauen gegenüber, der unglaublich war ...«[247] Sabine Goede, die über ihre Beziehung zu Frank Böckelmann mit der Gruppe in Kontakt gekommen war, zog Mitte der siebziger Jahre eine andere Bilanz, die allerdings ebenso vernichtend ausfiel. Hin- und hergerissen zwischen der Notwendigkeit, Geld zu verdienen und ihren daneben eingeschobenen theoretischen Studien mit den Subversiven erlebte sie die revolutionären Ansprüche der führenden Köpfe der »Subversiven Aktion« am eigenen Leib: »Die Aggressionen und Sadismen gegen mich steigerten sich durch mein Zögern und meine Unfähigkeit, mich in der Gruppe voll zu integrieren, ihren Lebensstil und ihre Gewohnheiten zu übernehmen, und gipfelten im totalen Entzug sozialer Anerkennung.«[248] Die internen Auseinandersetzungen seien bis hart an den Rand der Tätlichkeit gegangen, doch gleichzeitig betonte sie die Funktion der Gruppe als »Familienersatz und ideale Bezugsgruppe, versprach sie doch wenigstens theoretisch die Auflösung jener Strukturen, unter denen ich in der Familie stets gelitten hatte, die Auflösung unhinterfragbarer Autorität durch die Mittel der Argumentation.«[249] Trotzdem kam es – nicht zuletzt auf Grund persönlicher Spannungen – immer wieder vor, daß einzelne Mitglieder die Gruppe enttäuscht oder verstört verließen, wie z.B. Christofer Baldeney, der sich aus der »Subversiven Aktion« zurückzog und sich der Pädagogik-Reform widmete.

Um so wichtiger erschien Kunzelmann die Fortsetzung provokativ-subversiver Aktionen, die die Gruppe in rascher Folge umzusetzen versuchte und die auch der Mobilisierung neuer Anhänger dienen sollten. Öffentlichkeit versprach zum Beispiel im September 1964 der Katholikentag in Stuttgart. Kunzelmann selbst laborierte an den Folgen eines Fahrradsturzes, versuchte aber schriftlich, eine spektakuläre Aktion zu initiieren: »Ich bin auf jeden Fall für eine gigantische Aktion!« Der Anlaß war zwar insofern beliebig, als es der Gruppe primär um einen Zugang zur Medienöffentlichkeit ging, die den Katholikentag ohnehin begleitete, doch spielten für Kunzelmann auch persönliche Motive eine Rolle, die er den Mitstreitern auch nicht verschwieg: »Haltet mich auf dem Laufenden, war doch dieser Materie meine jugendliche Rebellion gewidmet.«[250] Seine Konflikte mit der katholischen Sozialisation und wohl auch die juristischen Auseinandersetzungen in München bildeten mithin eine subjektive Motivation für den subversiven »Angriff« auf den Katholikentag. Die Aktion selbst, welche die Subversiven in Stuttgart durchführten, fiel demgegenüber bescheiden aus und endete zudem in einem Desaster für die klandestine Gruppenbildung.[251] In der Nacht vom 3. zum 4. September klebte die Gruppe um Böckelmann in Stuttgart Plakate unter dem Titel »Botschaft an die Lämmer des Herrn zum Katholikentag«. In sechs thesenartigen Abschnitten warfen die Autoren der Kirche und dem Christentum generell die Kollaboration mit dem kapitalistischen System vor, verwiesen auf die Beziehungen zum Faschismus und auf die Geschichte der Inquisition und sehnten den »Gnadenstoß der repressiven Gesellschaft« herbei.[252] Der Polizei gelang es schnell, die Urheber unter dem Vorwurf der »Gotteslästerung« festzunehmen, unter ihnen auch Günter Maschke aus Tübingen – ein Gelegenheits-Lyriker aus dem Bekanntenkreis von Gudrun Ensslin und Bernward Vesper –, der kurz zuvor zur Stuttgarter Gruppe gestoßen war.[253] Während der mehrtägigen Haft konnte die Polizei weitreichende Einblicke in die »Subversive Aktion« gewinnen, nicht zuletzt weil Maschke ausführliche Notizen Böckelmanns zur Katholikentags-Aktion bei sich getragen hatte. Die Staatsanwaltschaft hatte damit praktisch die gesamte subversive Gruppierung vor Augen, und während seines Verhörs soll nach Maschke die Bemerkung gefallen sein: »Auch dahinter steckt immer ein Kunzelmann«.[254] Die Behörden waren also im Bilde. Letztlich wurde der Gruppe Sachbeschädigung zur Last gelegt, weil der verwendete Wasserglas-Klebstoff gar nicht oder nur unter erheblichen Mühen von Schaufenstern und Kirchentüren entfernt werden konnte. Die Folge war eine gemeinschaftliche

Schadensersatzleistung von 16000 DM. In Stuttgart wurde nur noch ein Flugblatt mit dem Titel »Grußbotschaft« verteilt, das in ironischer Absicht die Doppelmoral und die Untätigkeit der katholischen Kirche angesichts von kapitalistischem Gewinnstreben und weltweitem Hunger betonte. Als fingierter Urheber des Flugblatts war die »Laienbruderschaft Licht in der Welt« angegeben, scheinbar verantwortlich zeichnete der rechtsextreme Tübinger Verleger Grabert.[255] Diese gemischte Taktik aus Ironie und der Entwendung fremder Identitäten kam auch in der »Suchanzeige« zum Einsatz, die die »Subversive Aktion« bereits im Mai im Universitätsmilieu plakatiert hatte und die der Mitgliederwerbung dienen sollte. Dem Gründervater der Kritischen Theorie, Theodor W. Adorno, hatten die Subversiven seine eigenen Zitate vorgehalten und das Blatt mit seiner Anschrift als verantwortlichem Autor versehen, um andere auf die Folgenlosigkeit seines Denkens aufmerksam zu machen. Der »deutsche Intellektuelle und Künstler« kenne bereits die Inhalte der Adorno'schen Kritik, doch praktische Konsequenzen seiner Gesellschafts- und Kulturkritik seien ausgeblieben. Dem gegenüber erklärten die subversiven Plakatmacher: »Wir glauben, dass Wissen nicht Bewältigung ist. Wenn auch Ihnen das Missverhältnis von Analyse und Aktion unerträglich ist, schreiben Sie unter Kennwort ›Antithese‹ an 8 München 23, postlagernd.«[256] Adorno reagierte mit einer Strafanzeige. Ganz ähnlich argumentierte die zweite »Suchanzeige« vom Oktober 1964. Rhetorische Fragen versuchten die rein theoretische Kritik eines akademischen Neo-Marxismus zu ironisieren: »Geilen Sie sich im Seminar an Marx auf? [...] Sind sie der Star im intellektuellen Kaffeekränzchen?« Kurze Zitate von Breton, Kofler, Anders, Marcuse und Kracauer leiteten dann zu einer Gesprächseinladung über, die neue Unterstützer der »Subversiven Aktion« mobilisieren sollte.[257]

Daneben widmete sich die Gruppe verstärkt publizistischen Aktivitäten. Während die »Unverbindlichen Richtlinien« der Jahre 1962/63 eher vorbereitende Textsammlungen darstellten, begann die Gruppe um Kunzelmann und Dutschke 1964 mit einer neuen Publikationsreihe, die den mehrdeutigen Titel »Anschlag« trug. Die Berliner Gruppe verwendete diesen Titel auch als Bezeichnung der Gruppe selbst. Die Produktion von subversiven Publikationen diente dabei nicht nur der theoretischen Selbstvergewisserung und der Mitgliederwerbung sondern durch den Verkauf, insbesondere im Hochschulmilieu, der Finanzierung der Gruppe. Neben den eigenen Texten waren dabei immer auch Raubdrucke von Bedeutung, die bislang wenig bekannte Texte von Autoren der Zwischenkriegszeit auf die Büchertische brachten, die nach 1945 kaum Beachtung gefunden hatten. Innerhalb der »Subversiven Aktion« waren Textsammlungen des Sexualpsychologen Wilhelm Reich, für die sich Kunzelmann interessierte, oder des Leninismus-Kritikers Karl Korsch von Bedeutung – auf letzteren legte Dutschke besonderen Wert.[258] Der erhaltene Briefwechsel zwischen Kunzelmann und Dutschke dokumentiert diese publizistischen Aktivitäten. Offenbar gingen Reproduktionen einzelner Aufsätze auf dem Postweg zwischen München und Berlin hin und her, und in Berlin betrieb die Gruppe eine eigene kleine Rotaprint-Druckmaschine.[259] Daß es sich dabei um ein gelegentlich recht lukratives Geschäft handeln konnte, geht aus einem späteren Brief Dutschkes hervor, der den Münchnern eine Preisempfehlung für seine Korsch-Ausgaben übermittelte. Die Berliner Gruppe habe pro Heft stolze 12 DM erzielt, billiger sollten sie in München auch nicht verkauft werden: »Wir konnten es uns auf der einen Seite leisten, diese horrenden Preise zu verlangen, weil ein Seminar ›Marxismus und Philosophie in den 20er Jahren‹ recht gut besucht und zahlkräftig war, auf der anderen Seite benötigen wir sehr viel Geld, weil wir dabei sind, über Amerika für eine Gruppe in Südamerika einiges zu beschaffen.«[260] Die »Subversive Aktion« nahm damit über weite Strecken den Charakter eines Untergrund-Verlages an. Kunzelmann verkaufte gleichzeitig nebenbei Materialien der Gruppe SPUR, so zum Beispiel das 1962 erschienene »SPUR-Buch«, das inzwischen unter Liebhabern 200 DM erbringen konnte. Gelegenheitsjobs ergänzten schließlich das subversive Budget.[261]

Die »Anschlag«-Hefte reflektierten die theoretischen Positionen innerhalb der Gruppe und gaben Einblick in die erhebliche Spannbreite und Heterogenität der von den verschiedenen Gruppen vertretenen Ideen. Das erste Heft ging aus einem Arbeitstreffen der »Subversiven Aktion« in Berlin im Sommer 1964 hervor, dem inzwischen zweiten »Konzil«, wie diese Treffen von den Subversiven in ironischer Anspielung auf die katholische Kirche genannt wurden. Nach einer begleitenden Plakataktion gegen die zu diesem Zeitpunkt in Berlin stattfindende Wiederwahl des Bundespräsidenten Heinrich Lübke, welche die »Subversive Aktion« als leeres Spektakel oberflächlicher Scheinkonflikte zu entlarven versuchte[262], erarbeitete die Gruppe eine Sammlung von Beiträgen, die unterschiedlicher kaum hätten ausfallen können – von einer gemeinsamen ideologischen Plattform der »Subversiven Aktion« konnte zu keiner Zeit die Rede sein. Dutschke kritisierte die Rolle der »antikapitalistischen, wenn auch nicht sozialistischen Sowjetunion« und machte sich gleichzeitig an eine fundamentale Neubestimmung des Verhältnisses von Theorie und Praxis, das er ausdrücklich in die globalen Zusammenhänge der Entkolonialisierung der fünfziger und sechziger Jahre eingebettet sah. Der Bedeutungsverlust Europas und die Notwendigkeit einer massenhaften Organisation bildeten in seiner weltrevolutionären Perspektive ein Einheit.[263] Die Gegenposition zu derartigen Globalanalysen der Möglichkeit, ein weltrevolutionäres Subjekt zu bestimmen, markierte Kunzelmann mit zwei Beiträgen, die eine ganz konkrete subversive Kritik des Alltagslebens ansteuerten. Unter dem Titel »Busenfrei als Symptom der Unfreiheit« interpretierte er die zunehmende Erotisierung der Alltagswelt als Symptom einer fortschreitenden Verlagerung repressiver Sexualnormen in die Psyche des Einzelnen: »Je freier die Gesellschaft sich gibt, desto unfreier ist sie. Alle offiziell proklamierten Tabus haben die Funktion der Verinnerlichung. Wenn jeder einzelne es sich selbst verbietet, gegen die gesellschaftlichen Normen zu verstossen, kann das Verbot wegfallen. Das Ziel ist erreicht: jeder übernimmt die Funktion der Autorität. Wenn morgen die Homosexualität erlaubt wird, heisst das nur, dass es sich jeder selbst verbietet, homosexuell zu sein.« Verdrängte Begierden würden in der kapitalistischen Produktion und im Konsum sublimiert, während gleichzeitig die staatssozialistische Systemalternative des Ostblocks auf einer alltagskulturellen Ebene in genau dieselbe Falle getappt sei. Mit dem dogmatischen Urteil von »westlicher Dekadenz und Unmoral« stehe der Osten »erneut als Tolpatsch da, der nichts von mondäner Frivolität versteht«, und huldige derselben repressiven Arbeitsmoral. Kunzelmann erinnerte demgegenüber an den frühen Marx, der die »Aufhebung der Arbeit« angestrebt habe, eine Formel, die Kunzelmann dialektisch mit einer sexuellen Befreiung verknüpft sah.[264] Sein zweiter Beitrag spielte mit dem Titel »Tramper aller Länder …« auf das kommunistische Manifest an und propagierte die Traditionen eines nicht-entfremdeten Umherschweifens, gegen das sich in seinen Augen die nationalsozialistische Verfolgung der Sinti und Roma gerichtet habe. Die Tramper würden diese Kultur noch als letzte lebendig halten: »Das Trampen ist einer der letzten Überreste der menschlichen Kommunikation«, der offiziell bekämpft werde, »damit sich keiner der Zeiten erinnern kann, wo der Mensch dem Menschen noch als Mensch gegenübertrat.«[265]

Die übrigen Gruppenmitglieder positionierten ihre Perspektiven zwischen diesen Extremen. So teilten beispielsweise Rodolphe Gasché und Frank Böckelmann durchaus Kunzelmanns Interesse an zivilisationskritischen Argumenten und blieben skeptisch gegenüber den marxistische Globalanalysen Dutschkes und Rabehls, hielten aber gleichzeitig auch eine innere Distanz zu Kunzelmanns praktischem Aktivismus, der in den gemeinsamen Diskussionen immer wieder als begriffslos kritisiert wurde.[266] Insbesondere Nagel und Gasché mochten offensichtlich vom theoretischen Vorbild Adornos nicht lassen, was sich auch in ihrem »Anschlag«-Beitrag zur Filmfigur James Bond ausdrückte, der nichts anderes als eine subtil gearbeitete Medienkritik präsentierte.[267] Strategiediskussionen beherrschten das dritte »Konzil«, das Ende September 1964 in Hamburg stattfand und wo den subversiven Aktivitäten eine neue Richtung gegeben wurde.[268] In Anlehnung an die trotzkistische Taktik des Entrismus faßte die »Subversive Aktion« den SDS als vorrangiges Objekt der subversiven Unterwanderung ins Auge. Im Dezember 1964 traten Kunzelmann und Böckelmann dem Münchner, im Januar 1965 Dutschke und Rabehl dem Berliner SDS bei. Die Grundidee dabei war, die studentische Organisation von ihren Rändern her zu radikalisieren. Diese verschwindend kleine Minderheit der subversiven Anti-Autoritären verbrachte die kommenden zweieinhalb Jahre damit, über die gezielte Mitarbeit in verschiedenen Arbeitskreisen unter den Studierenden eine aktionistische Wende innerhalb des studentischen Protests zu propagieren. Wiederum sollte sich das Außenseitertum der subversiven Fraktion um Kunzelmann und Dutschke als strategischer Vorteil erweisen, wenn es darum ging, zunächst kleinere Gruppen gegen die SDS-Verbandshierarchie zu mobilisieren. Mehrheitsfähig war diese anti-autoritäre Fraktion wohl nur kurzfristig, was ihrer protestpolitischen Wirksamkeit aber keinen Abbruch tat.

Die Aktionen der Gruppe, die um die Jahreswende 1964/65 in Berlin stattfanden, müssen ganz in diesem Zusammenhang gesehen werden. In der Adventszeit verteilten die Subversiven das Flugblatt »Weihnachtsevangelium«, das den bekannten Lukas-Text zu einer ironischen Kritik der kapitalistischen Konsumgesellschaft verfremdete.[269] Viel bedeutsamer wurde jedoch im Dezember 1964 der Protest anläßlich des Besuchs des kongolesischen Präsidenten Tschombé, der ganz neue Perspektiven subversiver Aktivitäten erschloß.[270] Zum ersten Mal versuchten die Subversiven, ihre erprobte Taktik, provokative Flugblätter zu verteilen, mit neuen Formen des demonstrativen Protests auf der Straße zu verbinden.[271] Die Berliner Gruppe um Dutschke nutzte den Berlin-Besuch des umstrittenen afrikanischen Diktators, um die bislang am Prinzip der Legalität orientierte Taktik des SDS konsequent zu unterwandern und zum ersten Mal die Regeln des behördlich genehmigten Protests zu brechen. Den Subversiven war es gelungen, einen Teil der vom SDS organisierten Demonstration vom Protestzug zu lösen, und die völlig überraschte Polizei mit einer illegalen Nebendemonstration zu konfrontieren und den Staatsgast mit Tomaten zu bewerfen[272] – ein Vorgehen, das sich als erstaunlich erfolgreich erwies: Der Regierende Bürgermeister Willy Brandt sah sich gezwungen, eine Delegation der Demonstranten zu empfangen, und das empörte Presse-Echo der Springer-Presse überstieg alles, was den Subversiven bei ihren bisherigen Aktionen jemals an medialer Aufmerksamkeit zuteil geworden war. Damit erschien einerseits Kunzelmanns aktionistische Taktik bestätigt, andererseits hatte die »Subversive Aktion« einen neuralgischen Punkt der Nachkriegsgesellschaft entdeckt, an dem sich das politische und soziale Gefüge der Bundesrepublik und ganz besonders West-Berlins als verwundbar offenbarte: die in den sechziger Jahren in rascher Folge öffentlich in Szene gesetzten Rituale des Staatsbesuchs.[273]

Im November war das zweite Heft des »Anschlag« erschienen, das den Versuch einer Integration der verschiedenen Denkweisen innerhalb der »Subversiven Aktion« dokumentierte. Während Bernd Rabehl sich kritisch mit der deutsch-deutschen Problematik auseinandersetzte und Frank Böckelmann die gewaltorientierte Jugendkultur als Symptom der entfremdeten Konsumgesellschaft in den Blick nahm, widmete sich Kunzelmann einem ihm schon lange vertrauten Thema der situationistischen Kulturkritik, der »Bedeutung der Automation für eine revolutionäre Bewegung«, die er nun freilich auf dem Niveau einer gründlichen marxistischen Analyse zu bearbeiten versuchte – nicht zuletzt vielleicht, weil er ideologische Distanzen zu Dutschke überbrücken wollte. An die Stelle des Menschenverschleißes des 19. Jahrhunderts sei inzwischen der programmierte Güterverschleiß getreten, der die Automation von einem Werkzeug der Befreiung des Menschen von der Arbeit in ein Vehikel seiner neuerlichen Entfremdung im Konsum verwandele. Seine revolutionäre Position definierte Kunzelmann nicht als die eines Maschinenstürmers, sondern im Sinne einer »Aufhebung« der Automation zu revolutionären Zwecken: »Weder die Symbiose mit ihm noch sein Mord – Maschinenstürmerei wäre so reaktionär, dass es fast gesellschaftlich lanciert sein könnte – zerschlagen diesen Kreislauf, sondern einzig und allein die Gesinnung: wozu steigen wir auf den Tiger?«[274] Damit bezog Kunzelmann letztlich eine Position, die Asger Jorn, wie geschildert, bereits 1958 innerhalb der Situationistischen Internationale vertreten hatte.[275] Derartige Integrationsversuche wurden allerdings von Dutschke konterkariert, der in diesem Heft gemeinsam mit Peter Pusch eine streng marxistische Abhandlung zu den Perspektiven einer weltrevolutionären Bewegung beitrug, die sich weit von den kulturkritischen Intentionen seiner Münchner Mitautoren entfernte.[276] Die gruppeninternen Spannungen waren daraufhin nur noch mühsam zu überbrücken.

Vorläufig konzentrierten sich die Subversiven auf die Unterwanderung des SDS. Während Dutschke und Rabehl sich in zahlreichen SDS-Arbeitskreisen in Berlin engagierten, um die dortigen Diskussionen zu beeinflussen und den Einfluß der traditionalistischen »Keulenriege« zurückzudrängen, begaben sich Kunzelmann und Böckelmann schon im Dezember 1964 nach Frankfurt, um dort die internen Strukturen des Bundesvorstands des SDS auszukundschaften. Mit Verweis auf ihre vorgeblich schon erfolgte Aufnahme in den Münchner SDS konnten sie in den Kellerräumen der Frankfurter SDS-Zentrale übernachten und nutzten die Gelegenheit, um Mitgliederlisten, interne Briefwechsel und Stellungsnahmen auszuwerten. Das Resultat war zunächst ein Hausverbot des Vorsitzenden Schauer und sehr bald der Ausschluß aus dem SDS.[277] Gleichzeitig nahm Kunzelmann Kontakte zu rätesozialistischen Gruppen um Rudolf Gramke, Hans-Werner Sass und ihrer »Gesellschaft für wissenschaftlichen Sozialismus« auf. In dieser Phase seiner subversiven Aktivitäten war Kunzelmann offensichtlich von der Aussicht fasziniert, auch jenseits der Universitäten subversive Strukturen an die Betriebe heranzutragen. Diese neue Position Kunzelmanns machte allerdings die Integration der »Subversiven Aktion« nicht leichter, und die internen Meinungsverschiedenheiten kamen im April 1965 endgültig zum Ausbruch.[278] Das vierte »Konzil« in München markierte den Anfang vom Ende der »Subversiven Aktion«. Dieses Treffen in Kunzelmanns Keller in der Schwabinger Bauerstraße ist aufgrund der Abwesenheit der wichtigsten Berliner Subversiven außerordentlich gut dokumentiert. Dutschke kam nicht nach München, weil er sich zu einer Studienreise in der UdSSR aufhielt, so daß die Diskussionen auf ein Tonband aufgezeichnet wurden, dessen späteres Exzerpt durch Dutschke in seinem Nachlaß erhalten ist.[279] Rabehl andererseits hatte, wie Dutschke in seinem Tagebuch notierte, »wenig Lust« nach München zu reisen und tat es denn auch nicht.[280]

Auslöser der Spaltung der »Subversiven Aktion«, die vom Münchner »Konzil« ausging, war ein Diskussionsbeitrag Dutschkes, der in seiner Abwesenheit diskutiert wurde. Darin behandelte Dutschke die marxistische Krisentheorie des Kapitalismus, die offensichtlich auf die aktuellen Verhältnisse nicht mehr übertragbar war, bekannte sich zu vorsichtigen subversiven Kontakten zum Gewerkschaftsmilieu und propagierte schließlich eine Fortsetzung der aktionistischen Praxis, die sich einige Monate zuvor in Berlin bewährt zu haben schien. Dutschkes Zusammenfassung dieses Plädoyers ist inzwischen berühmt geworden: »Die Möglichkeit, die sich durch *größere* Demonstrationen ergibt, ist unter allen Umständen auszunützen. Genehmigte Demonstrationen müssen in die Illegalität überführt werden. Die Konfrontation mit der Staatsgewalt ist zu suchen und unbedingt erforderlich. Die Bedingungen dafür müssen günstig sein (verhaßtes Staatsoberhaupt usw.) Künstliche Radikalisierung, d.h. aus nichtigen Anlässen (in Berlin die letzte SDS-Südafrika-Demonstration) unbedingt etwas *machen zu wollen*, ist unter allen Umständen abzulehnen.«[281]

Während des »Konzils« entzündete sich die Kritik einerseits an der fehlenden sozialpsychologischen Perspektive in Dutschkes Text, und auch die Kontakte zu rätesozialistischen Gruppen, die Kunzelmann und Dutschke für nützlich hielten, stießen auf Ablehnung. Die Diskussion geriet außer Kontrolle, und Dutschke notierte, als er später die Tonbandaufzeichnung abhörte: »Der Beginn der Diskussion zeigt außerordentlich deutlich die saumäßige Diskussionsleitung, die völlige Nichtvorbereitung der Abläufe des Tages. Wild diskutierend (von allen Seiten) wird versucht, einen Gang der Diskussion zu finden«.[282] Als schließlich der anwesende Gramke das Treffen enttäuscht verließ, äußerte Kunzelmann, daß Gruppenverhältnis sei »deprimierend«, und auch er sehe sich »außerstande dem Konzil weiterhin beizuwohnen«. Herbert Nagel entgegnete daraufhin: »Auch Dein Verhalten war für mich so deprimierend, daß ich Deinen Beschluß akzeptiere.« Marion Steffel-Stergar setzte in diesem Moment den Schlußpunkt, als sie die Struktur der Gruppe als »unter aller Sau« bezeichnete.[283] Dutschke notierte in seinem Exzerpt: »kein Vermittlungsversuch«[284], und Kunzelmann und Steffel-Stergar verließen daraufhin den Keller. Als die Bemühungen der Gruppe, die beiden telephonisch zurückzurufen, scheiterten, wurden beide aus der »Subversiven Aktion« ausgeschlossen. Das »Konzil« konstatierte ein »unsolidarisches und verächtliches Verhalten« Kunzelmanns, die verbliebenen Subversiven warfen ihm vor, die »theoretischen Grundlinien« der Subversiven zu mißachten, und mißbilligten schließlich seine Zusammenarbeit mit »bestimmten Gruppen« (gemeint waren Gramke und die Rätesozialisten).[285] Sabine Goede bilanzierte diese und ähnliche Situationen mit dem rückblickenden Abstand von zehn Jahren folgendermaßen: Kunzelmann habe mit seinem »autoritären Gehabe« möglicherweise den Aufstand gegen sich selbst provozieren und weiter steuern wollen: »Wenn sein Götterbild zu wanken drohte, dann verwies er mit Nachdruck auf seine bedeutende Leninbibliothek oder Marion schob mit dem Kinderwagen herein und schrie ›Scheiße!‹ oder ›Ihr Arschlöcher!‹. So gelang es ihnen, notfalls gemeinsam, eine bedrohliche Atmosphäre aufzubauen, die noch weiterwirkte, nachdem sie schon wutschnaubend abgedampft waren. Solange Kunzelmann da war, hatten wir einen gemeinsamen Aggressor, gegen den es legitim war, alle seine kleinen Grausamkeiten durchzuspielen. Sein Ausschluß auf dem Münchner Konzil war Ausdruck der Weigerung, sich seinen Aktionsvorstellungen zu unterwerfen, der Versuch, sich einer befürchteten politökonomischen Dogmatisierung zu entziehen.«[286]

Der aus der UdSSR zurückgekehrte Dutschke versuchte eine Zeit lang vermittelnd und vor allen Dingen disziplinierend einzugreifen, doch im Sommer 1965 war die Gruppe endgültig auseinandergefallen.[287] Frank Böckelmann versammelte daraufhin einige Mitstreiter in seiner »Studiengruppe für Sozialtheorie«, deren rein intellektuelle Ausrichtung schon im Titel zum Ausdruck kam. Er gab im März 1966 noch eine dritte Nummer des »Anschlag« heraus, an der aber Dutschke oder Kunzelmann nicht mehr beteiligt waren.[288] Böckelmann publizierte in diesem Heft seinen Essay »Die schlechte Aufhebung der autoritären Persönlichkeit«, der seine theoretische Abrechnung mit Kunzelmanns aktionistischer Taktik darstellte und den er Anfang der siebziger Jahre als eigenständige Schrift neu herausgab.[289] Böckelmann ging es, wie Karl-Heinz Neumann zusammenfassend bemerkte, darum zu zeigen, daß die kritischen Begriffe der Subversion verlorengegangen seien »und mithin die Möglichkeit verändernder Praxis zu eitler Illusion verdampft.«[290] Die »Studiengruppe« hatte sich damit ganz auf die Position der skeptischen Reflexion der Verhältnisse zurückgezogen. Dutschke hielt seinerseits, nachdem er und Rabehl die Berliner »Anschlag«-Gruppe verlassen hatten, den Kontakt zu Kunzelmann aufrecht und reflektierte in Briefen und Telephonaten das Scheitern der »Subversiven Aktion«. Kunzelmann betrachtete das Ende der Gruppe im Nachhinein als vorhersehbar und wollte seine subversiven Aktivitäten im Umfeld der Rätesozialisten fortsetzen. Dutschke mahnte ihn zur Reflexion des eigenen Scheiterns in der »Subversiven Aktion«. Die Gruppe sei im Hegelschen Sinne »unaufgehoben« und ihre Geschichte müsse aufgearbeitet werden: »Erinnere Dich bitte, unseres letzten Telephongesprächs, bei dem [Du] ungefähr sagtest: Rudi, ich habe so viele Gruppen aufgebaut, und alles ist schließlich doch immer wieder gespalten oder zerrissen worden. Ich fange wieder neu an, nicht ganz neu, weil ich ja mit Rolf und Werner weiterarbeiten werde.«[291] Das Scheitern einer revolutionären Gruppe sei zwar normal und notwendig, doch nur dann gewinnbringend, wenn Gründe und Folgen weiter reflektiert würden. In diesem Zusammenhang stellte Dutschke neue Fragen, die weniger ideologische als vielmehr charakterliche Aspekte berührten. Die Organisation von subversiven Gruppen sei mit der Herstellung eines revolutionären Werkzeugs zu vergleichen, das in den Händen von Individuen liege: »Wie sollen/müssen/dürfen Menschen beschaffen sein, entwickelt werden, die fähig und willens sind, ein so gefährliches ›Zeug‹ (im ›Sein und Zeit‹-Sinn, Heidegger 1927) sicher durch den Prozeß der Vorbereitung der Aktionen zu steuern[?]«[292] Kunzelmann reagierte grundsätzlich: »Rudi, ich glaube wir überschätzen unsere Vergangenheit, wenn wir die Subversive Aktion als tatsächlich revolutionäre Organisation verstehen«. Das »verbale ›kritische‹ Bewußtsein« und das »Problem der Privatperson« müßten im Kontext der individuellen Lebensverhältnisse begriffen werden – hier liege also der Schlüssel für eine erfolgreiche subversive Gruppierung. Kunzelmann wehrte daneben dogmatische Globaltheorien, zu denen Dutschke neigte, ab, weil sie an den konkreten Bedingungen der Basis scheitern würden: »Die Metaphysik der Revolution muß endlich im Mülleimer der Geschichte landen, denn Marxistisches ist ihr nicht eigen.«[293] Gleichzeitig offenbarte der Briefwechsel neben dem subversiven Katzenjammer neue revolutionäre Perspektiven, die insbesondere Dutschke favorisierte und auf die Kunzelmann zunächst skeptisch reagierte: »So begeistert ich Deinen Brief las, so überrascht war ich darüber, daß Du an Deiner heroischen Verehrung der kolonialen Revolution festhältst. Ihr Kampf ist unser Kampf, aber wir dürfen ihn nicht mit dem verwechseln, den wir zu führen haben. Vietnam ist die willkommene Konjunkturspritze für die parasitäre amerikanische Wirtschaft und ein aufständisches Lateinamerika wird es nicht minder sein.« Der Prozeß der Entkolonialisierung führe zudem nicht aus der wirtschaftlichen Abhängigkeit von der industrialisierten Welt und bringe also den revolutionären Prozeß nicht wirklich voran, und Kunzelmann meinte schließlich lapidar: »Wir müssen das Problem mal in Ruhe diskutieren.«[294] Daraus sollte sich eine neue Phase in Kunzelmanns subversiver Biographie ergeben, deren Tragweite er zu diesem Zeitpunkt offenkundig noch unterschätzte.

Viva Maria!

Das Interesse für revolutionäre Bewegungen in der damals sogenannten »Dritten Welt« ging eindeutig von Dutschke aus. Im September 1964 notierte er im Tagebuch seine Entdeckung eines anti-sowjetischen Standpunkts, der den Dekolonisierungsprozeß als weltrevolutionären Hebel einsetzen wollte: »Besonders in der Beurteilung des Charakters unserer Epoche, einer Epoche der nationalen Befreiungskriege in Asien, Afrika und *Lateinamerika*, bin ich ›Chinese‹.«[295] Auf dem Hamburger »Konzil« der »Subversiven Aktion« erreichte er zwei Wochen später, daß sich die Gruppe auf die »Hereinnahme der Entwicklungsländer in die voranzutreibende eigene Analyse (Revolutionstheorie)« verständigte.[296] Während der Arbeit im SDS steuerten er und Rabehl gezielt die Arbeitskreise zur Situation der Entwicklungsländer an, um dort einerseits die Diskussion in ihrem Sinne zu beeinflussen und andererseits unter den ausländischen Studenten Gleichgesinnte zu rekrutieren, mit denen ein internationales

Netzwerk aufgebaut werden sollte. So schulten sie im Sommersemester 1965 gemeinsam eine internationale Gruppe, zumeist Lateinamerikaner, in marxistischen Grundbegriffen. Diese Arbeit sollte ganz konkrete Perspektiven eröffnen: »In einem Equadorianer, der ab 1966 in Mexiko bzw. Argentinien sein wird, um als Verbindungsmann zwischen den Guerillas u.a.m. in den verschiedenen Ländern zu arbeiten, haben wir einen ausgezeichneten Kameraden gefunden. Durch Carol, eine Theologie-Studentin in Hamburg, mit der ich zur Zeit hier in Berlin zusammenlebe, eine Amerikanerin, haben wir endlich einen ›guten Draht‹ nach Nordamerika, sind jetzt dabei, die New Yorker Leute, die wir kennenlernten, mit den Südamerikanern [Equador] in Verbindung zu bringen, um einige praktische Dinge zu erledigen; bald mehr darüber.«[297]

Zwar beklagte sich Dutschke gegenüber Kunzelmann, daß die Diskussionen häufig noch ein wenig »begriffslos« abliefen, aber die Arbeit sei ihm dennoch, wie er schrieb »ans Herz gewachsen und erscheint mir auch wichtiger als manches andere«. Dutschke machte nie einen Hehl daraus, daß er den bewaffneten Kampf in den Entwicklungsländern unterstütze, und er verstand seine Schulungen als politische Aufklärung der zukünftigen Revolutionäre, »werden doch diese Freunde in recht naher Zukunft, in vielen Fällen sicherlich sofort mit der Waffe, in die Auseinandersetzung eintreten müssen. Ohne Bewußtsein über Vergangenheit, Gegenwart und möglich-notwendiger Zukunft wird die ›ganze Scheiße‹ der Herrschaft wie bisher produziert.«[298] Worum es sich bei den »praktischen Dingen« handelte, die er mit seiner Freundin Gretchen Klotz in diesem Sinne erledigte, bleibt unklar, doch ganz offensichtlich investierte die Berliner Gruppe Geld aus dem Verkauf von Raubdrucken in diese Sache.[299] Ein – vielleicht nur angedachter – Zusammenhang mit den 1964 im kolumbianischen Grenzgebiet ausgebrochenen Guerilla-Aktivitäten ist höchstens zu vermuten.

Kunzelmann stand, wie gesagt, diesen Aktivitäten zunächst skeptisch gegenüber, da er befürchtete, Dutschke würde den Kampf in den Entwicklungsländern mit den subversiven Perspektiven in Europa verwechseln. Er wies ihn aber auf weitere Kontaktmöglichkeiten hin, die sich im Herbst 1965 durch Rolf Gramke in München ergaben, der nun ebenfalls Schulungen mit Gaststudenten aus Lateinamerika durchführte.[300] Und er empfahl schließlich die einschlägige Lektüre zum bewaffneten Kampf in der »Dritten Welt«: den im August 1965 als Vorabdruck in Hans Magnus Enzenbergers »Kursbuch« erschienenen Auszug aus Frantz Fanons Schrift »Die Verdammten dieser Erde«, jenem Text, der schließlich 1966 vollständig in deutscher Übersetzung erschien und zum zentralen Bezugspunkt der sogenannten Dritte-Welt-Strategie werden sollte.[301] Unter der Überschrift »Von der Gewalt« entwickelte Fanon eine radikale Theorie der anti-kolonialen Gewalt, die sich bewußt den Einhegungsversuchen der westlichen Moderne entziehe und sich nicht nur gegen bestehende Herrschaftsverhältnisse, sondern gegen die Kultur der Kolonialisten selbst wende. Die Menschlichkeit des Kolonisierten war für Fanon mit dem bewaffneten Kampf des Kolonisierten gleichbedeutend: »Und genau zur selben Zeit, da er seine Menschlichkeit entdeckt, beginnt er seine Waffen zu reinigen, um diese Menschlichkeit triumphieren zu lassen.«[302] Dabei würden die vorgeblichen Errungenschaften der Kolonialisierung abgeschüttelt und die Spielregeln der westlichen Moderne aufgekündigt, insbesondere die ökonomischen: »Die Kolonisierten wollen in ihrer überwältigenden Mehrheit die Farm des Kolonialherren. Sie haben nicht die Absicht, mit dem Kolonialherrn in einen Wettstreit zu treten. Sie wollen seinen Platz.«[303] Der Kampf um die Dekolonisierung sei also ebenso ein gewalttätiger wie auch einer, der den Kämpfer selbst emanzipierend verändere und seine autonome Humanität etabliere. Die revolutionäre Gewalt beschrieb Fanon dabei als kreativ und fortschrittlich. Kunzelmann fand diesen Artikel »ausgezeichnet« und wollte ihn als Diskussionsgrundlage verstanden wissen.[304]

Zur selben Zeit wurde der US-amerikanische Krieg in Vietnam zum Thema für die subversive Gruppe um Kunzelmann und Dutschke. Im Sommer 1965 hatte Kunzelmann mit Marion Steffel-Stergar und der gemeinsamen Tochter Grischa im Kinderwagen an der ersten Vietnam-Demonstration in München teilgenommen, und das Thema gelangte im Winter 1965/66 in den Vordergrund der Aktivitäten. Zur Jahreswende gingen Briefe zwischen Berlin und München hin und her, in denen der Text eines Protest-Plakats diskutiert wurde, das die Gruppe als Reaktion auf eine zu erwartende Offensive der US-Armee in beiden Städten gleichzeitig illegal kleben wollte.[305] »Erhard und die Bonner Parteien unterstützen MORD«, so sollte am Morgen des 3. Februar an vielen Hauswänden zu lesen sein:

> »Mord durch Napalmbomben!
> Mord durch Giftgas!
> Mord durch Atombomben?
> Der Reichtum der kapitalistischen Welt hängt ab von der Armut der unterentwickelten Länder. Aus der billigen Arbeitskraft und den Rohstoffquellen werden die Profite herausgepreßt. Die Völker Asiens, Afrikas und Lateinamerikas kämpfen gegen Hunger, Tod und Entmenschlichung. Cuba, Kongo, Vietnam – die Antwort der Kapitalisten ist Krieg. Mit Waffengewalt wird der Weltmarkt gesichert. Mit Kriegswirtschaft wird die Konjunktur gesichert. So dient der Krieg in Vietnam der Aufrechterhaltung der kapitalistischen Herrschaft auch über uns. Ost und West arrangieren sich immer mehr auf Kosten der 3. Welt. Jetzt bleibt den Unterdrückten nur noch der Griff zu den Waffen. Für sie heißt Zukunft *REVOLUTION*.«[306]

Mit der Parole »AMIS RAUS AUS VIETNAM!« endete der Text, der ursprünglich noch die sowjetische und chinesische KP und die von ihnen vertretenen Machtansprüche verurteilen sollte, doch diese Wendung gegen den staatssozialistischen Teil der Welt wurde während der Ausarbeitung des Texts wieder gestrichen. Dutschke hatte diese Kritik als »politisch notwendig und analytisch richtig« bezeichnet, setzte nach einigem Überlegen aber noch hinzu, daß der entsprechende Satz umformuliert werden müsse, weil er den Begriff der »Machtansprüche« für affirmativ besetzt hielt.[307] Daß der Satz dann ganz gestrichen wurde, sei, erinnerte sich Gretchen Dutschke später, der Tatsache geschuldet gewesen, daß das Flugblatt in Ost-Berlin gedruckt wurde. Die Finanzierung übernahm demnach der West-Berliner Kabarettist Wolfgang Neuss.[308] Die Aktion wurde in angestrengter Konspiration vorbereitet, durch verschlüsselte Telephonate koordiniert, und Dutschkes Freundin Gretchen hörte in dieser Nacht den Polizeifunk ab.[309] Allerdings verhaftete die Polizei während der nächtlichen Klebe-Aktion Jürgen Horlemann am West-Berliner Bahnhof Zoo, und alle Plakate wurden daraufhin noch in derselben Nacht entfernt, was der öffentlichen Wirkung jedoch keinen Abbruch tat – die Zeitungsleser konnten den Text später im TAGESSPIEGEL nachlesen.[310]

Kurz nach dieser Plakat-Aktion gingen Kunzelmann, Dutschke, Rabehl und einige andere im Februar 1966 im Berliner Zoo-Palast ins Kino. Noch ein Vierteljahrhundert später offenbarte Kunzelmann im Interview seine präzise Erinnerung an jenen Tag, der offenbar einen tiefen Eindruck hinterließ. Die Gruppe habe zuvor an der Freien Universität einen Gastvortrag Ernst Blochs gehört: »Er hielt einen Vortrag, der uns alle aufgewühlt hat, Prinzip Hoffnung, wofür Ernst Bloch steht – alles komprimiert mit seiner faszinierenden Stentorstimme vorgetragen.«[311] Auf dem Kino-Programm dieses Abends stand dann ein neuer Film von Louis Malle mit dem Titel »Viva Maria!«. In den Hauptrollen spielten Brigitte Bardot und Jeanne Moreau, was ein zusätzlicher Anreiz gewesen sein mag, diesen Film zu sehen. Gretchen Dutschke war jedenfalls auch noch nach dreißig Jahren erstaunt, als sie sich erinnerte, daß Rudi Dutschke besonders diesen Film auch beim dritten oder vierten Mal mit Begeisterung anschaute, während er sonst bei gemeinsamen Kinobesuchen nicht selten eingeschlafen sei.[312] Der eigentliche Grund für diese Begeisterung sei aber, so Kunzelmann, ein subversiv-ideologischer gewesen.

Der Film »Viva Maria!« variiert locker das Thema der mexikanischen Revolution zu Beginn des zwanzigsten Jahrhunderts. Brigitte Bardot spielt darin »Mary«, die Tochter eines irischen Terroristen, die gemeinsam mit ihm rund um den Globus das britische Empire bekämpft. Auf der Flucht geraten beide nach Lateinamerika, wo der Vater bei einem neuerlichen Anschlag ums Leben kommt und die Tochter daraufhin allein durch den Dschungel flieht. Sie trifft auf eine umherziehende Theatertruppe und macht die Bekanntschaft von »Maria« (gespielt von Jeanne Moreau), einer kultivierten und gebildeten Schauspielerin aus Paris. Beide treten zusammen auf und entwickeln eher durch Zufall eine doppelte Striptease-Nummer, die sie berühmt macht. Die Theatertruppe gerät schließlich in den Bürgerkrieg und wird gemeinsam mit den Guerilleros um ihren Anführer Flores gefangengenommen. Im Verließ kommt es zu einer blasphemischen Erotik-Szene zwischen Maria-Jeanne und Flores, der dabei in Ketten als Gekreuzigter stilisiert ist. Gemeinsam gelingt den Marias dann in der direkten Konfrontation mit dem als lächerlich gezeichneten Großgrundbesitzer Rodriguez die Befreiung der Gefangenen, bei der jedoch Flores schwer verletzt wird. Alle gemeinsam treten daraufhin einen »langen Marsch« in ein Heimatdorf der Aufständischen an, wo sie allerdings unfreundlich empfangen werden: Der Dorfälteste tadelt die Zurückgekehrten für ihr aufrührerisches Tun und fordert sie auf zu gehen. Daraufhin tritt Maria-Jeanne, dem Leichnam des inzwischen seinen Verletzungen erlegenen Flores auf den zentralen Platz folgend, vor die Menge und hält eine flammende Rede, mit der sie die Campesinos zur Fortsetzung der Revolution auffordert. Ihre Ansprache gipfelt in den Worten: »Die Freiheit bedarf nur einer Geste! Und überall in den Bergen wird Euer Zorn widerhallen!« Es gelingt ihr, den revolutionären Willen der deprimierten Guerilleros von Neuem zu entfachen, und damit schlägt die Stunde von Maria-Brigitte, die nun ihre terroristische Erfahrung mit Waffen und Sprengstoff unter Beweis stellen kann. In einer Collage aus Kampfszenen und Sprengstoff-Explosionen erfaßt die Revolution nach und nach das ganze Land, und Maria-Brigitte ruft in die Flammen: »Ihr Herren, Ihr Pfaffen! Die Schrecken des Krieges, sie sind Eure Saat! Und die Früchte sind wir!« Mit Hilfe eines gekaperten Zuges, dem der Name »El Libertador« gegeben wird, vollzieht sich die Revolution begleitet von ironischen Schilderungen des Volkskatholizismus: Die Menschen gehen auf die Knie und beten ein »Ave-Maria-y-Maria«, Votiv-Täfelchen verherrlichen die Revolutionärinnen als himmlische Nothelferinnen. Nach einer letzten Entscheidungsschlacht um die Hauptstadt San Miguel obsiegt die Revolution, und die beiden Marias kehren auf die Bühne zurück, diesmal in Paris, wo sie ihren Auftritt in spanischer Sprache erneuern.

Die subversive Gruppe um Kunzelmann und Dutschke hat diesen Film zu Beginn des Jahres 1966 viele Male gesehen – Dutschke allein mindestens viermal.[313] Nach Kunzelmanns Erinnerung waren auch Hans-Joachim Hameister, Dorothea Ridder, Fritz Teufel und Ulrich Enzensberger unter den Kinogängern.[314] Den Eindruck, den der Film machte, schilderte er anschaulich: »Wir sind wie betäubt aus dem Film herausgekommen, sind überhaupt nicht in eine unserer damaligen gängigen Kneipen gegangen, sondern waren so mitgerissen von dem Film, daß wir nur über die Straßenseite konnten und ins fantastische alte Aschinger am Zoo einritten, unten in die Schwemme, wo man umsonst Brötchen bekam zu einer Erbsensuppe für 60 Pfennig oder so. Wir sind schweigend in das Aschinger rein, haben uns Getränke und Erbsensuppe am Tresen geholt, uns hinten an einen Tisch gesetzt und erstmal geschwiegen. Es gibt solche Erlebnisse, wo aufgrund eines gemeinsamen Erlebnisses jeder dieselbe Erleuchtung hat oder dieselbe Reaktion zeigt.«[315]

Kunzelmann formulierte noch nach Jahrzehnten anschaulich die Stimmungslage der Gruppe, wenn er davon sprach, man sei ins Aschinger »eingeritten«. Die Western-Persiflage von Louis Malle hatte offensichtlich Eindruck gemacht, auch wenn Kunzelmann die ironische Komponente des Films ein wenig aus dem Blick geriet. Voller Slapstick-Einlagen, angefüllt mit ironischen Verweisen auf biblische und literarische Versatzstücke und schließlich mit reichlich Situationskomik ausgestattet erinnert der Film eher an eine Parodie eines Revolutionsfilms. Doch für Kunzelmann nahm er den Charakter eines ernsthaften Bildungserlebnisses an: »Der Film war die bildhafte filmische Umsetzung all unserer Diskussionen seit Monaten und hat uns geprägt. Wir haben bis früh 6 Uhr jede Szene diskutiert.«[316] Dabei spielte offensichtlich insbesondere die eigene Verortung in einem weltrevolutionären Zusammenhang eine zentrale Rolle. Welchen Beitrag die europäischen Subversiven zu einem anti-kapitalistischen und anti-imperialistischen Revolutionskrieg zu leisten hätten, das schien Kunzelmann seit dem Zoo-Palast deutlicher vor Augen zu stehen, und er erinnerte sich an diese Lehre deutlich: »Am Ende, dies war unser Erleuchtungsprozeß, treten sie in Paris auf, sie gehen zurück nach Europa. Das war ja genau unser Problem. [...] und es stand für uns in der Viva-Maria-Phase, auch schon vor dem Film und insbesondere nach dem Film, immer im Raum: Sollen wir nicht in die Dritte Welt gehen? Der Film war für uns eine Bestätigung, daß wir in jeder Weise die Guerilla-Bewegung in den Ländern der Dritten Welt unterstützen müssen mit unseren Möglichkeiten und Mitteln von den Metropolen aus. [...] Der Film war die Bestätigung dafür, daß wir hier unsere revoluzzerhafte Betätigung finden müssen, daß wir unserer Gesellschaft, die wir kennen, verpflichtet sind;«[317]

So merkwürdig es erscheinen mag, daß ausgerechnet ein ironisch-parodistischer Kinofilm für die politische »Bestätigung« und Selbstvergewisserung herhalten mußte, so gedanklich folgenreich waren die nächtelangen Diskussionen der Gruppe, die sich schließlich in einem Artikel Bernd Rabehls niederschlugen, den dieser im folgenden Jahr in der Berliner Zeitschrift »Kino« veröffentlichte.[318] Was Rabehl unter dem Titel »Viva Fanon!« explizierte, dürfte mit ziemlicher Sicherheit das Meinungsbild innerhalb der Gruppe widergespiegelt haben. Er erklärte Malles Film zur »Verfilmung der Thesen Frantz Fanons«. Der Drehbuchautor Jean-Claude Carrière habe die Western-Persiflage nur als Tarnung benutzt, um »faustdicke Propaganda« zu transportieren. Der gedankliche Kern des Films sei die Einheit von sozialrevolutionärer Moralität und Anarchismus – verkörpert in den beiden Marias: »Hier trafen sich der Marxismus und der Anarchismus. Sollte der Sieg errungen werden, mußten beide eine Identität bilden ...«[319] Diese Identität scheint auch im Film in einer symbolischen Hochzeitszene auf, die beide Marias auf der Varieté-Bühne darbieten. »Das Zusammentreffen von Maria-Jeanne und Maria-Brigitte ist der Beginn eines Prozesses, in dem die Theorie einer fremden Wirklichkeit Unmittelbarkeit aufnehmen will, um reagieren zu können«, so Rabehl. Die moderne Kultur, deren Bekämpfung Fanon in den anti-kolonialen Aufstand integriert sah, werde im Film auf der Hacienda des Unterdrückers Rodriguez sichtbar: ein von ausgebeuteten Bauern betriebener Generator, dessen Elektrizität Modernisierung vorgaukelt, oder auch sein wassergekühltes Maschinengewehr. »Aber die revolutionäre Einheit der beiden Marias, dieses neue Europa kann der ›moderne‹ Señor nicht begreifen, dieses Spiel kann er nicht durchschauen, er wird getrieben, er dreht sich, sein letztes Objekt bleibt die anerzogene Ästhetik der Kunst, die Venus von Milo; erschöpft umklammert er den nichtssagenden kalten Marmor.« Die Marias benutzen schließlich das Maschinengewehr, um diesen Einrichtungskitsch zu zerstören. Das Ende des Films sei, so Rabehl, ursprünglich anders geplant gewesen: Während des abschließenden Auftritts der Marias in Paris hätte eine Detonation das Stadtviertel um das Theater erschüttern sollen. Maria-Brigitte hätte daraufhin auf ihre Uhr schauen und Maria-Jeanne wissend zulächeln sollen, ohne ihre Bühnennummer zu unterbrechen.[320] Am Ende sei es immer noch dem Publikum überlassen, die traurige Tarnung der Verhältnisse im Film zu durchschauen, seine Reaktion sei ein Test für die »Dressur der Groschenpresse«.[321]

Die Gruppe um Kunzelmann und Dutschke nannte sich seitdem selbst »Viva-Maria«-Gruppe. Bemerkenswert ist dabei der Widerspruch zwischen Kunzelmanns Einschätzung, der Film habe die Gruppe von der Notwendigkeit der Unterstützung der kolonialen Befreiungsbewegungen überzeugt, und Rabehls Postulat, bei »Viva Maria!« handele es sich um eine Verfilmung der Thesen Fanons. Fanon hatte sich selbst nie über eine anti-imperialistische Opposition in den Industrieländern geäußert – »Es wird oft von uns gesprochen, zu uns niemals«, wie Jean-Paul Sartre zu Fanon bemerkte[322] –, und die Filmhandlung, in der zwei Europäerinnen eine Kolonialrevolution zum Sieg führen, wäre auf seine empörte Ablehnung gestoßen. Fanons Vision war die einer gewalttätigen kreativen Selbstbefreiung der bislang kolonisierten Gesellschaften, nicht die einer internationalen Kooperation der Anti-Imperialisten in den Kolonien und den industriellen Metropolen, die so die Bindung der Kolonisierten an die Gesellschaften der Kolonialisten unter veränderten politischen Vorzeichen wiederhergestellt und fortgeschrieben hätte. Der europäische Wunsch, sich mit den Opfern des Kolonialismus zu identifizieren und sich so im gemeinsamen Kampf gegen Ausbeutung und Imperialismus auf die richtige, revolutionäre Seite zu stellen, war ein theoretisches Mißverständnis Fanons. Eine derartige post-kolonialistische Versöhnung hatte er nie in Aussicht genommen.[323] Insofern irrte sich Rabehl gründlich, wenn er den Film mit Fanon assoziierte, und für Kunzelmann überlagerte seine Inspiration aus dem Kino die expliziten Intentionen des von ihm geschätzten Revolutionstheoretikers. Es bleibt eine offene Frage, inwiefern hier unausgesprochene europäische Schuldgefühle – insbesondere vor dem Hintergrund der kaum aufgearbeiteten deutschen NS-Vergangenheit – diese mißverstandene Identifikation mit den Kolonisierten begünstigten. Daneben schien die Filmhandlung auch die »Randgruppentheorie« Herbert Marcuses zu illustrieren: Die Campsinos bedurften offensichtlich der Inspiration und Mobilisierung durch eine Theatertruppe, um den anti-imperialistischen Kampf gegen die Unterdrückung aufzunehmen. Die Subversiven um Kunzelmann, Dutschke und Rabehl mochten das als eine cineastische Bestätigung ihrer Versuche deuten, aus einer radikalen Außenseiterposition heraus den zu dieser Zeit latenten studentischen Protest gegen den Vietnam-Krieg von den Rändern der etablierten Organisationen der Berliner Hochschulpolitik her zu radikalisieren und ihn »in die Illegalität zu überführen«. Daraus entstand offenbar der Gedanke, eine ästhetische Inspiration von der Kino-Leinwand in ein politisches Aktionsprogramm zu überführen und aus dem theoretischen Radikalismus einer Minderheitenposition eine Avantgarde des subversiven Protests zu entwikkeln, die über die Entwicklung neuer Protestformen die Führung innerhalb der Protestbewegung übernehmen können würde.

Darin liegt auch ein medienhistorischer Aspekt der frühen »Kulturrevolution« verborgen. Die Inspiration für das oppositionelle und subversive Engagement speiste sich aus vielen Quellen, zu denen auch der Kino-Film gehörte. Die »Viva-Maria«-Gruppe ist nur ein prominentes Beispiel für die politische Subversion im Zeitalter des Kinos, während sich offenbar auch für viele andere der Schritt in die radikale Opposition auf der Leinwand ankündigte. In seiner nachträglichen Abrechnung mit der eigenen radikalen Vergangenheit schilderte Gerd Koenen die Wirkung, die der Film »La Guerre est finie« von Alain Resnais auf ihn hatte. Yves Montand spielte darin einen Kommunisten, der sich in einer der Schlüsselszenen für die Aktion im Untergrund entschied, und diese Szene verfehlte ihre Wirkung auf den Kinogänger Gerd Koenen nicht: »Im nächtlichen Nebel auf der Tübinger Neckarinsel im Sommer 1968, kurz vor meiner Übersiedlung nach Frankfurt, war ich Yves Montand, wie er diese mythische Grenze wieder überschritt – in den Widerstand, die Revolution oder den Tod.« Der Prozeß der Radikalisierung seit den späten sechziger Jahren hätte sich für viele, so glaubte Koenen zu beobachten, »wie im Film« abgespielt, nach jeweils unterschiedlichen subversiven Drehbüchern als »Kriminalfilm, Politthriller oder Italo-Western, je nach Temperament.«[324] Und auch die weniger radikalen Teilnehmer der »Kulturrevolution« der sechziger Jahre konnten offenbar durch das Kino politisch inspiriert werden. Dreißig Jahre nach dem Revoltejahr versuchte ein Symposium die Geschichte des SDS zu bilanzieren, und ein Unbekannter erinnerte sich in der Diskussion an Debatten im Frankfurter SDS: »Eines Tages tauchte Tilman Fichter auf und verkündete: ›Seit VIVA MARIA wissen wir, daß Revolution Spaß macht.‹ [Heiterkeit, anhaltendes schallendes Gelächter, Bernd Rabehl: ›So hat er das ja nie gemacht!‹] Deswegen weiß ich es noch, ich war völlig von den Socken! Der spinnt doch wohl, da fließt doch Blut, wie kann das denn Spaß machen?«[325] Der Film von Louis Malle war offensichtlich zu einer Chiffre des revolutionären Bewußtseins geworden, das in den subversiven Zirkeln rund um den SDS von einiger Bedeutung war. In der Heiterkeit der Veteranen verbarg sich möglicherweise auch die Ahnung, daß viele cineastisch inspirierte Radikale der sechziger Jahre auf ungewollte Art den Argumenten der Kulturkonservativen der fünfziger Jahre in die Hände gespielt hatten, die, wie zum Beispiel im Rahmen der katholischen Film-Liga, nicht müde geworden waren, auf den »verderblichen« und »zersetzenden« Einfluß hinzuweisen, den das moderne Kino auf die junge Generation ausübe. Die von »Viva Maria!« entwickelte revolutionäre Bildsprache, die affirmativ besetzte Gewaltästhetik, die Kombination von attraktiven Starschauspielerinnen mit Maschinengewehrsalven und detonierendem Sprengstoff markierte die Ikonographie einer revolutionären Phantasie, der die Situationisten im Pariser Mai 1968 mit dem Slogan »Die Phantasie an die Macht!« zum Durchbruch verhelfen wollten.[326]

Die Bilanz dieser »Inkubationsphase« der Revolte, die sich an Kunzelmanns Biographie minutiös nachverfolgen läßt, besteht aus einer Vielzahl intellektueller Aspekte, die sich in der Analyse und Darstellung deutlicher voneinander absetzen als sie sich in der subversiven Erfahrung jener Jahre auseinanderhalten ließen.[327] An erster Stelle stand für Kunzelmann dabei die Inspiration durch die Traditionen der Avantgarde der Zwischenkriegszeit, wie sie im Zusammenhang der Situationistischen Internationale gegen Ende der fünfziger Jahre wieder aufgenommen wurden. Die Wiederentdeckung kulturrevolutionärer Traditionen und Techniken, die er schon selbst durchaus zutreffend wiederholt ins Zentrum seiner subversiven Biographie gerückt hat, wirkte für ihn während der sechziger Jahre als anhaltende Anregung. Seine Trennung von der Gruppe SPUR erfolgte noch ganz im Bestreben, den situationistischen Impuls, den auch er schließlich in der künstlerischen Arbeit der Gruppe vermißte, zu bewahren. Die »Unverbindlichen Richtlinien« stellten in diesem Moment die Bilanz der subversiven Lehrjahre dar und schufen mit der Figur des »Homo Subversivus« den Prototyp eines modernisierten Kultur-Anarchisten. Die »Subversive Aktion« bildete in den Jahren 1963 bis 1965 – die in Kunzelmanns Autobiographie verblüffenderweise fehlen – einen Sammlungsversuch unterschiedlichster Strömungen: von Kunzelmanns subversivem Aktionismus über Dutschkes kritischen Marxismus bis zur Zivilisationskritik in der Tradition Adornos, die Böckelmann favorisierte. Ein einheitliches Konzept war hier zu keiner Zeit auszumachen und die Desintegration der Gruppe in der Tat nur eine Frage der Zeit. Seit dieser Zeit näherte sich Kunzelmann, inspiriert wohl durch Dutschke, den Traditionen des Marxismus an, insbesondere in seiner rätesozialistischen Variante. Weltrevolutionäre Perspektiven bezog er aus der Assoziation von Frantz Fanons Revolutionstheorie mit der Macht der Bilder. Erstaunlich ist in diesem Zusammenhang der Verlust der kritischen Perspektive der Situationisten, die insbesondere das Kino als Ort der Entfremdung des Kulturkonsumenten, aber auch als Gelegenheit zur subversiven Zweckentfremdung ausgemacht hatten, wie Debords Experimentalfilme eindrucksvoll demonstriert hatten. Nur wenige Jahre später saßen Kunzelmann und seine Freunde in erstaunlich affirmativer Haltung vor der Leinwand, auf der sich ein in ihren Augen subversives Szenario entfaltete, das ihre Träume einer künftigen revolutionären Veränderung der Welt vorwegzunehmen schien. Der Schritt von der Reflexion zur Aktion wurde mit einem Verlust an medienkritischer Distanz erkauft und gipfelte in einer melodramatischen Einheit von cineastischem Spektakel und revolutionärem Pathos. Kunzelmann hatte schon zu Zeiten der Gruppe SPUR eine Verschmelzung von Medium und Publikum imaginiert und schien nun eine Gruppe um sich versammelt zu haben, die diese Vision in die Tat umsetzen wollte. Dabei verschob sich der Akzent der kulturrevolutionären Praxis immer deutlicher auf die persönlichen Bedingungen der Möglichkeit einer solchen, medial inspirierten revolutionären Grundhaltung. Schon in seinen brieflichen Reflexionen zum Scheitern der »Subversiven Aktion« hatte Kunzelmann auf ein Desiderat seiner Konzeption des »Homo Subversivus« hingewiesen, das seiner Meinung nach den Kern einer subversiven Identität ausmachen mußte: die »Produktionssphäre, in der sich der Einzelne befindet«.[328] Damit war ein konkretes Problem der subversiven Praxis angesprochen, das Kunzelmann in den persönlichen Lebensumständen der Individuen ausmachte. Der logische Schritt aus dieser Sackgasse war der Versuch einer grundlegenden Umgestaltung der persönlichen Lebensverhältnisse und Sozialbeziehungen.

Dritter Teil
Berlin – 1966–1969

»Stützpunkte für ein experimentelles Leben«

Etwa gleichzeitig zum Interesse der »Viva-Maria«-Gruppe an der Perspektive kolonialer Revolutionen entwickelte Kunzelmann neue Überlegungen zur Gestaltung einer subversiven Lebenspraxis. Wie er bereits im September 1965 gegenüber Dutschke angedeutet hatte, erschienen ihm das »Problem der Privatperson« und die »Produktionssphäre, in der sich der Einzelne befindet«, als Schlüssel zum Aufbau einer wahrhaft revolutionären Gruppe, als die er die »Subversive Aktion« ihm Nachhinein nicht mehr gelten lassen wollte.[1] Dabei mögen durchaus seine früheren Erfahrungen mit der Situationistischen Internationale ein Rolle gespielt haben, die er Jahrzehnte später in seiner Autobiographie zu einem Schlüsselerlebnis erhob. Insbesondere die Reise der Gruppe SPUR nach Schweden und der Aufenthalt in Drakabygget im Sommer 1961 hätten seine Aufmerksamkeit dafür geschärft, daß revolutionäre Theorie nur dann praktisch werden könne, wenn ihr eine kollektivierte subversive Lebenswelt zugrunde liege. Kunzelmann hatte bereits in jenem Sommer an die Familie in Bamberg geschrieben, daß die Gruppe SPUR durch den Verkauf von Bildern dem Künstler-Hof von Jørgen Nash in Drakabygget aus finanziellen Schwierigkeiten geholfen hätte und daß sich daraus neue kollektive Perspektiven des subversiven Zusammenlebens entwickeln sollten: »Wir versuchen hier eine kollektive kommunistische und situationistische Keimzelle innerhalb der kapitalistischen Gesellschaft aufzurichten. Drakabygett soll für jeden von uns ein ständiger Zufluchtsort werden und wenn unsere menschlichen Komplikationen gelöst werden können, wollen einige von uns innerhalb der nächsten zwei Jahre nach Deutschland nur noch besuchsweise fahren. Wenn meine Freundin aus München hierher kommt, könnte unter Umständen auch für mich diese Frage akut werden, da wir in Deutschland nicht solche Möglichkeiten haben wie hier in Skandinavien.«

Besonders reizvoll erschienen ihm damals die vielen Kontakte Nashs und seines Bruders Jorn zu den künstlerischen Zentren Skandinaviens und zahlreichen »interessanten Leuten, die unsere Zeitschrift, unsere Skandale und Manifeste manchmal besser kennen als wir selbst.«[2] Diese subversiven Auswandererperspektiven hatten sich zwar zerschlagen, doch es gab Mitte der sechziger Jahre auch urbane Beispiele für subversive Kommunegründungen: Seit 1964 existierte in Berlin bereits der erste Versuch einer subversiven Wohngemeinschaft, die der zur Berliner »Anschlag«-Gruppe gehörende Bühnenbildner Peter Pusch initiiert hatte.[3] Auf jeden Fall mußten solche Projekte Kunzelmann an die Ideen von Attila Kontányi und Raoul Vaneigem erinnern, die in jenem schwedischen Sommer innerhalb der Situationistischen Internationale die »Errichtung von Stützpunkten für ein experimentelles Leben« ins Auge gefaßt hatten, eine »Vereinigung derer, die ihr eigenes Leben auf einem für ihre Zwecke ausgerüsteten Territorium erschaffen wollen.«[4] Nach den negativen Erfahrungen mit der »Subversiven Aktion« wird auch ihre Vorstellung von »Brückenköpfen für eine Invasion des gesamten Alltags« einen besonderen Reiz ausgeübt haben, versprach doch diese Formulierung sowohl einen subversiven Angriff auf die umgebende Alltagskultur der Konsumgesellschaft als auch die Transformation des Alltags der Subversiven selbst, auf die Kunzelmann so großen Wert legte.[5]

Der Ursprung der Kommune-Idee ist nicht mehr eindeutig nachweisbar – sie lag offenbar Mitte der sechziger Jahre in der Luft –, und auch andere meldeten in späteren Jahren geistige Urheberrechte an dem spektakulärsten Projekt der »Kulturrevolution« an, zum Beispiel eine junge Amerikanerin, die im Laufe des Jahres 1966 eine Schlüsselrolle in der Kunzelmann-Dutschke-Gruppe spielen sollte: Gretchen Klotz war über ihren Freund Rudi Dutschke immer intensiver in die Diskussionen der »Viva-Maria«-Gruppe involviert, die Kunzelmann durch Klausurtagungen im bayrischen Kochel voranzutreiben versuchte. Dem Vater des Münchner SDS-Mitglieds Lothar Menne, einem Textilfabrikanten, gehörte dort ein Landhaus, das er den Freunden seines Sohnes für kostenfreie Aufenthalte zur Verfügung stellte.[6] Die erste Klausur in Kochel fand Weihnachten 1965 statt, ein Treffen, das Gretchen Klotz dreißig Jahre später eindrucksvoll aus ihrer Erinnerung schilderte. Dabei konnte sie nicht die Tatsache verleugnen, das zwischen ihr und der von Kunzelmann dominierten subversiven Gruppe aus München, ganz besonders aber zwischen ihr und Kunzelmann bald grundlegende persönliche Konflikte ausbrechen sollten, die sich vor allen Dingen an privaten Differenzen entzündeten. Die Theologiestudentin war offenbar schlecht darauf vorbereitet, daß neben Kunzelmanns neuer Freundin, der ehemaligen Chef-Sekretärin Dagmar Seehuber, die er aus dem rätesozialistischen Kreis um Rolf Gramke kannte und die inzwischen mit ihm im Keller der Schwabinger Bauerstraße wohnte[7], auch seine ehemalige Gefährtin Marion Steffel-Stergar mit der gut ein Jahr zuvor geborenen gemeinsamen Tochter Grischa angereist war – ein Arrangement, das Kunzelmann im Kreis der Subversiven geradezu zur Schau stellte, wie sich Klotz später erinnerte:

> »Ich hatte keine schlechten Vorahnungen. Ich fand es spannend, diesen Dieter kennenzulernen, von dem Rudi so viel hielt. Nach einem Zwischenaufenthalt in München kamen wir in Kochel an. Eine dicke Schneedecke lag auf dem Boden, und unsere Schritte knirschten im Schnee. Das Haus war von Tannenbäumen eingekreist. Als wir eintraten, wirkte die warme, rauchige Luft wie ein Schock. Lothar stellte uns die Anwesenden vor: seine Freundin

Inge, Dieter gleich mit zwei Freundinnen, Marion und Dagmar, und Werner. Marion, eine sinnliche Frau mit gefärbtem roten Haar, hatte ein Kind von Dieter, das auch da war. Wir saßen alle zusammen im Wohnzimmer eng beieinander auf dem Sofa vor dem Kaminfeuer. Die Flammen flackerten und zeichneten Schatten auf die Gesichter. Ich beobachtete die anderen, und diese mich. Ich spürte, wie eine Mauer zwischen uns wuchs. Es ließ sich nicht übersehen, daß es keine Gemeinschaft von Gleichen war. Es gab einen Patriarchen, der über alle herrschte; er befahl, und die anderen gehorchten. Das war Dieter. Ich wollte es nicht glauben. Wie konnten Menschen, die vorgaben, Revolutionäre zu sein, sich wie Konkubinen und Untertanen verhalten[?]«[8]

Der Kontrast zwischen Kunzelmanns und ihrer eigenen Lebensweise lag für sie auf der Hand, und sie befürchtete – ob zu Recht, muß dahingestellt bleiben –, daß Kunzelmann darauf sann, seinen wichtigsten Mitstreiter Dutschke von dessen Weg in eine gefestigte Zweierbeziehung abzubringen, da für Kunzelmann ansonsten Dutschkes Bekenntnis zur rückhaltlosen subversiven Praxis in Frage gestanden hätte. Die Gruppe, so Gretchen Dutschke-Klotz später, habe ihre Liebe zu Rudi zerstören wollen, Kunzelmann habe Marion Steffel-Stergar geradezu befohlen, ihren Freund Rudi zu verführen: »Marion tat ihr bestes, aber Rudi wimmelte sie ab. Das stachelte sie noch mehr an. Sie alle hatten die Aufgabe, mich zu demütigen.«[9] An anderer Stelle erinnerte sie sich, Kunzelmann habe gleich seine beiden Freundinnen in erotischem Auftrag auf Dutschke angesetzt, »eine ganz böse Art«, wie sie noch Jahrzehnte später bitter bemerkte.[10] Ihr Freund Rudi selbst habe die Situation nicht bereinigen können, »weil das Verrat an seinen Freunden gewesen wäre.«[11] Ulrich Enzensberger, der selbst allerdings nicht in Kochel anwesend war und insofern diese Eindrücke nur indirekt kommentierte, vermutete in seinen Erinnerungen an die »Jahre der Kommune I« noch einen anderen Grund für ihre ablehnende Distanz gegenüber den Münchner Subversiven. Da sie »schon aus sprachlichen Gründen – ihr Deutsch war noch sehr am Anfang – der sonderbaren Diskussion kaum folgen konnte«, habe sie das Treffen als »Alptraum« erlebt: »Für sie mußte das sicherlich hoch bedeutungsvolle Gespräch, in dem von Vietnam, von Lenin und Orgasmus, von Bakunin und einem gewissen Pannekoek, von Freud, von Verdrängung, vom Über-Ich, von polymorph-perverser Sexualität und Lustprinzip, von Kommune und Castro die Rede war, klingen wie Rhabarber, zumal sie unter dem Eindruck litt, Marion versuche auf Befehl von Kunzelmann, ihren Rudi zu verführen.«[12]

Damit deutete Enzensberger die Themen des Treffens an, die von Autoren wie Herbert Marcuse, Frantz Fanon und dem Sexualpsychologen Wilhelm Reich geprägt waren. Ob es an sprachlichen Problemen lag oder an den geschilderten persönlichen Konflikten – im Ergebnis nahm Gretchen Klotz insbesondere gegenüber Kunzelmann eine ablehnende Haltung ein, die sie auch später nicht mehr revidierte.[13] Ihr erschien die Kooperation zwischen Dutschke und Kunzelmann geradezu rätselhaft: »Als wir von Kochel wegfuhren, Rudi zurück nach Berlin und ich nach Hamburg, saß mir ein Stachel im Herzen: der Zweifel, ob das, was Rudi mit diesen Menschen machte, überhaupt einen Sinn hatte. ›Warum ist Dieter subversiv?‹ schrieb ich Rudi. ›Oder gibt es mehr als einen Dieter?‹«[14]

Im folgenden Frühjahr entwickelte sie aufgrund eigener Erfahrungen und Informationen aus den USA die Idee von Wohngemeinschaften unter oppositionell Gleichgesinnten, die weniger um den situationistischen Gedanken eines subversiven »Brückenkopfes« für den kulturrevolutionären Angriff auf die Nachkriegsgesellschaft kreisten als vielmehr die solidarische Sammlung oppositioneller Gruppen in festen alltäglichen Strukturen anstreben sollten: »Ich war überzeugt davon, daß es möglich sein müßte, Solidarität unter Menschen zu erzeugen, wenn nur die Chance dazu gegeben war. Die Idee der Kommune war nicht neu. Aber in Deutschland hatte bis dahin niemand versucht, selbst eine Kommune zu gründen. Ich schlug es Rudi vor [...] Das war im Frühjahr 1966.«[15]

Es ist insofern wahrscheinlich, daß beide – Kunzelmann und Gretchen Dutschke-Klotz (sie hatte im März Dutschke geheiratet) – ungefähr zur gleichen Zeit unter zwei verschiedenen Aspekten an einer ähnlichen Idee arbeiteten und daß Kunzelmanns situationistische Erfahrungen und aktuellen Pläne möglicherweise nicht allen – zumindest nicht Dutschke-Klotz – bekannt waren. Kunzelmanns zweite Einladung nach Kochel im Juni, die eine Diskussion über konkrete Perspektiven einer Kommune-Gründung zum Gegenstand hatte, konnte so wie ein Versuch aussehen, den Gedanken solidarischer Wohngemeinschaften als den eigenen auszugeben, »wahrscheinlich mit der Absicht, das Ganze mehr oder weniger in die Hand zu nehmen«, wie sich Dutschke-Klotz später erinnerte.[16] Sie ließ denn auch an Kunzelmanns Vorstellungen wie auch an seiner Person kein gutes Haar: »Ich wollte Kunzelmann auf keinen Fall in unserer Gruppe dabeihaben, denn ich wußte, dass er extrem patriarchalisch und autoritär war. Er hat alle Leute überrumpelt, und man hatte keine Chance gegen ihn.« Sein Kommune-Konzept habe »in erster Linie aus Psychoterror« bestanden. Die Teilnehmer hätten »allen psychischen Schutz« und festen Beziehungen aufgeben sollen.[17]

Kunzelmann selbst erinnerte in seiner Autobiographie nur dieses zweite Treffen in Kochel im Juni 1966, an dem Gretchen Dutschke-Klotz nicht mehr teilnahm, und hat in allen späteren Äußerungen die bloße Existenz von Dutschkes Ehefrau vollständig ignoriert.[18] Anwesend waren, soweit sich das aus den Erinnerungen der Teilnehmer rekonstruieren läßt, neben dem Gastgeber Lothar Menne und seiner Freundin Inge Presser, Kunzelmann und Dutschke, Marion Steffel-Stergar (wiederum mit Kunzelmanns Tochter Grischa) und Dagmar Seehuber, Bernd Rabehl, Hans-Joachim Hameister und Horst Kurnitzky, die im Februar an der Berliner Plakat-Aktion beteiligt gewesen waren, Eike Hemmer, der für den Charlottenburger SPD-Linken Harry Ristock arbeitete, seine Frau Gertrud (die »Agathe« genannt wurde) mit ihrem kleinen Sohn Nessim, der Berliner Student Fritz Teufel, der über Dutschkes SDS-Arbeitskreis Kontakt zur »Viva-Maria«-Gruppe gefunden hatte, und zwei weitere unbekannt gebliebene Personen.[19] Im Zentrum der Diskussionen standen neben Frantz Fanons Thesen zur anti-kolonialen Revolution die Schriften Herbert Marcuses, insbesondere sein Essay »Triebstruktur und Gesellschaft« und seine Definition der »repressiven Toleranz«.[20] Marcuses Klassiker »Der eindimensionale Mensch« wurde erst später Gegenstand der Diskussionen, nachdem Dutschke im Herbst den druckfrischen Band aus einer Buchhandlung in Chicago entwendet hatte.[21] Marcuse versuchte in seiner Analyse der modernen Gesellschaft, die die Individuen dem Leistungsprinzip ausgesetzt habe, unter Anknüpfung an Freud die befreienden Potentiale der Phantasie zu betonen. Als Erinnerung an eine archaische Einheit von Individuum und Horde lebe sie bei Freud nur noch in der Kunst fort, eine konkrete gesellschaftliche Funktion wollte dieser ihr nicht mehr zubilligen. Die moderne Gesellschaft sei demnach durch das *principium individuationis* und das Realitätsprinzip geprägt. Marcuse wollte diesem Schluß nicht folgen: »Aus der historischen Notwendigkeit des Leistungsprinzips und seiner Fortdauer über die historische Notwendigkeit hinaus folgt nicht, daß eine andere Kulturform unter einem anderen Realitätsprinzip unmöglich wäre.«[22] Insofern stellte für ihn die Etablierung eines neuen psychischen Realitätsprinzips jenseits des Leistungsgedankens ein konkretes utopisches Potential bereit, »daß solch ein Prinzip selbst eine historische Realität werden könnte, eine Angelegenheit der wachsenden Bewußtwerdung, daß die Bilder der Phantasie auf die noch uneroberte *Zukunft* Bezug nehmen könnten, statt auf die (schlecht) besiegte Vergangenheit«, was Freud noch ausgeschlossen hatte.[23] Gleichzeitig wandte Marcuse sich scharf gegen die Psychologie C. G. Jungs, dem er »retrogressive Tendenzen« vorwarf.[24] Die progressiven Potentiale der Psychoanalyse seien Jungs »verdunkelnder und reaktionärer« Vergangenheitspsychologie zum Opfer gefallen.[25] Mit seiner Hinwendung zu Marcuse relativierte sich demnach für Kunzelmann auch seine frühere Begeisterung für die Archetypen-Lehre Jungs, wie sie sich in seinen Texten für die Gruppe Spur ausgedrückt hatte.

Marcuses gesellschaftsbezogenes Ideal von einer Verwandlung der menschlichen Psyche jenseits des kapitalistischen Leistungsprinzips war von nun an die zentrale intellektuelle Bezugsgröße der subversiven Gruppe um Kunzelmann und Dutschke. Dabei ging es insbesondere Kunzelmann um die Beförderung von subversiver Praxis und Aktion, um die Tatenlosigkeit der Diskussionszirkel zu beenden – oder wie er es in der Einladung zum Treffen in Kochel ausdrückte, den Widerspruch zwischen »gigantischer Theorie im Hirn und zwergwüchsiger Praxis an der Universität, auf der Straße, im SDS und im eigenen Leben« aufzulösen.[26] Mit Marcuses Begriff von der »repressiven Toleranz« glaubten die radikalen Subversiven einen Hinweis darauf in der Hand zu haben, daß sie über den bloß legalen Protest hinauszugehen hätten. Marcuse hatte darauf hingewiesen, daß radikalen Gruppen, »die bestrebt sind, das Ganze selbst zu ändern«, ein verfassungsrechtlich garantierter Spielraum der Toleranz eingeräumt würde, »Erwägungen anzustellen und zu diskutieren, zu sprechen und sich zu versammeln«, mit der Folge, daß radikale Minderheiten »angesichts der überwältigenden Mehrheit, die sich einer qualitativen Änderung widersetzt, harmlos und hilflos dastehen.«[27] Mit Fanon war er der Meinung, daß die Toleranz als taktische Schwächung des Protests letztlich den vorherrschenden Machtverhältnissen, insbesondere der Ausbeutung und der Unterdrückung in der »Dritten Welt« diene.[28] Um aus dieser Situation einer tolerierten, aber irrelevanten radikalen Opposition auszubrechen, bedurfte es in Kunzelmanns Augen eines neuen subversiven Ansatzes jenseits der etablierten Partizipationsformen. Daneben referierte er in Kochel frühsozialistische Gesellschaftsutopien von Fourier und Owen, während sich Dutschke mit Blanquis Konzepten zur Selbstverwaltung der Pariser Commune auseinandersetzte.[29] Gleich zu Beginn reflektierte die Gruppe also die möglichen historischen Vorbilder einer kollektivierten Lebenswelt der subversiven Avantgarde.

Die Diskussion in Kochel kreiste nach Bernd Rabehls Erinnerung um die konkrete Möglichkeit von Protest und Widerstand in einer Gesellschaft, die Marcuse als im kapitalistischen Sinne vollkommen psychologisch konditioniert gekennzeichnet hatte, die – so die Befürchtung der Subversiven – mithin auch alle Formen des Protests von vornherein in ein repressives Gesamtsystem integriert hatte: »Die Subversiven waren sich nicht sicher, ob gegen diese Fremddefinition von psychologischer Disposition überhaupt noch Widerstand möglich war«, so schilderte Rabehl das Problem. Der einzige Ausweg schien der kollektive Bruch mit den überkommenen alltäglichen Lebensformen zu sein, um neue Freiräume für Phantasie, Lust, Liebe, Reflexion und Widerstand zu eröffnen.[30] Dieser Prozeß sollte bereits in Kochel beginnen und verband sich mit der Vorstellung einer existentiellen Entscheidung, die nun zu treffen sei. Eike Hemmer beschrieb kurze Zeit später den Charakter dieser Diskussionen: »In einer fast mythischen Atmosphäre wurde nächtelang, ohne irgendeine Verbindung zur Außenwelt darüber diskutiert, ob der Augenblick des ›Kairos‹ gekommen sei, jene erfüllte Zeit der Religionsphilosophie, in der der einzelne zur existenziellen [sic!] Entscheidung aufgerufen ist.«[31]

Diese Erleuchtung durch einen revolutionären »Kairos« wurde wiederum nur einer verschwindend kleinen Minderheit zuteil, die sich über das Bekenntnis zu einer existentiell verpflichtenden revolutionären Praxis zur Avantgarde der Protestbewegung erklären zu können glaubte. Die praktischen Konsequenzen, welche die Beteiligten für möglich hielten, stellten sich dann sehr unterschiedlich dar. Einerseits wurde angesichts der militärischen Konflikte in der »Dritten Welt« die Forderung erhoben, selbst in die zu unterstützenden »Befreiungskämpfe« (insbesondere in Vietnam) einzugreifen, nicht zuletzt, weil die eigene Situation in Europa wenig revolutionäre Perspektiven versprach: »Da kein revolutionäres Subjekt in Westeuropa sichtbar schien, konnte man sich den eigenen Kampf nur in zwei Formen vorstellen: Entweder als ›Agenten der Dritten Welt‹ in Sabotagetrupps die Nervenpunkte der imperialistischen Kriegsmaschine anzugreifen oder selbst in Länder der Dritten Welt zu gehen und den Kampf an Ort und Stelle zu unterstützen.«[32] Zu dieser Fraktion innerhalb der Gruppe gehörte wohl insbesondere Dutschke, der sich schon seit Jahren mit dem bewaffneten Kampf in der »Dritten Welt« solidarisch fühlte. Kunzelmann andererseits war von der Möglichkeit einer kollektiven subversiven Selbstveränderung überzeugt und versuchte, die repressiven psychischen Dispositionen anderer Gruppenmitglieder aufzudecken, die eine effektive subversive Tätigkeit vor Ort verhindern würden. Sein wichtigstes Diskussionsobjekt wurde dabei eben Dutschke, der – offensichtlich unter dem Einfluß seiner Frau Gretchen – dem subversiven Kommune-Projekt den Rücken zu kehren begann. Dutschkes Familiensinn war Kunzelmann ein Dorn im Auge, und er benutzte das Treffen in Kochel zu einer Generalabrechnung: »Auf dem Treffen wurde daher vorgeschlagen, daß jeder auch etwas über seine privaten Probleme sagen sollte. Äußerer Anlaß dazu war, daß Rudi Dutschke einige Tage später kam, weil seine Eltern ihn besucht hatten. Das schien dem großartigen revolutionären Anspruch, den die Gruppe an sich stellen wollte, ins Gesicht zu schlagen. Wegen der Eltern, Repräsentanten der bürgerlichen Autorität, die man bekämpfen wollte, durfte niemand zu so einem wichtigen Treffen zu spät kommen. Das meinten vor allem die Münchener. Und sie versuchten auch, die psychische Abhängigkeit in diesem Verhalten nachzuweisen. Ein Revolutionär, der beflissen darauf bedacht sei, seine Eltern nicht durch unbürgerliche Kleidung und Haarschnitt vor den Kopf zu stoßen, sei eben noch weitgehend seiner bürgerlichen Herkunft verhaftet. Diese irrationale Abhängigkeit gälte es aufzudecken.«[33]

Damit setzten sich die »Psycho-Amoks« der »Subversiven Aktion« auch in dieser neuen Konstellation weiter fort. Rückblickend konstatierte die Kommune-Bewegung bereits wenige Jahre später »das Laienhafte dieser Methode«, die insbesondere die Münchner Subversiven unter Kunzelmanns Führung praktizierten: »Die Verwendung vor psychoanalytischen Versatzstücken in der Diskussion verstärkte nur die inquisitorische Atmosphäre, in der niemand etwas von seinen persönlichen Problemen preisgeben wollte. Der detektivische Scharfsinn, mit dem einige versuchten, den individuellen Rationalisierungen auf die Spur zu kommen, wurde schon damals als ›Psychoterror‹ ironisiert.«[34]

Zu den konventionellen psychischen Mechanismen gehörte auch die Fußball-Leidenschaft, der die versammelten Subversiven während der gleichzeitig in England stattfindenden Weltmeisterschaft frönten. Regelmäßig zog die Gruppe am Abend, so schilderte es jedenfalls Kunzelmann nach über dreißig Jahren, von Mennes fernsehfreiem Anwesen in eine nahegelegene Gastwirtschaft im Ort, und man habe – allen voran Dutschke – »mit lautem Geschrei besonders die nordkoreanische Fußballmannschaft angefeuert.« Während des Endspiels sorgte schließlich der sowjetische Linienrichter für das sogenannte »Wembley-Tor«, »was mich, der ich, im Gegensatz zu Heinrich Lübke, die krasse Fehleinschätzung sofort erkannte, zu heftigen antisowjetischen Gefühlsausbrüchen zwang«, wie Kunzelmann sich augenzwinkernd erinnerte.[35] Gretchen Dutschke-Klotz hingegen berichtete, ihr Mann Rudi habe allein und auf eigene Faust die Fußball-Fernsehabende im Dorf dazu benutzt, um sich von den enervierenden Diskussionen in der Villa abzusetzen.[36] So jedenfalls wird er es ihr wohl nach seiner Rückkehr erzählt haben. Auch nach Jahrzehnten scheint der eifersüchtige Konflikt um die Nähe zu Rudi Dutschke die Erinnerungen von Kunzelmann und Dutschke-Klotz zu prägen. Zwischen unterschiedlichen Vorstellungen von einer kollektiven Lebenspraxis und provokatorischen Eingriffen in die politische Öffentlichkeit überschnitten sich in Dutschkes Person die Erwartungen eines subversiven Männerbunds rund um Kunzelmann einerseits und die einer heteronormativen männlichen Rollenerwartung andererseits.

Das wichtigste Ergebnis dieser Klausurtagung war letztlich, daß die Gruppendiskussionen und Kommune-Planungen in Berlin fortgesetzt werden sollten, was bedeutete, daß Kunzelmann den Umzug in die geteilte Stadt plante. Ulrich Enzensberger hat diesen Schritt in der ihm eigenen Art in seiner Geschichte der Kommune-Jahre verzeichnet: »›Das Entscheidende‹, ich höre seine Stimme, die Stimme unseres Kommunevaters, ›das Entscheidende an Kochel‹ war doch nur das eine: Der gotteslästerliche Situationist mit dem fuchsroten Bart, der Schöpfer des eschatologischen Ordinationsprogramms, der berüchtigte Homo subversivus der dynamischen Soziologie usw. usf. beschloß, sein geliebtes Schwabing zu räumen und in die alte Reichshauptstadt zu ziehen.«[37] Andere, so – kaum überraschend – Gretchen Dutschke-Klotz, sahen diesem Umzug mit Sorge entgegen: »Als Rudi nach Hause kam, berichtete er, daß Kunzelmann nach Berlin ziehen wollte. ›O Gott‹, seufzte ich. ›Er wird alles kaputtmachen.‹«»[38] In ihren Augen war ihre Idee solidarischer Wohngemeinschaften zu »abstrakten Auseinandersetzungen über Therapie und Entpolitisierung« verkommen, und sie versuchte nach Kräften, der Sogwirkung der Gruppe um Kunzelmann entgegenzuwirken.[39]

Vorläufig nach München zurückgekehrt beteiligte sich Kunzelmann im Sommer 1966 tatkräftig daran, genehmigte Demonstrationen im Sinne von Dutschkes Plädoyer vom vergangenen Jahr »in die Illegalität zu überführen«. Ähnlich wie Dutschke bei den Anti-Tschombé-Protesten im Dezember 1964 unterwanderte er mit einigen Mitstreitern eine Demonstration der »Kampagne für Abrüstung – Ostermarsch der Atomwaffengegner«, die am amerikanischen Unabhängigkeitstag vor dem Münchner Generalkonsulat der USA gegen den Vietnam-Krieg protestierte. Nach Abschluß der Kundgebung flogen verschiedene

Gegenstände und Farbeier auf das Gebäude – ein Vorfall, der Kunzelmann später drei Wochen Haft wegen Widerstands gegen die Staatsgewalt einbrachte, weil er sich seiner Verhaftung buchstäblich mit Händen und Füßen widersetzt hatte. Eine Beteiligung an den Wurfattacken auf das Konsulat konnte ihm aber nicht nachgewiesen werden.[40] Die Berliner Subversiven versuchten ihrerseits nach der Rückkehr aus Kochel, ihre Solidarität mit den kolonialen Befreiungsbewegungen durch einen Kino-Protest in die Öffentlichkeit zu tragen. Im Juli war in Berlin der Film »Africa Addio« angelaufen, eine Art dokumentarische Reportage über die Bürgerkriegssituation in Ostafrika, die als rassistische Herabsetzung der afrikanischen Unabhängigkeitsbewegungen galt und reale Hinrichtungsszenen auf die Leinwand brachte, die offensichtlich für die Kamera inszeniert schienen und den italienischen Regisseuren Gualtiero Jacopetti und Franco Prosperi Anklagen wegen Beihilfe zur vorsätzlichen Tötung einbrachten. Gemeinsam mit dem afrikanischen Studentenbund störte eine größere Gruppe – darunter Fritz Teufel, Ulrich Enzensberger und Volker Gebbert – am 2. August die Filmvorstellung mit Trillerpfeifen, einige stürmten die Bühne und rissen den Vorhang herunter. Das Einschreiten der Polizei quittierten die Protestierenden am nächsten Tag mit weiteren Störaktionen, so daß der Film schließlich auf Bitten des Berliner Polizeipräsidenten abgesetzt wurde.[41] Enzensberger deutete diese Aktion als einen ersten Erfolg einer oppositionellen Intoleranz, die sich auf Marcuses »Naturrecht auf Widerstand« gegenüber den rechtsstaatlichen Ordnungsprinzipien einer globalen Unterdrückung berief.[42]

Kunzelmanns Umzug nach Berlin fiel damit in eine Phase, in der die »Viva-Maria«-Gruppe bereits erste Erfolge ihrer aktionistischen Praxis verzeichnen konnte. Ein wichtiger Aspekt war dabei die Eroberung der Öffentlichkeit, die für Kunzelmann besondere Bedeutung hatte. Bereits die Gruppe Spur hatte mit ihren gezielten Provokationen für große öffentliche Aufmerksamkeit gesorgt, und Kunzelmann sah in seinen Erinnerungen darin ein wichtiges Motiv für seinen Umzug – durchaus auch den taktischen Aspekt, eine kongeniale Medienöffentlichkeit für subversive Zwecke zu benutzen: »Die Erfahrung in den ›Spur‹-Prozessen hatte mich gelehrt, wie man Medien so benutzen kann, daß sie trotz ihrer negativ gefärbten Berichterstattung gerade die Ideen verbreiten und bekannt machen, die sie eigentlich unterdrücken oder verschweigen wollen. Als mir bewußt wurde, welche Möglichkeiten sich uns im Kontext der West-Berliner Frontstadthysterie und der extraordinären Medienlandschaft eröffnen würden, schwanden meine Vorbehalte gegen einen Umzug in die Mauerstadt zusehends: Berlin war reif für ein Spektakel.«[43]

Bemerkenswerterweise benutzte Kunzelmann hier in den neunziger Jahren den Begriff des »Spektakels« gerade entgegengesetzt zu dessen situationistischen Implikationen, die das »Spektakel« als Instrument der alltagskulturellen Entfremdung sowie der Verschleierung und Inszenierung von Herrschaftsverhältnissen kennzeichneten. Kunzelmann schrieb hier, als hätte er Debord nie gelesen.[44]

Dabei war er sich auch nach über dreißig Jahren der medienpolitischen Implikationen dieses Standortwechsels voll bewußt: Die Presse in der Hauptstadt habe, zum Beispiel anläßlich von Dutschkes Tschombé-Protest, »die geringste linke Aktivität zum Anlaß für eine reißerische Berichterstattung und Hetze« genommen. West-Berlin erinnerte er als »Provokationsparadies«, und dafür hätten die subversiven Provokateure »ein gewisses Fingerspitzengefühl« entwickelt.[45] Die Verstärker-Funktion der Berliner Springer-Presse schien ideale Voraussetzungen für radikale Außenseiter zu bieten, die bereit waren, durch radikale Provokationen die Wirkungsmacht der Medien in eine subversive Waffe zur Eroberung der Öffentlichkeit zu verwandeln. Die Empfindlichkeit westlicher Massenmedien im Kalten Krieg spielte der subversiven Taktik einer situationistischen »Zweckentfremdung« durch randständige Minderheiten kongenial in die Hände.

Im September 1966 zog Kunzelmann gemeinsam mit Dagmar Seehuber, die es – in Enzensbergers Worten – leid war, »daß er von ihren Ersparnissen lebte«, nach Berlin, wo sich beide zunächst getrennt niederließen.[46] Kunzelmann fand eine Ein-Zimmer-Wohnung in Berlin-Rixdorf in einem Haus, in dem auch die ein Jahr zuvor von Bernd Rabehl der »Subversiven Aktion« entwendete Druckmaschine stand, auf der die »Viva-Maria«-Gruppe Raubdrucke von Wilhelm Reich, Erich Fromm, Siegfried Bernfeld und Max Horkheimer herstellte. Die Texte »dienten der Diskussion, besserten aber auch die Kasse auf.«[47] Der Herbst verging mit weiteren Diskussionen zur Kommune-Planung, in denen, auf Vorschlag Dutschkes, auch zum ersten Mal der programmatische Name »Kommune« eingeführt wurde.[48] An wechselnden Orten fanden die Diskussionsrunden statt, die sowohl die praktische Form der Kommune als auch ihren aktionistischen Charakter zum Gegenstand hatten. »Endlich anzufangen, nicht mehr warten zu wollen – darin waren sich alle in der Gruppe einig«, erinnerte sich Eike Hemmer drei Jahre später. In den nächtelangen Diskussionen hätte sich allerdings »die aus den SDS-Arbeitskreisen vertraute Situation hergestellt: die Aufteilung in Wortführer und Akklamateure, Interpreten und Interpretierte, Produzierende und Konsumenten.«[49] Hemmer beschrieb eindrücklich, wie psychische Befindlichkeiten in die Diskussionen Einzug hielten und der später oft karikierte alternative Wohngemeinschafts-Jargon auf die Gruppenkonstellation angewendet wurde. Die Gruppe schien zwischen ziellosem Aktionismus und der Diskussion individueller psychischer Probleme gefangen, die immer wieder in den Vordergrund traten: »Bei den hilflosen Versuchen, darauf einzugehen, stellte sich schnell heraus, daß es fast nie möglich war, das persönliche Leid über seinen unmittelbaren Anlaß hinaus auch nur mitzuteilen. Deshalb kamen einige auf die Idee, jeder müsse jeden besuchen, mit ihm allein reden, um das Mißtrauen abzubauen und sich gegenseitig verstehen zu lernen. Dieser Vorschlag konnte seinen eigenen Anspruch, die bürgerliche Intimsphäre unter den Genossen aufzuheben und die persönliche Problematik verständlich zu machen, nicht verwirklichen, weil Privatbesuche nur die bürgerliche Klatsch- und

Intrigenatmosphäre reproduzieren. Den meisten war damals schon klar, daß die individuellen Verklemmungen der bürgerlichen Vorgeschichte nur in der gemeinsamen zukünftigen Arbeit aufgehoben werden könnten.«[50]

Ein Kuriosum war im Zusammenhang dieser Diskussionen die Planung eines Kommune-Neubaus nach den Plänen des Architekten Andreas Reidemeister, mit dessen Frau Helga Gretchen Dutschke-Klotz befreundet war. Die großzügigen Pläne eines Hauses in der Form eines menschlichen Körpers mit zahlreichen Zimmern, deren Verwirklichung laut Enzensberger »ca. eine Million Mark« gekostet hätte, wurden aus naheliegenden Gründen schnell wieder begraben.[51] Doch neben den finanziellen Problemen hätte die Bautätigkeit auch dem aktionistisch-revolutionären Anspruch der Kommune-Gruppe um Kunzelmann im Weg gestanden. Anders als Dutschke-Klotz, die das gemeinsame Haus als ideales solidarisches Wohnprojekt ansah und den Plänen auch später noch sichtlich nachtrauerte, schilderte Enzensberger die Stimmung innerhalb der Gruppe kurz und bündig: »Wir wollten uns nicht einrichten, wir wollten handeln.«[52] Diese Grundintention kommt auch in einem internen Diskussionsbeitrag Bernd Rabehls zum Ausdruck, in dem noch einmal die beinahe religiöse Mystik des »Kairos« von Kochel anklang. Es galt für die subversiven Kommune-Gründer, in einem Akt der voluntaristischen Dezision den in ihren Augen günstigen Moment für einen existentiellen revolutionären Aufbruch zu nutzen: »Unser Ziel ist das Setzen der Kommune. Setzen der Kommune ist die Voraussetzung von Praxis. Anarchistische Praxis ist die Zerstörung von Theorie. Wir haben uns vorgenommen, keine Tendenzanalyse mehr zu machen. Das bedeutet, daß Praxis augenblicklich möglich ist. Die vergangenen anarchistischen Bewegungen sind daran gescheitert, daß die Zeit noch nicht erfüllt war. Historisch gibt es jetzt erstmals eine Möglichkeit für uns.«[53]

In dieser Stimmung verfaßte Kunzelmann Ende November 1966 die »Notizen zur Gründung revolutionärer Kommunen in den Metropolen«, die als Zusammenfassung der vorangegangenen Diskussionen der letzten Wochen und Monate gedacht waren. Dieser Text hat inzwischen als »Gründungsmanifest« der Kommune I legendären Status erreicht. Den Zeitpunkt der Abfassung terminiert Enzensberger in seinen Erinnerungen präzise auf die Tage vom 26. bis zum 30. November, und er vergißt nicht darauf hinzuweisen, daß gleichzeitig in Bonn der Koalitionsvertrag der Großen Koalition unterzeichnet wurde.[54] Auch wenn diese Erinnerung durchaus zutreffend sein mag, klingt hier wiederum die zeitgenössische Faszination von der »erfüllten Zeit« des rechten revolutionären Moments an, der unter diesen Bedingungen näherzurücken schien. Die Integration von politischen und gesellschaftlichen Machtblöcken in der Großen Koalition und in der »Konzertierten Aktion« mag im Zeichen der ersten Wirtschaftskrise der Republik im Winter 1966/67 in der Tat nicht wenig dazu beigetragen haben, daß in den subversiv-oppositionellen Zirkeln die Zeit für revolutionäres Handeln reif schien.

In den »Notizen« reflektierte Kunzelmann noch einmal die gescheiterten Experimente der »Subversiven Aktion«, betrachtete Zukunft als »Machbarkeit der Geschichte« und definierte ein doppeltes Ziel einer subversiv-revolutionären Kommune: »das objektive Moment der gemeinsam zu leistenden Praxis und das subjektive Moment der Vermittlung der Individuen innerhalb der Kommune«: »Beides ist eng miteinander vermittelt, denn ohne die Einlösung des einen bleibt das andere uneingelöst und vice versa. Die Kommune ist nur dann fähig, systemsprengende Praxis nach außen zu initiieren, wenn innerhalb der Kommune effektiv die Individuen sich verändert haben, und diese können sich nur verändern, wenn sie jene machen.«[55] In den Diskussionen hatte sich offensichtlich die Position durchgesetzt, daß die anti-bürgerliche Selbstveränderung und die revolutionäre Subversion Hand in Hand zu gehen hätten und beide voneinander abhängig seien. Die möglichen Probleme dieses Konzepts, sein Scheitern im Fall einer einseitigen Verkürzung nahm Kunzelmann in seinen »Notizen« ebenfalls vorweg: »Praxis nach außen ohne experimentelle Vorwegnahme dessen, was Menschsein in emanzipierter Gesellschaft beinhalten könnte, wird zum Aktivismus als Normerfüllung. Die vielbeschworene neue Qualität der Kommune ohne gemeinsame Praxis wird sich als solipsistischer Akt, Psychochose und elitärer Zirkel entpuppen.«[56]

Damit stand die Kommune von Beginn an zwischen den Polen des »Aktivismus als Normerfüllung« und »solipsistischer Psychochose«, also zwischen quasi-industriellem Protestbetrieb und folgenloser Amateurtherapie. Der gesamte Text Kunzelmanns kreiste um das Postulat einer »Gleichzeitigkeit von Haus-Organisieren, Vermittlung der Individuen und zu leistender Praxis«.[57] Was die »Vermittlung der Individuen« konkret zu bedeuten habe, formulierte Kunzelmann unmißverständlich. Diese bleibe als Revolutionierung der »Reproduktionsbasis« ein »Taschenspielertrick, wenn sie nicht die tendenzielle Aufhebung bürgerlicher Abhängigkeitsverhältnisse (Ehe, Besitzanspruch auf Mann, Frau, Kind etc.), Destruierung der Privatsphäre und aller uns präformierenden Alltäglichkeiten, Gewohnheiten und verschiedenen Verdinglichungsgrade nach sich zieht.«[58] Die Radikalität dieses Konzepts wird nur dann verständlich, wenn die Begeisterung der frühen Kommunarden für die chinesische »Große Proletarische Kulturrevolution« Berücksichtigung findet.[59] Was sich seit dem Mai 1966 an den chinesischen Universitäten abspielte – der von Mao Tse-Tung nicht nur geduldete sondern auch aktiv geförderte Aufstand der Studenten gegen Autoritäten, Parteibürokratie und traditionelle Institutionen – schien den Berliner Kommune-Gründern als direktes Vorbild für ihre eigenen kulturrevolutionären Ansprüche zu taugen. Kunzelmanns »Notizen« war denn auch ein Mao-Zitat als Motto vorangestellt.

Die konkreten praktischen Ziele der Berliner Kulturrevolutionäre blieben zu diesem Zeitpunkt allerdings noch im Dunkeln, und Kunzelmann verschwieg das auch nicht: »Unsere Praxisvorstellungen können im Moment nur als diffus bezeichnet werden.«[60] Ihm galt die revolutionäre Praxis selbst als der Schlüssel zur theoretischen Analyse einer »revolutionären Situation«: Die Kommune sei nicht einfach nur »der konkrete Versuch, ob Praxis möglich ist, sondern wir machen die Kommune, um Praxis jetzt zu machen: Praxis als Methode zur Erkenntnis der Wirklichkeit.«[61] In dieser Vorstellung von der aufklärerischen Funktion subversiver Praxis spiegelte sich ein zweiter Einfluß wider, der die Kommune-Gründer prägte: die Aktivitäten der holländischen subversiven Bewegung, wie sie unter dem Etikett der »Provos« bekannt geworden war. Kunzelmann und Dutschke waren bereits 1964 auf der Suche nach verschollenen Texten Wilhelm Reichs für ihre Raubdruckproduktion in Amsterdam gewesen und hatten dort erstmals einen Eindruck von den Provo-Taktiken erhalten.[62] Zwei Jahre später – während der Gründungsdiskussionen der Kommune I – war der holländische Schriftsteller Leo Klatzer, der mit den Amsterdamer Provos in Verbindung stand, nach Berlin gekommen und inspirierte die Berliner Kommune-Diskussionen mit seinen Vorschlägen, die staatlichen Ordnungsbehörden mit Hilfe öffentlicher Provokationen gezielt ins Leere laufen zu lassen.[63] Einige der ersten konkreten Protestaktionen der sogenannten »Vor-Kommune« vom Jahresende 1966 lassen sich eindeutig in diesen Kontext einordnen, so zum Beispiel die berühmt gewordenen »Weihnachts-Demonstrationen«, mit denen die Subversiven um Dutschke und Kunzelmann im Weihnachtsgeschäft rund um den Kurfürstendamm auf den Vietnam-Krieg aufmerksam zu machen versuchten. In kleinen Gruppen mischten sich die Protestierenden an zwei verkaufsoffenen Advents-Samstagen unter die Kaufhaus-Kunden und versammelten sich blitzartig zu kleineren Protestaktionen und Diskussionszirkeln, um sich beim Herannahen der Polizei sofort zu zerstreuen. Die Reaktion der Polizei lief dabei weitgehend ins Leere, resultierte allerdings in 86 Festnahmen und traf in ihrer rabiaten Härte auch zahlreiche unbeteiligte Passanten.[64] Dieses Vorgehen sorgte für Proteste unbeteiligter Bürger, die sich – auch auf Grund der Fernsehberichterstattung des SFB – mit den demonstrierenden Studenten solidarisierten.[65] Der Universitätsprofessor Jacob Taubes zum Beispiel wandte sich als Augenzeuge der polizeilichen Übergriffe direkt an den Regierenden Bürgermeister Heinrich Albertz und erinnerte daran, daß »vor nicht allzulanger Zeit Träger staatlicher Uniformen die schlimmsten Verbrechen ausführten« und die Berliner Polizei daher angehalten werden sollte, »sich streng im Rahmen der durch den Anlaß erforderten Maßnahmen zu halten.« Statt dessen habe er ein polizeiliches Einschreiten beobachten müssen, das er »nur als brutal und provokativ« bezeichnen könne, das die »Aura der Autorität« als »Freibrief für Verhaftungen und Gewaltanwendungen« mißbraucht habe. Der gerade erst aus seinem fast dreißigjährigen Exil zurückgekehrte Judaist fuhr schließlich fort: »Gebrüll, Festnahmen, Tätlichkeiten gegen lediglich diskutierende junge Studenten – das alles erweckt allzu böse Erinnerungen.«[66]

Diese »Spa-Pro« genannten »Spaß-Demonstrationen« gipfelten in einer öffentlichen Verbrennung von Pappmaché-Figuren des amerikanischen Präsidenten Lyndon B. Johnson und des DDR-Staatsratsvorsitzenden Walter Ulbricht, während die umstehenden Subversiven das Weihnachtslied »Ihr Kinderlein, kommet« anstimmten. »Die Choräle wurden«, so ein Aktenvermerk des Rechtsanwalts Horst Mahler, »jeweils plötzlich abgebrochen. Man ging dann in rhythmische Sprechchöre mit politischen Losungen zum Vietnam-Konflikt über.«[67] Kunzelmann wurde gemeinsam mit Volker Gebbert, Detlef Michel und einigen anderen verhaftet und unter Schlägen abgeführt. Von einer Anzeige gegen die beteiligten Beamten hatte Gebbert deshalb abgesehen, weil ihm »bei den vorhandenen rechtlichen Möglichkeiten in Berlin« ein »Ermittlungserfolg nicht gegeben« schien.[68]

Dieser aktionistische Kurs der Kommune-Gruppe um Kunzelmann richtete sich auch gegen die etablierte radikale Hochschulpolitik des SDS. Das Konzept »Aufklärung durch Praxis« war daher in Kunzelmanns »Notizen« ein wichtiger taktischer Hebel, um die hochschulpolitischen Aktivitäten des SDS in einen neuen Radikalismus der subversiven Praxis zu überführen: »Nur durch Beginn von Praxis werden wir gezwungen, die Inhalte unseres verdinglichten Begriffsinstrumentariums (bei der Hochschule z.B.: Syndikat, Vorlesungsstreik, Gegenvorlesung etc.), mit dem wir gekonnte Handwerkelei betreiben, mit der Wirklichkeit zu vermitteln und damit überprüfen, modifizieren und den nächsten Schritt unternehmen können.«[69]

Diese Passage bezog sich auf die allererste Protestaktion der Kommune-Gruppe, die sich am 26. November 1966 gegen eine Diskussionsveranstaltung mit dem Rektor der Freien Universität Hans-Joachim Lieber über die umstrittenen Zwangsexmatrikulierungen von Langzeitstudenten richtete. Die Subversiven versuchten die Diskussion zu sprengen und das Podium zu übernehmen, während sie ein Flugblatt verteilten, das unter dem Titel »Fachidioten-Flugblatt« in die Protestgeschichte eingegangen ist. Unter der Überschrift »Von diesem Gespräch haben wir nichts zu erwarten« machte die Kommune-Gruppe ihre Opposition zur herkömmlichen Hochschulpolitik deutlich: »Die Protestaktionen wurden zur Feierstunde, wir erwarteten ernsthaft, daß die konventionelle, bereits integrierte Studentenvertretung unsere Forderungen nachdrücklich vertreten, unsere Probleme praktisch lösen könnte.« Demgegenüber propagierten die Subversiven unter der Selbstbezeichnung »Provisorisches Komitee zur Vorbereitung einer studentischen Selbstorganisation« – mit der auf die chinesischen Studentenkomitees angespielt wurde[70] – eine Loslösung des studentischen Protests von den etablierten Formen des akademischen Interessenkonflikts.[71] Die »Lieber-Aktion« zeige, so Kunzelmann in seinen »Notizen«, daß »adäquate Diskussionen« nur dann zustande kommen würden, »wenn ein konkretes Praxisprojekt vorliegt, an dem sich dann alle abarbeiten, artikulieren und entscheiden müssen.«[72] Insofern sollte die Kommune-Gründung praktischen, radikalisierenden Druck auf die ohnehin im Gang befindlichen studentischen Proteste, Vietnam-Demonstrationen oder auch auf die Oster-Marsch-Bewegung ausüben, um auf diese Weise eine subversiven Polarisierung der jeweiligen Konfliktsituationen zu erreichen. Dabei handelte es sich um die praktische Umsetzung der situationistischen Idee vom »positiven Loch«, welche die »Stützpunkte für ein experimentelles Leben« als Ausgangspunkte für einen radikalisierenden Druck auf die umgebende Gesellschaft auffaßte. Mit dieser Brückenkopf-Theorie, die dem Kommune-Konzept Kunzelmanns zugrundelag, läßt sich der Optimismus erklären, der Kunzelmann ergriff, wenn es um die Aussichten für ein offensives Eingreifen eines kleinen subversiven Außenseiter-Zirkels in die sich entwickelnde neue Protestkultur ging. Das Fernziel war dabei nicht von Bescheidenheit geprägt: »Nur durch ›andere Aktionsformen‹ werden wir dem Satz Che Guevaras gerecht: ›Es ist der Mensch des 21. Jahrhunderts, den wir schaffen müssen …‹«[73]

Diese großen Pläne kollidierten zunächst mit konkreteren Schwierigkeiten, denen die Kommune-Gruppe gegenüberstand. In der Sylvesternacht 1966 kam es zu einer entscheidenden Aussprache innerhalb der Gruppe, die um die Frage kreiste, ob man am folgenden Neujahrstag in einer großen Wohnung in der Wielandstraße zusammenziehen wollte. Insgesamt 12 Anwesende erklärten ihre Bereitschaft, eine revolutionäre Kommune zu gründen. Eike Hemmer berichtete wenig später von der Zerreißprobe der Kommune-Gruppe, die mit diesem Treffen begann: »Am nächsten Morgen machte ein Teil von ihnen diesen Entschluß wieder rückgängig: Auf der gemeinsamen Sitzung hatte die Angst, von der zukünftigen kollektiven Lebenspraxis ausgeschlossen zu werden, alle Widerstände verdrängt. Am nächsten Morgen aber entdeckten fünf aus der Gruppe: Die Angst, den psychischen Schutz einer eigenen Wohnung aufgeben zu müssen, war noch größer. Mißtrauen und Angst vor den Genossen waren vier Monate lang unter dem Mantel abstrakter Einigkeit gegen die bisherige Form von Politik und theoretischen Lernen versteckt worden. Die erste Probe aufs Kommune-Exempel hatte den falschen Konsensus zerrissen.«[74]

Offenbar löste diese Diskussion eine tiefe Krise innerhalb der Gruppe aus, zumindest wenn man dem sogenannten »Januar-Zirkular« Glauben schenkt, das die Perspektivlosigkeit der Kommune-Gruppe nach diesem Fehlschlag schonungslos offenlegte. Abgesehen von einigen recht erfolgreichen Protestaktionen und Provokationen sei, so die Analyse des internen Diskussionspapiers, keine revolutionäre Veränderung der Individuen oder inhaltliche Zielvorstellung der Kommune-Gruppe zu erkennen: »Unser politisches Programm ist nicht weiter gediehen als bis zur Technik. An die Inhalte, die in unserer Selbstrevolution umgewälzt werden müssen, haben wir uns noch gar nicht herangetraut. So können wir zwar ohne weiteres die traditionelle Praxis öffentlich destruieren und eine neue Demonstrationsform an ihre Stelle setzen. Sobald wir aber über die Beschreibung der Technik hinaus sagen sollen, was denn mit Hilfe dieser Technik geschehen, wozu sie verwandt werden soll, sind wir überfordert.«[75]

Die Anmietung einer größeren Wohnung in der Charlottenburger Wielandstraße war damit gescheitert, und gleichzeitig schien die Atmosphäre innerhalb der Gruppe von Mißtrauen und gegenseitiger Beobachtung geprägt. Zwar war innerhalb einer Kerngruppe der Beschluß gefaßt worden, die subversive Kommune Wirklichkeit werden zu lassen. Gleichzeitig kritisierte das »Zirkular«: »Die entscheidenden Auseinandersetzungen aber machten deutlich, daß kein notwendiger innerer Prozeß zu einer solchen Lösung drängte. Unsere Selbstbewegung war längst zum Stillstand gekommen, ehe sie richtig begonnen hatte. Wir hatten zwar ein Vierteljahr mit ausgedehnten Diskussionen von Kommune zugebracht, standen uns aber jetzt, wo die zur Phrase gewordene Verbindlichkeit konkret werden zu drohte, fremd, wenn nicht feindlich gegenüber.«[76]

Die Kommune-Planungen der Gruppe um Kunzelmann machten in den folgenden Wochen trotz allem konkrete Fortschritte. Die Kommunarden hatten zwischenzeitlich Gelegenheitsjobs angenommen – so arbeitete Kunzelmann zum Beispiel in der Berliner Firma Rotaprint. Hans-Joachim Hameister steuerte daneben sein Stipendium der Studienstiftung zur gemeinsamen Kasse bei, so daß die Anmietung kollektiven Wohnraums wieder ins Auge gefaßt werden konnte.[77] Zwar hatte die Gruppe noch keine andere größere Wohnung finden können, doch in Friedenau standen Ulrich Enzensberger und seiner Schwägerin Dagrun insgesamt drei Wohnungen zur Verfügung: Ulrich war im Besitz der Schlüssel zum Haus seines Bruders Hans Magnus in der Fregestraße 19, und darüber hinaus hatte das mit den Enzensbergers befreundete Ehepaar Uwe und Elisabeth Johnson zwei Wohnungen, die Hauptwohnung in der Stierstraße 3 und Uwe Johnsons Schriftsteller-Atelier in der Niedstraße 14, an Ulrichs Schwägerin Dagrun untervermietet, solange die Johnsons zu einem Gastaufenthalt in New York weilten.[78] Nach zahlreichen Absagen ehemaliger Mitstreiter (darunter Dutschke und Rabehl) zogen die Kommunarden im Februar in diese Wohnungen um.[79] Im gleichzeitig angelegten Kassenbuch der kollektiven Haushaltsführung war die Aufteilung der Wohnungen unter den Kommunarden festgehalten. Demnach wohnte Kunzelmann gemeinsam mit Fritz Teufel und Dagmar Seehuber in Johnsons Atelier in der Niedstraße 14. Nachdem Hans Magnus Enzensberger sein Haus in der Fregestraße zurückbeansprucht hatte, zogen im März Hans-Joachim Hameister und Dorothea Ridder zu diesem Trio – Ridder hatte, ebenso wie Teufel, Enzensberger und Gebbert, über einen von Dutschke und Hameister geleiteten SDS-Arbeitskreis Kontakt zu den Kommunarden gefunden.[80] Die übrigen Bewohner der Fregestraße wechselten in Johnsons Wohnung in der Stierstraße 3: Ulrich Enzensberger, seine Schwägerin Dagrun, Volker Gebbert und Detlef Michel.[81]

Während dieser ersten Wochen des gemeinsamen Kommune-Lebens im Stadtteil Friedenau setzten sich die internen Diskussionen und die angestrengte Wohnungssuche fort. Die Atmosphäre und die internen Konflikte sind gut dokumentiert, weil die Kommunarden über ihre Beratungen und Probleme Buch führten und diese Protokolle unter den Bezeichnungen »Roter Schnellhefter« und »Gelber Schnellhefter« in die polizeilichen Ermittlungen im Zusammenhang mit dem sogenannten »Pudding-Attentat« auf US-Vize-Präsident Hubert Humphrey eingegangen sind. Auf Grund eines STERN-Artikels über die Kommune nahm die Staatsanwaltschaft zusätzlich Ermittlungen wegen des Verdachts der Kuppelei auf. Die Polizei fertigte Abschriften, die wiederum in den Ermittlungsaktenakten gegen die Kommune I erhalten sind.[82] Die Qualität dieser Abschriften läßt zwar sehr zu wünschen übrig, weil der ermittelnde Kommissar der Politischen Polizei auf der gezielten Suche nach strafrechtlich verwertbaren Informationen war und andere Passagen, die er offensichtlich auch nicht verstand, sehr nachlässig, lückenhaft und voller Fehler transkribierte. Dennoch läßt sich so die Frühphase der Kommune I im März 1967 gut nachvollziehen.

Die Notizen im »Roten Schnellhefter« kreisten um drei Themen: Dringlich schien zunächst die Wohnungssuche, um aus der Untermietsituation in Friedenau herauszukommen, zweitens versuchte die Kommune-Gruppe, sich intern zu konsolidieren, was offensichtlich zu längeren Diskussionsrunden über die emotionale und soziale Situation der Gruppe führte, und drittens begannen konkrete Planungen für Aktionen, mit denen die Kommune I im Sinne von Kunzelmanns programmatischen »Notizen« eine »systemsprengende Praxis nach außen« entwickeln wollte.[83] Die Wohnungssuche verlief weitgehend erfolglos, obwohl Objekte in der Giesebrechtstraße, in Lichterfelde, in der Lietzenburger Straße, am Halleschen Tor, am Clausener Platz und im Wedding ins Auge gefaßt wurden.[84] Das führte am 24. März zu Überlegungen, ein Haus zu besetzen – ein Gedanke, den besonders Fritz Teufel und Hans-Joachim Hameister verfolgten, wobei die übrigen dieser Idee zustimmten. Während sich Hameister in diesem Zusammenhang in Reflexionen des Theorie-Praxis-Verhältnisses verlor, sah Kunzelmann in einer möglichen Illegalisierung der eigenen Wohnverhältnisse die Gelegenheit zu einem grundsätzlichen Bruch mit der bürgerlichen Gesellschaft, der über eine rein technische Lösung der Wohnungsproblematik hinausgehen sollte.[85] Durch diese Aktion müsse sich herausstellen, »ob wir in der Lage sind festzustellen das wir zur bürgerl. gesellsch. nicht mehr zurückgehen können. Es war [wäre?] der bruch mit unsere[r] lebensform (kein wasser – kein gas – keine Toiletten – keine betten – keine sachen) So wie ich mich selbst sehe.«[86] Fritz Teufel schlug einige Tage später vor, im Stadtteil Kreuzberg auf die Suche nach geeigneten Objekten zu gehen.[87] Damit allerdings endeten diese Planungen weitgehend folgenlos.

Den weitaus größten Raum in den internen Aufzeichnungen der Kommune nahmen die Beziehungen und Konflikte innerhalb der Gruppe ein. Ausgedehnte Besprechungen über persönliche Lebensgeschichten, Elternkonflikte und Beziehungsprobleme durchziehen in kurzen Notizen die Aufzeichnungen der Kommune. Ein klares Bild der Situation vermitteln sie kaum. Hintergrund waren die ursprünglichen Zweierbeziehungen, die innerhalb der Kommune in ein kollektives »Zärtlichkeitsverhältnis« überführt werden sollten. Die Beziehungen zwischen Kunzelmann und Dagmar Seehuber, Dorothea Ridder und Hans-Joachim Hameister sowie zwischen Ulrich Enzensberger und seiner Schwägerin Dagrun lösten sich denn auch schrittweise auf, »aber unsere Gemeinschaft wurde dadurch nicht unbedingt glücklicher«, wie Ulrich Enzensberger sich erinnert.[88] Daneben standen die gemeinsamen Diskussionen über die individuellen biographischen Probleme, insbesondere über die konfliktgeladenen Elternverhältnisse, von denen die Aufzeichnungen insbesondere in Bezug auf Hameister und Detlef Michel berichten. Der scharfsinnigste Kritiker der internen Psychodiskussionen war dabei Fritz Teufel, der sich am 20. März »zur Gesamtsituation« äußerte. Er registrierte ein »freundliches Desinteresse« der Kommunarden aneinander und kritisierte ein »aggressives Programm der Autoritäten«: »Dieters Auf- und Abarbeitung, Ulrichs Lebensgeschichte u. Hameisters Inquisitionsgespräche: dies alles war jedoch konkret u. mir selbst ist nichts dazu eingefallen. Die Begriffe der Kommune sind endgültig zu Phrasen geworden, stattdessen Kritik und Selbstkritik. Zusammenbrüche produzierten eine Spannung, die nicht mehr zu ertragen war u. die Zusammenbrüche waren keine selbsttätigen, sondern Pflichtübung den Autoritäten gegenüber. Autorität gleich Gruppenautorität. Einlassen nur im weiteren Verlauf [der] Kommune herzustellen. Für mich bedeutet es mehr, wenn Hameister das Frühstück macht, ist das für [mich] wichtiger als seine mitternächtlichen Dorothea-Beschwörungsformel[n]. Warum Kommune? nicht verzweifeln, ich könnte auch gammeln etc.«[89]

Das Problem der Autorität blieb in den Diskussionen ein wesentliches Thema, nicht zuletzt weil sich deutliche Hierarchien innerhalb der Gruppe abzeichneten. Volker Gebbert schilderte die Struktur der Gruppe folgendermaßen: »zwei Männergruppen (Volker, Fritz, Detlev) (Ulrich, Hameister, Dieter) u. die drei Frauen nach dem Stand der Hackordnung«.[90] Innerhalb der internen »Hackordnung« gehörte Kunzelmann eindeutig zu den Autoritäten. Um so erstaunlicher ist es, daß er in den Kommune-Protokollen vergleichsweise selten auftaucht. Es macht den Eindruck, daß Kunzelmann von konkreten grundsätzlichen Überlegungen der lebensweltlichen Radikalisierung – zum Beispiel in Form einer Hausbesetzung – abgesehen, sich zumeist im Hintergrund hielt und die teilweise recht intimen Diskussionen der anderen Kommunarden beobachtete oder nur knapp kommentierte. Rabehl schildert später Kunzelmanns Rolle folgendermaßen: »In den Aufzeichnungen tauchte er als direkter Ideengeber kaum auf, aber als Autorität war er überall gegenwärtig. Seine Kommentare und bissigen Bemerkungen wirkten untergründig. Sollten die einzelnen sich blamieren oder die Lebenslügen offenlegen, je öfter, desto besser.«[91]

Allerdings ist nicht sicher bekannt, wer den »Roten Schnellhefter« verfaßt hat, so daß keine Aussage über die Repräsentativität der darin festgehaltenen

Perspektive gemacht werden kann.[92] Am 24. März eskalierte allerdings die Diskussion so weit, daß Detlef Michel seinen Abschied von der Kommune-Gruppe nahm. Er gab dabei zu, daß sein Engagement in der Gruppe keinerlei politische Motive gehabt habe, und beklagte gleichzeitig die autoritären Strukturen innerhalb der Kommune: »Grundproblematik des widerwärtigen Apparates Kommune sind die Autoritäte[n]: divide et impera / Druck von oben wird jedesmal weitergegeben / Verbindung von Autorität u. Verteilung der Frauen / Ausbeutung seitens der Autorität«.[93] Dieser Schritt zog offensichtlich eine längere Grundsatzdiskussion über das Verhältnis von Privatheit und Öffentlichkeit innerhalb der Kommune nach sich, an der sich Kunzelmann nicht wirklich identifizierbar beteiligt zu haben scheint. Am 28. März wurde Ulrich Enzensberger nach Bamberg und Erlangen entsandt, um mit dortigen Subversiven Kontakt aufzunehmen, darunter auch Kunzelmanns Schwager Rudolf May (alias Christopher Baldeney), doch dieser letzte Kontakt blieb offenbar folgenlos.[94]

Schon einige Tage zuvor hatte der Publizistik-Student Rainer Langhans den Kontakt zur Kommune-Gruppe gesucht, über den allerdings am 19. März zunächst »mit Recht hinweggegangen wurde«, weil wichtigere Gespräche drängten, wie das Kommune-Protokoll vermerkt.[95] Langhans hatte bis dahin im SDS-Zentrum gewohnt und war wie Eike Hemmer seit kurzem Mitglied des SDS-Landesvorstands.[96] Am 30. März diskutierte er mit der Kommune seine Situation, aufgrund derer er den Entschluß gefaßt hatte, sich der Gruppe anzuschließen. Offensichtlich litt er unter privaten Problemen, nachdem eine Liebesbeziehung in die Brüche gegangen war, und er machte aus seiner Krisensituation auch keinen Hehl: »am Anfang ging es überhaupt nicht / ich nahm es in die Hand, habe mich selbst aber nicht verändert – stehe nicht zur Verhandlung / meine Schwierigkeit kann eine Zeit lang nicht behandelt werden / sitze in der Wohnung u. es passiert für mich nichts / ich weiß nicht, was ich dort machen soll«.[97] Hameister äußerte Zweifel, ob Langhans für das Kommune-Projekt geeignet sei, da es möglich sei, »daß er Veränderung überhaupt nicht wahrnehmen kann.« Auf die Frage Gertrud »Agathe« Hemmers, wie man denn sich selbst verändern könne, erstarb die Diskussion, und das Protokoll schließt: »völlig ohne Ergebnis abgebrochen / alles unaufgelöst«.[98]

Langhans hätte mit seinen privaten Problemen keinen ungünstigeren Zeitpunkt wählen können, um sich der Kommune anzuschließen, denn die internen Diskussionen steuerten immer mehr auf einen dritten Aspekt zu, den Ulrich Enzensberger schon im Januar während der »Zirkular«-Diskussion angesprochen hatte: »Die Gewalt, die wir im Innern ausrotten müssen, müssen wir nach außen tragen.«[99] Dieser Gedanke wurde im März von anderen verschiedentlich variiert, zum Beispiel als Dagmar Seehuber unmittelbar im Anschluß an Detlef Michels Ausstieg darauf hinwies, es gelte »den Punkt auszumachen, der als persönlicher nicht zu lösen ist, sondern nur in Tätigkeit nach außen.«[100] Zwar wurde an dieser Position auch Kritik geübt – Dorothea Ridder etwa bemerkte: »Aktion nach außen: Zynische Form des ungelösten Liebesverlustes«[101] –, doch der Aktionismus setzte sich letztlich als Leitgedanke der Kommune durch. Am 26. März beteiligten sich die Kommunarden am ersten Berliner Ostermarsch und versuchten die Veranstaltung mit einem Flugblatt aus der Feder Fritz Teufels zu unterwandern: »Ostermarschierer, Ostermärtyrer / Ihr demonstriert für die Zukunft / In der Gegenwart paßt ihr euch an / Ihr protestiert gegen die Bombe / selber wollt ihr keine legen / Die Bombe steckt im Detail!«.[102] Daneben forderte das Flugblatt zum massenhaften Ladendiebstahl auf, der neben den Gelegenheitsjob, der Raubdruckproduktion und dem Verkauf chinesischen Propagandamaterials den Unterhalt der Kommunarden gewährleistete.[103] Teufel prägte den Spruch »Wer den Spießer nicht enteignet, bleibt es selbst, auch wenn er's leugnet.«[104] Kunzelmann wurde bei der Demonstration erneut verhaftet, weil er ein Polizeifahrzeug mit roter Farbe bespritzt hatte.[105]

Am folgenden Tag, während Detlef Michel endgültig auszog und Kunzelmann den Einzug von Rainer Langhans in die Wege leitete[106], diskutierte die Kommune ihre Demonstrationserfahrung.[107] Fritz Teufel äußerte seine Frustration über die mißlungene Unterwanderung der Demonstration und die andauernden inneren Konflikte innerhalb der Kommune: »herumgelaufen wie ein Rindvieh; gefragt worden, was los ist. Wenn das immer so weiter geht das unsere internen probleme so wichtig sind (die und die, privatverhältnisse) dann weiss ich nicht wie lange ich es noch weitermache.«[108] Dagrun Enzensberger pflichtete ihm zunächst bei: »mit unseren internen Problemen geht es nicht so weiter«. Sie plädierte dafür, Dutschke wieder in die Kommune einzubeziehen: »mit Rudi sprechen u. einige seiner Konzepte übernehmen oder zu ihm ziehen«. Gleichzeitig stellte sie für sich fest, daß die Kommune-Taktik, Selbstveränderung und Aufklärung durch die Konfrontation mit der Polizei erreichen zu wollen, Früchte zu tragen schien: »habe durch meine Verhaftung einen Bruch geschafft u. auch endlich erfahren, daß Angst absurd ist«.[109] Hans-Joachim Hameister bekannte: »Angst gehabt. Sache blöd gefunden, weil angehängt an anderen leuten.«[110] Und Volker Gebbert gab schließlich zu bedenken: »Völlig aussteigen bei demonstrationen?«[111] Die subversiv-revolutionären Ambitionen der Kommune steckten offensichtlich in einer tiefen Krise. Kunzelmann bilanzierte nüchtern: »Interne probleme haben es immer unmöglich gemacht aktions-taktik vorzubereiten.« Seinen Bemerkungen war seine Enttäuschung anzumerken: »Wir haben *selbst* nicht daran geglaubt.«[112] Gleichzeitig erinnerte er an die »amerika-haus-eiergeschichte«: »Es gibt 10–15 leute, die für alles mitzumachen bereit sind.«[113]

Seit dem 22. März sprach die Kommune-Gruppe vom Besuch des US-amerikanischen Vize-Präsidenten Hubert H. Humphrey, der am 6. April in Berlin eintreffen sollte.[114] Die Ausgangslage erinnert dabei an Dutschkes Plädoyer von 1965, »günstige Bedingungen« zur Radikalisierung der Öffentlichkeit zu benutzen: »verhaßtes Staatsoberhaupt usw.«[115] Schon eineinhalb Jahre zuvor hatte der Besuch Tschombés gezeigt, daß sich Staatsbesuche als »öffentliche Politik« hervorragend für subversive Provokationen eigneten.[116] Humphrey war als Befürworter des Vietnam-Krieges bekannt, und die Kommunarden faßten eine Protestaktion ins Auge, um den hohen Besuch als Zugang zur Medienöffentlichkeit zu nutzen. Während der Gruppenkritik am 27. März formulierte Hans-Joachim Hameister die Grundinspiration: »wichtig: wir müßten uns etwas einfallen lassen über ein politisches oder nichtpolitisches Happening Humphrey: die Lacher müßten auf unserer Seite sein«.[117] Bemerkenswert ist die Tatsache, daß Kunzelmann in diesem Moment von einer Protestaktion gegen den Humphey-Besuch wenig wissen wollte – zumindest schien er die Kommune für unfähig gehalten zu haben, öffentlichkeitswirksam aufzutreten: »Wenn vom SDS was gemacht wird gegen Humphrey, werde ich mitmachen, aber werde nicht versuchen es an der Kommune aufzuhängen.«[118] Verschiedene Ideen wurden ausgetauscht: Volker Gebbert wollte die Wagenkolonne mit Krähenfüßen zum Halten zwingen, ein Feuerlöscher sollte zum Einsatz kommen, den Dagmar Seehuber beschaffen sollte, und schließlich ließ sich auch Kunzelmann einteilen, zum »Leute organisieren«.[119] Bei den Vorbereitungen könnte eine Rolle gespielt haben, daß in diesen Tagen Kunzelmanns Autorität innerhalb der Gruppe scheinbar in Frage gestellt wurde. Fritz Teufel beklagte, »Identifizierung Dieter-Kommune wird unmöglich sein, weil Dieter sich zurückgezogen hat auf die Position des Privaten«, dabei biete die Kommune-Situation bereits weitere Potentiale für gemeinsames Leben und gemeinsame Aktion. In seinen Augen warte Kunzelmann ab, »bis die anderen so-weit sind.«[120] Kunzelmanns Versuch, die Mitkommunarden durch Zurückhaltung zur Aktivität zu motivieren wurde jedoch wenig später von Rainer Langhans konterkariert, der in der geplanten Aktion zum Humphrey-Besuch eine Art Mutprobe sah, die nach den Zielvorstellungen Kunzelmanns organisiert sei: »[D]iese Aktion erscheint mir so, daß Dieters Position [von] anderen erreicht werden soll, daß man es so kann wie er. [...] ich bin nicht darauf erpicht, das so zu können wie Dieter«.[121] Während der Vorbereitung auf die Humphrey-Aktion scheint Kunzelmanns Autorität in einer gezielten Herablassung über die mangelnde Radikalität der Kommune bestanden zu haben, die andere Gruppenmitglieder in den Aktionismus führen sollte. Wieder gelang es ihm, Radikalisierung und Mobilisierung einer Protestgruppe von einer dezentralen Position aus voranzutreiben.

In den folgenden Tagen konkretisierten sich denn auch die Pläne. Das Protokoll vermerkt für den 2. April die Idee von Rauchbomben, den geplanten Einsatz von Schlagsahne, Pudding und Superbällen[122], während Dagmar Seehuber bekannte, sie müsse »die Angst einer Verhaftung durchstehen«. Hameister präzisierte: »Angst vor der Staatsautorität aufheben.«[123] Am folgenden Tag wurde der Journalist Reinhard Lettau um die genaue Fahrtroute des Vize-Präsidenten gebeten, und der Chemie-Student Wulf Krause steuerte das Rezept für die Rauchbomben bei.[124] Geplant war schließlich, den Konvoi des Vize-Präsidenten an der Ecke Kurfürstendamm / Uhlandstraße mit Rauchbomben zu stoppen und den Gast mit Mehl, Pudding oder Eiern zu bewerfen.[125] Der 4. April endete laut Kommune-Protokoll mit einem »Blödel-Abend«, »teilweise zurückzuführen auf die Nervosität vor der Aktion, teilweise auf das Produzieren von neuen Intimsphären (Dagrun/Rainer)«. Der Chronist des »Roten Schnellhefters« kommentierte die Situation der Kommune abschließend: »die Aktion läßt alle internen Probleme als unausgesprochene weiterschweben.«[126] Der anfangs so skeptische Kunzelmann machte sich am Vormittag des 5. April auf, um unter falschem Namen die benötigten Chemikalien einzukaufen, und am Nachmittag begann die Herstellung der Rauchbomben in Johnsons Atelier in der Niedstraße. Nachdem Hameister, Teufel, Seehuber, Ridder und Dagrun Enzensberger zu Rauchbomben-Tests und Wurfübungen in den Grunewald aufgebrochen waren, wurden beide Gruppen gegen 18.20 Uhr simultan in der Niedstraße und im Grunewald von Zivilfahndern der Politischen Polizei festgenommen.[127]

Die Zweckentfremdung Berlins

Die öffentliche Wirksamkeit der Kommune I begann an diesem 5. April 1967. Schlagartig katapultierte die Verhaftungsaktion der Polizei die bis dahin obskure Gruppe um Kunzelmann in die Schlagzeilen der Berliner Presse. Dabei gilt es zunächst, den Kontext der Verhaftung der Kommune-Gruppe zu rekonstruieren – nicht zuletzt deshalb, weil es den kritischen Beobachtern im Nachhinein ein Leichtes war, diese Überreaktion der Berliner Sicherheitsbehörden ins Lächerliche zu ziehen. Alle damals Beteiligten sind sich heute einig, daß die Initiative für das Einschreiten der Politischen Polizei von alliierten Geheimdiensten ausgegangen sein muß, welche die Wohnung und den Telephonanschluß Uwe Johnsons seit geraumer Zeit abgehört hätten und auf diese Weise eher zufällig auf die subversiven Untermieter gestoßen seien.[128] Der Grund für diese Maßnahme soll Elisabeth Johnsons zeitweilige Tätigkeit für den tschechischen Geheimdienst gewesen sein. Die Kommunarden wären demnach völlig ahnungslos ins Visier internationaler Geheimdienste geraten.[129] Deren Reaktion würde sich dadurch erklären, daß dreieinhalb Jahre nach der Ermordung John F. Kennedys unter den Augen der Geheimdienste eine polizeibekannte subversive Gruppe im Zusammenhang mit dem Besuch des US-amerikanischen Vize-Präsidenten unter anderem den Ankauf von Kaliumchlorat, Natriumperoxyd und Ammoniumchlorid plante.[130] Die alarmierten Berliner Kollegen von der Politischen Polizei mögen sich gleichzeitig an die Flugblatt-Aktion während des Berliner Oster-Marsches erinnert haben, mit der gerade eine Woche zuvor eben dieser subversive Kreis den Atomwaffengegnern vorzuwerfen schien, zu gesetzestreu zu sein und selbst keine Bomben legen zu wollen.[131] Angesichts der überragenden Bedeutung der amerikanischen »Schutzmacht« für die prekäre

Situation West-Berlins mag der provokatorisch-ironische Subtext der Aktion in der Nervosität jener Tage übersehen worden sein, obwohl er sicher in den Abhörprotokollen hätte vermerkt werden müssen. Die Ermittler reagierten in höchster Erregung offensichtlich nur auf Schlüsselworte, als es galt, jedes Sicherheitsrisiko für den US-amerikanischen Vizepräsidenten auszuschließen. Die Aussicht eines (möglicherweise geglückten) Attentats ausgerechnet in West-Berlin muß für die Ermittlungsbehörden den schlimmstmöglichen Alptraum dargestellt haben, und Untätigkeit schien vor diesem Hintergrund keine Option.

Aufgrund einer Pressemitteilung der Polizei, die noch am Abend des 5. April herausgegeben wurde, überschlugen sich am nächsten Morgen die Schlagzeilen der Berliner Presse in Spekulationen über die angebliche »Verschwörung« zu einem »Attentat« auf den Vize-Präsidenten.[132] Von diesem Moment an ist die Geschichte der Kommune I Teil der Mediengeschichte der Bundesrepublik. Dabei fällt auf, daß überregionale Blätter, wie zum Beispiel der SPIEGEL, ganz besonders aber die internationale Presse, welche die Meldung ebenfalls verbreitete, deutlich vorsichtiger und differenzierter mit den irreführenden Informationen der Polizei und des Berliner Senats umgingen als die marktbeherrschenden Blätter des Springer-Konzerns, die den angeblichen »Sprengstoff« aus Peking angeliefert sahen.[133] Im Ergebnis spielten die Ermittlungsbehörden und die Berliner Presse den Plänen der Kommunarden kongenial in die Hände: Kunzelmann hatte seit Wochen darauf gedrängt, die Kommune-Gruppe, zum Beispiel durch eine Hausbesetzung, zu illegalisieren, und die aktionistische Intention der Kommune, die »systemsprengende Kraft nach außen« entwickeln wollte, zielte auf maximale Publizität der subversiven Aktivitäten. Nach monatelangen Diskussionen und weitgehend erfolglosen Versuchen der »Revolutionierung des Alltags« hatten die Berliner Behörden und die Berliner Presse beides, Illegalisierung und öffentliche Aufmerksamkeit, innerhalb weniger Stunden bewerkstelligt. Für Kunzelmann, der aus seiner Münchner Zeit Erfahrungen mit Provokationen und einer öffentlichkeitsorientierten Prozeßführung gesammelt hatte, muß dieser Skandal um das bald so genannte »Pudding-Attentat« wie ein Geschenk des Himmels erschienen sein. Am 7. April hielten die freigelassenen Kommunarden in den Räumen des SDS-Zentrums am Kurfürstendamm eine Presse-Konferenz ab, wo sie genüßlich Mehl und Pudding als »Tatwaffen« präsentierten und die Zielsetzung verwirklichten, die Hameister am 2. April für den Humphrey-Protest formuliert hatte: »Die Lacher müßten auf unserer Seite sein«.[134] Nachdem die Kommunarden dem STERN ein Interview gegeben hatten, das auch die privatpolitischen Ambitionen des Kommune-Projekts, die Aufhebung fester Zweier-Beziehungen, berührte, leitete die Staatsanwaltschaft zudem Ermittlungen wegen des Verdachts auf Kuppelei ein.[135] Die Skandalisierung und Kriminalisierung der Gruppe nahm weiter Fahrt auf, so daß im situationistischen Sinne die Zweckentfremdung (détournement) staatlicher Institutionen und öffentlicher Medien geglückt war. Dazu gehörte auch, daß die Gruppe ihren Rauswurf aus der Wohnung Johnsons medial inszenierte. Schon vor ihrer Festnahme war den Kommunarden vom sichtlich verärgerten Ehepaar Johnson die Untermiete zum 15. April gekündigt worden, und die Presseberichterstattung von der Verhaftung der »Verschwörer« hatte Uwe Johnson schließlich dazu veranlaßt, seinen Nachbarn Günter Grass telephonisch mit der sofortigen Räumung seines Ateliers in der Niedstraße zu beauftragen.[136] Als die polizeilich versiegelte Wohnung am Vormittag des 8. April geöffnet wurde und die Kommunarden auszogen, waren – sehr zum Ärger von Grass – Journalisten des STERN anwesend, die den Vorgang dokumentierten.[137] Kunzelmann ergriff offenbar die Gelegenheit, um, wie der anwesende Polizist in seinem Bericht vermerkte, »eine provozierende Haltung« einzunehmen. Der Bericht beklagte außerdem Kunzelmanns »frechen Ton«.[138] Am selben Tag stellte die Gruppe die Wurfübungen im Grunewald für die Presse nach und erreichte so zum ersten Mal das bundesweite Fernseh-Publikum. Nach dem Rauswurf durch die Johnsons zog die Gruppe in die Kreuzberger Wohnung des Malers Wolfgang Graetz. Hans-Joachim Hameister und Dorothea Ridder wechselten in die Wohnung im SDS-Zentrum, wo die Kommune II entstand.[139] Von nun an konzentrierte sich die Kommune um Kunzelmann auf die weitere Eroberung der Öffentlichkeit.

Gleichzeitig trug der Skandal um das »Pudding-Attentat« den Konflikt mit den Berliner Behörden mitten in die ohnehin konfliktgeladene Berliner Hochschulpolitik. Die Kommune I galt als Bestandteil des Berliner SDS, und Rainer Langhans, der sich in dieser Phase der Kommune anschloß, war Mitglied des kollektiven Landesvorstands. Kunzelmann selbst, der sich mangels Abitur niemals an einer Hochschule einschreiben konnte, war schon 1966 aus dem Münchner SDS ausgeschlossen worden, doch die von ihm maßgeblich mitinitiierte Kommune I wurde im April 1967 in Berlin zum Hochschulpolitikum. Der Senat der Freien Universität und der Regierende Bürgermeister Albertz forderten den AStA und den SDS auf, sich von den Aktivitäten der Kommune zu distanzieren – eine Forderung, die auf Ablehnung stieß, da die Studentenschaft niemals die Aktionsformen der Kommune I gebilligt hatte und gleichzeitig die Grundrechte auf Demonstration und Protest gewahrt sehen wollte.[140] In einer Pressemitteilung beschuldigte der AStA am 10. April die Polizei, »die Öffentlichkeit durch bewußte Irreführung gegen eine oppositionelle Minderheit aufzuwiegeln.«[141] Die »phantastischen Theorien der Polizei« und die »bereitwillige Verbreitung des Attentatsgerüchts durch die Presse« seien kein Zufall.[142] In der Folge sah der AStA die Demonstrationsfreiheit gefährdet: »Durch das Aufdecken einer ›anarchistischen Verschwörung‹ konnten alle übrigen Protestierenden mit dieser Gruppe in Zusammengang gebracht werden (s. anschließende Presseanalyse) und so in der Öffentlichkeit diffamiert werden. Demonstranten, die terroristische Methoden der politischen Aktion ablehnen, wurden dadurch von der Teilnahme an Protestkundgebungen gegen die amerikanische Vietnam-Politik abgeschreckt. Andersdenkende Berliner sollten eingeschüchtert und gewarnt werden.«[143]

Die subversive Taktik, durch radikalisierenden Druck eine Polarisierung der studentischen Opposition herbeizuführen, schien damit aufzugehen. Einerseits konnte der antiautoritäre Flügel des SDS um Dutschke und Rabehl einen Sympathiegewinn innerhalb der Studentenschaft verbuchen, andererseits wurden im SDS Stimmen laut, die die Aktivitäten der Kommune als Bedrohung der eigenen hochschulpolitischen Positionen begriffen. Anlaß waren Beratungen des Senats über die finanzielle Förderungswürdigkeit des SDS, die am 19. April im Henry-Ford-Bau stattfanden und zu einem Sitzstreik der Studenten führten. »Wenige Stunden nach dem Ableben Altbundeskanzlers Dr. Konrad Adenauer«, wie der Rektor Hans Joachim Lieber in einer Presse-Erklärung bedauerte, war es zur offenen Konfrontation der Studenten mit dem Senat gekommen, in den auch die herbeigerufene Polizei nicht hineingezogen werden mochte – die halbherzige Räumungsaktion wurde vom Polizeipräsidenten, der selbst vor Ort war, abgebrochen.[144] Die Studentenschaft war in den folgenden Wochen dennoch in der Defensive: Der AStA entging Anfang Mai in einer Urabstimmung nur knapp der eigenen Absetzung, und der SDS bemühte sich seinerseits um den Ausschluß der Kommune. Auf die Angst des SDS um den eigenen Etat reagierten die Kommunarden mit ihren ersten Flugblättern. An die »Studenten, Lahmärsche und Karrieremacher« richtete das Flugblatt Nr. 2 eine Reihe ironischer Forderungen: »Kein Mensch hat was dagegen, wenn ihr bei Konventswahlen und Urabstimmungen Demokratenpflicht erfüllt. [...] Politische Aktionen an der FU überlaßt doch Lieber CIA und Verfassungsschutz!«[145] Die legalistische Taktik des SDS beantworteten die Kommunarden mit Spott: »Hört, was die Funktionäre sagen! Vögelt nicht im Audimax! Denkt immer dran, daß das Fernsehen kommen und eure Großmutter euch beobachten könnte!« Die sexuelle Komponente dieses ironischen Aufrufs nutzte gezielt die provokatorische Wirkung, die von subversiven privatpolitischen Konzepten ausging, um die institutionelle Logik der Hochschulpolitik zu untergraben: »Lebt geräuschlos! Ruhe ist akademisch! Bleibttreu, bleibtdeutsch, bleibtdoof! *Nur die rationale Diskussion verhindert allgemeine Kopulation*«[146] In weiteren Flugblättern legten die Kommunarden nach. Die finanzielle Förderung des SDS sei ein Mißverständnis:

> »Wer soll uns noch glauben?
> Wir haben einiges gegen den akademischen Senat, gegen den Albertz von Gottes Gnaden und die Polizei dieser unserer Stadt. Und wir werden gefördert, sind ihrer würdig demnach – so was ist nur in einer Demokratie möglich oder das ist ein Mißverständnis, wenn wir keine mehr haben. Wer glaubt uns noch im Falle sie futsch ist! Wir werden demnach nicht verstanden – wir sind nicht würdig!«[147]

Diese Flugblätter zielten damit im Sinne Marcuses auf eine Herausforderung der »repressive Toleranz« und wurden von den Kommunarden mit »SDS« gezeichnet, was eine Provokation des Berliner Landesverbands darstellte, weil die Inhalte der Texte nicht mit dem Landesvorstand abgestimmt waren. Insbesondere Fritz Teufels »Sommermärchen« wird bei den Genossen des SDS keine Freude ausgelöst haben. In einer sehr vordergründig als Märchen verkleideten Anspielung auf die Universität und die Berliner Verhältnisse skizzierte Teufel das Bild eines studentischen Aufstands, der sich gegen den Sitz des »Statthalters« (gemeint war Rektor Lieber) richten würde: »Hier endet die Geschichte, die gefunden wurde in einem halbverbrannten Haus, das ausgegraben wurde. Es war nicht sehr groß, wie ein Sommerhaus eines Statthalters und es waren auch viele andere Schriften darin, meist amtliche.«[148] Teufel veröffentlichte damit eine seiner früheren Ideen: die Verbrennung von Gerichts- und Disziplinarakten als subversiver Akt.[149]

Am 12. Mai begründete Wolfgang Lefèvre im SDS den Ausschlußantrag gegen die Kommunarden: Es schien ihm in diesem Zusammenhang notwendig »die Gesamtheit der oppositionellen Bewegungen in der BRD« in den Blick zu nehmen. Der Subjektivismus der Kommune war dabei ein besonders prominenter Vorwurf an die Kommunarden um Kunzelmann. Der »subjektive Faktor« des oppositionellen Protests, den auch Dutschke immer wieder betonte, dürfe nicht mit einer »Attitüde« verwechselt werden, »für die es charakteristisch wäre zu fragen: ›Was gehen mich persönlich eigentlich die objektive Erfordernisse hinsichtlich der oppositionellen Bewegungen in der BRD an?‹«[150] Lefèvre wandte sich gegen beide Flügel des SDS, die er gleichermaßen des Wirklichkeitsverlustes bezichtigte: den »wirklichkeitsverdrängenden Voluntarismus der Rechten Fraktion (Parteigründung)« und den »Voluntarismus der pseudo-Linken«, der auf eine »existentialistische Entscheidung« zugunsten eines subversiven Aktionismus dränge.[151] Die praxisferne Theorie der Traditionalisten, der sogenannten »Keulenriege«, unterzog Lefèvre daraufhin einer ausführlichen Kritik – auch um nicht in den Verdacht zu geraten, mit dem von ihm betriebenen Ausschluß der Kommune I aus dem SDS würde das Bekenntnis zur revolutionären Praxis aufgegeben. Die Kommune erschien ihm in diesem Zusammenhang als ein Phänomen der anarchistischen Reaktion insbesondere auf die älteren Verbandsmitglieder, die in eine »falsche Unmittelbarkeit« abgerutscht sei, »auf die sich auch ein am Vietnam-Krieg verdienender Rüstungsfabrikant berufen kann.« Lefèvre bezog sich dabei auf den legendären Ausspruch zu den »Orgasmusschwierigkeiten«, die gegenüber dem Vietnam-Krieg von größerer Bedeutung seien – ein Zitat, das immer wieder Kunzelmann zugeschrieben wurde und wird, obwohl er selbst inzwischen die Urheberschaft bestreitet.[152] Die Aktionen der Kommune offenbarten, so Lefèvre, eine schwerverständliche Aggression gegen den SDS, die »wohl einer psychologischen Analyse« bedürfe. Zumindest sah er in den subversiven Aktion der Kommune eine akute Gefährdung der Arbeit des SDS, die unverzüglich ausgeräumt werden müsse.[153] Der Ausschluß würde gleichzeitig »das Fundament für eine entschiedene Auseinandersetzung mit dem rechten Opportunismus legen«.[154] Die Kommune wurde daraufhin ausgeschlossen, Dutschke enthielt sich der Stimme, und mit Rainer Langhans verließ gleichzeitig ein Vorstandsmitglied den Berliner SDS.[155] Kunzelmanns Randgruppen-Taktik, die darauf hinauslief, den studentischen Protest von seinen Rändern her zu radikalisieren und zu steuern, schien damit an der professionellen Verbandspolitik der SDS-Funktionäre gescheitert. Auch diesen Beschluß konterten die Kommunarden mit einem ironischen Flugblatt, daß dem SDS legalistischen Opportunismus vorwarf: »Wir schimpfen euch nicht Stalinisten. Ihr seid keine Opportunisten, wenn ihr uns rausschmeisst, nur damit ihrs dann dem Akademischen Senat erzählen könnt. [...] Aber jetzt seid ihr ein Problem mehr los und fühlt euch richtig erleichtert. Jetzt beginnt die rasche, straffgeführte Reorganisation des Verbandes. Jetzt geht's wieder aufwärts. Jetzt endlich ist eine wirksame Hochschulpolitik möglich geworden. [...] Da wollen wir nicht weiter stören, wenn ihr euch gestört fühlt. Jetzt können wir uns weniger leicht beruhigen, das kann nicht schaden. [...] Und wem es im SDS zu turbulent wird, der findet in der Kommune sein Ruheplätzchen.«[156]

Das »Ruheplätzchen« der Kommune war seit dem 1. Mai gefunden: In der Charlottenburger Kaiser-Friedrich-Straße 54a ergab sich die Gelegenheit, eine Sechseinhalb-Zimmer-Wohnung anzumieten. Im dritten Stockwerk, zwischen mehreren Etagen eines Bordellbetriebs gelegen, mietete Volker Gebbert die Wohnung vom Berliner Verwaltungsgerichtsdirektor Horst Weinberg, der seine Frau Ellen den Vertrag unterschreiben ließ und eine monatliche Miete von immerhin 750 DM verlangte. Als Zweck der Vermietung nennt der Mietvertrag den »Betrieb eines Fremdenheims« – die seinerzeit übliche Umschreibung eines Bordells. Gleichzeitig hatten die Kommunarden eine Bankbürgschaft über 3000 DM beizubringen, für die ab November ein Sparkonto Kunzelmanns in eben dieser Höhe bei der Berliner Diskonto Bank (eine Tochtergesellschaft der Deutschen Bank) diente.[157] Die Herkunft des Betrages läßt sich nicht sicher feststellen, es soll sich aber um die Einkünfte aus den Gelegenheitsarbeiten der vorangegangenen Monate und das Honorar für den STERN-Artikel vom April gehandelt haben.[158] Im März hatte Dagrun Enzensberger der Kommune ein Sparbuch ihres Ex-Mannes Hans Magnus über 5000 DM zur Verfügung gestellt, der Verbleib dieser Summe muß jedoch als ungeklärt gelten.[159]

In diesen Wochen gehörte die Flugblatt-Produktion zu den vornehmlichen Aktivitäten der Kommunarden, die zuweilen mehrere Texte am Tag unter den Studenten der Freien Universität verteilten, so zum Beispiel gleich vier am 24. Mai.[160] Anlaß war die Berichterstattung der Springer-Presse über den Kaufhausbrand in Brüssel, der am 22. Mai etwa 250 Todesopfer gefordert hatte. Angesichts der Tatsache, daß zum Zeitpunkt des Brandes das Kaufhaus »L'Innovation« eine Ausstellung US-amerikanischer Konsumgüter gezeigt hatte, lancierte die BILD-Zeitung Spekulationen über eine Verbindung zwischen dem Brand und den tagelangen Protestaktionen belgischer Vietnamkriegs-Gegner, die sich gegen die Ausstellung gerichtet hatten.[161] Diese Verdächtigungen erinnerten an die Anschuldigungen der Berliner Presse gegen die Kommunarden, die anläßlich des Humphrey-Besuches als Bombenattentäter bezeichnet worden waren, und die Kommune nahm diese Parallele zum Anlaß, um in einer Flugblattreihe die Verdächtigungen der Springer-Presse auf die Spitze zu treiben. Die Kommunarden stilisierten sich selbst zu Sympathisanten und Komplizen der angeblichen Brandstifter von Brüssel und feierten das »Großhappening«, das »kriegsähnliche Zustände in der Brüsseler Innenstadt« hergestellt habe. Das erste Kaufhausbrand-Flugblatt gab sich als Interview mit dem fiktiven belgischen Maoisten »Maurice L. (21)«, Angehöriger einer »Aktion für Frieden und Völkerfreundschaft«, der die Vorbereitung und Durchführung der »Brandstiftung« schilderte. Die Kommunarden lobten: »Der Verlauf des Happenings spricht für eine sorgfältige Planung: Tage zuvor fanden kleinere Demonstrationen alten Musters vor dem Kaufhaus mit Plakaten und Sprechchören statt und in dem Kaufhaus wurden Knallkörper zwischen den Verkaufstischen gezündet. Das Personal wurde so an derartige Geräusche und Zwischenfälle gewöhnt. Die Bedeutung dieser Vorbereitungen zeigte sich dann bei Ausbruch des Feuers, als das Personal zunächst weder auf die Explosionen, noch auf Schreie und Alarmklingeln reagierte.« Die Ermittlungsbehörden würden, so die Kommunarden weiter, die Schilderungen des Maurice L. nur deshalb nicht als Schuldeingeständnis der Brandstifter werten, weil sie die »Durchschlagskraft« des Happenings nicht publik machen wollten, die andere Gruppen zu ähnlichen Taten motivieren könnte.[162] Das zweite Kaufhausbrand-Flugblatt stellte unter der Titelzeile »Neu! Unkonventionell! Neu! Atemberaubend!« den Kaufhausbrand als Werbeaktion dar. Der »Einfallsreichtum der amerikanischen Werbung« stünde damit in einer langen Tradition: »Coca-Cola und Hiroshima, das deutsche Wirtschaftswunder und der vietnamesische Krieg, die Freie Universität und die Teheraner Universität sind die faszinierenden und erregenden Leistungen und weltweit bekannten Gütezeichen amerikanischen Tatendranges und amerikanischen Erfindergeistes«. Die Eröffnung einer »amerikanischen Woche« in Brüssel habe in diesem Sinne ein »ungewöhnliches Schauspiel« geboten: »Ein brennendes Kaufhaus mit brennenden Menschen vermittelte zum erstenmal in einer europäischen Grossstadt jenes knisternde Vietnamgefühl (dabeizusein und mitzubrennen), das wir in Berlin bislang noch missen müssen.« Die Kommunarden priesen das »Kühne und Unkonventionelle, das, bei aller menschlichen Tragik, im Brüsseler Kaufhausbrand steckt«, und spotteten über »diese weltfremden jungen Leute, die immer die Plakate von gestern tragen«. Der herkömmliche Vietnam-Protest verfehle so die »dynamisch-amerikanische Wirklichkeit«.[163] Das dritte Flugblatt dieser Serie verwandelte die Kommunarden unter dem Titel »Wann brennen die Berliner Kaufhäuser?« zu

Komplizen der angeblichen Brandstifter, denn: »zuletzt hätten wir gern H[ubert] H[oratio] H[umphrey] in Pudding sterben sehen.« Die Parallelen in der Verdächtigungsberichterstattung der Springer-Presse wurden daraufhin zugespitzt: »Unsere belgischen Freunde haben endlich den Dreh heraus, die Bevölkerung am lustigen Treiben in Vietnam wirklich zu beteiligen: sie zünden ein Kaufhaus an, dreihundert saturierte Bürger beenden ihr aufregendes Leben und Brüssel wird Hanoi. Keiner von uns braucht mehr Tränen über das arme vietnamesische Volk bei der Frühstückszeitung zu vergiessen. Ab heute geht er in die Konfektionsabteilung von KaDeWe, Hertie, Woolworth, Bilka oder Neckermann und zündet sich diskret eine Zigarette in der Ankleidekabine an.« Die Öffentlichkeit möge nicht überrascht sein, »wenn es irgendwo brennt in nächster Zeit«, eine »Kaserne in die Luft geht« oder »in einem Stadion die Tribüne einstürzt« – Szenarien, die die Kommunarden ausdrücklich mit dem »Überschreiten der Demarkationslinie durch die Amis«, der »Bombardierung des Stadtzentrums von Hanoi« oder dem »Einmarsch der Marines nach China« parallelisiert sehen wollten. Die – fehlerhaft ins Englische übertragene – Schlußzeile »burn, ware-house, burn!« ist inzwischen als früher Schlachtruf des deutschen Terrorismus bewertet worden, allerdings erst nachdem Andreas Baader, Gudrun Ensslin, Horst Söhnlein und Thorwald Proll ein Jahr später diese Parole in Frankfurt in die Tat umgesetzt hatten.[164] Das letzte Flugblatt der Kaufhausbrand-Serie war schließlich eine spiralförmig geschriebene lyrische Collage suggestiver Sätze und Parolen: »Revolution in rosé / Revolution in rot / Durch flammendes Rot fliegen Pelze auf die Strasse / Für jede Hausfrau Brüssels einen Nerz / L'Innovation / rosarote Invasion / Das völlig neue revolutionierende Gefühl / Eine Flasche Propan-Gas und sie können dasselbe erleben [...]«[165]

Die Kommune-Flugblätter waren Kommentartexte zur Berliner Springer-Presse und bedienten sich dabei vier verschiedener Textgattungen: der investigativen, wenn auch fiktiven Reportage, des zynischen Jargons der Werbeindustrie, der Rhetorik des Unterstützer- bzw. Bekenner-Schreibens und der lyrischen Collage. Die Flugblätter brachten Fritz Teufel und Rainer Langhans – zunächst aber nicht Kunzelmann oder den anderen Kommunarden – eine Anklage wegen »Aufforderung zur menschengefährdenden Brandstiftung« ein, und die Anklageschrift ließ an kriminalistischer Deutlichkeit kaum zu wünschen übrig: »Der gesamte Inhalt der Flugblätter läßt erkennen, dass die Verfasser davon ausgehen, der Warenhausbrand in Brüssel sei durch Brandstiftung hervorgerufen worden, und dass es angesichts der überzeugenden Wirkung einer solchen ›Demonstration‹ ihr Bestreben ist, eine nach Grösse und Zusammensetzung unbestimmte Gruppe Gleichgesinnter zu gewinnen, die aufgefordert werden, auch in Berliner Warenhäusern – und zwar während der Verkaufszeiten – Brände zu legen. [...] Nach nüchterner und verständiger Prüfung der Ausführungen I bis III kann die Ernsthaftigkeit der in den Flugblättern enthaltenen Aufforderungen zur menschengefährdenden Brandstiftung nicht angezweifelt werden. Angesichts ihres tätigen Wirkens innerhalb der ›Kommune I‹ seit längerer Zeit und ihres Bestrebens, dieses Wirken spektakulär zu steigern, kann das Werben für ihr ›unkonventionelles‹ und ›atemberaubendes‹ Vorhaben nicht ernst genug genommen werden.«[166] Ein besonderer Dorn im Auge war der Staatanwaltschaft die Provokationstaktik der Kommunarden, die auf die Berliner Öffentlichkeit zielte. Die bisherigen durch die Medien bekanntgewordenen »Vorkommnisse« – gemeint waren Demonstrationen, Flugblätter, Störungen des Universitätsbetriebes, das »Zeigen von Transparenten und Schildern mit aufreizenden und abgewandelten Zielrichtungen« und das Werfen von Farbbeuteln – seien »von der Mehrheit der Berliner Bevölkerung mit Unmut und zunehmender Missbilligung aufgenommen worden.« Die Anklage fuhr fort: »Ungeachtet dessen haben die Angeklagten Flugblätter verteilt, die – geradezu im Sinne einer ›Eskalation‹ ihrer Bestrebungen – zu Handlungen auffordern, die – falls es dazu käme – verbrecherisch wären.«[167]

Eine umfangreiche Gutachterschlacht kreiste um die Frage einer möglichen ästhetisch-literarischen Bewertung der Flugblätter, die den hier unterstellten strafrechtlich relevanten Gehalt relativieren würde. Ganz ähnlich wie 1962 im SPUR-Prozeß wegen Pornographie und Gotteslästerung bemühte sich nun der Kommune-Anwalt Horst Mahler um den Nachweis, daß es sich bei den Flugblättern um satirische literarische Kunstwerke handele.[168] In diesem Zusammenhang bestellte er nicht weniger als 18 Gutachter, die auf insgesamt 119 Manuskript-Seiten ihre Expertisen zu den vier inkriminierten Flugblättern entwickelten.[169] Die Expertenauswahl zeichnete sich durch eine stattliche Anzahl linksliberaler Intellektueller aus: von Hans-Werner Richter über Walter Jens, dem jungen Alexander Kluge und Peter Szondi, bis hin zu Jacob Taubes, dem sozialistischen Schriftsteller Gerhard Zwerenz, und – ausgerechnet – Günter Grass, der erst einige Wochen zuvor in Polizeibegleitung die Kommunarden aus Uwe Johnsons Atelier verwiesen hatte. Als kurios kann außerdem der Versuch des Kybernetikers Helmar Frank gelten, durch eine mathematische Analyse der Flugblatt-Texte ihren ästhetischen Charakter nachzuweisen. Rechtsanwalt Mahler kündigte dem Gericht an, der Sachverständige werde darlegen, »daß durch die kybernetische Messung ihrer ästhetischen Information die Flugblätter eindeutig als literarische Texte ausgewiesen werden können«.[170] In der Tat hatte Frank für die Flugblätter einen ästhetischen Informationsgehalt von »0,8 bis 1,0 bit pro Schreibmaschinenanschlag« konstatiert, einen nach seiner Darstellung für literarische Texte charakteristisch hohen Wert. Wie skurril diese Analyse war, dämmerte dem Mathematiker schließlich selbst, als er am Ende seines Schreibens an Mahler auf den gesunden Menschenverstand verwies, um die Strafbarkeit der Flugblattinhalte auszuschließen. »Angesichts des sehr dürftigen Niveaus der Pamphlete« sei seine Wissenschaft mit einer Analyse »unterfordert«.[171]

Während Taubes für seine Begutachtung die Traditionen des Dadaismus und des Surrealismus bemühte, schließlich Parallelen zu Jonathan Swift und Søren Kierkegaard ausmachte, legte Szondi ganz immanent den ironischen Charakter der Flugblätter dar. Allen Gutachtern erschien es absurd und irreführend, die Texte der Kommune wörtlich oder ernst zu nehmen, sie gar für strafrechtlich relevant zu halten. Reinhart Baumgart betonte in seinem Gutachten die offensichtliche politische Satire der Kommune-Phantasien, die die Staatsanwaltschaft in Aufregung versetzt hatten: »Um das zu erkennen, bedarf es keiner literarischen Bildung. Schon deshalb erübrigt sich der (scheinbar naheliegende) Hinweis auf Dada, die literarischen Futuristen, den französischen Surrealismus oder die zeitgenössische Happening-Bewegung (vor allem die Gruppe Fluxus), die sämtlich Aufrufe zur Zerstörung von zivilisatorischen Einrichtungen hervorgebracht haben. Von ihnen unterscheiden sich die Verlautbarungen der Kommune I darüberhinaus durch geringere Radikalität.«[172]

Die Gutachten zu den Kommune-Flugblättern bestritten zwar die Strafbarkeit der vorliegenden Kommune-Schriften, waren jedoch in vielen Fällen weit davon entfernt, die Provokationen der Kommunarden zu verharmlosen. Fritz Eberhard machte seinem Studenten Fritz Teufel den Vorwurf, mit der Formulierung, Berlin müssen das Schauspiel brennender Warenhäuser noch entbehren, vergessen zu haben, »dass die *ältere Generation* brennende deutsche Häuser zur Genüge erlebt hat, und daher auf einen solchen Satz anders reagieren wird als junge Menschen, die diese Erfahrung nicht hatten.«[173] Walter Jens beklagte »abgesunkenes Kultur-Gut, Gammler-Theorie«. Die Kommune-Flugblätter seien »genuiner Ausdruck des Establishments (das doch angeblich decouvriert werden soll), das ist pubertärer Anarchismus, ein peinliches, sehr jugendliches Verkennen der Situation«. Ein Bildungserlebnis schien den Kommunarden in seinen Augen abzugehen, das er als angemessene Antwort empfahl: »Man zerre die Kommune-Mitglieder nicht vor den Kadi; man drücke ihnen den Hessischen Landboten in die Hand, damit sie an einem großen Beispiel lernen können, was politische Agitation und was Geschmacklosigkeit ist: unernstes Posieren mit austauschbaren Thesen, das – unfreiwillig parodierte – Pathos der Jugendbewegung gepaart mit viel peinlicher Sentimentalität und Plüsch-Obscönität.«[174]

Büchners Hessischen Landboten zitierte auch Günter Grass, kam nach Lektüre der Flugblätter allerdings zu ganz anderen Schlußfolgerungen, die es an Schärfe gegenüber den Kommunarden wie auch der Konsumkultur der Bundesrepublik nicht fehlen ließen. Die Texte der Kommunarden assoziierte er mit dem ESSO-Werbeslogan »Pack den Tiger in den Tank« und konstatierte, die Werbesprache, die Sprache der »Berliner Zeitung« wie auch diejenige der Kommune I offenbarten »gleichermaßen faschistische Symptome«: »Der Schrei nach Aktion (more power, more action) führt in der Tat, was den Tiger im Tank angeht, zu vermehrten Verkehrsunfällen, führt in der Tat, was die BZ angeht, zur reflexionslosen Aggressionsbereitschaft breiter Bevölkerungsschichten und auch der Polizei, führt in der Tat, was die Kommune I angeht, zu pseudorevolutionären Flugblättern, deren Gefahr in der Verächtlichmachung der Demokratie zu suchen ist und nicht in dem bloss verbalen Spiel mit dem Feuer.« Die Flugblätter würden viel über die »Unzurechnungsfähigkeit der Kommune I« verraten, die Ursache hierfür liege jedoch in der post-faschistischen Kultur der Bundesrepublik. In diesem Sinne wandte er sich gegen die Anklageschrift des Oberstaatsanwalts Kuntze: »Ein Staat, der die Kommune und ihre Produkte als öffentliche Gefahr wertet, beweist seine Unsicherheit und versucht die Wohltat demokratischer Nachsicht durch obrigkeitsstaatliche Härte zu ersetzen.«[175] Grass' einstiger Mentor Hans Werner Richter zeigte sich sichtlich erbost über die Zumutung, die Kommune-Flugblätter begutachten zu sollen: »Ein Gutachten [...] ist kaum möglich«, stellte er lapidar fest, es seien Produkte von »Wichtigtuern, dumm, arrogant, unpolitisch, geschmacklos, Texte einer schlecht gemachten und miserabel geschriebenen Bierzeitung. Ich kann sie beim besten Willen nicht ernst nehmen, bedauere aber sehr, daß die Behörden sie ernst nehmen.« Am Ende seines Schreibens an Horst Mahler entfuhr es ihm: »Ach, lieber Herr Mahler, ist es denn nicht möglich, daß solche Verfahren rechtzeitig niedergeschlagen werden, sie diskretitieren [sic!] alle und alles, aus Unfug, von mir aus auch grobem Unfug, wird mit der Zeit ein Malheur, ein politisches Malheur, und das ist schlimm in einem Land, das von unpolitischen Menschen bewohnt wird.«[176]

Eine andere Sichtweise präsentierte Eberhard Lämmert, die auf ein Generalpardon für die Kommunarden hinauslief, allerdings indem diese wenig schmeichelhaft zu unzurechnungsfähigen Hofnarren erklärt wurden. Bei der Beurteilung der Texte war ihm wichtig, auf die Person der Autoren Rücksicht zu nehmen, womit sich eine Strafverfolgung erübrige: »Würden Ausschnitte dieser Texte von Instanzen verbreitet, über die die Öffentlichkeit das Vorverständnis der Seriosität hat (z.B. Behörden, dpa), machten diese sich möglicherweise strafbar im Sinne der Anklage. Von einer solchen Möglichkeit, sich durch die Veröffentlichung ihrer Schriften strafbar zu machen, haben die Verfasser sich jedoch durch ihr bisheriges soziales Verhalten selbst ausgeschlossen.«[177]

Allein Gerhard Zwerenz ergriff offen für die Kommunarden Partei, indem er dem Staatsanwalt mitteilte, auch seine eigenen Texte müßten nach den Maßstäben der Anklage der Strafverfolgung unterliegen. Zwerenz mokierte sich über Unfähigkeit der Staatsanwaltschaft, Ironie oder Satire zu erkennen, und nahm sich darauf der Anklageschrift selbst an, die ihm ein lohnenderes Ziel einer literaturwissenschaftlichen Begutachtung zu sein schien: »In der Tat werden die undenkbarsten Dummheiten denkbar, betrachtet man diese wahrhaft außergewöhnliche Anklageschrift, die, von allen sonstigen Folgen einmal abgesehen, *eine* Folge auf alle Fälle haben wird: Sie wird als Dokument ungewollter Satire eingehen in die Geschichte der deutschen Literatur.«[178]

Insgesamt kann man festhalten, daß die Gutachten zu den Kommune-Flugblättern nicht einfach nur die Naivität »gutgläubiger Professoren« offenbarten. Als solchen sah sich zwei Jahre später Peter Szondi verunglimpft, und er verteidigte sich gegenüber einem Kollegen aus Zürich: Es werde übersehen, »daß zumindest in meinem Gutachten weder die Pläne der ›Kommunarden‹ noch die mögliche Wirkung ihrer Flugblätter behandelt wurden; ich untersuchte einzig die Frage, was in diesen Flugblättern gesagt wird und inwiefern das in der Anklageschrift falsch ausgelegt worden ist.«[179] Der Vorwurf einer Verharmlosung der gewalttätigen Rhetorik der Kommunarden ist nach dem 3. April 1968, als in Frankfurt zwei Kaufhausbrandstiftungen den Weg der Außerparlamentarischen Opposition in die Gewalt ebneten, häufig erhoben worden – zuletzt von Wolfgang Kraushaar, der Karl-Heinz Bohrers Kommentar vom Herbst 1968 vorgeworfen hat, die Gewaltrhetorik der Kommunarden »historisch gefeiert« zu haben.[180] Bohrer hatte darauf hingewiesen, daß mit den Kommune-Flugblättern eine internationale Sprache der Avantgarde nach Deutschland zurückgekehrt sei, die seit den 20er Jahren verstummt gewesen sei.[181] Wenn man einmal dahingestellt sein läßt, ob der Nationalsozialismus diese Sprache der Avantgarde zum Verstummen gebracht oder nicht vielmehr auf die Spitze getrieben hat, oder ob nicht auch schon die Texte der Gruppe SPUR eine ähnliche Qualität aufzuweisen hatten, erkannte Bohrer doch die kulturhistorische Logik der Kommune-Provokation, an der Kunzelmann maßgeblichen Anteil hatte. So wie der Surrealismus auf das Grauen des Ersten Weltkriegs geantwortete habe, schien ihm in den sechziger Jahren die subversive Avantgarde auf einen neuen Terror zu reagieren, der angesichts des Vietnam-Kriegs »kein Ausnahmezustand« mehr sei, sondern Alltag: »Dieses Element des Terrors ist unausweichlich und seine Sublimierung durch Literatur und Kunst vollzieht sich nicht mehr als Ablenkungsmanöver, sondern als seine Potenzierung.«[182] Die Rückkehr der europäischen Avantgarde in die deutsche Literatur sei nicht mit dem Hinweis auf ihren epigonalen Charakter zu erledigen: »Denn diese scheinbare Wiederkehr muß nun eher als Versuch einer realen Vollstreckung dessen gedeutet werden, was einige wenige vor vierzig Jahren gedacht, gefordert und vorweggenommen haben. Die Spannung von Phantasie und Praxis, ein im Grunde erkenntnistheoretisches Dilemma, wurde aktuell und zu einer moralischen Frage gemacht. Was von den Vorstellungen des literarischen *Juste-milieu* zugeschüttet worden ist, wurde wieder aufgedeckt. Die Saat geht spät auf? Eher sollte man sagen, es wurde noch einmal das von jenen ersten Rechnern Errechnete von anderen neu gezählt, und man kam auf die gleiche Zahl.«[183]

Bohrer ging es dabei letztlich um die Verteidigung einer Logik des Ästhetischen gegenüber den normativen Zumutungen des *Juste-milieu* (er meinte u.a. die Gruppe '47), die in akademischen Zirkeln um sich zu greifen begannen und in seinen Augen die Amoralität des ästhetischen Urteils zu ersticken drohten.[184] Einen anderen zentralen Aspekt der Sprache der Kommune-Flugblätter hatte von den Gutachtern einzig Günter Grass präzise formuliert: Er erkannte den

Reflexionscharakter der Kommune-Sprache, die ihm ebenso verwahrlost schien wie die Parolen der Werbung oder die Schlagzeilen der Springer-Presse. Die kommunikative Logik der publizistischen Provokationen der Kommune I lag in der Spiegelung von Wunsch- und Angstphantasien, die der Berliner Leserschaft Springers täglich vor Augen geführt wurden. Seit die Kommune am 6. April als eine Gemeinschaft von »Bombenlegern« tituliert worden war, lautete das Motto ihrer Provokationen, dieses Etikett zu übernehmen und auf die Spitze zu treiben.

Der amerikanische Schriftsteller Alexander Gross bereiste in jenen Jahren gemeinsam mit seiner Frau Ilene Astrahan die Zentren der subversiven Kultur in Europa, schrieb Berichte für die Alternativ- und Untergrundpresse – vornehmlich die International Times – und kam auf diese Weise auch in intensiven Kontakt mit der Kommune I. Seine wenige Jahre später verfaßten Erinnerungen an diese Zeit lassen die medienorientierte Arbeitsweise der Kommunarden erkennen, die sich aus der symbiotischen Beziehung mit der Boulevard-Presse ergab. Der Tagesablauf der Kommune begann demnach mit einer gründlichen Auswertung der Tagespresse: »Alles was mit Politik, Wirtschaft oder Kultur zu tun hatte, konnte von ideologischem Wert sein. All diese Artikel wurden ausgeschnitten und unter verschiedenen Kategorien in große Kladden geklebt. Obwohl dies die anarchistischste und dadaistischste deutsche Studentengruppe war, so waren ihre Mitglieder doch trotzdem vor allen Dingen gründlich und deutsch.«[185] Nachdem die Springer-Presse auf ihre Provokationen reagiert hatte, begann eine medial vermittelte Selbstbezüglichkeit dieser Pressearbeit, die in den beleidigenden Kommentaren des Boulevards nach Nahrung für neue Provokationen suchte: »Je übler der Kommentar, desto größer die Genugtuung, die es ihnen verschaffte. Obwohl sie wenig über McLuhan und ähnliche Medientheorien wußten, verhielten sie sich instinktiv nach dem Motto ›Jede Publicity ist gute Publicity‹. Wenn man bedenkt, daß ihre Ideen, wie verunstaltet auch immer, zum ersten Mal der breiteren Öffentlichkeit bekannt wurden und daß sie es geschafft hatten, die Rechten dazu zu zwingen, ihre Ansichten zu publizieren, dann mag man ihnen ihren gelegentlichen Narzißmus vielleicht verzeihen.«[186] Antje Krüger, die zu dieser Zeit zwischen der SDS-Kommune und der Kommune I hin und her pendelte, sprach später von einem eskalatorischen Zusammenspiel zwischen der Presse und der Kommune, in dem die bürgerlichen Ängste vor politischer Opposition, entgrenzter Sexualität und einer Auflösung alltäglicher Gewißheiten als Projektionen immer schärfer auf die Kommune bezogen wurden, was wiederum den Kommunarden in die Hände spielte: »Wir konnten nur bestehen, weil sie so hysterisch reagiert haben. Das war wie ein Pingpongspiel, das sich zu Squash entwickelte, immer härter und schneller wurde auf beiden Seiten.«[187]

Wenn zahlreiche Gutachter, so zum Beispiel Walter Jens und Hans Werner Richter, das erbärmliche Sprachniveau der Flugblätter beklagten, erkannten sie darin nicht die Vorbilder aus dem Hause Springer. Die Reaktion der Berliner Presse auf die Flugblätter hatten die Kommunarden ihrerseits konsequenterweise wiederum in einem Flugblatt zusammengestellt, so daß sich der Kreis von Provokation und Empörung des Boulevards schloß.[188] Aufschlußreich ist an dieser Stelle Alexander Holmigs Interpretation der Kommune-Aktionen, wenn er sie mit Thomas Meyer als »symbolische Politik von unten« charakterisiert.[189] Als Dekuvrierung einer placebo-artigen Kommunikation der Herrschaft gedacht, sei dieser Variante symbolischer Politik als einem »Dramatisierungsritual einer gestörten Verständigung« eine aufklärerische Funktion zuzuschreiben.[190] Wenn die Kommunarden mit ihren Flugblättern etwas zu kommunizieren beabsichtigten, dann eine spiegelbildliche Karikatur der Ängste und Wünsche der Springer-Leser, die sie erkannt zu haben glaubten. Ein Interview mit einem der angeblichen Brandstifter von Brüssel wäre für jeden Sensationsjournalisten ein beruflicher Höhepunkt gewesen und hätte seine Leser in schaurige Faszination versetzt. Die Charakterisierung des Brandes als Werbeaktion spielte mit (eigenen?) zivilisationskritischen Vorbehalten, die der US-amerikanischen Konsumkultur jede Niederträchtigkeit zutrauten, und die verschlüsselte Ankündigung eigener terroristischer Aktivitäten in Berlin war schließlich genau das, worauf die Redaktionen der Boulevardpresse nach der Blamage des sogenannten »Humphrey-Attentats« warteten. Die geglückte Zweckentfremdung, die auch Holmig konstatiert, betraf mithin einerseits die Springer-Presse, die mit ihrer reißerischen Berichterstattung die Kommune bundesweit bekannt machte, und andererseits die Berliner Justiz, die auf die verführerischen kommunikativen Reize ansprach und die Flugblätter reflexartig als das betrachtete, was diese zu karikieren suchten. Diese Taktik wurde explizit, als Rainer Langhans während des Prozesses im März 1968 über den Brüsseler Kaufhausbrand bemerkte: »Entscheidend war für uns nicht, was vorgefallen war, sondern wie es sich in der Vorstellung der Polizei und Presse darstellte, die sich damit beschäftigte. [...] uns interessiert, in welcher Weise das Vorgefallene gewirkt hat. Als Auswirkung besteht ja nur, was geschrieben wird. [...] Das heisst, dass wir Leute, die sich zur Brandstiftung aufgefordert fühlen, nur für blöd halten können – und da hat sich das Gericht ja sehr hervorgetan.«[191] Daß kaum drei Wochen nach dieser Aussage von Langhans andere eben diese »blöde« Schlußfolgerung ziehen würden, steht zunächst noch auf einem anderen Blatt.

Im Mai 1967 plagte die Kommunarden noch eine andere Sorge. Dagmar Seehuber war schwanger, und obwohl sie sich durchaus für das Kind hätte entscheiden wollen, beriet die Kommune kollektiv über die Frage eines Schwangerschaftsabbruches. An der Vaterschaft Kunzelmanns bestanden keine Zweifel, doch er wollte die Verantwortung für ein weiteres Kind nicht übernehmen. Das ausschlaggebende Argument in der Diskussion war dann jedoch, daß Dagmar Seehuber die Möglichkeit einer Schwangerschaft nicht zuvor mit der gesamten Kommune diskutiert habe. Sie fühlte sich in dieser Situation alleingelassen und entschied sich für einen illegalen Schwangerschaftsabbruch, den die Kommune kollektiv zu finanzieren hatte.[192] Der Eingriff, zu dem sie Ulrich Enzensberger begleitete, fand am 31. Mai statt.[193] Gleichzeitig bereiteten sich die Kommunarden auf das nächste Großereignis öffentlicher Politikinszenierung vor, das unmittelbar bevorstand. Bereits in den gerichtsnotorisch gewordenen Flugblättern war von der Teheraner Universität die Rede, und die Kommune hatte in Aussicht gestellt: »Den Schah pissen wir vielleicht an, wenn wir das Hilton stürmen, erfährt er auch einmal, wie wohltuend eine Kastration ist, falls überhaupt noch was dranhängt ... es gibt da so böse Gerüchte.«[194]

Am 27. Mai war der Schah von Persien in der Bundesrepublik eingetroffen und absolvierte das Programm eines Staatsbesuches, der ihn am 2. Juni nach Berlin führen sollte. An der Freien Universität fanden vorbereitende Informationsveranstaltungen über die innenpolitischen Zustände im Iran statt, bei denen insbesondere Bahman Nirumand auf den diktatorischen Charakter des Schah-Regimes aufmerksam machte.[195] Wiederum ergab sich eine in Dutschkes Worten »günstige Bedingung« öffentlicher Politik für eine Radikalisierung des Protests, der sich am Beispiel Persiens gegen die gesamte von den USA dominierte westliche Weltordnung richten sollte. In diesem Sinne versuchte Dutschke an der FU politische Zusammenhänge zu stiften, die den Rahmen der bisherigen linken Hochschulpolitik sprengen sollten. Im Hinblick auf eine für den 3. Juni angesetzte studentische Vollversammlung rief er am Vorabend des Staatsbesuchs aus: »Nicht am bedeutungslosen 3. 6. geht es um Vietnam, sondern morgen beim Schah-Besuch geht es um Vietnam!«[196] Dagmar Seehuber nahm ohne Rücksicht auf ihre Gesundheit mit den Kommunarden an dieser Veranstaltung teil – die revolutionären Pflichten erforderten offensichtlich kompromißlosen Einsatz.[197] Der bis heute legendäre Beitrag der Kommune I zu den Protesten am 2. Juni bestand in der Produktion von Papiermasken aus Einkaufstüten, die mit stilisierten Porträts des Kaiserpaares beklebt waren und für 10 Pfennige verkauft wurden.[198] Der Sinn der Maskierung lag ursprünglich in der Anonymisierung von Demonstranten, die bei einer Teilnahme an den Anti-Schah-Demonstrationen mit persönlichen Repressalien rechnen mußten – in erster Linie die iranischen Studenten in Berlin, aber die Tütenmasken wurden schnell zum allgemeinen Markenzeichen der Anti-Schah-Demonstration vor der Deutschen Oper in der Bismarckstraße.[199] In einer neuen Flugblattserie stimmte sich die Kommune auf den Schah-Besuch ein, die einerseits das Spiel mit der Provokation weitertrieb und andererseits den SDS verspottete. Seit geraumer Zeit würden, »wie uns zuverlässig berichtet wurde«, Aktionen und »vermutlich auch Attentate« auf den Schah geplant, während der SDS über Vietnam diskutiere.[200] Am 30. Mai berichteten die Kommunarden höhnisch von den Vorbereitungen der »Aktionsvorbereitungskomitees« des SDS, darunter das »Notstands-Aktionskomitee«, die »Hochschulrevolten-Planungsgruppe«, das »Aktionskomitee gegen die Berliner Wirtschaftskrise« und der »Vietnam-Volksfront-Koordinationsplanungsausschuß«. Der lapidare Kommentar der Kommune lautete: »Der Schah wird sich wundern!«[201] Im Zusammenhang mit dem angeblichen Humphrey-Attentat wurden derweil die Kommunarden Teufel, Langhans, Gebbert, Ridder, Enzensberger und Hameister vom Disziplinarausschuß der Freien Universität vorgeladen. Den Termin hatte der Ausschußvorsitzende Roman Herzog für den 2. Juni anberaumt, und die Vorgeladenen wollten an einen Zufall bei der Terminfestsetzung nicht recht glauben: Das Verfahren falle »offenbar zufälligerweise in den Zeitraum des Schah-Besuchs.« Der Protest gegen den Schah »und die Vertreter der BRD, die ihm Gastrecht gewähren« sei den Kommunarden demgegenüber wichtiger, und sie würden daher nicht vor dem Ausschuß erscheinen.[202]

Die Ereignisse des 2. Juni sind weitgehend bekannt und inzwischen von Uwe Soukup in einer beeindruckend dicht recherchierten Darstellung dokumentiert worden.[203] Während ein Teil der Kommunarden bereits auf dem Weg zur Demonstration von der Polizei verhaftet wurde, waren Kunzelmann, Teufel, Langhans, Gebbert und Dagmar Seehuber am Abend unter den Demonstranten gegenüber der Oper im sogenannten »Schlauch«, dem Polizeipräsident Duensing wenig später mit seiner »Leberwurst«-Metapher zu trauriger Berühmtheit verhelfen sollte.[204] Kunzelmann schilderte im Oktober in einer Vernehmung seine Eindrücke der Ereignisse. Nachdem Demonstranten vom rückwärtigen Bauzaun geprügelt und einzelne aus der Menge herausgegriffen und über die Bismarckstraße gezerrt worden waren, habe er bemerkt, wie die Polizeibeamten in der Bismarckstraße drohend Aufstellung genommen hätten, und ihm sei damit klar gewesen, daß ein gewaltsamer Einsatz der Beamten unmittelbar bevorstand.[205] Ohne Vorwarnung hatte die Polizei die Demonstranten durch zwei Mannschaftskeile in drei Gruppen geteilt, so daß er und die anderen Kommunarden in der mittleren Gruppe eingeschlossen waren. Zu Beginn der Räumung befanden sich die Kommunarden im Zentrum des Geschehens und beteiligten sich am spontanen Sitzstreik, der nach den Erfahrungen, welche die Demonstranten vor dem Schöneberger Rathaus mit iranischen Agenten und der Berliner Polizei hatten machen müssen, die Friedfertigkeit des Protests signalisieren und auf die Gefährdung des Demonstrationsrecht aufmerksam machen sollte.[206] Schließlich wurde die Gruppe unter Knüppelhieben in einem Spießrutenlauf durch die Polizisten nach Osten in Richtung Krumme Straße getrieben, wobei er die anderen aus den Augen verloren habe. Die Steinwürfe, deretwegen Teufel verhaftet worden war, habe er beobachtet, und Kunzelmann war Ende Oktober der Meinung, daß in dertartigen Situationen Steinwürfe auf die Polizei durch das Widerstandsrecht in der Berliner Landesverfassung legitimiert seien.[207] Die Greiftrupps, die daraufhin mit der Aktion »Füchse jagen« begannen, seien, so sei ihm mitgeteilt worden, insbesondere auf der Suche nach Kommunenangehörigen gewesen. Er sei dann mit anderen Demonstranten zum Kurfürstendamm gezogen, wo man unter Sprechchören das Hilton-Hotel angesteuert habe, bevor die Polizei den Zug an der Grolmanstraße aufgelöst habe.

Nach einigen Minuten vor dem Café Kranzler sei er mit der S-Bahn heimgefahren.[208] Dagmar Seehuber erinnert sich, daß sie, als sie dem »Schlauch« vor der Oper entkommen war, einem Nervenzusammenbruch nahe gewesen sei und hemmungslos geweint habe. Am Kurfürstendamm veranlaßte sie eine Lautsprecherdurchsage der Polizei, die irreführenderweise von einem toten Polizisten sprach, zur Flucht in umliegende Lokale, »weil klar war, dass das die Aufforderung zur Lynchjustiz war gegenüber allen Demonstranten, die noch auf dem Ku'damm unterwegs waren.«[209] Daß sie, wie sie berichtet, bereits in diesem Moment vom Tod Benno Ohnesorgs gewußt hat, darf allerdings bezweifelt werden. Für Dagmar Seehuber war in der Rückschau mit diesem 2. Juni ein Bruch markiert, der ihren Abschied von der Kommune einläutete: »Ich hatte nun den Eindruck, dass sich alles auflöst. Mir wurde zum ersten Mal bewusst, dass ich mit derart schwerwiegenden Folgen, wie sie bei dieser Demonstration entstanden waren, auf Dauer nicht umgehen konnte und auch nicht wollte.«[210] Mitte Juni verließ sie gemeinsam mit Dagrun Enzensberger die Kommune.[211]

Der »zugereiste Harlekin am Hof der Scheinrevolutionäre«

Gegen Fritz Teufel wurde am 3. Juni wegen eines angeblichen Steinwurfs vor der Oper Haftbefehl erlassen, und er verbrachte – mit einer Unterbrechung im August/September – nahezu die gesamte zweite Jahreshälfte in Untersuchungshaft. Die Tatsache, daß Karl-Heinz Kurras, der Todesschütze des 2. Juni, keinen einzigen Tag inhaftiert wurde, beflügelte die Kommune-Kampagne für die Freilassung Teufels, die von nun an zur zentralen Betätigung der Kommunarden wurde. So mißlich die Lage für Teufel war, so paßte sie andererseits zu früheren subversiven Konzepten Kunzelmanns, der schon 1964 gegenüber Frank Bökkelmann geäußert hatte, eine zahlenmäßig starke Protestbewegung könne immer auf ein paar Mitstreiter verzichten, die zeitweise im Gefängnis säßen.[212] Teufels Inhaftierung übte auf den studentischen Protest eine mobilisierende Wirkung aus. Ein öffentlichkeitswirksam in Szene gesetzter Hungerstreik in der Evangelischen Studentengemeinde unterstützte die Teufel-Kampagne, was die Kommune allerdings nicht davon abhielt, sogar ihre Sympathisanten wegen der Ernsthaftigkeit ihres Protests zu verspotten. Die Kommunarden hätten, so Enzensberger, das Gerücht verbreitet, Dutschke habe es mit dem Hungern nicht so genau genommen und heimlich Wurst »gefletschert«: »Wir machten uns lustig über seinen todernsten Protestantismus. [...] Wir waren wie Kinder, die einem predigenden Erwachsenen Hasenohren aufsetzen.«[213] Das Gerücht verfehlte seine Wirkung nicht und sorgte für Unmut.[214] Anläßlich des ersten Flugblatt-Prozesses im Juli rief dennoch ein mit »SDS« gezeichneter Text zur Solidarität auf und unterstützte die Kommune-Taktik: »Der Ton der Kommuneflugblätter, der eher die Verzweiflung einer isolierten Opposition ausdrückt, zerstörte die Selbstgefälligkeit der Administration. Diese wird zur Stellungnahme gezwungen, und sie reagiert, wie es einer erstarrten Bürokratie geziemt: *terroristisch*. Die Kommune hat zum ersten Mal einen politischen Kommentar von Seiten des Senats erzwungen. Dieser richtet seine Massnahmen gegen die gesamte ausserparlamentarische Opposition. Deshalb ist Fritz Teufel für uns alle eingekerkert.«[215] Die Handzettel der Kommune mit der Forderung »Freiheit für Teufel« machten die Runde und offenbarten eine Solidarisierungswelle innerhalb der Studentenschaft, die während des Sommers der Kommune zugute kam.

Doch die Juni-Tage wurden daneben von einem weltpolitischen Ereignis überschattet, das im politischen Denken Kunzelmanns und vieler anderer langfristige Spuren hinterließ. Bereits im Umfeld der studentischen Vollversammlung am 3. Juni, die nun eine Trauerfeier für Benno Ohnesorg war, verbreitete sich die Nachricht von der Zuspitzung der Nahost-Krise und einem unmittelbar bevorstehenden Krieg zwischen Israel und seinen arabischen Nachbarn. Die Stimmung innerhalb der traditionell philosemitischen studentischen Linken begann sich zu verändern.[216] Seit einigen Tagen hatten Flugblätter unterschiedlicher Provenienz um Unterstützung unter den Studenten geworben, und es kam über diesem Thema zu einer allmählichen Spaltung der Positionen. Ende Mai sprach die Arabische Studentenvereinigung von einem aggressiven Charakter der »Errichtung ›Israels‹ auf arabischem Boden als Sprungbrett imperialistischer Aktionen gegen die Araber« und dessen seitheriger Außenpolitik. Die »tragende Ideologie« Israels sei die »rassistische Ideologie des National-Zionismus« – eine Formulierung die geschickt mit einem Vokabular operierte, das in der deutschen Öffentlichkeit auf die Verantwortung für die von Verbrechen belastete deutsche Vergangenheit anspielen mußte, die von der Arabischen Studentenvereinigung allerdings nicht direkt angesprochen wurde. Statt dessen forderte der Text in unklarer Form die Wiederherstellung eines Zustands in der Region, der nicht näher datiert oder definiert wurde: »Der Frieden im Nahen Osten kann nur dadurch gesichert werden, daß die Ursachen seiner Bedrohung beseitigt werden und indem der Rechtszustand in Palästina wiederhergestellt wird.«[217]

Derartige Äußerungen riefen andererseits insbesondere die deutsch-jüdischen und kirchlich orientierten Gruppen auf den Plan. Frank Stern, Michael Wolffsohn und Dani Metzger stellten am 31. Mai die »Frage nach der moralischen Verpflichtung der Welt und damit auch der deutschen Studenten«. Die Proteste gegen den Vietnamkrieg würden zur »bloßen Nachplapperei kommunistischer Argumentation«, wenn gleichzeitig eine Unterstützung Israels verweigert würde, nur »weil die USA für Israel einstehen könnten«. Einen Völkermord in Vietnam anzuprangern müsse ebenso eine Verurteilung der Vernichtungsrhetorik Nassers nach sich ziehen. Gleichzeitig müsse sich der studentische Konvent uneingeschränkt zum Existenzrecht Israels bekennen.[218] Die Deutsch-Israelische Gesellschaft rief mit prominenter Unterstützung zu Spenden für Israel auf: »*Wir können nicht schweigen*, wenn das israelische Volk mit Völkermord bedroht wird. Der Staat Israel ist die letzte Heimat vieler Menschen, die aus unserem Lande stammen und dem von Deutschen ins Werk gesetzten Völkermord an den europäischen Juden entronnen sind.«

Die Unterzeichner, zu denen der Bundestagsabgeordnete Adolf Arndt, Günter Grass, Horst Ehmke, Ernst Benda, Egon Bahr, Conrad Ahlers, der Rektor der FU Hans Joachim Lieber und zahlreiche andere zählten, riefen die Kriegsgegner zur Solidarität »mit allen, die durch Bomben und Raketen verbrannt oder durch Verhungern ausgerottet werden sollen.« Insbesondere die Jugend solle zeigen, daß sie es durchschaue, »wie die Großen der Welt künstlich Krisenherde schaffen.« In beiden Teilen Deutschlands solle sich die Jugend gemeinsam gegen die Bedrohung Israels wenden.[219] In gleicher Weise engagierten sich die evangelischen Hochschulgruppen und die Aktion Sühnezeichen für Israel und warben für Spenden bzw. freiwillige Arbeitseinsätze in Israel.[220] Als Günter Grass am 3. Juni in der studentischen Vollversammlung um Unterstützung für eine derartige Solidaritätserklärung mit Israel warb, wurde das allerdings von der Mehrheit zurückgewiesen.[221] Offenbar hatten die Ereignisse des vorangegangenen Tages, die ein totales Demonstrationsverbot in West-Berlin nach sich zogen, eine Stimmung erzeugt, die alle Verbündeten der USA – als solcher war der Schah bei seinem Besuch in die Kritik geraten – unter dem Verdacht subsumierte, ökonomische Ausbeutung, soziale Rückständigkeit, autoritäre Regierungsformen und nicht zuletzt aggressive Militäreinsätze zu befördern. Auch die Diskussion um den griechischen Obristenputsch vom April sollte in diesem Zusammenhang gesehen werden, weil seit Wochen Parallelen zur geplanten bundesdeutschen Notstandsgesetzgebung gezogen wurden.[222] In diesen Tagen fügten sich für die Berliner Antiautoritären der Krieg in Vietnam, das Schah-Regime im Iran, der Tod Benno Ohnesorgs, die geplanten Notstandsgesetze, das Berliner Demonstrationsverbot sowie eben schon zuvor der Militär-Putsch im NATO-Mitgliedsstaat Griechenland zu einer integrierten Vorstellung eines diffusen, aber dennoch global agierenden »imperialistischen« Kontextes, in den nun auch das mit den USA verbündete Israel eingeordnet wurde. Das hatte, wie auch Enzensberger ehrlicherweise notiert hat, konkrete Auswirkungen auf die politische Meinungsbildung innerhalb der Kommune. Die Tatsache, daß Moshe Dayan im Jahr zuvor die US-Truppen in Vietnam besucht hatte, habe nun ins Bild gepaßt: »Auch in der Kommune I wurden Stimmen laut, die das Existenzrecht Israels in Zweifel zogen, und das war nicht weniger schauderhaft als das massenhafte Siegesgebrüll westdeutscher Ex-Nazis, die damit die Frage nach der deutschen Schuld an der Ermordung von sechs Millionen Juden und an Abermillionen anderen Opfern des deutschen Nationalsozialismus zu übertönen suchten und dabei an die deutschen Grenzen von 1937 dachten. Das unfaßbare deutsche Verbrechen gegen die Menschlichkeit begann auch in unserem Seelenleben zu verblassen.«[223] Das »massenhafte Siegesgebrüll westdeutscher Ex-Nazis«, das Enzensberger hier anprangerte, schlug sich in der Tat in

Pressereaktionen nieder, die vom israelischen »Blitzkrieg« schwärmten, Dayan als »zweiten Rommel« feierten oder angesichts einer Blutspendeaktion für Israel titelten: »Arisches Blut floß für die Juden«.[224]

Als gemeinsamer Nenner der Feindbilder, die im Juni 1967 unter den Berliner Antiautoritären gepflegt wurden, kann die Opposition zur Weltpolitik der USA gelten, an der sich Jahre zuvor anläßlich der Bilder aus Vietnam der Protest entzündet hatte, der sich nun wiederum gegen die israelischen Verbündeten wendete, die mit ähnlichen aggressiven und menschenverachtenden politischen oder militärischen Mitteln assoziiert wurden. Bestimmend war dabei eine emotionale Selbst-Identifikation mit den Opfern tatsächlicher oder assoziativ diesem Etikett zugeordneter »imperialistischer« Gewalt in aller Welt. Innerhalb der linken Protest-Politik entwickelte sich ein politisch-emotionaler Grundton der Solidarität mit den »Verdammten dieser Erde«, der sich unter Verweis auf die Verbrechen der jüngsten Vergangenheit als anti-faschistisch verstand. Solange die historisch belasteten Eliten der Bundesrepublik US-amerikanische Bomberflotten und israelische Blitzoffensiven begrüßten, antwortete die radikale Linke innerhalb des studentischen Protests mit einer Verweigerung der historischen Erbschaft von 1945. Der linke Anti-Imperialismus hatte damit eine welt- wie auch geschichtspolitische Dimension, die sich nicht auf einen einfachen Anti-Amerikanismus oder einen linken Anti-Semitismus verkürzen läßt. Auch andere Beobachter des Zeitgeschehens, die man kaum dem linken politischen Spektrum oder einem neuen, »anti-imperialistischen« Internationalismus zuordnen konnte, waren von kritischen Gedanken nicht frei oder versuchten sich zumindest in neutralistische Positionen zu flüchten. Sebastian Haffner etwa, der schon den Polizeieinsatz vom 2. Juni im Stern aufs Schärfste verurteilt hatte, übte Kritik an den Standardformeln, die Freiheit Berlins werde in Vietnam oder nun womöglich im Nahen Osten verteidigt. Neutrale Humanität sei das Gebot der Stunde, nicht zuletzt weil die Eskalation regionaler Stellvertreterkriege die Zuverlässigkeit der USA als Verbündete in Westeuropa in Frage zu stellen drohe und den Deutschen das Schicksal der palästinensischen Flüchtlinge nicht gleichgültig sein könne: »Wenn Schiffbrüchige sich auf ein bereits besetztes Rettungsboot drängen, um ihr Leben zu retten, kann man sie deswegen nicht verurteilen; wenn die Insassen sie dann wieder in die See werfen wollen, kann man sie aber auch nicht verurteilen. Am wenigsten können das die, die an dem Schiffbruch zuallererst schuld sind.«[225] Die Formel von den »Opfern der Opfer« wurde in diesen Tagen geboren und sollte noch lange innerhalb der deutschen Linken kursieren.

Am 9. Juni fand nach der Beisetzung Ohnesorgs in Hannover der Kongreß »Bedingungen und Organisation des Widerstands« statt, der die Situation der Außerparlamentarischen Opposition nach dem tödlichen Polizeieinsatz und dem Berliner Demonstrationsverbot zum Thema hatte. Die Kommunarden waren angereist, um die Debatte über mögliche Formen der studentischen Reaktion auf die neue Lage zu verfolgen. Die Ereignisse vom 2. Juni hatten bundesweit tausende Studentinnen und Studenten zu spontanen Protestkundgebungen auf die Straße gebracht, und diese Mobilisierung im Hochschulmilieu hofften die Antiautoritären zu massenhaften Protesten gegen die Staatsgewalt nutzen zu können. Berühmt geworden ist dieser Kongreß wegen der Konfrontation Dutschkes mit Jürgen Habermas, der in seinem Referat zunächst eindeutig Stellung für die protestierenden Studenten bezog.[226] Die Aktionen der Berliner Polizei mochte er nicht anders denn als »Terror« bezeichnen, welcher der »Abschreckung künftiger Proteste« diene, und damit drohe eine »manifeste Einschränkung der Demokratie«.[227] Gleichzeitig verwies Habermas auf die Komplexität der Strukturen, deren Veränderung auch er für notwendig hielt und deren gründliche intellektuelle Aufklärung das vorrangige Ziel der Studenten sein müsse. Diese Komplexität entziehe sich einfachen Lösungen, und »um so mehr also entzieht sich dieses System unmittelbarem Einwirken und um so schwächer werden die Aussichten für das, was in manchen Traditionen direkte Aktion hieß.«[228] Das war eindeutig auf den aktionistisch-subversiven Flügel des Berliner SDS und die Kommunarden um Kunzelmann gemünzt, denn für diejenigen, die sich, so Habermas, auf eine gründliche Analyse der Situation nicht einlassen wollten oder die damit verbundenen Frustrationen nicht aushalten könnten, drohe im Extremfall neben dem »Indifferentismus«, der sich nicht um die bedrohten Bürgerrechte bekümmere, auch der ebenso gefährliche »Aktionismus, d.h. eine Praxis, die jeden Anlaß zur Mobilisierung allein um der Mobilisierung, aber nicht um der begründeten und taktisch aussichtsreichen Durchsetzung von definierten Zielen willen ergreift.«[229] Insbesondere sorgte er sich um die Folgen einer aktionistischen Provokationstaktik, weil die vorhersehbaren staatlichen Reaktionen nicht zur Aufklärung der Konfrontation, sondern nur zu ihrer Verschärfung beitragen würden. Die Taktik der Subversiven erschien ihm im psychologischen Modus der Befriedigung eigener emotionaler Bedürfnisse, die aber keine politische Funktion besäße: »Ich mache mir keine Illusionen [...] über eine gewaltfreie Welt, diese Welt ist von Gewalt besessen, wie wir wissen. Aber die Befriedigung derart, durch Herausforderung die sublime Gewalt in manifeste Gewalt umzuwandeln, ist masochistisch, keine Befriedigung also, sondern Unterwerfung unter eben dieselbe Gewalt. Das muß an einem Sarg, obwohl niemand einen Toten aus politischen Gründen für sich reklamieren kann und reklamieren will, das muß aber an dieser Stelle auch gesagt werden dürfen.«[230]

Es ist diese Passage, aus der in einem kuriosen oder auch vielsagenden Mißverständnis die Formel vom »linken Faschismus« hervorgegangen ist. Zunächst hatte Habermas diesen Vorwurf überhaupt nicht erhoben, sondern es war der Vordenker des Frankfurter SDS, Hans-Jürgen Krahl, der Habermas – wie aus dem Kontext beider Textpassagen hervorgeht – offensichtlich rein akustisch nicht richtig verstanden hatte: »Die zweite Argumentation von Herrn Habermas war die, daß die Provokation der Gewalt faschistisch sei. Ich meine, daß dieses Argument aus der traditionellen Dezisionismuskritik heute überholt ist. Provozieren Tomaten im Ernst die Gewalt oder ist das nicht vielmehr so, daß der sich bürokratisierende Staatsapparat die Studenten zur Provokation insofern zwingt, als ihre Opposition gegenüber einer technisch hochgerüsteten und entsprechend armierten Exekutivgewalt, als ihre Opposition dieser technologisch hoch ausgerüsteten Gewalt, der sie mit blanken Händen gegenüberstehen, objektiv sie auf die Verhaltensweise primitiver Völker zurückzwingt?«[231]

Mit seinem Hinweis auf die »primitiven Völker« versuchte Krahl, den von der Staatsmacht bedrängten Studenten eine Solidarisierung mit der anti-kolonialen Guerilla in der sogenannten Dritten Welt nahezulegen, plädierte selbst aber für »ritualisierte Formen des Konflikts [...] ritualisierte Formen der Provokation«, mit denen in der Öffentlichkeit Gewaltlosigkeit manifestiert werden solle.[232] Habermas machte sich nun – aus welchen Gründen auch immer – in seiner Replik die akustische Fehlleistung Krahls zu eigen und präzisierte, daß er in der Herausforderung manifester staatlicher Gewalt zum Zwecke ihrer Denunzierung in der Tat ein »Spiel mit dem Terror mit faschistischen Implikationen« sehe.[233] Vorläufig wurde Habermas aber so verstanden, als habe er die provozierte Staatsgewalt, den von ihm so bezeichneten »Terror«, »faschistischer Implikationen« bezichtigt.[234] Der Faschismus-Vorwurf war in der protestkulturellen Wahrnehmung offenbar so eindeutig auf die staatliche Autorität fixiert, daß niemand auf den Gedanken kam, Habermas könnte diese Vokabel kritisch gegen den anti-autoritären Aktionismus in Stellung bringen wollen.

Es folgte das legendäre Dutschke-Referat, das sich in der Tradition der »Subversiven Aktion« vom traditionellen Marxismus und dessen optimistischen Tendenzanalysen einer bevorstehenden Krise des Kapitalismus verabschiedete und statt dessen einen notwendigen »subjektiven Faktor« revolutionärer Politik betonte, einen Faktor, den Habermas ausdrücklich kritisiert hatte, und Dutschke rief diesem zu: »Professor Habermas, Ihr begriffloser Objektivismus erschlägt das zu emanzipierende Subjekt.«[235] Dutschke zeichnete implizit die Diskussionen der »Subversiven Aktion« und der »Viva-Maria«-Gruppe während der vergangenen Jahre nach, verwies auf die aufklärerische Funktion seiner Tschombé-Aktion vom Dezember 1964, forderte, jenseits der existierenden Hochschulgruppen und Studentenausschüsse bundesweit studentische »Aktionszentren« als Stützpunkte des Protests zu schaffen, und propagierte ausdrücklich Regelverletzungen als Möglichkeit, unter den gegenwärtigen Bedingungen Öffentlichkeit herzustellen.[236]

In der Diskussion meldeten sich nun die Kommunarden zu Wort und stellten konkrete Demonstrationstaktiken vor. Rainer Langhans betonte ebenfalls den aufklärerischen Charakter möglicher Kommune-Aktionen, der sich allerdings nicht auf die intellektuelle Durchdringung der Hochschulstrukturen sondern auf die Verhaltensweise der Polizei bezog: »Wir wollen außerdem bei dieser Demonstration sehen, was die Polizei des Pastors [er meinte den Berliner Regierenden Bürgermeister Albertz] macht, der wir übrigens nicht noch mal, und das ist wohl der Sinn dieser Sache, Gelegenheit zu einer solch günstigen Notstandsfeldschlacht geben wollen, wie sie sie uns an der Oper tatsächlich liefern konnte.« Langhans wollte also eine Herausforderung übermäßiger staatlicher Gewalt ausschließen. Man wolle statt dessen »schöne Sachen machen«, zum Beispiel »Leute mit Buchstaben rumlaufen lassen, die man dann zu Worten zusammensetzen kann« – eine Taktik, die als das sogenannte »Buchstabenballett« (»A L B E R T Z ! A B T R E T E N«) bekannt geworden ist, an dem sich am nächsten Tag auch Gudrun Ensslin beteiligte[237] – oder »Wurststände machen«. Weitere seiner Vorschläge lauteten: »Wir können was mit Kreide auf die Straße malen, wir können vielleicht auch Wand- und Straßenzeitungen und dergleichen mehr machen.« Schließlich lud Langhans die westdeutschen Studenten ein, sich am Wochenende den Berliner Aktionen anzuschließen, um Erfahrungen zu sammeln und Ideen auszutauschen.[238]

Kunzelmann versuchte im Anschluß, einen der Kongreß-Organisatoren, den Berliner AStA-Vorsitzenden Knut Nevermann, anzugreifen, indem er ihm »organisierte Abwiegelei« vorwarf. Der Diskussionsleiter Ekkehart Krippendorff ermahnte ihn, eine Frage zu Dutschkes Referat zu formulieren (wozu er noch kurz zuvor Langhans nicht ermahnt hatte), doch Kunzelmann fuhr unbeirrt fort, der Sohn des früheren Hamburger Bürgermeisters habe durch seine geschickte Antragstaktik in den vergangenen Tagen verhindert, eine »Basis zu schaffen für höhere Positionen in irgendwelchen Organisationen.« Kunzelmann wollte im Sinne Dutschkes an der Person Nevermanns demonstrieren, daß die bestehenden studentischen Organisationen auf Grund der mangelnden Radikalität ihrer Funktionäre nicht mehr als Träger einer studentischen Protestaktion in Frage kommen würden, einer Protestaktion, die – so betonte Kunzelmann – »in keiner Weise aggressiv ausarten darf«. Krippendorff reagierte prompt: »Ich muß Ihnen leider das Wort entziehen, so geht's nicht!«[239] Dutschke reagierte auf die Situation, indem er die Vorschläge von Langhans und Kunzelmanns Formulierung von der »organisierten Abwiegelei« geschickt aufnahm und in der Diskussion hielt, ohne sich explizit mit den Kommunarden zu solidarisieren. Er propagierte nun ähnlich wie Langhans lediglich gewaltfreie Aktionen, passive Sitzstreiks, »um klar zu zeigen, was wir wollen, daß wir nicht provozieren, daß wir aber auch nicht bereit sind, uns organisiert abwiegeln zu lassen, uns organisiert in den nächsten Tagen in Friedhofsruhe zu versenken.«[240] Erst an dieser Stelle entzündete sich der offene Konflikt zwischen Dutschke und Habermas. Ausgerechnet Deutschkes sehr gemäßigter Vorschlag, Sitzstreiks durchzuführen, brachte Habermas dazu, in den Saal zurückzukehren und seinen Vorwurf ad personam in verschärfter Form zu erneuern, allerdings erst nachdem Dutschke den Saal bereits verlassen hatte: »Herr Dutschke hat als konkreten Vorschlag, wie ich zu meinem Erstaunen nachher festgestellt habe, nur vorgetragen, daß ein Sitzstreik stattfinden soll, das ist eine Demonstration mit gewaltfreien Mitteln. Ich frage mich, warum nennt er das nicht so, warum braucht er eine dreiviertel Stunde, um eine voluntaristische Ideologie hier zu entwickeln[?] Ich bin der Meinung, er hat eine voluntaristische Ideologie hier entwickelt, die man im Jahre 1848 utopischen Sozialismus genannt hat und unter heutigen Umständen, jedenfalls ich glaube, Gründe zu haben, diese Terminologie vorzuschlagen, linken Faschismus nennen muß. Es sei denn, daß Herr Dutschke aus dem, was er an Überbau hier entwickelt hat, praktisch keine Konsequenzen zu ziehen wünscht.«[241]

Offenbar verschärfte Habermas diesen Vorwurf, den ihm Krahl in den Mund gelegt hatte, weil es ihm in der Diskussion nicht gelungen war, die subversive Fraktion um Dutschke und Kunzelmann zu isolieren, und weil er wohl befürchtete, die Berliner Subversiven würden mit harmlos klingenden Ankündigungen die Studentenschaft in illegale Aktionen hineinziehen, die in gewalttätige Auseinandersetzungen münden könnten. Indem er den abwesenden Dutschke fragte, ob sein subversiver Aktionismus bewußt Opfer in Kauf nehme, übernahm er implizit die Argumentation der Springer-Presse, die in diesen Tagen insistierte, Ohnesorg sei nicht ein Märtyrer sondern das Opfer der »FU-Chinesen«, wie die subversive Minderheit der Berliner Studenten von der BERLINER ZEITUNG genannt wurde. Erst jetzt erntete er protestierende Zwischenrufe der noch anwesenden SDS-Mitglieder, nachdem sein vorheriger Verweis auf die »faschistischen Implikationen« einer subversiven Taktik unverstanden geblieben war. Das Ergebnis war eine weitere Entfremdung der sogenannten Frankfurter Schule vom subversiven Kern des studentischen Protests, wie sie sich schon Jahre zuvor anläßlich der »Suchanzeige« der »Subversiven Aktion« abgezeichnet hatte, deretwegen Adorno die Gerichte bemüht hatte.[242]

Wie tief Habermas' Abneigung gegen die Subversiven saß, zeigte sich noch ein ganzes Jahr später, als er auf einem anderen Kongreß in Frankfurt »Sechs Thesen über Taktik, Ziele und Situationsanalysen der oppositionellen Jugend« vorstellte. Wenige Tage nach dem Pariser Mai verurteilte er »Aktionen um der Selbstbestätigung willen«, die unter den Bedingungen der antiautoritären Revolte, »wenn sie aus dem Schattenreich der persönlichen Psychologie heraustreten und zur politischen Gewalt werden, wahrlich ein Skandal sind.« Er illustrierte seine Kritik an drei Typen dieses Aktionismus, zunächst derjenigen des Agitators, der von »kurzfristigen narzißtischen Befriedigungen lebt und die Aktion von einer Bestätigung zur nächsten treibt, um der Selbstbestätigung willen.« Der Typus des »Mentors« stelle eine weitere Gefahr dar, weil er »eine Orthodoxie mit grauen Vokabeln allen Bewußtseinstrübungen aufprägt, um das zu rationalisieren, wozu den anderen die Worte fehlen.«[243] Es fällt schwer zu glauben, daß Habermas bei der Abfassung dieser Zeilen nicht konkrete Personen, zum Beispiel Dutschke oder Krahl, vor Augen standen – und das gilt auch im Hinblick auf seinen dritten Typus des fehlgeleiteten Aktivisten: »Ich meine schließlich die Rolle des zugereisten Harlekins am Hof der Scheinrevolutionäre, der, weil er so lange unglaubwürdige Metaphern aus dem Sprachgebrauch der zwanziger Jahre für seinerzeit folgenlose Poeme entlehnen mußte, nun flugs zum Dichter der Revolution sich aufschwingt – aber immer noch in der Attitüde des Unverantwortlichen, der sich um die praktischen Folgen seiner auslösenden Reize nicht kümmert.«[244] Mit den »praktischen Folgen« spielte Habermas wohl auf die Frankfurter Kaufhausbrandstiftung und auf die Oster-Unruhen in den Wochen zuvor an, für die er offenbar die Kommune-Rhetorik des vorangegangenen Jahres oder die Publikationen Hans-Magnus Enzensbergers verantwortlich machte.

In der Tat hatten die Kommunarden seit dem Juni 1967 alles unternommen, um ihre Flugblätter und die behördlichen Reaktionen auf ihre Aktionen so bekannt wie möglich zu machen. So entstanden im Sommer 1967 mehrere, immer wieder erweiterte Auflagen der Broschüre »Gesammelte Werke gegen uns«, in denen die Kommune eigene Flugblätter, insbesondere jedoch amtliche Schreiben und Anklageschriften publizierte.[245] Die Leser sollten einen Einblick in die institutionellen Konflikte erhalten, in welche die Kommunarden anläßlich des sogenannten »Humphrey-Attentats« oder der Festnahme Fritz Teufels vor der Berliner Oper mit der Berliner Justiz und dem Disziplinarrecht der Freien Universität geraten waren. Sie erhofften sich davon insbesondere im Fall von Fritz Teufel eine Solidarisierung innerhalb der Studentenschaft, die sich dann auch im Gerichtssaal Gehör verschaffen würde. Die Entlarvungstaktik, mit der die Kommunarden auf autoritäre Strukturen in der westdeutschen Nachkriegsgesellschaft abzielten, machte auch vor den eigenen Familienangehörigen nicht halt, die nach den Presseberichten über das sogenannte »Humphrey-Attentat« besorgte und mahnende Briefe an ihre Söhne und Töchter in Berlin geschrieben hatten. Vater Gebbert beklagte die »Unsauberkeiten der von Euch dem STERN produzierten Lebensart«, die den Anliegen der studentischen Opposition schaden würden, empfahl einen »praktischen Beruf« und warnte: »sonst gehst Du vor die Hunde und Mutti und mich träfe das schwerstens.«[246] Familie Teufel berichtete von Besuchen der Kriminalpolizei, die Eltern sicherten aber ihrem Sohn Fritz den Unterhalt bis zum Jahresende zu, äußerten sich – wenn sie auch nach dem politischen Nutzen fragten – anerkennend über die »Zivilcourage« der Kommunarden und meinten sogar: »Vielleicht kommt Ihr ja noch mal so davon [...] das können sie von der Uni gar nicht machen, aber so genau sieht man da ja nicht durch.«[247] Vater Langhans empfahl – offenbar unter dem Eindruck der Ereignisse vom 2. Juni – seinem Sohn Rainer den Umzug nach München.[248] Einzig Otto Kunzelmann stimmte schon im April einen deutlich schärferen Ton an, wohl nicht zuletzt, weil er schon sehr viel länger als die anderen die subversiven Aktivitäten seines Sohnes verfolgte und dessen nun bundesweite Publizität seine Geduld überforderte. Die volkswirtschaftlichen Studien, die sein Sohn im Gegenzug zum väterlichen Unterhaltsversprechen in Aussicht gestellt habe, hätten sich – den Berichten des SPIEGEL zufolge – als Schutzbehauptung entpuppt, und damit schickte der Vater »letztmals einige Zeilen« und zog einen Schlußstrich: »Der Skandale und Skandälchen sind es nun genug. Was ich im ›Stern‹ gelesen habe, reicht mir. Du bist auch fähig, ohne Rücksicht auf Deine Eltern, auf Deine Grossmutter und Deine Geschwister, ein Leben zu leben, welches unsere Tage mit Bitternis füllt. Dein Denken ist derart irreal, dass ich mich frage, ob Du nicht ein Fall für den Psychiater bist. Dein Versagen in der Schule und in der Gesellschaft haben offensichtlich einen Komplex in Dir entstehen lassen, welcher Dich mit blindem Hass gegen Deine Umwelt erfüllt. Ich glaube auch nicht, dass Dir diese Zeilen irgendwie zu Herzen gehen, sondern ich nehme an, dass Du Dich mit Deinesgleichen darüber mokierst. Ich ziehe nun die Konsequenzen. Der von mir geleistete Zuschuss entfällt mit sofortiger Wirkung, für Mai kommt also kein Geld mehr. Hinsichtlich der späteren, vielleicht recht bald eintretenden erbrechtlichen Regelung sind die notwendigen Schritte in die Wege geleitet.«[249] Wenn die Kommunarden unter familiären Generationenkonflikten litten, betraf das im strengen Sinne nur Kunzelmann, der diesen Konflikt aber über Jahre hinweg selbst forciert hatte. Insgesamt fällt jedoch auf, daß die Familien immer wieder die Berichterstattung der Zeitschriften STERN und SPIEGEL zitierten, aus denen sie ihr Bild von den Aktivitäten ihrer Söhne und Töchter entnahmen. Die Medialisierung des Protests ergriff damit sowohl die westdeutsche Provinz im allgemeinen als auch die familiären Binnenverhältnisse zwischen den Generationen.

Das Titelblatt der »Gesammelten Werke gegen uns« entstand anläßlich eines Journalistenbesuchs im Juni und ist inzwischen als Ikone der antiautoritären Bewegung in die Mediengeschichte der Bundesrepublik eingegangen. Die Photographie zeigt die Kommunarden rücklings, nackt mit gespreizten Armen und Beinen gegen eine weiße Wand aufgestellt und ist seit Jahrzehnten als Sinnbild für die sogenannte Sexuelle Revolution mißverstanden worden. Auf dem Photo sind Kunzelmann, Langhans, Enzensberger, Gertrud »Agathe« Hemmer, Dorothea Ridder, Dagmar Seehuber (die noch einmal in der Kommune vorbeischaute) und Volker Gebbert zu sehen.[250] Der kleine Nessim Hemmer setzte am rechten Bildrand einen ironischen Akzent.[251] Gedacht war die Abbildung als provokante Inszenierung einer Festnahme. Antje Krüger, die damals allerdings nicht dabei war, erinnerte sich später, daß die gemeinsame Nacktheit die Kommunarden eher irritiert habe und »alle froh waren, sich wieder anziehen zu können.«[252] Dagmar Seehuber ist sich sicher, daß die Kommunarden sich bei dieser Gelegenheit zum ersten Mal gegenseitig nackt gesehen hätten, und betont: »Es war wirklich ein Photo für diese ›Geier‹ vom Spiegel.« Die Kommune nutzte das Medieninteresse für die Selbst-Skandalisierung, indem sie mit dem sexuell konnotierten Tabu der Nacktheit kokettierte und sich als Gruppe inszenierte, »die alle von der Gesellschaft gesetzten Sittlichkeitsgrenzen übertrat. Niemand konnte ahnen, dass wir alle ein ziemlich verklemmter Haufen waren.«[253] Das Bild hat sofort eine Vielzahl von Interpretationen provoziert, und die Diskussion dauert bis heute an. Dagmar Herzog verweist in ihrer Analyse der sexuell codierten Diskussionen um die NS-Vergangenheit zum Beispiel auf Reimut Reiche, der die Aufnahme als unbewußte Identifikation der Kommunarden mit den nackten Körpern der NS-Opfer kommentiert hat, während jene Opfer gleichzeitig durch die sexuelle Konnotation des Bildes verhöhnt würden: »›Sexualität macht frei‹ paßt zu diesem Bild so gut wie ›Arbeit macht frei‹ zu Auschwitz.«[254] In diesem Sinne stellt die Aufnahme eine ikonographisch geschickt und anspielungsreich inszenierte Leerformel dar, in die jeweils unterschiedliche Assoziationen hineininterpretiert werden konnten und hineininterpretiert wurden – ironischerweise sogar spätere Hoffnungen auf eine lebensweltliche Authentizität in den Alternativ-Bewegungen.[255] Nichts jedoch repräsentierte diese Aufnahme weniger als eine Vision von Authentizität, sondern vielmehr den Willen zur gezielten Provokation der Öffentlichkeit. Die Kommune entwickelte sich damit endgültig zur medial inszenierten bürgerlichen Negativ-Phantasie, wie Antje Krüger rückblickend resümierte: »Wir verkörperten für die Presse all das, wovor sich der Normalbürger gruselte, die Bedrohung durch Unordnung, Auflösung ihrer kleinbürgerlichen Existenz, ihres kleinen Alltags, ihrer verqueren Vorstellungen von Sexualität. Das waren reine Projektionen.«[256]

Nach dieser Inszenierung folgte eine intensive Phase öffentlicher Auftritte der Kommunarden, die kaum einen Anlaß ausließen, um die etablierten gesellschaftlichen Rituale mit ironischen Angriffen zu überziehen und die Freilassung Fritz Teufels zu fordern. Am 13. Juni wurde das Berliner Demonstrationsverbot für zwei Stunden aufgehoben, und die Kommunarden reihten sich als bußfertige Sünder in die »Ordner«-Demonstration der Berliner Studenten ein. Während der Demonstrationszug auf einen vereinzelten Studenten dutzende sogenannte »Ordner« folgen ließ, verkündete das Plakat der Kommunarden, die in weiße Bettlaken gehüllt auftraten: »Radikalinskis aller Länder, tut Buße!«.[257]

Am 6. Juli begann mit dem Flugblatt-Prozeß gegen Fritz Teufel und Rainer Langhans eine lange Reihe von Gerichtsverfahren gegen die Kommunarden, die eine neue Bühne der performativen Provokation eröffneten. Im 1968 veröffentlichten Buch »Klau mich!« erstellten die Kommunarden eine »Gebrauchsanweisung« für die Justiz, die sich wie ein Leitfaden zur institutionellen Zweckentfremdung liest:

»Du musst Deinen Prozess führen – niemand sonst
Vorbereitung:
Es geht nicht darum juristisch zu gewinnen – Du musst politisch gewinnen, für Dich.
Du musst mit Deinen Leuten den Prozess als Aktion planen, im Gerichtssaal

als Zuschauer, Zeugen und ausserhalb mit Flugblättern, Demonstrationen, auf Veranstaltungen usw., vor allem Selbstanzeigen.
Du musst mit Deinem Anwalt die Strategie absprechen.
Du musst Dich über die Prozeßbeteiligten, auch die Zeugen, informieren, um sie hineinziehen zu können.
Durchführung:
Das wichtigste ist Zeitgewinn: Du musst mindestens einen Tag zum Üben haben.
Du kannst jederzeit reden.
Du kannst Dir über jeden prozessualen Schritt Rechtsbelehrung geben lassen, ihn protokollieren und Beschlüsse darüber herstellen lassen.
Du kannst jeden Beteiligten aus Besorgnis der Befangenheit ablehnen.
Dein Anwalt muss Deine Einfälle und Prozeßführung juristisch untermauern.
Erst wenn Du Deine Strafe abgesessen hast, ist Dein Prozess zu Ende – vorher gibt es bis zu drei Instanzen und Aktionen im Gefängnis.«[258]

Ganz in diesem Sinne hatten schon vor dem ersten Prozeß die nicht angeklagten Kommunarden Kunzelmann, Gebbert, Enzensberger und Gertrud Hemmer Selbstanzeige erstattet, weil die Flugblätter kollektiv verfaßt worden seien, schließlich gebe es »irgendwo im Gesetz [...] doch so was wie Recht auf geistiges Eigentum.«[259] Interessanterweise hat Kunzelmann zwanzig Jahre später wiederum die Justiz bemüht, um feststellen zu lassen, daß er nicht der Autor der Kaufhaus-Brand-Flugblätter sei: »Zu dem Flugblatt: Ich muß folgendes sagen, ich habe ein für die Berliner Morgenpost sehr teures Gegendarstellungs- und Widerrufsverfahren bzgl. dieses Textes gewonnen, daß der Text nicht von mir ist und ich bin vorsichtig genug, [...] mich darüber weiter nicht zu äußern.«[260]

Rechtsanwalt Mahler beantragte gleich zu Beginn des Prozesses eine Vertagung zur Vorbereitung weiterer literarischer Gutachten. Als dies abgelehnt wurde, begann eine subversive Justiz-Satire, die in den folgenden Monaten für öffentliche Aufmerksamkeit sorgte.[261] Der Vorsitzende Schwerdtner geriet immer wieder in Bedrängnis:

Schwerdtner: »Sie haben zu Beginn von den weiterreichenden Aktionen gesprochen, die zunächst den privaten Bereich betrafen.«
Langhans: »Es handelt sich da nicht um besondere Aktionen – es stimmt, wir wollten auch die persönlichen Dinge einbeziehen.«
Schwerdtner: »Ihr Privatleben interessiert mich nicht.«
Langhans: »Müßte Sie aber interessieren – Sie sind hier Richter, und abends nett zu Ihrer Frau. Wir wollten keine Trennung zwischen unserem politischen Engagement und dem persönlichen. Ich kann nicht zu Hause mein Kind prügeln und sonst Kindergärten führen.«[262]

Insbesondere Fritz Teufel offenbarte sein performatives Talent. Auf die Frage, gegen welche Saturiertheit und Selbstzufriedenheit die Kommune denn protestieren wolle, antwortete er: »Die Deutschen sind ein demokratisches, freiheitliches, tüchtiges Völkchen. Sie haben zwar eine Menge Juden umgebracht, aber dafür werden jetzt mit deutschen Waffen Araber umgebracht, das ist eine Art Wiedergutmachung. Es ist doch so: Je mehr von den Schwarzen oder Gelben da unten verrecken, desto besser ist es für uns.« Die erschrockene Frage Schwerdtners, ob er das ernst meine, quittierte das Publikum mit Gelächter, und Teufel blieb seiner Rolle treu: »Doch, doch!«[263] Auf die Frage, was geschehen wäre, wenn jemand die Kommune-Flugblätter ernst genommen und ein Kaufhaus in Brand gesetzt hätte, konterte er: »Ich muß sagen, es ist keiner auf den Gedanken gekommen, daß man das tun könnte – bis auf den Herrn Staatsanwalt. Der hat es aber auch nicht getan, sondern eine Anklageschrift verfaßt.«[264]

Das Gericht hatte größte Mühe mit der neuen Ironie der Kommunarden. Langhans wiederum zeigte sich angriffslustiger und entgegnete auf die Bemerkung des Staatsanwalts Kuntze, die älteren Berliner hätten noch brennende Häuser erlebt: »Sie haben es aber vergessen.«[265] Als der Vorsitzende sich nach Orgasmusschwierigkeiten, Konzentrationsstörungen und Neurosen erkundigte, die die Kommune-Mitglieder kollektiv lösen wollten, erntete er wiederum das Gelächter der Zuschauer, als Langhans antwortete: »Können Sie sich das denn gar nicht vorstellen? Oder haben Sie denn keine? Das wäre erstaunlich!«[266] Schließlich vertagte das Gericht die Hauptverhandlung, um psychiatrische Gutachten über die Angeklagten einzuholen. Die pathologische Perspektive schien der Justiz die einzig angemessene. Teufel kommentierte: »Ich stimme der Untersuchung zu, wenn die Mitglieder des Gerichts und der Herr Staatsanwalt sich ebenfalls psychiatrisch untersuchen lassen.« Darauf reagierte das Publikum mit frenetischem Beifall, was Schwerdtner dazu veranlaßte, den Saal räumen zu lassen.[267] Die performative Prozeß-Taktik der Berliner Subversiven fand in der Berliner Justiz ein zunächst noch ahnungsloses Opfer. Die Kommunarden wiederum vermarkteten ihre Prozeß-Auftritte in ihren Broschüren und verfaßten eine Anklageschrift gegen Staatsanwalt Kuntze, weil er – trotz Selbstanzeige der gesamten Kommune – nur zwei Kommunarden angeklagt hatte. Entweder, so die Kommunarden, sei er damit der Begünstigung im Amt schuldig, oder die Anklage erweise sich als haltlos, weshalb sie Kuntze wegen Verfolgung Unschuldiger angeklagt sehen wollten: »Der Beschuldigte mag wählen. […] Wir beantragen, das Verfahren gegen den Beschuldigten zu eröffnen und die Hauptverhandlung während des Winter-Semesters stattfinden zu lassen.«[268] Kunzelmann und die anderen nicht angeklagten Kommunarden kommentierten schließlich den ersten Flugblatt-Prozeß und seine öffentliche Wirkung in den »Gesammelten Werken« als »Moabiter Seifenoper«: »Seit der Seifenoper sind Rainer und Fritz bunte Hunde, mit Nachrufen durch viele Berliner Bürger versehen (Vergasen! und anderes Bekanntes), doch auch Freundliches gibt's, vom einfachen (allerdings meist besoffnen) Mann auf der Straße. [...] Vielleicht, vielleicht ist uns das Glück hold und wir anderen kriegen auch so einen schönen Prozeß wie Fritz und Rainer.«[269]

Am 10. Juli diskutierte Herbert Marcuse als Honorarprofessor der Freien Universität mit Berliner Studenten die »Möglichkeiten und Chancen einer politischen Opposition in den Metropolen« und verteidigte angesichts des Faschismus-Vorwurfs von Habermas den »subjektiven Faktor«, dessen marxistische Neubestimmung er als »eines der entscheidensten Erfordernisse der heutigen Situation« bezeichnete: »Eine der Aufgaben ist es, den Menschentypus freizulegen, der die Revolution will, der die Revolution haben muß, weil er sonst zusammenbricht: das ist der subjektive Faktor, der heute mehr als subjektiver Faktor ist.« Angesichts der Konfrontation mit den staatlichen Instanzen sei es geboten, »jede Möglichkeit eines Risses aufzuspüren in der ungeheuer konzentrierten Machtstruktur der bestehenden Gesellschaft.«[270] Kunzelmann und die anderen Kommunarden mochten das während der Freilassungs-Kampagne für Fritz Teufel direkt auf ihre eigene Situation und ihre eigenen Aktivitäten beziehen und sich philosophisch bestätigt fühlen. Marcuses existentieller Aktivismus, der hier zum Ausdruck kam, stellte durchaus eine Remineszenz an die politische Kultur der Zwischenkriegszeit dar, welche die avantgardistischen Aufbrüche der sechziger Jahre begleitet hatte. Kritiker griffen nicht selten auf eine Gleichsetzung des revolutionären Aktivismus der Neuen Linken mit dem Radikalismus der Konservativen Revolution zurück – eine gängige Deutung im Rahmen der damals aktuellen Totalitarismus-Theorie.[271] Neben dem politischen Radikalismus stand aber für Marcuse wie für die Kommunarden immer auch die Revolutionierung der Lebenswelten, auch wenn die Rezeption von Mißverständnissen und chauvinistischen Verzerrungen nicht frei war. Marcuse besuchte die Kommune am Stuttgarter Platz und erinnerte daran, das sexuelle Befreiung und Promiskuität nicht identisch seien, sondern daß es um eine entökonomisierte Zärtlichkeit unter den Revolutionären gehen müsse – eine Forderung, von deren Einlösung die Kommune, wie sich Enzensberger erinnert, weit entfernt war.[272]

Drei Tage später begann der Prozeß gegen den weiterhin inhaftierten Fritz Teufel wegen schweren Landfriedensbruchs am 2. Juni. Teufel ging mit einem ironischen Geständnis in die Offensive und bezichtigte sich selbst, mit Pudding geworfen zu haben, in den Augen des SDS eine »Gefahr für den historischen Prozeß« zu sein, grundlos gegen den Schah demonstriert zu haben, bei dieser Gelegenheit keinen Stein geworfen zu haben und der Öffentlichkeit das »Staatsgeheimnis von der Unfähigkeit der Justiz« verraten zu haben. Er unterzeichnete mit: »Still schäm' ich mich in meiner Zelle / Fritz Teufel, Ausgeburt der Hölle«. Den Text verbreitete die Kommune wiederum als Flugblatt.[273] Die Kommunarden unternahmen seit dem Sommer 1967 alles, um die Berliner Justiz in ein ironisches Spiel zur Delegitimierung öffentlicher Autorität zu verwickeln. Solange

Polizei und Justiz die provokatorischen Gesten der Kommune für bare Münze nahmen, standen die Chancen nicht schlecht, staatliche Institutionen der Lächerlichkeit preisgeben und gleichzeitig nicht nur im studentischen Milieu Sympathien ernten zu können. Doch die Waffe der subversiven »Zweckentfremdung« wurde schnell stumpf, und es setzte ein Prozeß der zunächst noch verbalen Radikalisierung ein, um die öffentliche Provokation fortsetzen zu können.

Am 9. August fand die offizielle Trauerfeier für den verstorbenen ehemaligen Reichstagspräsidenten Paul Löbe statt. Die in diesem Zusammenhang von der Kommune vorbereiteten Texte geben Aufschluß über Binnen- und Außenkommunikation der Kommune, die am 6. August einen Rundbrief an die »lieben Freunde« verfaßte: Brandt, Kiesinger und andere wollten »einen gewissen Paul Löbe, Vorsitzenden des Unheilbaren Deutschland etc. pp. hier feierlich einbuddeln«. Die Sympathisanten wurden am Vorabend zur Vorbereitung eines Protest-Happenings in die Kommune eingeladen. Die Kommunarden würden »Albertz, Büsch, Duensing, den Senat mit seiner Polizei und Justiz [...] feierlich im gebührenden Rahmen begraben.«[274] Während des Staatsaktes erschienen die Kommunarden und ihre Unterstützer mit einem geschulterten Sarg vor dem Schöneberger Rathaus, aus dem der mit einem Nachthemd bekleidete Kunzelmann aufsprang und den Umstehenden Flugblätter zuwarf, die einen anderen Ton anschlugen: »Ihr wollt heute Paul Löbe durch den Schornstein feiern. Euch wird ein grosses Fest beschert, ein grosses, ernstes, wo einer vom Staat begraben wird. Wir nehmen die Feste, wie sie fallen, wir nehmen uns dies Fest mit den Ehrenmännern in Uniformen, den Leuten mit den reinen Westen, den aus Film und Fernsehen bekannten Darstellern von Charakterrollen und wir machen mit, denn wir wollen auch etwas feiern! Wir wollen ein paar smarte Leichen verscharren, die langsam schon zum Himmel stinken – Da sind sie: Albertz, Büsch, Duensing, Kuntze, Dehnicke, Hoppe. Wir müssen uns beeilen. Seit dem 2. Juni stinken sie – und der Fritz sitzt und frisst und frisst sie von innen auf. Bald stehen nur noch ihre Fassaden und die fallen leicht zusammen. Unser Sarg passt dann nicht mehr – er ist zu gross für die fünf. Da passen dann Senat und Justiz zusammen rein. Den verscharrt der Fritz alleine.«[275]

Abgesehen von der relativen Humorlosigkeit dieses rundum mißratenen Flugblatt-Textes wird das Bemühen erkennbar, durch gezielte Geschmacklosigkeiten eine maximale Empörung der Öffentlichkeit zu erreichen. Die verbale Aggression richtete sich gezielt nach außen, gab somit wenig Aufschluß über die internen Kommunikationsräume der Subversiven, sondern war als explizite mediale Taktik gemeint, auf welche die Berliner Boulevard-Presse immer wieder empfindlich ansprang. Kunzelmann wurde zusammen mit zahlreichen anderen auf der Stelle verhaftet, und der Berliner AStA reagierte auf diesen Angriff auf das Andenken des ehemaligen KZ-Häftlings und legalistischen Anti-Kommunisten Löbe am nächsten Tag in aller Deutlichkeit:

»1. Die Aktionen der Kommune haben bisher eine für die Studentenschaft objektiv nachteilige Funktion gehabt, da sie einer mit Vorurteilen belasteten Öffentlichkeit den Vorwand zur Diskriminierung der demokratischen Bestrebungen der gesamten Studentenschaft gab, durch die herausgeforderten Reaktionen autoritäre Strukturen der Bürokratie bloßgestellt.
2. Der Allgemeine Studentenausschuß der Freien Universität ist es leid, zu jeder Aktion der Kommune eine Stellungnahme abzugeben, da es für jeden vorurteilsfreien Betrachter längst klar sein muß, daß die von dieser Gruppe angewandten Methoden nicht die der offiziellen Studentenvertretung sind, auch wenn der AStA mit dem politischen Inhalt des Protests übereinstimmt.«

Sichtlich genervt gab der AStA der Hoffnung Ausdruck, »daß diese Klarstellung weitere Aufforderungen zu einer Stellungnahme überflüssig macht.«[276] Gleichzeitig ist die Befürchtung zu erkennen, die Kommune könnte mit ihren spektakulären und öffentlichkeitswirksamen Aktionen die organisierte Studentenschaft mit Hilfe der Berliner Massenmedien vor sich her treiben, während inhaltliche Argumente immer weniger Gehör finden würden. Wie schon der SDS im Mai versuchte sich hier die Mehrheit der studentischen Hochschulpolitik vom Treiben einer radikalen Außenseiterfraktion zu distanzieren, um nicht in den Sog der gezielten Radikalisierung durch die Kommune zu geraten. Strategisch betrachtet gerieten die studentischen Organisationen zwischen die Fronten der konservativen Springer-Presse einerseits und der subversiven Provokation der Kommunarden andererseits, die sich gegenseitig die Stichworte der politischen Eskalation zuspielten.

Unter den Beteiligten an der sogenannten Löbe-Aktion waren auch neue Freunde der Kommune: die Studentin Gudrun Ensslin, die seit dem »Buchstabenballett« vom Juni zum Umfeld der Kommune gehörte, Andreas Baader, der einen Tag zuvor in der Ruine der Gedächtniskirche eine Rauchbombe gezündet hatte, und Peter Urbach, der sich den Kommunarden als politisch linksstehender, handwerklich begabter S-Bahn-Mitarbeiter vorstellte und seitdem für kleinere Arbeiten in der Kommune-Wohnung ein und aus ging.[277] Nachdem Teufel tatsächlich am 10. August aus der Untersuchungshaft entlassen worden war, versammelten sich die Kommunarden und ihre Sympathisanten am 12. August auf dem Kurfürstendamm zu einem Happening.[278] Alexander Gross beobachtete das bunte Treiben und berichtete für die International Times, die sich von London aus zu einer Informationsbörse der weltweit immer stärker vernetzten kulturrevolutionären Bewegungen entwickelt hatte:

»Was hier stattfand war ein Freudenfest, das London oder San Francisco Ehre gemacht hätte, doch am wichtigsten war, daß es einen vollkommenen Bruch mit den traditionellen, nüchternen deutschen politischen Demonstrationen mit ihren Spruchbändern, Wortführern und ernst blickenden Teilnehmern

bedeutete. Speisen, Wein und Blumen wurden von fröhlich verkleideten Kommunarden an eine Menge von 1000 Umstehenden verteilt, während sie sangen:
›Ein, zwei, drei.
Wir lieben die Polizei!
Ein, zwei, drei.
Fritz Teufel jetzt ist frei.‹ [so dt. im Orig.]
Die Polizei war von diesen Liebeserklärungen wie stets völlig verblüfft. Obwohl einige mürrische Bürger sich gestört fühlten und sich beschwerten, wußten die Polizisten nicht, was sie mit Demonstranten machen sollte, die ihnen ihre Liebe erklärten – die Kommunardinnen flirteten ganz offen mit ihnen.«

Dieses Happening habe, so erschien es Gross, der auch den 2. Juni in Berlin erlebt hatte, in scharfem Kontrast zum polizeilichen »Terror« gestanden, dem Benno Ohnesorg zum Opfer gefallen war.[279] Enzensberger allerdings erinnert diesen Nachmittag auch als bedrohlich: »Die bedingten Reflexe funktionierten. Passanten und Gaffer riefen: ›Schlagt sie tot!‹ – ›Vergast das Pack!‹«[280]

Mit Teufels Freilassung war ein Hauptmotiv der Protestmobilisierung weggefallen, und gleichzeitig lichteten die Semesterferien die Reihen des studentischen Protests.[281] Die Kommunarden beschlossen daraufhin, daß Teufel die polizeilichen Meldeauflagen, von denen die Aussetzung der Untersuchungshaft abhängig gemacht worden war, nicht einhalten solle, und versuchten bereits am 18. August, ihn im Büßergewand auf einem sogenannten »Schandkarren« wieder in die Haftanstalt Moabit einzuliefern. Teufel erinnerte sich später: »Der zuständige Oberstaatsanwalt, eilends befragt, ließ erklären: so einfach, wie es sich der Herr T. vorstelle, sei es nun auch wieder nicht, ins Gefängnis zu gelangen. Wie einfach es wirklich war, hatten sie mir ja am 2. Juni demonstriert. Auch später hatte ich damit nie Probleme.«[282] Offensichtlich versuchten die Berliner Behörden, den Kommunarden-Protest gegen Teufels Anklage durch eine Strategie der Deeskalation ins Leere laufen zu lassen, und diese Taktik schien zunächst aufzugehen. Gleichzeitig wurde jedoch der Karren beschlagnahmt und Anzeige wegen »Führen eines Karrens ohne Rücksicht auf einem Gehsteig« erstattet.[283] Die Sommerwochen vergingen vergleichsweise ruhig: Die Kommunarden besuchten die chinesische Botschaft in Ost-Berlin, um sich Filme anzuschauen und mit maoistischem Propagandamaterial und Schallplatten zu versorgen. Etwa zur selben Zeit siedelten die Kommune-Kinder, Nessim Hemmer und Kunzelmanns Tochter Grischa Stergar, in die neu etablierte Kommune 2 um, die sich in der Giesebrechtstraße um Eike Hemmer, Eberhard Schulz, Jan-Carl Raspe, Kunzelmanns Ex-Freundin Marion Steffel-Stergar und Antje Krüger gruppierte – letztere führte in der Kommune I das Archiv und die Korrespondenz.[284]

Innerhalb von wenigen Wochen und Monaten war es den Kommunarden um Kunzelmann gelungen, die Medienöffentlichkeit Berlins und der ganzen Bundesrepublik zu erobern. Für die Beobachter im unmittelbaren Umfeld der Kommune war die mediale Symbiose zwischen den Kommunarden, der Springer-Presse und anderen Medienorganen im In- und Ausland unverkennbar. Antje Krüger machte im Rückblick bei Rainer Langhans narzißtische Star-Allüren aus, die auch Auswirkungen auf seine Protest-Praxis gehabt zu haben scheinen. Er habe sich von der Polizei »ständig fangen« lassen, »damit er sich am nächsten Tag in der Zeitung sehen und ausschneiden konnte. Er hatte einen Privatordner, in dem er nur Sachen über sich selbst sammelte.«[285] Alexander Gross konnte mit seinen Artikeln den Wunsch der Kommunarden nach internationaler Prominenz bedienen, »denn sie glaubten, einen Platz in ihrer auserwählten Welt internationaler Revolutionäre ergattert zu haben, an der Seite der Panthers und der Yippies in den USA oder Tariq Ali und Michael X in England.« Gleichzeitig legte die Gruppe Wert auf eine ideologisch korrekte Präsentation ihrer Positionen, die nicht immer geglückt schien. Gross zum Beispiel mußte sich einer gründlichen Kritik seiner Artikel unterziehen, »aber ich merkte auch an, daß ich in meiner Darstellung etwas selektiv sein mußte, damit ihre Ideen in England und Amerika den größtmöglichen Effekt haben würden.«[286] Besonders Kunzelmann schien über die Außenwirkung der Kommune zu wachen – allerdings nicht nur aus ideologischen Gründen: »Ich habe später von ihnen kaum noch weitere Kritik geerntet, mit Ausnahme von Dieter Kunzelmann, der ziemlich verärgert war, daß Photos von Rainer und Fritz abgedruckt wurden, aber keins von ihm. Ich versicherte ihm, daß ich das so bald wie möglich korrigieren würde [...] Als ich ihm schließlich ein Exemplar mit seinem Photo präsentieren konnte, war er tief enttäuscht, daß es nicht mit seinem Namen untertitelt war.«[287] Und als Gross in London sogar von einem deutschen Fernsehteam interviewt wurde und so seine Kritik am Springer-Verlag über die deutschen Bildschirme ging, waren die Kommunarden begeistert – nur Kunzelmann kritisierte wiederum das mangelnde ideologische Niveau seines Statements, und Gross versuchte sich im Hinblick auf die Realitäten des Medienbetriebs zu verteidigen. Den übrigen Kommunarden schien dieses Spiel bereits bekannt zu sein, denn sie »zwinkerten mir zu, da sie wußten, daß seine Verärgerung darauf beruhte, daß er seine Bedeutung von meiner Zeitung in London nicht genügend gewürdigt sah.«[288] Schließlich schien Kunzelmann auch die Protestpraxis und seine Opferrolle bei den Auseinandersetzungen mit der Polizei als performatives Spiel zu betrachten. Eines Tages hätten er und seine Frau, so berichtet Gross, die Kommunarden nach einer Demonstration verletzt und bandagiert vorgefunden: »Dieter warf seine Kopf vor und zurück und versuchte den Schmerz abzuschütteln. ›Die sind einfach auf mich draufgesprungen und haben mich geschlagen und geschlagen und geschlagen‹, sagte er. Als er bemerkte, daß Ilene und ich mit ihm fühlten, kicherte er und sagte, wir sollten uns nicht sorgen, denn das sei alles Teil des Spiels.« Gross und seine Frau machten sich Gedanken, »ob wir uns schuldig fühlen sollten, weil wir nicht verletzt worden waren.«[289]

Alle Äußerungen und Aktionen der Kommune waren auf äußere Wirkung kalkuliert und Teil einer gezielten Medienstrategie, die im Dienst der subversiven Theorie oder auch der persönlichen Prominenz standen. Der Sommer 1967 wurde so zumindest in Berlin zum Sommer der Kommune, die nie wieder in vergleichbarer Weise im Zentrum des kulturrevolutionären Protests stand. In den Protestpausen entwickelte sich jedoch auch noch eine andere Medienpraxis der Kommunarden, die dem beschleunigten Mediennutzungswandel der sechziger Jahre geschuldet war. Die Fernseh-Revolution hielt auch am Stuttgarter Platz Einzug und führte gelegentlich zu einem durchaus affirmativen Medienkonsum, der sich weniger von den Freizeitaktivitäten der Mehrheitsgesellschaft unterschied als die öffentliche Erregung um den Bürgerschreck Kunzelmann und seine Mit-Kommunarden wahrhaben wollte. Gross berichtet darüber folgendes: »Wenn keine Demonstrationen geplant waren, entspannte sich die Kommune und saß vor dem Fernseher wie jede andere deutsche Mittelstandsfamilie. Ihre Kommentare zum Programm waren allerdings ganz anderer Natur. An den Wochenenden machten sie ziemlich dasselbe. Ilene und ich verbrachten mehrere Wochenenden mit ihnen bei diesen banalen Aktivitäten. Sie genossen insbesondere schmalzige Historienfilme über die königliche Familie der österreich-ungarischen Monarchie und schauten sich sogar die Wiederholungen an. Wenn man sie mit der Frage konfrontierte, warum sie sich das anschauten, äußerten sie zunächst einige ideologische Rechtfertigungen, aber dann gaben sie zu, daß sie es taten, weil es ihnen Spaß machte.«[290]

Bei den »schmalzigen Historienfilmen« kann es sich eigentlich nur um die »Sissi«-Filme mit Romy Schneider und Karl-Heinz Böhm gehandelt haben. Kunzelmanns cineastischer Medienkonsum hatte so seit den Tagen des Bamberger Filmclubs über Guy Debords radikale Kritik des medialen Spektakels und die affirmative »Viva-Maria«-Adaption von 1966 einen bemerkenswert wandlungsfähigen Verlauf genommen. Es deutete sich damit gleichzeitig an, daß Kunzelmanns Projekt von der Selbstveränderung der Revolutionäre in der Kommune zumindest vor dem Fernsehgerät enge Grenzen gesetzt waren.

Guerilla-Mentalität

In den ersten Septembertagen fand in Frankfurt der 22. Delegiertenkongreß des SDS statt, und die Kommunarden reisten ungeachtet ihres SDS-Ausschlusses an. Dieser Tagung ist aus zwei Gründen eine zentrale Rolle innerhalb der deutschen Studentenbewegung zugesprochen worden. Zunächst gilt sie als Triumph der von Dutschke vertretenen antiautoritären Linie über die marxistischen Traditionalisten. Ausgangspunkt war dabei das von Dutschke und Krahl verfaßte

»Organisationsreferat«, das sich auf den ersten Blick mit Perspektiven einer organisatorischen Weiterentwicklung des SDS beschäftigte.[291] Das Kernargument lautete, der SDS müsse sich vom »revisionistischen Modell der bürgerlichen Mitgliederparteien« verabschieden und ein subversives Netzwerk von oppositionellen Aktivisten ausbilden, da die traditionellen Formen politischer Meinungsbildung und -artikulation Bestandteil von »verinnerlichten Schemata des Herrschaftssystems selbst« seien. Nach einer Ablehnung der marxistischen Anarchismus-Kritik plädierten Dutschke und Krahl für eine subversive Unterwanderung der Institutionen, die eine spezielle subjektive Haltung notwendig mache: »Das Sich-Verweigern in den eigenen Institutionenmilieus erfordert Guerilla-Mentalität, sollen nicht Integration und Zynismus die nächste Station sein.«[292]

Die Guerilla-Metapher entlehnten die Referenten von Che Guevara: Dessen »Propaganda der Schüsse« müsse durch eine »Propaganda der Tat« in den Metropolen ergänzt werden – eine »Urbanisierung ruraler Guerilla-Tätigkeit« sei »geschichtlich möglich«. Ziel sei die sinnliche erfahrbare Aufklärung über den repressiven Charakter des politischen Systems: »Die Agitation in der Aktion, die sinnliche Erfahrung der organisierten Einzelkämpfer in der Auseinandersetzung mit der staatlichen Exekutivgewalt, bilden die mobilisierenden Faktoren in der Verbreiterung der radikalen Opposition und ermöglichen tendenziell einen Bewußtseinsprozeß für agierende Minderheiten innerhalb der passiven und leidenden Massen, denen durch sichtbar irreguläre Aktionen die abstrakte Gewalt des Systems zur sinnlichen Gewißheit werden kann.«[293] Der »städtische Guerillero« sei in diesem Zusammenhang der »Organisator schlechthinniger Irregularität als Destruktion des Systems der repressiven Institutionen.«[294] Diese Argumentation wiederholte im Grunde nur Dutschkes Position in der Auseinandersetzung mit Habermas vom Juni, als er den »subjektiven Faktor« als Motor der Aufklärung über staatliche Repressionsmechanismen durch irreguläre Aktionen bezeichnet hatte, die sublime Gewalt als manifeste sichtbar machen könnten. Krahl hatte in derselben Diskussion in Hannover bereits auf die zentrale Bedeutung der »Organisationsfrage« hingewiesen.[295] Kunzelmann muß sich als Zuhörer an sein eigenes Konzept des »Homo Subversivus« erinnert gefühlt haben, dessen Verhältnis zur umgebenden Gesellschaft er schon 1962 unter das Motto André Bretons gestellt hatte: »Mit dieser Welt gibt es keine Verständigung; wir gehören ihr nur in dem Maße an, wie wir uns gegen sie auflehnen.«[296] Andere Zuhörer assoziierten möglicherweise Marcuses theoretische Suche nach dem »Menschentypus«, »der die Revolution haben muß, weil er sonst zusammenbricht«, und dessen Konzept der »großen Weigerung«.[297] Diese »schlechthinnige Irregularität« hatte Dutschke implizit bereits 1965 nach dem Tschombé-Protest als Protesttaktik entwickelt.[298] Das einzig neue dieses vieldiskutierten Schlusses des sogenannten »Organisationsreferates« war die Guerilla-Metapher, die für kontroverse Diskussionen sorgte. Dutschke bezog sich damit für alle offensichtlich auf Che Guevara, dessen bolivianische Guerilla-Kampagne zu diesem Zeitpunkt kurz vor dem katastrophalen Ende stand.[299] Insofern dokumentiert Dutschkes Referat von Frankfurt lediglich die Summe der subversiven Diskussionen der vergangenen Jahre und seine bereits ebenso lange Begeisterung für den bewaffneten Kampf in Lateinamerika, über die sich Kunzelmann zwei Jahre zuvor noch gewundert hatte. Dutschkes Plädoyer für eine irreguläre »Propaganda der Tat« in den Metropolen kann aber nicht als Aufruf zur Gewalt oder gar ahistorisch rückwirkend als Gründungsdokument des deutschen Terrorismus gedeutet werden, der sich später der Metapher von der »Stadt-Guerilla« bediente.[300] Dutschkes »Guerilla-Mentalität« bezog sich dagegen vielmehr auf die aufklärende und mobilisierende Wirkung, welche die Subversiven dem Aktionismus radikaler Minderheiten zuschrieben. Die Reaktionen von Polizei und Medien schienen in dieser Phase eine Außenseiter-Strategie der »irregulären Aktion« zu legitimieren, welche die Protestbewegung von ihren radikalen Rändern her vorantreiben würde.

Ein anderer Text dieses Delegiertenkongresses ist demgegenüber offenbar weniger beachtet worden. Eine Analyse des Nahost-Konflikts wurde dem SDS »als Material überwiesen«, ist demnach offenbar nicht förmlich verabschiedet worden, doch sie dokumentiert eindrücklich den Diskussionsstand einiger Gruppen innerhalb des SDS – insbesondere der entstehenden »Palästina-Komitees« in Frankfurt und Heidelberg.[301] Vor dem Hintergrund einer klassischen marxistischen Analyse der Region erschien der Staat Israel als »Brückenkopf des westlichen Imperialismus«, der nur durch finanzielle Zuwendungen von außen am Leben erhalten werde. Der Sechs-Tage-Krieg habe »den letzten Zweifel am reaktionären Charakter Israels beseitigt.«[302] Dem SDS wurde vorgeschlagen, die »israelische Aggression gegen die antiimperialistischen Kräfte im Nahen Osten« zu verurteilen und gleichzeitig den »kleinbürgerlichen Charakter der Bath-Parteien und des Nasserismus« zu kritisieren.[303] Beide Seiten würden im Sinne westlicher Rohstoff-Interessen zu Lasten der Bevölkerung gegeneinander ausgespielt. Das Papier unterschied scharf zwischen einer Anerkennung des Existenzrechts Israels, die als bedeutungslos und irreführend abgelehnt wurde, und einer Anerkennung des »Existenzrechts der in Palästina heute lebenden Juden«, die von arabischen Sozialisten »klar ausgesprochen« werden müsse. Die Schlußfolgerung dieses Entwurfs war eine grundsätzliche: »Nur der Aufbau einer revolutionären sozialistischen Bewegung mit dem Ziel der Überwindung des Imperialismus und der von ihm gezogenen Grenzen und die Errichtung einer einheitlichen arabischen sozialistischen Republik, die über eine gemeinsame Politik mit einem sozialistischen Israel zur territorialen Integrität gelangt, kann einen dauerhaften Frieden im Nahen Osten bringen.«[304] Diese Vorstellungen einer nicht näher bestimmten »territorialen Integrität« im Nahen Osten deckten sich weitgehend mit den Zielen der palästinensischen Fatah.

Während des Kongresses wurde der Haftbefehl gegen Fritz Teufel erneuert.

Nachdem die Delegierten in Frankfurt noch dessen Festnahme verhindert hatten und Teufel unerkannt nach Berlin zurückreisen konnte, plante die Kommune die nun bevorstehende Inhaftierung zu einem öffentlichen Ereignis zu machen.[305] Teufel tauchte vorerst unter und rasierte sich seinen bundesweit bekannten Bart ab, den er, nachdem in Frankfurt irrtümlich zwei ihm ähnlich sehende Bartträger verhaftet worden waren, »in eine Bildzeitung gewickelt an die Justiz schicken wollte. Sollten sie den Bart für mich einlochen.«[306] Am 15. September debattierte das Berliner Abgeordnetenhaus die Lage nach dem 2. Juni, und die Kommunarden schleusten Teufel unerkannt ins Schöneberger Rathaus. Nach einem sit-in vor dem Plenarsaal kam es zu Auseinandersetzungen mit der herbeigerufenen Polizei, und Teufel wurde schließlich erkannt und verhaftet. Die Freilassungs-Kampagne für Teufel konnte daraufhin reaktiviert werden und hatte unter anderem gezielte Störungen der Berliner Festwochen zur Folge.[307] Am 21. Oktober wurde Kunzelmann während einer Vietnam-Demonstration unter dem Motto »Che lebt!« auf dem Kurfürstendamm festgenommen und mußte eine dreiwöchige Haftstrafe antreten, die wegen »Aufruhrs« bei der Münchner Vietnam-Demonstration vom Juli 1966 gegen ihn verhängt worden war.[308] Anläßlich dieser Demonstration stilisierten sich Kunzelmann und Langhans ein letztes Mal ironisch als die Geschöpfe der Springer-Presse, welche die Kommunarden als terroristische Bombenleger präsentiert hatte. Der vor Ort anwesende Polizeimeister berichtete über die Szene: »Der mir bekannte *Kunzelmann* löste sich aus einer Demonstrationsgruppe und ging auf ein Gerät zu, welches sich 2 ½ m in der Mitte auf der Fahrbahn befand. Das Gerät hatte etwa die Größe von 10x12x18 cm. An der Vorderseite befanden sich 8 Glühbirnen, die wechselseitig in schneller Folge aufleuchteten. Offensichtlich sollte durch dieses Gerät vorgetäuscht werden, daß es sich um einen Sprengkörper handele. Kunzelmann bewegte sich vorsichtig, zum Teil [...] hockend zu dem Gerät. Er hob es auf, täuschte eine bestimmte Einstellung in Form einer Manipulation vor, nahm es hoch und horchte an diesem. Mit diesen Gesten sollte offensichtlich die Überprüfung eines Zeitwerkes dargestellt werden.«[309]

Diese pantomimische Vorstellung, der sich Langhans anschloß, scheint erfolgreich gewesen zu sein, denn: »Mir ist noch erinnerlich, daß ein Schutzpolizist, der der Gruppe zunächst allein gegenüberstand, auch Bedenken bezüglich des Geräts hatte, denn er streckte beide Arme zur Seite, um evtl. nachfolgende Reporter oder Kollegen vor diesem Gerät zu warnen.«[310] Daß in den Augen der Einsatzkräfte blinkende Lichter einen Sprengkörper bezeichnen sollten, deutet darauf hin, daß der polizeiliche Blick hier stärker von Agentenfilmen aus dem Kino geprägt war als von der Realität. Kunzelmann versuchte so, die aufgeheizte Stimmung der Berliner Presse, Polizei und Justiz in einer ironischen Spiegelung endgültig in ein polit-aktionistisches Happening zu verwandeln, das mit den alltagskulturellen Ängsten und medial vorgeprägten Feindbildern West-

Berlins spielte. Die Justiz suchte allerdings nach juristisch sanktionierbaren Akten von sogenannten »Rädelsführern«, und so wurde Kunzelmanns »Blickgerät«, wie es ein anderer Polizist einer spontanen Inspiration folgend bezeichnete, auch bewertet: »Wenn ich gefragt werde, welchen Zweck der Kommunarde Kunzelmann mit seinem Blickgerät wahrscheinlich erreichen wollte, so muß ich sagen, daß er mindestens physisch [er meinte wohl: psychologisch] auf die Mitdemonstranten eingewirkt hat. Er hat so von der den Demonstranten gegenüberstehenden Polizeikette mindestens eine Weile ablenken können. Wie aus den Situationsfotos ersichtlich, haben ja auch die meisten der Störer auf das Gerät geachtet [...] Das Verhalten des Kunzelmann ist nach meiner Auffassung unbedingt das eines Rädelsführers.«[311] Die Manipulation des Blicks, die Lenkung der Aufmerksamkeit wurde so in den Augen des Zeugen zu einem Verdachtsmoment, das sich gegen Kunzelmann verwenden lassen sollte. Die subversive »symbolische Kommunikation« der Kommunarden traf so auf ein asymmetrisches Rezeptionsinteresse. Eine spielerische, ironische oder gar medienkritische Polit-Pantomime konnten oder wollten Polizei und Justiz in diesem Moment nicht erkennen.

Nachdem Teufel und Kunzelmann inhaftiert waren und andere Kommunarden – unter ihnen zum Beispiel auch Enzensberger – sich von der Gruppe distanzierten, blieb nur noch Rainer Langhans in der Wohnung zurück und versuchte, den Postversand aufrechtzuerhalten. Die bundesdeutsche Presse berichtete mit Genugtuung vom Ende der Kommune.[312] Am 8. November kündigte ein Kommune-Flugblatt eine »top secret instruction« an, »eines unserer wichtigsten Unternehmen der letzten Zeit«: die »Operation Gartenzwerg«. Durch ein gezieltes Go-in am Haupttor der Haftanstalt Berlin-Tegel solle »unser Chef D.K.« – hier klang wieder der regelmäßige Vorwurf des »Rädelsführers« an – aus dem Gefängnis geschleust und am Kurfürstendamm verköstigt werden, »da Haftschwäche angenommen werden kann.«[313] Nach seiner regulären Haftentlassung machte Kunzelmann im November wieder von sich Reden, als er dem neugewählten Regierenden Bürgermeister Klaus Schütz während einer Diskussionsveranstaltung in der Kirchlichen Hochschule mit den Worten »Ich verletze jetzt die Form!« einen Handzettel mit dem Slogan »Treibt Moabit den Teufel aus« vor den Mund zu kleben versuchte.[314] Der Freispruch für den Todesschützen Kurras am 21. November heizte die Kampagne für die Freilassung Teufels zusätzlich an, als am 27. November der Prozeß gegen ihn fortgesetzt wurde. Kunzelmann, Dutschke und andere begingen vor dem Gerichtsgebäude demonstrativ den Landfriedensbruch, der Teufel vom Gericht vorgeworfen wurde, und im Gerichtssaal selbst brach die Anklage schnell zusammen. Sein legendärer Ausspruch »Wenn's der Wahrheitsfindung dient«, als er am 29. November nach einer Verhandlungspause aufgefordert wurde, sich vor dem eintretenden Gericht zu erheben, stand schon ganz im Zeichen der gelassenen Erwartung des sicheren Freispruchs.[315] Die Untersuchungshaft gegen Teufel wurde am 1. Dezember aufgehoben, bevor der endgültige Freispruch am 22. Dezember folgte. Die Kommunarden holten Teufel mit einem Adventskranz vom Gefängnis ab und besuchten in der Weihnachtszeit auch den Ost-Berliner Weihnachtsmarkt, wo sie von sichtlich nervösen Staatssicherheitskräften festgenommen und nach West-Berlin abgeschoben wurden.[316]

Das Ministerium für Staatssicherheit dokumentierte fünf Wochen später einen weiteren Besuch von Teufel, Langhans, Kunzelmann und Dutschke am 27. Januar 1968 in der Wohnung der Ost-Berliner Bildhauerin Ingeborg Hunziger in Berlin-Rahnsdorf, wo sie auf die oppositionelle Gruppe um Robert Havemann und Wolf Biermann trafen. Die »Operativ-Einzel-Information«, die laut Verteiler auch Ulbricht und Honecker vorgelegt wurde, berichtete, »daß das Hauptanliegen beider Seiten darin bestand, voneinander Einzelheiten über die erstrebten Ziele und angewandten Formen und Methoden ihrer Tätigkeit in Erfahrung zu bringen.«[317] Dabei habe Havemann auf die Schwäche und Zerrissenheit der DDR-Opposition hingewiesen, die eine strikte Orientierung am Prinzip der Legalität notwendig mache.[318] Die »Westberliner Studenten« hingegen hätten ihre »Enttäuschung über die Hilflosigkeit, Passivität und Ideenlosigkeit sowie das ihrer Meinung nach vorherrschende kleinbürgerliche Gedankengut der Gruppierung um HAVEMANN« zum Ausdruck gebracht. Im Gegensatz zur klandestinen Gruppenbildung hätten sie geraten, bei jeder Gelegenheit die Öffentlichkeit zu suchen, um eine »Massenbasis« zu erreichen. Außerdem hätten die West-Berliner den Wunsch nach Kontakten zu Studenten der Humboldt-Universität geäußert.[319] Nachdem die westlichen Gäste gegangen waren, habe Havemann angeregt, trotz der Ergebnislosigkeit dieses Treffens die Kontakte in etwa monatlichen Abständen in Biermanns Wohnung zu wiederholen.[320] Es kam jedoch – abgesehen von einzelnen persönlichen Kontakten – nicht zu systematisch organisierten Beziehungen zwischen den oppositionellen Gruppen in Ost und West.

Zum Jahresende 1967 versuchte insbesondere Dutschke, die Gottesdienste in der Gedächtniskirche zu Diskussionsveranstaltungen über den Vietnam-Krieg umzufunktionieren. Am Heiligen Abend war er dabei von einem Rentner mit seinem Krückstock blutig geschlagen worden, und am Sylvesterabend schlossen sich die Kommunarden dem Projekt, feierliche Gottesdienste zu sprengen, an. Die Idee zu solchen Aktionen stammte von Bahman Nirumand, und Dutschke, dessen protestantischen Bekennereifer schon Enzensberger in anderem Zusammenhang kommentiert hat, griff den Einfall tatkräftig auf.[321] Gleichzeitig erinnert die Aktion auch an Michel Mourres subversiven »Überfall auf Nôtre Dame« während der Pariser Ostermesse von 1950. Zum Mitternachtsgottesdienst vom 31. Dezember mischten sich die Kommunarden unter die Gottesdienstbesucher und begannen, wie Pfarrer Gunter schilderte, während der Verlesung der Epistel mit dem Ruf »Wir wollen diskutieren!« den Gottesdienst zu unterbrechen.[322] Die Anklageschrift der Generalstaatsanwaltschaft berichtete,

Kunzelmann, Langhans und Teufel hätten dabei auf den Bänken gestanden. Als Pfarrer Gunter von der Kanzel aus den entstehenden Tumult zu beenden versucht habe, seien ihm Rufe wie »Was ist mit Vietnam?«, »Ihr seid keine Christen!« oder »Verräter!«, »Pharisäer!« entgegengeschallt. Als die Polizei in die Kirche gerufen wurde, seien Rufe wie »Bullen raus aus dem Gotteshaus!« zu hören gewesen und Feuerwerkskörper gezündet worden, bevor die Demonstranten aus der Kirche gedrängt wurden.[323] Wegen dieses Vorfalls und des sogenannten Go-ins im Schöneberger Rathaus vom 15. September wurde Kunzelmann im Oktober 1968 zu einer Haftstrafe von acht Monaten ohne Bewährung verurteilt.[324] Der Theologe Helmut Gollwitzer hingegen hatte zuvor das Verhalten der Gottesdienstbesucher vom Heiligen Abend scharf verurteilt, als Dutschke tätlich angegriffen worden war: »Eine christliche Gemeinde, die das tut, sie ist nicht mehr eine christliche Gemeinde.« Auf das Bibel-Zitat »Was ihr getan habt einem der geringsten Brüder, das habt ihr mir getan«, das die Protestierer auf einem Plakat mitführten, sei mit einer Anklage wegen Hausfriedensbruch reagiert worden. Ohne zu erkennen, »was Jesus Christus und Vietnam miteinander zu tun haben«, habe die Gemeinde ein Wort Jesu als Störung empfunden.[325] Die Berliner Gottesdienste waren offensichtlich schwieriger zu Diskussionsveranstaltungen umzufunktionieren als Veranstaltungen an der Freien Universität, so daß die subversiven Taktiken hier zum Scheitern verurteilt waren. Am 6. Januar protestierten die Kommunarden vor dem Palais am Funkturm mit Schneebällen und Feuerwerkskörpern gegen den alljährlichen Berliner Juristenball, um so auf die NS-Vergangenheit zahlreicher Richter und Staatsanwälte hinzuweisen, während Berliner Taxi-Fahrer mit Gewalt gegen die Demonstranten vorgingen.[326] Der Protest ließ sich kaum von der Universität in die restliche Gesellschaft hineintragen, sondern blieb auf das studentische Milieu angewiesen, innerhalb dessen sich die exzentrische Inspiration durch den radikalen Aktionismus kleiner Minderheiten fortpflanzen konnte.

Am 17. und 18. Februar 1968 fand in Berlin der Internationale Vietnam-Kongreß statt, den auch die Kommunarden und ihr Anwalt Horst Mahler besuchten. Die Referate und umfangreichen Diskussionen drehten sich um die Situation und die weiteren Perspektiven eines revolutionären Befreiungskampfes in der sogenannten Dritten Welt. Die Tet-Offensive des Vietcong, die in der Öffentlichkeit große Aufmerksamkeit gefunden hatte und die militärische Machtlosigkeit der USA sinnfällig vor Augen zu führen schien, lag keine drei Wochen zurück. Dieser Kontext mag den revolutionären Optimismus mancher Teilnehmer erklären, während die bereits traditionellen Konflikte zwischen marxistischen Tendenzanalysen der Entwicklung der Klassenkämpfe einerseits und dem aktionistischen Programm einer subversiven Guerilla-Taktik andererseits noch einmal zutagetraten. Es blieb jedoch nicht mehr nur beim militanten Verbalradikalismus. Der italienische Verleger Giangiacomo Feltrinelli war mit einer Ladung Dynamit angereist, die er Dutschke übergab und die später spurlos verschwunden ist.[327] Aus der italienischen Delegation war gleichzeitig vor dem Hintergrund rätesozialistischer Selbstorganisationen am Beispiel der FIAT-Arbeiter der Satz zu vernehmen: »Was uns offensteht, ist nicht so sehr die Waffe der Kritik als die bewaffnete Kritik.«[328] Diese Anspielung auf ein Marx-Zitat hatte zuvor schon Bahman Nirumand in die Diskussion geworfen, als er die Delegierten zur revolutionären Praxis aufrief: »Lassen wir dem Erwachen der Verdammten das Erwachen der Verdummten dieser Erde folgen, halten wir darum nicht länger die pseudorevolutionäre Praxis der stimmungsvollen Kongresse und Aufrufe für ausreichend, erinnern wir uns, daß die Waffe der Kritik die Kritik der Waffen nicht ersetzen kann!«[329]

Was Nirumand mit dieser Abwandlung der Eingangszeile der Internationale von den »Verdammten dieser Erde« meinte, die gleichzeitig an Fanons Theorie des anti-kolonialen Revolutionskrieges erinnerte, stellte sich zehn Tage später heraus, als er mit Dutschke nach Frankfurt reiste. Zum ersten Mal tauchte ein Sprengsatz auf, den der Kommune-Klempner Peter Urbach im Auftrag des Verfassungsschutzes in die subversiven Kreise eingeschleust hatte und den Dutschke in einem Koffer mitführte.[330] Der Verfassungsschutz hatte den Vietnam-Kongreß genau verfolgt und offenbar die Gelegenheit zur gezielten Illegalisierung der Protagonisten der Protestbewegung erkannt, da in den Augen der Dienste der antiautoritäre Protest die Tendenz zur politisch motivierten Gewalt in sich trug.[331] Es erscheint insofern unwahrscheinlich, daß die Beamten, die Dutschke und Nirumand auf dem Frankfurter Flughafen gezielt verhafteten, nicht vom Inhalt des Koffers wußten, den Dutschke vor dem Verhör unter ihren Augen in einem Schließfach deponieren durfte. Das »Erwachen der Verdummten« hatte durch die Sprengung eines Sendemastes des US-amerikanischen Soldaten-Senders AFN befördert werden sollen, doch Dutschke und Nirumand nahmen nach ihrer Vernehmung davon Abstand. Nach einer Zwischenlagerung bei einem befreundeten Lehrer in Berlin landete der Sprengsatz schließlich wieder in den Händen Urbachs.[332]

Teile der Berliner Protestbewegung standen damit bereits im Februar 1968 am Rande der Militarisierung, die auf verschiedenen Wegen von außen an sie herangetragen wurde. Gleichzeitig beschäftigte sich die Berliner Justiz noch einmal mit den Flugblättern der Kommune, die zum zweiten Mal Gegenstand einer Gerichtsverhandlung wurden. Der Prozeß ist insbesondere wegen des Auftritts des Obermedizinalrats Spengler, der ein psychologisches Gutachten über Teufel und Langhans zu erstellen hatte, in die Annalen der Realsatire eingegangen. Der Mediziner hatte in einer gutachterlichen Gratwanderung den Angeklagten ein abnormes Geltungsbedürfnis sowie ein pathologisches Privatleben nachzuweisen versucht, ohne ihre Schuldfähigkeit in Frage stellen zu wollen. Angesichts des Verbots von Film- und Tonaufnahmen protokollierte das Ehepaar Frohner für die Radiosendung »Procontra – Menschen und Paragraphen« den Prozeßverlauf, der dann für die Rundfunkhörer nachgestellt wurde, und das Kreuzverhör, in das Spengler geriet, publizierten die Kommunarden später genüßlich in ihrer Broschüre »Klau Mich!«.[333] Die Tatsache, daß Spengler sich nicht auf psychologische Fakten stützen konnte, sondern oberflächliche Eindrücke aus früheren Verhandlungen über Kleidung, Haartracht und Mienenspiel zur Grundlage seiner Einschätzungen machte, sorgte angesichts der kritischen Fragen des Kommune-Verteidigers Mahler für hilflose Ausflüchte des Sachverständigen und nicht selten für Heiterkeits-Ausbrüche des Publikums, denen sich offensichtlich auch das Gericht nicht immer entziehen konnte. Am 22. März erfolgte der Freispruch der beiden Kommunarden.

Zur selben Zeit kündigte sich im Umfeld der Kommune jedoch noch eine andere Variante der offenen subversiven Gewalt an, die direkt an die Kommune-Flugblätter vom Mai 1967 anknüpfen wollte. Bereits am 6. März war während des Flugblatt-Prozesses auf einem Korridor des Gerichtsgebäudes ein Molotow-Cocktail mit Zeitzünder explodiert, der, wie Enzensberger vorsichtig bemerkt, der Studentenbewegung »mit einer gewissen Wahrscheinlichkeit auch zugerechnet werden konnte«.[334] Gerd Koenen verweist in diesem Zusammenhang auf einen Haftbericht über die späteren Frankfurter Kaufhausbrandstifter Baader, Ensslin, Thorwald Proll und Horst Söhnlein, in dem auf die identische Bauart des Brandsatzes vom 6. März im Berliner Kriminalgericht und derjenigen vom 2./3. April in den Frankfurter Kaufhäusern hingewiesen wird.[335] Bereits im November hatte Dutschke anläßlich des Teufel-Prozesses an den Justizpalast-Brand in Wien von 1927 erinnert, der politische Prozesse verhindert habe: »also nochmal, das Beispiel nur zum Nachdenken«.[336] Er propagierte in diesem Zusammenhang Go-in-Aktionen, um zu verhindern, daß die Angeklagten der APO »wie die Häschen in das Gefängnis wandern (langanhaltender Beifall)«.[337] Und schon im Oktober 1967 will Enzensberger, der sich inzwischen räumlich von der Kommune distanziert hatte, in der Wohnung von Ensslin und Baader »ein Gewirr von Drähten, Isolierband, eine Kombizange« gesehen haben.[338]

Hatte Langhans vor Gericht noch am 14. März diejenigen für »blöd« erklärt, die die Kommune-Flugblätter als Aufforderung zur Brandstiftung verstehen würden, so trat genau dieses Szenario eine Woche später ein.[339] Baader und Ensslin erschienen in Begleitung von Thorwald Proll in der Kommune und berichteten von ihrem Plan, in Frankfurt eine Kaufhausbrandstiftung durchzuführen.[340] Das genaue Datum dieses Gesprächs und sein Verlauf sind nicht ganz klar. Enzensberger, der gelegentlich in der Kommune vorbeischaute, erinnert sich in diesem Zusammenhang an Diskussionen über mögliche Beiträge zur Vietnam-Demonstration vom 23. März – insofern hätte das Gespräch zeitlich vor diesem Datum stattgefunden haben müssen. Baader, Ensslin und Proll, so Enzensberger, »hatten etwas vor, aber ich hätte nicht nachfragen wollen was.«[341] Volker Gebbert soll sich gegenüber den Baader-Biographen Klaus Stern und Jörg Herrmann genauer erinnert haben: Die Brandstiftungspläne seien konkret diskutiert und von den Kommunarden abgelehnt worden, und insbesondere Kunzelmann sei gegenüber Baader sehr deutlich geworden: »Dieter sagte in dieser Sitzung dann: ›Wenn ihr das hier macht, gehe ich zur Polizei‹«.[342] Auch der Teufel-Biograph Marco Carini berichtet, allerdings ohne seine Quellen offenzulegen: »Weder Teufel noch einer der anderen Angesprochenen haben Lust mitzuzündeln. Kunzelmann und Langhans sind strikt gegen die Aktion.«[343] Stern und Herrmann wollen nicht glauben, daß »ausgerechnet Kunzelmann«, der »Gründungsvater der ersten deutschen Stadtguerilla« in dieser Situation »deeskalierend gewirkt« habe.[344] Abgesehen davon, daß die Deeskalation nicht gelang und Kunzelmann erst im Sommer 1969 konkrete Schritte in den bewaffneten Untergrund unternahm, ist zu fragen, ob eine ablehnende Haltung der Kommunarden zu diesem Zeitpunkt wirklich ganz unwahrscheinlich gewesen wäre. Wenn das Gespräch, wie Enzensberger berichtet, vor dem 23. März stattgefunden hat, dann mußte es für die Kommune in unmittelbarem Zusammenhang mit dem Flugblatt-Prozeß stehen, in dessen Verlauf ihr Anwalt Mahler auf Freispruch wegen Satire plädiert hatte. Eine wirkliche Kaufhausbrandstiftung konnte zu diesem Zeitpunkt den Kommunarden nur schaden, möglicherweise juristische Konsequenzen nach sich ziehen. Der Freispruch war am 22. März zwar rechtskräftig, doch möglicherweise fand das Gespräch deutlich früher statt, bevor Baader, Ensslin und Proll spätestens am 23. März nach München aufbrachen. Stefan Aust zum Beispiel terminiert das Gespräch auf »die Woche, in der Teufel und Langhans freigesprochen wurden«, und Koenen spricht davon, Baader, Ensslin und Proll seien »irgendwann um den 20. März herum« nach München abgereist.[345] Es ist zumindest denkbar, daß Kunzelmann schon aus taktischen Gründen – wenn er schon nicht grundsätzlich gegen subversive Gewalt Stellung bezog – Baaders Plan strikt ablehnen mußte, weil angesichts der möglichen Konsequenzen für die Flugblatt-Schreiber die Existenz der Kommune auf dem Spiel zu stehen schien. Auch wenn diese Situation letztlich nicht vollständig aufzuklären ist, erscheint der von Gebbert geschilderte energische Auftritt des »Kommunevaters« zu diesem Zeitpunkt durchaus plausibel. Der exzentrische Aktivismus der Kommunarden hielt sich zu diesem Zeitpunkt ganz ausdrücklich von »revolutionärer Gewalt« fern, weil diese die Existenz des medienpolitisch wichtigen Protest-Focus der Kommune zu gefährden schien. Möglicherweise hatte sich schon Langhans' Bemerkung vor Gericht am 14. März auch an die Adresse Baaders gerichtet, weil er nach dem Molotow-Cocktail-Anschlag eine Woche zuvor ahnen konnte, wohin dessen Reise gehen würde.[346] Wollte man das Verhalten der Kommunarden im März 1968 als großangelegte Strategie der Tarnung deuten, um Randfiguren wie Baader und Ensslin fahrlässig oder gar bewußt in die terroristische Gewalt zu treiben, so fehlen dafür empirische Anhaltspunkte. Enzensberger geht nur so weit zu erklären: »Ich hätte sie auch von nichts abbringen wollen.«[347]

Die Frankfurter Kaufhaus-Brandstiftungen vom 2./3. April 1968 haben aber in jedem Fall einen grundlegenden atmosphärischen Wandel auch innerhalb der Kommune bewirkt. Für die Presse schien der Zusammenhang mit den Kommune-Flugblättern offensichtlich, so daß sich die Kommunarden gezwungen sahen, mit einer Art Presseerklärung an die Öffentlichkeit zu gehen, die im SPIEGEL abgedruckt wurde. Darin schilderten sie in distanzierter Form ihr persönliches Verhältnis zu den Brandstiftern, die sie »im SDS Berlin kennengelernt«, mit denen sie »mehrmals politische Diskussionen geführt« hätten und die an »politischen Aktionen der außerparlamentarischen Aktion teilgenommen« hätten. Ganz im Sinne des Freispruchs vom 22. März wiesen sie auf den fiktiven Charakter ihrer Flugblätter hin und bezogen die Frankfurter Brandstiftung statt dessen auf die »politische Entwicklung« der letzten Zeit. In den USA sei die Brandstiftung für die »Schwarzen« zur »täglichen Notwendigkeit geworden«, doch es würden »unserer Situation besser entsprechende Objekte politischer Brandstiftung« existieren. Eine Verurteilung der Brandstifter würde »das Mittel der politischen Brandstiftung in Zukunft nicht disqualifizieren«, und die Kommunarden äußerten »Verständnis für die psychische Situation, die einzelne schon jetzt zu diesem Mittel greifen läßt.«[348] Wenn bei der Abfassung dieses Textes wirklich, wie Enzensberger berichtet, »jedes Wort auf die Goldwaage gelegt« worden war, dann kann es sich nur um eine juristisch abgesicherte Solidaritätsadresse für die inzwischen inhaftierten Baader, Ensslin, Proll und Söhnlein handeln, die in einem deutlichen Mißverhältnis zur vorangegangenen Ablehnung der Anschlagspläne stand.[349] Wichtig ist in diesem Zusammenhang aber auch die kommunikationslogische Differenz zwischen den kontroversen internen Diskussionen vom März und dieser öffentlichen Erklärung, die sich in einem überregionalen Magazin auch an die subversiven Mitstreiter in Westdeutschland richtete und möglicherweise die Kommune in der öffentlichen Wahrnehmung weiterhin am jeweils aktuellen Puls der Radikalität halten bzw. dem möglichen Vorwurf der Solidaritätsverweigerung entgegenwirken sollte. Gegenüber dem inhaftierten Andreas Baader äußerte Ulrich Enzensberger, das »Kommunique von uns über euch im Spiegel« sei gegen die »frankfurter SDS-Scheisser« gerichtet gewesen.[350] Die unterschiedlichen internen und externen Sprachspiele der Subversion hatten sich seit dem Sommer 1967 zu einem kommunikativen Versteckspiel gegenüber Presse und Justiz entwickelt und zur schleichenden Entstehung einer zumindest verbal gewaltbereiten linksradikalen Untergrundkultur beigetragen.

Der Hinweis auf die ethnischen Unruhen in den USA hatte die Ermordung Martin Luther Kings zum Hintergrund, zu der sich die Kommunarden am »Jahrestag des Humphrey-Attentats« mit einem Flugblatt äußerten. Unter dem Titel »KEIN SCHÖNRER MORD IN DIESER ZEIT, oder: Es lohnt sich doch, Charaktermasken umzubringen« griffen die Kommunarden die Berliner Trauerfeier für den Friedensnobelpreisträger an, die sie als Gipfel des Zynismus empfanden. King habe »einen Preis dafür bekommen, daß er Frieden gemacht hat, wo er einen Krieg führen sollte, den Krieg der Schwarzen gegen die Weißen, einer Minderheit gegen die vielen Reichen.« Die Unruhen in den Ghettos würden nun bedeuten, »daß er ein zweites Mal und zwar von den Schwarzen umgebracht wird«. Dem Berliner Senat wurde die Funktionalisierung von Kings Tod vorgeworfen, und der »Regierende Pogromknüppel« wurde gefragt: »Will er mit dem verwesenden Hausnegerspeck noch die liberalen Mäuse vors Rathaus locken?« Und schließlich fehlte auch nicht der Bezug zu den Frankfurter Kaufhausbrandstiftern: »In Frankfurt haben zwei Kaufhäuser gebrannt – In Amerika brennen Städte, die Linken distanzieren sich von Frankfurt, wer distanziert sich von black power?«[351]

Der scharfe und geschmacklose Ton diente einer Parallelisierung der deutschen subversiven Proteste mit den ethnischen Unruhen in den USA, die die deutsche Protestbewegung in internationale Zusammenhänge integrieren sollte. Implizit wurde hier eine internationale Solidarität in einem globalen Konflikt eingefordert, die nach Vietnam und den USA nun auch die Bundesrepublik ergreifen müsse, und dabei erschienen die »liberalen Mäuse« als diejenigen, die die Zeichen einer globalen Polarisierung in Revolutionäre und Reaktionäre noch nicht begriffen hätten. Gleichzeitig reflektierte die Wortwahl dieses Kommentars zu Kings Tod auch die Rezeption von Malcolm X, dessen Texte und Reden die Kommune-Gruppe übersetzt und veröffentlicht hatte. Den Begriff des »Hausnegers« hatte Malcolm X nach dem »Marsch auf Washington« als bewußte Provokation gegen Kings gewaltlose Protesttaktik der Bürgerrechtsbewegung in Stellung gebracht.[352]

Diese radikalen Gedankengänge der Kommunarden während der ersten April-Tage müssen berücksichtigt werden, will man zu einer zutreffenden Interpretation einer der wohl berüchtigsten Szenen der Kommune-Geschichte gelangen, die sich gerade einmal fünf Tage später abspielte. Drei Augenzeugenberichte liegen dazu vor: Ulrich Enzensberger erinnert sich, ein »großer Kreis« sei am 11. April in der Kommune versammelt gewesen, als telephonisch die Nachricht vom Attentat auf Dutschke einging.[353] Inga Buhmann, die ebenfalls anwesend war, schilderte die Szene folgendermaßen: »Ich befand mich an dem Tag, an dem der Schuß fiel, es war der Gründonnerstag, gerade in der K I, als die Nachricht durch das Radio kam. Die Kommunarden brachen in schallendes Gelächter aus, das ich wohl nie ganz verstehen werde.«[354]

Das schallende Gelächter der Kommunarden deutete Enzensberger als hysterisches Lachen: »Mit einem Schlag offenbarte sich das logische Resultat einer jahrelangen Eskalation. [...] Ich fürchte, ich empfand in diesem Moment kein Mitleid für den um sein Leben ringenden Rudi. Wir waren fixiert auf die Schuldigen, von denen ein altes italienisches Anarchistenwort behauptet: ›Ein Lachen wird euch begraben.‹«[355] Vor dem Hintergrund der Ermordung Kings, welche die USA an den Rand eines ethnischen Bürgerkriegs gebracht zu haben schien, mußte das Attentat auf Dutschke in der Tat wie die Erfüllung des revolutionären »Kairos« erscheinen, den Bernd Rabehl schon 1966 als ein Gründungsmotiv der Kommune ausgemacht hatte. Das »hysterische Lachen« wäre demgemäß Ausdruck der Verblüffung über den Realitätsgehalt der eigenen Erwartungen und Befürchtungen seit dem 2. Juni und einer zynisch-weltrevolutionären Freude darüber, daß das eigene subversive Projekt unter tätiger Mithilfe seiner schärfsten Gegner nun an sein Ziel zu gelangen schien. Die Bilder aus den amerikanischen Ghettos mögen dabei dem einen oder anderen bereits vor Augen gestanden haben: die Brandstiftungen der »Schwarzen«, die nach der Ermordung Kings – so die Kommunarden nur wenige Tage zuvor – »zur täglichen Notwendigkeit« geworden seien. Fritz Teufel erinnerte sich zwar an »tiefe Betroffenheit und rasende Aktivität«, aber Kunzelmann habe einen Gedanken geäußert, der »im Nachhinein als Unmenschlichkeit mißdeutet werden könnte: ›Hoffentlich stirbt er jetzt, dann gehts dem Springer an den Kragen.‹«[356] Daß Kunzelmann das Leben Dutschkes lediglich als Einsatz in einem weltrevolutionären Spiel begriff, wollte Teufel ihm später nicht nachtragen: »Rudi war unser aller Freund, und Kunzel hätte auch so geredet, wenns um sein eigenes Leben gegangen wäre.«[357] Einem Kommune-Besucher gegenüber soll Kunzelmann später erzählt haben, »wie wahnsinnig sie sich gefreut hätten, als das bekannt wurde, weil sie wußten, jetzt geht's los!«[358] Kunzelmann muß wohl noch der Slogan des letzten Kommune-Flugblatts im Kopf herumgegangen sein – »Kein schönrer Mord in dieser Zeit« – weil in diesem Moment nichts so perfekt in die zunehmend militanten Mobilisierungsbemühungen der Berliner Subversiven paßte wie der Anschlag auf die charismatische Symbolfigur des antiautoritären Protests. In dieser Situation, so wohl die Berechnung, würde sich niemand mehr – wie noch anläßlich der Kaufhausbrandstiftungen – empört von gewalttätigen Aktionen der Studentenbewegung distanzieren.

Und in der Tat erreichte die Protest-Mobilisierung innerhalb weniger Stunden ungekannte Ausmaße.[359] Nach einer Versammlung in der Technischen Universität zogen Tausende zum Springer-Hochhaus an der Kochstraße und lieferten sich eine Schlacht mit der Polizei, und Kunzelmann war einer der wenigen, denen es gelang, durch die zerstörten Glastüren in das Foyer der Springer-Zentrale vorzudringen.[360] Die Polizei nahm ihn aber nicht fest, sondern führte ihn, wohl mangels geeigneter Einsatzwagen und wegen der unkontrollierbaren Situation auf der Straße, wieder der protestierenden Menge vor dem Gebäude zu. In Fernsehaufnahmen dieser Nacht ist Kunzelmann zu sehen, wie er im Rücken der Polizeikette eine Fahne schwingend die anderen Demonstranten zum Sturm auf das Gebäude aufforderte und dabei gleichzeitig – immer medienbewußt – nach der hinter ihm stehenden Kamera Ausschau hielt.[361] Der Sturm auf die Springer-Zentrale mißlang, und die Demonstranten setzten die erreichbaren Auslieferungsfahrzeuge des Verlages in Brand. Die immer wieder kolportierte Geschichte, der Verfassungsschutzagent Peter Urbach habe zu diesem Zweck im Auftrag einer »höheren Stelle« einen Weidenkorb voller Molotow-Cocktails zum Springer-Hochhaus gebracht und unter den Demonstranten verteilt, bestritt Kunzelmann Jahrzehnte später.[362] Ein »an übertriebenem Geltungsbedürfnis leidender Mitläufer und späterer Stasi-Informant« (gemeint war Michael Baumann, genannt »Bommi«) habe diese »von seinem Mentor Stefan Aust bereitwillig weiterverbreitete Mär« in Umlauf gesetzt, doch die Wahrheit habe anders ausgesehen: »Zum einen wären Molotow-Cocktails für diesen speziellen Zweck eher hinderlich als hilfreich, es sei denn, man will gleich selber mit in die Luft fliegen. Und zum anderen versorgte uns mit Ratschlägen ein Experte: Niemand kannte sich mit Automotoren, Benzintanks und Ölleitungen besser aus als Rainer Langhans. Schließlich war sein Vater Gebrauchtwagenhändler.«[363]

Welche Rolle der Agent Provocateur Urbach bei den Brandstiftungen vor der Springer-Zentrale spielte, entscheidet für viele »Veteranen« der Bewegung über die historische Bewertung dieses militanten Schlüsselmoments der Protestbewegung. Während die einen Urbachs Rolle betonten, möglicherweise um sich selbst als verführte Opfer des Verfassungsschutzes und die folgende Radikalisierung der militanten Bewegung gar als staatliches Komplott darstellen zu können, mag andererseits Kunzelmann in seinem post-militanten Stolz gerade deshalb die Rolle der Kommune in den Vordergrund gestellt haben, um nicht als naives Werkzeug des Innensenators Neubauer zu gelten, der in dieser Nacht auf dem Dach des Springer-Hochhauses die Situation beobachtet haben soll. Enzensberger seinerseits bilanziert lapidar: »Daß sich daran auch Urbach beteiligte, war ganz unwichtig.« Erst später in der Nacht, im Zeichen einsetzender Ratlosigkeit, seien einige Molotow-Cocktails geworfen worden, die »folgenlos erloschen.«[364]

Das gesamte Oster-Wochenende hindurch wurden West-Berlin und zahlreiche westdeutsche Städte von Straßenschlachten erschüttert, denen in München ein Student und ein Journalist zum Opfer fielen. In Berlin setzte die Kriminalpolizei offenbar Beamte in Zivil ein, die sich unter die Demonstranten mischten und Beweismaterial gegen die sogenannten »Rädelsführer« sammeln sollten. Dabei kam es allerdings auch zu Begegnungen unter alten Bekannten. Kriminalkommissar W. reihte sich am 13. April auf dem Kurfürstendamm in einen Demonstrationszug ein, der die Gedächtniskirche ansteuerte, und berichtete folgendes: »Ich entdeckte dann den mir bekannten Dieter Kunzelmann [...] unter den Demonstranten und machte meine Kollegen auf ihn aufmerksam. Der Zug bewegte sich – zum Teil im Laufschritt – über die Joachimsthaler Str. in Richtung Gedächtniskirche, wobei mir auffiel, daß es immer weniger Personen wurden, weil offensichtlich viele Teilnehmer zurückblieben. Dieter Kunzelmann hat mich dann in der weniger werdenden Menschenmenge erkannt und andere Demonstranten auf mich aufmerksam gemacht. (Ich habe Kunzelmann am 21. 10. 67 abends im Café ›Degustation‹, Kurfürstendamm, unter Anwendung unmittelbaren Zwanges festgenommen). Ich rief Kunzelmann zu: ›Guten Tag, Herr Kunzelmann!‹ worauf er fragte: ›Sind sie heute auch wieder eingesetzt?‹ Ich antwortete ihm: ›Ich demonstriere!‹[365]

Sein Kollege H. berichtete weiter: »Kunzelmann trat zu uns und begrüßte KOM W. und machte anschließend andere Demonstranten, welche Fotoapparate bei sich hatten, auf uns aufmerksam. Diese fotografierten uns dann mehrfach.«[366] Die Identifizierung erfolgte also offenbar gegenseitig – und als »Anstifter« wurde von W. festgestellt: »Kunzelmann, bekannt«.[367] Während der Ostertage konnte kurzfristig der Eindruck entstehen, als sei die Radikalisierungstaktik der radikalen Protestelite aufgegangen, als habe sich die Offensivtaktik der subversiven Außenseiter der Protestbewegung binnen eines Jahres in eine revolutionäre Grundstimmung zumindest unter dem politisch aktiven Teil der Studentenschaft verwandelt. Auf diese Selbstüberschätzung der sogenannten »Rädelsführer« folgte innerhalb weniger Tage die Konfrontation mit den politischen Realitäten und die Enttäuschung der Revolutionäre.

Am Ostermontag, dem 15. April, versammelten sich Studenten und einige Politiker, unter ihnen Ralf Dahrendorf und der im Herbst zurückgetretene Berliner Bürgermeister Heinrich Albertz, zu einem Teach-in in der Technischen Universität. Die Diskussionen wurden auf Tonband mitgeschnitten und in einer Anklage gegen Horst Mahler verwendet, den das Verlagshaus Springer für die entstandenen Zerstörungen und Umsatzausfälle auf Schadensersatz verklagen wollte. Kunzelmann stand noch ganz unter dem Eindruck der Mobilisierung der Straße und mochte sich dem gewohnten Regiment einer Podiumsdiskussion nicht mehr beugen. Er wandte sich an die »Nichtbürger und Demonstranten«, um die Polarisierung und aktionistische Mobilisierung voranzutreiben: »Seit Donnerstagabend agieren wir. Wir haben beim Springer-Hochhaus die Scheiben eingeschmissen. Wir haben Autos angezündet, zu wenige. Wir haben versucht, Wasserwerfer der Polizei zu besetzen. Wir haben die Fenster beim RIAS eingeworfen und heute kommen die politischen Leichen Albertz, Ristock und Dahrendorf hierher und wollen die Position der Stärke, die wir durch diese Aktion gewonnen haben, wieder wegnehmen.« Die Auseinandersetzungen der letzten Tage hatten ihre Spuren hinterlassen und für Kunzelmann offenbar auch bisher unhinterfragte Grenzen des Protests ins Wanken gebracht: »Wir haben erstens bisher *bisher* nur Gewalt gegen Sachen angewendet.« Kunzelmann war in polizeiliche Kesselschlachten geraten, und diese Erfahrungen begründeten für ihn nun eine klare Trennlinie innerhalb der kritischen Öffentlichkeit, die sich über die Teilnahme an den Auseinandersetzungen mit der Polizei zu definieren schien: »Ich möchte aber all diejenigen, die in der Meineckestraße in dem Schlauch waren, den die Polizei mit strategischer Überlegung gebildet hat, möchte all diejenigen fragen, ob sie nicht, wenn sie auch in diesem Schlauch gewesen wären, glücklich darüber gewesen wären, einen Knüppel zu haben. Und in dieser Notwehrsituation, wie wir sie auch gestern abend in der Friesenstraße erlebt haben, über diese Notwehrsituation können nur Leute immer hinwegsehen, die auf dem Podium sitzen und nie auf dem Kudamm oder bei irgendwelchen Demonstrationen zu sehen sind.«

Kunzelmann stellte daraufhin den Antrag, »die politischen Leichen Albertz, Dahrendorf und Ristock« von der Diskussion auszuschließen, wenn sie sich nicht bereiterklären sollten, am selben Abend selbst an einer Blockade der Springer-Zeitungen teilzunehmen. Ansonsten sollten sie den Saal verlassen.[368] Die Diskussionsleitung griff in die entstehende Unruhe ein, und die Abschrift notierte deren Hinweis auf einen »sehr schwierigen und langwierigen Lärmprozeß [sic!]«, bevor Kunzelmann fortfuhr: »Dann möchte ich weiterhin dazu auffordern, daß heute noch genau darüber diskutiert wird, daß in dieser Nacht mehr illegale Aktionen gegen Springerfilialen stattfinden als bisher.« Gespräche mit »Schütz und Konsorten« hätten nur vor diesem Hintergrund einen Sinn.[369] Sein Antrag, die anwesenden Politiker vor eine aktionistische Alternative zu stellen, wurde von der Versammlung abgelehnt. Fritz Teufel sprang Kunzelmann zur Seite und versuchte weiter für die aktionistische Position zu werben: »Ich spreche nicht nur für mich und die Kommune, wenn ich sage, daß uns die Gesellschaft der Genossen Ristock, Albertz und Dahrendorf unerträglich ist, solange diese Leute sich weiterhin zu diesem System bekennen, dessen unglaubliche Brutalität jeden Tag unsere nackte Existenz bedroht.« Teufel fuhr fort, er wünsche zu sehen, wie eben derjenige Gummiknüppel auf Heinrich Albertz niedergehe, »den er nach dem 2. Juni noch so bered[t] verteidigt hat.« Er, Teufel, sei bereit, mit Dahrendorf zu diskutieren, »wenn er nach meiner nächsten Verhaftung in der Nachbarzelle sitzt.«[370] Die Kommunarden versuchten in dieser Situation, die Polarisierung innerhalb der kritischen Opposition voranzutreiben, doch Dahrendorf reagierte beschwichtigend. Auch ihm sei das polizeiliche Vorgehen »schlechterdings unerträglich«, solange die Regierenden nicht erkennen ließen, »was sie zu tun gedenken, um es möglich zu machen, in dieser Gesellschaft ohne Polizeiknüppel ein lebenswertes Leben zu haben.«[371] Er wandte sich an die Kommunarden und gab zu erkennen, ihm sei »nicht zuletzt durch ihre Kritik« deutlich geworden, »daß es mit einer Diskussion über Nutzen und Nachteil der parlamentarischen Einrichtungen allein nicht mehr getan ist«.[372] Er brachte schließlich aber die grundlegende Differenz zum Aktionismus der Kommunarden zum Ausdruck, obwohl auch er bereit sei, den publizistischen Aktivitäten des Verlagshauses Springer entgegenzutreten. Statt fortgesetzter Blockaden seien aber längerfristige Konzepte vonnöten: »[I]ch würde lieber mit Ihnen darüber reden, was rasch getan werden kann und wie es aussehen soll, um eine Gesetzgebung und um Maßnahmen zustande zu bringen, die nicht nur heute Abend, sondern für dauernd diese Art der Hetze und der Meinungsmacht zuende bringen.«[373]

Und schließlich versuchte Dahrendorf, an Teufel gewandt, die Berliner Oster-Protestierer daran zu erinnern, daß es außerhalb der Universität und der liberalen Intelligenz noch weitere gesellschaftliche Kontexte gebe, die die Kommunarden im Auge behalten müßten: »Herr Teufel, ich freue mich, Ihnen sagen zu können, daß mir Ihre Existenz erträglich ist, sehr wohl erträglich, und zwar nicht nur hier, wo das leicht ist, [dies] zu sagen, sondern auch an den Orten, an denen es nicht ganz so leicht ist, dies zu sagen.« Er meine damit »nicht die Zelle, in der wir in der Tat einmal Nachbarn werden könnten«, sondern »eine Menge unbequemere Orte, an die Sie sich immer bitte ein bißchen erinnern wollen, wenn Sie sich allzu sehr hier in Ihrem eigenen Kreis in die Diskussion verrennen.«[374]

Die Radikalisierungsprozesse, die diese Diskussion im Verborgenen begleiteten, verriet eine Äußerung des späteren AStA-Vorsitzenden Johann Wolfgang Landsberg, der sich als Vorsitzender des Springer-Arbeitskreises mit deutlichen Worten an die Versammlung und insbesondere an einige ungenannte Radikale wandte: »Ich glaube, das Entscheidende ist, daß wir diese wirklich an Mord glaubenden Brüder, die meinen, sich bewaffnen zu müssen, um militärischen Schutz anfangen zu wollen, die sollen wir doch allein lassen mit ihrem Scheißdreck.«[375] Die Stimmung bewegte sich nach den vorangegangenen Straßenschlachten auf einem Niveau der äußersten Erregung, an der Dahrendorfs liberale Solidaritätsangebote vollständig abperlen mußten. Gleichzeitig deutete sich aber selbst in den militanten Diskussionsbeiträgen ein Bewußtsein davon an, daß man am vergangenen Wochenende den revolutionären »Kairos« verpaßt habe, daß die »Schlacht um Springer« längst verloren sei. Peter Gäng bemerkte mit Blick auf die protestierenden Studenten in Westdeutschland: »Ich finde, wir sind es diesen Kommilitonen schuldig, uns zu entschuldigen, daß wir am Donnerstag nacht nicht die Rotationsmaschinen des Springer-Konzerns gestört haben, zerstört haben, denn das war eine Gelegenheit und die haben wir versäumt und deshalb rollt die ganze liberale Scheiße auf uns zu.«[376] Die studentische Protestbewegung hatte an diesem Oster-Wochenende ihren Höhepunkt überschritten, auch wenn das für die Mehrzahl der Beteiligten erst im Nachhinein deutlich werden konnte. Fritz Teufel bilanzierte diesen Schlüsselmoment und seine Implikationen für die weitere Entwicklung der extremen Linken aus seiner Perspektive folgendermaßen: »Es war ein kurzer Rausch der massenhaften revolutionären Leidenschaft. Brandanschläge auf Springers Morgenpostfilialen wurden jubelnd begrüßt. Die abwiegelnde Spruch ›Steine sind keine Argumente‹ wurde zeitgemäß ergänzt: ›Steine sind keine Argumente – Schmeißt Mollis! – Legt Brände!‹«[377] Damit sprach er sicher nicht für die Mehrheit der Vollversammlung in der Technischen Universität, wohl aber für den subversiven Kern um Kunzelmann und die Kommunarden. Während eines neuerlichen Besuchs Herbert Marcuses in Berlin wurde die Kluft zwischen dessen radikaler Kritik und dem radikalen Aktionismus der subversiven Gruppe um Kunzelmann für alle Beteiligten deutlich, als Kunzelmann dem greisen Theoretiker die Meinungsführerschaft innerhalb der APO absprach: »Wir tun hier so, als ob seit dem letzten Besuch von Marcuse nichts passiert wäre und wir nichts getan hätten. Soll er nachträglich Begriffe bilden für unsere Taten?«[378] Doch die »Propaganda der Tat« war zu diesem Zeitpunkt in Berlin bereits in

Leere gelaufen. Für die selbsternannte Avantgarde der Revolte stellte sich bald die Frage nach den Konsequenzen, die daraus zu ziehen seien.

Während im Mai die französischen Studenten ihren deutschen Kommilitonen nacheiferten und im Bündnis mit einem wilden Generalstreik tatsächlich die französische Republik an den Rand eines revolutionären Umsturzes brachten, kauften die Kommunarden eine Stereoanlage, die Rainer Langhans montierte, und nahmen an der Besetzung des Germanistischen Instituts der Freien Universität teil, wo Teufel und der zur Kommune hinzugestoßene Karl-Heinz Pawla als Disc-Jockeys den »Sender Rosa Luxemburg« betrieben.[379] Mit Hilfe Peter Urbachs drangen beide in das Immatrikulationsbüro der Universität ein und entwendeten einige Stempel, mit denen Teufel fiktive Immatrikulationsbescheinigungen ausstellte. Kunzelmann betätigte sich seinerseits als Agitator unter den Besetzern, als konservative Studenten das Institut entsetzen wollten.[380] Eine letzte Hausdurchsuchung der Polizei stieß in der Kommune-Wohnung auf zwei Molotow-Cocktails, deren Herkunft (nach Enzensberger: »aus Ostertagen«[381]) ungeklärt blieb, bevor die Kommunarden in ein neues Domizil umzogen. Im Sommer 1968 begann die Kommune – inzwischen ohne Fritz Teufel, der nach München übersiedelte – die Renovierung eines leerstehenden Fabrikgebäudes in der Moabiter Stephanstraße 60, in das die Gruppe am 1. August einzog.[382] Die Vorstellungen, wie sich das Kommune-Projekt von nun an weiterentwickeln sollte, gingen allerdings bereits weit auseinander – insbesondere zwischen Kunzelmann und Rainer Langhans.

Zwischen Pop-Kultur und »Politik der Ekstase«

Der Umzug in die Stephanstraße markierte einen grundlegenden protestkulturellen Umbruch innerhalb der Kommune I. Hatten bis dahin provokative Aktionen in der Berliner Öffentlichkeit im Mittelpunkt der Aktivitäten gestanden, so zogen sich die Kommunarden jetzt fast vollständig auf ein neues kulturrevolutionäres Projekt zurück, das nur noch selten Zeit für demonstrative Provokationen und Konfrontationen mit der Polizei ließ. Hauptmotiv für den Umzug sei, so erinnerte sich Kunzelmann später, der Platzmangel in der Kommunewohnung gewesen, nachdem der »Polit-Tourismus« in der Kommune sich fast zu einer »Belagerung« entwickelt habe.[383] Im neuen Fabrikgebäude standen nun drei ganze Etagen zur Verfügung, die in einen Diskothekenbereich, eine Besucheretage und die eigentliche Kommune-Wohnung aufgeteilt wurden. Die pop-kulturelle Wende der Kommune I hatte sich derweil schon lange vorher angekündigt, nachdem die ausgiebige Presseberichterstattung insbesondere weibliche Teenager auf die Kommunarden aufmerksam gemacht hatte. Viele hatten sich, angezogen von Teufel und Langhans, auf den Weg zum Stuttgarter Platz gemacht und hinterließen in der Korrespondenzsammlung des

Kommune-Archivs ihre Spuren. Unter dem Motto »Weder Norden, Süden, Osten, Westen / Sondern in der KOMMUNE ist's am besten!!!!!«[384] geben die häufig recht pubertären Botschaften an die Pop-Ikonen der Bewegung einen Einblick in die vollkommen unpolitischen Sehnsüchte einer wachsenden Fan-Gemeinde, die sich mit schmachtenden Standard-Versen aus den zeittypischen Poesie-Alben nicht anders an die Kommune wandte, als sie es gegenüber den weniger leicht erreichbaren Pop-Musik-Idolen aus den Jugendzeitschriften getan hätte:

»Wer geliebt kann nie vergessen,
wer vergißt, hat nie geliebt,
Wer geliebt und doch vergessen,
hat vergessen, wie man liebt.
Solltet *Ihr* uns einst vergessen,
Ja, vergessen können auch wir,
Können vergessen *Euer* Vergessen,
Euch vergessen können wir nie …«[385]

Allerdings stand Kunzelmann dabei im Schatten der beiden Medienstars Teufel und Langhans – sei es wegen seines wenig photogenen Äußeren oder wegen seiner strikteren Vorstellungen vom politischen Charakter einer revolutionären Kommune, die nicht selten mit der hedonistischen Atmosphäre des pop-kulturellen Star-Zirkus kollidierten. Das Bonmot von Kunzelmanns angeblichen »Orgasmusschwierigkeiten« tauchte immer und immer wieder in der Fan-Post der Kommune auf, auch wenn die Verteilung der Sympathien dadurch nicht wirklich zugunsten Kunzelmanns verändert wurde:

»Kommunarde Kunzelmann,
Du wirst bestaunt von allen Seiten,
auf Grund Deiner Orgasmusschwierigkeiten.
Du spielst Dich auf als Komiker,
doch bist nichts weiter als ein Neurotiker.
Du hast 'ne große Klappe
und Dein Schädel ist aus Pappe.
Die Kinder, Nasser und Grischa,
bezeichnest Du als Viecher.
Ich möchte mit Dir wetten,
das Liebste sind Dir Betten.
Jeden Abend 'ne andere
Das wär für Dich der beste Lebenswandel.
Man nennt Dich Parasit der K I,
Verständnis für mich hast Du keins.

Ich denke an Dich jede Nacht,
wann hast Du an mich je gedacht?
Du starrst einen nur an;
Nein, handeln mußt Du als Mann.
Ich sehe Dich schon im Traum,
doch Du beachtest einen kaum.
Ich habe Dich sehr gern,
aber Du bist mir leider so fern.
Du bist eben fies und gemein,
so, das wäre mein Reim!«[386]

Eine anonyme Botschaft aus Braunschweig, die Fritz Teufel mit der Randbemerkung »Muß unbedingt veröffentlicht werden!« versah, charakterisierte Kunzelmann als »parasitäres Element« der Kommune und »asozialen Analphabeten«: »Würdest Du, der Du als Schwein bekannt bist, die Kommune verlassen, kämen bestimmt mehr Mädchen in die Kommune, denn die Kommunarden Langhans und Teufel sind doch reizvoller …« Auch der sehr jugendlich wirkende Ulrich Enzensberger entsprach offenbar nicht dem Geschmack dieser beiden »Maoistinnen« aus der Provinz, denn sie stellten in Aussicht: »Sollten Du und Baby Enzensberger aus der Kommune austreten, kämen wir sofort nach Berlin und treten bei.«[387] Andere Verehrerinnen waren zeitweise in die Kommune eingezogen. Antje Krüger erinnerte sich an zahlreiche »Mädchen, die kamen ein paar Wochen oder Monate, andere kamen nur einmal.«[388] Zwei Zugereiste beschwerten sich schriftlich gegenüber den zwischenzeitlich abwesenden Kommunarden, »da wir mit Euch ja nicht reden können (keiner hört zu)«.[389] Die beiden versuchten sich in ausführlichen Psychogrammen des bewunderten Kommune-Dreigestirns Teufel, Langhans und Kunzelmann, wobei letzterer allerdings wenig vorteilhaft gezeichnet wurde: »Dieter: Du sagst alles sehr offen heraus, so daß Du sehr taktlos wirkst, manchmal sogar beleidigend. Wir müssen immer unter Deiner Nervosität, Aggressivität und Streitsucht leiden. Du spielst immer den Boß, willst bestimmen und tyrannisierst Deine Leute. Du bist verständnislos (Ableger Grischa), hast überhaupt keinen Humor und brüllst mit einem herum.«[390]

Einen anderen Ton schlug demgegenüber R. an, die mit Freunden aus Wuppertal in die Kommune-Zirkel nach Berlin gereist war und ihre Beschwerden an »bes. kleiner Kunzelmann« adressierte. Die Aufteilung der Haushaltspflichten ging offenbar immer wieder zu Lasten der weiblichen Kommune-Hospitanten, und die sich in dieser Zeit ankündigende Frauenbewegung machte offensichtlich auch vor der Kommune nicht halt: »Die Sache ist so: Ich tu ja gern was und koche auch und putze, aber wenn ich ewig so ein Arschloch hinter mir stehen habe, der so auf väterlich wohlwollend macht und auf schleimige Art seine autoritären Ambitionen zu verdecken sucht, dann könnte ich ihm wirklich vor die

Füsse kotzen. Bin aber ein friedliebender Mensch, also ziehe ich meine Konsequenzen und hau ab.«[391]

Auf die visuelle Anziehungskraft der Kommune, die das Kommune-Nackt-Photo vom Sommer 1967 als mediale Inszenierung transportierte, hat bereits Sven Reichardt hingewiesen, der insbesondere eine Fan-Zeichnung bemerkenswert findet, die jenes Nackt-Photo variierte und um neue sexualisierte Phantasien bereicherte, die eher eine Projektion als eine Reflexion der privaten Kommune-Praxis darstellte.[392] Die Rückansicht der Kommunarden setzte hier ungeahnte hermaphroditisch-orgiastische Visionen frei, die der Zeichner C. mit seinem ihm eigenen Humor würzte: »Liebe Omaisten. Wenn ihr denkt, ihr könntet euch unbeobachtet an die Wand stellen, so irrt ihr euch. Ihr werdet überwacht, unterwacht, bewacht und immer fotografiert. Von allen Seiten. Das ist gut, denn eure Ärscher, Po's, Hintern, Sitzbäckchen und was ihr da sonst noch so habt, interessieren uns nicht. Es scheint, ihr wollt vertuschen. (Das weiß die Polizei schon lange!) Wir wollen eure Vorderseiten sehen, ihr, ihr, ihr Schweinchen, ihr Revoluschweinchen. – Nun werdet ihr sicher wieder lieb, damit nicht alle sagen, ihr seid doof.«[393]

Die pop-kulturelle Ausstrahlung reichte aber auch über die Mauer nach Ost-Berlin, wo oppositionelle Jugendliche einen »Keller in Karlshorst« etabliert hatten, »mit Musik und etwas trinkbarem. Der Besitzer war mit Dir, Rainer, in der chin. Botschaft.« B. J. hielt für die Gruppe um Florian Havemann den Kontakt mit den Kommunarden und verband damit durchaus politischere Perspektiven als die westdeutschen Kommune-Bewunderer. Zwar sei auch im Osten die subversive Mobilisierung problematisch, doch die Kommunarden sollten als Vorbilder einer eigenen subkulturellen Szene in Ost-Berlin dienen: »Ich finde es lohnt sich. Wir müssen hier im Osten unter Eurer Führung eine Kommune (oder was ähnliches) eröffnen. Meine ganzen Bekannten sind mit Begeisterung dabei. Zuviel Hoffnungen habe ich allerdings noch nicht. Die Begeisterung ist automatisch mit Euren Namen verbunden. Aber da muß man hinterhaken und langsam wird auch dann mehr und mehr Interesse und Überzeugung in die Leute kommen.«[394] Die Kommunarden sollten auf Besuch nach Ost-Berlin kommen, wobei die möglichen Reaktionen der SED-Macht eher unterschätzt wurden: »Allzu gefährlich kann es ja nicht werden, weil Du, Fritz, in unserer FDJ-Zeitung gelobt wirst und Deine Meinung, soweit veröffentlicht, als positiv beurteilt wird. (Was natürlich weiß Gott kein Kompliment ist)«.[395] Auch die Kommune-Broschüre druckten die Ost-Berliner nach, doch damit hatten sie die Grenze der ostdeutschen Toleranz überschritten. In einem anderen, offensichtlich späteren Brief berichtete B. J.: »Schick doch mal Flugblätter von Euch oder so was ähnliches. Übrigens das Vervielfältigen der ›Kommune I‹ hat geklappt. 50 Stück. […] Vorgestern mußte ich wegen Euch zur Stasi. 18 Std. Verhör. Man hat bei einer Tablettenparty 3 Zeitungen gefunden (Kommune I) und die Leute haben gesagt, daß sie von mir stammen. In den Zeitungen loben sie Euch, aber persönlich darf keiner mit Euch in Berührung kommen. Am 19. muß ich wieder hin.«[396]

Die repressiven Potentiale der Staatssicherheit hatte sie angesichts der fröhlichen Kommune-Broschüren offenbar unterschätzt und richtete an Rainer Langhans Hilferufe: »Du kannst Dir einfach nicht vorstellen, was hier los ist. Ich weiß nicht mehr weiter, verstehst Du? Meinst Du mir macht es Spaß abends Prüfung, vormittags Verhöre? Das kann doch nicht alles wegen nichts und wieder nichts passiert sein.«[397] Doch letztlich konnte die pop-kulturelle Aura von Rainer Langhans auch in den Ost-Berliner Oppositionskreisen Einzug halten. Die dortigen Gruppen versuchten offenbar, ein Star-Photo von Langhans in eine unverfängliche sozialistische Heldengalerie zu integrieren: »Nachdem sich der größte Teil darauf geeinigt hatte, daß Du ein Mittelding von einem Genie und einem Wahnsinnigen bist, befestigte ich es an meine[r] Wand neben Castro. Jetzt fehlt nur noch ein Bild von Fritz.«[398]

Ganz anders verlief der Kontakt der Kommune zur entstehenden Underground-Kultur der westdeutschen Musikszene. Im September 1968 war es bei den Essener Songtagen zur Begegnung mit der Münchner Band Amon Düül gekommen – insbesondere zwischen Rainer Langhans und deren Muse Uschi Obermaier. Die Geschichte der Band ist gut dokumentiert und Erinnerungen der Beteiligten vermitteln einen Eindruck der zeitgenössischen Mischung aus Musik- und Drogen-Kultur: »Ich erinner mich nur noch, daß auf diesem Super-Gruga-Dingsda Amon Düül I völlig ausgetrippt war. Und daß immer diese Durchsagen kamen: ›Amon Düül – Hören Sie auf zu spielen! Sie müssen umbauen!‹, aber alle waren irgendwie auf Acid und völlig weggetreten.«[399] Die Band siedelte im Herbst für Studio-Aufnahmen nach Berlin über und zog zeitweilig in die Kommune-Fabrik ein.[400] Mit dem Erscheinen von Uschi Obermaier in der Moabiter Kommune-Fabrik waren der gegenkulturellen Pop-Kultur neue Perspektiven eröffnet worden, und Kunzelmann geriet immer mehr in den Schatten der Medienaufmerksamkeit für den attraktiven Kommunarden Langhans und das Photomodell Obermaier. Im Mai hatte Ulrich Enzensberger diese Wendung in einer zynisch-ironischen Bemerkung gegenüber dem inhaftierten Andreas Baader bereits vorweggenommen, weil nach den politisch ergebnislosen Ostertagen die Kommerzialisierung der Kommune absehbar schien: »Wir haben uns einen neuen Verkaufsknüller einfallen lassen, Gruppensex, damit wieder Geld reinkommt, aber das ist harte Arbeit, Dieter schläft schon wieder allein im Eckzimmer, hat die Nase voll. Da ist eine Diskussion fällig, das ist natürlich unmöglich, dass sich einer immer um die Arbeit drückt, bloss weil sie frustrierend ist. ›Für mich bedeutet das nur Frustration‹ hat er gesagt, *das Schwein*. Und dann Kaufhäuser anzünden!«[401]

Kunzelmann selbst tritt in seinen Erinnerungen dem populären Mythos entgegen, Obermaier habe entscheidend zum Ende des Kommune-Projekts beigetragen. Statt dessen hätten Gefängnisaufenthalte und der »gemeinsame Opium-

Konsum« die Kommune schwerer beschädigt als das »wahrlich nicht unattraktive Körperprogramm von Uschi.«[402]

In der Tat war die Kommerzialisierung der pop-kulturellen Potentiale der Kommune nur die eine Seite dieser Spätphase in der Stephanstraße. Auf der anderen Seite brachte die Medienaufmerksamkeit auch zweifelhafte Kontakte mit sich, die sich bereits seit Oktober 1967 abzuzeichnen begonnen hatten. Revolte-Touristen waren auf der Suche nach Aufruhr und Abenteuer und kündigten ihre Besuche an: »Ende Oktober kommen wir übrigens wieder für ein paar Tage nach Berlin. Hoffentlich ist dann grad was los!«[403] Neben diesen harmlosen Trittbrettfahrern der Revolte meldeten sich aber auch sinistere Elemente bei den Kommunarden, wie zum Beispiel R. O. Er stellte sein eigenes Kommune-Konzept vor, das »sowohl kulturrevolutionär agieren kann wie Ihr, oder mit selektivem Terror«.[404] Andere ungebetene Korrespondenten wurden in ihren Gewaltphantasien deutlicher. K. H. aus Krefeld beispielsweise genoß offensichtlich die plastische Vorstellung von umfangreichen Waffenarsenalen, denn die Revolution lasse sich »wohl nicht mit Omimethoden durchführen«: »Mein Vorschlag an Sie wäre probieren Sie es doch mal mit Bewaffneter Macht z.B. automatischen Karabinern, Plastiksprengstoff, Phosphorhandgranaten, tragbaren Flammenwerfern, auch Sprenghandgranaten oder sogar einem Maschinengewehr oder Bazooka oder der Panzerfaust.« Im Austausch gegen einen automatischen Karabiner würde er »für eine excellent organisierte Taktik« sorgen.[405] Offenbar antwortete ihm Kunzelmann recht lapidar mit der Zusendung einiger Kommuneschriften, doch H. insistierte in einem weiteren Schreiben an den »lieben Kunzel«: »Ich [...] bin immer für bewaffnete Aktionen.«[406] Die Hintergründe solch skuriller Zuschriften sind nicht aufzuklären. Während hier möglicherweise ein Wehrmachtsveteran nach Betätigung suchte, meldeten sich andererseits auch junge Berliner, die offenbar von den Einkäufen der Kommunarden erfahren hatten. Nachdem am 30. Oktober eine Lieferung von 25 kg Rauchpulver und 100 Anzündern für Volker Gebbert in der Kommune eingetroffen war, erreichte die Kommunarden vier Tage später ein Brief von Michael Baumann.[407] Er wandte sich an die »sehr geehrten Herren«, weil er durch Bekannte erfahren habe, »daß durch Ihre Firma der Bezug schwarzen Rauchpulvers möglich ist.« Bevor er sich »hochachtungsvoll« verabschiedete, bestellte er bei der Kommune-»Firma« gleich 15 kg dieser Lieferung.[408] Bereits im Herbst 1967 heizte die Kommune nicht nur Projektionen von sexuellen Phantasien an, sondern stand auch – zumindest in der Außenwahrnehmung – im militanten Zentrum der entstehenden oppositionellen Berliner Subkultur.

Diese Subkultur wurde maßgeblich durch alternative Publikationsorgane geprägt, die als Diskussionsforen, Anzeigenmärkte und Informationsbörsen dienten. In der Frühphase waren für Berlin hauptsächlich das Oberbaumblatt (vom antiautoritären Flügel des SDS getragen), der Berliner Extra-Dienst (vom Republikanischen Club herausgegeben), Radikalinski / Charlie kaputt (zwei radikale Schülerzeitschriften) und LINKECK von Bedeutung – letztere Zeitschrift entstand in einer zu diesem Zweck gegründeten Kommune, an der sich auch Antje Krüger zeitweilig beteiligte, und kooperierte eng mit den Underground-Schülerzeitungen.[409] Der Haupttenor der Berliner Untergrundpresse war zunächst der eines Verbalradikalismus, der sich ausdrücklich gewaltbereit gab und gleichzeitig über ein explizites Graphikprogramm die sexuelle Provokation betrieb. Beschlagnahmungen wegen der Verwendung verfassungsfeindlicher Symbole und Pornographie waren keine Seltenheit. Der Prozeß der Radikalisierung von Teilen der Berliner Protestbewegung, der nach den Osterunruhen einsetzte, läßt sich in der Zeitschrift LINKECK exemplarisch nachvollziehen. Auch die Kommunarden gehörten zu den Autoren des Blattes und veröffentlichten bereits in der ersten Ausgabe vom Februar 1968 einen »Aufruf« an ihre Freunde und Mitstreiter. Unter dem Motto »Wir sind allein geblieben« beklagte der Artikel, den vermutlich Rainer Langhans verfaßt hat, die Kommune I sei die einzige Kommune geblieben und »nirgends läßt sich der Ansatz einer weiteren blicken.« Die Kommune sei »einzigartig und unnachahmlich« geblieben und habe für studentische Protestaktionen als Inspiration dienen müssen, und die »kontinuierliche Existenz« der Kommune sei für die Unterstützer und Mitläufer offenbar »Voraussetzung für ihre Nichtveränderung in Richtung K[ommune].« Die Kommunarden beklagten das Fehlen eines festen und organisierten Unterstützerkreises: »Es gibt kein Kommuneumfeld, keine auf unsere Form des Zusammenlebens vorbereitende Struktur. Aktionen mit uns werden für die Mitmacher immer aus dem Stand, aus ihrer privaten Vereinzeltheit unmittelbar gestartet. Die Folge: Wir sind tatsächlich Rädelsführer und unentbehrlich. Schon wegen unserer personellen Beständigkeit. Wir sind exotisch, Kadergruppen für politische Aktionen mit Happeninganstrich. Kader zu sein, ist mörderisch und zermürbt jeden.« Es müsse daher darum gehen, »Vorformen, Zugangswege und Übergänge« zur Kommunebewegung zu schaffen, wie sie zum Beispiel in den USA bestünden – »wegen des Rauschzeugs« – und die eine Gegengesellschaft hervorgebracht hätten: »Subkulturen, die kaum anzupassen sind, weil ihre Erfahrungen mit dem LSD und Hasch sie verständnislos für Integrationsversuche machen.« Aus dieser Überlegung heraus kündigten die Kommunarden bereits im Februar 1968 ihr neues Projekt eines subversiven Zentrums an, das als Fokus der antiautoritären Opposition dienen könne: »Wir wollen ein Lokal aufmachen, mit Musik und man kann alles darin machen, auch Filme und Besprechungen und natürlich viel mit Licht und man soll tanzen. Es soll ein Zentrum sein, ein Treffpunkt, wo man sich wohlfühlt, wie zu Hause, man Leute kennenlernt und was mit ihnen machen kann. Dort werden auch Leute von uns wohnen, vielleicht wir, und man kann dort auch drucken, Flugblätter, eine kleine Zeitung, was einem einfällt. Wir suchen so ein Ding. Wie es aussehen wird, ist Eure Sache. Das hier ist schon ein Aufruf.«[410]

Nach den Frankfurter Brandstiftungen und den Osterunruhen im April 1968 änderte sich der Ton der Zeitschrift deutlich. Jetzt wurde ausdrücklich die linke Solidarität mit Baader, Ensslin, Proll und Söhnlein eingefordert, die nur vorweggenommen hätten, was nun für alle auf der Tagesordnung stehen sollte: »Acht Tage später – nach dem Attentat – brennt einiges mehr, aber die begabte Vorwegnahme in Frankfurt wird vergessen, mit der Ungeduld und dem Mut von einigen, denen es nicht mehr genügte, einen Film über Molotow-Cocktails genüßlich zu begaffen, denen es nicht genügte, nur an Benzin und Petroleum zu riechen, sie werden, weil sie einen Augenblick zu früh zündeten, wie immer von der Linken isoliert, die sie am liebsten ins Asoziale oder Kriminelle abgedrängt wissen möchte, als hätte auch das, getreu bürgerliche Überzeugung, nichts mehr mit Politik zu tun.«[411] Der Artikel war mit einer Illustration versehen, welche die Herstellung eines Molotow-Cocktails und seinen Gebrauch demonstrierte. Gleichzeitig erschienen in LINKECK zwei Kommentare zur TU-Diskussion vom 15. April, die in ihrem Duktus Kunzelmanns Handschrift vermuten lassen. In einer ironischen Einleitung, die offensichtlich auch auf den Kommune-Artikel vom Februar anspielte, konstatierte der erste Kommentar: »Wir sind nicht mehr allein!« Damit war die Aussicht gemeint, daß nach jeder neuen Eskalation der Auseinandersetzungen mit der Polizei Politiker zur Diskussion bereit sein würden, um einer weiteren Radikalisierung entgegenzuwirken.[412] Ein zweiter Kommentar mit dem Titel »Putschisten-Kacke« wiederholte beinahe wörtlich Kunzelmanns Redebeitrag aus der TU und spottete, der »Totenprediger Albertz, Nelkenträger Dahrendorf und Harry die Leiche« seien von den Studenten empfangen worden »wie die drei Weisen aus dem Morgenpostland«. Und auch Knut Nevermann war wiederum ein Angriffsziel, indem er als »potentieller Innensenator« und »Senatskomplize« bezeichnet wurde: »Ihm gelang es, den Senatsauftrag der miefreichen Drei zu vollenden und in der TU Friedhofsruhe einkehren zu lassen, indem er mit den Stimmen des Fliegenschwarms den Vorschlag überstimmte, Albertz, Dahrendorf und Ristock hinauszuwerfen, um so die für Diskussion und Aktion notwendige frische Luft zu machen.«[413] Man darf vermuten, daß Kunzelmann an dieser Stelle sein Scheitern in der Vollversammlung der Technischen Universität durch die Wiederholung seiner Forderungen zu relativieren versuchte, um gegenüber dem subversiven Milieu West-Berlins am Puls der Radikalität zu bleiben.

Schwieriger fällt die Interpretation eines anderen Artikels, der die aufgeheizte und radikal militante Stimmung nach den gewalttätigen Auseinandersetzungen vom 4. November 1968, der sogenannten »Schlacht am Tegeler Weg«, dokumentiert. Anläßlich eines Ehrengerichtsverfahrens gegen Horst Mahler hatten sich Demonstranten eine offene Straßenschlacht mit der Polizei geliefert und die schlecht ausgerüsteten Polizisten mit einem Steinhagel überzogen. Nicht wenige militante Demonstranten sahen darin gar einen taktischen Sieg der oppositionellen Gewalt über den Staatsapparat, weil die Zahl der verletzten Polizisten die der verletzten Demonstranten weit überstieg.[414] Die Kommunarden allerdings seien zu dieser »Schlacht«, wie sich zumindest Enzensberger erinnert, zu spät gekommen.[415] In LINKECK erschien nun ein Kommentar zu diesen »Leistungsbeweisen der Gewalt«, der sich gegen das »seichte APO-Geschwätz« wandte, das zwischen Gewalt gegen Sachen und gegen Personen unterscheiden wollte. Der Artikel kritisierte weiter, die Kommunarden würden keine Gewalt anwenden, und Kunzelmann sei ein Pazifist, wenn er bekunde, er wolle nicht selbst das Haus eines Staatsanwalts in Brand setzen, sondern lediglich begrüßen, wenn es geschähe. Das erschien dem LINKECK-Autor als subjektive Überforderung »von den Ansprüchen der politischen Aktion«. Statt dessen müsse das satirische Gewalt-Verhältnis der Kommune in ein affirmatives überführt werden, und plötzlich tauchte auch eine historisch belastete Vokabel aus der NS-Vergangenheit auf: »Jedoch das literarische Verhältnis zur Gewalt à la Kommune I oder APO ist ebenso widerlich wie die maßlose Übertreibung unserer Gegner, wir würden bereits Kristallnächte inszenieren oder faschistischen Terror ausüben. [...] *Was wir lernen müßten* Kristallnächte und Terror richtig einzustufen, den qualitativen Unterschied herauszuholen zwischen einem kleinen verschüchterten jüdischen Krauter, der zusammengeschlagen wurde, und einem Polizisten samt seiner präfaschistischen Vorgesetzten und deren Politiker. Die heutigen Kristallnächte müßten dazu führen, die Aktionäre, Fabrikbesitzer, Gefängniswärter in Angst und Schrecken zu versetzen.« Die Funktionsträger der bürgerlichen Gesellschaft »in Angst und Schrecken zu versetzen« – das entsprach einer buchstäblichen Definition revolutionären Terrors. Der Text gipfelte in einem offenen Aufruf zur Gewalt und Brandstiftung als einem revolutionärem und anti-faschistischen Akt: »Hören wir doch endlich auf, die Defensivtaktik soweit zu verinnerlichen, daß wir nicht mal mehr in der Lage sind, Polizisten mit Steinen zu bombardieren, Pferdeställe, Gerichtsgebäude, Privatwohnungen von Staatsanwälten und Richtern anzuzünden. Werden wir Brandstifter und Pioniere für eine andere Gesellschaft. Also ran an die Faschisten!«[416]

Der Autor dieser Zeilen ist nicht mehr mit Sicherheit auszumachen. Auf den ersten Blick schien es so, als sei die Radikalisierung der Protestbewegung über die Kommune hinweggegangen und habe mit den Osterunruhen und den Auseinandersetzungen am Tegeler Weg die provokative »Kulturrevolution« in der Kommune-Fabrik an Militanz weit überholt. Das Kunzelmann-Zitat zu einer möglichen Brandstiftung in einem Privathaus eines Staatsanwalts stammte aus einem Gerichtsverfahren gegen Kunzelmann und andere, das Ende November vor dem Berliner Landgericht stattfand. Bereits im Juli war es vor Gericht unter Beteiligung Kunzelmanns zu Handgreiflichkeiten gekommen, und im Herbst drehte sich die Spirale der Eskalation noch ein Stück weiter.[417] Am Vorabend des Prozesses hätten die Kommunarden, so berichtet es Enzensberger freimütig, »bei ein paar Richtern« einige Fensterscheiben eingeworfen, wobei sich Kunzelmann »auf der Flucht« den Fuß verstaucht habe und daher mit einer Krücke vor Gericht erschien.[418] Im Gerichtssaal spielte sich laut Protokoll daraufhin am

25. November folgende Szene ab: »Bei Eintritt des Gerichts stand der Angeklagte Kunzelmann schreiend am Zeugentisch mit dem Rücken zum Gericht und hielt einen schweren, langen Holzkrückstock in der Hand. Er setzte sich sodann auf den Zeugentisch – immer noch mit dem Rücken zum Gericht – und schwenkte den erhobenen Krückstock gegen einen Wachtmeister, der etwa zwei Meter vor ihm stand.« Kunzelmann habe den Beamten angeschrieen: »Was will dieser Mann hier, was will diese widerliche Type, schaffen Sie mir diesen Mann vom Hals usw.« Nach Verhängung einer Ordnungsstrafe wegen Ungebühr ließ das Gericht Kunzelmann mit Gewalt von mehreren Beamten fesseln und im Schwitzkasten auf die Anklagebank befördern. Das protestierende Publikum, das »teilweise einen drohenden Charakter« offenbart habe, wurde ausgeschlossen. Die Lockerung der Handschellen, die das Gericht schließlich anordnete, habe Kunzelmann mit den Worten quittiert: »Sehr mildtätig, Herr Pahl.« Kunzelmann verhinderte durch fortgesetztes Reden die Verlesung der Anklage wegen Hausfriedensbruch im Schöneberger Rathaus am 15. September und wurde von der Verhandlung ausgeschlossen.[419] Ein Kommune-Gast jener Zeit berichtet in seinen Erinnerungen, daß Kunzelmann auf dem Weg zu diesem Auftritt vor Gericht »den letzten Krümel Afghan« der Kommune geraucht und außerdem eine Rauchbombe bei sich getragen habe, die er aber nicht zündete.[420] Nachdem Kunzelmann mit verbundenen Handgelenken und offensichtlich ein wenig ausgenüchtert wieder in die Verhandlung zurückkehrte, machte er zur Sache folgende Ausführungen, die sich direkt gegen den vorsitzenden Richter wandten:

> »Ich will den Versuch machen, den heutigen Tag in Verbindung zu bringen mit dem, weshalb ich hier stehe, obwohl ich mir darüber klar bin, daß ich wahrscheinlich gegen taube Ohren spreche und besser gegen Wände reden sollte. Denn Sie und mich trennen Welten. Aber Sie sind in ihrer Welt eine Null, für mich sind sie null und nichtig. Wenn Ihnen etwas passiert, und es wird nicht bei zerbrochenen Fensterscheiben bleiben, dann berührt das nur einen kleinen Kreis. Eine eventuelle Pressenotiz darüber, z.B. ›Landgerichtsdirektor Pahl in den Trümmern seines Hauses begraben‹, wird von den übrigen flüchtig zur Kenntnis genommen und bald vergessen worden sein. Aber wenn mir oder meinesgleichen etwas passiert, dann sind alle anderen da und für einen, den Sie einsperren, kommen zwei andere. Und deshalb berührt mich das, was Sie mit mir machen überhaupt nicht. Es ist ja noch ihr gutes Recht, Ihr Amt so auszuüben, wie Sie es tun. Und sie merken gar nicht, daß der Stuhl, auf dem Sie sitzen hohl ist und das Gebäude, in dem wir uns befinden, morsch. Aber dieses Gebäude steht nicht mehr lange, das versichere ich Ihnen, und Sie sitzen auch nicht mehr lange auf Ihrem Stuhl. Die Gewalt, mit der wir behandelt werden, kann von uns nur mit Gegengewalt beantwortet werden. Und das wird nicht mehr lange dauern, denn an und für sich sind wir jetzt schon stark genug ...«[421]

Kunzelmann stellte daraufhin einen Befangenheitsantrag gegen der Vorsitzenden, »weil in der letzten Nacht in der Wohnung des Herrn Pahl die Fensterscheiben eingeworfen worden sind und er mich selbstverständlich damit in Verbindung bringen könnte und ich ihm das nicht übel nehmen würde.« Man könne ihn, Kunzelmann, »mit berechtigtem Grund« mit diesem »Anschlag« in Verbindung bringen.[422] Einige Tage später habe Kunzelmann, so berichtet Enzensberger, auf einem Teach-In nach dem Freispruch für den NS-Richter Rehse gefordert, »konkret harte Sachen« zu machen, »mit einem Wort: Terror!« Er habe dabei auf die Autos der Berliner Richter und auch auf das Kaufhaus des Westens verwiesen, das zugunsten der Bevölkerung geplündert werden müsse.[423] Kunzelmanns beinahe biblischer Zorn vor Gericht, der das Ende des Justizpalastes prophezeite, und sein Verbalradikalismus innerhalb der subversiven »Szene« können also kaum noch zum differenzierenden »APO-Geschwätz« gerechnet werden, das wenig später in LINKECK als unzureichend bezeichnet wurde, weil bislang gewalttätige Angriffe gegen Personen ausgeschlossen wurden. Insofern war die Kommune-Kritik in LINKECK nicht weit von der ideologischen Linie Kunzelmanns entfernt, auch wenn er selbst nicht zu Angriffen auf Personen aufgerufen hatte und in diesem Artikel noch als »Pazifist« attackiert wurde.[424] Kunzelmann selbst spricht in seinen Erinnerungen nur sehr vage davon, daß nach den Osterunruhen »etwas zerbrochen« sei, und konstatiert für diese Zeit »eine Verhärtung im Innersten, eine Unversöhnlichkeit mit stark irrationalen Zügen«.[425] Die »Schlacht am Tegeler Weg« hatte Kunzelmann im Herbst 1968 offensichtlich zu einer kurzfristigen militanten Euphorie verführt, als er glaubte, der gewaltbereite radikale Rand der zerfallenden Protestbewegung in Berlin sei »an und für sich« für einen Sturm auf die Institutionen »schon stark genug«.

Die seit Ostern eskalierende Gewaltdiskussion innerhalb der subversiven Berliner Zirkel steht in einem engen Zusammenhang mit dem, was Eckhard Siepmann die »Wahrnehmungsrevolte« jener Zeit genannt hat, welche die politischen Revolutionsphantasien der späten sechziger Jahre mit der entstehenden Drogenkultur verband. Dabei spielte der Übergang von den weichen Varianten des Marihuana zur synthetischen Droge LSD eine offenbar zentrale Rolle, die Siepmann anschaulich schilderte: »Gegen Ende des Jahrzehnts geriet Maria Juana in den Schatten ihrer fulminanteren Schwester Lucy in the Skies with Diamonds. Während Haschisch die Sinne schärfte, knipste LSD das Licht des Verstands aus, um in den Kellergewölben der Wahrnehmung ein bengalisches Feuer zu entfachen, 2000 Lichtjahre (so vermessen von den ›Stones‹) von den Querelen des Tages entfernt. Du brauchtest zwei Stunden, um dorthin zu kommen, zwei Tage, um wieder zurückzukommen, und mancher verfehlte retour die Erde und ging in der Kälte des unbequemen Weltalls verloren.«[426]

Helmut Sturm zufolge hatte Kunzelmann bereits zu Zeiten der Gruppe SPUR mit Meskalin experimentiert und könnte demnach zu einem der führenden deutschen Protagonisten der bewußtseinsverändernden Drogen gezählt werden.[427] Albert Fichter berichtete, insbesondere die Spätphase der Kommune I in der Fabrik in der Stephanstraße sei von exzessivem Drogenkonsum geprägt gewesen, und auch Kunzelmann selbst verzeichnete in seinen Erinnerungen für jene Monate »Drogen, keine harmlosen wie Marihuana und Haschisch, gefährliche, lebenszerstörende Drogen.«[428] Im Gegensatz zu anderen soll Kunzelmann allerdings seinen Heroinkonsum fest im Griff gehabt haben.[429] Zu den Vordenkern der bewußtseinsverändernden Drogen gehörte seit den frühen sechziger Jahren der amerikanische Psychologe Timothy Leary. Inspiriert durch frühe Experimente Aldous Huxleys forderte Leary den freien Zugang zu bewußtseinsverändernden Drogen – insbesondere LSD, dem er eine befreiende und aufklärende Wirkung zuschrieb, die zu rauschinduzierten, höheren Wahrheiten führe. Seinen berühmt gewordenen Slogan »Turn on, tune in, drop out« erläuterte er in seiner bekanntesten Publikation »The Politics of Ecstasy«. Sich anzuturnen bedeute: »Sucht zunächst einmal Fühlung mit euren Sinnesorganen [...] Sucht Fühlung mit eurer zellularen Weisheit. Sucht Fühlung mit dem inneren Universum. Der einzige Ausweg führt nach innen.« »Einzutunen« bedeutete für ihn: »Macht eure inneren Offenbarungen für die äußere Welt nutzbar. Die Hippie-Bewegung, der psychedelische Stil bedeuten eine Revolution in unseren Vorstellungen von Kunst und dem Schöpferischen, die sich direkt vor unseren Augen abspielt.« Zum »Drop-out« schließlich bemerkte Leary, es gehe nicht darum, alle Brücken zur existierenden Gesellschaft abzubrechen, sondern eine begrenzte Entdeckungsreise anzutreten: »Finde die innere Wahrheit, arrangiere sie neu, aber zieh dich vor allem zurück. Lös dich von dem inneren Ehrgeiz und der symbolischen Triebkraft und den verstandesmäßigen Verbindungen, die dich an das momentane Stammesspiel binden und dich danach süchtig machen.«[430] Diese Reise führe durch ein obskures hierarchisches System verschiedener Bewußtseinsebenen, in denen sich die Evolutionsgeschichte von primitivsten Lebensfunktionen bis hin zur Vorahnung eines zukünftigen kosmisch-universalen Bewußtseins ausdrücke.

Kritiker erkannten in Learys LSD-Zirkeln bald Züge einer sektenartigen Verbindung, die die gemeinsamen Rauscherlebnisse um einen mehr oder minder esoterischen Kult bereicherten.[431] Die »Aura des überlegenen Wissens« schaffe, so zum Beispiel Erwin Scheuch, einen eigenen Lebensstil »mit intensiven zwischenmenschlichen Beziehungen«. Der Konformitätsdruck innerhalb derartiger Zirkel, die eine höhere Wahrnehmungsstufe der inneren und äußeren Realität für sich reklamierten, sei erheblich, »und davon lebt wesentlich der heutige Protestkult allgemein.«[432] Insofern waren bewußtseinsverändernde Drogen besonders für Kommune-Projekte der späten sechziger Jahre das Mittel der Wahl, um zu einer neuen kollektiven, »bewußtseinserweiternden« Erfahrungswelt vorzustoßen. Was die Berliner Subkultur dabei von der kalifornischen Drogen-Kultur unterschieden zu haben scheint, ist die Tatsache, daß neben den klassischen

Hippie-Drogen Marihuana und LSD auch sehr bald Heroin eine Rolle spielte, das in einer minderwertigen Verarbeitungsform als sogenannte »Kreuzberger Tinke« erhältlich war.[433] Während des Jahres 1968 orientierte sich die Kommune allerdings noch am »Schwarzen Afghanen«, den man, wie Enzensberger berichtete, über die ersten »Head-Shops« beziehen konnte, wo Wasserpfeifen, einschlägige Literatur und »unter der Hand auch Haschisch« zu beziehen waren. Er berichtete über den Sommer und Herbst 1968: »Es begann ein monatelanger Rausch.«[434] Der Musiker P.G. Hübsch, der in Frankfurt einen derartigen Laden betrieben hatte, sei »mit einem großen Knödel aus pechschwarzem Haschisch« in die Kommune eingezogen.[435] Zu dieser Zeit erschien die Schallplatte »Beggars Banquet« von den Rolling Stones, und Kunzelmann entdeckte seinen Lieblingstitel, »Sympathy for the Devil«, denn der Text erinnerte ihn an alte Zeiten: »I shouted out / who killed the Kennedies / when after all / it was you and me«. Das erste Flugblatt der »Subversiven Aktion« hatte fünf Jahre zuvor verkündet: »Auch Du hast Kennedy erschossen!«, und Hübsch berichtet über die Reaktion der Kommunarden: »Von dieser Platte waren alle schrecklich beeindruckt, besonders, wenn die Stones anfingen, ›huh huh‹ zu rufen. Dieter hüpfte auf dem Matratzenlager rum und rief ›huh huh‹, und wir saßen da und sangen ›huh huh‹; diese Platte mit ihrem revolutionären Drang, die unserer feindseligen Haltung den Alten und Herrschenden gegenüber entsprach.«[436]

Noch einmal konnte Kunzelmann seinen subversiven Revolutionshunger im Zentrum der zeitgenössischen Pop-Kultur verorten, wenn selbst die hochkommerziellen Produkte der Plattenindustrie seine eigenen, damals noch obskuren Texte der frühen sechziger Jahre zu zitieren schienen. Jakob Tanner hat in diesem Zusammenhang von enigmatischen Montagen in der Pop-Kultur der sechziger Jahre gesprochen, die verschiedenste Versatzstücke – z.B. der Situationisten – verarbeitet habe, auch wenn der Wiedererkennungseffekt in Kunzelmanns Fall sicherlich reiner Zufall war. Diese drogeniduzierte Wahrnehmungsweise, die Tanner mit Aby Warburg als »mnemetische Welle« bezeichnet, als »Aneignungsschub tradierter, jedoch verstreuter Bilderwelten, die durch ihre Verdichtung eine erneute Erlebnisqualität erhalten«, erinnert Enzensberger als ein versunkenes Erlauschen »verschlüsselter Botschaften«.[437] Auf die revolutionäre Euphorie des Frühjahrs 1968 folgte für die radikalen Reste der Protestbewegung im Herbst eine eigentümliche Mischung aus Esoterik und Militanz, die ein musikalisch inspiriertes »universales Weltbewußtsein« mit einer brachialen Ablehnung etablierter bürgerlicher Lebenswelten und rechtsstaatlicher Normen verband. Die »Revolutionierung des bürgerlichen Subjekts«, die über die politische und subversive Praxis nicht erreicht werden konnte, schien über den Umweg des Drogenkonsums in greifbare Nähe gerückt, und die Drogenkultur der ausgehenden sechziger Jahre ist kein Nebenaspekt, sondern ein zentraler Katalysator des Übergangs von der subversiven Protestkultur in die politische Militanz.

Inzwischen hatte sich ein Wunsch der Kommunarden erfüllt, die noch im Frühjahr darüber geklagt hatten, ihr Kommune-Experiment sei als Beispiel ein Einzelfall geblieben und es sei kein »Kommuneumfeld« entstanden, das man als subversives Netzwerk bezeichnen könne. Im Laufe des Jahres 1968 etablierten sich tatsächlich zahlreiche neue Kommunen, wie zum Beispiel in der Wielandstraße 27 um den Studenten Georg von Rauch und den aus Ost-Berlin stammenden Gelegenheitsarbeiter Michael Baumann, der zuvor zeitweise in der Kommune I gelebt hatte. Gemeinsam mit den zahlreicher werdenden Treffpunkten der subversiven »Szene«, den sogenannten »Teestuben« im Umfeld des Kurfürstendamms, in denen auch Rauschgift konsumiert wurde, entstand so eine neue gegenkulturelle Infrastruktur in der Stadt.[438] Die Kommunarden konnten sich nun zunehmend in einer eigenen subversiven Gegenwelt bewegen, etwa wenn die Kommune I zum kollektiven Badetag in der Wielandkommune erschien.[439] Es entwickelte sich, so Enzensberger, »eine fluktuierende Szene aus Lehrlingen, jungen Gelegenheitsarbeitern, entlaufenen Fürsorgezöglingen, Schulschwänzern, Noch- oder Nichtmehr-Studenten«, die auch in der Kommune I verkehrten. Zwischen den verschiedenen Kommunen und Treffpunkten sei dabei der Verfassungsschutzagent Peter Urbach hin- und hergeschossen »wie ein Weberschiffchen«.[440] Während Rainer Langhans immer mehr von der Entwicklung einer Pop-Kommune träumte, die über Musik, Photographie und Film die »Kulturrevolution« vorantreiben sollte, konzentrierte sich Kunzelmann mehr und mehr auf die politischen und militanten Perspektiven des subversiven Berliner Untergrunds. Dieser Widerspruch war schon zur Jahreswende 1968/69 nicht mehr zu überbücken und führte zum baldigen Ende der Berliner Kommune I.

Damit war nach gerade einmal zwei Jahren Kunzelmanns Projekt einer kulturrevolutionären Kommune an sein Ende gekommen. Aus einem verbalradikalen ironischen Spiel mit den Massenmedien West-Berlins hatte sich eine Provokationskultur entwickelt, die zunächst recht erfolgreich eine provokative »Zweckentfremdung« der Springer-Presse, der polizeilichen Ermittlungsbehörden und der Justiz betrieb. Das eskalatorische Zusammenspiel von Subversion und medialer Aufmerksamkeit hatte eine Gegenöffentlichkeit zur Folge, die sich zunächst der multiplikatorischen Wirkung der kommerziellen überregionalen Medien bediente, sich aber bald zunehmend auch in eigenen Publikationsorganen institutionalisierte. Dabei läßt sich ein qualitativer Wandel im subversiven Verhältnis zur Gewalt beobachten: Die zunächst ironische und parodistische Gewaltsymbolik des Jahres 1967 ging spätestens seit dem Jahresbeginn 1968 in eine zunehmend affirmative Rhetorik über, die von ersten Schritten einer Militarisierung der Protestbewegung begleitet wurde.[441] Der »Kairos« der Osterunruhen nach dem Attentat auf Rudi Dutschke erwies sich als subversive Selbsttäuschung, führte jedoch zu einer breiteren Akzeptanz politisch motivierter Gewalt, die sich insbesondere vor dem Hintergrund der zunehmenden Konflikte mit der Berliner Justiz sukzessiv steigerte. Auf den Verbalradikalismus von Kunzelmann, Dutschke und anderen folgten reale Brandsätze aus unterschiedlichen Quellen, die gleichzeitig die Polarisierung des Protestmilieus beschleunigten. Diese Radikalisierung der Militanz argumentierte dabei in internationalen Kontexten: Der radikale Flügel der Protestbewegung verstand sich als Verbündeter zahlreicher Protest- und Widerstandsbewegungen in aller Welt und entwickelte daraus ein integriertes »antiimperialistisches« Sendungsbewußtsein, das so unterschiedliche Aspekte wie die Opposition zum Vietnam-Krieg, den Protest gegen das Schah-Regime im Iran oder den palästinensischen Anti-Zionismus miteinander amalgamierte.

Bei aller militanten Rhetorik hielt sich Kunzelmann zunächst noch von Baaders und Ensslins Brandstiftungen fern, auch wenn er in den Ostertagen 1968 zu den polizeilich so identifizierten »Rädelsführern« der Berliner Straßenschlachten zählte und im Herbst seine persönlichen Konflikte mit der Justiz gewalttätig austrug, indem er z.B. die Scheiben des Privathauses seines Richters einwarf. Aber auch dieser erste gezielte Gewaltakt kann noch als ein taktischer gelten, um während der Verhandlung am nächsten Tag den Richter wegen Befangenheit ablehnen zu lassen. Gleichzeitig hinterließ die Ankunft neuer Drogen im Protestmilieu tiefe Spuren. Die »Wahrnehmungsrevolution« durch Haschisch, LSD und Heroin führte zu einer weiteren Desintegration der politischen Protestbewegung, die seit dem Sommer 1968 auseinanderfiel und deren radikaler Flügel sich in ein unübersichtliches Feld von mehr oder minder militanten Kleingruppen verwandelte. Nach dem Höhepunkt der subversiven Inspiration im Jahr 1967 stellte das mythenumwobene Jahr 1968 für die radikale Fraktion um Kunzelmann eher eine Zeit der nachlassenden Kreativität und der politischen Niederlagen dar.

Diese Grunderfahrung der Niederlage im selbsternannten revolutionären Milieu trug entscheidend zur Brisanz der folgenden Entwicklungen bei. Dabei verwischten zunehmend die Grenzen zwischen symbolischen Protest, politischem Aktionismus und radikaler Militanz. Insbesondere dieser letzte Begriff bezeichnete eine Grauzone in der politischen Auseinandersetzung: Mit dem Bekenntnis zur revolutionären »Militanz« wirkten die Anhänger des radikalisierten Rests der subversiven Protestbewegung einerseits dem Eindruck einer Kapitulation vor dem übermächtigen staatlichen Gewaltmonopol entgegen, andererseits vermieden sie so noch über längere Zeit einen unmißverständlichen Aufruf zur politisch motivierten Gewalt, der nicht wenige Enttäuschte oder Abenteuerlustige denn doch abschrecken mußte.In Sachen Verbalradikalismus gehörte Kunzelmann schon seit Beginn der sechziger Jahre zur Avantgarde der Konfrontation mit den öffentlichen Institutionen, doch seit dem Frühjahr 1968 wurde die physische Gewalt mehr und mehr zum Intergrationsfaktor des politischen Radikalismus. Mit den Begriffen der »Militanz« und ganz besonders der »Gegengewalt«, die es gegenüber einem zunehmend repressiven Staatsapparat auszuüben gelte, vollzog sich der schleichende Übergang in den später sogenannten »bewaffneten Kampf«, dem kein eindeutiges Ursprungsdatum zuzuordnen ist. Die Osterunruhen, die immer wieder als Rubikon der Protestbewegung zitiert werden, brachten nur zum Vorschein, was spätestens seit dem Vietnam-Kongreß von Feltrinelli, Dutschke und anderen als praktische Möglichkeit der politisch motivierten Gewalt ins Spiel gebracht worden war – oder wie Jürgen Miermeister es schon vor über zwanzig Jahren formuliert hat: »In Frankfurt brannte es *vor* den Attentaten auf King und Dutschke.«[442] Der internationale Verbalradikalismus à la Guevara und Fanon, den Kunzelmann wie viele andere seit Jahren fleißig pflegte, traf 1967/68 auf »depravierte Randgruppenangehörige« (Miermeister), die unter zunehmendem Drogenkonsum mit der Kommunen-Subkultur West-Berlins zu einem radikal-subversiven Untergrund fermentierten. An Kunzelmanns Auseinandersetzung mit Andreas Baader läßt sich die Heterogenität dieses Untergrundes erahnen, der sich um den Begriff der »Militanz« scharte und innerhalb dessen die Meinungsführerschaft nach den Osterunruhen vorerst ungeklärt blieb. Kunzelmann hatte den Gesetzesbruch zwar immer wieder als demonstrative Provokation zelebriert, jedoch nicht so sehr zur Lebensform gemacht wie der kleinkriminelle Baader. Insofern war Kunzelmann mit dem Ende der spektakulären Revolte-Monate nun auch in radikal-gewaltbereiten Kreisen in eine Außenseiterposition geraten, aus der er sich nur mit einer Flucht in die Radikalität befreien zu können glaubte. Diese Position am Rand der Protestbewegung hatte sich in der Anfangsphase als strategisch ideale Position erwiesen, um unter »Zweckentfremdung« der Massenmedien die Radikalisierung der Öffentlichkeit und der Protestbewegung voranzutreiben. Im Moment des relativen Scheiterns im Frühjahr und Sommer 1968 wurde diese Position prekär, weil Kunzelmann sich vor die Alternative gestellt sah, entweder Langhans in die Kommerzialisierung der Gegenkultur zu folgen oder den Weg in eine weitere Selbst-Radikalisierung anzutreten, um den Aufmerksamkeitswert seiner subversiven Protestpolitik aufrechtzuerhalten. Kunzelmann entschied sich – wie viele andere – für letzteres und trat einen Langen Marsch durch die Radikalismen an.

Vierter Teil
Trau' keinem über dreißig?

1969

Zu Beginn des Jahres 1969 hatte die Kommune I den letzten Höhepunkt ihrer pop-kulturellen Wirksamkeit erreicht. Uschi Obermaier repräsentierte scheinbar durch ihre Prominenz als Photomodell die Kommune in den deutschen Illustrierten, und als im Januar Jimi Hendrix zu einem Konzert nach Berlin kam, stattete er der Fabrik in der Stephanstraße einen Besuch ab, bevor er zusammen mit Obermaier wieder in sein Hotel zurückkehrte.[1] Es begann das Jahr 1969, das Kunzelmann in seinen Lebenserinnerungen als das Jahr der »Irrungen und Wirrungen« beschreibt. Für ihn stehe fest, »daß die folgenden Jahre bis zum Deutschen Herbst 1977 im Nebel bleiben, wenn nicht Klarheit herrscht über dieses Jahr der großen Konfusion.« Einigermaßen beschönigend verlieh er dabei jenem Jahr im Rückblick die Aura einer morbiden Romantik: »Alle gingen auf Reisen – in sich selbst, zu Gurus nach Indien, nach Italien, wo die Klassenkämpfe und das pralle Leben tobten, zu den nationalen Befreiungsbewegungen in Süd- und Mittelamerika oder nach Palästina. An einem Tag Haschrebell und Stadtindianer, am nächsten maoistischer Kader und Fabrikarbeiter, an einem Tag Stadtguerilla, am nächsten Juso-Funktionär. Eindeutig erkennbar war nur die Unübersichtlichkeit, waren Fluchten auf der Suche nach Selbstverwirklichung. Aufbrüche zu neuen Ufern.«[2]

In der Tat fällt eine historische Analyse jener Zeit, in der sich die Wege der einstigen Protagonisten der Protestbewegung in realpolitische Reformisten, militante Subversive, kulturrevolutionäre Esoteriker und linientreue Kader-Kommunisten trennten, nicht leicht.[3] Viel hängt dabei von der Rekonstruktion eines schwer greifbaren atmosphärischen Kontextes ab, der sich zwischen den kollektiven Wohnsituationen, dem Drogenkonsum und der allgegenwärtigen Gewaltdiskussion entwickelte. Im Winter 1969 besuchte Mascha Rabben, eine Nachwuchs-Schauspielerin aus einer Hamburger Kommune mit dem Namen »Ablaßgesellschaft«, die Kommune-Fabrik in Moabit. Der Quellenwert ihrer Erinnerungen ist schwer einzuschätzen, weil sie einerseits zu den wenigen plastischen Schilderungen des Kommunelebens in der Stephanstraße zählen, andererseits mit einem zeitlichen Abstand von etwa zehn Jahren etwas zu präzise erscheinen, als daß sie nicht von literarischen Freiheiten geprägt sein müßten. Ihre winterliche Ankunft in der Fabrik schildert Rabben folgendermaßen: »Die schwere Eisentür im dritten Stock war angelehnt. Ich schlängelte mich durch den geöffneten Spalt und betrat ein weite, fast völlig leere Halle, in deren hinterster Ecke ein paar Leute kreisförmig auf Matratzen um eine beinlose, runde Tischplatte gruppiert waren. Ein paar Männer und Frauen, deren Gestalten eine niedrig über dem Tisch baumelnde Deckenlampe in sanftes, warmes Licht tauchte. Ich näherte mich diesem lebenden Bild auf Holzbohlen, die bei jedem Schritt knarrten. Nur einer der Männer blickte von dem Buch auf, das er gerade las; die anderen schienen mich nicht zu bemerken. Als ich in Hörweite war, sagte ich laut und deutlich: ›Hallo! Ich bringe euch die frohe Botschaft!‹ Es muß wohl das Falsche gewesen sein. Alle starrten mich entsetzt an, aber niemand rührte sich. Ein rotblonder Mann, der, wie sich später herausstellte, die Schlüsselfigur in der ersten Kommune war, richtete sich halb auf seiner Matratze auf und schrie ›Was ist denn *das*?‹«[4]

Rabben war in einem schwarzen Abendkleid und einem Pelzmantel in der Kommune erschienen und mußte wie ein Fremdkörper wirken. Nach der verunglückten Begrüßung, so fährt sie fort, habe sie sogleich ihre Herkunft aus der westdeutschen Kommune-Bewegung erläutert und sei mit Langhans freundschaftlich ins Gespräch gekommen. Kunzelmann war von derartigen Besuchen wenig erbaut und soll sich abschätzig geäußert haben: »Unglaublich, was heutzutage alles in Kommunen lebt!«[5] Rabben war mitten in den schwelenden Konflikt zwischen Langhans' pop-kulturellen Ambitionen und Kunzelmanns fortdauernden, zunehmend militanten Vorstellungen vom politischen Kampf geraten und berichtet, daß sie gleich an diesem ersten Abend die gespannte Atmosphäre zu spüren bekommen habe: »Das Mindestmaß an höflicher Duldung wurde von allen gewahrt, außer von dem Rothaarigen, der schnaubte: ›Also Rainer, ich halte diese Hippiewirtschaft nun wirklich nicht mehr lange aus!‹«[6]

Sie habe sich zunächst zögernd mit Langhans und Obermaier angefreundet und eine Diskussion über mögliche Perspektiven der technischen Rationalisierung begonnen, die neue Freiräume für individuelle esoterische Erfahrungen schaffen könne. Die mutmaßlich recht naiven Vorstellungen, die Kunzelmann dabei zu Ohren kamen, soll er nicht leicht ertragen haben, vermutlich wohl auch deshalb, weil er dabei Grundgedanken zur revolutionären Bedeutung der »Automation«, die er selbst seit seinen Tagen mit den Situationisten eingehend verfolgt hatte, nun mit esoterischen Vorstellungen der Hippie-Bewegung vermengt sah, was ihn zu einem Wutausbruch veranlaßt haben soll. Er habe über das »Bertelsmann-Leserzirkelwissen« und »dieses affektierte Gequake aus zweiter Hand« geschimpft, bis er schließlich das Gespräch mit den Worten beendet habe: »Geht aufs Klo, wenn ihr euch über Astralreisen unterhalten wollt.«[7] Hinter Kunzelmanns Aggressivität mag insbesondere sein Konflikt mit Uschi Obermaier geschlummert haben, die sich zeitweise mit Rabben solidarisiert haben soll. Ihr, Obermaier, sei eine esoterische Verwandlung des Individuums wichtiger gewesen als die Agitation der Arbeiterklasse, worauf Kunzelmann giftig reagiert habe: »›Großartig!‹ schnaubte Kunzelmann, ›das Credo der Hippies von einem aufsteigenden Suppenhuhn vorbildlich formuliert.‹«[8] Rabben will sich wörtlich an Kunzelmanns Überlegungen zu den Perspektiven einer revolutionären Umgestaltung der Industriegesellschaft erinnert haben, der angesichts des hermetischen Charakters von Medien und Erziehungssystemen folgende Alternative entwickelt habe: »Wie zwingt man einer Masse von der Obrigkeit programmierter Unwissenden neues Infomaterial herunter, das sie in die Lage versetzt, ihren Horizont so weit auszudehnen, daß eine Revolution überhaupt möglich wird? Sofort mit ein bißchen Gewalt – oder in hundertzwanzig Jahren als langsamer Prozeß …«[9]

Das Projekt der Kollektivierung der Lebenswelten in der Kommune, von der die Schaffung eines revolutionären Charakters abhängig schien, hatte dabei seine technische Perfektion erfahren. Rabben wie auch Hübsch, die beide zu dieser Zeit die Kommune besuchten, berichten von einer Verstärkeranlage, die mit dem Kommune-Telephon gekoppelt war. So wurde es möglich, nicht nur Gespräche auf Tonband aufzuzeichnen, sondern auch sämtliche Telephongespräche der Anwesenden über Lautsprecher für alle in der Fabrik hörbar zu machen. Auf diese Weise sollte die Praxis der Privatgespräche unterbunden werden, und Kunzelmann habe mit Argusaugen darüber gewacht, daß die Anlage nicht abgeschaltet wurde.[10] Als sei diese kollektive gegenseitige Überwachung noch nicht genug gewesen, erlebten die Kommunarden auch wiederholte Hausdurchsuchungen der Polizei, die immer wieder auf der Suche nach belastendem Material und insbesondere Waffen und Sprengstoff war. Dabei hatte sich offenbar zwischen Rainer Langhans und der Polizei ein spielerisch-zynischer Umgangston entwickelt, mit dem beide Seiten diesseits von Verbalinjurien ihre gegenseitige Verachtung zum Ausdruck brachten. Im Winter wurden die Ermittlungsbehörden zunächst noch nicht fündig.[11] Die Desintegration des Protestmilieus wurde augenfällig, als ein ehemaliger SDS-Aktivist, von allen »Frank Mao« genannt, nach einem mehrmonatigen Indienaufenthalt als buddhistischer Mönch in der Kommune-Fabrik auftauchte und sofort Kunzelmanns inquisitorischem Eifer zum Opfer fiel. Während einer eingehenden Befragung soll Kunzelmann ihn zur allgemeinen Belustigung ein »sonniges, kleines Eiterbeutelchen« genannt und in autoritärer Geste dazu gedrängt haben, der Kommune auf seiner Flöte vorzuspielen: »Komm, Frank Mao, spiel uns was auf deinem Blasinstrument vor. Wir haben uns inzwischen mit den Realitäten hierzuland auseinandergesetzt und bedürfen der Zerstreuung.« Der SDS-Mönch habe sich Kunzelmanns Autorität gebeugt, was dieser mit dem Ausruf »Schwachkopf!« quittiert haben soll. Rabben erinnerte die Quintessenz dieser Szene: »Frank Mao hatte in aller Augen zehn Monate umsonst meditiert.«[12]

Zum Drogenkonsum der Kommune berichtet Mascha Rabben erstaunliches. Nach ihrem Wissen hätten die Kommunarden lediglich »ihre Haschpfeifchen« geraucht, Heroin oder Kokain jedoch weitgehend gemieden. Und LSD sei für Kunzelmann »nur eine Horrorvorstellung« gewesen, »nachdem ein Mädchen namens Antje ihre Identität vor seinen Augen an einem einzigen Abend mindestens zehnmal verloren oder gewechselt hatte, wie Rainer es beschrieb.«[13] Die Konfrontation mit »Frank Mao« habe für Kunzelmann jedoch noch ein Nachspiel gehabt. Anfang März sei er gemeinsam mit Langhans als »Experte« zu einer Diskussionsveranstaltung im Republikanischen Club eingeladen gewesen, welche die »konterrevolutionäre Wirkung« des Drogenkonsums zum Thema haben sollte. Während des Abendessens zuvor habe dann eben jener »Frank Mao« die Quarkspeise der Kommunarden mit LSD versetzt, von der dann alle Anwesenden genüßlich löffelweise gegessen hätten. Kunzelmanns Vortrag im Republikanischen Club sei daraufhin anders ausgefallen als geplant, wie Rabben nicht ohne Häme vermerkte: »›Mädels‹, rief er und wies mit heroisch erhobenem Kinn in Richtung Zukunft – alles lachte. ›Ja Mami?‹ piepste eine hohe Männerstimme aus dem Gedränge. ›Laßt uns zur Sache kommen.‹ Kunzelmann fegte die Kicherstimme mit einer geringen Tonfalländerung aus dem Raum und kam zur Sache. Er sprach über Realitätsflucht durch Rauschgift und über die Verantwortung, die jeder einzelne von uns habe, den Realitäten ins Auge zu sehen. Er sprach flüssig und überzeugend. ›Wer zur Droge greift – in übermäßigem Ausmaß natürlich – ja: ha, ha – spielt den Herren Kiesinger, Johnson, Strauß und wie sie alle heißen, direkt in die Hände. Wir können der Obrigkeit keinen besseren Gefallen tun, als uns einzunebeln und auf Matratzen abzulegen. Damit bleibt dann jede Veränderung in unserem Sinne ein süßer Traum. Es ist eine bekannte Tatsache, daß der Schah von Persien jährlich tonnenweise Rohopium über seine Mittelmänner in Europa und Amerika an den Mann bringen läßt. In kurzer Zeit werden wir uns also einer Situation gegenübersehen, wo die Kleindealer, die ihre paar Gramm Haschisch im Einzelhandel verscherbeln, von der Polizei aus dem Verkehr gezogen werden, und die Mafia in großangelegter Aktion Heroin auf den Markt wirft, in das entstandene Vakuum hinein. Billig zuerst, bis Abhängigkeit entstanden ist, und dann zu horrenden Preisen. Die Unmengen von Schülern und Studenten, die jetzt anfangen, regelmäßig ihr Haschpfeifchen zu rauchen, greifen aus Verzweiflung zu den angebotenen härteren Drogen und dann steht den Schergen aus Bonn eine Garde abgeschlaffter Süchtiger gegenüber, wenn sie überhaupt noch stehen können.‹ Er wankte und wäre in die Knie gegangen, wenn ihn nicht ein auf [die] Bühne stürzender Hilfsbereiter wieder aufgerichtet hätte. ›Uh‹, stöhnte Kunzelmann, ›wie wird mir? Aua, mein Auge! Ich hab irgend etwas im Auge, verdammt!‹ ›Ja, natürlich‹, dachte ich boshaft, ›ein paar meterdicke Balken, die du sonst nur bei deinen Brüdern siehst.‹«[14]

Auch wenn Rabben mit einem Abstand von zehn Jahren wohl nicht den genauen Wortlaut wiedergegeben hat, kann dieser Auftritt zumindest insofern als gesichert gelten, als der Augenverband, der nach ihrem Bericht Kunzelmann daraufhin angelegt worden war, auf einem Photo zu sehen ist, das Kunzelmann im März 1969 in Untersuchungshaft zeigt. Er selbst kommentierte das Photo allerdings ausweichend als Folge von zu vielen »STP-Trips, ein Amphetamin-Teufelszeug«.[15] Wenn man Rabbens Schilderung Glauben schenkt, dann vollzog sich für Kunzelmann spätestens seit dem Frühjahr 1969 eine Abkehr vom harten Drogenkonsum hin zum politischen Ultraradikalismus, der den Schritt in die bewaffnete Illegalität ebnete.

Zur Festnahme von Kunzelmann und Langhans war es gekommen, nachdem Peter Urbach im Vorfeld des Berlin-Besuchs des neuen US-Präsidenten Richard Nixon im Februar einen Sprengsatz in der Kommune-Fabrik abgelegt hatte, der dann bei einer neuerlichen Hausdurchsuchung anläßlich der Bundespräsidentenwahl, die 1969 in Berlin stattfand, am 6. März von der Polizei gefunden wurde.[16] Enzensberger gibt in seinen Erinnerungen zu bedenken: »Daß Urbach dabei ohne Wissen der alliierten Kommandantur und des US-Stadtkommandanten hätte handeln können, ist völlig ausgeschlossen. Schon die normale, alltägliche Polizeiarbeit wurde aufs strengste kontrolliert.«[17] Kunzelmann und Langhans wurde die Vorbereitung eines Anschlages auf ein Verfassungsorgan vorgeworfen und Untersuchungshaft angeordnet. Die damaligen Freundinnen der beiden Kommunarden, Ina Siepmann und Uschi Obermaier, organisierten daraufhin eine öffentliche Unterstützungskampagne für die Freilassung der beiden. »Letztere entwickelte erst- und letztmals Aktivitäten jenseits von Betten und Kameras«, wie Kunzelmann sich spöttisch erinnerte.[18] Dokumentiert ist diese Kampagne in der Broschüre »Kommunardenhaft und Anarchistenbekämpfung«, die an der Technischen Universität herausgegeben wurde. Kunzelmann und Langhans wurden als »exemplarische Anarchisten« präsentiert, deren Verfolgung in einer langen Tradition reaktionärer Politik seit Metternich stünde.[19] Gleichzeitig wurden Parallelen zur Rechtsprechung zum Demonstrationsrecht, zu sozialdemokratischen Plänen in Sachen Vorbeugehaft und zu Disziplinarverfahren an der Fernsehakademie Berlin gezogen, um die inhaftierten Kommunarden als Opfer eines großräumigen Repressionszusammenhangs darzustellen. Die Broschüre schloß mit einem Erlebnisbericht der Kommunarden aus dem Untersuchungsgefängnis Berlin-Moabit und der Bitte um Postsendungen.[20] Die Kampagne für die Freilassung von Kunzelmann und Langhans gehört damit nach der Kommune-Kampagne für Fritz Teufel zu den frühesten Beispielen der linksradikalen Häftlings-Kampagnen, die seitdem Teil der publizistischen und juristischen Auseinandersetzung um den politischen Radikalismus in Deutschland wurden. Gleichzeitig wurde offen die Frage gestellt, wer den Sprengsatz in der Kommune-Fabrik hinterlegt hatte: »Hat die Kripo die Bombe selbst mitgebracht oder hatte ein von ihnen Beauftragter Tage vorher sie dort versteckt?«[21] Wenn sich Enzensberger auch heute noch gut daran erinnern kann, wie Urbach im Februar 1969 brisante Pakete »scheinbar in größter Not und Eile, mit verschwommenen Worten, aber bestem Erfolg« in den Berliner Kommunen verteilt hatte, dann konnten über dessen Zusammenarbeit mit dem Verfassungsschutz eigentlich bereits im März 1969 kaum noch Zweifel bestehen.[22]

Der Haftbefehl gegen Kunzelmann und Langhans wurde überraschenderweise schon am 12. April aufgehoben. Zwei Gründe lassen sich nach Enzensberger vermuten: Einerseits konnte den Ermittlungsbehörden nicht daran gelegen sein, bei einem möglichen Prozeß eine Zeugenaussage Peter Urbachs zu riskieren, die seine Tätigkeit für den Verfassungsschutz offenbart hätte. Andererseits bestanden grundsätzliche Zweifel an der Rechtmäßigkeit des Haftbefehls eines westdeutschen Gerichts auf Grund von Ermittlungen der Bundesanwaltschaft, denn dieses Vorgehen kollidierte mit dem alliierten Status von West-Berlin – die Bundesversammlung war zudem in West-Berlin auch strenggenommen kein Verfassungsorgan. Die Sache wurde nicht weiter verfolgt.[23] Während der Haft war es jedoch zur endgültigen Entfremdung zwischen Langhans und Kunzelmann gekommen, zumal Langhans den Kommuneanwalt Horst Mahler bedrängt hatte, für seine schnellstmögliche Freilassung zu sorgen – notfalls auch zu Lasten seines inhaftierten Mitkommunarden Kunzelmann. Der hat ihm dieses Verhalten drei Jahrzehnte später bitter nachgetragen und diesem »Verrat« in seinen Lebenserinnerungen mehrere Seiten gewidmet.[24] Offensichtlich hatte Langhans genug davon, in Kunzelmanns militanten Radikalismus hineingezogen und an einem »entscheidenden Punkt« seiner Persönlichkeitsentwicklung »innerhalb des Projekts ›Zärtliche Kommune‹« verhaftet zu werden, während sich für ihn, wie er aus der Haft an Mahler schrieb, mit Uschi Obermaier »entscheidende Perspektiven« eröffnet hätten.[25] Nach der Haftentlassung verwiesen schließlich Langhans und die von ihm »angeführte Mehrheit« der Kommunarden Kunzelmann am 19. Juni endgültig aus der Fabrik in der Stephanstraße.[26] Es war nach der Situationistischen Internationale, der »Subversiven Aktion« und dem SDS innerhalb von acht Jahren der insgesamt fünfte Rauswurf Kunzelmanns aus subversiven Strukturen, die er zum Teil selbst mitbegründet hatte. Fortan gehörten er und seine Freundin Ina Siepmann zu den »Trebegängern«, die zwischen den verschiedenen subversiven Kommunen und den subkulturellen Treffpunkten in Berlin hin- und herzogen.[27] Diese Wochen von Mitte Juni bis Mitte Juli 1969 markierten in Kunzelmanns Biographie einen wichtigen qualitativen Schritt der lebensweltlichen Radikalisierung: Langhans' Medien- und Lifestyle-Kommune bot ihm keine soziale Basis mehr, und Kunzelmann war nun auf der Suche nach Verbündeten für seinen politischen Radikalismus, die er im sozial randständigen Kommune-Kontext des Berliner Drogenmilieus zu finden hoffte.

Die Speerspitze der radikalen Gewaltbereitschaft repräsentierte zu Beginn des Jahres 1969 nicht mehr die Kommune I, die sich unter der Führung von Rainer Langhans endgültig in eine Ikone der Pop-Kultur verwandelte, sondern eine Gruppierung, die sich im Umfeld der sogenannten »Wielandkommune« sammelte.[28] Bereits am 27. Februar hatten Michael Baumann und Georg von Rauch von dort aus anläßlich des Besuchs des neugewählten US-Präsidenten Nixon einen ersten Versuch eines terroristischen Anschlags unternommen, bei dem Peter Urbach als Sprengstofflieferant zu Diensten war. Der Plan war, eine Bombe an der Fahrtstrecke des US-Präsidenten auf einem Baugerüst explodieren zu lassen. Michael Baumann hat berichtet, daß dabei keine Gefährdung von Passanten riskiert, sondern Nixon ein »kurzer Schrecken« eingejagt werden sollte. Urbach habe er zuvor im Republikanischen Club getroffen – im selben Gebäude, in dem auch die Wielandkommune zu finden war: »Urbach hat uns dann eine köstliche Zeitzünderbombe kredenzt, die ich sofort da hingebracht habe. [...] Gleichzeitig hat uns aber auch der Verfassungsschutz über Urbach die Bombe in die Hand gedrückt, das haben wir zu der Zeit gar nicht übersehen, da waren wir Handlanger einer ganz bestimmten Bullenstrategie.« Der Sprengsatz zündete nicht, Baumann sammelte die Bombe am nächsten Tag wieder ein und hat sie dann in der Wielandkommune »deponiert«.[29] Bei den Hausdurchsuchungen eine Woche später blieb sie unentdeckt.[30] Spätestens seit dieser Aktion trug Baumann den Spitznamen »Bommi«.

Der militante Aktionismus der Wielandkommune wurde von Programmschriften des internationalen Guerilla-Kampfes begleitet, die für den entstehenden Wieland-Zirkel von zentraler Bedeutung waren.[31] Bekannt geworden ist die Wielandkommune für ihren Raubdruck gesammelter Schriften Michael Bakunins, der, in roten Karton gebunden, vor den Universitätsmensen verkauft wurde.[32] Kunzelmann orientierte sich seinerseits an einem Aufsatz Mao Tse-Tungs, der zu einer paradoxen Inspiration für den militanten Untergrund West-Berlins wurde.[33] In seiner »Berichtigung falscher Ansichten in der Partei« hatte sich Mao 1929 mit ideologischen und militärischen Disziplinlosigkeiten innerhalb der Parteiorganisation der Roten Armee auseinandergesetzt und in diesem Zusammenhang die »Mentalität umherschweifender Rebellenhaufen« beklagt. Diese Gruppierungen würden sich nicht der systematischen Parteitaktik unterwerfen und mit irregulären militärischen Methoden den planmäßigen Aufbau der kommunistischen »Volksherrschaft« gefährden: »Man ist nicht gewillt, durch mühselige Arbeit Stützpunktgebiete zu schaffen und die politische Macht der Volksmassen zu errichten, um dadurch unseren politischen Einfluß auszudehnen, sondern gedenkt, diesen nur mit den Methoden beweglicher Partisanenorganisationen zu erweitern.«[34]

Besonders bedrohlich für seine Strategie, die große Masse der Landbevölkerung an einen kommunistischen Revolutionskrieg zu binden, erschien Mao die Neigung dieser Partisanengruppen, den revolutionären Kampf in die Städte zu tragen, anstatt sich um die planmäßige Rekrutierung der weitaus zahlreicheren Landbevölkerung zu kümmern: »Man bringt nicht die Geduld auf, gemeinsam mit den Massen den schweren Kampf zu führen, sondern wünscht in große Städte zu kommen, um dort zu schmausen und zu zechen. Alle diese Erscheinungsformen der Mentalität umherschweifender Rebellenhaufen hindern die Rote Armee im höchsten Maße an der Durchführung ihrer richtigen Aufgaben, und deshalb ist die Ausmerzung dieser Mentalität eines der Hauptziele des ideologischen Kampfes innerhalb der Parteiorganisation der Roten Armee.«[35]

Dieser Text war in einer kleinen Taschenbuchausgabe des Pekinger Verlags für fremdsprachige Literatur in Umlauf. Was Mao kritisierte, erschien Kunzelmann inzwischen als Vorbild des »revolutionären Kampfes in den Metropolen«. Aus Maos Kritik der »umherschweifenden Rebellenhaufen« entwickelte Kunzelmann für die militante Gruppe im Umfeld der Wielandkommune die Bezeichnung der »Umherschweifenden Haschrebellen«, wobei für ihn möglicherweise auch Erinnerungen an die situationistischen Zeiten des subversiven »Umherschweifens« (dérive) im Sinne Guy Debords mitgeschwungen haben mögen.[36] Während die französischen Situationisten ein Jahr zuvor verkündet hatten, daß unter dem Pflaster, das dann auf die Pariser Polizei niederprasselte, der Strand zu finden sei, erlebte einer ihrer frühesten subversiven Einfälle in der militanten Szene West-Berlins ein letztes und noch weitaus militanteres Echo.

Ausgangspunkt des militanten Lektürekanons war für viele Ernesto »Che« Guevaras Brief an das Sekretariat der sogenannten »Trikontinentale« von 1966, der ein Jahr später, kurz nach Guevaras Tod, in einer deutschen Übersetzung von Gaston Salvatore und Rudi Dutschke als kleine Broschüre der Oberbaumpresse im Umlauf war. Mit Blick auf Vietnam sprach Guevara von einer »peinlichen Realität«: »Vietnam, jenes Land, das die Erwartungen und Hoffungen der verlassenen Völker vertritt, ist in tragischer Einsamkeit.« Die Solidarität mit Vietnam gebiete dabei aktive Teilnahme am bewaffneten Kampf: »Es geht nicht darum, den Opfern der Aggression Erfolg zu wünschen, sondern an ihrem Schicksal teilzunehmen, sie bis zum Tode oder bis zum Sieg zu begleiten.«[37] Welche Bedeutung diese Forderung für die europäische Linke haben könnte, deutete Guevara nur knapp und dunkel an. Das »alte Europa« harre noch der »Aufgabe der Befreiung«, während dort die »Widersprüche einen explosiven Charakter annehmen«. Allerdings gab Guevara zu bedenken, daß die europäischen Probleme »und darum letzten Endes auch die Lösung derselben« von denen der sogenannten »Dritten Welt« zu unterscheiden seien.[38] Der Text strotzte dabei von Gewaltphantasien, welche die Übersetzer Salvatore und Dutschke als taktische Propaganda zu entschuldigen versuchten. Guevara pries die bedingungslose Gewaltbereitschaft des Guerilla-Kämpfers, seine haßerfüllte Hingabe an den Kampf: »Der Haß als Faktor des Kampfes, der unbeugsame Haß dem Feinde gegenüber, der den Menschen über die natürlichen Grenzen hinaus antreibt, und ihn in eine wirksame, gewaltsame, selektive und kalte Tötungsmaschine verwandelt. Unsere Soldaten müssen so sein; ein Volk ohne Haß kann über einen brutalen Feind nicht siegen. Der Krieg muß dorthin gebracht werden, wohin der Feind ihn bringt: zu seinem Haus, zu seinen Vergnügungsvierteln – der totale Krieg.«

Unter diesen Voraussetzungen sehnte er einen »wahren proletarischen Internationalismus« herbei, denn »unter den Feldzeichen« einer anti-imperialistischen Weltrevolution zu sterben »müßte genauso glorreich und wünschenswert für einen Amerikaner, einen Asiaten, einen Afrikaner, ja sogar einen Europäer sein.«[39] Fernziel sei nichts anderes als die »Vernichtung des Imperialismus durch die Eliminierung seines wichtigsten Bollwerks, die imperialistische Herrschaft der Vereinigten Staaten von Nordamerika.« Seine legendär gewordene Formel von den vielen Vietnams, die es in diesem Sinne zu schaffen gelte, stand in einem hochgradig gewaltverherrlichenden rhetorischen Kontext, dessen inhumaner Ton an Deutlichkeit nichts zu wünschen übrig ließ: »Wie glänzend und nah könnten wir die Zukunft betrachten, wenn zwei, drei, viele Vietnam auf der Oberfläche des Erdballs entstünden, mit ihrer Todesrate und ihren ungeheuren Tragödien, mit ihren alltäglichen Heldentaten, mit ihren wiederholten Schlägen gegen den Imperialismus, mit dem Zwang für diesen, seine Kräfte unter dem heftigen Ansturm des zunehmenden Hasses der Völker der Welt auseinanderzusprengen.«[40]

Als Salvatore und Dutschke diesen Text 1967 übersetzten und edierten, waren sie in ihrem Kommentar sichtlich bemüht, diesen Phantasien Guevaras im Hinblick auf die deutschen Verhältnisse die aggressive und gewaltverherrlichende Spitze zu nehmen. Sie sprachen sich gerade umgekehrt für eine Proteststrategie aus, welche die deutsche Gesellschaft vor den Folgen einer möglicherweise zu erwartenden gewaltsamen revolutionären Veränderung der Verhältnisse bewahrt sehen wollte. In einer paradoxen Wendung entwickelten sie 1967 noch ein Konzept einer irregulären und offensiven Revoltestrategie, die Deutschland aus den gewaltsamen Auseinandersetzungen des »anti-imperialistischen Kampfes« heraushalten sollte: »Für die Bundesrepublik [...] könnten die Folgen des Übergangs von der jetzigen indirekten Unterstützung der amerikanischen Gewaltmaschinerie zu einer direkten Beteiligung mit der Importierung der *gewaltsamen* Revolution durch die Herrschenden selbst identisch sein. Darum kämpfen wir dafür, daß die von uns zu beginnenden Offensivaktionen im Sinne der organisierten Verweigerungsrevolution – zu Beginn Aktionen gegen die Zentren manipulativer, bürokratischer oder militärischer Beherrschung der Menschen – immer breitere Schichten der Bevölkerung erfassen, um im Prozeß der Umwälzung unserer Gesellschaft die Grausamkeit und das Leid der Menschen, die durch aktuelle Gewalt entstehen, zu vermeiden.«[41]

Guevaras ebenso militante wie undeutliche Hinweise auf bevorstehende Guerilla-Kämpfe in der »Dritten Welt« und möglicherweise auch anderswo waren für deutschsprachige Leser ein Jahr später in einem Taschenbuch des Wagenbach-Verlags weitaus präziser nachzuvollziehen. In seinen Ausführungen zu »Theorie und Methode« des Guerillakampfes präsentierte Guevara ein umfassendes Kompendium aller denkbaren Aspekte des illegalen bewaffneten Kampfes.[42] Ausgangspunkt der Revolutionstheorie Guevaras waren drei Thesen, mit denen er sich von herkömmlichen dogmatisch-marxistischen Positionen distanzierte und eigene Wege einer subversiven Guerilla propagierte. Nach kubanischem Vorbild könne die Guerilla als »Focus« sich selbst zur Herrin des revolutionären Prozesses erklären: »1. Die Kräfte des Volkes können einen Krieg gegen eine reguläre Armee gewinnen. 2. Nicht immer muß man warten, bis alle Bedingungen für eine Revolution gegeben sind, der aufständische Fokus kann solche Bedingungen selbst schaffen. 3. Im unterentwickelten Amerika müssen Schauplatz des bewaffneten Kampfes grundsätzlich die ländlichen Gebiete sein.«[43]

Er ging dabei auf grundsätzliche Fragen nach dem »Wesen«, der Strategie und der Taktik des Guerillakrieges ein, versuchte den Guerillero als Kämpfer und Sozialreformer zu charakterisieren und widmete sich schließlich den Problemen der Organisation und der Versorgung, der »Rolle der Frau«, dem Gesundheitswesen, der Sabotage, der Kriegsindustrie, der Propaganda und der »Erziehungsarbeit«. Für die interessierten Berliner Leser muß insbesondere der »Appendix« attraktive Perspektiven eröffnet haben, der sich unter anderem mit der illegalen »Organisation der ersten Guerilla« befaßte.[44] Guevara wies insbesondere auf die Bedeutung der Geheimhaltung hin, die die Vorbereitungen eines Guerilla-Kampfes begleiten müsse. Im allgemeinen, so Guevara, organisiere »ein anerkannter Führer den Guerillakrieg für sein Volk, und dieser Mann muß sich im Ausland unter schwierigen Bedingungen vorbereiten.«[45] Disziplin, Moral und eine sorgfältige Auswahl der zukünftigen Kämpfer genossen für ihn oberste Priorität, um aus dem Exil heraus den bewaffneten Kampf aufzunehmen.[46] Dabei stellte der urbane Raum für Guevara nicht den idealen Schauplatz eines Guerillakampfes dar, er bezeichnete die Stadt als »ungünstiges Gebiet«, das um so größere Disziplin und Geheimhaltung erfordere. Andererseits könne der bewaffnete Kampf in den Städten besonders effektive Sabotageakte im Bereich der Infrastruktur durchführen, auch wenn dadurch in der Bevölkerung »Unruhe und Alarmstimmung« zu erwarten stünden. »Blitzartige Operationen« seien dennoch dazu geeignet, den revolutionären Umsturz zu beschleunigen und damit letztlich Menschenleben zu retten.[47] Andere Direktiven Guevaras mögen allerdings auf »umherschweifende Haschrebellen« zunächst weniger attraktiv gewirkt haben: Der Revolutionär müsse ein »hochdisziplinierter Kämpfer« und »vollkommener Asket« sein, wobei in der Anfangsphase des Kampfes auch das »Verbot, mit Frauen Beziehungen zu unterhalten« eine zentrale Rolle spiele.[48] Für aufmerksame Leser aus dem Umfeld der Wieland-Kommune konnte aus Guevaras Lehren also nur bedingt eine Inspiration für den bewaffneten Untergrund in Berlin ausgehen.

Daneben spielte für die militante Lektüre jener Monate auch der bereits 1967 erschienene Band »Revolution in der Revolution?« von Régis Debray eine zentrale Rolle.[49] Der französische Journalist zählte zu den Vertrauten Guevaras und hatte diesen 1967 während seines fatalen Versuchs, den Revolutionskrieg nach Bolivien zu tragen, begleitet. Besondere Aufmerksamkeit mußte im Umfeld der militanten Subversiven das Kapitel über die »bewaffnete Propaganda« erregen, in dem Debray die spezifische Charakteristik des lateinamerikanischen Guerilla-Kampfes schilderte, die sich nicht, wie in Vietnam, auf eine breite Basis bewaffneter Gruppen in der Bevölkerung stützen könne, sondern – im Sinne Guevaras – mit Hilfe avantgardistischer Kleingruppen einer »Berufsguerilla«, den sogenannten »Focus«-Gruppen, eine »Propaganda der Tat« betreibe, welche die Mobilisierung zum »revolutionären Volkskrieg« also »von oben nach unten« anstrebten. In der Idealvorstellung einer bewaffneten Propaganda durch eine anti-imperialistische Guerilla würde die Basis beginnen, »sich als Embryo eines Volksstaates zu organisieren«: »Agitation und Propaganda werden grundlegend, um die neue Organisation der Bevölkerung zu erklären und die Administration ihrer Zone in die Hände der Massenorganisationen zu legen; sie bestimmen weiterhin die zukünftigen Kämpfe. Die Propaganda bestätigt dann den befreienden Charakter des geführten Kampfes und trägt ihn in das Bewußtsein der Massen;«[50]

Debray versäumte jedoch nicht, vor den Gefahren eines lediglich zu Propagandazwecken geführten Guerilla-Kampfes zu warnen. Der Feind würde »unnötig provoziert«, die Guerilla-Propagandisten »der Gefahr einer Ermordung ausgesetzt« oder müßten die Flucht ergreifen. Letztlich sei unter den Bedingungen Lateinamerikas »ein erfolgreiche militärische Aktion die beste Propaganda.«[51] Die »Konsequenzen für die Zukunft«, die Debray daraus zog, waren so einfach wie radikal. An die Stelle politischer Foci müßten militärische treten, aus inneren parteipolitischen Richtungskämpfen müßten bewaffnete Kämpfe mir dem imperialistischen System werden, die in einem spezifischen, taktischen Sinn einen geradezu unpolitischen Charakter annehmen würden: »Um die revolutionäre Politik nicht zu blockieren, muß man sie ganz einfach von der Politik befreien.«[52] Dieser Primat der militärischen Aktion gegenüber der politischen Aufklärung und Agitation konnte gerade für diejenigen anziehend wirken, die sich nach dem Ende der kulturrevolutionären Aufbrüche am Ende der sechziger Jahre in ihren subversiven politischen Ansprüchen enttäuscht sahen, sich von den Fraktionskämpfen innerhalb des zerbrechenden SDS abwandten oder nicht mehr an die »systemsprengende Kraft nach außen« glauben mochten, die 1966 vom Kommuneprojekt auszugehen schien, das sich inzwischen wiederum in eine pop-kulturelle Ikone für den deutschen Illustriertenwald verwandelt hatte. Die »schlechthinnige Irregularität« des subversiven Aufklärungs-Guerilleros, die Dutschke noch propagiert hatte, verwandelte sich innerhalb des militanten Untergrunds der »Umherschweifenden Haschrebellen« seit dem Frühjahr 1969 in eine militarisierte Haltung.

Konkrete Anweisungen für den Kampf mit Molotow-Cocktails und Brandbomben konnten der schmalen Voltaire-Flugschrift Nr. 24 entnommen werden. Einer der Vordenker des bewaffneten Kampfes der Afro-Amerikaner, Robert F. Williams, propagierte darin »strategische Brandstiftungen« durch klandestine Kommandos bis hin zum Einsatz von sogenannten »Jumbos« mit »napalmartiger Wirkung«. Würden die Möglichkeiten der Brandbekämpfung sabotiert, so stellte Williams in Aussicht, könnten subversive Brandbombenanschläge »genauso zerstörerisch wirken, wie eine Wasserstoffbombe.«[53] Besonders attraktiv konnte dabei auch die im gleichen Band abgedruckte Analyse des US-amerikanischen Armee-Obersten Robert Rigg erscheinen, der sich als Berater der amerikanischen Sicherheitsbehörden der Bedrohungslage durch einen »Guerillakrieg im Betondschungel« gewidmet hatte, denn: »Der Mensch hat aus Stahl und Beton einen weit besseren Dschungel errichtet als die Natur in Vietnam.«[54] Seine Ausführungen schienen die angehenden Stadtguerilleros ex negativo auf das revolutionäre Potential einer urbanen Guerilla-Taktik hinzuweisen. Was die amerikanischen Sicherheitsbehörden als Bedrohung empfanden, mußte die militanten Subversiven in Berlin aufhorchen lassen: »Die Gewalttätigkeit auf den Straßen ist von den Minderheiten aufgenommen worden. Das macht die Zukunft so düster. Die aktuellen Unruhen bringen mehr als nur vorübergehende Unordnung. Sie setzen den Minderheiten neue Maßstäbe – ein Perspektive, die die Rebellion gegen Gesellschaft und Autorität als ein erfolgversprechendes Wagnis erscheinen läßt.« Würden »in Zukunft die Möglichkeiten der Organisation ausgeschöpft«, wenn es »entschlossenen und rebellischen Führern« gelinge, »die Stadtguerilla gut zu organisieren«, dann würde eine »neue, langanhaltende Kriegführung« drohen.[55] Was Rigg als Warnung an die verantwortliche Politik in den Vereinigten Staaten gemeint hatte, konnte vom militanten Untergrund der »Umherschweifenden Haschrebellen« als erfolgversprechende Perspektive auch in Deutschland verstanden werden: »Militärisch gesehen kann ein erfolgreicher Krieg gegen eine Guerilla, die ihre Basis in den amerikanischen Großstädten hat, ebenso schwierig und langwierig werden wie der Kampf in Vietnam, vorausgesetzt, daß der Aufstand gut organisiert ist.«[56] Guevaras Forderung, »zwei, drei, viele Vietnams« zu schaffen, schien sich nahtlos mit der Vorstellung eines bewaffneten »Kampfes in den westlichen Metropolen« zu verbinden.

Der Prozeß der militanten Radikalisierung wurde in Berlin von der Untergrundzeitschrift »AGIT 883« begleitet, die seit Jahresbeginn 1969 wöchentlich erschien und zu einem zentralen Informationsträger und Diskussionsforum des linksradikalen Milieus in der Stadt wurde. Die »Umherschweifenden Haschrebellen« beteiligten sich mit Artikeln und Aufrufen an der Publikation, die sie für ihr Anliegen eines undogmatischen und militanten Aktionismus zu funktionalisieren versuchten.[57] Dabei verlieh sich die Gruppe um Kunzelmann, von Rauch und Baumann den ironischen Titel eines »Zentralrats der Umherschweifenden Haschrebellen«, der auf die beginnende Organisationsdebatte im linksradikalen Milieu Bezug nahm, die auch in der Zeitschrift AGIT 883 immer wieder ihren Niederschlag fand und bis 1969 in zwei Parteigründungen gemündet war – der DDR-treuen DKP und der maoistischen KPD/ML.[58] Von derartigen sektiererischen Kaderorganisationen wollte der Zirkel um die Wielandkommune nichts wissen, sondern propagierte statt dessen einen militanten Anarchismus »mit dem Joint in der Hand.«[59] Gleichzeitig wehrten sich die »Haschrebellen« vehement gegen die ersten Anzeichen einer Kommerzialisierung der Hippie-Kultur, wie sie sich zum Beispiel mit der Aufführung des Musicals »Hair« in Berlin ankündigte. Während gleichzeitig der Berliner Senat Treffpunkte der militanten Szene schließe, würden die »Haschrebellen« es im Theater »zu verhindern wissen, daß dort noch irgend ein Scheißdreck über die Bühne geht. Peitscht die Zuhörer auf die Straße, bis sie schreien, kreischen und alles niederreißen, was die Menschen zu Sklaven macht! Haschisch, Opium, Heroin für ein schwarzes West-Berlin!«[60]

Die Zeitschrift AGIT 883 kann gleichzeitig als ein Seismograph der wuchernden Gewaltdiskussion im subversiven linken Milieu West-Berlins gelten. Schon anläßlich des Nixon-Besuches im Februar titelte das Blatt, der amerikanische Präsident könne es nicht wagen, »in der Bürgerkriegssituation Nordamerikas in die schwarzen Ghettos – die Kerne des Befreiungskampfes – zu gehen« und betrete und verlasse West-Berlin »nur wie ein lateinamerikanischer Diktator«.[61] Die Gleichsetzung von »US-Imperialismus« und »Faschismus« nutzten die subversiven Publizisten zu provokanten Vorschlägen, wie zum Beispiel, für den »Neubau von Amerikahäusern [...] stigmatisiertes Material (Stigma-Steine = SS)« zu verwenden: »Es erspart die Bewerfung mit Farbbeuteln und betont die Heiligkeit.«[62] Die nächste Ausgabe bilanzierte den Besuch Nixons mit einer ironischen Presse-Collage aus den Springer-Zeitungen, und auch die Kommunarden-Parole aus dem Flugblatt Nr. 2, das sich im April 1967 an die »Studenten, Lahmärsche und Karrieremacher« gerichtet hatte, tauchte noch einmal auf: »Bleibt treu, bleib deutsch, bleib doof!!!«[63] Anfang April begleitete AGIT 883 die Freilassungskampagne für Kunzelmann und Langhans und druckte auch Auszüge aus der Broschüre »Kommunardenhaft und Anarchismusbekämpfung« ab, so daß die Frage der Kommunarden nach der Herkunft des Sprengsatzes, den Urbach in der Kommune I deponiert hatte, in der entstehenden linksradikalen »Szene« weiter bekannt wurde.[64] Die »Umherschweifenden Haschrebellen« fanden in der Zeitschrift jedoch keine widerspruchslose Unterstützung sondern hatten sich einer kritischen Diskussion zu stellen, die immer wieder die zweifelhafte ideologische Ausrichtung der Gruppe anprangerte.[65]

In der Praxis suchten die »Haschrebellen« immer häufiger die handfeste Konfrontation mit der Polizei, so wie sie Kunzelmann zum Beispiel im Sommer 1969 vom Schöffengericht Tiergarten zur Last gelegt wurde. Während der polizeilichen Kontrolle eines falsch geparkten VW-Busses sei Kunzelmann auf den Einsatzwagen zugelaufen, »rüttelte am Funkwagen und schrie den Zeugen Schwartz an: ›Mach, dass du weiterkommst, wenn du nicht sofort weiterfährst, ist hier was los!‹« Gegenüber einem hinzugeeilten zweiten Beamten sei Kunzelmann tätlich geworden und habe geschrieen: »Du wirst deinen Rock ausziehen, du und Neubauer kommen vors Standgericht!«[66] Kunzelmann wurde wegen dieses Vorfalls zu drei Monaten Gefängnis ohne Bewährung verurteilt, nachdem das Gericht penibel geschlußfolgert hatte, »dass das Verhalten des Angeklagten Ausdruck seiner ablehnenden Einstellung gegenüber der bestehenden Ordnung ist.«[67] Im Sommer 1969 berichteten die »Haschrebellen« in AGIT 883 über ihre gewalttätigen Aktionen gegen Polizeieinsätze, die sich im Umfeld der subversiven »Szene«-Treffpunkte ereignet hatten. Im Juni war das »Unergründliche Obdach für Reisende«, ein Lokal in der Fasanenstraße, zum Brennpunkt der Auseinandersetzungen geworden, welche die »Haschrebellen« im Ton von Frontberichterstattern schilderten: »Den ersten Funkwagen bombardierten wir mit Steinen und provozierten durch einen Anruf die Polizei. Den Mannschaftswagen und den Funkwagen hielten wir in Schach durch Steine. In fünf Angriffen scheuchten wir die Polizisten hinter ihre Autos. Tags darauf geht die Funkwagendemolierung als Ausdruck des sich zur Wehr setzens [sic!] weiter. Den ersten Funkwagen trieben wir in die Flucht. 6 Mannschaftswagen waren die Antwort. Noch bis zum nächsten Morgen patrouillierte die Polizei mit einem großem Wagen vor dem ›Obdach‹. Am nächsten Tag bewerfen wir wieder einen Funkwagen. Aber es kommt keine Polizei mehr: *Wir haben wieder ein freies Gebiet in Berlin erkämpft und wir provozieren und kämpfen weiter! Wir werden die Polizei wieder direkt angreifen! Die Eskalation der Gewalt durch die Neubauerbrigade zwingt uns, uns zur Wehr zu setzen. Wir befreien uns von der Kontrolle durch den Staat in all unseren Gebieten*!«[68]

Hintergrund dieser kampagnenartigen Aufrufe waren diffuse Vorstellungen von einer Stadtguerilla, die im Sinne der internationalen Vorbilder agieren sollte »*Hit and Run / Zuschlagen, Verschwinden, Zuschlagen / Das ist die Logik des siegreichen Stadtguerillakampfes* (Mao)«.[69] Die Rekrutierung einer größeren Unterstützerszene strebte die Gruppe durch Veranstaltungen wie das »Smoke-In« im Berliner Tiergarten am 5. Juli 1969 an. Geplant war eine Hasch-Party im Park, »um uns in Zukunft besser wehren zu können, um unsere Treffpunkte zu erhalten, und überhaupt, um uns besser kennenzulernen.«[70] Offensichtlich stießen die Aktivitäten der »Haschrebellen« dabei auf Kritik derjenigen, die sich linientreueren Perspektiven linker Organisation verschrieben hatten, und die Zeitschrift AGIT 883 diente in diesem Zusammenhang der Diskussion innerhalb des sehr heterogenen subversiven Milieus. Das Redaktionskollektiv hatte sich schon eine Woche später zu rechtfertigen und konstatierte, die Beiträge der »Haschrebellen« seien »garniert mit Verbalradikalismen, die Assoziationen schaffen zur black-power-Bewegung, den Zengakuren in Japan oder dem chinesischen Befreiungskrieg. Das Kollektiv ›883‹ sah sich ausserstande hier mit der Sonde der reinen Lehre des wahrhaften Sozialismus zu messen und den Bericht abzulehnen.« Die Zeitschrift solle ihren ideologisch offenen Charakter bewahren, und die Redaktion rief zur »fälligen Diskussion über das Problem« auf.[71] Währenddessen berichtete Georg von Rauch von Polizeiübergriffen während des »Smoke-Ins«, nannte das Treffen aber dennoch einen »vollen Erfolg«. Entgegen den Presseberichten hätten sich »mehr als 200« Subversive getroffen und gegenüber der Polizei Solidarität demonstriert – »Zusammen rauchen macht einfach mehr Spaß.«[72] Dabei ironisierte er den Duktus der Dogmatiker innerhalb der subversiven Szene, wenn er das Treffen als »Ausgangsbasis für die Weiterführung einer nach marxistisch-leninistischen Richtlinien geführten Hasch-Kampagne« bezeichnete. In diesem Sinne forderte der »Zentralrat [...] aufgrund der Forderungen der Massenbasis« für zukünftige Treffen nach mehr Musik und einer Verstärkeranlage. Ironische Losungen vervollständigten diese Parodie einer ideologisch einwandfrei linientreuen Kritik der »Haschrebellen«: »Haschkekse nicht in Mengen essen! Sonderbeschluß für Dieter K.: Joint nehmen, ziehen, sofort weitergeben!«[73]

Die »Haschrebellen« im Umfeld der Wielandkommune repräsentierten innerhalb Berlins eine Minderheitenposition der militanten Szene um das Szene-Blatt AGIT 883, auch wenn Baumann in seinen Erinnerungen behauptet, die Gruppe habe »am Ende« – wann immer das gewesen sein mag – die Zeitschrift »fest in der Hand« gehabt.[74] Die geschätzte Auflage von immerhin bis zu 10000 Exemplaren reichte in ihrer inhaltlichen Ausrichtung weit über den Zirkel um Kunzelmann, von Rauch und Baumann hinaus.[75] Die Gruppierung, die sich bald auch als »Berliner Blues« bezeichnete, verstrickte sich daneben in Konflikte mit der entstehenden professionellen Drogenszene Berlins, die zunehmend von Großdealern kontrolliert wurde. Die »Haschrebellen« hätten, so Baumann, »auch selber gedealt, von irgend etwas mußt du ja leben; wir haben zich Leute gekannt, an die wir Shit verkauft haben, das war ja das einzige, was wir überhaupt noch hatten. Du hast richtig mit und von der Droge gelebt.«[76] Wie weit die Verstrickungen in den Drogenhandel reichten, ist umstritten, doch zumindest ist im August eine ideologische Rechtfertigung des subversiven Drogenhandels erschienen, die vom Verfall und der Dekadenz der Bourgeoisie handelte, weil die »Haschrebellen« glaubten, »diese Tendenz verstärken zu müssen.« Auf der historischen Folie des britischen Opiumkrieges gegen China breitete die Gruppe die Vision eines »antiimperialistischen« Drogenkrieges in Berlin aus: »Denn je dekadenter die Mitglieder und Verteidiger dieses Systems sind, desto leichter lassen sie sich im revolutionären Prozeß von uns zerschlagen. Der Opiumkrieg hat sich in sein Gegenteil verkehrt. Er steht nicht in den Diensten des Kapitalismus. Jetzt hat das Gift die Bourgeoisie selbst befallen. Die Einkünfte aus dem Rauschgiftkleinhandel fliessen selbstverständlich zum großen Teil in die geheimen APO-Kassen. Wir dingen uns jedoch aus, daß diese Gelder zweckdienlichen Aufgaben zugeführt werden: Guns Baby Guns«.[77]

Auch politisch fielen in diesem Sommer offensichtlich die letzten Tabus, welche die Militanz in Grenzen gehalten hatten. Ulrich Enzensberger zum Beispiel berichtet, Kunzelmann habe davon geträumt, »einen Staatsanwalt zu entführen. Mir ist noch ein Bauwagen in Zehlendorf in flüchtiger Erinnerung, den ich musterte und der als mögliches Volksgefängnis auch nicht in Frage kam.«[78] Bislang hatten derartige Phantasien jenseits gelegentlicher Straßenschlachten mit der Polizei noch keine konkreten Folgen, und der genaue Charakter der subversiven Militarisierung ist zwischen Steinwürfen, Verbalradikalismus und Drogenkonsum nur noch schwer einzuschätzen. Alles spricht dafür, daß drohende Ladungen zum Strafantritt und die zunehmende Isolation von der Mehrheitsmeinung im sogenannten »Blues«-Untergrund Kunzelmann und seine Mitstreiter in eine Sackgasse drängten, aus der sie sich durch eine wie auch immer geartete Flucht zu befreien versuchten. Dabei wird auch eine Rolle gespielt haben, daß es den »Haschrebellen« offenbar nicht gelungen war, die Meinungsführerschaft innerhalb der subversiven Szene Berlins zu erringen. Kunzelmann selbst erinnerte seine Situation vom Juli 1969 recht ungeschönt: »nur weg, schnell weg aus Berlin, wo wir außer Knast nichts mehr zu erwarten hatten …«[79] Im Sommer 1969 führte die Ausweglosigkeit der subversiven »Militanz«, die sich zunächst durch eine noch durchaus begrenzte Gewaltbereitschaft ausgezeichnet hatte, geradewegs in die nächste Stufe der Radikalisierung, die den sogenannten »bewaffneten Kampf« in der Illegalität einläutete. Zehn Jahre nach seiner jugendlichen Auto-Stop-Reise nach Paris setzte Kunzelmann wiederum zu einem existentiellen Schritt in unbekanntes Neuland an, der ihn von den subversiven Kommune-Zirkeln der »Haschrebellen« in Berlin aus in den bewaffneten Untergrund führen sollte.

Letzte Ausfahrt Ebrach

Seit dem Juni 1969 betrieben die »Umherschweifenden Haschrebellen« über die Zeitschrift AGIT 883 eine Kampagne zur Unterstützung des Münchner Studenten Reinhard Wetter, der wegen Schwarzfahrens, unerlaubten Tragens einer Polizeiuniform und Demonstrationsdelikten eine Jugendstrafe von acht Monaten Gefängnis in der JVA im fränkischen Ebrach verbüßte.[80] Auf Initiative der Münchner Wacker-Einstein-Kommune um Fritz Teufel sollten sich die Subversiven aus München und Berlin vor Ort zu einem »Knast-Camp« in der Provinz versammeln, um auf Wetters Fall aufmerksam zu machen und seine Freilassung zu fordern.[81] Unter dem Motto für die Sommersemesterferien »Fahrt nicht gleich zu Vater, Mutter und dem Schatz / Fahrt nach Ebrach und macht Rabatz!« riefen die »Haschrebellen« zur Sternfahrt in die fränkische Provinz auf: »*Also tragen wir die Unruhe von den Städten in die Dörfer!* […] Die radikale Mehrheit aus Westberlin und dem übrigen Bundesgebiet trifft sich ab 15. 7. in Ebrach.«[82] Am 14. Juli, seinem dreißigsten Geburtstag, brach Kunzelmann mit einigen anderen »Haschrebellen« in seine Heimatregion auf – Ebrach liegt gerade einmal etwa 20 Kilometer westlich von Bamberg.[83] Kunzelmanns Vorliebe für Geburtstage und symbolische Jahrestage reflektierte auch die subversive Einladung, die sich an die sportbegeisterten Teilnehmer des sogenannten

»Knast-Camps« richtete: »fußballmannschaften bitte schon vorher bilden und einheitliches trikot mitbringen, es geht um den dieter kunzelmann pokal, der am 14. geburtstag hat; geschenke mitbringen!«[84]

Bereits im Mai hatten etwa 50 Münchener Demonstranten – unter ihnen Fritz Teufel und Rainer Langhans – das Ebracher Gefängnis aufgesucht und waren bei dem Versuch gescheitert, unter dem Ruf »Freiheit für Wetter« in die Jugendhaftanstalt einzudringen.[85] Auch im Juli blieb ein fränkischer »Sturm auf die Bastille« aus, denn die örtlichen Behörden waren vorgewarnt und versuchten auf dem Verordnungsweg, die ungebetenen Gäste zu vertreiben.[86] Nachdem Fritz Teufel vom Landwirt Noppenberger für einige Tage eine Wiese für das geplante Zeltlager gepachtet hatte, erließ der Bamberger Landrat Otto Neukum eine Zeltverordnung für den Landkreis Bamberg, die das Vorhandensein von fest installierten sanitären Anlagen vorschrieb. Damit war das geplante »Knast-Camp« auf verwaltungstechnische Schwierigkeiten gestoßen, und die Gruppe suchte nach einer kleinen Demonstration in Ebrach zunächst nach einem Ausweichquartier in der Region. Am 16. Juli drangen dann etwa 40 Demonstranten – unter ihnen der ortskundige Kunzelmann – in das Bamberger Landratsamt ein und verlangten ein Gespräch mit Neukum, das ihnen verwehrt wurde. Nachdem einige Akten aus seinem Amtszimmer auf die Straße geworfen worden waren, traf die alarmierte Polizei ein und nahm die Protestierer fest – mit Ausnahme von Kunzelmann, der zunächst noch entkam.[87] Als die übrigen Camp-Teilnehmer sich vor dem Bamberger Polizeipräsidium versammelten, um die Freilassung der Festgenommenen aus dem Landratsamt zu verlangen, wurde er als »Rädelsführer« ebenfalls festgenommen. Nach etwa 24 Stunden waren alle Inhaftierten wieder auf freiem Fuß.[88]

Dem Ebracher »Knast-Camp« ist in der Entstehungsgeschichte des deutschen Links-Terrorismus ein prominenter Platz eingeräumt worden.[89] Unter den Teilnehmern finden sich zahlreiche Namen, die später als Schlüsselfiguren des sogenannten »bewaffneten Kampfes« auf sich aufmerksam machen sollten: Neben den Kommunarden Kunzelmann und Teufel waren von den Berliner »Haschrebellen« Georg von Rauch und Thomas Weisbecker angereist, die vorläufig haftentlassenen Frankfurter Brandstifter Andreas Baader und Gudrun Ensslin sollen gemeinsam mit Astrid Proll kurz vorbeigeschaut haben, Ensslins ehemaliger Verlobter und Untergrund-Publizist Bernward Vesper war in Ebrach, und daneben sind auf Abbildungen der Protestierer auch Ina Siepmann, Irmgard Möller und Brigitte Mohnhaupt zu sehen.[90] Die Versuchung ist groß, diese Ansammlung später bekanntgewordener Namen in den Dienst einer teleologischen Betrachtung zu stellen, welche die Konfrontation in der fränkischen Provinz zum Ausgangspunkt späterer Irrwege in die Gewalt erklärt. Das Camp war allerdings bereits eher ein Ausdruck eines vorläufigen strategischen Scheiterns der Subkultur der »Haschrebellen« in den Großstädten. Daneben bediente der Ausflug in die Provinz auch einige Phantasien der Landkommunen-Tradition, die in dieser Zeit innerhalb der radikalen Linken in Deutschland wieder zum Vorschein kamen. Kunzelmann selbst reklamierte demgegenüber ein Vierteljahrhundert später – so als sei er nicht aus Berlin geradezu geflohen – den dramatischen Entscheidungscharakter der Auseinandersetzungen in Ebrach, als er in einem Interview bemerkte, das »Camp« sei bislang »von der politischen Bedeutung her« unterschätzt worden. Damit meinte er, daß keinerlei historische Notwendigkeit von den fränkischen Wiesen in den bewaffneten Untergrund geführt habe: »Wenn in Ebrach eine politische Diskussion und Auseinandersetzung möglich gewesen wäre, wäre vielleicht manches anders gelaufen.«[91] Das bezog sich auf die Reaktionen der Bamberger Bürger und der bayrischen Politik, die sich in ungewohnter Schärfe gegen die großstädtischen Protestierer richteten. Der Spiegel berichtete, nach polizeilichen Beobachtungen seien Rufe nach Arbeitslagern und Gaskammern in der Bevölkerung laut geworden, und das Bamberger Volksblatt wußte von Diskussionen um die Aufstellung einer Bürgerwehr.[92] Der CSU-Vorsitzende Franz Josef Strauß wandte sich an den Ministerpräsidenten Alfons Goppel und beklagte sich über die Protestierer: Diese benähmen sich »wie Tiere, auf die die Anwendung der für Menschen gemachten Gesetze nicht möglich ist, weil diese Gesetze auch bei Rechtsbrechern noch mit Reaktionen rechnen, die der menschlichen Kreatur eigentümlich sind.« Strauß warnte vor dem »Auftrieb, der dadurch rechtsradikalen Elementen mit ihrem bekannten Ruf nach Ordnung und Sicherheit gegeben wird«.[93] Dieses Fernschreiben wurde in der Bamberger Lokalpresse veröffentlicht, und in der Folge kam es zu pogromartigen Ausschreitungen gegen einen links-alternativen Buchladen in der Kleberstraße, der von aufgebrachten Bamberger Bürgern vollständig zerstört wurde.[94] Diese konnten dabei auf die stillschweigende Duldung durch die lokalen Behörden rechnen, und der Kreisrat Georg Nastvogel wurde im Fränkischen Tag mit einem »Rezept, mit der APO fertig zu werden« zitiert: »Der Bevölkerung eine Stunde freien Lauf lassen.«[95] Auch Alice Schwarzer war als Journalistin vor Ort und berichtete in Pardon, daß die Polizei sie keineswegs vor gewalttätigen Angriffen der Bamberger Bevölkerung geschützt habe.[96] Solche Situationen mögen zur terroristischen Selbsterzählung beigetragen haben, man habe nur »Gegengewalt« als Antwort auf staatliche Repression und geduldete pogromartige Übergriffe ausgeübt. In jedem Fall, so erinnerte sich Kunzelmann später, hätten die Ebracher Vorkommnisse verdeutlicht, »wo die Grenzen des legalen Protests liegen.« Die subversiven Techniken der sechziger Jahre, die die Aktionen der Situationisten, der »Subversiven Aktion« und der Kommune I geprägt hatten, seien in seiner fränkischen Heimat auf sehr handfeste Widerstände gestoßen: »Mit Persiflieren und Unterlaufen war da nichts mehr zu machen.«[97] Die letzte ironische Aktion der »Spaß-Guerilla« bestand darin, daß in Ebrach Angehörige einer italienischen Anarchistengruppe mit dem Namen »Uccelli« einem Schaf das Wort »Hund« aufmalten und es an der Leine durch die Straßen führten, um so die Hundestaffel der Polizei zu karikieren.[98]

Einiges deutet darauf hin, daß es die italienischen Gäste waren, die im Sommer 1969 den letzten entscheidenden Anstoß zur Militarisierung der verstreuten radikalen Reste der deutschen Protestbewegung gaben. Gerd Koenen hat in seiner Entstehungsgeschichte der RAF das damalige Italien bereits als das »Traumland aller sich militarisierenden Bewegungselemente« bezeichnet.[99] Über die Italienkontakte der deutschen Subversiven kursieren allerdings widersprüchliche und zum Teil verwirrende Angaben. Günter Langer zum Beispiel berichtet, der Kreis um die Wielandkommune sei bereits im Frühjahr 1969 nach Mailand gereist, zu einer »angeblich ersten Waffenbeschaffungsaktion der Roten Armee Fraktion (RAF).«[100] Langers Datierung dieser Reise – die RAF konstituierte sich erst mit der Baader-Befreiung im Mai 1970 – ist mehr als fragwürdig, und möglicherweise verwechselte er diese Fahrt mit dem Italienaufenthalt Baaders, Ensslins und Horst Mahlers ein Jahr später. Koenen vermutet eine Reise von München aus, die im Sommer oder Herbst 1969 stattgefunden haben soll.[101] Unbestritten ist, daß der linke Verleger Giangiacomo Feltrinelli, der bereits im Februar 1968 während des Vietnam-Kongresses in Berlin durch seine theoretischen und praktischen Beiträge zur Bewaffnung der europäischen Protestbewegungen aufgefallen war, in den militanten Zirkeln des Sommers 1969 eine Schlüsselrolle spielte.[102] Die »Uccelli« vertraten ihrerseits eine etwas obskure Konzeption eines revolutionären Volkskrieges auf den Spuren Garibaldis und luden die Teilnehmer des Ebracher »Knast-Camps« nach Italien ein, wo sie in den sizilianischen Notunterkünften der Erdbebenopfer des Städtchens Gibellina eine revolutionäre Befreiungsarmee gründen wollten.[103] Etwa 20 Personen, darunter Kunzelmann, Fritz Teufel, Georg von Rauch, Albert Fichter, Hilmar Buddee, Roswitha »Lena« Conradt und Ina Siepmann, folgten ihnen ab dem 20. Juli zunächst nach Mailand und dann weiter nach Rom. Im Hafen von Anzio verhinderten die italienischen Marine-Behörden das Auslaufen eines Schiffes, das die Gruppe nach Sizilien bringen sollte, woraufhin es noch einmal zu einem »Go-In« nach Bamberger Vorbild im italienischen Marineministerium in Rom gekommen sein soll.[104]

Während die Gruppe um Kunzelmann, Teufel und von Rauch in Italien die ausgezeichneten Kontakte Feltrinellis im italienischen Intellektuellenmilieu genoß, tobten in Berlin noch einmal Auseinandersetzungen des subversiven Milieus um die politische Rolle der »Umherschweifenden Haschrebellen«. Auslöser war eine Ausgabe von AGIT 883 vom 24. Juli, die eine vernichtende Generalabrechnung mit dem Ebracher »Knast-Camp« enthielt. Unter dem Titel »Ebrach – eine Sauerei« beklagte das Redaktionskollektiv die miserable Organisation des Camps, die lediglich für ausreichend Haschisch gesorgt habe, weshalb »aus mangelnder politischer Motivation die rote Knastwoche zu einer braungrünen Haschwoche geworden« sei. Statt des defensiven und »reaktiven« Vorgehens in Ebrach rief die Zeitschrift zur Unterstützung von Bundeswehr-Deserteuren auf, die zu dieser Zeit in Berliner Gefängnissen saßen und – völkerrechtlich zweifelhaft – nach Westdeutschland abgeschoben werden sollten.[105] In derselben Ausgabe ging Peter Paul Zahl mit den »Haschrebellen« hart ins Gericht, deren »Ideologie der glücklichen Verbraucher« er scharf kritisierte. Die subversiven Rauschgifthändler würden Haschisch mit Opiaten versetzen und sagenhafte Gewinne einstreichen, gleichzeitig aber die notwendige Militanz des Berliner Untergrunds sabotieren: »hasch, so erklären die genossen haschkampagneler, führe im gegensatz zu alkohol nicht zu aggressionen. cui bono? wem nützt das?« Guevaras Lob des revolutionären Hasses klang an, als Zahl den »Haschrebellen« einen drogeninduzierten Pazifismus zum Vorwurf machte: »dieser haß geht flöten durch häufigen haschischgenuß. haschraucher entfliehen auf die dauer der politischen wirklichkeit und arbeit.« Er krönte seine Kritik mit einer beißenden Attacke auf die Veteranen der Kommune I, die er des unpolitischen Hedonismus' verdächtigte, wie er in einer ironischen »Vision« schilderte: »ich sehe busse Westgermanischer und Amerikanischer touristen nach Westberlin kommen und nach obligatem besuch von mauer, gedächtniskirche und Ku-damm die legalisierten haschclubs aufsuchen: Langhans und Kunzelmann und hunderte anderer, malerisch gelagert, lassen sich gnädig fotografieren. sie leben nicht schlecht dabei. trinkgelder gibt es reichlich – für den kauf der nächsten joints. (und die alle waren früher mal mit uns politisch tätig ...)«[106]

Erstaunlich ist, daß Zahl der endgültige Bruch zwischen Langhans und Kunzelmann entgangen sein soll, zumal er selbst an der Herstellung der Zeitschrift mitwirkte und damit über beste Kontakte in der Berliner Kommunarden-Szene verfügen mußte. Da alle Beteiligten sich darüber im klaren waren, daß Polizei und Verfassungsschutz jede Ausgabe von AGIT 883 aufmerksam auswerteten (und sie nicht selten beschlagnahmten), stellt sich bei der Quelleninterpretation allerdings auch immer die Frage nach der beabsichtigten Außenwirkung derartiger interner Diskussionen. Zumindest Kunzelmann konnte man im Sommer 1969 kaum zum Vorwurf machen, ein bloß unpolitischer und friedlicher »Kiffer« zu sein, und das mußte jeder halbwegs Eingeweihte des Berliner Protestmilieus wissen. So meldeten sich auch schnell Gegenstimmen aus dem Kreis der »Umherschweifenden Haschrebellen« zu Wort, welche die politischen und revolutionären Errungenschaften der Hasch-Kampagne betonten, wie zum Beispiel Bodo Saggel, der schon seit 1967 Kontakt zur Kommune I hatte und als Justiz- und Haft-erfahrener Begleiter der Protestbewegung die Kontakte zwischen den Protagonisten der früheren Studentenbewegung und den sozial randständigen Gruppen pflegte, die sich immer mehr in den entstehenden Berliner Untergrund einfügten: »Wer behauptet, die Hascher, die es sich zur Aufgabe gemacht haben, die Opiumgesetze zu legalisieren, seien unpolitisch, ist selbst ein unpolitischer Gernegroß, der einmal den Augenarzt wechseln sollte, damit er später wenigstens mal durchzublicken lernt. Welche Berliner Basisgruppe hat denn in letzter Zeit größere Erfolge zu verbuchen als die Haschrebellen, die obdachlos durch die Stadt schweifen und so mit Sympathisanten am besten Kontakt kriegen? Welche Gruppe hat mehr Kraft für Agitationsmaterial verwendet und größere Erfolge bei den Bedürftigen verbuchen können? Und wer die Demonstration vor ›Bonny's Ranch‹ in Wittenau eine ›nicht zustande gekommene‹ nennt, der sollte sich wirklich mal von der APO Urlaub geben lassen, ein paar Gramm einpacken, aufs Land (aber bitte nach Ebrach) fahren, sich dort kiffend in die Sonne legen, damit sein Bewußtsein endlich mal auf APO-Maß erweitert wird.«[107]

Die Diskussion entwickelte sich daraufhin in sehr ungeordneten Bahnen und führte unter anderem dazu, daß sich die »Haschrebellen« gegen ihre eigenen Verteidiger zur Wehr setzten und die Lektüre des Marschalls der chinesischen Revolutionsarmee Lin Biao empfahlen.[108] In seinem Artikel zum »Sieg im Volkskrieg« gegen die japanische Besatzung hatte er von der Schaffung einer nationalen Einheitsfront berichtet und an Maos Plädoyer für den Partisanenkrieg als zentrales militärisches Mittel in der Anfangsphase eines siegreichen Volkskrieges erinnert. Strategisches Ziel sei letztlich der »Vernichtungskrieg« gegen die Japaner gewesen.[109] Lin Biao setzte diese Erfahrungen auch in einen aktuellen Zusammenhang mit dem Kampf gegen den »USA-Imperialismus und seine Lakaien«.[110] Die konkrete Bedeutung dieser ideologisch-strategischen Positionsbestimmungen für die Situation der Berliner »Haschrebellen« blieb vorerst noch unklar, bevor im Oktober 1969 dogmatische Auseinandersetzungen um die richtige Interpretation der sich widersprechenden Mao-Zitate die Diskussion endgültig zum Erliegen brachten.[111]

Im September nahmen sowohl die Diskussionen innerhalb des Berliner »Blues«, wie das gewaltbereite subversive Milieu immer häufiger genannt wurde, als auch die weiteren Planungen der Gruppe um Kunzelmann und von Rauch in Italien eine entscheidende Wende. Auf der Suche nach neuen revolutionären Perspektiven rückte der Nahe Osten ins Zentrum der Aufmerksamkeit, nachdem die Verbindungen zu den Uccelli keine Früchte getragen hatten.[112] Schon Guevara hatte 1966 in seinem Brief an die »Tricontinentale« auf diesen Krisenherd der Weltpolitik hingewiesen, von dem ein Beitrag zu seinen weltrevolutionären Plänen zu erwarten sei: »Der Mittlere Osten [...] ist in höchster Spannung. Man kann nicht voraussehen, wohin dieser kalte Krieg zwischen Israel, von den Imperialisten unterstützt, und den progressiven Ländern dieser Zone führen wird. Der Mittlere Osten ist ein weiterer der die Welt bedrohenden Vulkane.«[113]

Seit dem Sechs-Tage-Krieg waren die Sympathien weiter Teile der deutschen Protestbewegung auf die Seite der Palästinenser gewechselt, und in AGIT 883 meldete sich das Berliner Palästina-Komitee zu Wort, das in der Wortwahl an die Aufrufe der arabischen Studentengruppen anknüpfte, die im Sommer 1967 angesichts der israelischen Politik anspielungsreich vom »Nationalzionismus« gesprochen hatten. Dem palästinensischen Volk stehe unter den Bedingungen der israelischen Besetzung nur eine Alternative offen, »nämlich die, seine Rechte mit der Waffe in der Hand zurückzugewinnen.« Unter impliziter Bezugnahme auf Fanon und Guevaras weltrevolutionäre Visionen formulierte das Komitee – immer in verbaler Anspielung auf die deutsche NS-Vergangenheit – die politischen Zielvorstellungen der Fatah unter Yassir Arafat, in denen der Staat Israel nur noch unklar als Ansammlung von »Institutionen« und »Herrschaftsapparaten« zu erkennen war und ohne Zweifel keinerlei Existenzberechtigung haben sollte: »Ob die Partisanen als Freiheitskämpfer oder als Terroristen bezeichnet werden, ist im Grunde eine Frage der Gesinnung. Auch die nationalsozialistischen ›Blitzsieger‹ und Okkupanten pflegten den Widerstand der patriotischen Partisanen Terror zu nennen. Im Nahen Osten wird der permanenten israelischen Aggression und Okkupation permanenter und immer härterer Widerstand entgegengesetzt. Wie immer man ihn nennen will, es ändert nichts an seiner Legitimität. Das Ziel muß sein – im Nahen Osten, in Rhodesien, in Südamerika und überall – mit allen Mitteln einen Zustand anzustreben, in dem jeder Mensch in sozialer, ökonomischer und politischer Freiheit leben und arbeiten kann. Alle Institutionen und Herrschaftsapparate, die diesem Ziel entgegenstehen, müssen beseitigt werden, und die Wahl der Mittel wird nur durch ihr Verhalten bestimmt. Eine Revolution bis zum Sieg, eng verbunden mit einem entschiedenen antiimperialistischen Kampf ist die einzige Alternative für eine menschenwürdige Zukunft. In Palästina hat sie begonnen.«[114]

Etwa drei Wochen später brachen Kunzelmann, Georg von Rauch, Ina Siepmann, Roswitha »Lena« Conradt und Albert Fichter von Italien aus nach Jordanien auf, um in den Lagern der Fatah Kontakte zu knüpfen und eine militärische Grundausbildung zu absolvieren.[115] Sie waren dabei nicht die ersten deutschen Besucher der palästinensischen Milizen. Martin Kloke hat schon vor längerer Zeit auf eine Gruppe von SDS-Aktivisten hingewiesen, die bereits im Juli, während Kunzelmann noch in Ebrach war, zu einer »Informationsreise« nach Jordanien geflogen und dort zahlreichen anderen Hospitanten aus Europa und den USA begegnet waren.[116] Kunzelmann und seine Begleiter waren also nicht die Erfinder einer »Palästina-Connection« des links-subversiven Untergrunds in Deutschland, auch wenn man sie zu den Pionieren dieser Entwicklung einer deutsch-palästinensischen Terror-Kooperation zählen muß.[117] Im Rückblick verblüfft die enge zeitliche Abstimmung zwischen den ideologischen Neuorientierungen sowohl in der Berliner Subkultur als auch unter den Italienreisenden aus Ebrach. Man ist versucht, eine koordinierende Hand im Hintergrund zu vermuten, doch tatsächlich entstanden zumindest in Italien erst nach und nach Pläne einer Kontaktaufnahme mit der Fatah.[118] Georg von Rauch schrieb unter der ironischen Überschrift einer »Zentralratsadresse der Sektion Italien (Nord)« nach Berlin: »[D]ie ganze Sizilien-Expedition ist für uns […] gescheitert, d.h. an ›schweren ideologischen Differenzen‹ mit den Italienern.« Statt dessen »planen wir jetzt einen Orient-Trip (El Fatah, Kurdistan + und vielleicht noch weiter nach China), die Route entscheidet sich an den Connections zur El Fatah in Frankfurt + den Kurden in Berlin.« Der Frankfurter SDS war der Ausgangspunkt der deutschen Palästina-Kontakte, und davon hat die Gruppe um Kunzelmann offensichtlich erst aus Presseberichten über die SDS-Reise vom Juli erfahren, wie von Rauch aus Italien nach Berlin schrieb: »Wir sind bisher nur durch die Meldung in den Zeitungen informiert, wo stand, daß Studenten bei der El Fatah 1. für den Kampf dort 2. die Terrorakte im Ausland + 3. in Organisationsfragen ausgebildet werden. Für mich selbst ist der 2. Punkt einer der wichtigsten [...].«[119] Nachdem die Idee geboren war, konnte am Zweck und der Radikalität der Entscheidung, zu den bewaffneten Einheiten der Fatah zu reisen, kein Zweifel mehr bestehen. Kunzelmann gab schriftlich Anweisung, das Kommune-Archiv und seine Bücher sicherzustellen, um diese dem inhaftierten Karl-Heinz Pawla schicken zu können und zu verhindern, daß sie »von irgendwelchen Idioten verkauft werden.« Sein ironischer Kommando-Ton steigerte sich dabei bis zu einem frei erfundenen Mao-Zitat: »Die revolutionären Rebellenhaufen muessen in permanenter Verbindung bleiben. Treffen sie wieder aufeinander, so koennen sie ohne grosse Diskussionen sofort gegen den gemeinsamen Feind verstaerkt weiterkaempfen. (Mao: ›Ueber die Mentalitaet der umherschweifenden Rebellenhaufen in den Metropolen‹)«.[120] Dem inhaftierten Pawla erläuterte Kunzelmann seine Pläne ausführlicher: »Da es mir aehnlich gehen wuerde [er meinte die drohende Haftstrafe], habe ich mich entschlossen, zumindest einige Zeit lang Deutschland zu meiden und anderswo Erfahrungen zu sammeln zusammen mit Ina, Georg, Abi und Lena. Anfangs waren wir in Italien eine richtige deutsche Kolonie mit ungefaehr dreissig Leuten – ausser noch ein paar Berlinern die ganze Fritz-Kommune aus Muenchen und spaeter noch die Hamburger Ablassgesellschaft. Die wollten aber alle nicht unseren Trip in entferntere Gefilde, wo auch Guerilla-Bewegungen kaempfen und wir uns vielleicht anschliessen koennen, mitmachen. Zumindest koennen wir dort sehr viel lernen und kommen nach Berlin mit neuen Erfahrungen zurück oder wenigstens mit anderen Vorstellungen als zu dem Zeitpunkt wo wir weggefahren sind. Es besteht also durchaus die Moeglichkeit, dass wir uns in Tegel [im Gefängnis, A.R.] noch begegnen koennen, denn wir wollen alle auf jeden Fall nach Berlin zurueck.«[121]

Die organisatorischen Vorbereitungen lagen, wenn man Albert Fichter Glauben schenkt, in Kunzelmanns Händen, der von dem italienischen Künstler Renato Guttuso mit falschen Papieren ausgestattet worden war und über Feltrinelli Zugang zu erheblichen finanziellen Mitteln hatte (Albert Fichter hat von der stolzen Summe von 10000 Dollar berichtet, die Kunzelmann in Mailand »in einem Gebäude« bei »P.« abgeholt habe[122]), während der Frankfurter SDS und italienische Palästina-Gruppen für die nötigen »Empfehlungsschreiben« an die Fatah gesorgt haben sollen.[123] Kunzelmanns Reise nach Jordanien war also kein erratischer Ausbruch aus den üblichen Normen und Strukturen der zerfallenden und sich radikalisierenden Protestbewegung, sondern sie war eingebettet in eine aktive und gut organisierte pro-palästinensische Sympathisantenszene, die sich seit Jahren rund um die deutschen Palästina-Komitees sowie einflußreiche Einzelpersönlichkeiten aus intellektuellen Kreisen in Italien entwickelt hatte. Begleitet wurden diese Aktivitäten von der Arbeit der arabischen Studentengruppen, die zu diesem Zeitpunkt auf bereits mehrere Jahre anti-israelischer Öffentlichkeitsarbeit zurückblicken konnten. Was im Sommer 1967 im Umfeld des Sechs-Tage-Krieges und auf Initiative des Frankfurter und des Heidelberger SDS beim 22. Delegiertenkongreß im September 1967 begonnen hatte, entwikkelte sich zu einer systematischen Kampagne, die zumindest bei einer Minderheit der SDS-Aktivisten Erfolg hatte.[124] Die Arabische Studenten-Vereinigung e.V. bilanzierte im Mai 1968 den zwanzigsten Jahrestag der israelischen Staatsgründung unter dem Titel »20 Jahre Aggression«: »Die Angriffe Israels gegen die Araber dienen dem schmutzigen Krieg des Imperialismus, insbesondere der Ölmonopole, gegen die soziale Revolution im Nahen Osten. Sie sind Ausdruck der Reaktion gegen den Fortschritt.«[125] Schon zwei Monate zuvor hatte die Vereinigung den »Widerstandskämpfern« der Fatah ihre »Achtung und Solidarität« ausgesprochen und stellte klar: »Wer sie ›Terroristen‹ nennt, verrät damit seine Gesinnung.«[126] Geschickt verknüpfte die Argumentation dabei das Palästina-Problem mit anderen internationalen Krisenherden wie Vietnam oder Südafrika, um so die Solidarität der europäischen Linken zu mobilisieren. Dabei tauchte im Sommer 1969 ein als sarkastische Kritik der israelischen Politik gemeinter Slogan auf, der sich in Variationen schnell unter pro-palästinensischen Gruppen international verbreitete: »Shalom und Napalm«. Als der israelische Botschafter Asher Ben Nathan am 9. Juni 1969 in der Frankfurter Universität sprechen sollte, wurde er von deutschen, israelischen und palästinensischen Aktivisten durch Zwischenrufe daran gehindert, und die Berliner Zeitschrift AGIT 883 kommentierte die Vorgänge unter der Überschrift »Napalm und Shalom«.[127] Auch die englischsprachige Fatah-Zeitschrift FREE PALESTINE stellte im September 1969 eine scharfe Kritik an Äußerungen israelischer Spitzenpolitiker, welche die Grenzen von 1967 für obsolet erklärt hatten, unter die Überschrift »Shalom and Napalm«.[128] Als Kunzelmann und die anderen Haschrebellen Ende September nach Jordanien aufbrachen, wurden sie demnach bereits von einer internationalen Unterstützungs-Kampagne für die Fatah Yassir Arafats begleitet.

Auf der Fahrt über den Balkan und die Türkei sollen die fünf am 24. September in Sofia während eines Fußball-Länderspiels der deutschen Nationalmannschaft den Versuch unternommen haben, mit einem Transparent im Stadion für die Freilassung Karl-Heinz Pawlas zu demonstrieren, bevor die Gruppe am 5. Oktober in Amman eintraf.[129] Über den Jordanien-Aufenthalt der Gruppe liegen neben Kunzelmanns eigenen Memoiren nur noch die Erinnerungen Albert Fichters vor, die dieser 2004 gegenüber Wolfgang Kraushaar zu Protokoll gegeben hat. Demnach begegnete die Gruppe in aller Deutlichkeit einer Doppelherrschaft von jordanischer Armee und der palästinensischen Fatah, die in Teilen des Landes faktisch die staatliche Autorität übernommen hatte. Fichter berichtete von der »dicken Luft«, in der sich bereits die gewaltsame Ausschaltung der PLO durch jordanische Truppen ein Jahr später angekündigt habe, während sich Kunzelmann inmitten zahlloser Bewaffneter »ausgesprochen sicher« gefühlt haben will.[130] Von Amman aus wurde die Gruppe an eine jugendliche Einheit der Fatah weitergereicht, die sich in den jordanischen Bergen in einer Höhle verschanzt hatte, wo es offenbar auch zur Begegnung mit Yassir Arafat gekommen ist. Fichter erinnerte sich: »Auf einmal ist dann Yasir [sic] Arafat erschienen und hat uns die Hand geschüttelt. Kunzelmann war so angetan davon, daß er sich am liebsten die Hände nicht mehr gewaschen hätte. Der Georg hat mit einer ähnlichen Ehrfurcht reagiert.«[131]

Innerhalb etwa einer Woche durchlief die Gruppe einen militärischen Schnellkurs, der die Ausbildung an der Kalaschnikow und die Unterweisung im Bombenbau beinhaltete. Fichter und Kunzelmann erinnern sich übereinstimmend, daß letzterer ein miserabler Schütze gewesen sei und niemals auch nur die Zielscheiben getroffen habe, während Fichter sich auch noch nach Jahrzehnten seines Scharfschützentalents rühmte, das Kunzelmann zu seinem Leidwesen aber nicht genügend gewürdigt habe.[132] Die Unterweisung in der Technik von Sprengsätzen habe, so Fichter, im Kontext einer internationalen Guerilla-Taktik der Fatah gestanden: »Wir sind ja ausgebildet worden, um propalästinensische Aktionen in den Metropolen, in Berlin und anderswo durchzuführen.«[133] Insgesamt drängte sich ihm jedoch der Eindruck auf, »daß uns die Palästinenser nicht ganz ernst genommen haben.«[134] Nach gerade einer Woche wurden die Deutschen wieder nach Amman zurückgeschickt, wo sie in Kunzelmanns Worten das »übliche Polit-Touristenprogamm« absolvierten und auch ein palästinensisches Krankenhaus besuchten. Er habe dort Opfer israelischer Luftangriffe gesehen und sei dabei in Ohnmacht gefallen.[135] Die ausgebildete Krankenschwester Ina Siepmann beschloß, bei den Palästinensern in Jordanien zu bleiben. Fichter fügte dieser Entscheidung noch eine persönliche Note hinzu, als er sich erinnerte, Siepmann habe sich in einen Fatah-Funktionär verliebt, worauf Kunzelmann grundsätzlich reagiert haben soll: »Daraufhin hat der Dieter ihr erklärt, so, du bleibst jetzt hier. Wir können unsere kleinbürgerliche Beziehung nicht einfach fortsetzen.«[136]

Kunzelmann entsprach nun recht genau dem von Guevara postulierten revolutionären Führer, der nach einer Vorbereitung »im Ausland unter schwierigen Bedingungen« nun als Asket und ohne Partnerin in die Heimat zurückkehrte, um als Guerillero den »bewaffneten Kampf« zu initiieren.[137] Am 22. Oktober trat die Gruppe die Rückreise an und traf vermutlich am 28. Oktober in München ein, wo die dortige Kommune-Szene Quartier bot. Laut Kunzelmanns Erinnerungen soll erst während dieser Fahrt »vorbei an Kreuzritterburgen, Moscheen und griechischen Theatern« die Idee entstanden sein, »bei unserer Ankunft in Berlin nach dem Vorbild südamerikanischer Großstädte eine Stadtguerilla-Gruppe aufzubauen: die Tupamaros West-Berlin.«[138] Das widerspricht allerdings der Darstellung Fichters, derzufolge schon in Jordanien der Guerilla-Kampf in den Metropolen, »in Berlin und anderswo«, ins Auge gefaßt worden sei, von Rauchs bereits im September aus Italien brieflich mitgeteilten Plänen für »Terrorakte im Ausland« und auch Kunzelmanns eigenen Vorbereitungen, als er zur selben Zeit sein persönliches Eigentum und das Kommune-Archiv sicherstellen ließ.[139] Die weitere Reise von München nach Berlin soll Kunzelmann dann allein angetreten haben, vermutlich mit dem Flugzeug, nachdem die Kommunarden schon im September 1967 – als der polizeilich gesuchte Fritz Teufel unerkannt von Frankfurt nach Berlin reisen konnte – bemerkt hatten, daß der Transit-Verkehr auf dem Luftweg noch kaum kontrolliert wurde. Kunzelmann wollte offenbar das Risiko vermeiden, daß sein gefälschter Paß bei den strengen Personenkontrollen an der Transitautobahn auffallen würde.[140]

Die Ankunft in Berlin fiel ausgesprochen präzise mit dem Beginn einer neuen internationalen Kampagne der PLO zusammen, die am 2. November, dem 52. Jahrestag der Balfour-Deklaration, den Status-Quo der »vom Imperialismus und seinen kolonialen Agenten [...] geschaffenen künstlichen Staatengebilde« in Frage stellte. Damit wandte sich die Palästina-Kampagne nicht nur gegen den Staat Israel, sondern auch gegen die post-kolonialen arabischen Staaten, die »zum wesentlichen Hindernis der Emanzipation der arabischen Massen geworden« seien. Die »dicke Luft« aus Amman war offensichtlich in der internationalen ideologischen Auseinandersetzung angekommen. Gleichzeitig feierte das Berliner Palästina-Komitee den »gerechten Kampf der Palästinenser«, der »die Erlangung nationaler Rechte, darüber hinaus aber zugleich die historische Möglichkeit, mit dem vom Imperialismus geschaffenen Fakten im Nahen Osten endgültig aufzuräumen« ermöglichen sollte.[141] Die Zeitschrift FREE PALESTINE rief in England für den 2. November zu einer Kundgebung in den Londoner Hyde Park, der »in einen Tag verwandelt wird, an dem das Britische Volk seine Verachtung für den Zionismus und den rassistischen Staat Israel offenbaren wird.« Der Demonstrationszug sollte in diesem Sinne am Nachmittag die »›Botschaft‹ der Zionisten« ansteuern.[142] Im selben Atemzug warf das englische PLO-Blatt die Frage auf, warum die Bundesrepublik Wiedergutmachungsleistungen an israelische Bürger auszahle, nicht aber an überlebende Juden in anderen Ländern.[143] Es fällt auf, wie sehr im Zusammenhang mit der Kampagne vom Herbst 1969 die Bundesrepublik zum Gegenstand palästinensischer Kritik wurde.

Tupamaros

Zur Rückkehr von Kunzelmann, von Rauch, Fichter und Conradt nach Berlin ist der Bericht von Michael Baumann vielerorts zur Standardquelle geworden, auch wenn Fichter ihn, Baumann, inzwischen als unselbständigen Gefolgsmann Kunzelmanns bezeichnet hat, der »keine eigene Meinung« gehabt und »mehr oder weniger alles nachgeplappert« habe, »was Kunzelmann gesagt hat – nur immer noch etwas lauter und auf seine ebenso derbe wie brutale berlinerische Art.«[144] Kunzelmann seinerseits hat Baumann als einen »an übertriebenem Geltungsbedürfnis leidenden Mitläufer« abgetan.[145] Die inneren, gelegentlich eifersüchtigen Konflikte des Berliner »Blues« leben in der Erinnerungsliteratur fort und erschweren die Rekonstruktion der Ursprünge des bewaffneten Untergrunds in Berlin. Baumann sprach zunächst davon, daß mit der Rückkehr der vier aus Palästina ein »Bruch« entstanden sei. Damit meinte er offenbar eine doppelte Zäsur innerhalb des Berliner Untergrunds, weil sich einerseits die Gruppe um Kunzelmann von der noch gemäßigten Militanz der »Haschrebellen« entfernte und als »Tupamaros Westberlin« nun offen die bewaffnete Stadt-Guerilla favorisierte und weil sich andererseits der harte Kern um Kunzelmann und Georg von Rauch auch sozial vom Rest der subversiven Szene distanzierte.[146] Baumann erinnert sich, die »Palästina-Leute« hätten bei ihrer Rückkehr nach Berlin nichts besessen »außer ihrem Willen zu kämpfen, auch keine müde Mark, keine Wohnung in Berlin, wirklich nichts.« In seiner Schilderung fuhr er fort: »Wir waren der innerste Kreis, der als einziger Zugang zu ihnen hatte. Sie waren, als sie wiederkamen, nur noch für ein paar Leute zu sprechen. Sie hatten kurze Haare, falsche Pässe und waren eben quasi als Fremde wiedergekommen. Sahen total straight aus [...]«[147]

Angesichts der 10000 Dollar, welche die Gruppe nach Fichters Erinnerung noch im September in Mailand aus italienischen Quellen ausgehändigt bekommen haben soll, scheint diese Schilderung, zumindest was die finanziellen und logistischen Mittel Kunzelmanns angeht, fragwürdig.[148] Doch möglicherweise gehörte Baumann auch nicht mehr so intim zum »innersten Kreis«, wie er in seiner Darstellung Glauben machen wollte. Die Kurzhaar-Frisuren dienten der Tarnung, und deren Rolle in den Erzählungen der Beteiligten erlaubt Einblicke in die innere emotionale Logik und das maskuline Selbstverständnis der entstehenden Stadt-Guerilla von Berlin. Kunzelmann hatte sich schon vor seiner Abreise aus Italien im September äußerlich verwandelt, als er in Rom seine gefälschten Papiere anfertigen ließ, doch Fichter und von Rauch sollen erst von türkischen Grenzbeamten zu konventionellen Frisuren gezwungen worden sein, so als sei der Übergang in die konspirative Verkleidung auf jener Reise beinahe beiläufig und zufällig geschehen.[149] Festzuhalten bleibt, daß die subversive Haartracht eine zentrale und hochgradig emotional besetzte Rolle spielte und immer wieder als symbolischer Code revolutionärer Männlichkeit in die

Erinnerung der Beteiligten einbrach. So berichtete Fichter über den Haarschnitt an der türkischen Grenze: »Das hat mir unheimlich weh getan, sich die langen Locken abschneiden lassen zu müssen. Und so ist die ganze Gruppe bereits kurzhaarig in Beirut eingetroffen. Kunzelmann hat es ganz gut getan, daß wir uns die Haare abschneiden lassen mußten. Mir dagegen hat es weh getan und dem Georg auch. Der hat beinahe geweint, der hatte ja so eine schöne lange Mähne wie Che Guevara.«[150] Archaische Vorstellungen von Virilität, Potenz und Macht (wie sie seinerzeit auch im Hippie-Musical »Hair« gefeiert wurden) knüpften sich an äußere Zeichen des männlichen Körpers, und der Gesprächspartner Kraushaar schilderte Fichter 35 Jahre später ganz beiläufig als »sportlich wirkende[n] Mann mit einem zu einem kleinen Pferdeschwanz zusammengebundenem Haarschopf«.[151] Eine Geschichte revolutionärer Männlichkeitsphantasien und maskulin codierter Körpersymboliken befindet sich für den linksradikalen Kontext der sechziger und siebziger Jahre noch in den Anfängen.[152]

Das militante Vorbild der südamerikanischen Tupamaros bedeutete für die Gruppe um Kunzelmann eine relative Abkehr von den Revolutionsmodellen Guevaras und Debrays.[153] Seit Beginn der sechziger Jahre war in Uruguay unter diesem Namen, der sich an den legendären Inka-König Túpac Amaru und die uruguayischen Unabhängigkeitskämpfer von 1811 anlehnte, eine urbane Guerilla aktiv, die sich als volksnah und sozialrevolutionär verstand und ihren bewaffneten Aktionen durch intensive Öffentlichkeitsarbeit einen aufklärerischen Charakter zu geben versuchte.[154] Während Guevaras Vorstellungen vom Partisanen-Fokus noch beinahe ausschließlich auf den ländlichen Kontext gezielt hatten, verfolgten die Tupamaros angesichts des hohen Urbanisierungsgrades in Uruguay eine ganz andere Taktik. Die Guerilla-Tätigkeit wurde in die am stärksten urbanisierte Region um die Hauptstadt Montevideo verlegt, weil hier unter den Bedingungen Uruguays die größte politische Wirksamkeit einer Guerilla erwartet wurde. Die politische Organisation der »Massen« könne dem bewaffneten Kampf folgen, wichtiger jedoch, so die Schulungstexte der Guerilleros, seien die logistischen Probleme, die es durch autarke Strukturen zu lösen gelte.[155] Die Tupamaros dokumentierten ihre Aktionen – darunter Banküberfälle, Waffendiebstähle und Entführungen hochrangiger Politiker – in Erfahrungsberichten, die international zugänglich gemacht wurden.[156] Die Differenz zum Guerilla-Krieg kubanischer Prägung machte das Konzept für die europäische Verfechter einer Stadt-Guerilla wie Kunzelmann attraktiv: »Die Tupamaro setzt sich bewußt vom castristischen Focus ab; sie weist darauf hin, daß in Lateinamerika das Land zunehmend an Bedeutung verliert: Die Städte wachsen unaufhörlich.«[157] Unter den »gegenwärtigen Bedingungen«, so Wolfgang Schöller als Kommentator der »Schulungstexte« der Tupamaros, »käme es in den meisten Ländern einem Selbstmord der Linken gleich, wenn sie die Stadt verließe und aufs Land ginge, um dort die ›Propaganda der Waffen‹ zu betreiben.«[158] In diesen Sätzen war wohl auch für Kunzelmann die Ebracher Erfahrung vom Juli im revolutionären Sinne »aufgehoben«, und die »Tupamaros Westberlin« organisierten sich parallel zu den »Tupamaros München« um Fritz Teufel zu einer urbanen Avantgarde des bewaffneten Kampfes. Die »noch frischen Südamerika-Erfahrungen« seien jedoch von den Tupamaros, so Baumann, recht unreflektiert auf die europäische Situation übertragen worden, so daß diese Gruppierungen nicht mit den Bedingungen einer »bürokratischen, durchgerechneten, europäischen Hauptstadt« gerechnet hätten.[159]

Welche Rolle unter den »Tupamaros Westberlin« der vielzitierte Text des Brasilianers Carlos Marighela, das »Handbuch des Stadtguerillero«, gespielt hat, ist schwer einzuschätzen, sicher ist jedoch, daß dieser Text vom Juni 1969 zu einer Hauptinspirationsquelle für die entstehende RAF um Andreas Baader wurde und damit auch Kunzelmanns »Tupamaros« nicht unbekannt geblieben sein kann.[160] Marighela empfahl als geeignete Formen revolutionärer Praxis Banküberfälle als »populärste Art des Überfalls«, Aktionen des Straßenkampfs, Waffendiebstähle, Befreiungsaktionen von inhaftierten Mitkämpfern bis hin zu Hinrichtungen von »nordamerikanischen Spionen«, Polizisten, »die wegen ihrer Foltermethoden bekannt sind«, von »faschistischen Persönlichkeiten der Regierung«, Verrätern und Polizeiinformanten. Entführungen verhaßter Persönlichkeiten sollten der Freilassung von Inhaftierten dienen, während Sabotageakte auf die wirtschaftliche Infrastruktur des Landes zielten.[161] Auch der »Terrorismus« wurde hier erstmals in ausdrücklich affirmativer Weise propagiert, um »nicht mehr gutzumachende Schäden« zu verursachen. Bomben und Sprengkörper seien das Mittel der Wahl gegen »nordamerikanische Firmen«. »Theoretische und praktische Vorkenntnisse« sowie ein »kaltblütiges, ruhiges und entschlossenes« Vorgehen seien vonnöten, um den Erfolg zu garantieren: »Die Wichtigkeit von Bränden, der Herstellung von Brandbomben und der Benutzung von Kraftstoff für die revolutionäre Technik des Terrorismus muß betont werden.« Auf den »Terrorismus als Waffe« könne der Revolutionär »niemals verzichten.«[162] Im Vordergrund stand für Marighela dabei immer die propagandistische Wirkung der Gewalt, denn »jede einzelne und die Gesamtheit der bewaffneten Aktionen des Stadtguerillero« seien »Formen der bewaffneten Propaganda«, die durch publizistische Aktivitäten des revolutionären Untergrunds zu ergänzen seien.[163] Marighelas Position stellte im Grundsatz nichts anderes als eine Radikalisierung des Konzepts der uruguayischen Tupamaros dar, die ihrerseits noch den defensiven Charakter ihres Guerilla-Kampfes betont hatten, der nur in Ausnahmesituationen zu Mordaktionen greifen würde. Régis Debray würdigte schließlich diese, seiner Ansicht nach lehrreiche Taktik und vergaß auch nicht, den internationalen Guerilleros die logistische Autarkie, die undogmatische Offenheit und das Fehlen zentralisierter Kommando-Hierarchien bei den Tupamaros als Vorbild zu empfehlen, da der bewaffnete Kampf auf diese Weise beweglicher und von staatlicher Seite weniger angreifbar sei.[164]

Diese Konzepte dienten als Vorbilder des bewaffneten Untergrunds, den Kunzelmann von einer Wohnkommune am Nollendorf-Platz aus zu etablieren versuchte.[165] Dabei nahm er es im Sinne Guevaras offenbar mit der Konspiration – was seine eigene Person betraf – sehr genau, zumindest wenn man Albert Fichter Glauben schenkt, der davon berichtete, Kunzelmann habe in dieser Wohnung »meistens vorm Fernseher« gelegen, »hat sich die ›Abendschau‹ angeguckt und die ›Bild‹-Zeitung gelesen«: »Das war seine Form der Kommunikation. Der hat sein Nest doch nie verlassen. Dafür hatte er andere, die er rausschicken konnte. Er war es jedoch, der die Pläne geschmiedet hat. Meistens war er mit Georg zusammen.«[166]

Offenbar war die Gruppe, ebenso wie die »Subversive Aktion« oder die Kommune I von deutlichen internen Hierarchieverhältnissen geprägt, und Kunzelmann stand, wie schon zuvor, im Zentrum der »Hackordnung«. Wann genau der erste Anschlagsplan der »Tupamaros Westberlin« geschmiedet wurde, ist umstritten. Wolfgang Kraushaar hat aufgrund eines Eintrags in Kunzelmanns Taschenkalender – ein Hinweis auf ein Treffen mit einem Fatah-Vertreter am 9. November –, die Vermutung lanciert, daß die »Tupamaros Westberlin« in ihrer Anfangsphase im Auftrag der palästinensischen Fatah gehandelt hätten, mithin möglicherweise als ferngesteuerte Auftrags-Guerilleros betrachtet werden könnten.[167] Vielleicht auch erwarteten die Ausbilder in den jordanischen Bergen eine Art Gegenleistung. Demnach wäre die Gruppe bereits im Oktober mit einem feststehenden Auftrag aus Jordanien zurückgekehrt und hätte diesen im zeitlichen Umfeld der internationalen Palästina-Kampagne auszuführen gehabt. Bedenkenswert ist zumindest, daß die später zur Gruppe hinzugestoßene Annekatrin Bruhn vor einigen Jahren von Kontakten Kunzelmanns zum internationalen Unterstützerkreis der Fatah berichtet hat, die dieser unter größter Geheimhaltung pflegte: »Zum Jahreswechsel 69/70 flog ich mit Kunzelmann nach Frankfurt a.M. Dort lebten wir in einer WG. Der Grund der Reise war wohl, um sich dort mit einem Araber zu treffen, doch den sah ich nur bei unserer Abreise auf dem Flughafen. Dort gab der uns Geld für den Rückflug. Sonst hätte ich wohl von diesem Treffen niemals erfahren. Das bestätigt nur, für wie wichtig man diese Kontakte hielt und daß man sich zu unbedingter Geheimhaltung verpflichtet fühlte.«[168]

Zumindest ist Kraushaar zuzustimmen, wenn er auf die zeitliche Nähe der Rückkehr der Kunzelmann-Gruppe nach Berlin zu ihrem ersten Anschlagsversuch hinweist.[169] Es scheint unwahrscheinlich, daß innerhalb nur weniger Tage eigene Ideen und Planungen bis zur Durchführung gereift sein können. Gleichzeitig wirkt die Wahl der Mittel übereilt und improvisiert. Kunzelmann griff nach Fichters Erinnerung auf die in der Wielandstraße verborgene Brandbombe Urbachs zurück, die Michael Baumann im Februar während des Berlin-Besuchs Richard Nixons vergeblich zum Einsatz hatte bringen wollen, und er, Fichter, habe von vornherein gewußt, »daß diese Bombe nicht hochgehen würde.«[170].

Kunzelmann seinerseits ließ, dem Magazin Der Spiegel zufolge, im Gespräch mit Rainer Langhans durchblicken, auch er habe um den defekten Zünder gewußt, »ihm sei immer klargewesen, dass die Bombe nicht zünden würde.«[171] Fichter behauptete hingegen, Kunzelmann habe »geplant, daß sie explodieren sollte.«[172] Die Gruppe sei »enttäuscht« gewesen, daß »nichts passiert« sei.[173] Die Erinnerungen der ehemaligen »Tupamaros« erscheinen nach beinahe vierzig Jahren allseits widersprüchlich, wenig zuverlässig und wohl auch von dem Motiv geprägt, die eigene Verantwortung angesichts des historisch, politisch und moralisch unerhört sensiblen Ziels des Anschlagsversuchs so gering wie möglich erscheinen zu lassen.

Am 9. November 1969, dem 31. Jahrestag der nationalsozialistischen Judenpogrome, deponierte Albert Fichter nach eigener Aussage den Brandsatz in einem Regenmantel in der Garderobe des Jüdischen Gemeindehauses, wo unter prominenter Beteiligung an diesem Vormittag eine Gedenkfeier stattfand.[174] Der Zünder versagte abermals, und der Brandsatz wurde erst am nächsten Tag von einer Putzfrau gefunden. Der Ablauf und die Hintergründe dieses Anschlagsversuchs sind bereits von Wolfgang Kraushaar eingehend recherchiert worden und können hier auf der Basis seiner Darstellung knapp rekapituliert werden.[175] Fichter berichtete ihm, die Inspiration dieses versuchten Anschlags sei von Kunzelmann ausgegangen – es habe »eine propalästinensische Aktion« sein sollen. Kunzelmann habe zu dieser Zeit »immer von den ›Saujuden‹ geredet und ständig gehetzt.« Er sei »damals wie ein klassischer Antisemit aufgetreten.«[176] Für Kraushaar bildet der Anschlagsversuch auf das jüdische Gemeindehaus den Moment der »Konstituierung der Stadtguerilla als antisemitischer Akt«. Die »antisemitisch grundierte Ausrichtung« der ersten deutschen Stadtguerilleros sei ein »Konstituens« gewesen, »das sich – wie die Geschichte der RAF beweist – als kontinuitätsstiftend erwiesen hat.«[177]

Die historische Analyse konzentriert sich an dieser Stelle auf chronologische Kontexte und widmet sich der Rekonstruktion der ideologischen Rechtfertigungen, die diesen allerorten – auch innerhalb linker Gruppierungen – als Skandal empfundenen Anschlagsversuch begleitet haben. Zunächst ereignete sich der mißlungene Anschlag auf das Jüdische Gemeindehaus eineinhalb Jahre nach den Frankfurter Kaufhausbrandstiftungen und über acht Monate nach Baumanns und von Rauchs versuchtem Attentat auf den Nixon-Besuch im Februar – er stellte mithin nur in der hypertrophen Selbstwahrnehmung der Bombenleger, die wiederum Michael Baumann kolportiert hat, den »konstituierenden Akt der Stadtguerilla in Deutschland« dar: »Sie haben uns denn erklärt, genau diese Bombe wäre der Beginn der Guerilla in Deutschland. Jetzt haben sie es geschafft. Sie haben den Prozeß jetzt ausgelöst, alles klar.«[178]

Eine Interpretation, die diesem Anschlagsversuch eine zentrale Bedeutung und konstituierende Funktion zuschreibt, reflektiert mithin nur den selbstgewählten Anspruch der Täter, in einem voluntaristischen Akt einen militärischen Focus im Sinne Guevaras ins Leben gerufen zu haben. Kunzelmann folgte damit jedoch zunächst nur Baader, Ensslin, Söhnlein, Proll, Baumann und von Rauch, die diesen Weg schon Monate vor ihm beschritten hatten.

Neu und im schlechtesten Sinne spektakulär war allerdings das Ziel, das diese bewaffnete »Aktion« der »Tupamaros Westberlin« von den vorhergehenden grundlegend unterschied. Ein Angriff auf das Berliner Jüdische Gemeindehaus mußte insbesondere an diesem Tag, dem 9. November, einen öffentlichen Skandal verursachen, und genau das war offenbar Kunzelmanns Absicht. Albert Fichter berichtete, daß Kunzelmann die entsetzten Medienreaktionen »hohnlachend« kommentiert habe und sich »furchtbar wichtig« gefühlt habe. Er, Fichter, habe von der Bedeutung des Datums jedoch nicht gewußt und die Aktion erst im Nachhinein als antisemitisch eingestuft.[179] Da Fichter sich jedoch an diesem Vormittag selbst unter die Teilnehmer der Gedenkveranstaltung gemischt hatte, darf man diese Entschuldigung wohl bezweifeln. Das Jüdische Gemeindehaus schien den »Tupamaros Westberlin« offenbar ein ähnlich legitimes Ziel zu sein wie etwa die Amerikahäuser während der Vietnam-Kampagne. Nachdem Kunzelmann drei Jahre zuvor am 4. Juli 1966 vor dem Münchner Amerikahaus gegen die amerikanische Politik protestiert hatte, wählte er nun wiederum ein symbolisches Datum, um den bewaffneten Kampf gegen Israel nach Berlin zu tragen. Es scheint, als habe er damit den 9. November als einen israelischen Nationalfeiertag kennzeichnen wollen. Der antisemitische Charakter des Anschlagsversuchs auf das Jüdische Gemeindehaus ist jedenfalls leicht auszumachen: Wer einen Angriff auf die Berliner Gemeinde als »propalästinensische Aktion« gegen die Politik des Staates Israel verstanden wissen wollte, der stand offenbar unter dem Einfluß klassischer Gedankenfiguren des Antisemitismus, die ein global und einheitlich agierendes »Weltjudentum« imaginierten oder gar den rassistischen Topos des »ewigen Juden« pflegten, der überall und zu jeder Zeit in gleicher Gestalt anzutreffen sei. Wenn der bundesrepublikanischen Neuen Linken antisemitische Überzeugungen nachgesagt werden können, dann trifft dies sicherlich und in erster Linie auf diesen versuchten Brandbombenanschlag der Kunzelmann-Gruppe zu.[180]

Ganz im Sinne der revolutionären Taktik der uruguayischen Tupamaros wollte Kunzelmann die Aktionen der »Tupamaros Westberlin« der Bevölkerung und besonders dem links-oppositionellen Milieu in Berlin »vermitteln«, wie es in der zeitgenössischen Diktion hieß. Im Republikanischen Club in der Wielandstraße – in demselben Gebäude, in dem die Wieland-Kommune beheimatet war – tauchten Flugblätter auf, die als frühestes Beispiel eines terroristischen Bekennerschreibens gelten können. Unter der Überschrift »Shalom und Napalm«, die seit dem Sommer die internationale Palästina-Kampagne prägte, versuchte die Gruppe, ihre historisch formulierte Begründung des Anschlagsversuches zu lancieren. Insbesondere die politische und ökonomische Partnerschaft der Bundesrepublik mit Israel stand im Mittelpunkt der Kritik. »Unter dem schuldbewußten Deckmantel der Bewältigung der faschistischen Greueltaten gegen Juden« wirkten deutsche Unternehmen »entscheidend mit an den faschistischen Greueltaten Israels gegen die palästinensischen Araber.« Gleichzeitig stünde diese Kooperation im Dienst der von den USA dominierten westlichen Rohstoffinteressen, denn: »Das rassistische und zionistische Israel verteidigt mit Napalm, Phantoms und deutschen Panzern die Ölinteressen des Weltpolizisten im gesamten arabischen Raum.« Die »Tupamaros Westberlin« bekannten sich eindeutig zu den antisemitischen Aktionen vom 9. November, die unter den gegebenen Bedingungen einen neuen Charakter erhalten hätten: »Am 31. Jahrestag der faschistischen Kristallnacht wurden in Westberlin mehrere jüdische Mahnmale mit ›Shalom und Napalm‹ und ›El Fath‹ beschmiert. Im jüdischen Gemeindehaus wurde eine Brandbombe deponiert. Beide Aktionen sind nicht mehr als rechtsradikale Auswüchse zu diffamieren, sondern sie sind ein entscheidendes Bindeglied internationaler Solidarität. [...] Unsere Solidarität wird sich nicht mehr mit verbal-abstrakten Aufklärungsmethoden à la Vietnam zufriedengeben, sondern die enge Verflechtung des zionistischen Israel mit der faschistischen BRD durch konkrete Aktionen schonungslos bekämpfen. Jede Feierstunde in Westberlin und in der BRD unterschlägt, daß die Kristallnacht von 1938 heute tagtäglich von den Zionisten in den besetzten Gebieten, in den Flüchtlingslagern und in den israelischen Gefängnissen wiederholt wird.«

Gleichzeitig bekannte sich die Gruppe zu den inner-arabischen Zielen einer palästinensischen Revolution: »Die palästinensische Revolution ist der Ausgangspunkt einer umfassenden revolutionären Veränderung in allen arabischen Ländern.« Und schließlich gipfelte der Flugblatt-Text in einem Aufruf an die eigene Sympathisantenszene, die sich nun auf den bewaffneten Kampf in den Metropolen einrichten sollte. Die Kämpfer der Fatah beschleunigten »die erneute Niederlage des Weltimperialismus« und parallel dazu »erweitern wir unseren Kampf gegen die Faschisten im demokratischen Mantel und beginnen eine revolutionäre Befreiungsfront in den Metropolen aufzubauen. Tragt den Kampf aus den Dörfern in die Städte! Alle politische Macht kommt aus den Gewehrläufen!« Unterzeichnet war der Text mit einem Kürzel der »Tupamaros Westberlin«: »Schwarze Ratten TW«[181] Der Republikanische Club, der sofort Gegenstand einer polizeilichen Durchsuchung geworden war, reagierte prompt mit einer in der Zeitschrift AGIT 883 veröffentlichten Distanzierung: »Die uns unbekannten Verfasser des Flugblattes erklären, daß sie mit ihrer Aktion gegen die jüdische Gemeinde und gegen die Denkmäler der Opfer des deutschen Faschismus auf diesen Zusammenhang hinweisen wollten. Der RC erklärt dazu, daß Bomben in der jüdischen Gemeinde und Aktionen gegen Denkmäler der Opfer des deutschen Faschismus keine geeigneten Mittel sind, auf faschistische Entwicklungen in Israel hinzuweisen.«[182]

Die Berliner Neue Linke geriet bei aller Sympathie mit der palästinensischen Befreiungsbewegung in eine ausweglose Zwickmühle, in der die bislang propagierte Unterscheidung von Antizionismus und Antisemitismus zunehmend sinnlos wurde. Aus dem Zentrum der Palästina-Sympathien, dem Frankfurter SDS, meldete sich das dortige Palästina-Komitee mit einer »Erklärung zum Bombenattentat auf das Jüdische Gemeindehaus in Berlin« zu Wort.[183] Fünf Aktivisten um Daniel Cohn-Bendit analysierten die taktischen Fehler der Berliner Attentäter, die die ideologischen Grundlagen des »rassistischen zionistischen Staates« fortgeschrieben hätten: »Dieser nämlich lebt von dem Schein, daß jeder Angriff auf diesen Staat identisch sei mit Antisemitismus und so eine Fortsetzung der Verfolgung, die die Juden aus den verschiedensten Gründen in den Ländern erfuhren, aus denen sie flohen. Dieser Kurzschluß ist nur möglich, weil Israel selber ein rassistischer Staat ist, und er scheint richtig, solange keine relevanten Gruppen in Israel selbst ihren Rassismus überwinden.«[184]

Die »Identifizierung jüdischer Institutionen mit zionistischen Basen« sei eine rassistische Denkweise, die den »Propagandisten des Zionismus« in die Hände spielen würde und gleichzeitig den historisch bedingten bundesrepublikanischen Philosemitismus begünstige: »Solche Aktionen liegen im Interesse der Konterrevolution, da sie der zionistischen Projektion des eigenen Rassismus auf die palästinensische Widerstandsbewegung und damit auch auf uns, die mit dieser Bewegung solidarisch sind, Vorschub leisten. In der derzeitigen Phase kommt es in der BRD auf Aktionen bei konkreten zionistischen Propagandaveranstaltungen und auf ein Aufbrechen der Scheinidentifikation von physischer Existenz der Juden mit der Existenz eines zionistischen Staates an.«[185] Der Frankfurter SDS vertrat damit weiterhin die politische Linie der palästinensischen Fatah und prangerte den Anschlagsversuch der Kunzelmann-Gruppe nur als taktischen, nicht aber als grundsätzlichen politischen Fehler an.

Die Berliner Zeitschrift AGIT 833 reagierte ihrerseits prompt mit einer umfangreichen historischen Analyse des Antisemitismus, die sich unter dem Titel »Was ist Antisemitismus?« einerseits um eine streng marxistisch-leninistische Perspektive auf unterschiedliche historische Konstellationen des Antisemitismus bemühte, andererseits aber die sogenannte antizionistische Kritik aufrechtzuerhalten versuchte und dabei ebenfalls mit überraschenden Einsichten aufwartete: »Ein Merkmal des Zionismus ist die Übernahme des kleinbürgerlichen Anti-Semitismus. Die Zionisten hassen nichts mehr als den jüdischen Intellektuellen im Ausland, der nachts nicht auf einem Feldbett schläft und tagsüber mit der Maschinenpistole in der Hand sein Feld bestellt oder Araber verjagt. In jeder Rede betont Ben Gurion aufs neue, daß alle Juden im Ausland, die Geschäfte machen, Bücher schreiben oder dort in die Fabrik gehen und nicht nach Israel zurückkommen, Verräter seien.«[186]

Autor dieses Artikels war Tilman Fichter, der ältere Bruder des Bombenlegers im Gemeindehaus, der – auch wenn er nicht um die Täterschaft seines Bruders wußte – zu diesem Zeitpunkt eine recht genaue Vorstellung vom Täterkreis haben konnte und seinen Bruder aus der Gruppe um Kunzelmann herauslösen wollte.[187] Am selben Tag, an dem dieser Artikel erschien, wurde Tilman Fichter von der Polizei vernommen. Einige Tage zuvor war im Jüdischen Gemeindehaus eine an Heinz Galinski adressierte Tonbandkassette eingetroffen, auf die von einer Frauenstimme ein weiterer Bekennertext der »Tupamaros Westberlin« gesprochen war. Als Absender des Päckchens war der Name Tilman Fichters angegeben, was dieser sich der Polizei gegenüber nicht erklären konnte.[188] Der Text variierte noch einmal die Themen des Bekennerflugblatts und sollte gleichzeitig auch der Mobilisierung der Unterstützerszene dienen. Aus diesem Grund wurde er auch in der Zeitschrift agit 883 abgedruckt: »Die Bombe im jüdischen Gemeindehaus hat gezündet. Berlin dreht durch. Die Linke auch. Springer, Senat und die Galinskis wollen uns ihren Judenknax verkaufen. In das Geschäft steigen wir nicht ein. [...] Wir werden dafür sorgen, daß euch die Scham vernichtet. 25 Jahre nach der faschistischen Diktatur kommt den Herren noch mal ihre Vergangenheit hoch. Für ihre Bewältigung ist es schon lange zu spät. Alle haben damals mitgemischt, außer einem: Georg Elser. Von den Alten hat uns sonst keiner was zu sagen. Wir wissen schon selbst, wo wir unsere Bomben hinlegen. Und meint nicht wir sind wenige. Wir sind noch viel mehr in Vietnam und in China, wir sind noch viel mehr in Montevideo und Chikago. [...] Die APO distanziert sich. Die Subkultur erhebt sich von der Matratze und wandert ins Fernsehen ab. Wer jetzt nicht ausflippt, ist selbst dran schuld. [...] Pawla ist weg vom großen Fenster. Kunzel und Teufel sind emigriert. [...] Wir werden nicht eher aufhören, bis der letzte im Knast oder der letzte draußen ist. Wir machen diesen Winter zu einem verflucht heißen Sommer. [...] Bei uns ist Palästina. Wir sind Fedajin. Palästinafront (tw)«[189]

Diese Zeilen waren bereits Ausdruck der zunehmenden Isolation der Gruppe innerhalb des West-Berliner Untergrunds. In seinem Taschenkalender dokumentierte Kunzelmann seine Gemütslage während des Novembers, als immer klarer wurde, daß kaum jemand seiner ideologischen Vorgabe eines propalästinensischen bewaffneten Kampfes folgen mochte. Nach einer Veranstaltung im Audimax der TU stellte er am 14. November fest, daß sich die Teilnehmer von ihm distanziert hätten. Einen Tag später überlegte er, auf Grund der negativen Reaktionen neue Wege zu beschreiten, und am 24. November schließlich notierte er Überlegungen, Berlin zu verlassen.[190] In diesem Zusammenhang spielten offenbar auch persönliche Probleme wegen der Trennung von Ina Siepmann ein Rolle, die im Oktober in Jordanien geblieben war, doch auch an seiner Isolation innerhalb der Berliner »Szene« können kaum Zweifel bestehen. Das Redaktionskollektiv der Zeitschrift AGIT 883 hatte am 20. November festgestellt, daß man die militante Linie der »Haschrebellen« und der »Tupamaros Westberlin« nicht länger begleiten wolle: »Wir sind deshalb auch nicht bereit, ihre Produkte weiterhin zu dokumentieren.«[191] Gleichzeitig nahm der Ermittlungsdruck der Polizei zu. Etwa eine Woche nach dem Bombenfund nahm die Polizei drei junge Männer aus dem linksradikalen Milieu wegen des Besitzes von Molotow-Cocktails fest, und offensichtlich wurde der Öffentlichkeit der Eindruck vermittelt, man sei den Tätern vom 9. November auf der Spur. Der Berliner Untergrund empörte sich in AGIT 883: »Nichts, aber auch gar nichts wies auf einen Zusammenhang zwischen den drei Genossen und dem Anschlag auf das jüdische Gemeindehaus hin. Alles, aber auch alles, was in der Presse steht, ist darauf angelegt, diesen Zusammenhang zu konstruieren. So wird von Polizei und Publikationsorganen gemeinsam ein Rufmord inszeniert.«[192]

Es läßt sich nachweisen, daß die Polizei zu diesem Zeitpunkt bereits sehr genau über den wirklichen Täterkreis informiert war. Markus Mohr und Hartmut Rübner haben in diesem Zusammenhang auf eine freiwillige Aussage des »Haschrebellen« Bodo Saggel verwiesen, die dieser bereits am 17. November gegenüber der Polizei gemacht haben soll. Demnach habe er, weil er »etwas für die Juden übrig habe«, vom Hörensagen Kunzelmann, von Rauch und Fichter als Täter identifiziert.[193] Diese Information war den Ermittlern also bereits bekannt, als sie vier Tage später drei andere, unter ihnen H. J., zur Sache vernahmen. Der Verlauf seiner Vernehmung läßt den seinerzeitigen Ermittlungsstand der Kriminalpolizei deutlich erkennen. Nach einer Frage zum versuchten Anschlag auf das Jüdische Gemeindehaus folgte übergangslos und im selben Atemzug die direkte Frage nach dem Aufenthaltsort von Kunzelmann, von Rauch und Fichter.[194] Aus der Gesprächsführung ging eindeutig hervor, daß die Beamten nur eine Bestätigung ihres aus anderen Quellen erworbenen Wissens erwarteten. Es ist auch denkbar, daß diese Vernehmung nur zu dem Zweck inszeniert wurde, um auf diese Weise den militanten Untergrund in Berlin wissen zu lassen, daß die Behörden bis in alle Einzelheiten über die Aktivitäten und die Identität der »Tupamaros« unterrichtet waren. Wenn diese Botschaft Kunzelmann erreicht hat, würde das möglicherweise seinen Tagebucheintrag drei Tage später erklären, wonach er daran dachte, Berlin zu verlassen.

Die Ermittlungsbehörden waren ganz offensichtlich also spätestens am 21. November im Bilde, mochten ihre Informationen aber nicht an die Öffentlichkeit geben, weil sie die Quellen ihrer Informationen zu schützen hatten. Im Falle einer Gerichtsverhandlung gegen Kunzelmann, von Rauch und Fichter hätte die Verteidigung sicherlich die Herkunft des Brandsatzes aus den Händen des Verfassungsschutzagenten Peter Urbach thematisieren wollen. Die Brandbomben, die Urbach im radikalen Untergrund West-Berlins verteilt hatte, waren ganz offensichtlich dazu gedacht gewesen, von der Polizei bei Hausdurchsuchungen in den Berliner Kommunen entdeckt zu werden, um die Bewohner wegen illegalen Waffenbesitzes kriminalisieren zu können. Daß jemand eine dieser funktionsuntüchtigen Brandsätze im Jüdischen Gemeindehaus plazieren würde, war von den Verfassungsschützern sicher nicht vorgesehen, und die Behörden mußten national und international mit einem Skandal rechnen.[195] Gleichzeitig hätte wohl auch Bodo Saggel seine Aussage vor Gericht nicht wiederholt. Zumindest subjektiv mußte er in Kenntnis der Stadtguerilla-Richtlinien für den Umgang mit »Verrätern« und »Polizeiinformanten« um Leib und Leben fürchten.[196] Ähnlich erging es nach eigener Aussage Albert Fichter, der sich Kunzelmann gegenüber im Nachhinein über den »rassistisch-antisemitischen« Charakter der Aktion beschwerte, mit ihm in Streit geriet und ihn einen »Judenhasser« genannt habe: »Da ist er durchgedreht und hat aus seinem Hosenbund eine Waffe gezogen und sie mir an den Kopf gehalten. Besondere Angst habe ich allerdings nicht vor dem Kunzelmann gehabt. Ich glaubte einfach nicht, daß er selber abdrücken würde. [...] Für mich war das in erster Hinsicht eine Drohung. Und dann sind ja auch die beiden Mädchen, die Lena und die Annekatrin, dazwischengegangen. Sie haben mich verteidigt, indem sie ihm die Waffe aus der Hand genommen haben. Ich bin dann gleich raus aus der Wohnung und weg.«[197]

Fichter konnte mit Unterstützung seines älteren Bruders Tilman schließlich ins Ausland fliehen. Diese Pläne waren der Polizei ebenfalls durch Bodo Saggel bekannt, der davon berichtet hatte, Tilman Fichter hätten 1600 DM als »Reisegeld« zur Verfügung gestanden, damit alle drei gesuchten Stadt-Guerilleros – Fichter, von Rauch und Kunzelmann – Berlin in Richtung Jugoslawien verlassen könnten.[198] Wann genau Saggel den Ermittlungsbehörden berichtete, daß Tilman Fichter nicht nur seinen Bruder, sondern auch Kunzelmann und von Rauch außer Landes habe bringen wollen, geht aus dem hier ausgewerteten Sachstandsbericht der Polizei vom April 1970 nicht hervor, aber wenn Saggel diese Information bereits am 17. November weitergegeben hätte, wäre Tilman Fichter wohl drei Tage später von der Polizei danach gefragt worden. Darauf findet sich zumindest in dem ungewöhnlich kurzen Protokoll seiner Vernehmung kein Hinweis. Glaubt man Saggels Bericht, dann entsteht der Eindruck, daß Tilman Fichter im Herbst 1969 Kunzelmanns Weg in die antisemitische Gewalt einerseits öffentlich politisch verurteilte und andererseits dessen Gruppe unter der Hand, mit polizeilichem Wissen, wenn nicht gar in Absprache mit den Ermittlungsbehörden, logistische Hilfe anbot, um sie aus Berlin verschwinden zu lassen. Darüber beschwerte sich ein Flugblatt der »Tupamaros Westberlin« vom Dezember 1969: Es seien Versuche gemacht worden, »uns mit Geld, Pässen und Flugkarten in befreites Gebiet abzuschieben. Man will uns helfen, statt dessen werden wir permanent verschaukelt, getreu der Parole ›Umarmen und Ersticken‹. Wir schaffen unser befreites Gebiet hier. Wer die Revolution im eigenen Lande nicht vorantreibt, landet im Müllhaufen der Geschichte!«[199] Kunzelmann hatte es sich also offenbar mit seinen Fluchtplänen vom November wieder anders überlegt. Tilman Fichter bestreitet heute Saggels damalige Darstellung. Er will erst 2001 von der Täterschaft seines Bruders erfahren haben.[200]

Rätselhaft erscheint, mit wie wenig Nachdruck die Ermittlungsbehörden diesen Spuren nachgingen. So konnte Kunzelmann noch 1998 in seinen Erinnerungen eine unschuldig klingende Distanzierung von dieser ersten Aktion seiner »Tupamaros Westberlin« lancieren: Es hätte jedem klar sein müssen, »daß eine derartige Aktion keinerlei Sympathien für die legitimen Anliegen der Palästinenser zu wecken vermochte; ganz zu schweigen davon, daß sie sich angesichts der deutschen Vergangenheit von selbst verbietet.« Er streute bei dieser Gelegenheit ablenkende Vermutungen, es habe sich möglicherweise um »eine Inszenierung von Geheimdiensten« oder die Tat von »ausgeflippten Sympathisanten« gehandelt. Geradezu herausfordernd äußerte er selbst seine Verwunderung darüber, »wie wenig die Ermittlungsbehörden unternahmen, um die für die Aktion Verantwortlichen aufzuspüren.«[201] Seit Albert Fichters Geständnis gegenüber Wolfgang Kraushaar gelten sie als bekannt.[202] In dieser Sache wurde bis heute keine Anklage erhoben, und es scheint, als ob alle direkt oder indirekt Beteiligten die Angelegenheit vergessen machen wollen.

Der inhaftierte J. stützte im November 1969 in seiner Vernehmung das Gerücht, Kunzelmann befinde sich nicht in Berlin sondern im Ausland. Zu diesem Zweck ließ dieser am 27. November in AGIT 883 einen Artikel publizieren, den er als »Brief aus Amman« deklarierte. Der inzwischen vieldiskutierte Text kreiste ganz wesentlich um das Motiv der subversiven Solidarität innerhalb des radikalen Berliner Untergrunds, und damit reflektierte Kunzelmann seine eigene Isolation nach dem Anschlagsversuch im Jüdischen Gemeindehaus. In den Fatah-Camps in Jordanien entstehe demgegenüber, so Kunzelmann, der »neue Mensch«: »Hier ist alles sehr einfach. Der Feind ist deutlich. Seine Waffen sind sichtbar. Solidarität braucht nicht gefordert zu werden. Sie entsteht von selbst. Ich habe hier zum ersten Mal begriffen, was es heißt, daß Menschen sich im ›langandauernden Volksbefreiungskampf‹ revolutionär verändern.«

Noch einmal klang die Kernproblematik seines Kommune-Konzepts von 1966 an, als Kunzelmann die »systemsprengende Kraft nach außen« mit der Selbstveränderung der Revolutionäre verknüpfen wollte. Der linksradikale Untergrund, so Kunzelmann nun, sei noch immer durch unsolidarisches Verhalten geprägt: »Wir richten uns noch gegeneinander. Gegen die Schwuchteln, die Viecher, die Genossen Abweichler. Warum? Weil wir den Feind nicht erkennen. Unsere Aufgabe ist, den Feind wieder sichtbar zu machen.« Die palästinensische Fatah schien in seinen Augen dieses Problem ganz im Sinne von Fanon gelöst zu haben: durch den bewaffneten Kampf gegen einen klar bezeichneten Feind, der im Nahen Osten – anders als in Berlin – den revolutionären Untergrund stabilisiere: »Alles, was wir über die sogenannte Gegengesellschaft erreichen wollten, ist ständig in Gefahr, kaputtzugehen. Weil wir vergessen haben daß ›gegen‹ etwas mit ›Gegner‹ zu tun hat. Und Gegner etwas mit ›Kampf‹. Ohne Kampf versacken wir im liberalen Morast, der sich in unserer Gegengesellschaft breitmacht.«

Dieser Kampf würde in Zukunft die eigenen subversiven »Existenzformen« bestimmen, und der Anschlagsversuch auf das Jüdische Gemeindehaus weise dafür den Weg, denn: »Die Bombenleger scheinen etwas weiter zu sein, sonst wären sie auch schon weg vom großen Fenster.« Gleichzeitig versuchte Kunzelmann den antisemitischen Charakter der Aktion als antizionistisch und antifaschistisch zu verteidigen. Die öffentliche Empörung über die Tat sei einem kollektiven »Judenknax« geschuldet, der die schuldbeladene deutsche Nachkriegsgesellschaft für die Ideologie des Zionismus empfänglich gemacht habe. In seinen Augen müsse aus der deutschen Geschichte aber der gegenteilige Schluß gezogen werden: »Wenn wir endlich gelernt haben, die faschistische Ideologie ›Zionismus‹ zu begreifen, werden wir nicht mehr zögern, unseren simplen Philosemitismus zu ersetzen durch eindeutige Solidarität mit El Fatah, die im Nahen Osten den Kampf gegen das Dritte Reich von Gestern und Heute und seine Folgen aufgenommen hat. Was heißt Solidarität? Unseren Kampf aufnehmen.«[203]

Wie Tilman Fichter bereits bemerkt hat, war dieser Aufruf zum »Kampf« das zentrale Moment von Kunzelmanns Text, der die Nahost-Problematik im Grunde ganz taktisch zum Zweck der linksradikalen Mobilisierung in Europa einsetzte.[204] Kunzelmann brachte das in einer kurzen Formel auf den Punkt: »Palästina ist für die BRD und Europa das, was für die Amis Vietnam ist.«[205] Die Vokabeln »Kampf« und »Feind« standen letztlich ganz im Dienst einer subversiven linksradikalen Solidarität, die Kunzelmann offenbar seit den Ostertagen 1968 schmerzlich vermißte und mit gewalttätigen Mitteln wiederherzustellen versuchte. Verblüffend ist daneben, wie provozierend er auffällige Formulierungen aus dem Bekennertonband – wie etwa »weg vom großen Fenster« oder »Judenknax« – wiederholte, gerade so, als wolle er seine Tarnung als Jordanienreisender konterkarieren und sich gegenüber dem Berliner Untergrund mit seiner Tatbeteiligung brüsten. Aber auch das dürfte die Polizei kaum noch überrascht haben.

In den folgenden Wochen und Monaten legten die Ermittlungsbehörden der Gruppe um Kunzelmann, zu der unter anderem Michael Baumann, Georg von Rauch, Thomas Weisbecker, Hilmar Buddee, später auch Bernhard Braun und Ralf Reinders gehört haben sollen, zahlreiche Brandbombenanschläge zur Last.[206] Ziele waren mißliebige Staatsanwälte und Richter, Journalisten, die sich abschätzig über die Gruppe geäußert hatten, das Kaufhaus des Westens, wo Annekatrin Bruhn am 20. Dezember eine Brandbombe legte, sowie das Amerikahaus in der Hardenbergstraße, der Parkplatz eines amerikanischen Clubs und das Büro der israelischen Fluggesellschaft El Al im Europa-Center – die drei letztgenannten griff die Gruppe zeitgleich am 12. Dezember mit Brandsätzen an, die jedoch gefunden und entschärft werden konnten. Ähnlich wie zum Jahresende 1967 wurden Ende Dezember 1969 verschiedene Kirchengemeinden zum Ziel von Drohungen, die nun aber per Post verschickt worden waren.[207] Die »ziemlich hochtrabenden«[208] Kommandoerklärungen zeichnete die Gruppe mit wechselnden Namen: »Palästina-Fraktion«, »Schwarze Ratten TW«, »Militante Panthertanten«, »Onkel Tuca«, »Amnestie International«

oder auch in Anlehnung an die frühere Vietnam-Kampagne »Viva Maria«.[209] Die wechselnden Bezeichnungen sollten, wie Kunzelmann sich später erinnerte, darüber hinwegtäuschen, daß es sich bei den »Tupamaros Westberlin« um eine recht kleine Gruppe handelte: »Wir simulierten durch Wort und Tat eine weit verzweigte Untergrundbewegung. Im Nachhinein betrachtet gelang das, angesichts eines Aktionskerns von maximal 15 Personen, recht beeindrukkend.«[210] Begleitet wurden die militanten Aktionen des Berliner »Blues« von letzten Versuchen, innerhalb der linksgerichteten »Gegengesellschaft« politische Unterstützung zu erhalten. Am 29. November riefen die »Umherschweifenden Haschrebellen« zu einem Teach-In im Audimax der Technischen Universität, bei dem – ganz wie zu Zeiten der »Subversiven Aktion« fünf Jahre zuvor – ein »öffentlicher Koitus« geplant gewesen sein soll, letztlich aber nur Bodo Saggel seine Vorstellungen zur »Superkultur« präsentierte.[211] Saggel propagierte damit ein neues subversives Kulturverständnis, daß sich jugendlich, randständig und mit den Mitteln der neuen Pop-Musik gegen die »bürgerliche Kultur« behaupten sollte, und das hieß für ihn: »Die bluttriefende bürgerliche Vergangenheit, die bombenreiche Gegenwart und die weltbrennende Zukunft auf unsere Weise bewältigen!«[212] Diese militante »Superkultur« zeichnete sich durch die Verherrlichung rauschhafter Entgrenzungs- und Gewaltphantasien aus, in denen radikale Militanz, Drogenkonsum und Sexualität eine unentwirrbare Mischung eingingen.[213] Das Bildprogramm der Flugblätter, mit denen die Einladung zum Teach-In bekannt gemacht werden sollte, verdeutlichte mit Joints, Wasserpfeifen, erigierten Penissen sowie Bomben mit brennender Zündschnur die ikonographische Brisanz dieser »Superkultur«, innerhalb derer sich die »Haschrebellen« und »Tupamaros Westberlin« immer weiter radikalisierten. Die enge Verbindung von Sexualität, »bewußtseinserweiternden« Drogen und politischer Gewalt war Ausdruck eines spezifischen Konzepts revolutionärer Männlichkeit, das Gewalt und Gesetzesbruch zum Wesen des politischen Protests stilisierte.[214] Parolen wie »In der Linken den Joint, in der Rechten das Gewehr«, »High sein, frei sein, Terror muß dabei sein« oder »Was ist gut, was macht uns Mut? Bullenblut« ließen an Deutlichkeit nichts zu wünschen übrig.[215]

Daneben versuchte die Gruppe sich über Piratensender in das Berliner Fernsehprogramm einzuschalten. Die mobilen Sender, die dabei zum Einsatz kamen, sendeten ausschließlich Ton und hätten, wie Michael Baumann schilderte, »nur immer so ein paar Straßenzüge erreicht.« Diese Propagandaoffensiven während der Abendnachrichten waren ihm in fröhlicher Erinnerung: »Du konntest dich zwar ins Fernsehen einblenden, [aber es] wußte nie ein Mensch, wann wir mal senden, wußten wir selber nicht, irgendwann mal in unserem Rausch haben wir ein Tape fertiggemacht und sind mit unseren Autos kreischend durch die Straßen gefahren und haben Köpke unsere Meldungen durchsprechen lassen. Ist natürlich ein irrer Gag, wenn du Köpke siehst und da spricht ein ganz anderer.«[216]

Zu den Mitteilungen der »Tupamaros Westberlin« gehörten bei diesen Gelegenheiten auch Botschaften wie die folgende: »Alle Personen, die in Häusern von Richtern und Staatsanwälten wohnen, sind jetzt ausreichend gewarnt. Bisher ist niemand verletzt worden. Es wird jedoch darauf aufmerksam gemacht, daß nichtbeteiligte Personen sich in Zukunft durch ihre Anwesenheit in solchen Häusern gefährden.«[217] Derartige Warnungen richteten sich zum Beispiel an die Putzfrauen von Berliner Richtern, die dem linksradikalen Untergrund wegen ihrer NS-Vergangenheit verhaßt waren.[218] Kunzelmann schilderte später die Rechtfertigungsversuche Georg von Rauchs: »Die Hausangestellten hätten sich des Risikos bewußt sein müssen, das sie eingingen, wenn sie bei einem solchen Arbeitgeber ihr Brot verdienten.«[219] Damit läßt sich ein weiterer Radikalisierungsschritt innerhalb der entstehenden West-Berliner Stadtguerilla konstatieren, die nun zumindest verbal auch menschliche Opfer in Kauf zu nehmen bereit schien. Kunzelmanns spätere Beteuerung, daß es der Gruppe »bedeutsam« erschienen sei, »daß im Zuge unserer Aktionen niemand verletzt werden sollte«, klingt vor diesem Hintergrund fragwürdig. Er selbst erinnerte gruppeninterne Konflikte um diese Frage, so daß zumindest ein Teil der Gruppe – unter ihnen sein enger Freund Georg von Rauch – Gewalt gegen Personen nun nicht mehr ausschloß.[220] Die Richter und Staatsanwälte selbst nahmen die »Tupamaros Westberlin« Anfang 1970 direkt ins Visier, als am 10. Januar auf dem Berliner Juristenball im Palais am Funkturm eine Brandbombe entdeckt wurde. Wegen dieses Anschlagsversuches wurde Kunzelmann 1971 angeklagt und – nach einer ersten Verurteilung zu einer Freiheitsstrafe von 9 Jahren und zwei Monaten wegen versuchter menschengefährdender Brandstiftung und Urkundenfälschung – in zweiter Instanz freigesprochen.[221] Gegen die Bezeichnung als »Bombenleger« hat sich Kunzelmann später gegenüber Stefan Aust juristisch erfolgreich zur Wehr gesetzt.

Die Orientierung der »Tupamaros Westberlin« an der internationalen Palästina-Kampagne führte im Winter 1969/70 zu einer taktischen Neuorientierung. Nachdem europaweit ganz wie in Berlin die israelische Fluggesellschaft El Al zum Ziel terroristischer Anschläge geworden war, versuchte die PLO-nahe Zeitschrift FREE PALESTINE im Dezember 1969 diese Vorgehensweise mit neuen Argumenten zu unterbinden. Die Aktionen der Fatah und ihrer europäischen Verbündeten wurden als »fehlgeleitet« bezeichnet und würden letztlich nur dem ideologischen Gegner in die Hände spielen. Auslöser war ein Bombenanschlag auf ein El-Al-Büro in Athen, bei dem ein Kind ums Leben gekommen war. Derartige Aktionen könne man, so das Blatt, nicht gutheißen: »Sie fügen dem Feind kaum wirklichen Schaden zu und opfern in verschwenderischer Weise die Energien, das Leben und die Freiheit der Fedayin, die für die Durchführung dieser Operation verantwortlich sind.« Solche Angriffe seien darüber hinaus ein Glücksfall für »zionistische Propagandisten«, die die palästinensische Sache in aller Welt als ungerecht darstellen könnten. Die palästinensische Revolution werde von Revolutionären, nicht jedoch von Abenteurern ins Werk gesetzt.[222] In einem zweiten »Brief aus Amman«, der im April 1970 allen Distanzierungsversuchen des Blattes zum Trotz dennoch in AGIT 883 erschien, modifizierte Kunzelmann seine Rechtfertigungen des bewaffneten Kampfes, wohl auch weil er seine Isolation durch den antisemitischen Anschlagsversuch auf das Jüdische Gemeindehaus bemerkt hatte. Den »Genossen an der Heimatfront« versuchte er einen linken Antizionismus schmackhaft zu machen, der den bundesrepublikanischen Philosemitismus als Werk des Klassenfeindes verstand: »Seit Jahren werden die Israeli von Springer als Ostlandfahrer und Kreuzritter urgermanischer Inkarnation aufgebaut. Die jüdische Diaspora in der ganzen Welt, soweit sie zionistisch ist (und wo ist sie das nicht), rührt die Werbetrommel. ›Antizionismus ist Antisemitismus‹ heißt die bauernschlaue Lüge der Galinskis und Springerknechte. Jeder, der diesen Satz akzeptiert, vertritt einen imperialistischen Standpunkt und wird damit für jeden Linken zum Klassenfeind.«

Nachdem im Februar 1970 in einem Altersheim der Münchner Israelitischen Gemeinde ein Brand ausgebrochen war, der sieben Todesopfer gefordert hatte, versuchte Kunzelmann dies allen Ernstes als Werk des israelischen Geheimdienstes Mossad hinzustellen, um auf eine angeblich mobilisierende Wirkung solcher Ereignisse hinzuweisen, die letztlich den politischen Interessen der Zionisten zugute käme. Die jüdische Einwanderung nach Israel hatte für ihn dabei den Charakter einer feindlichen Besatzungsmacht angenommen: »Verbrennen sieben unschuldige Rentner, dann emigrieren andere Juden vor dem Gespenst des heraufziehenden Faschismus hitlerischer Prägung. Jeder Einwanderer nach Israel ist vergleichbar einem französischen Siedler in Algerien und tendenziell einem GI in Vietnam.«[223]

Damit hatte sich Kunzelmann ein halbes Jahr nach dem Anschlagsversuch auf das Jüdische Gemeindehaus de facto von der damaligen terroristischen Taktik verabschiedet, da sie in diesem Sinne den Auswanderungsdruck nach Israel erhöhen mußte. Der palästinensische Kampf gegen den Zionismus werde aber, darauf hatte schon im Dezember FREE PALESTINE hingewiesen, in Palästina geführt und nicht an anderen Orten in der Welt.[224] Kunzelmann zog seinerseits eine Parallele zur Vietnam-Kampagne der APO, die in seinen Augen zu kurz gegriffen habe: »Die Parole ›Amis raus aus Vietnam‹ ist nie transformiert worden in die Parole ›Raus aus Deutschland‹. Keine einzige US-Basis ist angegriffen worden. ›Amis raus aus Vietnam‹ brüllten wir und im gleichen Moment flogen sie von deutschem Boden aus nach Vietnam. International. Nützen wir die Erfahrungen einer radikaldemokratischen Vietnam-Kampagne und beginnen wir mit einer sozialistischen Palästina-Kampagne.«

Indem er hier implizit die Parole »Juden raus aus Palästina« insinuierte, ging er allerdings sogar noch über die Forderungen der Fatah Yassir Arafats hinaus, die zur gleichen Zeit bei aller Feindschaft gegenüber dem Staat Israel zumindest rhetorisch stets die Präsenz jüdischer Einwanderer in der Region akzeptiert hatte.[225] Kunzelmanns konkrete Vorstellungen orientierten sich dann aber wieder ganz am »neuen Kurs« der palästinensischen Untergrundorganisationen, nachdem ein bewaffneter palästinensischer Angriff auf ein Flugzeug der Fluggesellschaft El Al auf dem Münchner Flughafen allgemeines Entsetzen ausgelöst hatte: »Die Granaten auf dem Flughafen Riem lassen doch nur eine Kritik zu: die verzweifelten Todeskommandos durch besser organisierte zielgerichtetere Kommandos zu ersetzen, die von uns selbst durchgeführt werden und damit besser vermittelt werden können. Befreiung der verhafteten Palästinenser, Agitation unter den deutschen Juden, Kampf gegen die Emigration nach Israel, Verhinderung jeglicher Unterstützung (Waffen, Waren, Kapital) – noch nie hatten wir eine solche Chance[,] durch direkte Unterstützung eines Volksbefreiungskrieges die Revolution im eigenen Lande voranzutreiben.«

Kunzelmanns Text beinhaltete ein erneutes Bekenntnis zum bewaffneten Kampf: »[I]ch habe begriffen, daß Revolution bewaffneter Kampf heißt und auf diesen gilt es sich vorzubereiten durch Praxis.« Die politischen Lehren aus der revolutionären Gewalt könnten nur durch die gewalttätige Praxis selbst entstehen: »Der Genosse Vorsitzende sagt: ›Meistens ist es so, daß man nicht zuerst lernt, um dann zu handeln, sondern zuerst handelt und dabei lernt; Handeln heißt eben schon lernen.‹« Die chinesische KP sei aus den politischen Notwendigkeiten des Bürgerkriegs entstanden, und darin liege die Vorbildfunktion des Maoismus für die zersplitterte deutsche Linke, weil »die Einheit der Linken nur im Kampf stattfinden« könne. Mit den Worten des Vordenkers der uruguayischen Tupamaros Carlos Nuñez charakterisierte er schließlich den Terrorismus der Stadtguerilla als Gegengewalt: »Die angewandte, berechnete Gewalt (Gewalt, die kontrolliert ist, von unterschiedslosem und fruchtlosen Terror weit entfernt) ist nicht mehr als eine Antwort auf die repressive Gewalt des Regimes, welches in Wirklichkeit die ist, die unterschiedslos und zügellos zuschlägt.«[226]

Kunzelmanns Hinweis auf die politisch motivierte Gewalt der Stadtguerilla als Lernprozeß erinnert an Ulrike Meinhofs »Konzept Stadtguerilla«, das sie ein Jahr später verfaßte: »Ob es richtig ist, den bewaffneten Kampf jetzt zu organisieren, hängt davon ab, ob es möglich ist; ob es möglich ist, ist nur praktisch zu ermitteln.«[227] Daß der bewaffnete Kampf ein »Lernprozeß« sei, der praktisch erprobt werden müsse, darüber waren sich wohl auch die Teilnehmer des ersten »Gipfeltreffens« des bewaffneten Berliner Untergrunds einig, das im März 1970 in Ulrike Meinhofs Wohnung in der Kufsteiner Straße stattfand. Dieses Treffen ist aus nachvollziehbaren Gründen geheimnisumwittert, und die vorliegenden Berichte erscheinen in Detailfragen uneinheitlich.[228] Es sollen an diesem Abend, so Jörg Schlotterer, der im August 1967 gemeinsam mit Peter Urbach und Andreas Baader Kunzelmanns Happening-Sarg zum Löbe-Begräbnis mitgetragen hatte, »zehn bis vierzehn« Personen anwesend gewesen sein.[229] Als Gastgeber fungierten Ulrike Meinhof und die seit Februar in ihrer Wohnung untergetauchten Andreas Baader und Gudrun Ensslin. Horst Mahler hatte die beiden aus Italien nach Berlin zurückgeholt und versuchte sich bei dieser Gelegenheit als Mentor der entstehenden RAF. Von Seiten der »Tupamaros Westberlin« waren Kunzelmann, Georg von Rauch, Thomas Weisbecker und »Zupp« (d.i. Hilmar Buddee) anwesend.[230] Die Konzeptionen der beiden Gruppierungen erwiesen sich bei dieser Unterredung als unvereinbar, weil Mahler, Baader und Ensslin eine streng klandestin und in der bewußten Illegalität operierende marxistisch-leninistische Untergrundarmee vorschwebte, während die »Tupamaros Westberlin« die Grauzone zwischen Illegalität und der subkulturellen Unterstützerszene weiter nutzen und ausbauen wollten. Daneben spielten allerdings auch persönliche Konflikte um die Führungsrolle innerhalb des bewaffneten Kampfes eine beherrschende Rolle – insbesondere zwischen Kunzelmann und Baader. Letzterer mochte sich wohl nicht mit einer Rolle in der zweiten Reihe abfinden, auch wenn er zu den Strukturen des »bewaffneten Kampfes« in West-Berlin zunächst nur wenig beizutragen hatte, wie Gerd Koenen zusammenfassend bemerkt hat: »Die ›Blues‹-Leute zählten auf eine Unterstützerszene von ca. 100 Wohngemeinschaften im Westberliner Stadtgebiet. Und mit agit 883 verfügten sie über ein Organ, das halb konspirativ gedruckt und jeweils über Hunderte von Kolporteuren in 10000 Exemplaren kampagnenartig verbreitet wurde. Und worauf konnte Baader sich stützen?«[231]

Vielleicht auch deshalb verließen sich Mahler und Baader ganz auf den Verfassungsschutzagenten Urbach, um an Waffen zu gelangen, was wenig später zur Verhaftung Baaders führte.[232] Während sich nun die Gruppe um Ensslin, Mahler und Meinhof ganz auf die Befreiung Baaders konzentrierte, setzten die »Tupamaros Westberlin« im Frühjahr 1970 ihre Brandbombenkampagne fort, so zum Beispiel im Charlottenburger Kammergericht, wo im Mai die neu zur Gruppe hinzugestoßene H. M. im Alleingang mit einer Benzinbombe und einem Tauchsieder den Sitzungssaal in Schutt und Asche legte.[233]

Im Sommer 1970 kehrte Kunzelmanns Freundin Ina Siepmann nach Berlin zurück, was dem Verfassungsschutz nicht verborgen geblieben war.[234] Kunzelmann fühlte sich auf Grund seiner äußeren Tarnung und seiner gefälschten Ausweispapiere so sicher, daß er am 19. Juli zum Flughafen Tempelhof fuhr, um sie abzuholen. Es war den Polizeifahndern ein Leichtes, ihn in der Empfangshalle des Flughafens festzunehmen. Kunzelmanns Papiere lauteten auf den Namen Wolf-Ulrich Schimmang – ein Student ostfriesischer Herkunft, dessen Ausweis er benutzte –, und Wolfgang Kraushaar hat sich die Versuche der Polizei ausgemalt, Kunzelmann zweifelsfrei zu identifizieren, die wohl nicht einer gewissen Komik entbehrt haben mögen: »Ein Fränkisch sprechender Ostfriese erregt[e] bei den Beamten eher Heiterkeit.«[235] Kunzelmann selbst erinnerte sich an seinen Versuch, gegenüber den Beamten »zum ersten Mal in meinem Leben ein perfektes Hochdeutsch zu sprechen.«[236] Ein Abgleich der Fingerabdrücke verschaffte dann aber Gewißheit über seine Identität. Kunzelmann wurde in das Untersuchungsgefängnis Moabit eingeliefert.

Zwischen Moabit und Tegel

Bei Kunzelmanns Festnahme war seit dem »Knast-Camp« in Ebrach genau ein Jahr vergangen, und seine aktive Zeit im »bewaffneten Kampf« war damit an ihr Ende gekommen. Rückblickend bewertete er seine Verhaftung als »eine glückliche Fügung des Schicksals«, die nicht nur ihm selbst das Leben gerettet habe, sondern auch sicherstellte, daß er »keine Aktionen zu verantworten habe, denen Menschen zum Opfer fielen.«[237] Die Anklage lautete auf versuchte menschengefährdende Brandstiftung auf dem Juristenball im Januar und angesichts der von ihm mitgeführten Ausweispapiere auf Urkundenfälschung. Die Gefängnissituation war Kunzelmann nach seinen Haftaufenthalten im Oktober/November 1967 und im März/April 1969 nicht unbekannt, doch diesmal mußte er sich in seinen eigenen Worten »auf einen längeren Zwangsurlaub einstellen.« In Moabit sei er von den übrigen Gefangenen isoliert in Einzelhaft gehalten worden.[238]

Die Haftbedingungen und die sogenannte »Knasterfahrung« wurden Anfang der siebziger Jahre zu einem zentralen Diskussionsfeld der radikalen Linken in Deutschland und dienten daneben der politischen Mobilisierung der Unterstützerszene. Zwei Jahre nach Kunzelmanns Verhaftung erschien im makol-Verlag der »Knast-Report«, den der im Sommer 1969 in Ebrach inhaftierte Reinhard Wetter gemeinsam mit dem Ex-Subversiven Frank Böckelmann herausgegeben hatte.[239] Wetter und Böckelmann schilderten das Strafvollzugssystem sowohl theoretisch als auch in anschaulichen Beispielen und persönlichen Erlebnisberichten als ein autoritäres Disziplinierungssystem, das ganz im Dienste einer auf den Kapitalismus zugeschnittenen Konditionierung zu stehen schien. Im Zentrum der linksradikalen Wahrnehmung des Haftalltags standen dabei Rituale der »Unterwerfung« wie die Prozedur der Hafteinlieferung, die schlecht entlohnte Häftlingsarbeit, der illegale Tauschhandel unter den Häftlingen als »Konkurrenzkampf der Unterdrückung«, die sexuelle Depravation, mangelhafte Ernährung oder das Hausstrafensystem. Der Haftalltag erschien so ex negativo als ein Vexierspiegel der »spätkapitalistischen Gesellschaft«, aus dem sich kritische Einsichten in die Verhältnisse auch außerhalb der Gefängnismauern ablesen lassen sollten.[240] Die linksradikale »Szene« kam über die »Knasterfahrung« in engeren Kontakt mit sozialen Randgruppen und Kriminellen, und vielerorts wurde das als eine Chance der weiteren Mobilisierung der sozial Deklassierten und als Anschauungsunterricht für den als repressiv wahrgenommenen Charakter der Mehrheitsgesellschaft begriffen. Kunzelmann selbst erinnerte sich in seinen Memoiren an die »abwechslungsreiche Erfahrung, Menschen kennenzulernen, denen man sonst nie begegnet wäre und deren Bekanntschaft man draußen auch nicht unbedingt gesucht hätte: Räuber, Zocker, Zuhälter, Boxer mit einschlägigen Nebenberufen, Mörder usw. Da hat sich manche überraschende Bekanntschaft, manche ungewöhnliche Freundschaft entwickelt, die nach der Knastzeit zu rührenden Wiedersehen an bizarren Orten führten.«[241] Eine effektive Isolation der politisch radikalen Häftlinge von den übrigen Gefängnisinsassen war zu dieser Zeit offenbar kaum möglich und wurde von den diensthabenden Strafvollzugsbeamten auch nicht immer konsequent durchgesetzt.[242]

Die Anklageschrift gegen Kunzelmann stützte sich einerseits auf Zeugenaussagen zweier Frauen aus dem militanten Umfeld Kunzelmanns und andererseits auf die Ergebnisse einer Wohnungsdurchsuchung in der Nollendorfstraße, wo die Polizei auf Kunzelmanns Taschenkalender stieß, aus dem sich seine subversiven Aktivitäten des Jahres 1969 minutiös rekonstruieren zu lassen schienen. Daneben fanden die Beamten eine Sammlung von Paßphotos, die Kunzelmann in verschiedenen Verkleidungen von sich angefertigt hatte, um sie in gefälschte Ausweispapiere einsetzen zu können.[243] Die Presse wollte von weiteren beschlagnahmten Fundstücken erfahren haben, die Kunzelmann akribisch in seinem konspirativen Unterschlupf archiviert habe, so zum Beispiel Briefe anderer »Tupamaros«, in denen Fritz Teufel nach genauen Grundrißplänen Berliner Gefängnisse fragte, ein Unbekannter sich über die mangelnde Qualität von Hertie-Weckern beklagte oder Georg von Rauch bedauerte, daß man den Quick-Reporter Horst Rieck nicht gründlicher zusammengeschlagen habe, daß man sich in Zukunft überhaupt über Attentate mit Schußwaffen Gedanken machen solle.[244]

Bevor der Prozeß am 26. Oktober 1971 eröffnet wurde, kursierten in den gewaltbereiten Kreisen West-Berlins angeblich Pläne, Kunzelmann ähnlich wie Andreas Baader gewaltsam aus der Haft zu befreien. Er soll dieses Ansinnen mit den Worten abgelehnt haben: »Das ist unseriös.«[245] Am ersten Verhandlungstag beschimpfte Kunzelmann den Staatsanwalt fortlaufend als »Schwein«, während sich im Zuschauerraum unter den linksradikalen Sympathisanten Kunzelmanns »tumultartige Szenen« abspielten. Kunzelmann wurde mit einer Ordnungsstrafe von zwei Tagen Haft belegt und abgeführt, und gleichzeitig ließ der Vorsitzende Landgerichtsdirektor Reinwarth den Saal räumen und die Öffentlichkeit für den Rest des Verhandlungstages ausschließen.[246] Gleichwohl wurde insgesamt 21 Journalisten weiterhin die Anwesenheit im Saal gestattet, nachdem zwei Bildreporter ihr Filmmaterial mit Aufnahmen vom Prozeßverlauf belichten mußten.[247] Die Anklage stützte sich zu Beginn der mündlichen Verhandlung zusätzlich auf die Kommune-Flugblätter vom Mai 1967, die den aktuellen Brandstiftungsvorwurf gegen Kunzelmann erhärten sollten. Die Beweisaufnahme gestaltete sich für die Anklage in der Folge allerdings problematisch: Nach beinahe zwei Jahren konnten die Serviererinnen vom Buffet des Juristenballs das Pärchen, das dort eine Brandbombe in einer Handtasche deponiert hatte, nicht mehr zweifelsfrei als Kunzelmann und Annekatrin Bruhn erinnern – weder die Haarfarbe noch die Farbe des Kleids der Attentäterin, nicht einmal die Photos von Kunzelmanns Verkleidungen ermöglichten ihnen eine

Identifikation.[248] Die als Zeugen geladenen Kriminalbeamten konnten ihrerseits nicht widerspruchsfrei schildern, ob und in welcher Weise an dem aufgefundenen Brandsatz noch vor Ort manipuliert worden war, ob er also entschärft wurde oder von vornherein funktionsuntüchtig gewesen war.[249] Ein Erfolg der Anklage hing damit fast ausschließlich von der Aussage Annekatrin Bruhns ab, die gegenüber der Staatsanwaltschaft ein Jahr zuvor umfassend über ihre Mitgliedschaft in der Kunzelmann-Gruppe und zahlreiche eigene Tatbeteiligungen ausgesagt hatte.[250] Gleichwohl erschien sie nicht als Mitangeklagte, sondern als Zeugin der Anklage. Die Brisanz dieser Kronzeugenregelung *avant la lettre* erschließt sich auch aus einem Protokollvermerk, den Kunzelmanns Anwalt Hans Christian Ströbele bereits im Januar 1971 angefertigt hatte. Demnach seien die Zeuginnen der Anklage, Annekathrin Bruhn und H.M., ohne Vorwarnung in seiner Kanzlei aufgetaucht und hätten in einer sehr aufgeregten Unterhaltung von unsauberen Ermittlungsmethoden der Berliner Staatsanwaltschaft berichtet. H. M. seien für eine Aussage gegen Kunzelmann eine Belohnung von 20000 DM, ein Haftstrafe auf Bewährung und eine neue Identität in Aussicht gestellt worden, außerdem wollte die Staatsanwaltschaft für die Haftentlassung ihres Freundes Michael Baumann sorgen.[251] M. berichtete weiter, sie habe zum Zeitpunkt ihrer Aussagen täglich bis zu acht Tabletten Distraneurin eingenommen – ein starkes Beruhigungsmittel, das gewöhnlich im Alkoholentzug eingesetzt wird –, habe in benommenem Zustand ausgesagt und fehlerhafte Protokolle unterzeichnet, ohne diese wirklich geprüft zu haben. Ihr sei im Krankhaus, wo sie wegen ihrer Drogensucht und einer Hepatitis-Erkrankung behandelt wurde, rechtlicher Beistand verweigert worden, und sie benannte Zeuginnen für diese Umstände.[252] Annekatrin Bruhn schloß sich den Schilderungen M.s weitgehend an: Auch sie sei unter Drogen- und Medikamenteneinfluß vernommen worden. Gleichzeitig habe ein gültiger Haftbefehl gegen sie vorgelegen, mit dessen sofortiger Vollstreckung ihr gedroht worden sei.[253] Ströbele hielt unter diesen Umständen die belastenden Aussagen von M. und Bruhn für wertlos. Er wies die beiden allerdings nur kurz auf ihr Aussageverweigerungsrecht hin, bedauerte, auf Grund eines anwaltlichen Interessenkonflikts selbst nichts weiter für die beiden tun zu können, als ihnen einen anderen Anwalt zu empfehlen, und bekräftigte gemeinsam mit seinem Kollegen Klaus Eschen, daß die Verteidigung von ihnen nichts anderes erwarte, als daß sie im Prozeß die Wahrheit aussagen würden.[254]

Eineinhalb Jahre später machte P.-P. B., der ursprünglich ebenfalls als Belastungszeuge gegen Kunzelmann vorgesehen war, seinerseits Versuche der Staatsanwaltschaft aktenkundig, ihn zu einer Aussage in dieser Sache zu bewegen.[255] Auf Grund seiner Bekanntschaft mit Kunzelmann und dem gemeinsamen Bekannten W. G., genannt »Wodo«, habe er zunächst erklären sollen, ob er nicht durch G. erfahren habe, welche Straftaten beide zusammen begangen hätten. B. schilderte die Fragen der Ermittler als recht suggestiv: Die Beamten hätten ihm Namen und Kommando-Bezeichnungen in den Mund legen wollen und hätten auch ihm mit der Vollstreckung eines Haftbefehls gedroht. Eine vage Erinnerung an eine Tatbeteiligung Kunzelmanns und G.s würde man vor diesem Hintergrund jedoch als hilfreiche Kooperation betrachten. Als B. sich oberflächlich auf dieses Ansinnen eingelassen habe, seien die Erwartungen der Staatsanwaltschaft allerdings konkreter geworden. Nun sollte er bestätigen, daß Kunzelmann auf dem Juristenball gemeinsam mit einer Komplizin einen Brandsatz gelegt hätte und sehr enttäuscht gewesen sei, daß der Zünder versagt hatte. Nachdem er sich geweigert habe, vor Gericht derart detaillierte Aussagen zu machen, habe die Staatsanwaltschaft seinen Auftritt vor Gericht nur noch unter der Hand eingeplant, weil er angeblich das Kreuzverhör durch Kunzelmanns Verteidiger Ströbele fürchtete.[256] Als B. darauf verwiesen habe, daß er im Falle einer Aussage vor Gericht um seine Sicherheit fürchten müsse, hätten die Beamten auf eine Pistole Bodo Saggels verwiesen, in deren Besitz er doch offenbar sei.[257] Schließlich versuchte B. vor diesem Hintergrund den Eindruck zu erwekken, daß die Politische Polizei in Berlin unter dem Druck staatsanwaltschaftlicher Vorgaben nicht an ihre eigenen Ermittlungsergebnisse geglaubt habe – ein Beamter habe im Gespräch erklärt, daß der Sprengsatz vom Juristenball ganz offensichtlich nur symbolisch gemeint gewesen sei, daß man darauf nun aber keine Rücksicht mehr nehme.[258] Die Staatsanwaltschaft verzichtete schließlich auf B. als Belastungszeugen.

Während der mündlichen Verhandlung im November 1971 belastete Annekatrin Bruhn den Angeklagten Kunzelmann wiederum schwer. Anwalt Ströbele versuchte daraufhin, den Drogenkonsum der Zeugin zu thematisieren und verwickelte sie in Widersprüche hinsichtlich eines Angebots der Staatsanwaltschaft über eine Strafmilderung für den Fall, daß sie gegen Kunzelmann aussage. Inhaltlich vermochte Ströbele ihre Aussage jedoch nicht zu erschüttern.[259] Er versuchte schließlich durch weitere Zeugen zu belegen, daß die Zeugin Bruhn zwischenzeitlich als Prostituierte gearbeitet habe, um ihren Rauschgiftkonsum zu finanzieren. Von dieser Taktik wollte sich Kunzelmann seinerseits distanzieren, weil diese Frage »weit umfassender gestellt werden« müsse, und er deutete eine Kritik kapitalistischer Warentauschverhältnisse an, während er andererseits Staatsanwalt T. und den ermittelnden Kriminalkommissar demonstrativ nicht fragen wolle, »welche Rolle sie dabei als Zuhälter gespielt haben!«[260] Nachdem sich Kunzelmann im Prozeßverlauf zahlreiche Ordnungsstrafen eingehandelt hatte, folgten am 3. Dezember 1971 die Schlußplädoyers. Die Staatsanwaltschaft beantragte acht Jahre und zwei Monate Freiheitsentzug wegen versuchten Mordes und versuchter menschgefährdender Brandstiftung sowie fortgesetzter Urkundenfälschung.[261] Dann setzte Kunzelmann zu seinem Schlußwort an, das er offensichtlich gut geplant hatte und das in den folgenden Monaten mehrfach in linksradikalen Publikationen in voller Länge abgedruckt wurde.[262] Der Ton und einige Formulierungen erinnern an die sogenannte »Anklagerede gegen die bürgerliche Gesellschaft« des deutschen Kommunisten Max Hölz, die jener genau 50 Jahre zuvor am gleichen Ort seinen Richtern ins Gesicht geschleudert hatte.[263]

Kunzelmann schilderte zunächst den Prozeßverlauf – aus seiner Sicht, wobei er auch auf die Rolle der Hauptbelastungszeugin einging, die eine Rolle gespielt habe, »die ihr von K. und B. eingebläut [sic!]« worden sei: »Tauchten Punkte auf, die im Textbuch nicht standen, dann griff ihr T. hilfreich unter den Rock. Wer hätte nicht Verständnis für ein armes verführtes Mädchen vom Lande, eine Figur wie aus einem Groschenroman.«[264] Gegenüber dem Staatsanwalt äußerte er sich weniger verächtlich als vielmehr mit mehr oder minder verklausulierten Drohungen, in denen er auch auf die manichäische Diktion der RAF zurückgriff, die nur noch zwischen »Menschen« und »Schweinen« unterschied: »viele Genossen werden Sie nicht mehr hinter Gitter bringen, denn wir nähern uns zusehends einer Zeit, in der das Privileg der Straflosigkeit für die Verbrechen der Herrschenden und all ihrer Handlanger (mehr sind Sie ja nicht als ein billiger Handlanger) nicht mehr nahtlos gültig sein wird, einer Zeit, in der Sie zur Rechenschaft gezogen werden für all ihre Machenschaften. All die Genossen, die Sie in den Gefängnissen lebendig begraben lassen wollen, haben nichts anderes getan als für eine bessere, menschlichere Gesellschaft zu kämpfen und da es eine historische Tatsache ist, daß es mehr Menschen als Schweine gibt, ist es unabänderlich, daß Sie und Ihresgleichen den kürzeren ziehen werden. Es ist immer noch besser im Gefängnis zu sitzen als auf dem dreckigen Stuhl eines politischen Staatsanwalts!«[265]

Während ihm, Kunzelmann, das Ritual bürgerlicher Rechtsprechung verhältnismäßig gleichgültig sei, äußerte er seine Empörung über den Vorwurf der Anklage auf versuchten Mord: »nicht wegen des möglichen Strafmaßes insistiere ich auf der Klärung dieser Unterstellung, sondern weil es eine eminent politische Frage ist.« Damit solle, so Kunzelmann, unterstellt werden, daß diejenigen, die »diese Attrappe« am Buffet des Juristenballs deponiert hätten, »nicht zwischen Unterdrückern und Unterdrückten unterscheiden« könnten. Demgegenüber betonte er zunächst noch: »Jeder politisch Links eingestellte Mensch lehnt es ab, zu töten – nicht nur aus moralischen Erwägungen heraus, sondern weil sich im jetzigen Stadium des Klassenkampfes keine revolutionäre Gruppe in der Bundesrepublik und Westberlin anmaßen kann, im Namen und an Stelle aller Unterdrückten ein solch unabänderliches Urteil selbst über einen Unterdrücker zu fällen. Abschrecken Ja – töten Nein!«[266]

Mit Hölz stimmte er beinahe wörtlich überein: »Wer das Geld hat, hat die Macht und wer die Macht hat, hat das Recht.« Gewalttaten der radikalen Linken seien demgegenüber als legitime Gegengewalt gegen die Gewaltverhältnisse des Kapitalismus anzusehen.[267] Die Untersuchungshaft habe ihn gelehrt, »daß diese kapitalistische Gesellschaft selbst nichts anderes ist als ein massives Zuchthaus, daß von allen Einrichtungen dieses Systems neben der Fabrikarbeit keine besser den unmenschlichen Ausbeutungscharakter offenbart als das Gefängnissystem.«[268]

Kunzelmann zitierte daraufhin wiederholt aus dem sogenannten »Manifest« der RAF, solidarisierte sich mit den bereits inhaftierten Verfechtern des »bewaffneten Kampfes in den Metropolen« und stellte in einem bemerkenswerten Selbstwiderspruch fest, die Zeit der »höchst entwickelten Form revolutionärer Politik« sei nahe, des »revolutionären Volkskriegs, an dessen Anfang die revolutionäre Stadtguerilla steht.« Er hoffe in diesem Sinne, daß der »bewaffnete Kampf« eine »wirklich revolutionäre Massenbewegung« ins Leben rufen werde.[269] Der »bewaffnete Kampf« sei die »einzige Möglichkeit[,] den in allen kapitalistischen Ländern heraufziehenden Faschismus richtig bekämpfen zu können.«[270] Damit stilisierte er sich abschließend als heroischen Revolutionär, der nicht um Gnade oder ein mildes Urteil bitte, sondern er forderte »[e]ntweder Freispruch oder acht Jahre – ein Zwischending gibt es nicht!«[271] Sein Schlußwort wäre nicht vollständig gewesen ohne einen expliziten Aufruf zur terroristischen Gewalt und eine neuerliche Beleidigung des Staatsanwalts:

> »Den bewaffneten Kampf unterstützen
> Es lebe die RAF und wenn Fritz Teufel hier stehen würde, statt in Landsberg zu sitzen, sein letzter Satz wäre bestimmt:
> Schmutzig wie der deutsche Rhein
> So ist T. – dieses Schwein«[272]

Kunzelmanns »Schlußwort« vom Dezember 1971, sein offenes Bekenntnis zur RAF, ist ohne Zweifel der Höhepunkt seiner radikalen Gewaltrhetorik. Er machte sich damit Ulrike Meinhofs trockene Feststellung, natürlich könne »geschossen werden«, zu eigen und gehörte damit zum radikalsten Teil der gewaltbereiten linksextremen »Szene« in Deutschland. Seine spätere Einschätzung, bei seiner Verhaftung im Juli 1970 habe es sich um einen biographischen »Glücksfall« gehandelt, ist wohl von der rückblickenden Ahnung geprägt, daß er – falls er auf freiem Fuß geblieben wäre – während der Jahre 1971/72 den radikalen Weg der ersten Terror-Generation bereitwillig und möglicherweise bis zur letzten Konsequenz mitgegangen wäre.[273]

Das Gericht ging drei Tage später in seinem Urteil über den Antrag der Staatsanwaltschaft hinaus und verhängte neun Jahre und einen Monat Freiheitsstrafe.[274] Kunzelmann quittierte das Urteil mit dem Ausruf: »Ich scheiße auf die Urteilsverkündung! Es lebe Georg von Rauch! Stellen Sie die Mörder von Georg von Rauch vor Gericht; aber das wird nicht geschehen!«[275] Zwei Tage zuvor, am 4. Dezember, war Kunzelmanns enger Freund Georg von Rauch in Schöneberg bei einem Schußwechsel mit der Polizei tödlich in den Kopf getroffen worden. Die Umstände seines Todes sind bis heute umstritten, doch es gibt wenig Grund, die Schilderung des Augenzeugen Michael Baumann zu bezweifeln, wonach es sich um ein offenes Feuergefecht gehandelt habe, bei dem die Polizei die besseren Schützen aufzubieten hatte.[276] Kunzelmann war daraufhin, wie er sich erinnerte, in eine persönliche Krise geraten: »Auf den Fotos von damals sieht man mir an, wie miserabel es mir ging. Es war eine unglaublich ohnmächtige Situation, als ich im Knastradio hörte, daß gerade ein Freund erschossen worden war.«[277] Gespräche mit seinem Anwalt Ströbele hätten in der Folgezeit seine Distanzierung vom »bewaffneten Kampf« zur Folge gehabt, und er sei zu der Überzeugung gelangt, »daß alle meine gesuchten Freunde besser im Ausland abtauchen sollten als in Deutschland oder Berlin zu bleiben.«[278] Von Rauchs Tod wurde einerseits zu einem Märtyrer-Mythos der militanten Subkultur verklärt – so zum Beispiel in Form des wenige Tage später von Sympathisanten besetzten ehemaligen Schwesternwohnheims des Bethanien-Krankenhauses, fortan »Georg-von-Rauch-Haus« genannt – und führte andererseits dazu, daß sich andere, wie zum Beispiel Michael Baumann, vom »bewaffneten Kampf« verabschiedeten.[279]

Ströbele erreichte für seinen Mandanten eine Revision des Urteils vom Dezember 1971, das in einer neuerlichen Schwurgerichtsverhandlung im Juni 1973 aufgehoben wurde, weil das Gericht diesmal begründete Zweifel an der Glaubwürdigkeit der Aussage Annekatrin Bruhns einräumen mußte.[280] Dieser Freispruch wurde schließlich am 2. April 1974 vom Bundesgerichtshof bestätigt, so daß allein die Verurteilung zu vier Monaten Gefängnis wegen Urkundenfälschung rechtskräftig wurde.[281] Kunzelmann wurde aber nicht aus der Haft entlassen, sondern wegen zweier weiterer Straftaten angeklagt und blieb weiterhin in Untersuchungshaft. Wiederum diente die Aussage von Annekatrin Bruhn als Grundlage für eine Anklage gegen Kunzelmann, dem ein Molotow-Cocktail-Anschlag auf das Haus des BZ-Redakteurs Malte Till Kogge und ein Brandanschlag auf das Auto des Leiters der JVA in Berlin-Tegel Wilhelm Glaubrecht zur Last gelegt wurden. Am 25. Oktober 1973 lautete ein neuerliches Urteil gegen Kunzelmann wegen Brandstiftung, Sachbeschädigung und Beleidigung des Staatsanwalts auf insgesamt ein Jahr und neun Monate Haft, und er wurde im Juli 1974 endgültig in die JVA Berlin-Tegel verlegt. Die unschuldig erlittene Untersuchungshaft rechnete das Gericht nicht auf das neue Urteil an, sondern ließ sie durch eine Haftentschädigung abgelten. Die Tatsache, daß Kunzelmann zu diesem Zeitpunkt bereits vier Jahre inhaftiert, jedoch rechtskräftig nur zu einer Freiheitsstrafe von insgesamt zwei Jahren und einem Monat verurteilt worden war, prangerte eine Solidaritätsbewegung für Kunzelmann an, die sich im Umfeld der linksradikalen Gefangenen-Initiative »Rote Hilfe« organisiert hatte. Gleich die erste Nummer der gleichnamigen Zeitschrift hatte schon im Dezember 1971 dem »Kunzelmann-Prozess« über 20 Seiten gewidmet, druckte sein »Schlußwort« vor Gericht ab und würdigte den Inhaftierten mit einer vierseitigen »Laudatio«.[282] Der anonyme Laudator forderte für Kunzelmann einen »Nobelpreis für die nimmermüde Störung eines faulen Friedens« – offensichtlich eine ironische Anspielung auf die gleichzeitige Verleihung des Friedensnobelpreises an Willy Brandt – und betonte: »Jeder Genosse, in dem das Feuer der Revolution brennt, ist ein unlöschbarer Brandsatz. In jedem Genossen steckt ein Stück von Dieter K.«[283] Kunzelmanns Talent für den »bewaffneten Kampf« wurde ironisch in Zweifel gezogen, weil unter den auf dem Juristenball anwesenden Richtern und Staatsanwälten niemand zu Schaden gekommen sei: »daß sie sich alle bester Gesundheit erfreuen, dies spricht gegen den Terroristen K.«[284] Die »Laudatio« endete mit der Illustration einer Bombe mit brennender Zündschnur mit dem Konterfei Kunzelmanns und dem Ausruf: »Bei jedem massenhaften Verstoss gegen die Spielregeln bildet sich neue Kunzelsubstanz / resistenzfähige revolutionäre Unruheherde!«[285]

Klaus Hartung steuerte daneben eine Analyse des »Kunzelmann-Prozesses« bei, in der er von der Person Annekatrin Bruhns ausgehend die Gesamtsituation der radikalen Linken der Kritik unterzog. Bruhns mangelndes »politisches Bewußtsein« deutete für ihn auf ein Grundproblem der militanten Linken: »Der politische Fehler, den die Gruppe [um Kunzelmann, A.R.] gemacht hat, liegt also nicht so sehr in einer Vernachlässigung irgendwelcher konspirativer Techniken, sondern in der Unfreiheit eines ihrer Mitglieder. Das allerdings ist ein Fehler, der diese Praxis prinzipiell in Frage stellt. Nicht zuletzt deswegen muß das hier so klar benannt werden, weil Genossen in der terroristischen Praxis den Vorrang der Politik in allen Dingen aufzugeben bereit sind, demgegenüber die Technologie der konspirativen Lebensweise romantisch verklären. Wenn man sieht, wie leicht sich Genossen illegalisieren lassen, ja Illegalität insgeheim als politisches Ziel akzeptieren, so liegt der Schluß nahe, daß weniger politische Erfahrungen als politische Allmachtsvorstellungen die treibende Kraft sind.«[286]

Zersplitterung, reformorientierte Anpassung und blinder Voluntarismus hätten die politisch radikale Linke geschwächt, und im Prozeß gegen Kunzelmann sei der »Bewegung« insgesamt eine Niederlage zugefügt worden, die ihren Mangel an Solidarität offenbart habe. Das schien Hartung insbesondere den dogmatischen Gruppierungen ins Stammbuch schreiben zu wollen: »Offenbar haben die meisten Organisationen ihren eigenen Stalinismus derart verinnerlicht, daß sie nur solidarisch sein können, wenn das Objekt der Solidarität auch auf der richtigen Linie liegt. Aber es handelt sich nicht um eine Identifikation mit D.K., sondern um die Solidarität gegen den gemeinsamen Feind.«[287] Kunzelmanns Haft sollte so der Mobilisierung und Soldarisierung der versprengten Reste der einstigen Protestbewegung dienen und wurde innerhalb der extremen Linken zu einem wichtigen Bestandteil der sogenannten »Knastkampagnen« der frühen siebziger Jahre.

Gleichzeitig zeichnete sich in Kunzelmanns eigenen politischen Vorstellungen ein radikaler Wandel ab, der sich gut anhand der Presseausschnitts-Sammlung ablesen läßt, die er während seiner Inhaftierung anlegte und die mit seinen Prozeßakten im Hamburger Institut für Sozialforschung aufbewahrt wird.[288] Noch im Frühjahr 1972 verfolgte Kunzelmann minutiös und akribisch die sogenannte »Mai-Offensive« der RAF, als Baader, Ensslin, Meinhof und andere die Republik mit Bombenanschlägen auf US-amerikanische Militäreinrichtungen, das Polizeipräsidium in Augsburg oder den Springer-Verlag in Hamburg in Atem hielten. Jeder ihm zugängliche Artikel – vorwiegend aus der Süddeutschen Zeitung, der Frankfurter Rundschau oder dem Berliner Tagesspiegel – wurde von ihm penibel auf anderen Zeitungsseiten zu einer Art täglichen Presseschau collagiert und archiviert. In den folgenden Jahren verlagerte sich sein Interesse dagegen ganz auf die Projekte der sozialliberalen Reformpolitik, insbesondere in den Bereich des Arbeitsrechts, des Jugendrechts und der Gesetzgebung zur Reform der Betriebsverfassung, sowie auf die Praxis der betrieblichen Mitbestimmung. Aus dem Propagandisten des »bewaffneten Kampfes« wurde offensichtlich ein linientreuer und disziplinierter Klassenkämpfer, der sich Schritt für Schritt dem dogmatischen Maoismus der KPD/AO näherte. Das ideologisch einwandfreie Klassenbewußtsein verdrängte die Ideologie der »Stadtguerilla«.

Der Anarchist in der Kaderpartei

Die Entwicklung des dogmatischen Kommunismus innerhalb der maoistischen Kleinstparteien der siebziger Jahre hatte großen Einfluß auf die Arbeit der linksradikalen Gefangeneninitiativen im Umfeld der »Roten Hilfe« und reichte damit direkt in die Diskussionen hinein, die auf verschiedenen Wegen mit den inhaftierten Radikalen über die Gefängnismauern hinweg geführt wurden.[289] Innerhalb der »Roten Hilfe« kam es sehr bald zu Konflikten über die Rolle, die die neu etablierten kommunistischen Kader-Organisationen im Zusammenhang mit den linksradikalen »Knastkampagnen« spielen sollten. Die »Roten Hilfen« dienten ursprünglich als Sammelbecken des linksradikalen Milieus, weil sich die unterschiedlichen Fraktionen bei allen sonstigen ideologischen und taktischen Differenzen zumindest auf die Unterstützung der inhaftierten Aktivisten einigen zu können schienen. Dementsprechend waren eine relative organisatorische Offenheit und ideologische Neutralität und Toleranz für die Arbeit der politischen, juristischen und persönlichen Unterstützergruppen unabdingbar. Gleichzeitig machte jedoch dieser Sammlungscharakter der »Roten Hilfen« diese losen Netzwerke und ihre öffentlichen Aktionen für die Unterwanderung und Usurpation durch die radikalen Kader der kommunistischen Parteien und Bünde besonders attraktiv, die sich so selbst im Zentrum des linksradikalen Milieus zu etablieren versuchten und als Sammlungskern einer neuen kommunistischen »Massenorganisation« betrachtet werden wollten.

Besonders aktiv engagierte sich die maoistische KPD »Aufbauorganisation« – kurz: KPD/AO, von einigen Antiautoritären spöttisch »A null« genannt – für die »Knastkampagnen« der »Roten Hilfe«. Die Proto-Partei, die sich ab 1971 unter Wegfall des Namenszusatzes als Partei konstituierte, war seit 1969 aus den linksradikalen »Roten Zellen« an den Universitäten entstanden – weshalb manche sie auch »OA« nannten: »ohne Arbeiter«.[290] In ihrer Entstehungsphase hatten die studentischen Kommunisten die »Rote Presse-Korrespondenz« (RPK) besetzt und übernommen, eine linksradikale Publikation des italienischen Verlegers Feltrinelli, die als Kommunikationsorgan der maoistischen Gruppen diente und auch an die inhaftierten Aktivisten in die Gefängnisse verschickt wurde.[291] Die RPK verstand sich als maoistischer Gegenpol zum BERLINER EXTRA-DIENST, der ganz unter dem Einfluß der von Ost-Berlin kontrollierten SEW stand. Neben Jürgen Horlemann nahm innerhalb der KPD Christian Semler eine zentrale Rolle ein, der sich bereits während der antiautoritären Revolte 1967/68 im Berliner SDS engagiert hatte. Gerd Koenen bezeichnet ihn als einen der »Teach-In-Matadore der Zeit« und »militanten Strategen« der »Schlacht am Tegeler Weg«.[292] Mit etwa 1000 Mitgliedern und Kandidaten stellte die Partei die Konkurrenten von der bereits 1969 gegründeten KPD/ML knapp in den Schatten, lag aber hinter dem ebenfalls maoistischen »Kommunistischen Bund Westdeutschland« (KBW) zurück, der seit 1973 knapp 3000 Mitglieder aufweisen konnte. Daneben existierten noch kleinere Gruppierungen wie die »Proletarische Linke / Partei-Ininitiative« (PL/PI) um Wolfgang Lefèvre, die trotzkistische »Gruppe Internationaler Marxisten« (GIM) und einige regionale Splittergruppen. Gemeinsam war diesen linksradikalen Organisationen einzig die Ablehnung der üppig finanzierten und organisatorisch weit überlegenen DDR-treuen DKP, die in den siebziger Jahren immerhin etwa 40000 Mitglieder mobilisieren konnte.[293] Die KPD/AO betrieb von Beginn an den Aufbau von Unterorganisationen, die im Vorfeld Sympathisanten mobilisieren und an die Partei binden sollten, so zum Beispiel den »Kommunistischen Studentenverband« (KSV), die »Liga gegen den Imperialismus« und seit Dezember 1970 das »Rote Hilfe Komitee« (RHK), das sich als »Rote Hilfe e.V.« in die Unterstützungskampagnen für die inhaftierten »Genossen« einklinkte.

Die Parallelgründung der dogmatischen Kommunisten sorgte bald für Unmut in der linken »Szene«. Im Februar 1972 verschickte das RHK die Parteizeitung ROTE FAHNE an die Inhaftierten und warb um Abonnenten: »Wenn wir es als eine unserer Hauptaufgaben betrachten, gegen die bürgerliche Klassenjustiz in erster Linie den Kampf gegen den Abbau der demokratischen Rechte zu organisieren, dann nicht weil wir Illusionen über die bürgerliche ›Demokratie‹ haben, sondern weil wir meinen, daß die bürgerlich-demokratischen Garantien nützliche Bedingungen für den legalen Kampf der Arbeiterklasse darstellen, die nicht kampflos aufgegeben werden dürfen, gerade in Zeiten ihrer relativen Unorganisiertheit und Schwäche.« Die Inhaftierten sollten, so das Anschreiben der partei-dogmatischen Organisation, über Mißstände in den Haftanstalten berichten, die die »Rote Hilfe e.V.« ihrerseits als »Enthüllungen« und »Entlarvungen« des bürgerlichen Rechtsstaates publik machen würde.[294] Viele der Adressaten reagierten irritiert, was wiederum die undogmatische Zeitschrift Rote Hilfe genüßlich publizierte. Hilmar Buddee beispielsweise äußerte seine »Überraschung« über diesen Brief: »Obwohl ich seit 1970 in U-Haft sitze, habe ich nämlich von Solidarität, materieller Unterstützung durch das ›RHK‹ der KPD/AO nichts gemerkt.«[295] Werner Hoppe fand die Lektüre »so autoritär, dogmatisch, unbegriffen« und beklagte die Parallelgründung als »Musterbeispiel für ihr kleinbürgerlich-schwachsinniges und schier unüberwindliches Sektierertum«.[296] Die »Rote Hilfe Westberlin« schließlich wehrte sich entschieden gegen die Konkurrenz der KPD/AO, die einerseits die Gefangenen des »bewaffneten Kampfes« als kleinbürgerliche Anarchisten diffamiert habe, andererseits den Gefangenen die Zeitungsabonnements in Rechnung stelle. Man witterte einen Übernahmeversuch der Gefangenen-Solidarität durch die dogmatische Fraktion: »Nachdem nun die Rote Hilfe in ihrer Arbeit einige Erfolge zu verzeichnen hatte, werden ihre Erfolge nun zum Teil einfach auf die ›erfolgreiche‹ Propaganda-Arbeit der KPD/AO zurückgeführt. [...] Eine derartige Instrumentalisierung ist zynisch. Sie [die Gefangenen, A. R.] dürfen nicht zu Objekten der KPD-Aufbauorganisation-Abbau-Propaganda-Politik werden.«[297] Der Streit tobte beinahe zwei Jahre lang, und um die Verwirrung und inneren Animositäten der linksradikalen Häftlingskampagnen zu vervollständigen, publizierte die »Rote Hilfe e.V.« ab 1973 eine eigene Zeitschrift mit dem Titel »Rote Hilfe«, offenbar in der Absicht, den ohnehin marginalen Mobilisierungserfolg der undogmatischen »Roten Hilfen« in eigene politische Erfolge umzumünzen. Die »Rote Hilfe Frankfurt/M.« wandte sich im September 1973 direkt gegen die »Rote Hilfe e.V.«, die nun beim Parteivorstand in Dortmund angesiedelt war, und prangerte eine »beispiellose Provokation des Versuchs einer Aufspaltung der bestehenden und funktionierenden Roten Hilfe Organisation« an. Auf die Konkurrenz der Parteiorganisation werde man handfest antworten und »in den Gebieten, wo irgendeine ›KPD‹ erscheint, selbige mit physischer Gewalt von uns an ihrer Wirksamkeit« hindern. Das Schreiben endete mit Gudrun Ensslins Parole: »Zwischen dem Feind und uns eine klare Trennungslinie ziehen«.[298] Damit wurde der ideologische Kern des Konflikts deutlich: Die undogmatischen Rote-Hilfe-Organisationen standen in ihren »Knastkampagnen« dem Terror der RAF durchaus sympathisierend zur Seite, während die Partei-Kommunisten den »bewaffneten Kampf« ablehnten. In einem Diskussionspapier aus dem Sommer 1973 hatten einige Vertreter des dogmatischen Flügels den Aufbau einer neuen »Roten Hilfe« gefordert, weil keine »inhaltliche Diskussion mit der KPD und anderen Gruppen stattgefunden« habe. Von zentraler Bedeutung sei dabei auch die mangelnde Kritikfähigkeit der Sympathisanten des bewaffneten Untergrunds gewesen: »Solidarität mit den RAF-Genossen hätte aber gerade bedeutet, sich mit deren pol[itischem] Konzept auseinanderzusetzen.«[299] Statt dessen konstatierten die Autoren ein »Gefälle an theoretischem Wissen« und forderten eine dogmatische Schulungsarbeit, die sich an den Kaderprinzipien der KPD orientieren sollte: »Die neue Rote Hilfe betreibt aufgrund des in ihren Schulungen erarbeiteten Selbstverständnisses eine konsequente Personalpolitik, die jene von diesem Selbstverständnis abweichenden Genossen aus ihrer Organisation ausschließt.«[300]

Dieter Kunzelmann fällte in diesem Konflikt eine für viele überraschende Entscheidung: Er entschied sich für die dogmatische »Rote Hilfe e.V.«, die ihrerseits in der ersten Ausgabe ihrer Zeitschrift voller Stolz sein Solidaritätsschreiben abdruckte.[301] Es habe sich herausgestellt, so Kunzelmann in seinem Brief, »daß durch Mobilisierung der Massen, enge Verbundenheit mit ihnen und solidarisches Handeln der Diktatur der Bourgeoisie Widerstand geleistet werden kann.« Er sprach sich für den Aufbau einer neuen Organisation aus, »[a]uch wenn es Euch nicht gelingen sollte, bei der gleichberechtigten Beratung mit all den Gruppierungen, die bisher ernsthaft, wenn auch zum größten Teil perspektivlos, für die politischen Gefangenen Rote Hilfe geleistet haben, Übereinstimmung und Kooperation zu finden.« Getreu seiner lebenslangen Vorliebe für historische Jahrestage versäumte er es nicht, sein Schreiben auf den »28. Jahrestag der Gründung der DRV«, der Demokratischen Republik Vietnam unter Ho-Chi-Minh, zu datieren.[302] Die »Rote Hilfe e.V.« dankte ihrem neuen prominenten Mitstreiter mit einer seit Herbst 1973 anlaufenden kontinuierlichen Berichterstattung über seinen Fall und seine Gerichtsverfahren in der Parteizeitung Rote Fahne.[303] Schon bald zeigte sich das Blatt darüber erfreut, »daß Dieter Kunzelmann schon jetzt, auch wenn er noch inhaftiert ist, einen Sieg über diesen Unterdrückungsapparat davon getragen hat, sein Widerstand ungebrochen ist, sein Kampf eine klarere Linie als je zuvor hat.«[304] Im Februar 1974 trat Kunzelmann der »Roten Hilfe e.V.« förmlich bei.[305] Damit hatte sich Kunzelmann von der Unterstützung des »bewaffneten Kampfes« der RAF gelöst und schloß sich – auch was seine Ausdrucksweise anging – dem dogmatischen Ideologiegebäude der KPD an. Gleichzeitig veränderte sich auch sein eigenes Verhalten gegenüber dem Strafvollzug. Hatte er zuvor noch an Hungerstreiks teilgenommen, die sich gegen die Haftbedingungen, Besuchsbeschränkungen und die Postzensur, die mangelhafte Ernährung und medizinische Versorgung richteten, folgte er später ganz der Parteilinie, die im Hungerstreik für bessere Haftbedingungen eine »Anerkennung der bürgerlichen Diktatur in ihrer justizförmigen Verkleidung« sah und derartige Aktionen daher ablehnte.[306]

Im Sommer 1974 organisierte die »Rote Hilfe e.V.« eine Unterstützungskampagne für Kunzelmann, nachdem der Bundesgerichtshof zwar den Freispruch im Juristenball-Prozeß bestätigt hatte, andererseits aber die Verurteilung vom Oktober 1973 rechtskräftig geworden war. Am 2. Juli 1974 forderten die Organisation und ihre Unterstütze auf einer öffentlichen Veranstaltung die »sofortige Freilassung von Dieter Kunzelmann«, der zu diesem Zeitpunkt seit vier Jahren in Haft, aber rechtskräftig nur zu insgesamt 25 Monaten Freiheitsentzug verurteilt war. Die »Rote Hilfe e.V.« sah Kunzelmann »zu einem Rädelsführer gestempelt und mit grotesker Hartnäckigkeit verfolgt« und witterte eine politisch motivierte Rechtsbeugung des »Klassenfeindes«, die sich gegen die Organisationsversuche der neuen Kommunisten richte: »Isolierung, Schikane, Verweigerung elementarer Rechte dienen nicht mehr der Sühne für individuelles Ausbrechen aus dem kapitalistischen Normalverhalten und seiner Gesetzlichkeit, sondern sie sollen die Angeklagten von den Kämpfen draußen abtrennen, sie zurückschlagen von vergesellschafteten, politisch kämpfenden Menschen zu einzelnen, machtlosen Individuen, sollen die Organisationen und die dazu nötige Kommunikation behindern und zerschlagen.«[307] Kunzelmann wurde als ein für die Organisation wertvoller Genosse beschrieben, dessen Schicksal sich die »Rote Hilfe e.V.« zu eigen machen müsse. An seinem Fall ließe sich der »Klassencharakter« des bürgerlichen Rechtsstaates exemplarisch studieren, der seine eigenen Regularien und Normen außer Kraft setze, wenn er mit seinen politischen Feinden in Konflikt gerate: »Deshalb müssen wir den Kampf jetzt gerade am Fall Kunzelmann zuspitzen und auch personalisieren: weil ihn ein besonders scharfer Angriff trifft, weil hier günstige Bedingungen bestehen, den Angriff zurückzuschlagen [...]«[308]

Als geradezu vorbildlich galt den Genossen der »Rote Hilfe e.V.« dabei Kunzelmanns auch im Gefängnis fortdauerndes Engagement für die revolutionäre Sache. Er habe »[i]n Zusammenarbeit mit mehreren Mithäftlingen in Tegel« maßgeblich die »fortlaufende Berichterstattung ›Gefängniskorrespondenz aus Tegel‹ in der Rote-Hilfe-Zeitung organisiert.« Außerdem sei er in die Beratungen des Parteiprogramms eingebunden und »leistete einen wesentlichen Beitrag zu dessen konsequent proletarischer Linie.« War Kunzelmann noch einige Jahre zuvor als Antisemit wahrgenommen worden, priesen ihn seine maoistischen Unterstützer nun als »Palästina-Experten«, der das Nahost-Komitees tatkräftig unterstütze: »Schon oft konnte er mit Informationen dienen, die er in sorgfältiger Archiv-Arbeit aus den 12 bürgerlichen Zeitungen entnommen hat, die er täglich liest.«[309] Kunzelmanns Talent für akribische Sammlungs- und Archiv-Arbeit wurde legendär, auch wenn an dieser Stelle unklar blieb, warum ausgerechnet die Sichtung der »bürgerlichen Zeitungen« für die kommunistische Weltsicht von Wert sein sollten.

Kunzelmann selbst wandte sich in einem eigenen Beitrag an die Versammlung seiner Unterstützer.[310] Dabei offenbarte er, daß er den ideologischen Vorgaben der parteinahen Organisation in Stil und Inhalt getreulich folgte. Bei seiner Einschätzung der politischen Situation durfte ein historischer Abriß nicht fehlen, und auch seine eigene Rolle als kulturrevolutionärer Kommune-Gründer erschien nun in einem vollkommen neuen Licht: »Der antiimperialistische Kampf der Studentenbewegung sprengte Ende der 60er Jahre aufgrund der wachsenden Krise imperialistischer Herrschaft nach innen und außen, aufgrund der Verschärfungen der Klassenkämpfe, der Zunahme des Widerstandes des Volkes gegen die Diktatur der Bourgeoisie die Fesseln seiner klassenmäßigen Borniertheit. Dieser historisch-materialistische Prozeß produzierte zwangsläufig rechte und linke Abweichungen beim harten Ringen um die proletarisch-revolutionäre Linie.«[311]

Der einstige situationistische Flugblatt-Texter überließ sich nun vollkommen dem hohltönenden Kader-Jargon der maoistischen Dogmatiker und unterwarf seine eigene 15-jährige Geschichte als radikaler Subversiver voll und ganz der ideologischen Disziplin: »Das Beschwören gemeinsamer Kampfeserfahrungen kann jedoch keinen Genossen im Gefängnis und keinen Genossen außerhalb des Gefängnisses davon entbinden, ernsthaft die eigene politische Theorie und Praxis durch Kritik und Selbstkritik zu überprüfen. Zentraler Punkt hierbei ist die richtige Bestimmung der Rolle des Proletariats.«[312] Dabei betonte er, daß er nicht nur die kulturrevolutionären Überzeugungen der Subversiven abgelegt hatte, sondern er distanzierte sich auch klar und deutlich von seiner Vergangenheit als bewaffneter Stadt-Guerillero und Sympathisant der RAF – von einer Position also, die von den Partei-Kommunisten in jenen Jahren als »Putschismus« verurteilt wurde. Kunzelmann entdeckte seine Liebe zu den »proletarischen Massen«, die ihn und die anderen Kommunarden einige Jahre zuvor noch mit wüsten Schmähungen überzogen hatten: »Jede Politik die sich nicht orientiert am Kampf der Arbeiterklasse, nicht bestimmt ist vom proletarischen Klassenstandpunkt, führt zu einer weitgehenden Isolation von den Massen. Dies hat sowohl das Scheitern aller spontaneistischen Gruppierungen der vergangenen Jahre als auch das Scheitern der Gruppierungen gelehrt, die den antiimperialistischen Kampf statt entlang der Linie ›Heran an die Massen‹ mit der Parole ›Den bewaffneten Kampf aufnehmen‹ geführt haben.«[313]

Im Gegenzug lobte Kunzelmann das Engagement der »Roten Hilfe e.V.« in Form von »Solidaritätsaktionen«, welche die »Verbundenheit mit den politischen Gefangenen« dokumentiert hätten. Auf diese Weise würden die »Kämpfe der Volksmassen gegen die wirtschaftliche Ausplünderung, gegen die politische Entrechtung und Unterdrückung, gegen die Unterwerfung und Ausbeutung fremder Völker tatkräftig unterstützt.« Da die Häftlingskampagnen die Aufmerksamkeit der linksextremen Gruppierungen in Deutschland überproportional beanspruchten, konnte sich Kunzelmann nun auch wieder im Zentrum der »Bewegung« wähnen, nachdem er jahrelang radikale Minderheitenpositionen vertreten und die mangelnde Solidarität der Genossen beklagt hatte: »Die Aufgabenstellung[en] der Roten Hilfe als proletarische Solidaritätsorganisation wachsen mit der sprunghaften Entfaltung der Volkskämpfe. Es ist also an der Zeit, die Reihen der Roten Helfer zu verstärken durch den Aufbau einer starken Solidaritätsfront für die politischen Gefangenen.«[314]

Mit dieser Solidaritäts-Kundgebung begann im Juli 1974 eine breit organisierte Unterstützungskampagne für Kunzelmann, in die auch einige Intellektuelle eingebunden wurden. Den Anfang hatte der in England lebende Lyriker Erich Fried gemacht, der der »Roten Hilfe e.V.« bereits im Juni seine Unterstützung für Kunzelmann in einem Brief mitgeteilt hatte. Er verstand seine Solidarität mit Kunzelmann zunächst eher distanziert: »Es kommt nicht darauf an, ob man mit allen Äußerungen, Aktionen und Ansichten Dieter Kunzelmanns oder mit allen Ansichten und politischen Schritten der Roten Hilfe e.V., die sich in solidarischer Weise für ihn einsetzt, übereinstimmt oder nicht. Ich z.B. bin in einigen Punkten anderer Meinung als die Rote Hilfe e.V. und bin und war seit Jahren in vielem anderer Meinung als Dieter Kunzelmann, obwohl ich im großen und ganzen nicht nur seine Motive, sondern auch sein Eintreten für seine Überzeugungen schätze …«

Fried erinnerte an den Freispruch für den KZ-Arzt Kurt Born, der nur Wochen zuvor für Aufsehen gesorgt hatte, denn das Gericht hatte dem Mediziner seine nationalsozialistische Gesinnung entlastend angerechnet. Fried erwähnte den öffentlichen Protest gegen diesen Justizskandal, den Heinrich Böll, Günter Grass, Siegfried Lenz, Martin Walser, Marion Gräfin Dönhoff und andere in einem offenen Brief an Gustav Heinemann zum Ausdruck gebracht hatten. Der Logik dieses Urteils folgend, so die Unterzeichner, müßten nun alle politisch oder rassistisch motivierten Gewalttaten amnestiert werden. Fried pflichtete dem bei: »Diesem offenen Brief schließe ich mich natürlich an; und das gilt natürlich auch für Dieter Kunzelmann, und ich erwarte, daß auch die Unterzeichner dieses Briefes sich daher für Dieter Kunzelmann einsetzen werden, denn das ist die Konsequenz ihres eigenen Denkens. Allerdings möchte ich dabei nochmals betonen, daß Dieter Kunzelmann keiner Generalamnestie bedürf[t]e, um freizukommen, sondern daß es dazu nur nötig wäre, daß ihm an Stelle von Schikanen und Vernichtungsstrategie endlich sein Recht beschieden wird …«[315]

Im Juli warb der Berliner Germanist Gerhard Bauer für die »Rote Hilfe e.V.« in einem Rundschreiben für die Unterstützung für Kunzelmann.[316] Auf diese Weise sollten Intellektuelle und Repräsentanten des öffentlichen Lebens dazu motiviert werden, Protestschreiben an den Berliner Justizsenator Horst Korber zu richten, in denen die Freilassung Kunzelmanns angemahnt werden sollte. Die Vize-Präsidentin des PEN-Zentrums, Ingeborg Drewitz, schloß sich in gemäßigten Worten der Kampagne an, doch zuweilen konnte der Ton der an Korber gerichteten Protestbriefe auch deutlicher werden.[317] So sprach der Berliner Sozialpädagoge Manfred Liebel ganz offen von einem »Skandal«, der möglicherweise in einem persönlichen Rachefeldzug gegen den ehemaligen »Kommunevater« begründet sei: »Die Tatsache, dass Herr Kunzelmann ein wahrscheinlich auch Ihnen, vielen Staatsanwälten, Richtern und manchen anderen unbequemer Mitbürger ist, kann in gar keiner Weise Grund sein, ihn hinter Gefängnismauern weiter von der Gesellschaft zu isolieren.«[318] Von größerem Gewicht war vermutlich die Stellungnahme des Gießener Verfassungsrechtlers Helmut Ridder, der dem Justizsenator eine eindeutige juristische Einschätzung mit auf den Weg gab: »Die durch die geschilderten Vorgänge für den Inhaftierten entstandene Situation erscheint auch mir in der Tat nicht nur absurd, sondern wegen ihrer offensichtlichen materiellen Ungerechtigkeit auch in höchstem Maße rechtsstaatswidrig zu sein.«[319] Der Schriftsteller Gerhard Zwerenz stellte schließlich gewohnt apodiktisch fest: »Die Absurdität dieses Vorgangs scheint mir einmalig in der Justizgeschichte.«[320] Zum dritten und letzten Mal nahmen einige ausgesuchte Intellektuelle Partei für Kunzelmann, um ihn bei seinen Konflikten mit der Justiz in Schutz zu nehmen.

Während die Kampagne für die Freilassung Kunzelmanns keine greifbaren Erfolge vorweisen konnte, bereitete sich die KPD auf die Teilnahme an den Wahlen zum Berliner Abgeordnetenhaus im März 1975 vor. Weil der Aufhebungsbeschluß für das Juristenball-Urteil auch die ursprünglich verhängte Aberkennung der Fähigkeit, öffentliche Ämter zu bekleiden, rückgängig gemacht hatte und diese Bestimmung nicht nochmals in das zweite Urteil gegen Kunzelmann vom Oktober 1973 aufgenommen worden war, konnte er auf der Liste der KPD für das Berliner Abgeordnetenhaus kandidieren. Nachdem seine Kandidatur offiziell angemeldet war, mußte auch die Tegeler Gefängnisleitung Kunzelmann im Winter 1974/75 mehrfach Hafturlaub für Parteiversammlungen und Wahlkampfauftritte gewähren.[321]

Das Parteiprogramm der KPD vom Juni 1974 war von zwei Grundtendenzen geprägt, die eine seltsame ideologische Mischung zur Folge hatten: einerseits die Orientierung am Maoismus der chinesischen KP und andererseits der Versuch, an Traditionen der KPD vom Ende der Weimarer Republik anzuknüpfen, deren Sozialfaschismus-Theorie nun über den Vorwurf des »Sozialimperialismus« auf die Sowjetunion und die kommunistischen Regime jenseits des Eisernen Vorhangs übertragen wurde.[322] Klaus Hartung hat bereits 1977 auf den rätselhaften Umstand hingewiesen, daß »ausgerechnet die ›bolschewisierte‹ KPD der Zeit vor 1933 zum Modell einer neuen Klassenkampforganisation werden konnte, die mit verantwortlich war für die verheerendste Niederlage der deutschen Arbeiterklasse.«[323] Das Programm der KPD bekannte sich zum »weltrevolutionären Lager«, das gegen »Sozialimperialismus und Revisionismus« kämpfe, um die nationalen Befreiungsbewegungen gegenüber dem Imperialismus als der historisch letzten Entwicklungsstufe des Kapitalismus zu unterstützen: »Der siegreiche Vormarsch der nationalen Befreiungsbewegungen, der Aufschwung der revolutionären Arbeiterbewegung, die wachsende Konkurrenz unter den imperialistischen Mächten bringen den Imperialismus in eine neue Krise. Staaten wollen Unabhängigkeit, Nationen Befreiung, Völker Revolution. Die sozialistischen Länder, voran die Volksrepublik China, sind das feste Hinterland der weltrevolutionären Bewegung.«[324]

Die KPD übernahm dabei minutiös die anti-sowjetische Linie der chinesischen KP und sprach angesichts der Entstalinisierung seit dem XX. Parteitag der KPdSU von einem »Staatstreich der Chruschtschow-Clique«, die in der Sowjetunion zu einem »sozialimperialistischen« System unter der Herrschaft einer »neuen Bourgeoisie« geführt habe.[325] Zwar betonte die Partei die Notwendigkeit eines Kampfes gegen den Imperialismus in Ost und West, vergaß aber nie hervorzuheben, daß »insbesondere« der Kampf gegen den »Sozialimperialismus« sowjetischer Prägung von besonderer Wichtigkeit sei.[326] Daraus ergaben sich erstaunliche Schlußfolgerungen: So teilte die KPD nicht den Pazifismus der DKP und betrieb auch keine Kampagne zur Kriegsdienstverweigerung, sondern ermunterte im Gegenteil die Genossen, sich in der Bundeswehr an der Waffe ausbilden zu lassen und dort kommunistische Zellen zu etablieren. Zuweilen geriet die Parteipropaganda dabei sogar ins Fahrwasser einer martialischen Bundeswehr-Rhetorik, die zum Beispiel 1977 anläßlich des Nato-Manövers »Standhafte Chatten« »germanische« Werte der »Vaterlandsverteidigung« beschwor.[327] Dementsprechend forderte die Partei auch nicht die Auflösung der NATO, sondern begrüßte aus taktischen Gründen dieses weltpolitische Gegengewicht zum sowjetischen »Sozialimperialismus«. Ein deutscher Neutralitätskurs würde diesem nur in die Hände spielen. Eine Erklärung des ZK der KPD verstieg sich 1975 sogar zu folgender Forderung: »In der DDR muß der bewaffnete Kampf zur Abschüttelung des sozialimperialistischen Jochs geführt werden, bei gleichzeitiger Zurückweisung aller Einmischungsversuche der anderen Supermacht. In der BRD muß die Wachsamkeit gegenüber den Aggressionsabsichten des Sozialimperialismus erhöht werden. Die Einheit und Unabhängigkeit der europäischen Völker und Staaten gegenüber den Supermächten, insbesondere dem Sozialimperialismus, muß erkämpft werden.«[328] Es entbehrt nicht einer gewissen Ironie, daß die neue China-Politik des einst so verhaßten Richard Nixon, den die Berliner »Haschrebellen« noch im Februar 1969 mit einer Brandbombe hatten »erschrecken« wollen, nun über die Vermittlung durch die chinesische KP die deutschen Maoisten gegen die Sowjetunion in Stellung gebracht hatte.[329] Die KPD reihte sich damit indirekt in die antisowjetische »Roll-Back«-Politik der USA ein.[330]

Daneben nutzte die KPD seit 1975 ganz massiv die nationale Rhetorik. Die Hauptlosung der Partei lautete »Für ein unabhängiges, vereintes und sozialistisches Deutschland!« Die geschilderten nationalen Befreiungsphantasien, die sich gegen die Siegermächte des Zweiten Weltkriegs – aber »insbesondere« gegen die Sowjetunion richteten – mochten dabei auch im rechtsgerichteten politischen Lager auf Sympathien stoßen. In diesem Zusammenhang hat Andreas Kühn bereits darauf hingewiesen, daß einige spätere Protagonisten des deutschen Rechtsextremismus – unter ihnen Michael Kühnen und Horst Mahler – zu den Parteigängern der maoistischen KPD gehört haben. Kühnen habe die Beobachtung angelockt, daß die KPD innerhalb der »Neuen Linken« »am meisten national eingestellt« gewesen sei.[331] Es soll sogar zu einem gemeinsamen Positionspapier zwischen KPD und Neonazis gekommen sein, in dem »Maoisten und Nationalrevolutionäre« ihre ideologischen Übereinstimmungen festhielten.[332] In diesen Kontext gehört sicherlich auch der linke Antizionismus, den alle K-Gruppen aus den Tagen der radikalen Reste der Protestbewegung unverändert fortschrieben. Kunzelmann war – wie geschildert – in der Partei als »Palästina-Experte« geschätzt, und in den beiden Parteiorganen »Rote Fahne« und »Rote Presse-Korrespondenz« lösten sich die ohnehin fragwürdigen Grenzen zwischen Antizionismus und Antisemitismus zusehends auf.[333] Das Existenzrecht Israels lehnte das linksradikale K-Gruppen-Milieu durchweg ab, die Existenz eines jüdischen Volkes wurde als Propaganda abgetan, und in den publizistischen Beiträgen der einschlägigen Parteiorgane tauchten antisemitische Assoziationen zum Typus des kapitalistischen Ausbeuters und Unterdrückers auf. Hier schloß sich der Kreis zur KPD-Ideologie der frühen 30er Jahre.[334]

Bei der Wahl zum Berliner Abgeordnetenhaus am 2. März 1975 erreichte die national-maoistische KPD etwa 10000 Stimmen, was einem Stimmenanteil von gerade einmal 0,7 Prozent entsprach.[335] Die Wahl wurde von der Entführung des Berliner CDU-Vorsitzenden Peter Lorenz durch die terroristische »Bewegung 2. Juni« überschattet, die zu einem Austausch mit inhaftierten Linksextremisten führte, die der ehemalige Regierende Bürgermeister Heinrich Albertz nach Aden begleitete.[336] Unter den Freigelassenen war auch Kunzelmanns Freundin Ina Siepmann, die sich schließlich in Beirut niederließ und dort im September 1982 bei einem israelischen Bombenangriff ums Leben gekommen sein soll.[337] Fünf Tage nach der Wahl wurde Kunzelmann aus der Haft entlassen. Die Fahndung nach den Lorenz-Entführern war in vollem Gange, und die herzliche Begrüßung, die Kunzelmanns KPD-Genossen ihm vor dem Gefängnistor bereiten wollten, wurde kurzerhand für verboten erklärt, womit sich die Gratulanten und Kunzelmann selbst dem Vorwurf des Landfriedensbruches aussetzten.[338] Kunzelmann sind später seine ersten Schritte in Freiheit in freudiger Erinnerung geblieben: »KPD und ›Rote Hilfe e.V.‹ hatten sich große Mühe gegeben, mir die ersten Monate der wiedergewonnenen Freiheit so angenehm wie möglich zu machen. In einer Wohngemeinschaft des ›Kommunistischen Studentenverbandes‹ konnte ich die Jahre der sexuellen Enthaltsamkeit vergessen; als Hilfsdrucker einer KPD-Druckerei in der Wiener Straße in Kreuzberg gewöhnte ich mich an ein geregeltes Arbeitsleben und nebenbei auch an repräsentative Aufgaben.«

Kunzelmann wurde zum Landesvorsitzenden der »Roten Hilfe e.V.« gewählt und engagierte sich unter anderem in der Kampagne »Freiheit für Horst Mahler!«.[339] In der Folgezeit reihte er sich in die Schulungen der Partei ein, »studierte Generallinien, Richtlinien und Trennungslinien«, wurde aber nie ordentliches Mitglied sondern erreichte erst 1979 – »als die Kaderkriterien nicht mehr ganz ernst genommen wurden« – lediglich den Status eines Kandidaten der Partei.[340] Was in seinen Erinnerungen an die KPD in einen versöhnlich-ironischen Ton gekleidet scheint, haben andere Veteranen der maoistischen K-Gruppen in ganz anderer Erinnerung.[341] Die Lebenswelten und Verkehrsformen im Umfeld der kommunistischen Kleinparteien und Bünde kontrastierten deutlich mit den kulturrevolutionären Experimenten der Kommunarden von 1967/68.[342] Die

Kadergruppen lehnten Drogen, Rockmusik, ungepflegte Bärte oder lange Haare als Zeichen kleinbürgerlicher Dekadenz strikt ab und propagierten eine biedere Volkstümlichkeit ihrer Genossen, die – anders als die Kulturrevolutionäre der sechziger Jahre – bei den »Arbeitermassen« schon durch ihr Auftreten einen guten Eindruck hinterlassen sollten. Dem fügte sich auch Kunzelmann, der nach seiner Haftentlassung sein zwischenzeitlich unkontrolliert nachgewachsenes Haupthaar wieder kurzschnitt und den rauschenden Vollbart zu einem »volkstümlichen« Schnauzer stutzte. Auch Kleidung und Lebenswandel standen unter dem Primat der »proletarischen Linie«, was in der Praxis bedeutete, daß die libertären Aufbrüche der vorangegangenen Jahre wieder rückgängig gemacht wurden. Die Folge waren parteiintern verordnete Idyllen eines biederen Privatlebens – die K-Gruppen propagierten das Ideal der bürgerlichen Ehe und brandmarkten außereheliche Beziehungen ironischerweise als »kleinbürgerlich« – und eine nur als reaktionär zu bezeichnende Privatpolitik, die mit einer emanzipativen Frauenpolitik oder der Gleichstellung von Homosexuellen nichts anfangen mochte. Ganz wie die noch kurz zuvor verschmähten bigotten Lebenswelten der Adenauer-Ära entstand so eine linksradikale Lebenswelt, die Emanzipationswünsche als »Nebenwidersprüche« abtat oder geächtete Formen des privaten Lebens als »widernatürlich« beschwieg.[343] In den Worten eines anonymen Aussteigers des Kommunistischen Studentenverbands »sollte ja die Privatisierung ›persönlicher Probleme‹ den Unterschied zwischen KPD/KSV und der Studentenbewegung bringen.«[344] Damit war Kunzelmanns einstiges Kommune-Konzept von 1966 in sein glattes Gegenteil verkehrt, auch wenn sich der prominente Genosse selbst diesen Maximen nicht vollständig gebeugt zu haben scheint.

Mit Maos Tod und der ideologischen Neuorientierung der chinesischen KP geriet der deutsche Maoismus der linksradikalen Kleinstparteien in eine schwere Krise.[345] Die KPD hatte sich in bedingungsloser Loyalität zu den ideologischen Vorgaben aus Peking schon zuvor immer mehr von der Mehrheitsstimmung der deutschen Linken entfernt – etwa in der Frage der Chile-Solidarität oder der Bewertung der portugiesischen »Nelken-Revolution« – und landete gegen Ende der siebziger Jahre endgültig im politischen Abseits.[346] Die führenden Kader der Partei zogen daraus an der Wende zu den achtziger Jahren eine radikale Konsequenz und stellten als »Gruppe der 99« die Existenz der Partei selbst zur Disposition. Es begann der breit diskutierte Selbstauflösungsprozeß der KPD, der dafür sorgte, daß die Partei – in Gerd Koenens Worten – »als einzige von allen Gruppen dieses Typs eine selbstkritische Literatur hinterlassen hat.«[347] Den Anfang machten Christian Semler und Alexander von Plato, als sie Anfang 1980 »Thesen zur Entwicklung der KPD« formulierten, die letztlich das Eingeständnis des vollkommenen Scheiterns der Parteiarbeit zum Inhalt hatten: »Angesichts des Scheiterns unseres Versuchs, *die* Kommunistische Partei aufzubauen« forderte die »Gruppe der 99« eine »nüchterne Bilanz« und einen radikalen Bruch mit den bisherigen Positionen.[348] Das Papier verabschiedete sich von der »führenden Rolle« der Partei und vom Kader-Prinzip, forderte demgegenüber erneute Analysen der historischen Situation und strebte weiterhin eine »revolutionäre Partei der deutschen Arbeiterklasse« an.[349] Schließlich kamen die organisatorischen Konsequenzen zur Sprache, die aus diesen Einsichten folgen mochten. Semler und von Plato sprachen sich selbst noch für den Fortbestand einer »selbständigen kommunistischen Organisation« aus, die sich verstärkt um die Einheit aller linksradikalen Gruppierungen bemühen sollte, aber daneben zollte ihr Papier auch dem ohnehin schon rapide fortschreitenden Erosionsprozeß der Partei Tribut: »Man könnte individuell oder in örtlichen Gruppen weiterarbeiten, beispielsweise in den Grünen oder im SB [Sozialistischen Büro, A.R.] tätig werden oder sich an theoretischen Projekten um einen Verlag oder eine Zeitung beteiligen.«[350]

Damit war die Richtung der weiteren Diskussion vorgegeben. Als vom 7. bis 9. März 1980 der dritte Parteitag der KPD unter Ausschluß der Öffentlichkeit »in der Nähe von Gelsenkirchen«[351] tagte, standen schließlich drei Anträge zur Diskussion, die in unterschiedlicher Weise konkrete Schlüsse aus dem Semler-von-Plato-Papier zu ziehen versuchten. Wenn dabei, wie die bilanzierende Presseerklärung behauptete, »über dreihundert gewählte Delegierte« anwesend waren, dann dürfte beinahe jedes noch verbliebene Parteimitglied gleichzeitig auch Parteitagsdelegierter gewesen sein.[352] Der erste Antrag trug erkennbar die Handschrift des Parteivorsitzenden Semler und rekapitulierte noch einmal die eingeschliffenen ideologischen Maximen, die trotz des Scheiterns der Parteiorganisation im »antiimperialistischen Kampf vor allem gegen den Hegemonismus der Supermächte, insbesondere gegen die Sowjetunion« in erneuerten Form zur Geltung gebracht werden müßten.[353] Ein zweiter Antrag forderte schlicht die Auflösung der Partei und die Einstellung des Parteiorgans ROTE FAHNE, um auf einer öffentlichen »Arbeitskonferenz« das weitere Vorgehen zu beraten. Der dritte Antrag schließlich strebte nach der Auflösung der Partei eine Weiterarbeit in »einzelnen gesellschaftlichen Bereichen« an, um die »bisherige Zersplitterung« der linken Aktivitäten nach Möglichkeit zu beenden. Die desolate Lage der Partei wurde schon allein dadurch erkennbar, daß keiner dieser Anträge die erforderliche Mehrheit erhielt, der Parteitag aber in Einzelbeschlüssen letztlich den zweiten Antrag umsetzte und die Partei auch finanziell liquidierte.[354] Die erste linksradikale Organisation, der sich Kunzelmann angeschlossen hatte, ohne wieder ausgeschlossen zu werden, hatte sich damit sang- und klanglos aufgelöst, noch bevor er selbst ordentliches Mitglied geworden war.[355] Die Wege vieler Ex-Genossen führten nun in die 1978 gegründete Alternative Liste Berlin. Dahinter vermuteten nicht wenige eine gezielte Taktik des – eigentlich trotzkistisch konnotierten – sogenannten »Entrismus«, mit deren Hilfe erfolgreichere Organisationen des radikal-oppositionellen Milieus unterwandert und radikalisiert werden sollten.

Der alternative Abgeordnete

Kunzelmann bilanzierte in seinen Erinnerungen seine Zeit mit der maoistischen KPD recht distanziert mit den Worten: »[…] mag auch ein Fehltritt gewesen sein.« Letztlich beurteilte er diese Jahre als Lehrzeit für organisierte Politik, die ihm persönlich entgegengekommen sei: »Jedenfalls war ich trotz des gegenteiligen Rufes, den ich als Obermufti des Chaos genieße, immer jemand, der eine organisierte politische Arbeit sehr zu schätzen wußte. […] Ich hatte viel gelernt – und habe nichts vergessen.«[356] Im Herbst 1978 hatte sich in Berlin die Alternative Liste formiert, und von Beginn an hatten sich einzelne Kader der zerfallenden KPD an diesem Bündnis mit autonomen Gruppen und Stadtteil-Initiativen beteiligt, so daß die maoistischen Parteikommunisten »maßgeblich an der Gründung der AL in Berlin beteiligt« waren.[357] Die Folge war, daß die andernorts geglückte Integration der Bunten und Alternativen Listen in die entstehenden regionalen Verbände der Grünen in Berlin ausblieb. Eine Ursache war das tiefe Mißtrauen zwischen den nur locker organisierten Bürgerinitiativen und den politisch geschulten Ex-Kommunisten, nicht zuletzt aber auch deutlich erkennbare rechtsextreme Tendenzen innerhalb der ökologischen Basisgruppen, von denen sich die linksautonomen Alternativen Listen in Berlin und Hamburg mit aller Deutlichkeit distanzierten.[358] So gelang es den Grünen in Berlin nicht, organisatorisch nennenswert Fuß zu fassen, sondern die Alternative Liste konnte sich als unabhängige Gruppierung behaupten und später zu eigenen Bedingungen nach und nach die Funktionen eines grünen Landesverbands übernehmen. Gleichzeitig etablierte das alternative Milieu mit der TAGESZEITUNG eine bald bundesweit wirkungsmächtige politische Tagespresse, die bis Mitte der achtziger Jahre der autonomen »Szene«, insbesondere der Hausbesetzer-Bewegung, ein prominentes Forum bot.

Der Gründungsprozeß der grün-alternativen Partei wurde durch eine umfangreiche Diskussion begleitet, die sich um Fragen der Organisation und der grundlegenden ideologischen Ausrichtung, auch im Hinblick auf die prinzipielle Kapitalismus-Kritik innerhalb der Alternativbewegungen bezog.[359] Während zum Beispiel Wolfgang Kraushaar vor dem Hintergrund der Frankfurter Sponti-Bewegung dem Alternativmilieu Tendenzen des spontaneistischen Selbstbetrugs ins Stammbuch schrieb, der sich unter anderem im Subjektivitätskult und politischem Naturalismus ausdrücke, sah Peter Brückner das alternative Projekt noch durch Reste kollektivistischer Identitätskonstruktionen und die Rhetorik der Befindlichkeit gefährdet.[360] Beide Kommentatoren kritisierten mithin die Politikfähigkeit der neuen Gruppen. Über Jahre hinweg tobten die Grabenkämpfe zwischen den regional und ideologisch so unterschiedlichen Gruppierungen und Flügeln des grün-alternativen Projekts, selbst noch, als 1983 ein erster bundesweiter Wahlerfolg der neuen Gruppierung zu verzeichnen war. Joschka Fischer zum Beispiel konnte dem Projekt eines »grünen Radikalreformismus« eine gangbare Perspektive parlamentarischer Arbeit abgewinnen, während sich andererseits die »Grauen Zellen West-Berlin« in der Diskussion zu Wort meldeten und noch einmal vertraute rhetorische Klänge hörbar wurden:[361] »Die grüne Partei bestätigt durch ihre Teilnahme am parlamentarischen Wechselspiel die entpolitisierende, kontraemanzipatorische Funktion des Wahlakts, der die Massen nicht zu politischem Handeln aktiviert, sondern in ihrer Passivität befestigt und ihr Konsumverhalten sowie ihre streckenweise bewußtlose Zustimmung zum Bestehenden fördert. Sie ignoriert, daß über die passive Wahlmobilisierung der gesellschaftliche Souverän der politischen Klasse Absolution erteilen und seinen Verzicht auf Politik erklären soll. [...] Die Autonomiebewegung negiert strategisch die Form Partei, gegenüber ihrer jeweiligen historischen Ausprägung verhält sie sich nach strategischen Gesichtspunkten, die sich am spezifischen Stand der Klassenkämpfe, den jeweiligen ökonomischen, politischen und sozialen Kräfteverhältnissen orientieren. [...] Sie durchkreuzt die Strategie der Partei (Parlamentsdebatte in Verbindung mit friedlicher Protestdemonstration), indem sie ihre eigenen Inhalte und Artikulationsformen auf der Straße zur Geltung bringt.«[362]

Damit war ein Grundkonflikt markiert, der in den achtziger Jahren die Diskussionen innerhalb der Berliner Alternativen Liste prägte.[363] Das Verhältnis von parlamentarischer und außerparlamentarischer Artikulation, insbesondere aber die eigene Haltung zur Frage politisch motivierter Gewalt wurden für die Berliner AL um so dringlichere Gegenstände der Diskussion, als die Partei schon 1981 einen spektakulären Wahlerfolg erzielt hatte und mit 9 Abgeordneten im Berliner Abgeordnetenhaus vertreten war.[364] Mit gut 90000 Stimmen erreichte die Alternative Liste mehr als 7 Prozent der Wählerstimmen, deklassierte die rechtslastige Grüne Liste Berlin deutlich und konnte sich auch organisatorisch gegenüber der Grünen Partei in Berlin durchsetzen, deren Mitgliederzahlen zwischen 1980 und 1981 von über 800 auf gerade einmal 91 geschrumpft waren.[365] Die Berliner AL zählte zur selben Zeit in ihren Reihen etwa 1500 Aktivisten.[366] Ein Grund für diesen Erfolg war die in Berlin grassierende Wohnungsnot, die angesichts hoher Mieten und zahlreicher Leerstände sanierungsbedürftiger Altbauten zu zahlreichen Hausbesetzungen geführt hatte.[367] Die Alternative Liste vertrat die Interessen der Hausbesetzer, und damit stellte sich die Frage nach dem eigenen Verhältnis zu Prinzipien der Legalität und zum staatlichen Gewaltmonopol. Zu einer bedingungslosen Anerkennung des letzteren konnte sich die AL erst am Ende des Jahrzehnts durchringen, und Kunzelmann vertrat während der achtziger Jahre konsequent die Interessen der Hausbesetzer-Szene, was auch ein Bekenntnis zu »begrenzter« Gewalt gegen die Polizei beinhaltete. In einer verklausulierten Äußerung erläuterte er Jahre später seine Position, die erkennbar um den Begriff der »Gegengewalt« kreiste und gleichzeitig auf eine argumentative Distanz zur damals noch aktiven RAF wert legte: »Wenn die Hausbesetzer-Bewegung niemals mit ..., mit Gewalt ihre Häuser verteidigt hätte, dann hätte …, wär' kein einziges übriggeblieben. Das ist doch einfach mal Fakt. Und ich finde es überheblich, wie viele es machen, gerade von meiner Generation gegenüber den heutigen militanten Kräften, wobei ich sehr differenziere zwischen gewaltlosem Widerstand und wirklich bewaffnetem Kampf, also das finde ich schwachsinnig in der historischen Situation, und ist auch 'ne grundsätzliche Überlegung, ob man 'ne andere Gesellschaft erreicht mit Mitteln, die menschenfeindlich sind, daß man, also wenn ich denke an Rote Armee-Fraktion oder Bombenanschläge oder auch …, das ist natürlich, das ist …, das ist unmenschlich, und darum geht es nicht, aber gewaltloser Widerstand, der kann auch Militanz haben.«[368]

Während Kunzelmann hier dem bewaffneten Untergrund eine klare Absage erteilte, beobachtete der Berliner Verfassungsschutz mit Argus-Augen zahlreiche Brand- und Sprengstoffanschläge, die man der Hausbesetzer-Szene zur Last legte – allein 143 derartige Vorfälle zwischen Dezember 1980 und April 1982.[369] Gleichzeitig eröffnete die Hausbesetzer-Bewegung Kunzelmann die Gelegenheit, als Veteran der »Bewegung« aufzutreten. In seinen Augen bestand ein klarer Zusammenhang zwischen den Auseinandersetzungen, die sich seit 1979 in Kreuzberg, Schöneberg und im Wedding abspielten, und seiner eigenen subversiven Biographie, die er nun nach einigen Jahren als folgsamer kommunistischer Kader wiederbelebt sah. Die Tradition der Protestbewegungen der sechziger Jahre war für ihn nicht Geschichte, sondern schien sich in den achtziger Jahren fortzusetzen: »Ich glaube, von den Aktionsformen her, und auch von der Entschiedenheit, und daß es um unsere Existenz ging, war die Hausbesetzer-Bewegung mit Demonstrationen, und auch die Militanz und der Zusammenhalt, die inhaltliche Diskussion, – die war sicherlich auf 'nem ähnlichen Niveau als damals. Man kann das gar nicht irgendwie trennen, weil, also wie für jemand wie für mich ist das …, ist das alles eins. Die Hausbesetzer-Bewegung hätte es nie gegeben ohne die Kommune-Bewegung oder Wohngemeinschafts-Bewegung, und, also es gibt doch, auch wenn die Kids, die heute auf den Straßen demonstrieren, für ihre Interessen eintreten, auch wenn sie das überhaupt nicht im Bewußtsein haben, aber für mich ist das 'ne Einheit. Es fing Anfang der sechziger Jahre an, daß sich in diesem Lande was bewegt, und das ist noch lange nicht aus.«[370]

Den Widerspruch zwischen außerparlamentarischen, auch militanten Protestformen einerseits und der parlamentarischen Arbeit der Alternativen Liste im Berliner Abgeordnetenhaus verkörperte Kunzelmann sehr bald auch selbst, als er am 10. Juni 1983 im Zuge des damals üblichen Rotationsverfahrens der Alternativen Liste einen Platz als Abgeordneter im Schöneberger Rathaus einnahm.[371] Als die ehemalige KPD-Genossin Lerke von Saalfeld Kunzelmann in seinem Abgeordnetenbüro besuchte, fand sie ihn nach einem »weiteren politischen Salto mortale«, wie Wolfgang Kraushaar Kunzelmanns Wechsel ins Abgeordnetenamt despektierlich genannt hat[372], geschäftig wie selten zuvor: »Um die Bürde seines Amtes zu unterstreichen, hatte er an jedes Ohr mit unglaublichen Verrenkungen der Schultern einen Telephonhörer geklemmt, mit den Händen wühlte er aufgeregt in irgendwelchen wohlsortierten Akten. Dem Anarcho gefiel es, sich in einer neuen Rolle – der des schwer arbeitenden Politikers und Bürohengstes – zu präsentieren.«[373]

In der Tat kann man Kunzelmann für die Zeit seines Parlamentsmandats auf keinen Fall mangelndes Engagement vorwerfen. Schon Jahre zuvor hatte er sich lautstark in die von Bauskandalen heimgesuchte Berliner Landespolitik eingemischt, und nun verstand er sich als parlamentarischer Arm der autonomen Szene, insbesondere der Hausbesetzer-Bewegung.[374] Kunzelmann belagerte den Innensenator Heinrich Lummer mit Anfragen zu Rechtsverletzungen, die verhaftete Hausbesetzer erlitten hatten, oder zur Verhältnismäßigkeit des Einsatzes von Einheiten des Sonder-Einsatzkommandos bei der Räumung von besetzten Häusern.[375] Daneben ließ er es sich auch nicht nehmen, den Humor des Innensenators mit Karikaturen parlamentarischer Anfragen auf die Probe zu stellen – so zum Beispiel mit einer Kleinen Anfrage »Über Buletten aus Hilfsmitteln der körperlichen Gewalt«, deren Inspiration Kunzelmann – wie schon in den sechziger Jahren – der Springer-Presse entnommen hatte:

»Ich frage den Senat:
1. Trifft die Meldung der Bildzeitung vom 16. Mai 1984 zu, wonach das Berliner Polizeipferd Elke nach 23 Dienstjahren ›ins Schlachthaus gebracht, auseinandergeschnitten und dann zu Buletten, Würstchen und Gulasch verarbeitet‹ wurde?
2. Falls ja, seit wie vielen Jahren ist dies dann Berliner Praxis und wie viele Polizeipferde fielen dieser Praxis bislang zum Opfer und wie viele Buletten wurden daraus jeweils gefertigt?«

Darüber hinaus wollte der Abgeordnete Kunzelmann in Erfahrung bringen, ob das Polizeipferd Elke in Polizeikantinen oder an öffentlichen Imbißständen verzehrt worden sei und ob »bei der Fertigung der Dienstpferd-Buletten in jedem Falle die Bestimmungen des Lebensmittelgesetzes beachtet« worden seien?[376] Am Ende einer knappen Antwort reagierte der Senat sichtlich genervt: »Der Senat hat entgegen dem antragenden Herrn Abgeordneten keine Veranlassung, diesen Vorgang ins Lächerliche zu ziehen. Er sieht daher von einer weiteren Beantwortung der offenkundig insgesamt nicht ernst gemeinten Kleinen Anfrage ab.«[377]

Besonders im Plenarsaal entfaltete Kunzelmann seine performativen Talente und sorgte nicht selten für erhebliche Unruhe im parlamentarischen Betrieb. Der amtierende Präsident des Abgeordnetenhauses Alexander Longolius kam nicht umhin festzustellen, daß Kunzelmann ein Talent offenbarte, sich »permanent an die Grenze von Ordnungsrufen heranzurobben«, und er fuhr fort: »Ich muß feststellen: Für amtierende Präsidenten sind Sie dadurch der anstrengendste Redner dieses Hauses.«[378] Innensenator Lummer reagierte immer wieder ungehalten und ließ sich gelegentlich zu Ausfällen hinreißen, in denen er Kunzelmann zum Beispiel als »irgendwie dioxin- oder knastgeschädigt« bezeichnete.[379] Auch der Regierende Bürgermeister Richard von Weizsäcker fühlte sich durch Kunzelmanns Auftreten im Parlament herausgefordert, antwortete allerdings literarisch: »Herr Abgeordneter Kunzelmann, ich kenne Sie noch nicht sehr lange, was ich auch nicht bedauere [Heiterkeit], doch habe ich es bisher stets erlebt, daß Sie kein Thema unter einem anderen Aspekt als dem betrachten, wie Sie es dazu benützen können, um Ihre – Ihnen völlig freistehende – Auffassung von Beruf und Job, von Politikerverantwortung, von den etablierten Parteien und so weiter an den Mann und immer auf denselben Reim zu bringen. Wenn ich daran denke, dann fällt mir ein altes Gedicht von Morgenstern ein – ich denke, Sie kennen das vielleicht auch; verzeihen Sie bitte den unangemessenen Vergleich mit einem süßen kleinen Tier, dem Wiesel:

Ein Wiesel
saß auf einem Kiesel
inmitten Bachgeriesel
Wißt Ihr weshalb?
Das Mondkalb
verriet es mir im Stillen:
Das raffinier-
te Tier
tat's um des Reimes willen.

Das fiel mir ein, als ich Ihre Fragen hörte. [Beifall und Heiterkeit bei der CDU]«[380]

Thematisch kümmerte sich Kunzelmann insbesondere um die Berliner Wohnungskrise, die Einsatzpraxis der Berliner Polizei und die Behandlung von Asylbewerbern, und damit geriet er immer wieder in Konflikt mit Justizsenator Hermann Oxfort und Innensenator Heinrich Lummer. Für die AL-Fraktion saß Kunzelmann im Innenausschuß, was nicht einer gewissen Pikanterie entbehrte, weil dieses Gremium die Aufsucht über das Landesamt für Verfassungsschutz ausübte. In seinen Memoiren schilderte Kunzelmann freimütig, wie er dieses Amt zu nutzen wußte. Die vertraulichen Beratungen über den geheimen Etat der, wie er sich ausdrückte, »nichtsnutzigen Dunkelmänner« spickte er mit lästigen Nachfragen, für die er inzwischen bekannt war: »So fiel es weiter gar nicht auf, daß ich unter Benennung des Etattitels und des hierfür vorgesehenen Geldbetrages zu jedem Einzelposten eine Frage vorzubringen hatte. Antworten erhielt ich zwar keine, doch gelangten alle Geldsummen – Zahlen im Kopf zu speichern gehört trotz meiner Banklehre nicht zu meinen Stärken – auf ein Tonband, das ich in einer Aktentasche unter meinem Stuhl versteckt hatte. Aufgrund dieses Tonbandes konnten wir nun halbwegs die Anzahl der Beamten des Verfassungsschutzes mit Hilfe des Etatpostens ›Personalkosten‹ ausrechnen [...]«[381]

Unter Kunzelmanns Auftritten im Plenarsaal verdienen zwei besonders hervorgehoben zu werden. Im Herbst 1984 beantragte die AL-Fraktion die individuelle Kennzeichnung von Polizeibeamten, um diese bei Rechtsverletzungen eindeutig identifizieren zu können. Kunzelmann trug zu dieser Beratung eine Berliner Polizeiuniform aus dem Jahr 1850, die bereits damals durch eine individuelle Nummer gekennzeichnet war, und versuchte auf diese Weise die preußische Polizei Friedrich Wilhelms IV. als bürgernäher darzustellen als die Berliner Einsatzkräfte der achtziger Jahre. Selbst die US-Soldaten trügen ihre Namen an ihrer Uniform: »Warum soll das nicht auch für Polizeibeamte in Berlin gelten?«[382] Daneben engagierte sich Kunzelmann als Abgeordneter immer wieder vor Ort als Fürsprecher der Berliner Hausbesetzer-Szene und machte, nicht zuletzt bei Polizeieinsätzen, ausgiebig von seinem Abgeordnetenstatus Gebrauch, der ihm Immunität und besondere Zugangsrechte einräumte.

Größeres Aufsehen erregte jedoch Kunzelmanns Redebeitrag vom 27. Oktober 1983, als er sich zur Asylpolitik des Innensenators Lummer äußerte. Dessen Einlassungen zur »Ausländerproblematik« und dem angeblichen Rechtsmißbrauch durch Asylbewerber brachten Kunzelmann in Rage, nicht zuletzt wohl auch, weil es um Asylbewerber aus dem Nahen Osten ging, woraufhin sich Kunzelmann als langjähriger »Nahost-Experte« des linksradikalen Berliner Milieus besonders angesprochen fühlte: »Es ist Ihnen aus den Akten des Verfassungsschutzes ja ausreichend bekannt, daß mir Middle East kein fremdes Gebiet ist, und wenn Sie hier vorgeben, mit Sachkenntnis über die Verhältnisse im Mittleren Osten zu sprechen, Herr Innensenator, dann ist das erstunken und erlogen. Das einzige, was Sie von den Verhältnissen in Mittelost wissen, das sind die Informationen von faschistischen Gruppen im Libanon, die Sie seit Jahr und Tag besuchen, wie die Falangisten. Das ist Ihre Informationsquelle über den Libanon, denn sonst könnten Sie doch hier vor den Fernsehkameras nicht solch einen Schwachsinn verbreiten [...]«[383] Kunzelmann versuchte zwischen verschiedenen sozialen und religiösen Gruppen innerhalb der Palästinenser zu differenzieren und beklagte die faktische Aushöhlung des Asylrechts, das nur mehr auf dem Papier, aber nicht mehr in der Rechtspraxis bestehe. Sein Hauptargument war jedoch ein historisches, und damit griff er die Formel von den »Opfern der Opfer« wieder auf, die seit 1967 die Palästina-Kampagnen geprägt hatte: »Was ist denn überhaupt der historische Hintergrund, daß wir hier über Palästinenser und Libanesen und die Situation im Nahen und Mittleren Osten sprechen? Was ist denn der Hintergrund und was hat er mit uns selbst, mit den Deutschen zu tun? Erst wenn man diesen Hintergrund hier diskutiert, könnte man vielleicht zu der Konsequenz kommen, daß wir jedem Menschen aus dem

Nahen und Mittleren Osten das weitestgehende Asyl- und Aufenthaltsrecht einräumen müssen, weil wir, die Deutschen, für die Situation im Nahen und Mittleren Osten durch den Hitler-Faschismus verantwortlich sind. Nachum Goldmann hat gesagt: Ohne Auschwitz kein Israel! Und wir müssen doch diesen wichtigen Satz des großen jüdischen Denkers und Politikers weiterdenken. Und wenn wir das tun, dann kommen wir dahin, daß wir sagen müssen, ohne Israel gäbe es keine Vertreibung des palästinensischen Volkes. Die Palästinenser sind die Opfer der Opfer. Und daß das jüdische Volk durch den Hitler-Faschismus Opfer geworden ist, dafür sind wir alle verantwortlich.«[384]

Um diese historische Verantwortung zu konkretisieren, nahm sich Kunzelmann den deutschen Konservatismus zum Thema und setzte zu einer Generalattacke auf die Berliner CDU an, was für erhebliche Unruhe und Empörung sorgte. Er bezichtigte die deutschen Konservativen der geistigen Komplizenschaft mit dem Nationalsozialismus und provozierte die CDU mit einer manichäischen Geschichtspolitik, welche die tagespolitische Konfrontation auf die Spitze trieb: »Natürlich, Sie legen doch heute dieselbe Platte wie vor 1933 auf. Wo war denn der konservative Protest, wo war denn Ihr Protest während des Hitler-Faschismus? Nehmen Sie sich doch ein Beispiel an der Sozialdemokratie, nehmen Sie sich doch ein Beispiel an den Kommunisten! Wo sind denn Ihre Widerstandskämpfer? Sie verbreiten doch heute noch die Ideologie von Preußen. Sie vertreten doch heute noch den Obrigkeitsstaat!«[385] Innensenator Lummer hätte, so Kunzelmann weiter, seine Vorstellungen zur Ausländer- und Asylpolitik in der gleichen Form »auch unter dem Hitlerfaschismus im Reichstag halten können.« Das Fazit seiner Ausführungen bestand schließlich in der Forderung eines uneingeschränkten Asylrechts für jeden Palästinenser, »solange das Selbstbestimmungsrecht des palästinensischen Volkes nicht real ist und die legitimen Rechte des palästinensischen Volkes mißachtet und unterdrückt werden«. Darin sah er die »Wahrnehmung einer selbstverständlichen Verantwortung, die in der Last der deutschen Geschichte begründet ist.«[386] Unter den Christdemokraten war die Empörung über seine Rede groß, doch gleichzeitig schrieb sich Kunzelmann damit in die Annalen der grün-alternativen Politik ein.[387]

Innerparteilich kamen die Konflikte um das Verhältnis zur politisch motivierten Militanz nicht zum Verstummen. Die Bündnisgespräche mit der grünen Bundespartei gestalteten sich gerade in dieser Frage durchaus heikel, nachdem sich die Grünen uneingeschränkt zur Gewaltlosigkeit bekannt hatten. Teile der Berliner AL wehrten sich dagegen, als einfacher Landesverband in die grüne Bundespartei überzugehen und mochten nicht von ihren militanten Wurzeln lassen. Nachdem es anläßlich des Berlin-Besuchs von US-Präsident Ronald Reagan im Juni 1982 zu gewalttätigen Ausschreitungen gekommen war, stand die junge Partei vor einer Zerreißprobe. Eine Mitglieder-Vollversammlung (MVV) sollte sowohl die Gewaltfrage als auch das Verhältnis zur grünen Bundespartei klären, und die Mitglieder des Geschäftsführenden Ausschusses gerieten gehörig unter Druck. Die Befürworter einer Fusion mit den Grünen wollten zunächst ein Bekenntnis zur Gewaltfreiheit beschließen lassen, und abstimmungstaktische Konflikte bestimmten die Vorbereitungen der Versammlung, in die sich auch Kunzelmann einschaltete, wie sich Frank Kapek erinnerte: »Bei mir zu Hause stand das Telephon nicht mehr still. Dieter Kunzelmann rief jeden Tag mindestens einmal an und erklärte mit ständig wechselnden Meinungen, daß zuerst die Gewaltfrage und dann die Grünen-Frage oder umgekehrt oder wieder umgekehrt auf der MVV behandelt werden sollte. Auf dem DR [Delegiertenrat, A. R.] vor der MVV stellte er den Antrag, daß der MVV eine festgelegte Tagesordnung vorgeschlagen werden sollte. Ich stellte daraufhin den Antrag auf Nichtbefassung und provozierte damit beinahe eine gewalttätige Auseinandersetzung. Der DR beschloß die Nichtbefassung und ein absolutes Chaos brach aus. Alles brüllte, schrie und keifte durcheinander. [...] Volker Schröder griff sich ein Megaphon und brüllte: ›Fünf Minuten Pause‹, und rettete somit die Situation.«[388]

Letztlich beschloß die Berliner AL gegen den eigenen Geschäftsführenden Ausschuß eine auf zwei Jahre befristete Vertragslösung, die die AL zum vorläufig weiter unabhängigen landespolitischen Partner der grünen Bundespartei machte, um bei Wahlen Doppelkandidaturen zu verhindern. Kunzelmann selbst blieb in der Frage nach der Legitimität politisch motivierter Militanz während der achtziger Jahre immer ein Befürworter einer Option auf außerparlamentarische Aktionen, auch wenn er seine Einlassungen zu diesem Thema häufig in hochgebirgsartiger Syntax formulierte. Eine dieser Äußerungen aus dem Jahr 1988 sei hier daher im Originalton zitiert, weil der labyrinthische Gedankengang von Kunzelmanns Äußerungen viel zu ihrer Unklarheit beigetragen hat und gleichzeitig seine juristisch geläuterte Vorsicht dokumentiert. Ausgangspunkt war die Frage nach dem Motto »Macht kaputt, was Euch kaputtmacht!«, der unter den Berliner Haschrebellen Ende der sechziger Jahre eine zentrale Rolle in der radikalen Unterstützungskampagne für den inhaftierten Michael »Bommi« Baumann gespielt hatte und später dann von der alternativen Rock-Band »Ton Steine Scherben« in der Hausbesetzer-Szene populär gemacht worden war. Kunzelmann erinnerte nochmals an seinen engsten Vertrauten aus haschrebellischen Zeiten: »Der Spruch: ›Macht kaputt, was Euch kaputtmacht!‹, der ist ja ..., der ist ja uralt, den hat meines Wissens mein Freund Georg von Rauch, der am 4. Dezember '71 erschossen worden ist, das erste Mal in ›883‹ '69 auf 'ne Titelseite geschrieben, von der Zeitschrift, insoweit: Das, was die ..., was heute unter den Spruch fällt, also militanter Protest in Kreuzberg oder anderswo, das hat 'ne lange Geschichte, und ich bin eigentlich bei der Gegenüberstellung von ›Marsch in die Institutionen‹ und dem Handeln nach dem Slogan ›Macht kaputt, was Euch kaputtmacht!‹, bin ich eigentlich in der Bewertung sehr, sehr vorsichtig geworden – aus dem einfachen Grunde, weil man doch sehen muß, daß – und Rudi hat das auch immer so verstanden –, daß ›Marsch durch die Institutionen‹, was dann bei den Grün-Alternativen ab '78/'79 hieß: ›Spiel- und Standbein‹, das kann man ja auch vergleichen mit den beiden: ›Marsch durch die Institutionen‹ und ›Macht kaputt, was Euch kaputtmacht!‹, das heißt heute ›Spiel- und Standbein‹, also parlamentarischer Kampf und außerparlamentarischer Kampf, und ich bin ..., ich bin ..., welche Seite ..., welche Seite in dieser Auseinandersetzung, die hoffentlich weiter ernsthaft geführt werden wird zwischen den unterschiedlichen Auffassungen, – ich bin da sehr vorsichtig in meiner persönlichen Parteinahme, aus dem einfachen Grunde, weil für beide Positionen die andere unter Umständen nötig ist.«[389] Der Begriff der »Militanz« markierte dabei eine Grauzone der außerparlamentarischen Praxis des alternativen Milieus, das sich nicht grundsätzlich auf eine Politik der Gewaltfreiheit festlegen lassen wollte und damit in einen Konflikt zum sogenannten realpolitischen Flügel der grünen Bundespartei geriet, der während der achtziger Jahre die inneren Auseinandersetzungen um die grundsätzliche Orientierung grün-alternativer Politik prägte.

In einem Interview gegen Ende seiner Zeit als alternativer Parlamentarier erläuterte Kunzelmann gegenüber dem Institut für Bürgerrechte und Öffentliche Sicherheit seine Haltung zur Polizei als Träger des staatlichen Gewaltmonopols.[390] Er gab sich differenziert und versöhnlich: Er habe durch seine Arbeit im Innenausschuß gelernt, »daß die Polizei nicht ausschließlich *die* Polizei ist, die ich kennengelernt habe durch Polizeieinsätze bei Demonstrationen oder Razzien.« Vor dem Hintergrund gesellschaftlicher Isolation, die er zu beobachten meinte, leiste die Polizei für die Menschen durchaus hilfreiche Dienste.[391] Gleichzeitig forderte er im Namen der Berliner AL die Auflösung kasernierter Polizeieinheiten und der Politischen Polizei, während bestehende polizeiliche Kapazitäten auch auf neue Aufgabenfelder, wie zum Beispiel den Umweltschutz, umgelenkt werden sollten. Strukturell wünschte er sich eine dezentralisierte Polizei, die stärker mit den lokalen Gegebenheiten der jeweiligen Stadtviertel vernetzt sein müsse, im Idealfall weniger als Polizei denn als sozialer Dienst auftreten sollte.[392] In der Bilanz seiner parlamentarischen Tätigkeit hielt er fest, »daß eine Politik des ›Weg mit‹ mit einer konkreten Politik überhaupt nicht zu vereinbaren ist. Das halte ich für einen positiven Lernprozeß bezüglich der Parlamentstätigkeit [...]«[393] Kunzelmann konnte nun also auch – wenn es die Gesprächssituation nahelegte – pragmatische Töne im Gestus eines Berufspolitikers anschlagen.

Nach der Abgeordnetenhauswahl von 1985, bei der die Alternative Liste über 10 Prozent der Stimmen erzielte, war Kunzelmann aus dem Parlament ausgeschieden, mischte sich aber weiter kräftig in die Berliner Landespolitik ein, die fortwährend von Korruptionsskandalen erschüttert wurde. 1987 bezeichnete er den Berliner Senat als »kriminelle Vereinigung« – eine Polemik, deren Rechtmäßigkeit er schließlich vor Gericht gegenüber dem Vorwurf der Beleidigung eines Verfassungsorgans verteidigen sollte. Dabei wandte Kunzelmann eine aus kulturrevolutionären Zeiten bewährte Taktik an, weil das Moabiter Kriminalgericht den Prozeß zunächst vertagt hatte, nachdem Kunzelmanns Verteidigung sämtliche Ermittlungsakten gegen die der Korruption verdächtigen Politiker und Geschäftsleute als Beweismittel beiziehen wollte.[394] Während eines Empfangs für den schwedischen Ministerpräsidenten im Schöneberger Rathaus mischte sich der inzwischen per Haftbefehl gesuchte Kunzelmann im Juni 1987 im Smoking und mit einem Toupet verkleidet unter die schwedische Delegation und versuchte seine Vorwürfe über das Saalmikrophon zu erneuern, was der hinzueilende Regierende Bürgermeister Eberhard Diepgen jedoch persönlich und handgreiflich verhindern konnte. Dieses »Go-In« nach altbewährtem Muster sicherte Kunzelmann öffentliche Aufmerksamkeit, eine polizeiliche Festnahme und die Fortsetzung des Beleidigungsprozesses, den er schließlich sogar gewann. Zum letzten Mal konnte er die etablierte Politik öffentlich vorführen und mochte wiederum nicht wenige Sympathien des alternativen Milieus auf seiner Seite gehabt haben.

Gegen Ende der achtziger Jahre kündigte sich in der Berliner Landespolitik eine Zeitenwende an. Die regierende CDU erlitt im Januar 1989 eine schwere Wahlniederlage, während die bislang mitregierende FDP nun überhaupt nicht mehr im Abgeordnetenhaus vertreten war. Der Weg war frei für eine Regierungskoalition aus SPD und Alternativer Liste. Wochenlang verhandelten die beiden neuen Partner eine Koalitionsvereinbarung, die sich naturgemäß ganz an den Grundsätzen grüner Realpolitik orientierte. Kunzelmann kommentierte diesen Annäherungsprozeß in der TAGESZEITUNG, die seinen Beitrag unter der distanzierenden Titelzeile »Ein echter Kunzelmann« veröffentlichte.[395] Er bemängelte die prinzipielle Bereitschaft der alternativen Verhandlungskommission, weitreichende Grundsatzkompromisse einzugehen: »So entstand die moderne, für den Skulpturen-Boulevard geschaffene Klein-Plastik ›Graue Mäuse beim Kotau im Keller der Müllerstraße‹. Ausdrucksstark spiegelt das Kunstwerk eine Verhandlungskommission wieder, welche die Droge ›Koalitionsrausch‹ nicht nur verdealt, sondern auch selbst einwirft. Nicht verwunderlich, daß die traditionsreichen Machtstrategen mit dem unverwechselbaren SPD-Stallgeruch leichtes Spiel haben, ihr alter ego so über den Tisch zu ziehen, daß jenes es kaum bemerkt.«[396]

Statt dessen hatte sich Kunzelmann seinerseits grundsätzliche Zugeständnisse der Berliner SPD erhofft, die er in seinem Beitrag auch benannte: die »verläßliche Absage an die Wiederherstellung des berühmt-berüchtigten SPD-Filzes; Distanzierung von 20 Jahren Staatsterrorismus; glaubwürdige Selbstkritik von mehr als 40 Jahren SPD-Stadtpolitik, über den Abriß der Mahnmale des Faschismus bis zur Getthoisierung großer Teile der Bevölkerung.«[397] Demgegenüber zeichnete sich ein grundsätzlicher Kurswechsel der Berliner AL ab, der nicht zuletzt die endgültige Anerkennung des staatlichen Gewaltmonopols, der alliierten Rechte in Berlin und der Bindung West-Berlins an die Bundesrepublik bedeutete. Damit war die Regierung Momper perfekt und Kunzelmann resignierte mit bemühtem Humor: »Die Vorgeplänkel sind abgelaufen, in sechs Tagen macht das Diebchen und sein Ringverein plumps. Eine in 25 Jahren gewachsene oppositionelle Bewegung wird Regierungspartei. Ich bin entschieden für die von Bankdirektor Klaus-Rüdiger Barschelowsky kreierte ›Koalition des Irrsinns‹. Schlimmer als der bisherige Irrsinn kann es ja wohl nicht werden. Und die erste gemeinsame Tat des rot-grünen Senats wurde gestern abend ausgemauschelt: Feierlich wird über dem Portal des Schöneberger Rathauses, noch vor Verabschiedung des Haushaltes, das eingemeißelte Motto eines einflußreichen Geheimbundes enthüllt: Zwischen Wahnsinn und Verstand / Liegt nur eine dünne Wand.«[398]

Kunzelmann Einwürfe gingen sehr bald in der alternativen Regierungspraxis, besonders aber im Umfeld des Mauerfalls und im Prozeß der deutschen Vereinigung unter, der die politische Situation Berlins von Grund auf veränderte. Kunzelmann begeisterte sich seinerseits für die rasch entstehende Hausbesetzer-Bewegung in Berlin-Friedrichshain, die er scharf mit den Stadtentwicklungsplänen der neuen Bundeshauptstadt kontrastierte. In letzteren sah er rückblickend die »Untugenden Disziplin, Gehorsam und Ordnung« erneut zu Architektur erstarrt, und er prophezeite noch einmal ganz im Sinne der situationistischen Urbanismus-Kritik: »Die Konzeption einer sauberen, sterilen Bundeshauptstadt Berlin, in der nichts das Arbeits- und Shopping-Leben einer Nomenklatura von Regierungsbeamten und Geschäftemachern zu stören vermag, diese Konzeption wird nicht aufgehen. Bannmeilen, Polizei- und Bundesgrenzschutz-Präsenz werden nicht verhindern können, daß aufmüpfige Berliner sich des öffentlichen Raumes bemächtigen, aus dem sie verbannt bleiben sollen. Und keine postmodernistische Herrschaftsarchitektur wird verhindern können, daß der Mensch des 21. Jahrhunderts sich die Stadt aneignet, sie verändert und neu gestaltet nach seinen eigenen Vorstellungen.«[399]

Noch vor den vorgezogenen, nun Gesamtberliner Wahlen am 2. Dezember 1990 zog Kunzelmann im November 1990 einen Schlußstrich unter seine Beteiligung an der organisierten Politik und erklärte gegenüber den »hochverehrten Konkursverwaltern der AL« seinen Parteiaustritt.[400] Der rot-alternative Senat hatte noch kurz vor den Wahlen besetzte Häuser in Friedrichshain polizeilich räumen lassen, und damit war die Partei für ihn in jeder Hinsicht politisch erledigt: »Da fast durch die Bank dieselben postengeilen, abgewrackten KarrieristInnen, die den Verein zielgerichtet in den politischen Bankrott geschleppt haben, zur Wahl am 2. 12. 90 sich durch eine kleingeistige Funktionärsclique haben aufstellen lassen, sehe ich mich auch nicht mehr in der Lage, Euch zu wählen. Salute, Dieter Kunzel«[401] Im gleichen Schreiben bat Kunzelmann darum, seine Mitgliedsnummer 100 nicht erneut zu vergeben, so als wollte er im Mitgliederregister der Berliner AL wenigstens eine prominente Lücke hinterlassen – ein symbolisches und auch selbstverliebtes Spiel mit dem Motiv der Abwesenheit der subversiven Utopie in der grünen Realpolitik.[402]

Der »Aktionspolitologe«

In den neunziger Jahren verlegte sich Kunzelmann ganz auf die Provokation außerhalb der organisierten Politik. Bevorzugtes Hilfsmittel seiner aktionistischen Eingriffe in öffentliche politische Rituale waren dabei rohe Eier, zum ersten Mal am 8. November 1992, als angesichts einer Welle von rechtsextremen Gewalttaten in Nord- und Ostdeutschland alle politischen Parteien im Berliner Lustgarten zu einer Kundgebung gegen die seit dem Sommer in Deutschland grassierende Fremdenfeindlichkeit aufgerufen hatten. Diese Veranstaltung wurde von einer Protestdemonstration begleitet, weil zur selben Zeit massive Einschränkungen des grundgesetzlich verbrieften Asylrechts beraten wurden. Der dafür notwendigen Verfassungsänderung stimmte schließlich auch die SPD zu. Das Podium der Veranstaltung im Lustgarten wurde durch zahlreiche Eierwürfe aus den Reihen der Demonstranten getroffen – eine Szene, die am Abend durch alle Medien ging –, und Kunzelmann bezichtigte sich kurze Zeit später selbst, ein Ei geworfen zu haben, was zu einer Strafsache wegen »Verunglimpfung des Bundespräsidenten u.a.« führte.[403] In seiner Vernehmung schilderte er minutiös den Ablauf des gesamten Nachmittags und nannte als das eigentliche Ziel seines Eierwurfs den brandenburgischen Ministerpräsidenten Manfred Stolpe, der hinter dem Bundespräsidenten Richard von Weizsäcker auf dem Podium stand: »Wenn mein Ei den Bundespräsidenten getroffen hätte, hätte mich das an diesem Tage und bei dieser Rede nicht berührt. Es wäre mir egal gewesen, da er ja in seiner Rede nicht für die Aufrechterhaltung des Artikel 16 des Grundgesetzes dezidiert eingetreten ist.« Demgegenüber betonte Kunzelmann ausdrücklich, daß er es bedauert hätte, »wenn mein Ei den Vorsitzenden des Zentralrats der Juden in Deutschland, Ignaz Bubis, getroffen hätte.«[404]

Ein Jahr später, am 11. Oktober 1993, mischte sich Kunzelmann unter die Schaulustigen am Potsdamer Platz, die dem ersten Spatenstich für die Neubebauung beiwohnten, den der Regierende Bürgermeister Diepgen vornahm. Diepgen, der Kunzelmann noch als RCDS-Vorsitzender aus der Hochschulpolitik der Freien Universität bekannt war, nachdem er 1963 wegen seiner Mitgliedschaft in der schlagenden Burschenschaft Saravia als AStA-Vorsitzender abgewählt worden war, entwickelte sich zunehmend zu Kunzelmanns bevorzugtem Angriffsziel. Doch auch der Anlaß – der Beginn der funktionalistischen Neubebauung des Potsdamer Platzes – forderte offensichtlich Kunzelmanns urbanismuskritischen Aktionismus heraus, und er warf ein Ei auf die Dienstlimousine des Regierenden Bürgermeisters. Einige Jahre später erläuterte er seine Motivation folgendermaßen: »Ich habe nicht umsonst beim ersten Spatenstich am Potsdamer Platz ein Ei geworfen. Das hatte ja eine Bedeutung. Das war eine urbanistische Aktion. Der Platz ist nicht nur durch Konsum und Business gekennzeichnet, zuvor hat man auch die Geschichte dieses Ortes entsorgt. Eine große schlechte Tradition in Berlin: Nicht nur Ulbricht hat im Osten das Berliner Stadtschloß abräumen lassen, was man ja nach der Geschichte Preußens noch nachvollziehen könnte, in Westberlin ist der Anhalter Bahnhof weggesprengt worden. Die Gestapo-Zentrale, Prinz-Albrecht-Straße 8, und das Prinz-Albrecht-Palais, Sitz des Reichssicherheitshauptamtes (RSHA), wurden plattgemacht, der Gropius-Bau daneben aber restauriert. Und warum ist die Mauer, ein historisches Mahnmal, nicht stehengeblieben? Man hätte sie einfach mit Türen versehen können, so daß man von einer Seite auf die andere kommt.«[405]

Unklar ist bis heute, wie ein Ei die Frontscheibe des gepanzerten Wagens zum Splittern bringen konnte. Kunzelmann wurde auf der Stelle von Sicherheitskräften überwältigt und abgeführt.[406] Wegen dieses Eierwurfes kam es im Dezember 1995 zum Prozeß, und Kunzelmann gelang es, ein weiteres Ei in den Gerichtssaal zu schmuggeln, und während der Zeugenvernehmung Diepgens zerdrückte Kunzelmann, wie er in seinen Erinnerungen voller Stolz ausführlich schilderte, das Ei »auf dem schütteren Haupt des Regierenden Bürgermeisters« mit den Worten: »Frohe Ostern, Sie Weihnachtsmann!« Kunzelmann erhielt wegen der tätlichen Angriffe auf Diepgen eine Haftstrafe von fünf Monaten ohne Bewährung und wurde kurz darauf wegen des Eierwurfs im Berliner Lustgarten wegen tätlicher Beleidigung zu weiteren sechs Monaten Gefängnis ohne Bewährung verurteilt. Kunzelmanns Revision wurde 1997 verworfen, so daß die Urteile rechtskräftig wurden.[407]

Da er zunächst nicht bereit war, die beinahe einjährige Haftstrafe anzutreten, entfaltete Kunzelmann noch einmal sein subversives Talent. Im Herbst 1997 tauchte er erneut unter und reiste auf Umwegen nach Italien, wo er die folgenden eineinhalb Jahre bei Freunden verbrachte. Am 3. April 1998 erschien in der Berliner Zeitung in der Rubrik »Traueranzeigen« folgende Nachricht:

nicht nur über sein Leben,
auch über seinen Tod
hat er frei bestimmt
Dieter Kunzelmann
1939–1998[408]

Nur wenige waren über sein Verschwinden informiert, so daß das Gerücht von seinem möglichen Freitod die Runde machte. In Kunzelmanns gleichzeitig im Transit-Verlag erschienenen Memoiren steuerten nicht wenige ehemalige Weggefährten amüsante bis rührende Erinnerungen bei, Ulrich Enzensberger und Fritz Teufel ließen sich mit einer fingierten Bild-Zeitungsschlagzeile photographieren: »Tot oder lebendig! Polizei sucht Kunzelmann«, und Bernd Rabehl schrieb für die Berliner Zeitung einen »vorsorglichen Nachruf«, der die Frage nach dem möglichen Selbstmord plakativ an den Gesuchten selbst richtete: »Eine bittere Wahrheit oder eine neue Provokation? Dieter, melde Dich! Ansonsten: Gebiß raus zum Gebet!«[409] Ulrich Enzensberger steuerte vier Tage später in der JUNGLE WORLD in Anlehnung an ein Gedicht von Hans Arp eine poetische Collage unter dem Titel »Kaspar ist tot« bei, die mit Arps Worten schloß: »Seine Büste wird die Kamine aller wahrhaft edlen Menschen zieren«.[410]

Das Rätselraten um Kunzelmanns möglichen Freitod hätte mit einem Blick in eine alte Ausgabe der Zeitschrift INTERNATIONALE SITUATIONNISTE vom Oktober 1967 beendet werden können, denn Kunzelmanns literarischer Selbstmord war nicht ohne Vorbild. Bereits mehr als dreißig Jahre zuvor hatte die Situationistische Internationale in Paris mit einer ganz ähnlichen Anzeige das angebliche Ableben ihres theoretischen Übervaters Guy Debord vermeldet: In »tiefer Trauer« hatten die Situationisten mitgeteilt, daß Debord am 3. Januar 1967 inmitten ihrer Organisation verstorben sei.[411] Die Anspielung auf dieses subversive Vorbild mag Kunzelmann auch deshalb gereizt haben, weil er seit Jahrzehnten mit dem situationistischen Theoriewächter wegen des Rauswurfs von 1962 eine Rechnung der Eitelkeiten offen hatte – oder nicht zuletzt vielleicht auch, weil Debords fiktives Todesdatum recht präzise mit dem Gründungsdatum der Kommune I zusammenfiel. Kunzelmanns lebenslange Begeisterung für historische Jahrestage hätte hier den Eingeweihten als »posthum« augenzwinkernder Hinweis gelten können.

Im Frühjahr 1999 tauchte Kunzelmann so plötzlich, wie er verschwunden war, wieder auf. In seiner Suche nach Öffentlichkeit war er sich treu geblieben und gestattete im Mai zunächst der Zeitschrift STERN ein Exklusivinterview unter dem Titel: »Hurra, ich lebe noch!«[412] Er habe, so Kunzelmann, die Idee seines vorgetäuschten Todes im November 1997 mit dem ihm befreundeten Künstler Jens-Jœrgen Thorsen unter dem Code-Wort »Viva la muerte« diskutiert. Außer zwei Berliner Freunden sei nur noch seine Familie eingeweiht gewesen. Bereits Anfang 1999 habe er darüber nachgedacht, bei den Berliner Wahlen als Toter gegen »Dieb und Mompitz« anzutreten, neugierig, »was passiert, wenn eine Leiche gegen die anderen Leichen antritt«, bis ihm angeblich erst dann aufgefallen sei, daß der Berliner Regierende Bürgermeister nicht direkt gewählt werde. Er beschrieb sein Leben inkognito und erläuterte noch einmal seine Kritik an der Berliner Stadtentwicklung, bevor er seiner schwerkranken Mutter ein sentimentales Denkmal setzte, die er kurz zuvor aus Anlaß ihres 90. Geburtstages besucht habe.[413] Fast hatte es den Anschein, als habe er damit nach seiner Abreise nach Paris an ihrem 50. Geburtstag mit dieser Rückkehr eine 40-jährige Flucht an ihr Ende bringen wollen. Gleichzeitig kündigte er an, sich den Behörden zum Strafantritt stellen zu wollen, um die Jahrtausendwende im Gefängnis zu verbringen – »ein würdiger Ort für dieses Ereignis«, wie er meinte.[414] Offenbar war er das Leben als Gesuchter im Untergrund leid und vermißte wohl auch die Möglichkeit öffentlicher Auftritte: »Das ist ja der Grund, warum ich im Sommer in den Knast gehe. Ich will wieder die Bewegungsfreiheit haben, um eingreifen zu können. Nicht allein, sondern mit anderen.«[415] Am 1. Juni tauchte Kunzelmann noch als Überraschungsgast des TV-Moderators Alfred Biolek in dessen Fernsehshow »Boulevard Bio« in der ARD auf, entging aber dennoch einer Verhaftung durch die Polizei.[416]

Am 14. Juli 1999 feierte Kunzelmann seinen 60. Geburtstag. Er tat dies allerdings nicht als Gesuchter an einem geheimen Ort im Untergrund, sondern er plante ein öffentliches Fest im Mehringhoftheater in der Kreuzberger Gneisenaustraße. Einige Wochen zuvor kündigte er sein Vorhaben in der Zeitschrift JUNGLE WORLD an: »[D]iesen Tag würde ich sehr gerne mit vielen Leuten auf einer tollen Fete verbringen. Und wenn es mir bis dahin gut geht, so wie jetzt, würde ich mich gerne am Ende des Festes von denen, die dann noch da sind, in den Morgenstunden zur Untersuchungshaft- und Aufnahmeanstalt Moabit oder zur Strafvollzugsanstalt Tegel begleiten und von ihnen verabschieden lassen, um meine einjährige Knastzeit anzutreten. Sollte der Polizeipräsident Sabberscheißky es wagen, die Geburtstagsfete zu stören, ist Ärger angesagt.«[417]

Die Polizei störte nicht, sondern beobachtete nur. Es ist anzunehmen, daß Kunzelmanns Anwälte mit den Strafverfolgungsbehörden eine Abmachung in seinem Sinne erreicht hatten. Kunzelmann hatte es eingerichtet, daß zu seinem Geburtstag nicht nur zahlreiche Freunde und Weggefährten anwesend waren sondern auch eine stattliche Anzahl von Journalisten, die am nächsten Morgen bundesweit von Kunzelmanns Geburtstags-Gefängnis-Happening berichteten. Die ihm wohlgesonnene Zeitschrift JUNGLE WORLD stellte daraus wiederum einen Pressespiegel zusammen, der am 21. Juli erschien.[418] Die Gäste feierten demnach zunächst allein, bevor Kunzelmann erst nach Mitternacht aus einem riesigen Papp-Ei sprang und die zahlreichen Glückwünsche entgegennahm. Die SÜDDEUTSCHE ZEITUNG stellte fest: »Kunzelmann macht Stimmung wie ein Clown auf dem Kindergeburtstag.« Die BILD-Zeitung fragte in gewohnter Manier: »Gehört ein Kunzelmann eigentlich nicht eher in die Irrenanstalt als ins Gefängnis?«, während die BERLINER ZEITUNG aus demselben Verlagshaus beinahe mitleidig vorschlug: »Wie wär's, Regierender Bürgermeister, wenn Sie dem alten Mann vergeben?« Nach wie vor konnte Kunzelmann die Medienöffentlichkeit provozieren, und er genoß die Aufmerksamkeit sichtlich. In den frühen Morgenstunden begleiteten ihn wie geplant zahlreiche Geburtstagsgäste zum Gefängnistor, wo Kunzelmann der SÜDDEUTSCHEN ZEITUNG zufolge mit den Worten Gerhard Schröders um Einlaß bat: »Ich will hier rein!«, bevor die Vollzugsbeamten dem Happening ein Ende machten: »Herr Kunzelmann, kommen Sie jetzt, was soll denn das Theater?« Götz Aly analysierte die Szene tags darauf in der Berliner Zeitung: »Zu Sorgen besteht Anlaß: Zwar werden die Justizvollzugsbehörden Dieter Kunzelmann seniorengerecht betreuen, seiner Resozialisierung aufhelfen können sie jedoch nicht. Der Sträfling ist längst zum Gefangenen seiner Eitelkeit geworden, seines Hangs zur Selbstbespiegelung. Eben deshalb können die Strafzwecke Sühne, Reue, Umkehr nicht erfüllt werden.«[419] Das Tour-Tagebuch der Berliner Punk-Band »Terrorgruppe«, die Kunzelmann für seine Geburtstagsfeier engagiert hatte, vermerkte ähnliches in anderen Worten: »Der Typ is allerdings voll durchn wind. Man merkt schon das der zeit seines lebens immer nur mit der presse zu tun hatte. Bei jedem blödsinn den er macht muss immer irgend'ne kamera dabei sein. Und ausserdem erzählt er einem ständig von seiner platzangst und irgendwelchen krebsarten die er angeblich hat. Auch nicht viel anders wie meine oma.«[420]

Kunzelmanns Haftentlassung im Mai 2000 erregte weniger Aufsehen und wurde nur von der Berliner Zeitung ausführlicher gewürdigt.[421] Kunzelmann berichtete von gewalttätigen Auseinandersetzungen unter den Gefangenen, kündigte Beschwerden und Klagen gegen die Justizverwaltung an und wollte sogar gegen Stellenkürzungen unter den Vollzugsbeamten protestieren. Ein Vorfall erregte ihn offenbar besonders. Im Januar 2000 war ihm ein Hafturlaub gewährt worden, den er dazu benutzte, am symbolischen Baubeginn des Holocaust-Mahnmals teilzunehmen. Er wurde prompt mit der Begründung verhaftet, er dürfe während seines Hafturlaubs nicht an politischen Versammlungen teilnehmen: »›Eine solche Auflage verstößt gegen das Grundgesetz‹, sagt Kunzelmann. ›Mein Anwalt zieht damit bis vors Bundesverfassungsgericht, wenn es sein muß.‹«[422]

Seitdem wurde es stiller um Kunzelmann. Ulrich Enzensberger berichtete 2004 in seinen Erinnerungen: »Großvater Dieter Kunzelmann vergnügt sich beim Hüten der beiden Kinder seiner Tochter Grischa.«[423] Als Wolfgang Kraushaar im Sommer 2005 Kunzelmanns Beteiligung am versuchten Brandbombenanschlag im Jüdischen Gemeindehaus öffentlich machte, schwieg Kunzelmann zu der kontroversen Debatte, die sich anschloß.[424] Zum 40-jährigen Jubiläum der Kommune-Gründung gelang es dem Spiegel im Januar 2007, noch einmal die Kommunarden der ersten Stunde zu einer Art Veteranen-Treffen mit Gruppenphoto zu versammeln.[425] Genüßlich notierten die Journalisten die kleineren Sticheleien und Eifersüchteleien, die sie unter den gealterten Kulturrevolutionären auf dem Berliner St.Elisabeth-Friedhof beobachten zu können glaubten, und konnten sich die Bemerkung nicht verkneifen, Kunzelmann sehe »haargenauso aus wie einer jener Rentner, die er 40 Jahre zuvor auf dem Ku'damm erschreckt hat.« Demgegenüber wurde Rainer Langhans zum »Sieger« eines nicht näher definierten Wettbewerbs um die pop-kulturelle Phantasie der Bundesrepublik erklärt.[426] Der 1968 in der Kommune-Fabrik ausgebrochene Konflikt zwischen Pop-Kultur und militantem Radikalismus wurde derweil in den Jubiläumsdiskussionen über die Bedeutung und die Folgen der »Revolte« weiter fortgeschrieben.

Avantgarde, Protest und Radikalismus nach 1945

1. Der Außenseiter als Insider. Die Biographie Dieter Kunzelmanns ist gewiß kein repräsentativer, möglicherweise aber ein symptomatischer Querschnitt durch die Geschichte des subversiven Protests und Radikalismus nach dem Zweiten Weltkrieg. Über Jahrzehnte hat Kunzelmann konsequent radikale Minderheitenpositionen vertreten, selbst innerhalb des ohnehin eng umgrenzten Milieus des kulturellen und politischen Protests. Das gilt für seine Jahre im Umkreis von Situationismus und Subversiver Aktion wie für die kulturrevolutionäre Phase der Jahre 1967/68, seinen Weg in den »bewaffneten Kampf«, wie auch für sein Engagement in den sektiererischen Zirkeln der kommunistischen Kaderparteien der siebziger Jahre oder seine Opposition gegenüber der grün-alternativen Realpolitik gegen Ende der achtziger Jahre. So markierte der medienwirksame antiautoritäre Flügel um Kunzelmann und Dutschke selbst zur Hochzeit der Studentenrevolte nur eine Minderheitenposition innerhalb des SDS, der wiederum nur im Bündnis mit sozialdemokratischen und liberalen Studentengruppen hochschulpolitisch mehrheitsfähig war, während den politisch engagierten Studierenden insgesamt eine wohl durchaus größere Zahl von eher desinteressierten Kommilitonen gegenüberstand und die Hochschulstudierenden ihrerseits kaum mehr als zehn Prozent ihrer jeweiligen Geburtsjahrgänge ausmachten. Eine »Generation« markierten die später sogenannten »68er« im quantitativen Sinne gewiß nicht, und das war den Beteiligten schon bald dunkel bewußt, während die Protestierenden auf den Straßen von Berlin im Sommer 1967 sich eine Äußerung des Regierenden Bürgermeisters Albertz ironisierend zu eigen machten und ihre bescheidenen Mobilisierungserfolge mit dem Slogan feierten: »Wir sind ei-ne, unbedeutend klei-ne, radikale Minderheit!«.

Wenn nach den Wurzeln des antiautoritären Protests der sechziger Jahre gefragt wird, offenbart Kunzelmanns Biographie bei aller exzeptionellen Exzentrizität jedoch einige durchaus symptomatische Aspekte. Wie eingangs bereits geschildert, spielte für Kunzelmann wie für andere Protagonisten des anti-autoritären Flügels die provinzielle Prägung in der Nachkriegszeit eine wichtige biographische Rolle. Aus vergleichsweise toleranten Elternhäusern heraus machten sich nicht nur Kunzelmann, sondern auch andere auf den Weg in die Großstadt als einem Sehnsuchtsort einer medial vermittelten Phantasie von einem »anderen Leben«. Aus dem Schul- und Ausbildungsabbrecher Kunzelmann wurde in Paris und später in Schwabing ein kontaktfreudiger Bohèmien, der am Rande gesellschaftlicher Normen immer auf der Suche nach ähnlich rebellischen Geistern blieb. Die Stationen seiner subversiven Karriere seit der Begegnung mit der Gruppe Spur, der Gründung der »Subversiven Aktion«, seinen Berliner Kontakten in der »Viva-Maria«-Gruppe, der aufsehenerregenden Kommune-Gründung, über den urbanen Untergrund der Haschrebellen bis in die von ihm maßgeblich vorangetriebene Gründung der Tupamaro-Stadtguerilla sind auf unterschiedlichste Weise, aber doch kontinuierlich von einer Suche nach revolutionärer Solidarität und sozialer Einbindung geprägt. Ein negativ konnotiertes Schlüsselwort blieb auf diesem Weg stets der Begriff der »Isolation«, der bereits im Zentrum der situationistischen Urbanismus-Kritik gestanden hatte und während der linksradikalen Häftlingskampagnen der siebziger Jahre wieder auftauchte. Dahinter verbarg sich ein zwischenzeitlich theoretisch ausformuliertes Unbehagen an modernistischen Konzepten einer funktionalisierten Lebenswelt, die schon früh gezielt mit einem Faschismus-Vorwurf belegt wurde. Die Kulturrevolution der sechziger Jahre hatte sich damit innerhalb esoterischer Avantgarde-Zirkel als »Aufhebung« einer Moderne angekündigt, die mit den Vokabeln der »Ausbeutung« und »Entfremdung« der Kritik eines kulturkritisch gewendeten Neo-Marxismus unterzogen wurde.

Was für die antiautoritäre Traditionslinie, in deren Zentrum von Beginn an Kunzelmann stand, von entscheidender Bedeutung wurde, war die Überzeugung von der Bedeutung und Wirksamkeit des subjektiven Eingreifens in die als repressiv gebrandmarkten Verhältnisse.[1] Der als verlogen und gewalttätig gekennzeichneten Nachkriegsmoderne trat Kunzelmann mit der Vorstellung entgegen, auch außerhalb der Institutionen und unter Vermeidung der herkömmlichen Bildungs- und Karrierewege einen radikalen Einspruch gegen Kapitalismus und bürgerliche Demokratie zur Geltung bringen zu können, der tatsächlich eine revolutionäre Wende in Politik und Gesellschaft herbeiführen würde. Die Herkunft des dabei deutlich werdenden »Aktivismus und moralischen Rigorismus« ist allerdings nicht leicht auszumachen.[2] Einen unübersehbaren Beitrag hat für Kunzelmann die radikale Tradition der europäischen Avantgarde, insbesondere die Manifestationsrhetorik des Surrealismus gespielt, die in verwandelter Form die kulturelle Subversion der Situationisten durchzog.[3] Eine religiöse Komponente, wie sie bei anderen Repräsentanten des Nachkriegsradikalismus zum Beispiel im Protestantismus von Rudi Dutschke oder Gudrun Ensslin auszumachen ist, stellt sich in Kunzelmanns Fall wohl komplizierter dar: Die elterliche Erziehung war von weltanschaulicher Mäßigung geprägt, und auch wenn er später noch vom »barocken Verwandlungs- und Verkleidungsspiel«, dem »Archaisch-Mythologischen« des fränkischen Katholizismus schwärmte, prägten sein Verhältnis zum etablierten Christentum wohl in erster Linie die juristischen Auseinandersetzungen während der Spur-Prozesse zu Beginn der sechziger Jahre.[4] Seine Provokationen des katholischen Wertehimmels als »gefühlten Protestantismus« zu bezeichnen, wäre vor diesem Hintergrund aber eher gewagt denn plausibel.[5] Seine Aktivitäten in der Gruppe Spur und in der späteren »Subversiven Aktion« waren weniger von einer religiös inspirierten Oppositionshaltung geprägt als vielmehr von einer Verachtung für offensichtlich anachronistische und zu politischen Zwecken funktionalisierte Rituale und Wertnormen in Kirche und Staat. Daneben waren für die Subversiven um Kunzelmann und Dutschke die Kirchen bevorzugte Ziele ihrer Versuche, für ihre rigorose politische Moral ein öffentliches Forum zu erobern.

Dieser Impuls ging im Fall Kunzelmanns eine spezifische Mischung mit seiner stets erneuerten Nähe zu universitären Diskussionszirkeln ein. Ohne Schulabschluß war Kunzelmann ein typischer Autodidakt, der sich mit seinen von einem subversiven Lektürekanon, aber auch von der europäischen Literatur und besonders der Kinotradition geprägten Inspirationen zunächst in künstlerische, später dann in studentische Lebenswelten einzuordnen versuchte. Selbst innerhalb dieser subversiven und antiautoritären Zirkel wirkte Kunzelmann lange Zeit und wiederholt wie ein Außenseiter, und er ist wohl der einzige, dem es gelungen ist, binnen gerade einmal acht Jahren insgesamt fünfmal aus radikaloppositionellen Zirkeln ausgeschlossen zu werden: 1961 aus der Situationistischen Internationale, 1965 sowohl aus dem Münchner SDS als auch aus seiner eigenen »Subversiven Aktion«, 1967 mit der Kommune I wiederum aus dem Berliner SDS und 1969 aus der von ihm selbst mitbegründeten Kommune I. Dennoch gelang es Kunzelmann, sich über Jahre hinweg immer im Zentrum und am Puls der jeweils aktuellen kulturrevolutionären Subversion aufzuhalten. Bis in die siebziger Jahre hinein blieb er dabei immer Pionier des jeweils nächsten Radikalisierungsschrittes, sei es der Militanz der »Umherschweifenden Haschrebellen«, des international vernetzten »bewaffneten Kampfes« der ersten deutschen »Stadt-Guerilla« oder der Re-Disziplinierung der linksradikalen Militanz in den maoistischen Kaderparteien. Erst 1980 folgte Kunzelmann mit seinem Eintritt in die Alternative Liste einem oppositionellen Trend, ohne ihn selbst maßgeblich inspiriert oder vorangetrieben zu haben. Damit war Kunzelmann weniger der »Spinner der Bewegung«, als der er gelegentlich tituliert wurde,[6] sondern vielmehr ein exzentrisches Medium kulturrevolutionärer Traditionen und internationaler Inspirationen für Subversion und Militanz, dem sein zunächst universitär geprägtes Umfeld der Avantgarde und der sogenannten Studentenrevolte zwar einerseits fremd bleiben mußte; andererseits waren seine konzeptionellen und aktionistischen Beiträge für die mediale Wirksamkeit und die militante Radikalisierung von zentraler Bedeutung. Damit ist nicht impliziert, daß Kunzelmann diese Entwicklungen als persönliches Verdienst oder persönliche Schuld zuzuschreiben wären – so als könnte man die Geschichte der Subversion und Militanz in Deutschland als »Kunzelmann-Story« schreiben[7] –, sondern daß er als kommunikativer Außenseiter zum subversiven Insider einer Protestkultur wurde, die seit den frühen 60er Jahren ideologisch und habituell auf der Suche nach dem »Anderen« der Wirtschaftswundergesellschaft, einer Negation der vorgefundenen, institutionenorientierten Version von Intellektualität und Bürgerlichkeit war.[8] Für diese Befindlichkeit einer Minderheit jugendlicher bildungsbürgerlicher Rebellen taugte Kunzelmanns schon früh nicht nur gedanklich sondern auch praktisch erprobte existentielle Radikalopposition als abenteuerliche Inspiration und rebellisches Vorbild.

2. *Ungleichzeitigkeiten.* Kunzelmanns subversiver gedanklicher Kosmos, den er sich während der sechziger Jahre erarbeitete, kann mindestens in einer Hinsicht als durchaus typisch für die intellektuelle Orientierung der in Deutschland entstehenden kulturrevolutionären Minderheit gelten: Der kulturrevolutionäre Aufbruch der sechziger Jahre, den Kunzelmanns subversiver Zirkel an zentraler Stelle inspirierte, war zunächst ein nachholender, ein im wörtlichen Sinne restaurativer Rückgriff auf verlorengeglaubte Traditionen der europäischen Kultur- und Zivilisationskritik der Zwischenkriegszeit. Dabei kam es zu merkwürdigen Überlagerungen der Kategorien von »Modernität« und »Rückwärtsgewandtheit«, die eine normative Beurteilung der gesellschaftlichen und ideologischen Konflikte der sechziger Jahre unmöglich machen: Während einerseits die Funktionseliten der Bundesrepublik sich die Rhetorik von Fortschritt und Modernität aneigneten und dabei die sozialen und kulturellen Unruhen der Weimarer Zeit wie auch die Verbrechen der NS-Diktatur nur gänzlich abstrakt als »tragische« oder »dunkle« Negativfolie benutzten, machten sich innerhalb einer kleinen, meist studentischen Minderheit diejenigen bislang verschwiegenen Traditionen der Kritischen Theorie, der marxistischen Kulturkritik und der subversiven Avantgarde breit, die vielen Liberalen als Wurzel des politischen und zivilisatorischen Bankrotts des alten Europa der Weltkriegsepoche gelten mochten. Gleichzeitig aber – und hier lag die für manchen Beobachter verwirrende Paradoxie – vertraten die Verfechter der modernistischen Rekonstruktion während der Nachkriegszeit zunächst noch traditionelle Wertnormen, die sich am besten unter der zeitgenössisch propagierten Vokabel des »Abendlands« zusammenfassen lassen, während sich die avantgardistischen Theoriegebäude der Protestbewegungen umgekehrt durch archaisch anmutende naturalistische Grundannahmen auszeichneten, die in neo-rousseauistischer Manier in Politik, Alltag und Erziehung die Befreiung des Subjekts von den als repressiv empfundenen Fesseln der modernen kapitalistischen Industriegesellschaft zu versprechen schienen.[9] Das gilt für die Kritische Theorie der Frankfurter Schule gleichermaßen wie für die radikal sexualrevolutionären Vorstellungen Wilhelm Reichs oder die antiautoritären Erziehungsexperimente der Kinderladen-Bewegung. Das Ergebnis war eine Opposition von revolutionärem Naturalismus und konservativer Moderne, innerhalb derer für Konzepte einer emanzipatorischen Moderne nur wenig Raum zu sein schien. Die ideellen Wurzeln einer reflexiven, später so genannten »Post«-Moderne lassen sich am ehesten noch in situationistischen Gedankenexperimenten ausmachen, die von den emanzipativen Potentialen der »Voll-Automation« schwärmten, um den technischen Fortschritt in den Dienst einer

erneuerten und spielerisch befreiten Subjektivität stellen zu können. Dieser »neue Mensch des 21. Jahrhunderts«, der sich hier virtuell abzeichnen mochte, geriet allerdings bald in die ideologisch besetzten weltpolitischen Machtkonflikte des späten 20. Jahrhunderts und verkümmerte zum radikal-oppositionellen Landsknecht, der die zivilisatorischen Potentiale der selbstreflexiven Moderne einer autodestruktiven Guerilla-Mentalität unterwarf.

An Kunzelmanns Biographie läßt sich diese Pathologie der paradoxen Ungleichzeitigkeiten in der Nachkriegsmoderne exemplarisch beobachten: Die unmittelbare Nachkriegszeit präsentierte sich im provinziellen Bamberg als eine Mischung aus Kaltem Krieg und katholischer Hegemonie – in Form von Autoritäten in Schule, Kirche und Politik, die einerseits die rasanten Erfolge des einheimischen, weil fränkischen Wirtschaftsministers Erhard bejubelten und offen mit dem Gedanken einer atomaren Bewaffnung der Bundeswehr spielten, andererseits aber den neuen Hüftschwung der amerikanischen Garnison verteufelten und keine Brustwarze auf der Leinwand ertragen konnten.[10] Umgekehrt mußten für Jugendliche der späten fünfziger Jahre die wenigen inspirierenden Lichtblicke, die von der Lektüre Prousts oder Sartres, gewiß aber auch von der cineastischen Avantgarde der europäischen Moderne ausgingen, wie geheimnisvolle Fingerzeige wirken, die eine andere, vollkommen unmöglich erscheinende rebellische Subjektivität jenseits der Zumutungen der professionalisierten Moderne versprachen. Wer mit dieser Neugier in die Gedankenwelt der damals noch esoterischen Kapitalismuskritik der Kritischen Theorie eintauchte, die den vergangenen und bis auf weiteres noch beschwiegenen Faschismus letztlich als Produkt einer zu ausschließlicher Zweckrationalität verkümmerten industriellen Moderne verstand, der konnte angesichts der anhaltenden Eliten-Kontinuitäten zwischen Nationalsozialismus und Bundesrepublik glauben, in existentiell bedrohlichen Zeiten zu leben. Die Erschütterung der Wirtschaftswunder-Bürger über die Ermordung eines charismatischen amerikanischen Präsidenten, der sich kurz zuvor neben der Gründergeneration der Bundesrepublik als vergleichsweise jugendlich, »cool« und historisch unbelastet präsentiert hatte, wirkte auf Kunzelmanns winzigen subversiven Kreis in seinem Schwabinger Keller wohl auch deshalb wie pure Heuchelei.

Kaum zu überschätzen ist letztlich aber insbesondere die Wirkung der Bilder aus Vietnam, die kurze Zeit später diese paradoxen und alarmierenden Grundannahmen über den Charakter der Nachkriegsmoderne visuell auf den Punkt brachten. Seit Mitte der sechziger Jahre erlebte nicht nur die »Subversive Aktion«, sondern auch die westdeutsche Protestkultur insgesamt ihren »Take-Off«, der die geschilderten Ungleichzeitigkeiten der politischen Kultur in Deutschland und auch anderswo politisch zuspitzte. Moderate Stimmen, wie diejenige Ralf Dahrendorfs, der selbst noch in Momenten höchster Erregung während der Osterunruhen mit Blick auf den Springer-Verlag eine zivile Verteidigung der Nachkriegsgesellschaft vor sich selbst vorschlagen wollte, blieben ungehört. Er diskutierte hier letztlich nicht mit empörten und alarmierten Studenten des Jahres 1968, sondern mit dem gescheiterten Antifaschismus der frühen dreißiger Jahre, der sich in einer seltsamen Verspätung nicht noch einmal ohne Kampf geschlagen geben wollte – aber nach eigener Aussage gleichzeitig auch mit dem traumatisierten Sicherheitsbedürfnis wertkonservativer Eliten, die sich in einer ebenso seltsamen Verspätung vor den Bürgerkriegserfahrungen der zwanziger und dreißiger Jahre fürchteten.[11] *Beide* Seiten dieses polarisierten Konflikts lebten einerseits in der massenmedial informierten Wirklichkeit einer inzwischen atomar bewaffneten Moderne und waren doch in politisch-emotionalen Vorstellungswelten der Zwischenkriegszeit gefangen, die der Nationalsozialismus nur vorläufig zum Schweigen gebracht, nicht jedoch aus der politischen Kultur Deutschlands getilgt hatte.

Vor diesem Hintergrund wirkt Kunzelmanns Hinwendung zum konzeptionell reichlich angejahrten Kader-Kommunismus der siebziger Jahre – die im übrigen tausende andere mit ihm vollzogen – etwas weniger überraschend, als man auf den ersten Blick vermuten müßte. Die so gar nicht kulturrevolutionäre »volkstümliche« Biederkeit dieses Milieus oder auch die allerorten zu vernehmenden poetischen Anachronismen der Ernst-Busch-Verehrung passen recht präzise in den Befund komplexer Paradoxien in den Zeitstrukturen der bundesrepublikanischen politischen Kultur.[12] So kurios und aus der Zeit gefallen der sektiererische K-Gruppen-Kommunismus später wirken mochte, bedeutete er doch auch für viele den Abschied vom anarchistisch konnotierten »bewaffneten Kampf« und hat möglicherweise auf eine wiederum paradoxe Art und Weise zu einer Zivilisierung der politischen Kultur der Bundesrepublik beigetragen. Die Epoche der antagonistischen Ungleichzeitigkeiten der bundesdeutschen Nachkriegsmoderne scheint jedenfalls um 1980 endgültig zuendegegangen zu sein, als einerseits grün-alternative Politikkonzeptionen den Sprung in die realpolitischen Unübersichtlichkeiten der Post-Moderne wagten und andererseits die wertkonservativen Parolen Helmut Kohls von einer »geistig-moralischen Wende« in der kritischen Öffentlichkeit nicht viel mehr als amüsierten Spott auf sich zogen. Diesen Wandel der politischen Kultur hat Kunzelmann nicht mehr mitvollzogen, sondern beharrte darauf, den zugegebenermaßen rechtslastigen Populismus des Berliner Innensenators Lummer mit einem hypertrophen Faschismus-Vorwurf zu überziehen und auch später nicht von seiner – wenn auch gebremsten – subversiven Militanz zu lassen. Kunzelmanns Epoche, diejenige der paradox verschränkten nachholenden Konflikte einer traumatisierten politischen Kultur der alten Bundesrepublik, war aber inzwischen an ihr Ende gekommen.

3. Medialer Aktionismus. Es ist mittlerweile gängig, die Geschichte des subversiven Protests nach 1945 als Medienereignis zu betrachten und zu analysieren.[13] Dabei ist eine doppelte Einbettung des kulturrevolutionären Protests in die bundesrepublikanische Mediengeschichte von Bedeutung: einerseits als Wiederentdeckung der performativen Kommunikation in Politik und Gesellschaft und andererseits als ironische Reflexion kommerzialisierter Medienwelten. Die Wiederentdeckung des Performativen in der Protestkultur der Nachkriegszeit hängt eng mit der im oben beschriebenen Sinne unzeitgemäßen Inspiration durch die Avantgarde der Zwischenkriegszeit, insbesondere durch den Dadaismus und neue Ausdrucksformen des Theaters zusammen. Wenn zum Beispiel Joachim Scharloth die Auftritte der Kommunarden vor Gericht als performative Zweckentfremdung des juristischen Rituals beschreibt, dann wäre dem hinzuzufügen, daß bereits Bertolt Brecht umgekehrt den sogenannten »Dreigroschenprozeß« von 1930 als performative Inspiration des epischen Theaters begriffen hat.[14] Politik, Justiz und performative Opposition gingen schon früh in das Konzept eines politischen Happenings ein, und der Situationismus stellte dabei eine zentrale Gelenkstelle der Vermittlung älterer Traditionen und neuerer Protestanlässe dar.[15]

Welche Auswirkungen die Wiederentdeckung des Performativen auf die politische Kultur des sechziger Jahre gehabt hat, ist weniger klar. Einerseits ließe sich der kulturrevolutionäre Protest als Sabotage der Rekonstruktionsversuche rationalisierter politischer Diskursformen nach 1945 deuten, als anti-liberales Agitprop-Theater. Alexander Holmig wiederum hat das »Wirken der Kommune I« als »symbolische Politik von unten« gewertet, als aufklärerisches Gegengewicht zum Wirklichkeitsverlust eines massenmedialen Unterhaltungsspektakels.[16] Eine solche Interpretation verweist auf den Reflexionscharakter subversiver Medienpolitik und die situationistischen Kommunikationstaktiken der Zweckentfremdung. Debord hatte schon 1958 gefordert, daß »alle Formen der Pseudokommunikation [...] bis zu ihrer äussersten Zerstörung« getrieben werden müßten, um jenseits des kapitalistischen Massenspektakels eine »wirkliche, unmittelbare Kommunikation« wiederzuentdecken.[17] Die naturalistischen Konnotationen der situationistischen Symbolpolitik sind dabei unschwer auszumachen. In dieser Lesart hätten die Kommunarden um Kunzelmann mit ihren Flugblättern und sonstigen Aktionen eine bescheidene Bresche in die massenmediale »Pseudokommunikation« der Springer-Presse geschlagen, aber die neue Unmittelbarkeit eines kommunikativen Naturzustands wollte sich nicht einstellen – auch nicht in den situationistischen »Brückenköpfen zur Invasion des Alltag« innerhalb der Kommune-Bewegung, die bald in Richtung Pop-Kultur oder Militanz ausfranste.

Eine zentrale, wenn auch paradoxe Rolle spielte dabei der Begriff des »Spektakels«, der sowohl unter den Zeitgenossen als auch in der historischen Analyse allerorten anzutreffen ist, selten jedoch eine präzise begriffliche Orientierung ermöglicht. Debord hatte das »Spektakel« pejorativ zur Charakterisierung der entfremdeten Kommunikationsformen im Zeitalter der Massenmedien und performativen Großereignisse verwendet. Sein Hauptwerk entwickelte dann gegen Ende der sechziger Jahre diese Analyse als Generalschlüssel für die Zivilisationskritik der modernen Mediengesellschaft.[18] Umgangssprachlich jedoch hielt sich eine rein deskriptive Bedeutung des Begriffs, der immer wieder – auch von Kunzelmann selbst – affirmativ auf die performativen Aktivitäten der subversiven Kulturrevolutionäre angewandt wurde.[19] Darin spiegelt sich auch ein Prozeß der Aneignung der Protestkultur durch die massenmediale Berichterstattung: Die »anti-spektakulär« gemeinten Aktionen des subversiven Protests verwandelten sich schnell selbst in Medienereignisse, deren kritische Implikationen für die Zeitgenossen in den Hintergrund traten. Übrig blieb der Protest als spektakuläres Ereignis, und in diesem spezifischen Sinn kann die anti-spektakuläre Symbolpolitik der Nachkriegsavantgarde als rundum gescheitert gelten. Daß der fiktive Todestag Debords mit der Gründung der Kommune I zusammenfallen sollte, entbehrt insofern nicht einer süffisanten Logik.[20]

Kunzelmann hatte sich frühzeitig von einem situationistisch-kritischen Verständnis des »Spektakels« entfernt. Es wäre insofern müßig und verfehlt, den ursprünglichen Sinn der anti-spektakulär gemeinten situationistischen Symbolpolitik aufrechtzuerhalten und gegen die in diesem Sinne letztlich gescheiterte performative Praxis der Kommunarden in Stellung zu bringen, denn damit wäre – außer einer normativen Reinhaltung des subversiven Vokabulars – für die historische Analyse wenig gewonnen. Statt dessen bietet sich der Vergleich von Kunzelmanns Provokationstaktiken und auch seiner eigenen Rezeptionsweisen des massenmedialen Spektakels mit dem kulturhistorischen Topos des »Melodramatischen« an, das ein Grundmotiv der religiösen oder theatralischen Ästhetik darstellt.[21] Im krassen Widerspruch zu Debords Kulturkritik leistet das melodramatische Spektakel eine Verbindung von Ästhetik und Emotion durch die theatralische Performanz, eine Vorstellung, die sich viel besser für eine Charakterisierung von Kunzelmanns Provokationen eignet. Die Art und Weise, wie Kunzelmann und seine Mitstreiter zum Beispiel das Kino als emotional-ästhetische Inspiration ihrer weltrevolutionären Intentionen nutzten, hat nichts mehr mit einer Medienkritik gemein, wie sie noch ein Jahr zuvor die kritischen Theoretiker der »Subversiven Aktion«, Gasché und Böckelmann, entwickeln wollten. Statt dessen tauchte Kunzelmann melodramatisch in Louis Malles Revolutionsfilm »Viva Maria!« ein und erfüllte damit Goethes Traum von einer »Verschmelzung der Menge mit dem Theater«.[22] Umgekehrt hat kaum ein Protagonist der Protestbewegung der sechziger Jahre sich so exzessiv selbst zum Gegenstand eines melodramatischen Revolutionsspektakels gemacht wie Kunzelmann. Demonstrationen, Protest-Aktionen wie die »Löbe-Aktion« vom August 1967 und seine Auftritte vor Gericht boten ihm reichlich Anlaß zur melodramatischen Selbstinszenierung. Über den zentralen performativen Ort des

Melodramatischen, die Oper, bemerkt Immacolata Amodeo im Hinblick auf den Begriff des »Spektakels«: »Das Spektakuläre ist nicht notwendigerweise an bestimmte Stoffe oder eine diskursive Logik gebunden, sondern vorwiegend an sinnliche und emotionale Aspekte der Kommunikation, an die Wirkung von semiotischen Grundbeständen. Die nicht vorhersehbare, oft widersprüchliche Kommunikation, die ihre Wirkung weniger semantischen als syntaktischen Kriterien – bzw. einer Art semiotischen Anarchie – verdankt, ist das, was Vergnügen bereitet. Zumeist geht ein Opernspektakel mit einer Abwesenheit von evidenter Signifikanz einher, und das wurde von Verächtern der Oper als Oberflächlichkeit moniert.«[23]

Die Verächter Kunzelmanns, zum Beispiel Jürgen Habermas, haben seine Aktivitäten in diesem Sinne ähnlich beurteilt: als »Scheinrevolution« eines »Harlekins«.[24] Auch auf die Gefahr hin, eine interpretatorische Geschmacklosigkeit zu begehen, ließe sich die Figur des Melodramatischen sogar in Kunzelmanns Weg in den »bewaffneten Kampf« aufweisen. Sein Ziel war offenkundig, mit bewaffneten Aktionen, wie derjenigen im Jüdischen Gemeindehaus am 9. November 1969, die größtmögliche öffentliche Erregung und Empörung hervorzurufen, und gleichzeitig ersehnten seine Zwischenrufe aus dem bewaffneten Untergrund, die er in den Jahren 1969 und 1970 in der Zeitschrift AGIT 883 publizierte, nichts so sehr herbei wie die militante Solidarität der radikalisierten Protestbewegung mit seinem eigenen Radikalismus oder – in Anlehnung an Goethe: die melodramatische Verschmelzung revolutionärer Massen mit dem bewaffneten Theater. Eben in diesem Sinne hätte selbst eine funktionsuntüchtige Brandbombe »zünden« können, wie sich Kunzelmanns Tupamaros in ihrem Bekennertonband ausdrückten. Eine solche Lesart bedeutet nicht, Kunzelmanns Weg in die Gewalt zu ästhetisieren, sondern sie versucht, einen plausiblen diskursiven Ort anzugeben, an dem sich Kunzelmanns Militanz innerhalb zeitgenössischer performativer Medienspektakel aufhielt.[25] Die radikalisierte »Gegengesellschaft« des West-Berliner Untergrunds mit ihren Untergrundzeitschriften war für ihn ebenso zum Objekt performativer Subversion geworden wie zwei Jahre zuvor die »Pseudokommunikation« der Springer-Presse, und Kunzelmann trieb mit immer neuen Akten der Selbstradikalisierung das melodramatische Spektakel seiner Vision von der Weltrevolution voran. Als er sich im Gefängnis der maoistischen »Rote Hilfe e.V.« anschloß, schien sich für den Melodramatiker der Revolte das Happy-End anzukündigen, doch noch vor dem erlösenden Kuß mit den »proletarischen Massen« hatte sich das Agitprop-Theater der KPD selbst aufgelöst. Die unübersichtlichen neuen medialen Kommunikationsformen des Politischen im ausgehenden 20. Jahrhundert blieben Kunzelmann dagegen fremd.

4. *Guerilla mit Weltgefühl.* Die Entwicklung der linksradikalen Militanz, an deren Entfaltung Kunzelmann maßgeblichen Anteil hatte, stand in mehrfacher

Hinsicht in einem internationalen Kontext. Zum einen waren die Vorstellungen vom »bewaffneten Kampf« ganz wesentlich von theoretischen Schriften beeinflußt, in denen die Verfechter von Militanz und Revolutionskriegen in Algerien, Asien, Nord- und Lateinamerika von ihren Erfahrungen berichteten und Konzepte des Guerilla-Krieges entwickelten. Sowohl die verehrten Vorbilder Mao und Guevara als auch die anderswo in der Welt parallel ablaufenden Radikalisierungsprozesse der Protestbewegungen der späten sechziger Jahre wurden in Berlin aufmerksam rezipiert und nicht selten in eigenen Übersetzungen dokumentiert und weiter verbreitet.[26] Zwischen abstrakten Focus-Theorien und praktischen Anleitungen zum »bewaffneten Kampf« entwickelte sich eine eigene Literaturgattung des militanten Untergrunds, die eine internationale Einheitsfront eines »anti-imperialistischen« Befreiungskriegs rund um den Globus zu dokumentieren schien. Der Berliner Vietnam-Kongreß zelebrierte im Februar 1968 diese Bewußtseinslage anschaulich und in theatralischer Geste vor einem großen Publikum. Bei dieser Gelegenheit wurde eine zweite Ebene der internationalen Vernetzung wirksam, die vom italienischen Verleger Feltrinelli organisiert wurde: Die militanten Subversiven in Berlin waren nicht nur theoretisch, sondern auch ganz handfest in die internationale Infrastruktur des bewaffneten Untergrunds eingebunden, etwa wenn Feltrinelli bereits in jenem Februar nicht unerhebliche Mengen Dynamit nach Berlin schmuggelte, deutsche Gäste aus der militanten »Szene« West-Berlins in Italien beherbergte und mit Geld und falschen Papieren versorgte oder wenn andere italienische Gruppen wie die »Uccelli« die deutschen Guerilla-Pläne inspirierten und förderten. Die Bedeutung dieses »Traumlands der Revolution« für die Radikalisierungsprozesse in Deutschland wird erst in letzter Zeit angemessen beurteilt.[27]

Drittens schließlich spielte das Schlagwort von der »internationalen Solidarität« eine wichtige Rolle bei der Radikalisierung und Militarisierung der Protestbewegung. Es bezeichnete keine theoretische oder praktische, sondern eine emotionale Einbindung in weit entfernte post-koloniale Konflikte in der »Dritten Welt«, die sich kaum begründen oder differenziert erklären ließ. Dabei war eine emotionale Grundstruktur von Bedeutung, die auf ganz abstrakte Weise den unmittelbar empfundenen Motivationsgrund für einen historisch unspezifischen Antifaschismus abgab und die Reflexion in die – letztlich bewaffnete – Aktion trieb: die uneingeschränkte Identifikation mit den Opfern vergangener und aktueller Verbrechen. Dieses »Weltgefühl« entzündete sich gleichermaßen an den Bildern aus Vietnam wie auch an den Zeugnissen der NS-Verbrechen, die zwar der eigenen Geschichte entstammten, doch lange Zeit wenig reflektiert und seltsam fremd über der bundesdeutschen Nachkriegsgesellschaft schwebten.[28] Der empfundenen Opfer-Vergessenheit der frühen Bundesrepublik trat damit ein demonstrativer Opferkult des linksradikalen Protests gegenüber, der seit Guevaras Tod im Oktober 1967 auch eine internationale Märtyrerverehrung des »bewaffneten Kampfes« entwickelte.[29] Diese undifferenzierte Opfer-Solidarität gegenüber einem als repressiv und gewalttätig eingeschätzten weltumspannenden »imperialistischen System« ermöglichte eine global empfindende, aber gedanklich und politische simple Positionsbestimmung und schien universell anwendbar. Als im Juni 1967 die Nachrichten vom Nahost-Konflikt in die aufgeheizte politische Stimmung im Umfeld des Schah-Besuchs drangen, beantwortete sich die Frage nach der Parteinahme fast von selbst. Die Selbstwahrnehmung der außerparlamentarischen Linken war in diesem Moment ganz und gar – und für lange Jahre danach – von der eigenen Opferrolle erfüllt: Das vietnamesische Volk, die unterdrückten Kommilitonen in Teheran, ganz besonders Benno Ohnesorg und nun auch die Palästinenser wurden zu unhinterfragbaren Identifikationsankern, denen mit US-Präsident Johnson, dem Schah von Persien, dem offenbar NS-belasteten Einsatzleiter der Berliner Polizei Werner und dem in der deutschen Presse so genannten »Wüstenfuchs« Moshe Dayan leicht identifizierbare Feindbilder gegenübergestellt werden konnten. So global, gut informiert und solidarisch sich diese Sichtweise gab, so manichäisch war sie auch. Das zeigte sich insbesondere im Bereich der »Palästina-Solidarität«, die alle Versuche einer Differenzierung oder historischen Einordnung abwehrte, die Anerkennung einer spezifisch deutschen politischen Verantwortung für Israel angesichts der NS-belasteten bundesdeutschen Funktionseliten ablehnte und auf einem »anti-imperialistischen« Weltgefühl beharrte. Das Resultat war der sogenannte linke Anti-Zionismus, der ausgehend von den Palästina-Komitees in Heidelberg und Frankfurt eine wichtige Voraussetzung für die militante Kooperation mit der palästinensischen Fatah und anderen bewaffneten Gruppen im Nahen Osten war. Die »Palästina-Connection« erwies sich langfristig als die eigentliche Basis des linken Terrorismus in Deutschland.[30] Auffällig ist in diesem Zusammenhang, wie gewissenhaft der radikale Flügel der entstehenden deutschen »Stadt-Guerilla« die Sprachregelungen der Fatah-Propaganda übernahm. Auch Kunzelmann folgte diesen rhetorischen Vorgaben zeitweilig blindlings. Diese spezifische Traditionslinie der Militarisierung der deutschen Protestbewegung wurzelte allerdings weniger im bis dato verdrängten linken Anti-Semitismus, sondern in einem hilflos-abstrakten »Anti-Imperialismus«, der zwischen Nationalsozialismus und US-amerikanischen Weltmachtinteressen, den historisch belasteten »gelernten Demokraten« der bundesrepublikanischen Gründergeneration oder eben den israelischen Sicherheitsinteressen nicht mehr unterscheiden konnte. Der linke Antisemitismus war dort, wo er schließlich – wie beim versuchten Anschlag auf das Jüdische Gemeindehaus – zutage trat, nicht die Ursache, sondern die gewissenlose Folge einer globalisierten und historisch undifferenzierten Opfersolidarität.

Diese abstrakten Verirrungen mit dem in der Tat zu beobachtenden deutschen »Schuldabwehr-Antisemitismus« gleichzusetzen, der den deutschen NS-Verbrechen mit einem relativierenden Verweis auf die israelische Besatzungspolitik in Palästina begegnet, ist insofern irrführend, als die Protestgeneration die

Aufarbeitung der NS-Vergangenheit und die Entfernung der Verantwortlichen aus öffentlichen Ämtern einforderte.[31] Für deren Taten fühlten sich die protestierenden Studenten ganz gewiß nicht schuldig – und verspürten mithin auch nicht das Bedürfnis, eine historische Schuld abwehren zu müssen. Fritz Teufels messerscharfer Sarkasmus von der »Wiedergutmachung« des nationalsozialistischen Völkermords an den Juden durch die Tatsache, daß inzwischen mit deutschen Waffen der Staat Israel verteidigt und Araber getötet würden, ist ein anschauliches Beispiel für die Art und Weise, wie die Kommunarden schon 1967 einen »Schuldabwehr-Philosemitismus« der deutschen Politik zum eigentlichen Problem erklärten.[32] Daraus folgte in den kommenden Jahren der Imperativ, sich mit den Feinden des Staates Israels zu verbünden, zumindest solange die israelische Politik die Unterstützung der Springer-Presse und des sogenannten US-amerikanischen »Imperialismus«, aber eben auch der historisch belasteten bundesdeutschen Politikerelite genoß. Aus dieser abstrakten und umwegigen Logik entstand schließlich die Vorstellung, die Kooperation mit der Fatah sei »antifaschistisch«. Wer sich diesen eigentümlichen Gedankengang zu eigen machte, beging sicherlich eine Reihe von historischen Kategorienfehlern, brauchte aber nicht notwendigerweise Antisemit zu sein.[33] Daß die militanten »Internationalisten« der ausgehenden sechziger Jahre, zu denen auch der selbsternannte Guerilla-Kommandant Kunzelmann gehörte, die belastete Erbschaft der deutschen Geschichte eben demonstrativ auszuschlagen versuchten, gehört ganz wesentlich zu den gedanklichen Verkürzungen dieses manichäischen »Weltgefühls« der entstehenden deutschen Stadtguerilla. Der militante Untergrund wähnte sich jenseits historischer Bedingtheiten und versuchte, die eigene Subjektivität in anklagendem weltrevolutionärem Pathos gleichsam aus dem historischen Nichts heraus den schuldhaften Verstrickungen der älteren Generation entgegenzuhalten. Kunzelmanns skandalöses Gerede vom »Judenknax« im öffentlichen Geschichtsbewußtsein der Bundesrepublik ersetzte so das Verantwortungsgefühl gegenüber der eigenen Geschichte und Herkunft.

Der militante Linksradikalismus stand in seiner Selbstwahrnehmung dem Dschungelkampf des Vietcong und Guevaras Guerilla-Expedition in die bolivianischen Berge emotional viel näher als dem Gedanken einer »schuldlosen Verantwortung« für die deutsche Geschichte, über den später die ehemals neue deutsche Linke in die geschichtspolitischen Diskurse der Bundesrepublik integriert wurde. Kunzelmanns Polemiken zur Berliner Asylpolitik lassen in den achtziger Jahren seine eigene Deutung einer spezifischen deutschen Verantwortung erkennen, die sich – immer noch ganz der Opfersolidarität verschrieben – in einem pauschalen Asylrecht für palästinensische oder libanesische Flüchtlinge ausdrücken müsse.

Dem militanten »Weltgefühl« der deutschen Stadtguerilla stand gleichzeitig eine radikale Ortlosigkeit des »bewaffneten Kampfes« innerhalb der deutschen Gesellschaft gegenüber. In ihrer Geschichte des SDS haben Lönnendonker,

Staadt und Rabehl die Anarchisten im Umfeld der Kommune I treffsicher als die »Narodniki von Berlin« bezeichnet.[34] Damit implizierten sie einen Vergleich der antiautoritären Subversiven mit dem russischen Anarchismus des 19. Jahrhunderts, der verhaßte Repräsentanten staatlicher Macht angegriffen hatte. Schon Kropotkin hatte dabei beobachtet, daß in Phasen wirtschaftlicher Prosperität die Isolation der Intellektuellen von staatlicher Macht einerseits und sozialer Anerkennung andererseits den idealen Nährboden für den anarchistischen Terrorismus abgebe. Der Verlust der »Übersetzerfunktion« zwischen Regierenden und Regierten, die in Zeiten sich verschärfender sozialer Widersprüche zu beobachten sei, so faßt Janet Coleman diesen Gedanken zusammen, schaffe unter radikalen Intellektuellen die Voraussetzungen für anarchistische Gewalt.[35] Das beschreibt die Situation der antiautoritären Subversiven Ende der sechziger Jahre beinahe zu schlüssig. Im Dauerkonflikt mit sämtlichen staatlichen und gesellschaftlichen Institutionen war die Gesprächsatmosphäre mit den verantwortlichen Funktionsträgern schnell vollständig zerrüttet – einzig Dutschke hielt an der Möglichkeit seines heute sprichwörtlich gewordenen »Marsches durch die Institutionen« fest. Andererseits hatten sich die Kommunarden mit ihren kulturrevolutionären Konzepten des privaten Lebens und dem situationistisch inspirierten Dauer-Aktionismus vollständig von der Lebenswelt der doch eigentlich von ihnen zu befreienden »Arbeiterklasse« entfremdet. Nichts machte diese Situation deutlicher als Josef Bachmanns Schüsse auf Rudi Dutschke. Das Gelächter der Kommunarden, das ihre Freude über einen unmittelbar bevorstehenden revolutionären Umbruch in der Gesellschaft zum Ausdruck bringen sollte, ist das Dokument eines einzigartigen Wirklichkeitsverlustes. Die Aktivitäten der K-Gruppen in den siebziger Jahren waren der letztlich gescheiterte Versuch, diese Isolation zu durchbrechen. Kunzelmann war seit 1967 ohne Zweifel prominent, populär wurde er nie.

5. *Wann ist der revolutionäre Mann ein Mann?* Vergleichsweise wenig beachtet sind bislang die Implikationen der Geschichte von Protest und Radikalismus für die historischen Konstellationen der Männlichkeit. Während die neue Frauenbewegung, die sich seit dem Sommer 1968 gegen die männliche Dominanz im SDS zu wehren begann, sich recht erfolgreich behaupten konnte und in der historischen Forschung eigene Ansätze zur Geschlechtergeschichte etablieren konnte, wissen wir immer noch erstaunlich wenig darüber, was es in den unruhigen Jahrzehnten zwischen Protest und Militanz hieß, ein Mann zu sein.[36] Dort wo das »Macho-Gehabe« einzelner prominenter Protagonisten, wie etwa im Fall von Andreas Baader, thematisiert wird, geschieht dies häufig in der kritischen Perspektive des neuen Feminismus, der sich seit den siebziger Jahren an die Demontage der einstigen Ikonen der Bewegung gemacht hat. So fehlt es auch in Kunzelmanns Fall nicht an Dokumenten und – meist weiblichen – Einschätzungen, die sein männlich-autoritäres Gehabe, den frauenfeindlichen

»Sadismus« der »Subversiven Aktion« oder seine selbstherrliche Verantwortungslosigkeit als führender Kommunarde anprangern. Hinter dieser geradezu prototypischen Fassade des männlichen Rebellen kommen aber gelegentlich auch andere Seiten zum Vorschein: Kunzelmanns Ex-Freundin Dagmar Seehuber schilderte im Jahr 2005 ihre Begegnung mit Kunzelmann vierzig Jahre zuvor: Sie habe Kunzelmanns Praxis des Geschlechtsverkehrs mit wechselnden Partnerinnen, die er »damals schon drauf« gehabt habe, als Chance begriffen, ihre eigene Sexualität unbelastet von sozialen Zwängen ausleben zu können. Als sie sich ihm aber ganz offen mit diesem intimen Ansinnen genähert habe, sei er schockiert und sprachlos »hinten rüber gefallen«.[37] Zum Bild des autoritären Machos gehörte hier auch der unsichere Mann, der sich hinter der Fassade des männlichen Rebellen verbarg.

Von zentraler Bedeutung ist sicher der männerbündische Charakter von Subversion und Protest in den sechziger Jahren.[38] In den Kreisen der Situationisten, in der Gruppe Spur und in der »Subversiven Aktion« spielten Frauen, wenn sie überhaupt beteiligt waren, nur marginale Nebenrollen. Kunzelmanns Beziehungen zu Hans-Peter Zimmer, seinem Schwager Christofer Baldeney, ganz besonders aber zu Rudi Dutschke waren demgegenüber verschworene Bündnisse der Subversion. Aus den erhaltenen Briefwechseln läßt sich erkennen, wie wichtig diese Männerfreundschaften für die Binnendynamik und die Aktivitäten der subversiven Gruppen waren. Gingen sie in die Brüche, wie im Fall der Situationistischen Internationale oder der »Subversiven Aktion«, hinterließ das nicht selten tiefgreifende persönliche Verletzungen. Auch in der Kommune I scheint die »Hackordnung« unter den männlichen Mitgliedern von entscheidender Bedeutung gewesen zu sein, sei es in Form einer beständigen Freundschaft, die Kunzelmann zu Fritz Teufel entwickelte, sei es in Form tiefgreifender ideologischer und persönlicher Konflikte, die seit 1968 seine Entfremdung von Rainer Langhans vorantrieben. Gleichzeitig beförderten die ikonenartigen männlichen Vorbilder des revolutionären Kampfes, allen voran Guevara, eine Verschmelzung von idealtypischen Männlichkeitsidealen und zunehmender Militanz dieser Männerbünde. Das wird nirgends deutlicher als am Beispiel von Kunzelmanns engstem Freund des »bewaffneten Kampfes«, Georg von Rauch. Er war nicht nur der wichtigste Charismatiker und die Stilikone der »Tupamaros West-Berlin«, sondern gleichzeitig einer der radikalsten Propagandisten der Gewalt. Als wandelnde phänotypische Mischung aus Jim Morrison und Che Guevara dominierte er nach seinem Tod auch noch die Erinnerung an den Berliner »Blues« und die »Umherschweifenden Haschrebellen«. Der männerbündische Charakter von Kunzelmanns »Tupamaros« steht dabei übrigens in einem interessanten Gegensatz zu anderen Gruppierungen der sogenannten deutschen Stadt-Guerilla. Während Frauen in der »Bewegung 2. Juni« eine wichtige, innerhalb der ersten RAF-Generation möglicherweise sogar eine dominierende Rolle spielten, sind die Tupamaro-Frauen wie H. M. oder Annekatrin Bruhn tatsächlich wohl nur Randfiguren der Gruppe gewesen. Schließlich ist die strukturelle Frauenfeindlichkeit der K-Gruppen-Kultur der siebziger Jahre, die weibliche Emanzipations- und Partizipationsbegehren unter der Vokabel des »Nebenwiderspruchs« abtat, inzwischen legendär. Inwieweit Kunzelmann derartige Haltungen teilte, ist dabei weniger von Gewicht als die Beobachtung, daß er sich über zwei Jahrzehnte in diesen Kontexten bewegen und dort offenbar beheimatet fühlen konnte. Demgegenüber traten Tugenden familiärer Verläßlichkeit, nicht zuletzt seine Vaterrolle gegenüber der Tochter Grischa, in den Hintergrund. Kunzelmann hat seine unstete Biographie in seinen Memoiren folgendermaßen zusammengefaßt: »Bestand nur eine vage Aussicht auf unveränderliche Lebensumstände, zog ich – oft zum Erstaunen oder Leidwesen meiner Lebensgefährtinnen – einen Schlußstrich und fing wieder ein neues, wieder ein anderes Leben an.«[39] Zur Rolle des männlichen Rebellen gehörte für Kunzelmann wie für viele andere offenbar eine grundsätzliche Ablehnung aller auf Dauer und persönliche Verpflichtung angelegten Privatverhältnisse.

Ein spezifisches Defizit der historischen Konstellationen der Männlichkeit innerhalb der Protestbewegungen nach 1945 teilte Kunzelmann jedoch nicht: die selbst in radikalen Oppositionszirkeln gepflegte Homophobie.[40] Bereits Mitte der sechziger Jahre hatte er beklagt, daß auch eine Entkriminalisierung der Homosexualität unter den bestehenden Verhältnissen nichts daran ändern würde, »dass es sich jeder selbst verbietet, homosexuell zu sein.«[41] Daß die Kommunarden führende Personen der Berliner Politik offenbar in beleidigender Absicht als »schwul« bezeichneten, muß nicht notwendigerweise Ausdruck von Homophobie gewesen sein, sondern es kann sich dabei auch um den Versuch gehandelt haben, den angenommenen privatpolitischen Vorurteilen des sogenannten »Establishments« einen Spiegel vorzuhalten.[42] Vielleicht hofften sie auch auf einen öffentlichen Prozeß um die Frage, ob es sich bei dieser Vokabel tatsächlich um eine Beleidigung handele – es ist aber offenbar nie zu einer derartigen Anklage gekommen. Auch im bewaffneten Untergrund wandte sich Kunzelmann in seinem berüchtigten ersten »Brief aus Amman« gegen ein unsolidarisches Verhalten, das sich darin ausdrücke, daß sich die Genossen der Berliner »Szene« gegenseitig unter anderem als »Schwuchteln« beschimpfen würden.[43] Die persönlichen Motive seiner in diesem Punkt durchaus ungewöhnlichen Haltung hat Kunzelmann in den neunziger Jahren selbst mehrfach angesprochen. In seiner Jugend, so hielt er 1998 in seinen Memoiren fest, hätten ihn »Jungs sehr viel mehr« interessiert, »doch über eine platonische Liebe zu einem Klassenkameraden kam ich – bedauerlicherweise – nie hinaus.«[44] Einige Jahre zuvor hatte er in einem Interview diese platonische Liebe ebenfalls angesprochen:

»Wann hast Du Dich denn das erste Mal verliebt?
»In einen Mann. Natürlich!«

»In Bamberg noch?«

»Ja. Hatte eine große Liebe, aber da er keine Erfahrung hatte und ich keine hatte, funktionierte nichts.«[45]

Kunzelmann reihte diese Erinnerung als privatpolitisches Motiv in seinen Werdegang als kulturrevolutionärer Rebell ein, der in der repressiven Atmosphäre der fünfziger Jahre seinen Ausgang genommen habe: »Die fünfziger Jahre sind mir als besonders lustfeindlich in Erinnerung geblieben, und bis in die frühen sechziger Jahre stand meine Generation, was die Fähigkeit und die Zwänge zur Sublimation betraf, unseren Eltern und Großeltern nicht nach.«[46] Ob es sich bei diesen Äußerungen um aufrichtige Reflexionen handelte oder Kunzelmann sich nachträglich zu einem Vorkämpfer der inzwischen populären Schwulenbewegung erklären wollte (die wiederum solche öffentlichen Äußerungen erst möglich gemacht hatte), sei dahingestellt. Festzuhalten ist an dieser Stelle lediglich, daß er innerhalb der durchaus problematischen Konstellationen rebellischer Männlichkeit nach 1945 wenigstens in diesem Punkt nicht dem weithin gängigen Klischee vom heteronormativen autoritären Macho anhing. Die Berliner Punk-Band »Terrorgruppe«, die auf seinen Wunsch hin zu seinem 60. Geburtstag im Kreuzberger Mehringhoftheater aufspielte, zählte sich zur sogenannten »Gay-Punk-Bewegung«, die sich diesem Klischee auch in den radikalen Subkulturen des 21. Jahrhunderts entgegenstellen will.

6. *Der letzte Bohèmien.* Dieter Kunzelmanns Karriere als lebenslanger Berufsprovokateur ist nur dann richtig zu deuten und einzuordnen, wenn seine Aktivitäten nicht als politische Statements oder rationale Partizipationsversuche, sondern vielmehr als Teil eines ästhetischen Lebenskonzepts verstanden werden. Sein unsteter Lebensstil, seine Vorliebe für obskure, teilweise parodistische subversive Gruppenverhältnisse, sein ambivalent-kritisches Verhältnis zur Urbanität, sein oppositioneller Ultraradikalismus und seine Sympathien für die anarchistischen Militanz kennzeichnen ihn als den letzten deutschen Bohèmien des 20. Jahrhunderts.[47] Im Phänomen der Bohème vereinigen sich politische, emotionale, ästhetische und performative Elemente einer gesellschaftlichen Radikalopposition zu einem habituellen Gesamtkontext, der sich nicht ohne irreführende Verkürzungen auf einzelne Teilaspekte hin zuspitzen läßt. Vielmehr sind alle diese Ebenen jederzeit und gleichzeitig wesentliche Bestimmungsfaktoren eines radikal irregulären Lebens am Rande der Gesellschaft. Als Medium unterschiedlicher subversiver kultureller Traditionen, die er sich autodidaktisch aneignete, verkörperte Kunzelmann eine Inspiration des kulturellen Protests und politischen Radikalismus, die überall dort zur Stelle war, wo sich seit den späten fünfziger Jahren innerhalb kleiner Minderheiten radikale Auf- und Umbrüche in der bundesdeutschen Nachkriegsgesellschaft ankündigten oder schließlich ereigneten. In dieser medialen Funktion des oppositionellen All-

zweck-Bohèmiens ging Kunzelmann so vollständig auf, daß seine Person immer wieder mit seiner subversiven Rolle identisch wurde. Insofern verwandelt sich seine Biographie in weiten Teilen in eine situative Abfolge subversiver Momente, die über Jahrzehnte die Geschichte der Bundesrepublik durchziehen. Als melodramatischer Rollenspieler betätigte sich Kunzelmann stets als Katalysator der ästhetischen, politischen und performativen Radikalisierung eines anti-bürgerlichen Lebensstils, der sich in der zweiten Hälfte des 20. Jahrhunderts gleichermaßen unzeitgemäß wie spektakulär ausnahm. Im Zeitalter der Massenmedialisierung wurde dieser Stil der öffentlichen Bohème zu einem Faszinosum für Journalisten, Publikum und einige wenige Mitstreiter, die Kunzelmann immer wieder um sich versammeln konnte. Oberflächlichkeit und Irrelevanz, die seinen Aktivitäten nicht selten nachgesagt wurden, waren dabei nur die vordergründigen Attribute einer radikal-oppositionellen Haltung, die nicht konkrete politische Ziele, sondern die performative Verwirklichung ihrer selbst anstrebte. Kaum jemand hat die Bedeutung der sogenannten »Lebensstil-Revolte« in ihren spektakulären Potentialen und militanten Abgründen so konsequent und so öffentlich vorgeführt wie Kunzelmann, der sich diesem Projekt in Theorie und Praxis vollständig verschrieben hatte. Die »Kunzelmann-Story«, wenn es sie denn gibt, ist die fortwährende praktische Erprobung dieser »Lebensstil-Revolte«, die – das läßt das bewundernde oder schroff ablehnende, niemals aber gleichgültige Echo seiner Aktionen vermuten – als klammheimliche Sehnsucht hinter der Fassade der nach 1945 rekonstruierten neuen Bürgerlichkeit in der Bundesrepublik zu schlummern schien, ihrerseits also ex negativo zur Geschichte dieser neuen Bürgerlichkeit gehört.

Bei aller subversiven Betriebsamkeit zeichnete sich Kunzelmanns Rolle jedoch auch durch eine merkwürdige Mischung aus Radikalität und Inkonsequenz aus: Zum situationistischen Gelehrten fehlte ihm offenbar die Vorbildung und intellektuelle Wucht, wie sie sich in Debords Arbeiten manifestierte. Zum neo-avantgardistischen Dichter mangelte es ihm an poetischem Talent. Als Genosse im SDS hätte er sich – einen entsprechenden Schulabschluß vorausgesetzt – ernsthafter mit philosophischen Fragen der Kulturkritik, nicht zuletzt aber auch mit Satzungsfragen, politischen Positionsbestimmungen und institutionellen Strukturen auseinandersetzen müssen. Obwohl er ohne Zweifel zu den Pionieren des sogenannten »bewaffneten Kampfes« zählt, fehlte es ihm für den Terrorismus wiederum an (selbst-) mörderischer Konsequenz. In der maoistischen KPD war er zwar prominent, doch mangels Linientreue nie Mitglied, und im Sinne eines konstruktiven Beitrags grün-alternativer Politikvorstellungen in Parlament und Regierung hätte er sich auf einen realpolitischen Weg in den institutionen-geleiteten Pragmatismus machen müssen – was er ablehnte. Das nicht-festgelegte, vorläufige, experimentelle und jederzeit widerrufbare Engagement Kunzelmanns ist möglicherweise der Schlüssel für seine Allgegenwart in der Protestgeschichte der Bundesrepublik. Als fortwährend nicht-identischer Rebell repräsentierte und praktizierte Kunzelmann den Protest, ohne ihm in letzter Konsequenz zu gesellschaftlicher Wirksamkeit zu verhelfen.[48] Daß sein Lebenskonzept deshalb gescheitert sei, kann man vorzugsweise dann konstatieren, wenn man seine Aktivitäten nach herkömmlichen Kategorien der politik- und gesellschaftshistorischen Analyse mißt und nicht als performative Auftritte eines radikal-experimentellen Habitus begreift.[49] Kunzelmann hat sich über die Jahrzehnte viel stärker selbst verwandelt als seine Umgebung oder die Gesellschaft, in der er lebte. Seine Biographie verrät umgekehrt mehr über die situativen Kontexte seiner subversiven Karriere als über seine Person. Nicht selten fühlt man sich angesichts seines »chamäleon-haften« Naturells (Kraushaar) an fiktive Charaktere wie Woody Allens »Zelig« erinnert, der ein vollständig situativ determiniertes Leben führt, in dem sich verschiedenste gesellschaftliche und politische Kontexte abbilden. Im Gegensatz zu Zelig jedoch verhielt sich Kunzelmann niemals affirmativ, sondern repräsentierte in beständig wechselnden Konstellationen immer die radikale Negation des Bestehenden. Je schwerer es den »Veteranen« der Bewegung fällt, in seiner Biographie auch die jeweils eigenen Leistungen und Abwege zu reflektieren, um so leichter fällt es den Nachgeborenen, sich über die Erregung, die seine Biographie gelegentlich auslöst, zu amüsieren. Eine angemessene Historisierung der kulturrevolutionären Auf- und Umbrüche der Nachkriegszeit wird sich von beiden Haltungen verabschieden müssen.

Nachwort

Bei der vorliegenden Studie handelt es sich um die gekürzte Fassung meiner im Sommersemester 2008 von der Philosophischen Fakultät der Universität zu Köln angenommenen Habilitationsschrift. Die Archivreisen und diese Publikation wären ohne die großzügige materielle Unterstützung der Gerda-Henkel-Stiftung nicht möglich gewesen. Über Jahre konnte ich den Stand meiner Arbeit mit Kolleginnen und Kollegen diskutieren: im Kolloquium zur Neueren Geschichte an der Universität zu Köln, im Oberseminar von Ulrich Herbert und Sylvia Paletschek an der Universität Freiburg, mit den Teilnehmern der Tagung »Revolutionsmedien – Medienrevolutionen« an der Universität Konstanz, dem Kolloquium zur Neueren Geschichte an der Universität Koblenz-Landau, schließlich mit den Teilnehmern der Tagung »Demokratie im Schatten der Gewalt« am Deutschen Literaturarchiv in Marbach und der Tagung »Die Präsenz der Gefühle« am Wissenschaftszentrum in Berlin. Ihnen allen sei für ihre Kritik herzlich gedankt.

Während meiner Recherchen zum Thema bin ich auf kompetente Archivmitarbeiter gestoßen, denen ich zu Dank verpflichtet bin, insbesondere Ulrike Groß im Archiv »APO und soziale Bewegungen« am Otto-Suhr-Institut der FU Berlin und Reinhart Schwarz am Hamburger Institut für Sozialforschung. Alexander Gross (New York) danke ich für die Erlaubnis, aus seiner leider nur im Internet veröffentlichten Bilanz der »Revolte«-Jahre zitieren zu dürfen.

Darüber hinaus stehe ich in der Schuld von Freunden und Kollegen, allen voran Till van Rahden, Belinda Davis, Christian Geulen, Alfred Reckendrees, Maren Möhring, Simone Derix, Marcus Sandl und Manuel Borutta, deren Kritik und kompetenten Hinweisen ich viele Einsichten verdanke. Die Studierenden meiner Lehrveranstaltungen in Köln haben durch ihre Fragen und eigenen Entdeckungen immer wieder meine Neugier und Motivation wachgehalten. Bei der Erstellung des Manuskriptes waren Judith Gödersmann, Annette Hörster, Sabrina Schütz und Karin Schützeichel mit tatkräftiger Unterstützung zur Stelle. Ich danke Margit Szöllösi-Janze, Ralph Jessen, Friedrich Lenger und Walter Pape für die kritische Begutachtung meiner Habilitationsschrift. Hans-Peter Ullmann tat es ihnen nicht nur gleich, sondern war über sieben Jahre ein wohlwollender und uneigennütziger Förderer meiner eigenwilligen Interessen und hat mich dabei Tag für Tag die Tatsache vergessen lassen, daß er eigentlich mein »Chef« war.

Leib und Seele hielten auf unnachahmliche Weise Carlos und Helena Simoes Meda im Restaurant »A Caravela« und Christopher Bishop im Jazz-Lokal »Metronom« zusammen. Von Herzen gewidmet sei diese Studie meiner Frau, Karina de la Garza Gil, der ich nicht nur den entscheidenden Anstoß für diese Arbeit verdanke: »porque sin ella, no hubiera podido ni empezarlo, ni finalizarlo.«

Oxford, im März 2009 Aribert Reimann

Anmerkungen

»Futter für akademische Gäule«

1 *Kraushaar*, Kinder einer abenteuerlichen Dialektik, hier: S. 26–27.
2 *Fichter* u. *Lönnendonker*, Kleine Geschichte des SDS, Anm. 161, S. 182.
3 *Koenen*, Vesper, Ensslin, Baader. Urszenen, S. 260.
4 *Droste*, Billig leben mit Aly und Fichter, TAGESZEITUNG Nr. 7805 (28. 10. 2005).
5 Aus: »Wir haben das nicht ernst genommen«, Interview von P. Gessler u. S. Reinecke mit T. Fichter, TAGESZEITUNG Nr. 7802 (25. 10. 2005), S. 15–17.
6 Diskussionsveranstaltung »Provokation als Öffentlichkeit«, FU Berlin am 18. 5. 1988.
7 *Dieter Kunzelmann*, Leisten Sie keinen Widerstand!.
8 Vgl. *Jesse*, Biographisches Portrait: Dieter Kunzelmann; daneben später *Jarausch*, Die Umkehr, bes. S. 216–238.
9 *Kraushaar*, Die Bombe.
10 *Chaussy*, Die drei Leben des Rudi Dutschke; *Miermeister*, Rudi Dutschke; *Dahlmann*, Demagogie; *Karl*, Rudi Dutschke; daneben schließlich auch *G. Dutschke*, Wir hatten ein barbarisches, schönes Leben; zu den militanten Aspekten in Dutschkes Biographie vgl. *Kraushaar*, *Wieland* u. *Reemtsma*, Rudi Dutschke, Andreas Baader und die RAF.
11 *Krebs*, Ulrike Meinhof; *Leßner*, Ulrike Meinhof; *Prinz*, Lieber wütend als traurig; daneben die recht persönliche Abrechnung der Tochter Ulrike Meinhofs: *Röhl*, So macht Kommunismus Spaß!; jetzt auch *Ditfurth*, Ulrike Meinhof.
12 *Herrmann* u. *Stern*: Andreas Baader; vgl. *Koenen*, Vesper, Ensslin, Baader.
13 *Carini*, Fritz Teufel.
14 Vgl. *Kraus-Burger*, Joschka Fischer; *Schmidt*, »Wir sind die Wahnsinnigen …«; *Kraushaar*, Fischer in Frankfurt.
15 Grundlegend: *Gilcher-Holtey* (Hg.), 1968; vgl. die Diskussionsüberblicke bei *Siegfried*, Weite Räume, schneller Wandel; *Wolfrum*, »1968« in der gegenwärtigen deutschen Geschichtspolitik; *Klein*, Bewegungsforschung: Quo Vadis?.
16 Vgl. z. B. *Kraushaar*, 1968. Das Jahr, das alles verändert hat; *Landgrebe* u. *Plath* (Hgg.), '68 und die Folgen; *Schubert* (Hg.), 1968.
17 *Marwick*, The Sixties; *Gilcher-Holtey* (Hg.), 1968; *Kraushaar*, 1968 als Mythos, Chiffre und Zäsur; jetzt auch *Frei*, 1968; *Klimke* u. *Scharloth* (Hgg.), 1968 in Europe.
18 Zunächst bei *Tanner*, »The Times They Are A-Changin«; inzwischen grundlegend: *Siegfried*, Time is on my side; *Schildt* u. *Siegfried* (Hgg.), Between Marx and Coca-Cola; vgl. auch *Malinowski* u. *Sedlmeier*, »1968« als Katalysator der Konsumgesellschaft.
19 Zunächst: *Kraushaar*, 1968 und Massenmedien; nun umfassend: *Klimke* u. *Scharloth* (Hgg.), 1968; allgemein: *von Hodenberg*, Konsens und Krise; vgl. auch *Reimann*, Dieter Kunzelmann, die Revolte und ihr Medium.
20 *Herzog*, Die Politisierung der Lust.
21 Vgl. dazu *von Hodenberg* u. *Siegfried* (Hgg.), Wo »1968« liegt.
22 Vgl. z. B. *Schildt*, *Siegfried* u. *Lammers* (Hgg.), Dynamische Zeiten; *Herbert* und *Raphael* (Hgg.), Wandlungsprozesse in Westdeutschland; *Frese*, *Paulus* u. *Teppe* (Hgg.), Demokratisierung und gesellschaftlicher Aufbruch; *Hettling* u. *Ulrich* (Hgg.), Bürgertum nach 1945; *Knoch* (Hg.), Bür-

gersinn mit Weltgefühl; *van Rahden* u. *Fulda* (Hgg.), Demokratie im Schatten der Gewalt; ähnlich auch *Jarausch*, Die Umkehr.

23 Äußerst gewinnbringend ist in diesem Zusammenhang die Analyse der anhaltenden Diskussion bei *von Lucke*, 68 oder neues Biedermeier.

24 Schon früh: *Leggewie*, 1968, in: APuZ 20 (1988), S. 3–15; vgl. auch *Kraushaar*, Die »Revolutionierung des bürgerlichen Subjekts«; ähnlich: *Gassert*, Narratives of Democratization, in: Klimke u. Scharloth (Hgg.), 1968 in Europe, S. 307–324; Eine deutlich konstruktivere Interpretation erfährt die internationale »Kulturrevolution« bei *Horn*, The Spirit of '68.

25 Vgl. dazu *Reimann*, Abschiedsbriefe der Bewegung.

26 Zur älteren Tradition vgl. *Krüger* (Hg.), »Die Elvis-Tolle habe ich mir unauffällig wachsen lassen«; *Dowe* (Hg.), Jugendprotest und Generationenkonflikt; Hein, Protestkultur und Jugend; Lindner, Jugendprotest seit den fünfziger Jahren; *Rolke*, Protestbewegungen in der Bundesrepublik; *Roth*, Rebellische Subjektivität; *ders.* u. *Rucht* (Hgg.), Neue soziale Bewegungen: Zinnecker, Jugendkultur 1940–1985.

27 Vgl. *Kurme*, Halbstarke.

28 Vgl. hier z.B. *Fischer-Kowalski*, Halbstarke 1958, Studenten 1968.

29 Dazu die gründliche und umfassende Aufsatzsammlung von *Fürmetz* (Hg.), »Schwabinger Krawalle«.

30 Allgemein: *Herrmann* (Hg.), Protestierende Jugend; daneben spezifischer: *Rucht*, Zum Wandel des politischen Protests; *Nehring*, Die Anti-Atomwaffenproteste.

31 *Becker* u. *Schröder*, Die Studentenproteste der 60er Jahre.

32 Von zentraler Bedeutung sind dabei *Weinhauer*, Schutzpolizei in der Bundesrepublik; *Fürmetz*, *Reinke* u. *Weinhauer* (Hgg.), Nachkriegspolizei.

33 Vgl. z.B. *Roseman* (Hg.), Generations in Conflict.

34 Vgl. z.B. *Bude*, Das Altern einer Generation; noch eher impressionistisch: *Preuss-Lausitz* (Hg.), Kriegskinder, Konsumkinder, Krisenkinder; geistesgeschichtlich gewendet findet sich ein ähnlicher Gedanke bei *Schneider*, *Stillke* u. *Leineweber*, Trauma und Kritik.

35 So z.B. die Aufsatzsammlungen von *Jureit* u. *Wildt* (Hgg.), Generationen; *Reulecke* u. *Müller-Luckner* (Hgg.), Generationalität und Lebensgeschichte.

36 Vgl. *Hemler*, 1968.

37 Dazu gehören insbesondere die Arbeiten und die Korrespondenz des Vordenkers der Situationistischen Internationale Guy Debord. Vgl. *ders.*, Guy Debord präsentiert Potlatch 1954–1957; *ders.*, Correspondance; *ders.*, Œuvres cinématographique complètes; gleichzeitig sind einschlägige Sammlungen der Materialien der deutschen »Subversiven Aktion« neu aufgelegt worden – eine Fundgrube für die Historiker subversiver Kultur in den sechziger Jahren: Subversive Aktion; Der Beginn einer Epoche; ein interessanter Augenzeugenbericht aus dem Umfeld der französischen Lettristen vervollständigt das Bild: *Mension*, Wir haben unsere unfertigen Abenteuer gelebt; vgl. daneben den Ausstellungskatalog: Nilpferd des Höllischen Urwalds.

38 Von zentraler Bedeutung sind hier *Ohrt*, Phantom Avantgarde; *ders.* (Hg.), Das große Spiel.

39 *Marcus*, Lipstick Traces; *Hecken*, Gegenkultur und Avantgarde; *ders.*, Kunst und/oder Leben; *Ehrlicher*, Von der Utopie zur Organisation des Scheiterns.

40 Gruppe Spur 1958–1965 (Galerie van den Loo); *Loers*, Gruppe SPUR 1958–1965; Ein kultureller Putsch; *Zimmer*, Spur und andere Künstlergruppen; Gruppe Spur 1958–1965 (Galerie Christa Schübbe); Gruppe Spur (Katalog Villa Stuck).

41 Grundlegend bleiben die ältere, zweibändige deutschsprachige Edition der INTERNATIONALE SITUATIONNISTE und daneben der situationistische Klassiker: *Debord*, Die Gesellschaft des Spektakels.

42 Z.B. bei *Kraushaar*, Die Bombe, S. 264–281, vgl. jetzt auch *Horn*, The Spirit of '68, S. 5–23.

43 Zur Gewaltgeschichte der Avantgarde vgl. *Ehrlicher*, Die Kunst der Zerstörung; mögliche Erweiterungen dieses Zugangs für die Geschichte der RAF erproben *Hecken*, Avantgarde und Ter-

rorismus und *Hakemi*, Terrorismus und Avantgarde, in: *Kraushaar* (Hg.), Die RAF, Bd. 1, S. 604–619.

44 *Aust*, Der Baader-Meinhof-Komplex; *Becker*, Hitler's Children; *Koenen*, Vesper, Ensslin, Baader. Zu Unrecht in den Hintergrund getreten sind dabei die ersten sozialwissenschaftlich fundierten Analysen zur Entstehungsgeschichte des deutschen Terrorismus, die im Auftrag des Bundesinnenministeriums entstanden sind. Vgl. im vorliegenden Zusammenhang z.B. *Jäger*, *Schmidtchen* u. *Süllwold*, Lebenslaufanalysen (Analysen zum Terrorismus 2); *Baeyer-Katte*, *Classens*, *Feger* u. *Neidhardt*, Gruppenprozesse (Analysen zum Terrorismus 3); *Sack* u. *Steinert*, Protest und Reaktion (Analysen zum Terrorismus 4/2).

45 Vgl. *Kraushaar*, *Wieland* u. *Reemtsma*, Dutschke; *Kraushaar*, Die Bombe, S. 264–281.

46 Vgl. ebd., S. 116–141; gut informiert und interpretatorisch überzeugend: *Vowinckel*, Der kurze Weg nach Entebbe.

47 *Weinhauer*, *Requate* u. *Haupt* (Hgg.), Terrorismus in der Bundesrepublik; *Kraushaar* (Hg.), Die RAF. Sehr knapp: *Hauser*, Terrorism, in: Klimke u. Scharloth (Hgg.), 1968 in Europe, S. 269–280.

48 Vgl. *Siepmann*, 1969 – Die große Sonnenfinsternis, in: CheSchahShit, S. 204–205.

49 Dazu zählen in erster Linie die Erinnerungen von *Enzensberger* Die Jahre der Kommune I; vgl. auch *Buhmann*, Ich habe mir eine Geschichte geschrieben; *Hübsch*, Keine Zeit für Trips; *Proll* u. *Dubba*, Wir kamen von einem anderen Stern; *Reinders* u. *Fritsch*, Die Bewegung 2. Juni; weniger aufschlußreich hingegen sind im vorliegenden Zusammenhang die Tagebücher von *Dutschke*, Jeder hat sein Leben ganz zu leben; wichtiger ist wiederum die Edition verschiedener bis dahin unpublizierter Texte Dutschkes anläßlich seines Todes: *ders.*, Geschichte ist machbar.

50 Vgl. z.B. die Sammlung von *Kätzel* (Hg.), Die 68erinnen; daneben auch *G. Dutschke*, Barbarisches, schönes Leben.

51 Neben der bereits erwähnten faksimilierten Neuausgabe der Zeitschrift SPUR handelt es sich insbesondere um: Unverbindliche Richtlinien; Anschlag; *Kommune I*, Gesammelte Werke; Kommune I. Quellen zur Kommuneforschung; *Langhans* u. *Teufel*, Klau Mich!.

52 Als CD-Rom in: *rotaprint 25* (Hg.), agit 883; daneben auch die schon früher edierte vollständige Sammlung der Zeitschrift LINKECK.

53 So z.B. Subkultur Berlin; vgl. auch die Dokumente in *Baumann*, Wie alles anfing, und *Saggel*, Der Antijurist, sowie: Gefundene Fragmente.

54 Das Ende der Utopie; Bedingungen und Organisation des Widerstandes.

55 Vgl. zu den schon lange bekannten methodischen Problemen nur exemplarisch die Einleitung zu *Vorländer* (Hg.), Oral History.

56 Darunter leiden sichtlich auch die Gesprächsauswertungen der Aussagen von Albert Fichter und Annekatrin Bruhn in *Kraushaar*, Die Bombe.

57 Längst einschlägig: *Gestrich* (Hg.), Biographie – sozialgeschichtlich.

58 *Herbert*, Best; *Hamann*, Hitlers Wien.

59 *Bourdieu*, Die biographische Illusion; Interdisziplinäre Anregung versprechen *Klein* (Hg.), Grundlagen der Biographik; *Schüle* (Hg.), Biographie als religiöser und kultureller Text; grundlegende Überlegungen finden sich auch schon in der Einleitung zu *Alheit* u.a., Biographische Konstruktionen.

60 Vgl. zu den Implikationen des narrativen autobiographischen Stils *Schmidt*, Zwischen Aufbruch und Wende; ein anderer interessanter Versuch einer Rebellenbiographie ist *Ullrich*, Der ruhelose Rebell; vgl. die autobiographische Selbstflexion und -historisierung bei *Schneider*, Rebellion und Wahn; demgegenüber reichlich distanzlos: *Langhans*, Ich bin's.

61 Vgl. *Kreuzer*, Die Bohème.

62 Vgl. die einschlägigen Klassiker der mikrohistorischen Biographieforschung von *Zemon Davis*, The Return of Martin Guerre; *Ginzburg*, Der Käse und die Würmer; *Spence*, Der kleine Herr Hu.

63 Vgl. *Hobsbawm*, Uncommon People, bes. S. 268–315; *ders.*, Revolutionaries, bes. S. 81–138 u. S. 223–346; *ders.*, Bandits.

64 Ich verdanke Anregungen für diese Perspektive den Diskussionen mit Teilnehmern des Konstanzer SFB »Norm und Symbol« im Umfeld und in der Folge der Tagung »Revolutionsmedien und Medienrevolutionen« im Mai 2005, insbesondere Marcus Sandl.

65 Vgl. hier nur einige Klassiker von *McLuhan*, Understanding Media, oder *ders.* u. *Fiore*, The Medium is the Massage [sic!].

66 So z.B. *Hartung*, Die Psychoanalyse der Küchenarbeit, in: CheSchahShit, S. 102–106.

67 Vgl. jetzt allgemein: *Klimke* u. *Scharloth* (Hgg.), 1968. Handbuch zur Kultur- und Mediengeschichte.

68 Vgl. *Siegfried*, Stars der Revolte.

69 Vgl. dazu bereits *Holmig*, Die aktionistischen Wurzeln der Studentenbewegung, in: *Klimke* u. *Scharloth* (Hgg.), 1968, S. 107–118.

70 Vgl. z.B. *Kraushaar*, Die Bombe.

Erster Teil
Bamberg – 1939–1959

1 Abb. in *Kunzelmann*, Keinen Widerstand!, S. 103.

2 Vgl. *Miermeister*, Rudi Dutschke, S. 92–93, und *Ruetz*, »Ihr müßt diesen Typen nur ins Gesicht sehen«, S. 116–117. Das Attentat auf Dutschke stand am 11. April durchaus im Zeichen einer xenophoben Gewaltakzeptanz der bildungsferneren Bevölkerungsschichten in Berlin.

3 *Koenen*, Vesper, Ensslin, Baader, S. 105. Auch Ulrike Meinhof, Gudrun Ensslin und ihr früherer Verlobter Bernward Vesper erlebten ihre Jugend in der Provinz.

4 Vgl. *Koenen*, Vesper, Ensslin, Baader, S. 106–110; *Wieland*, »a.«, in: *Kraushaar*, *Wieland* u. *Reemtsma*, Rudi Dutschke, Andreas Baader und die RAF, S. 51–99; vgl. jetzt auch *Herrmann* u. *Stern*, Andreas Baader, S. 43–54.

5 Vgl. z.B. *Miermeister*, Rudi Dutschke, S. 10–21 u. 126–27; *Karl*, Rudi Dutschke, S. 15–19; auch die von Gretchen Dutschke-Klotz edierten Tagebücher Dutschkes deuten gelegentlich eine solche Selbstinterpretation Dutschkes an: *Dutschke*, Jeder hat sein Leben ganz zu leben, S. 20.

6 Vgl. seine Lebenserinnerungen: *Langhans*, Ich bin's.

7 Vgl. die knappen Bemerkungen in der Biographie von *Carini*, Fritz Teufel, S. 9–15.

8 *Kunzelmann*, Keinen Widerstand!, S. 9–17; Rabehl betont seit seiner nationalistischen Wende in den 90er Jahren einen Ost-West-Konflikt innerhalb der Protestbewegung, dem hier nicht weiter nachgegangen wird.

9 Vgl. *Lindner*, Jugendprotest seit den fünfziger Jahren, S. 97–100.

10 K I – Flugblatt vom 27. 8. 1967, abgedruckt in: *Kunzelmann*, Keinen Widerstand!, S. 54.

11 Vgl. Kunzelmanns Bemerkung in seiner Autobiographie, er wisse nicht, ob er am 14. Juli 1789 zu den Gefangenen oder den Erstürmern der Bastille gehört hätte: ebd., S. 9. In einem Interview offenbarte Kunzelmann sein Interesse an astrologischen Konnotationen seines Geburtstags, in: Nilpferd des Höllischen Urwalds, S. 116.

12 *Kunzelmann*, Keinen Widerstand!, S. 11.

13 Vgl. allgemein: 140 Jahre Städtische Sparkasse Bamberg, wo unter dem nachfolgenden Sparkassendirektor Hübner allerdings von »Fehldispositionen« die Rede ist, »die einen Wechsel in der Geschäftsleitung im Jahre 1955 notwendig« erschienen ließen, ebd. S. 32.

14 Vgl. *Kunzelmann*, Keinen Widerstand!, S. 10; Interview mit Dieter Kunzelmann, in: Nilpferd des höllischen Urwalds, S. 118–119.

15 Vgl. die skizzenhafte Chronik von *Moser*, Bamberg, S. 182–185; allgemein: *Benz* (Hg.), Neuanfang in Bayern; zum Kriegsende in der Region vgl. die Militärgeschichte von *Golücke*, Das Kriegsende in Franken, S. 103–122; eine tendenziöse Anekdotencollage bietet *Albart*, Die ersten und die letzten Tage ...; später in überarbeiteter Neuauflage: *ders.*, Vom Hakenkreuz zum Sternenbanner; vgl. auch: Bamberg 1945–1949. Aspekte eines Neubeginns; das Faksimile eines Bamberger Künstler-Tagebuchs präsentiert *Pfändtner* (Hg.), »Schaurig gelbe schöne Rauchpilze«.

16 Einige regionalhistorische Darstellungen zur Bamberger Kriegsgeschichte lassen allerdings den makabren Ehrgeiz erkennen, die eigene Stadt sehr wohl als schwer zerstört darzustellen. Vgl. Luftkrieg und Kriegsende in Bamberg. Dem steht die Tatsache entgegen, daß Bamberg heute das größte intakte Altstadt-Ensemble Deutschlands besitzt. Der Vergleich mit anderen fast vollständig zerstörten Städten der Region, wie etwa Schweinfurt, Nürnberg oder Würzburg, fällt eindeutig aus.

17 Zum folgenden: Luftkrieg und Kriegsende, S. 11–19.

18 *Kunzelmann*, Keinen Widerstand!, S. 11; vgl. einen anderen Augenzeugenbericht des drei Jahre älteren *Lieberth*, Spurrillen im Rückspiegel, S. 194–199.

19 Vgl. *Golücke*, Kriegsende in Franken.

20 Vgl. *Albart*, Die ersten und die letzten Tage, S. 73.

21 Vgl. Luftkrieg und Kriegsende, S. 17.

22 Vgl. *Moser*, Geschichte, S. 184.

23 Vgl. *Albart*, Die ersten und die letzten Tage, S. 48–49.

24 Vgl. *Moser*, Geschichte, S. 184.

25 Vgl. *Fichtl*, Bamberg. Ein etwas anderer Stadtplan, S. 24ff.; *Mistele*, Das Ende einer Gemeinde.

26 Vgl. Luftkrieg und Kriegsende, S. 19.

27 Vgl. *Albart*, Die ersten und die letzten Tage, S. 115.

28 Eindrucksvolle Impressionen bieten hier *Kestler* u. *Penzel*, Bamberg. Zufluchtsort für Vertriebene.

29 Zu den längerfristigen Tendenzen in der Sozialgeographie der amerikanischen Garnisonsstadt Bamberg vgl. *Becker* u. *Burdack*, Amerikaner in Bamberg.

30 *Kunzelmann*, Keinen Widerstand!, S. 11; ähnlich das Interview mit Kunzelmann in: Nilpferd des höllischen Urwalds, S. 116; vgl. auch *Lieberth*: Spurrillen im Rückspiegel, S. 242–245.

31 Wiedergegeben in: Bamberg 1945–1949. Aspekte eines Neubeginns, S. 83.

32 Eine psychologische Generationendeutung am Beispiel von Georg Baselitz bietet *Bude*, The German *Kriegskinder*, in: *Roseman* (Hg.), Generations in Conflict, S. 290–305. Ausführlicher *ders.*, Das Altern einer Generation; vgl. daneben *Schütze* u. *Geulen*, Die »Nachkriegskinder« und die »Konsumkinder«, in: *Preuss-Lausitz* u.a. (Hgg.): Kriegskinder – Konsumkinder – Krisenkinder, S. 29–52.

33 Vgl. auch *Doering-Manteuffel*, Wie westlich sind die Deutschen?, S. 37–38.

34 *Kunzelmann*, Keinen Widerstand!, S. 12.

35 So *Schütze* u. *Geulen*, S. 33–37.

36 *Kunzelmann*, Keinen Widerstand!, S. 12; vgl. auch das Interview mit Kunzelmann, in: Nilpferd des höllischen Urwalds, S. 117–118 u. 121.

37 »Urbi et Orbi«, Interview mit Hans Petit, JUNGLE WORLD (9. 6. 1999).

38 Vgl. Interview mit Dieter Kunzelmann, in: Nilpferd des höllischen Urwalds, S. 119.

39 *Moser*, Bamberg. Aufschwung in alten Mauern, S. 7.

40 Interview mit Dieter Kunzelmann, in: Nilpferd des höllischen Urwalds, S. 119–120.

41 Vgl. allgemein: Spuren auf unserem Weg.

42 »Die Jugend ist der Einsatz aller Schlachten. Zum 60. Todestag des hl. Jugenderziehers Johannes Bosco«, in: St Heinrichsblatt, Jg. 59, Nr. 5 (1. 2. 1948).

43 »Christliche Landjugend!«, St. Heinrichsblatt 58, Nr. 31 (3. 8. 1947).

44 »Don Bosco, der Heilige, als Vorbild für unsere Zeit«, St. Heinrichsblatt 61, Nr. 5 (29. 1. 1950).

45 Vgl. *Kunzelmann*, Keinen Widerstand!, S. 12; zur Burg Feuerstein vgl. auch: Spuren auf unserem Weg, S. 49–50, *Lieberth*, Spurrillen im Rückspiegel, S. 337–339.
46 »Lausbuben unter sich!«, St. Heinrichsblatt 60, Nr. 39 (25. 9. 1949).
47 *Kunzelmann*, Keinen Widerstand!, S. 12.
48 »Lausbuben unter sich!«, St. Heinrichsblatt 60, Nr. 39 (25. 9. 1949).
49 Ebd.
50 »Der Jugendführer«, St. Heinrichsblatt 60, Nr. 15 (10. 4. 1949).
51 *Kunzelmann*, Keinen Widerstand!, S. 12. Unter diesen »Verehrern« befand sich Rudolf May, der 1957 die Schwester heiratete und später unter dem Namen Christofer Baldeney gemeinsam mit Kunzelmann die »Subversive Aktion« gründete.
52 »Der Jugendführer«, St. Heinrichsblatt 60, Nr. 15 (10. 4. 1949).
53 »Erziehung zur Selbstbeherrschung«, St. Heinrichsblatt 61, Nr. 47 (19. 11. 1950).
54 »Wahre Demut«, St. Heinrichsblatt 58, Nr. 31 (3. 8. 1947).
55 »Erziehung zur Selbstbeherrschung«, St. Heinrichsblatt 61, Nr. 47 (19. 11. 1950).
56 »Jugend in der Entscheidung. Eine neue Art Religiöser Wochen«, St. Heinrichsblatt 60, Nr. 40 (2. 10. 1949).
57 Vgl. 45 Jahre DJK Don Bosco Bamberg, S. 19–20.
58 *Kunzelmann*, Keinen Widerstand!, S. 14. Vgl. auch das Interview mit Kunzelmann, in: Nilpferd des höllischen Urwalds, S. 120–121.
59 »Erziehung zur Selbstbeherrschung«, St. Heinrichsblatt 61, Nr. 47 (19. 11. 1950, Hervorhebung im Orig.).
60 »Verherrlicht Gott in eurem Leibe!«, St. Heinrichsblatt 59, Nr.21 (23. 5. 1948, Hervorhebung im Orig.).
61 »Diözesansportfest: Durchdringung des Sports mit christlichem Geiste«, St Heinrichsblatt 65, Nr. 27 (4. 7. 1954).
62 Ebd.
63 »Diözesansportfest«.
64 Kunzelmann bemerkte später über die »Deutsche Jugendkraft Don Bosco«: »klingt nicht gerade nach Re-education«, *Kunzelmann*, Keinen Widerstand!, S. 14.
65 »Diözesansportfest«.
66 Zur Abendland-Ideologie der Nachkriegszeit und ihren Beziehungen zum Europa-Gedanken und zum politischen Katholizismus vgl. *Schildt*, Zwischen Abendland und Amerika, S. 21–38.
67 »Diözesansportfest«.
68 »Der moderne Antichrist, aus ›Die Weltwoche‹ von Msgr. Seen, Neuyork [sic]«, St. Heinrichsblatt 58, Nr.48 (30. 11. 1947).
69 »Don Bosco, der Heilige, als Vorbild für unsere Zeit«, St. Heinrichsblatt 61, Nr. 5 (29. 1. 1950).
70 Vgl. *Kunzelmann*, Keinen Widerstand!, S. 14. Das in diesem Zusammenhang abgedruckte Photo der Bamberger Jugend-Landesmeisterschafts-Mannschaft mit Dieter Kunzelmann ist offensichtlich fälschlicherweise auf 1956 datiert. Nach Auskunft des Bayerischen Tischtennisverbands schied Don Bosco Bamberg 1956 ohne Kunzelmann in der Vorrunde aus. Die Vereinschronik der DJK Don Bosco Bamberg vermerkt die bayerische Jugendmeisterschaft denn auch im Jahr 1955, vgl. 45 Jahre DJK Don Bosco Bamberg, S. 105.
71 Vgl. *Bourdieu*, Die biographische Illusion; *Kraushaar*, Entschlossenheit: Dezisionismus als Denkfigur. Von der antiautoritären Bewegung zum bewaffneten Kampf, in: *ders.* (Hg.), Die RAF, S. 140–156.
72 *Kunzelmann*, Keinen Widerstand!, S. 15. Vgl. *Poiger*, Jazz, Rock, and Rebels, bes. S. 31–105. Zur populären Jugendkultur der Nachkriegszeit seit langem einschlägig ist *Maase*, BRAVO Amerika, bes. S. 73–111; *ders.*, »Lässig« contra »Zackig«., in: Benninghaus u. Kohtz (Hgg.), »Sag' mir wo die Mädchen sind …«, S. 79–101; *ders.*, Amerikanisierung von unten, in: *Lüdtke*, *Marßolek* u. *v. Saldern* (Hgg.), Amerikanisierung, S. 291–313.

73 Zu diesem Übergang vgl. die kommentierte Literatursammlung bei *Faulstich*, Die neue Jugendkultur, in: *ders.* (Hg.), Die Kultur der 50er Jahre, S. 277–290.

74 *Kunzelmann*, Keinen Widerstand!, S. 14–15. Sein Leseexemplar des zweiten Bandes von Prousts »Suche nach der verlorenen Zeit« mit dem Besitzvermerk »D. Kunzelmann 1958« tauchte 2006 im Antiquariat Hans Hammerstein in München auf.

75 *Kunzelmann*, Keinen Widerstand!, S. 15.

76 Der Konflikt erreichte schließlich im September 1959 seinen Höhepunkt, als Unbekannte an die Adamspforte des Bamberger Doms schrieben: »Elvis Presley – mein Gott«. Dieser Skandal traf das katholische Bamberg tief. Vgl. In Bamberg war der Teufel los, S. 7.

77 Vgl. *Fehrenbach*, The Fight for the »Christian West«, in: R. G. Moeller (Hg.), West-Germany under Construction, S. 321–345;

78 »Vigilanti Cura« (In wachsamer Sorge), Enzyklika Pius XI. vom 29. 6. 1936, nach: »Das Filmwesen in katholischer Sicht«, nach: St. Heinrichsblatt 60, Nr. 7 (13. 2. 1949, Hervorhebungen im Orig.).

79 Ebd.

80 »Das Filmwesen in katholischer Sicht«, in: St. Heinrichsblatt 60, Nr. 8 (20. 2. 1949).

81 »Der Film, eine religiös unterernährte Simultanschule«, St. Heinrichsblatt 61, Nr. 16 (16. 4. 1950).

82 »Wir wollen sittlich einwandfreie Filme!«, St. Heinrichsblatt 62, Nr. 11 (18. 3. 1951).

83 »Hört auf Eueren Bischof!«, St. Heinrichsblatt 62, Nr. 15 (15. 4. 1951).

84 »Das christliche Bamberg kämpft um gute Filme«, St. Heinrichsblatt 62, Nr. 15 (15. 4. 1951).

85 »Mein Versprechen in der Filmliga«, St. Heinrichsblatt 62, Nr. 18 (6. 5. 1951) u. ö.

86 »Ich lasse mir nichts vorschreiben. Ein Gespräch um den Filmdienst«, St. Heinrichsblatt 62, Nr. 32 (12. 8. 1951).

87 »Der Kinomensch«, St. Heinrichsblatt 62, Nr. 41 (14. 10. 1951: »Film-Nummer«).

88 »Film und Seele«, ebd.

89 »Katholische Filmliga – ein Gebot der Stunde!«, ebd.

90 Die Vereinsunterlagen sind zumindest teilweise erhalten geblieben: Stadtarchiv Bamberg, C2 678/51: »Filmclub Bamberg 1952«.

91 Stadtarchiv Bamberg, PS 4036, Vortragsankündigung Film-Club – Volkshochschule; zu Eckhardts Aktivitäten als Vorsitzender des Dachverbands der deutschen Filmclubs vgl. *Fehrenbach*, Cinema in Democratic Germany, S. 179–182.

92 *Kunzelmann*, Keinen Widerstand!, S. 15.

93 Stadtarchiv Bamberg, C2 678/51, Filmclub Bamberg 1952, Bl. 2 (Satzung vom 4. 1. 1952). Zur Geschichte und Bedeutung der Filmclubs während der fünfziger Jahre vgl. *Fehrenbach*, Cinema in Democratic Germany, bes. S. 169–210; *Hickethier*: Die bundesdeutsche Kinoöffentlichkeit in den fünfziger Jahren; *Paech*, Schule der Zuschauer?, in: *Hoffmann* u. *Schobert* (Hgg.), Zwischen gestern und morgen, S. 226–245.

94 Stadtarchiv Bamberg, C2 678/51, Filmclub Bamberg 1952, Bl. 11–12 (Jahreshauptversammlung 10. 12. 1954).

95 Ebd., Bl. 23 (Jahreshauptversammlung 7. 12. 1955).

96 Ebd., Bl. 7 rev. (Jahreshauptversammlung 4. 12. 1952).

97 Ebd., Bl. 13 (Jahreshauptversammlung 10. 12. 1954).

98 *Kunzelmann*, Keinen Widerstand, S. 15.

99 Rekonstruiert nach: Stadtarchiv Bamberg, C2 678/51 und Bamberger Volksblatt 1952–1959.

100 *Kunzelmann*, Keinen Widerstand!, S. 15. Auf Nachfrage bestreiten inzwischen beide altsprachlichen Bamberger Gymnasien, jemals Kunzelmann zu ihren Schülern gezählt zu haben. Vgl. jedoch zwei Interviews mit Dieter Kunzelmann, in denen er sich ausdrücklich an das Alte Gymnasium erinnert: Interview mit Dieter Kunzelmann, in: In Bamberg war der Teufel los, S. 112; Interview mit Dieter Kunzelmann, in: Nilpferd des höllischen Urwalds, S. 117, wo er berich-

tete, daß er die sechste Klasse (wahrscheinlich des Gymnasiums – also nach moderner Zählung wohl die zehnte) auch im dritten Anlauf nicht erfolgreich abgeschlossen habe.

101 Vgl. *Kunzelmann*, Keinen Widerstand!, S. 15; allgemein: *Maak* u. *Pelz*, 150 Jahre Sparkasse Coburg: 1821–1971.

102 Historische Sammlung Vereinigte Coburger Sparkassen (VCS), Bayerisches Wirtschaftsarchiv München, handschriftlich kommentiertes Photoalbum ohne Signatur. Unnumerierte Kopien aus dem Historischen Archiv VCS.

103 Vgl. *Kunzelmann*, Keinen Widerstand!, S. 14.

104 Hist. Sammlung VCS; rätselhaft bleibt der auf demselben Blatt kolportierte Ausspruch Kunzelmanns: »Vom Gummikäfig ins Stahlkäfig ...«.

105 Hist. Sammlung VCS, handschriftlicher Kommentar, unnumeriertes Einzelblatt aus der Dokumentensammlung.

106 *Kunzelmann*, Keinen Widerstand!, S. 15.

107 Hist. Sammlung VCS, handschriftlicher Kommentar, unnumeriertes Einzelblatt aus der Dokumentensammlung.

108 Dieses psychologische Motiv macht Heinz Bude auf den Spuren von Haydée Faimberg für das Beispiel Georg Baselitz stark; vgl. *Bude*, Das Altern, S. 32–36; gleichwohl bleibt das von ihm verfolgte Motiv einer mißlungenen Ent-Identifizierung von den Eltern eine interessante Hypothese.

109 *Kunzelmann*, Keinen Widerstand!, S. 17.

110 Vgl. *Karl*, Rudi Dutschke; *Carini*, Fritz Teufel, *Koenen*, Urszenen.

111 Vgl. exemplarisch die Aufsatzsammlungen von *Jureit* u. *Wildt* (Hgg.), Generationen, und *Reulecke* u. *Müller-Luckner* (Hgg.), Generationalität.

112 Dieser Versuchung erliegt Bude, wenn er ein kleine Anzahl exzeptioneller Erinnerungsinterviews zu einer empirischen Basis für eine Generationengeschichte zu machen versucht; vgl. *Bude*, Das Altern; vgl. daneben die Reflexionen von *Hemler*, 1968: Soziale Bewegung oder Generationskonflikt?, vorgänge 4/2003, S. 32–40.

113 Vgl. z.B. *Schildt*, Moderne Zeiten.

114 *Bude*, Das Altern, S. 54, unter Bezug auf *Preuss-Lausitz*, u.a., Kriegskinder.

115 *Kunzelmann*, Keinen Widerstand!, S. 17.

116 Vgl. *Maase*, Bravo; *Poiger*, Jazz; *Faulstich*, Jugendkultur; *Breyvogel*, Provokation und Aufbruch der westdeutschen Jugend in den 50er und 60er Jahren, in: *Herrmann* (Hg.), Protestierende Jugend, S. 445–459; *Zinnecker*, »Halbstarke« – die andere Seite der 68er-Generation, in: ebd., S. 461–485.

117 Vgl. *Schneider*, *Stillke* u. *Leineweber*, Trauma und Kritik, die mit Hilfe einer Psychohistorie einen »Traumtext« der '68er-Generation auszumachen versuchen, der sich in der Kritischen Theorie wiedererkannt habe – die absolute Negation im Modus des »Anderen«.

118 Vgl. *Kunzelmann*, Keinen Widerstand!, S. 15; Interview mit Dieter Kunzelmann, in: Nilpferd des Höllischen Urwalds, S. 124. Der 8. Mai 1959 war Amalie Kunzelmanns 50. Geburtstag.

119 Vgl. *Stierle*, Der Mythos von Paris.

Zweiter Teil
München – 1960–1966

1 *Kunzelmann*, Keinen Widerstand!, S. 15. Rudolf May nannte sich später Christofer Baldeney und gehörte gemeinsam mit Kunzelmann zu den Initiatoren der »Subversiven Aktion«.

2 Ebd.

3 Allein in den Jahren zwischen 1960 und 1966 ermittelte die Münchner Staatsanwaltschaft elfmal gegen Kunzelmann. Vgl. den faks. Abdruck eines Vermerks der Münchner Kriminalpolizei in: ebd., S. 74–75.

4 Vgl. *Görtemaker*, Geschichte der Bundesrepublik Deutschland, S. 338–344.

5 *Kunzelmann*, Keinen Widerstand!, S. 37.

6 Ebd., S. 18. An anderer Stelle allerdings schwärmte Kunzelmann von den Jazz-Kellern in St.-Germain-des-Prés, vgl. das Interview mit Dieter Kunzelmann, in: Nilpferd des Höllischen Urwalds, S. 124. Seine Distanzierung vom Nachtleben in diesem populären Bezirk war also offenbar nicht ganz so konsequent, wie er es später darstellte.

7 *Kunzelmann*, Keinen Widerstand!, S. 18.

8 Ebd.

9 Vgl. Der Spiegel 5/2007 (29. 1. 2007), S. 142.

10 So jedenfalls *Kunzelmann*, Keinen Widerstand!, S. 18.

11 Ebd.

12 Ebd.

13 Eine spätere Zusammenarbeit zwischen Godard und Belmondo in »Elf Uhr nachts« (orig. »Pierrot le Fou«, 1965) soll 1968 Andreas Baader und Gudrun Ensslin inspiriert haben; vgl. *Herrmann* u. *Stern*, Andreas Baader, S. 99.

14 *Kunzelmann*, Keinen Widerstand!, S. 18–19. Einer dieser Staatsbesuche des Sommers 1959 ist auch in Godards »Außer Atem« zu sehen.

15 *Vexliard*, Introduction à la Sociologie du Vagabondage; *ders.*, Le Clochard.

16 Ebd., S. 209.

17 Ebd., S. 226–228.

18 Ebd., S. 241–245.

19 Ebd., S. 64–65.

20 Vgl. Interview mit Dieter Kunzelmann, in: Nilpferd des höllischen Urwalds, S. 126–127.

21 *Kunzelmann*, Keinen Widerstand!, S. 19.

22 Vgl. ebd. Ob das väterliche Unterhaltsversprechen wirklich ohne Auflagen zugesagt wurde, kann bezweifelt werden. Zumindest erinnerte der Vater im April 1967, als er die Zahlungen wutentbrannt einstellte, an eine Abmachung, derzufolge sein Sohn als Gasthörer volkswirtschaftliche Studien habe betreiben wollen. Vgl. HIS SAK 130,03: »Korrespondenz der Kommune I (Ostberlin, Spinner, Familie)«. Diese Vereinbarung bezog sich auf den Umzug nach Berlin, als Kunzelmann nach beinahe sieben Jahren immer noch vom väterlichen Unterhalt lebte.

23 *Kunzelmann*, Keinen Widerstand!, S. 19.

24 Vgl. die impressionistische Materialsammlung von *Wilhelm*, Die Münchner Bohème.

25 »Nachwort« in: *Schaefer* (Hg.), Schwabing, S. 70–71.

26 Vgl. z.B. *Koch*, Schwabing; *Roth* u. *Grasser*, In Schwabing; *Rukwid*: Geliebtes Schwabing; eine Art Fremdenführer durch die Schwabinger Kultur- und Unterhaltungstopographie bietet *Kerler*, Treffpunkt Traumstadt Schwabing.

27 *Prosel*, Freistaat Schwabing; vgl. daneben *Hollweck*, Von Wahnmoching bis zur Traumstadt.

28 *Kunzelmann*, Keinen Widerstand!, S. 20.

29 Ebd., S. 21.

30 Vgl. *Kreuzer*, Die Bohème.

31 Vgl. *Stierle*, Der Mythos von Paris.

32 Die beste und weiterhin konkurrenzlose Überblicksdarstellung zur subversiven Gegenkultur des 20. Jahrhunderts bietet immer noch *Marcus*, Lipstick Traces; vgl daneben auch *Hecken*, Gegenkultur und Avantgarde; *Horn*, the Spirit of '68, S. 5–23.

33 Vgl. hierzu *Ohrt*, Phantom Avantgarde, S. 50–74.

34 *Mension*, Wir haben unsere unfertigen Abenteuer gelebt.

35 Diese Distanz beruhte offenbar auf Gegenseitigkeit, wenn Mension berichtet, das Seine-Ufer habe eine Art Grenze bezeichnet: »Wir gingen nie auf das rechte Seine-Ufer«, ebd., S. 21.
36 Ebd., S. 33–42.
37 Vgl. *Marcus*, Lipstick Traces, S. 289–321; *Ohrt*, Phantom Avantgarde, S. 51.
38 Vgl. *Marcus*, Lipstick Traces, S. 290–292.
39 *Ohrt*, Phantom Avantgarde, S. 51; dazu *Mension*, Unfertige Abenteuer, S. 98: »Es ist mir manchmal in den Sinn gekommen, daß sich im Kopf von Chtcheglov vielleicht etwas anderes als das blinkende Licht, das sie am Schlafen hinderte, abgespielt hat, denn im großen und ganzen konnte man in dem Zustand, in dem man nachts oder morgens heimkam, selbst mit einem Eiffelturm über sich schlafen.«
40 Vgl. *Hecken*, Gegenkultur, S. 22–35.
41 Vgl. *Kreuzer*, Bohème, S. 172–174.
42 Debords teilweise etwas mysteriöse Biographie hat nach seinem (wahrscheinlichen) Selbstmord im Jahr 1994 erhebliche Aufmerksamkeit erfahren. Die beste Darstellung bietet *Kaufmann*, Guy Debord; vgl. daneben *Bourseiller*, Vie et Mort de Guy Debord; *Hussey*, The Game of War; *Bracken*, Guy Debord; *Jappe* u. *Nicholson-Smith*, Guy Debord; eine Dokumentation seiner Arbeit bietet *McDonough* (Hg.), Guy Debord and the Situationist International; in der deutschsprachigen historischen Forschung existiert bislang nur die Skizze von *Gilcher-Holtey*, Guy Debord und die Situationistische Internationale; Schließlich ist die Situationistische Internationale Gegenstand einer bilanzierenden Tagung geworden: vgl. *Grigat*, *Grenzfurthner* u. *Friesinger* (Hgg.), Spektakel Kunst Gesellschaft.
43 Inzwischen dokumentiert in: Guy Debord präsentiert Potlatch. Vgl. auch einige frühe Texte in: Der Beginn einer Epoche, S. 17–44.
44 *Mension*, Unfertige Abenteuer, S. 101; vgl. *Sadler*, Situationist City, S. 91–95.
45 Ebd., S. 101–102.
46 *Debord*, Technik des Umherschweifens, Les Lèvres Nues Nr. 9 (1956), nach: Situationistische Internationale 1958–1969, Bd. 1, S. 58; vgl. in einer anderen Übersetzung unter dem Titel »Theorie des Umherschweifens«, in: Guy Debord präsentiert Potlatch, S. 332–340.
47 Vgl. zum kunsthistorischen Kontext *Bachmeyer*, Die Spur – zur Kunst, Gaudi, Politik, in: Aufbrüche, Manifeste, Manifestationen, S. 141–142.
48 *Debord* u. *Wolman*, Gebrauchsanweisung für die Zweckentfremdung, Les Lèvres nues Nr. 8 (1956), nach: Der Beginn einer Epoche, S. 22–23 (Hervorhebung im Orig.);. vgl. in einer anderen Übersetzung unter dem Titel »Die Entwendung: Eine Gebrauchsanweisung«, in: Guy Debord präsentiert Potlatch, S. 320–331.
49 *Debord* u. *Wolman*, Gebrauchsanweisung, nach: Der Beginn einer Epoche, S. 20.
50 Debords Filme sind inzwischen in einer neuen DVD-Ausgabe zugänglich: *Debord*, Œuvres cinématographique complètes.
51 Aus dem Originalskript nach: »Autour des Filmes. Documents«, ebd., S. 21 [Übers. A.R.].
52 Vgl. *Mension*, Unfertige Abenteuer, S. 103.
53 internationale situationniste (1958–1969), nach: Situationistische Internationale 1958–1969, 2 Bde. Eine Auswahl der Texte ist wiederaufgelegt worden in: Der Beginn einer Epoche.
54 Vgl. die durchgehenden Bezugnahmen bei *Marcus*, Lipstick Traces; zentral sind die Arbeiten von *Ohrt*, Phantom Avantgarde; ebenso *ders.* (Hg.): Das große Spiel; daneben *Hecken*, Gegenkultur, S. 22–30; *ders.*: Avantgarde und Terrorismus, S. 34–41; auf die Zusammenhänge der Trivialkultur verweist *ders.*: Kunst und/oder Leben; affirmative Traditionspflege von den Situationisten über die Kommune I bis in die achtziger Jahre leistete die Ausstellung »Nilpferd des Höllischen Urwalds. Situationisten, Gruppe Spur, Kommune I«; vgl. die ebenfalls durchaus sympathische Schilderung bei *Horn*, The Spirit of '68; ganz in der Tradition des situationistischen Denkens verstehen sich *Baumeister* u. *Negator*, Situationistische Revolutionstheorie, 2 Bde. Zur »umherschweifenden« Kommunikationspraxis zählen daneben auch die vielfältigen Dokumentationen situationistischer Versatzstücke im Internet.

55 »Nachbemerkung« zu *Debord*, Rapport über die Konstruktion von Situationen, nach: Der Beginn einer Epoche, S. 28–44, hier: S. 44. Vgl. Debords spätere Ausarbeitung seiner situationistischen Kulturkritik in *Debord*, Die Gesellschaft des Spektakels.
56 *Debord*, Rapport, nach: Beginn einer Epoche, S. 28.
57 Ebd., S. 29.
58 Ebd., S. 43.
59 Ebd., S. 37.
60 Ebd., S. 39.
61 Ebd., S. 38.
62 Ebd., S. 41–42.
63 Vgl. die Chronologie in: Gruppe Spur (Katalog Villa Stuck), S. 69. Zur Vorgeschichte vgl. *Ohrt*, Phantom Avantgarde, S. 146–156.
64 Jorn hieß mit bürgerlichem Namen Asger Oluf Jørgensen. »Cobra« war ein internationales Netzwerk von neo-expressionistischen Künstlern, benannt nach ihren Herkunftsstädten Copenhagen, Brüssel und Amsterdam; vgl. die Dokumente in: Nilpferd des höllischen Urwalds, S. 48–57.
65 Vorbereitende Probleme zur Konstruktion einer Situation, nach: Situationistische Internationale, Bd. 1, S. 16–17 (Hervorhebung im Orig.).
66 Ebd., S. 17 (Hervorhebung im Orig.).
67 Vgl. zur Ideengeschichte der Nachkriegsrationalität *Payk*, Das »Pathos der Nüchternheit«?, in: Moderne 3 (2007), S. 128–141.
68 *Ivain* (d.i. *Ivan Chtcheglov*), Formular für einen neuen Urbanismus, nach: Situationistische Internationale, Bd. 1, S. 21–23 (Hervorhebung im Orig.); zu Chtcheglovs Rolle und persönlichem Schicksal seit dem Ende der Lettristischen Internationale um 1953/54 vgl. *Marcus*, Lipstick Traces, S. 396–401.
69 *Debord*, Thesen, nach: ebd., S. 26–27.
70 Die Zweckentfremdung als Negation und Vorspiel, nach: ebd., S. 85–86.
71 *Jorn*, Die Situationisten und die Automation, nach: ebd., S. 28–29 (Hervorhebung im Orig.).
72 Ebd., S. 30.
73 Der Sinn im Absterben der Kunst, nach: Situationistische Internationale, Bd. 1, S. 81.
74 Manifest, nach: Situationistische Internationale, Bd. 1, S. 153. Vgl. auch andere, gleichzeitig entwickelte Ideen der »Zweckentfremdung«, die bis hin zu einer Zweckentfremdung der alltäglichen sprachlichen Begriffe gehen konnten: *Kotanyi*, Gangland und Philosophie, nach: Situationistische Internationale, Bd. 1, S. 150.
75 Manifest, ebd., S. 154.
76 Die 4. Konferenz der S.I. in London (24. – 28. September 1960), ebd., S. 172.
77 Vgl. dazu *Gilcher-Holtey*, Guy Debord, bes. S. 97–98: »Die Ausschlüsse reduzierten die kleine Gruppe von Situationisten – maximal siebzig Personen – schließlich auf ein Mitglied: Debord.«
78 Instruktionen für eine Parade, nach: Situationistische Internationale, Bd. 1, S. 211. Zur späteren Rolle der Situationisten während des Pariser Mai 1968 vgl. *Gilcher-Holtey*, »Die Phantasie an die Macht!«, S. 73–81.
79 Vgl. hier z.B. die spätere Kritik von *Mitscherlich*, Die Unwirtlichkeit unserer Städte.
80 Vgl. zur situationistischen Urbanismus-Kritik *Sadler*, The Situationist City.
81 *Mension*, Unfertige Abenteuer, S. 102–103.
82 *Debord*, Einführung in eine Kritik der städtischen Geographie, nach: Beginn einer Epoche. S. 17.
83 Ebd., S. 17–18.
84 Ebd., S. 19–20.
85 *Ivain* (d.i. *Ivan Chtcheglov*), Formular für einen neuen Urbanismus, nach: Situationistische In-

ternationale, Bd. 1, S. 20–21 (Hervorhebungen im Orig.). Grundsätzlich zur situationistischen Urbanismuskritik: *Sadler*, The Situationist City.

86 Ebd., S. 21.

87 Die 4. Konferenz, nach: ebd., S. 176.

88 *Kontányi* u. *Vaneigem*, Elementarprogramm des Büros für einen Unitären Urbanismus, nach: ebd., S. 223.

89 Ebd., S. 224.

90 *Vaneigem*, Anmerkungen gegen den Urbanismus, nach: Situationistische Internationale, Bd. 1, S. 242.

91 Diese Anspielung bezog sich offensichtlich auf Maurice Blanchot, der drei Jahre zuvor ein in Auflösung begriffenes Subjekt zum Thema einer avantgardistischen Erzählung gemacht hatte. Vgl. *Blanchot*, Der letzte Mensch.

92 *Vaneigem*, Anmerkungen, nach: Situationistische Internationale, Bd. 1, S. 245.

93 Ebd., S. 240–241.

94 Vgl. Gruppe Spur (Katalog Villa Stuck), S. 73.

95 *Petzet*, Neo-Da-Da und Tonbandphilosoph, Münchner Merkur (27. 1. 1959), faks. Nachdruck in: Gruppe Spur (Katalog Villa Stuck), S. 72.

96 Vgl. Peinlicher Faschingsscherz der »Extremisten«?, Münchner Merkur (2. 2. 1959), faks. Nachdruck, ebd.

97 Die sog. »Bense-Aktion« blieb kein Einzelfall. Zwei Jahre später veranstalteten die Künstler der Gruppe Radama eine posthume Ausstellung des bis dato vollkommen unbekannten Malers Bolus Krim. Die Ausstellung eines frei erfundenen Künstlers und seiner zu diesem Zweck simulierten Werke wurde interessiert aufgenommen und später von der konkurrierenden Gruppe Spur ironisch als eigene Aktion beansprucht. Vgl. »Spur-Historie«, in: Gruppe Spur (Katalog Villa Stuck), S. 67. Noch in seinen Erinnerungen schmückte sich Kunzelmann mit fremden subversiven Federn, wenn er berichtete: »Wir veranstalteten eine Ausstellung von einem Maler, den es überhaupt nicht gab, mit einer Rede des berühmten Kunstpapstes, der gar nicht anwesend war, […]«, *Kunzelmann*, Keinen Widerstand!, S. 25. Während der »Bense-Aktion« ging er noch seiner Coburger Banklehre nach, mit der Bolus-Krim-Ausstellung hatte die Gruppe Spur nichts zu tun.

98 Literatur und Dokumentationen zur Gruppe Spur sind zahlreich erschienen. Vgl. zunächst die Ausstellungskataloge: Gruppe Spur (Katalog Villa Stuck); Gruppe Spur 1958–1965 (Galerie van de Loo); Gruppe Spur 1958–1965 (Galerie Christa Schübbe); Aufbrüche, Manifeste, Manifestationen (Städtische Kunsthalle Düsseldorf); Ein kultureller Putsch; zum längerfristigen Kontext vgl. die Materialsammlung in: Nilpferd des höllischen Urwalds. Eine kunsthistorische Einordnung leistet die Dissertation von Hans-Peter Zimmers Tochter *Nina Zimmer*, Spur und andere Künstlergruppen; daneben *Loers*, Gruppe SPUR 1958–1965.

99 Helmut Sturm im Gespräch mit Emil Kaufmann während eines Interviews mit der ehemaligen Gruppe Spur, in: Gruppe Spur (Galerie van de Loo), S. 25.

100 Zu diesem Motiv des avantgardistischen Denkens vgl. *Ehrlicher*, Die Kunst der Zerstörung; *ders.*, Von der Utopie zur Organisation des Scheiterns: Manifestationen der Kunst nach dem Ende der Avantgarde, in: *Kaiser* u. *Ley* (Hgg.), Von der Romantik zur ästhetischen Religion, S. 163–186.

101 Manifest [1958], nach: Ein kultureller Putsch, S. 13–16. Zum medial-manipulativen Charakter der öffentlichen Avantgarde-Manifeste vgl. *Lindemann*, Kriegsschauplatz Öffentlichkeit, in: *Arnold* (Hg.), Aufbruch ins 20. Jahrhundert, S. 17–36.

102 Vgl. Gruppe Spur (Katalog Villa Stuck), S. 73–75.

103 Die 3. Konferenz der S.I. in München (17. bis 20. April 1959), nach: Situationistische Internationale, Bd. 1, S. 95.

104 Manifest, nach: Ein kultureller Putsch, S. 13.

105 Situationistische Nachrichten, nach: Situationistische Internationale, Bd. 1, S. 92.
106 Die 3. Konferenz, nach: Situationistische Internationale, Bd. 1, S. 96.
107 Ebd., S. 97.
108 Bei der »industriellen Malerei« Pinot Gallizios handelte es sich um auf Tapetenrollen gemalte Bilder, die er gelegentlich meterweise versteigerte. Vgl. *Ohrt*, Phantom Avantgarde, S. 192–194.
109 Ein kultureller Putsch, nach: Ein kultureller Putsch, S. 17 (Hervorhebungen im Orig.).
110 Vgl. Manifest, SPUR Nr. 1 (August 1960), S. 2–7, faks. Nachdruck in: Gruppe SPUR (Katalog Villa Stuck), S. 187–192.
111 Aktuelle Banalitäten, SPUR Nr. 1, S. 15, nach: ebd., S. 207.
112 Ebd., S. 212.
113 Ebd., S. 216 (Hervorhebungen im Orig.).
114 Ebd., S. 218 (Hervorhebungen im Orig.).
115 *Kunzelmann*, Keinen Widerstand!, S. 21.
116 Helmut Sturm im Gespräch mit Emil Kaufmann während eines Interviews mit der ehemaligen Gruppe SPUR, in: Gruppe SPUR (Galerie van de Loo), S. 26; vgl. auch *Kunzelmann*, Keinen Widerstand!, S. 21.
117 Lothar Fischer im Gespräch mit Emil Kaufmann während eines Interviews mit der ehemaligen Gruppe SPUR, in: Gruppe SPUR (Galerie van de Loo), S. 26.
118 Helmut Sturm im Gespräch mit Emil Kaufmann, ebd.
119 Ebd.
120 Ebd.
121 Interview mit Dieter Kunzelmann, in: Nilpferd des Höllischen Urwalds, S. 124; vgl. auch ebd., S. 125 u. 127; vgl. daneben *Kunzelmann*, Keinen Widerstand!, S. 19.
122 Die 4. Konferenz der S.I. in London (24. – 28. September 1960), nach: Situationistische Internationale, Bd. 1, S. 173–174.
123 Vgl. ebd., S. 175–176.
124 Erklärung der deutschen Sektion der I.S. über den Wahnsinn, unterzeichnet »STURM, PREM, FISCHER, ZIMMER, JORN DEBORD – München, den 8. September 1960«, SPUR Nr. 2 (November 1960), S. 7.
125 Januar-Manifest, nach: Ein kultureller Putsch, S. 43–44.
126 Vgl. Gruppe SPUR (Katalog Villa Stuck), S. 78.
127 Avantgarde ist unerwünscht!, nach: Ein kultureller Putsch, S. 45
128 Ebd., S. 46.
129 Vgl. allgemein: *Vondung*, Apokalypse in Deutschland; in kritischer Perspektive auf diese Tradition von Jacob Burckhardt bis zur Ökologiebewegung der 80er Jahre: *Herman*, The Idea of Decline in Western History.
130 Avantgarde ist unerwünscht!, nach: Ein kultureller Putsch, S. 46.
131 Vgl. Gruppe SPUR (Katalog Villa Stuck), S. 77 u. 79.
132 Resolution of the Fourth Conference of the Situationist International, Spur Nr. 4 (Januar 1961), S. 5, nach: ebd., S. 305.
133 Spur Nr. 4 (Januar 1961), S. 20–21, nach: Gruppe SPUR (Katalog Villa Stuck), S. 320–321.
134 Ebd., S. 77.
135 »Erklärung vor dem Fernsehen.«, Spur Nr. 4 (Januar 1961), S. 3, nach: ebd., S. 303.
136 Vgl. *von Mickwitz*, Streit um die Kunst, S. 62–63.
137 Über die soziale Unterdrückung der Kultur, SPUR Nr. 4, S. 4, nach: Gruppe SPUR (Katalog Villa Stuck), S. 304.
138 *Kunzelmann*, Der Kardinal, der Film und die Orgie, SPUR Nr. 4 (Januar 1961), S. 8, nach: ebd., S. 308 (Hervorhebungen im Orig.).
139 SPUR Nr. 4, S. 14, nach: ebd., S. 314.
140 SPUR Nr. 1, S. 24, nach: ebd., S. 218 (Hervorhebung im Orig.).

141 Vgl. ebd., S. 80. Nash hieß mit bürgerlichem Namen Jørgen Axel Jørgensen und war der Bruder von Asger Jorn (d.i. Asger Oluf Jørgensen).
142 Vgl. Interview mit Dieter Kunzelmann, in: Nilpferd des höllischen Urwalds, S. 135.
143 Die 5. Konferenz der S.I. in Göteborg (28. bis 30. August 1961), nach: Situationistische Internationale, Bd. 1, S. 281–282.
144 Zu Debords Radikalismus und seiner Ausschlußpraxis in der Situationistischen Internationale vgl. *Gilcher-Holtey*, Guy Debord.
145 Die 5. Konferenz, in: Situationistische Internationale, Bd. 1, S. 282–283. Der erste Ausruf repräsentiert wohl Prems aktionistische Position, der letztere die theoretische Orthodoxie Debords.
146 Ebd., Bd. 1, S. 284.
147 *Kunzelmann*, Keinen Widerstand!, S. 28–29. Kunzelmann zitierte hier eine Strophe des Hölderlin-Gedichts »Diotima«: »Ach! an deine stille Schöne, / Selig holdes Angesicht! / Herz! an deine Himmelstöne / Ist gewohnt das meine nicht; / Aber deine Melodien / Heitern mählig mir den Sinn, / Daß die trüben Träume fliehen, / Und ich selbst ein andrer bin; / Bin ich dazu denn erkoren? / Ich zu deiner hohen Ruh, / So zu Licht und Lust geboren, / Göttlichglückliche! wie du? –«
148 Interview mit Dieter Kunzelmann, in: Nilpferd des höllischen Urwalds, S. 134.
149 Drakabygget, SPUR Nr. 6 (»im Exil«, August 1961), S. 5, nach: Gruppe SPUR (Katalog Villa Stuck), S. 365.
150 Kanon der Revolution, SPUR Nr.6, S. 9, nach: ebd., S. 369.
151 Hommage à C.G.Jung, SPUR Nr.6, S. 16–17, nach Gruppe SPUR (Katalog Villa Stuck), S. 376–377 (Hervorhebungen im Orig.).
152 Interview mit Dieter Kunzelmann, in: Nilpferd des höllischen Urwalds, S. 123.
153 København, Spur Nr. 6, S. 19, nach: Gruppe SPUR (Katalog Villa Stuck), S. 379.
154 Vgl. die kurze Skizze des SPUR-Prozesses bei *von Mickwitz*, Streit um die Kunst, S. 56–63.
155 Urteilsbegründung des Amtsgerichts München vom 4. 5. 1962 gegen die Gruppe SPUR, nach: Gruppe SPUR (Galerie van de Loo), S. 117; vgl. Gruppe SPUR (Katalog Villa Stuck), S. 82.
156 »Flugblatt«, nach: Gruppe SPUR (Katalog Villa Stuck), S. 81.
157 Brief von »Guy Keller« (d.i. Guy Debord und Asger Jorn) an die Gruppe SPUR vom 18. 6. 1961, in: *Debord*, Correspondance, Bd. 2, S. 96 (Übers. A.R.).
158 Vgl. Vor keinem Sturm erschrecket ..., MÜNCHNER ABENDZEITUNG vom 7. Mai 1962, nach: Gruppe SPUR (Katalog Villa Stuck), S. 83.
159 Unsere Antwort, nach: Ein kultureller Putsch, S. 51.
160 Ebd., S. 53–54.
161 Urteilsbegründung, nach: Gruppe SPUR (Galerie van de Loo), S. 109.
162 Ebd., S. 110.
163 Ebd., S. 113.
164 Ebd., S. 117–118.
165 Ebd., S. 118.
166 Gutachten Joachim Kaisers zum zweiten SPUR-Prozeß, nach: Gruppe SPUR (Galerie van de Loo), S. 129–130.
167 Ebd., S. 130–131.
168 Gutachten Werner Haftmanns zum zweiten Spur-Prozeß, nach: Gruppe SPUR (Galerie van de Loo), S. 131–137, hier: S. 136.
169 Ebd., S. 137.
170 Offene Erklärung, nach: *Kunzelmann*, Keinen Widerstand!, S. 31.
171 Ebd., S. 32.
172 Offene Erklärung, ebd., S. 31.
173 Vgl. Gruppe SPUR (Katalog Villa Stuck), S. 84.
174 *Kunzelmann*, Keinen Widerstand!, S. 32.

175 Vgl. Gruppe Spur (Katalog Villa Stuck), S. 81.
176 Nicht Hinauslehnen!, Flugblatt mit der Erklärung des Zentralrats der Situationistischen Internationale vom 10. 2. 1962, nach: Gruppe Spur (Katalog Villa Stuck), S. 41.
177 Interview mit Dieter Kunzelmann, in: Nilpferd des höllischen Urwalds, S. 156.
178 Vgl. Subversive Aktion, S. 69, Anm. 1.
179 Lothar Fischer im Gespräch mit Friedemann Malsch, in: Gruppe Spur (Galerie Christa Schübbe), S. 95–96.
180 Vgl. Situationistische Nachrichten, nach: Situationistische Internationale Bd. 1, S. 307–308.
181 Vgl. Debords Schreiben an den Münchner Gerichtsvorsitzenden vom 28. 4. 1962, in dem er der Gruppe avantgardistische Leistungen zugunsten der deutschen Nachkriegsgesellschaft attestierte und wenig diplomatisch fortfuhr: »Baudelaire und Flaubert sind aus denselben Motiven verurteilt worden, aus denen heute Prem, Kunzelmann, Sturm und Zimmer in München angeklagt sind. Seit langer Zeit aber bezieht man sich auf jene Urteile nur noch, um die skandalöse Dummheit ihrer Richter zu demonstrieren. Das muß man bedenken. Vor der Geschichte hat die künstlerische Freiheit alle ihre Prozesse gewonnen.«, *Debord*, Correspondance, Bd. 2., S. 142 (Übers. A. R.).
182 Situationistische Nachrichten, nach: Situationistische Internationale, Bd. 2, S. 77.
183 Interview mit Dieter Kunzelmann, Nilpferd des höllischen Urwalds, S. 142.
184 Ebd., S. 142–143.
185 Vgl. Interview mit Dieter Kunzelmann, in: Nilpferd, S. 163–164.
186 Dieter Kunzelmann in der Diskussionsveranstaltung »Provokation als Öffentlichkeit«, FU Berlin am 18. 5. 1988.
187 So Helmut Sturm im Gespräch mit Emil Kaufmann, nach: Gruppe Spur (Galerie van de Loo), S. 26.
188 Vgl. die umfassende und detaillierte Aufsatzsammlung von *Fürmetz* (Hg.), »Schwabinger Krawalle«.
189 Vgl. *Hemler*, Aufbegehren einer Jugendszene, in: ebd., S. 25–57.
190 Vgl. *Sturm*, »Wildgewordene Obrigkeit«?, in: ebd., S. 59–105, und *M. Fürmetz*, Anwalt der Jugend, ebd., S. 141–150.
191 Vgl. *Voith*, »Tanz der Gummiknüppel« und andere Sensationen, in: ebd., S. 107–123.
192 Vgl. *Arens*, Lektion in Demokratie, in: ebd., S. 125–140.
193 Zu den Halbstarken-Krawallen der fünfziger Jahre vgl. *Kurme*, Halbstarke; *Breyvogel*, Provokation und Aufbruch der westdeutschen Jugend in den 50er und 60er Jahren, in: *Herrmann* (Hg.), Protestierende Jugend, S. 445–459; *Zinnecker*, »Halbstarke« – die andere Seite der 68er-Generation, in: ebd., S. 461–485; schon früher *ders.*, Jugendkultur 1940–1985; *Lindner*, Jugendprotest seit den fünfziger Jahren.
194 Vgl. Hemler, »Nicht aus dem Haus gegangen«, in: *Fürmetz* (Hg.), »Schwabinger Krawalle«, S. 173–174.
195 So Anneliese Baader in einem Fernsehinterview mit dem schwedischen Journalisten Hans Hederberg im Jahr 1977, nach: *Herrmann* u. *Stern*, Andreas Baader, S. 49.
196 Vgl. *Hemler*, »Nicht aus dem Haus«.
197 Zit. nach ebd., S. 173.
198 Postkarte Dieter Kunzelmanns an seine Mutter Amalie vom 25. 6. 1962, nach: *Kunzelmann*, Keinen Widerstand!, S. 36.
199 Interview mit Dieter Kunzelmann, in: Nilpferd des höllischen Urwalds, S. 165.
200 *Kunzelmann*, Keinen Widerstand!, S. 37.
201 Vgl. ebd.
202 Eine Anspielung auf die von Debord Ende der fünfziger Jahre herausgegebene lettristische Zeitschrift Potlatch. Vgl. *Debord*, Guy Debord präsentiert Potlatch. Der Begriff bezeichnet ursprünglich ein festliches Geschenkritual indigener Kulturen an der nordamerikanischen Pazifikküste.

203 Ritus contra Depravation, nach: Subversive Aktion, S. 54–55.
204 Vgl. die Kulturgeschichte der Apokalypse bei *Vondung*, Apokalypse in Deutschland.
205 Zu Baldeneys Biographie vgl. Subversive Aktion, S. 501–502.
206 Brief von Guy Debord an Rodolphe Gasché vom 22. 9. 1962, in: Debord, Correspondance, Bd. 2, S. 164–165 (Übers. A.R.).
207 Brief von Guy Debord an Rodolphe Gasché vom 24. 9. 1962, in: *ebd.*, S. 166–167 (Übers. A.R.).
208 Interview mit Dieter Kunzelmann, in: Nilpferd des höllischen Urwalds, S. 143.
209 »Zur Einführung«, Unverbindliche Richtlinien 1, S. 5 (Hervorhebung im Orig.).
210 Unverbindliche Richtlinien 1, S. 14–15. Vgl. *Debord*, Die Gesellschaft des Spektakels; im Hintergrund stand Adornos Konditionierungstheorie aus seiner Miniaturensammlung »Prismen«, vgl. *Adorno*, Prismen, S. 116–17. Die systematischere Kritik der »Kulturindustrie« lag zunächst nur in der Amsterdamer Ausgabe von 1944 vor und wurde erst später im deutschen Sprachraum bekannt: vgl. das »Kulturindustrie«-Kapitel in: *Adorno* u. *Horkheimer*, Die Dialektik der Aufklärung.
211 Unverbindliche Richtlinien 1, S. 13. Diese Differenz übersieht Hemler in seiner Schilderung linksradikaler Kritik an der »Halbstarken«-Kultur im Herbst 1962; vgl. Hemler, »Nicht aus dem Haus«, S. 174.
212 Unverbindliche Richtlinien 1, S. 29.
213 Ebd., 21.
214 Ebd., S. 28 (Hervorhebung im Orig.).
215 Vgl. Subversive Aktion, S. 69 u. 501.
216 Vgl. ebd., S. 501.
217 Vgl. ebd., S. 122.
218 Vgl. ebd., S. 494–495.
219 Brief von Dieter Kunzelmann an Frank Böckelmann vom 5. November 1963, nach: ebd., S. 123.
220 Auch Du hast Kennedy erschossen!, Flugblatt vom Dezember 1963, faks. Nachdruck in: ebd., S. 127. Die Kritik bezog sich damit gleichermaßen auch auf die Rettungsaktion nach dem Grubenunglück im niedersächsischen Lengede, die kurz zuvor die bundesdeutschen Fernsehzuschauer tagelang in Atem gehalten hatte.
221 Vorwort, Unverbindliche Richtlinien 2, S. 5.
222 Ebd., S. 9.
223 Ebd., S. 17–20.
224 Ebd., S. 9.
225 Ebd., S. 20.
226 Ebd., S. 22 (Hervorhebung im Orig.).
227 Ebd., S. 29.
228 *Rabehl*, Nachtcafé, in *Kunzelmann*, Keinen Widerstand!, S. 38–44, hier S. 38.
229 Vgl. ebd. und das Interview mit Kunzelmann, in: Nilpferd des höllischen Urwalds, S. 163.
230 *Rabehl*, Nachtcafé, S. 38
231 Ebd., S. 39.
232 Ebd., S. 40.
233 Ebd., S. 43.
234 Ebd.
235 Brief Kunzelmanns an Frank Böckelmann vom 4. 1. 1964, nach: Subversive Aktion, S. 129.
236 Ebd. Vgl. die Generalabrechnung mit Kunzelmanns militanter Phase 1969/70 bei *Kraushaar*, Die Bombe im Jüdischen Gemeindehaus, wo Kraushaar diese Taktik, andere in kriminelle Situationen zu verstricken, zu einem grundlegenden Charakterzug Kunzelmanns erklärt.
237 Liste von Einfällen für eine Aktion der Subversiven Aktion auf der Kasseler Documenta, nach: Subversive Aktion, S. 130–132.
238 Vgl. ebd., S. 146.

239 Aufruf an die Seelenmasseure, nach: ebd., S. 147 (Hervorhebungen im Orig.).
240 Vgl. den Strafbefehl des Amtsgerichts Stuttgart vom 6. 8. 1964, in: Subversive Aktion, S. 216–217. Daneben das Interview mit Dieter Kunzelmann, in: Nilpferd des höllischen Urwalds, S. 160–161, wo Kunzelmann allerdings irrtümlich von einem Freispruch berichtet.
241 Flugblatt »Ha(c)ke(n)-Crux Teutonica«, in: Subversive Aktion, S. 148.
242 Brief von Dieter Kunzelmann an die Berliner Mitglieder der Subversiven Aktion vom 12. 5. 1964, nach: ebd., S. 149.
243 Tagebucheintrag ohne Datum [Herbst 1964], in: *Dutschke*, Jeder hat sein Leben ganz zu leben, S. 21.
244 Erlanger Protokoll vom 1. 2. 1964, in: Subversive Aktion, S. 123–124, hier 124.
245 Berliner Protokoll vom 15. 2. 1964, in: ebd., S: 124–126, hier 125–126.
246 Vgl. Subversive Aktion, S. 123.
247 *Buhmann*, Ich habe mir eine Geschichte geschrieben, S. 88. An anderer Stelle wird Buhmann noch deutlicher: Die Frauen der Subversiven Aktion seien noch extremer ausgebeutet worden als später im SDS, »nicht nur mit Tippen, Haushalt, Vögeln – sie wurden auch ausgenutzt zum Geldverdienen, Klauen, ja bis zum Strich.«, ebd., S. 143.
248 *Goede*, Gruppendynamische Garküche, in: Subversive Aktion, S. 467–475, hier 472.
249 Ebd., S. 473.
250 Brief Dieter Kunzelmanns an Frank Böckelmann vom 22. 8. 1964, nach: ebd., S. 211–212.
251 Zur Kirchentags-Aktion vgl. ebd., S. 210–211.
252 Botschaft an die Lämmer des Herrn zum Katholikentag, nach: ebd., S. 213.
253 Zu Maschke vgl. ebd., S. 210–211 u. 500–501.
254 Brief Günter Maschkes an Frank Böckelmann vom 8. 9. 1964, nach: ebd., S. 215.
255 Grußbotschaft, nach: ebd., S. 214.
256 Suchanzeige, nach: ebd., S. 145.
257 Suchanzeige, nach: ebd., S. 223.
258 Vgl. zu Korsch *Hobsbawm*, Revolutionaries, S. 211–219.
259 Vgl. z.B. den Brief Kunzelmanns an Dutschke vom 9. 11. 1965, HIS: RUD 151, 06, Bl. 8.
260 Brief Rudi Dutschkes an Kunzelmann vom 13. 9. 1965, HIS: RUD 151,06, Bl. 3. Die hier angesprochene Unterstützung für lateinamerikanische Gruppen wird im nächsten Abschnitt wieder aufgegriffen.
261 So zumindest schrieb Kunzelmann am 4. 7. 1964 an seine Mutter, faks. Nachdruck in: *Kunzelmann*, Keinen Widerstand!, S. 42.
262 Adresse an die Bundesversammlung, in Subversive Aktion, S. 151.
263 *A. Joffé* (d.i. Rudi Dutschke), Die Rolle der antikapitalistischen, wenn auch nicht sozialistischen Sowjetunion für die marxistischen Sozialisten in der Welt, Anschlag 1, Nachdr. in: ebd., S. 169–174 u. *ders.*, Diskussion: Das Verhältnis von Theorie und Praxis, ebd., S. 190–195. Dutschke und Rabehl publizierten aus Angst um ihre Stipendien unter den Pseudonymen »A. Joffé« und »R. Menzel«.
264 *Kunzelmann*, Busenfrei als Symptom der Unfreiheit, ebd., S. 185–186.
265 *Kunzelmann*: Tramper aller Länder ..., ebd., S. 189–190.
266 Vgl. ebd., S. 167–168.
267 *Nagel* u. *Gasché*, Heroismus als Dienstverpflichtung. Anmerkungen zur Roman- und Filmfigur »James Bond 007«, ebd., S. 187–189.
268 Vgl. Hamburger Protokoll, nach: ebd., S. 224–225, das auch eine leninistische Dogmatisierung der »Subversiven Aktion« vermuten läßt.
269 Weihnachtsevangelium, nach: ebd., S. 286.
270 Vgl. zum Tschombé-Protest *Lönnendonker*, *Staadt* u. *Rabehl*, Die antiautoritäre Revolte, S. 199–201; *Dutschke*, Leben, S. 22–25.
271 Vgl. die Münchner und Berliner Flugblätter »Die Einladung des Mörders Tschombé ist eine Bil-

ligung seiner Verbechen« und »Was hat der Mörder Tschombé bei uns zu suchen?« in: Subversive Aktion, S. 278 u. 281.

272 *Dutschke*, Leben, S. 24: »Wir donnerten voll los, Schwierdzik traf ihn voll in die Fresse.«

273 Vgl. *Derix*, Bebilderte Politik.

274 *Kunzelmann*, Die Bedeutung der Automation für eine revolutionäre Bewegung, Anschlag 2, nach: Subversive Aktion, S. 247–251 hier 251.

275 Vgl. *Jorn*, Die Situationisten und die Automation, nach: Situationistische Internationale, Bd. 1, S. 28–30.

276 Vgl. *Joffé* (d.i. Dutschke) u. *Pusch*, Proletarischer Internationalismus und Imperialismus, Anschlag 2, nach: Subversive Aktion, S. 258–262.

277 Vgl. *Lönnendonker* u.a., Antiautoritäre Revolte, S. 198–199.

278 Vgl. ebd., S. 425–426.

279 Vgl. HIS: RUD 210, 04.

280 *Dutschke*, Tagebücher, S. 26 (Eintragung vom 19. April 1965).

281 *Dutschke*, Diskussionsbeitrag zum Münchner Konzil (April 1965), HIS: RUD 210, 04, S. 19; teilw. Nachdruck in: Nilpferd des höllischen Urwalds, S. 166–169; vollständig in: Subversive Aktion, S. 307–328 (Hervorhebungen im Orig.). Dutschke pflegte dabei gewissenhaft die Konspiration: »Dieser Text darf in dieser spezifischen Form keinen fremden Leuten in die Hand gegeben werden.«, ebd., S. 328.

282 *Dutschke*, Handschriftliches Exzerpt »Tagung München«, HIS: RUD 210, 04, S. 5.

283 Ebd., S. 8.

284 Ebd.

285 Vgl. »Ereignisprotokoll«, »Gesamtprotokoll« und das »Ausschlußprotokoll« des Münchner Konzils (21.–25. 4. 1965), nach: Subversive Aktion, S. 296–301.

286 *Goede*, Garküche, in: Subversive Aktion, S. 468–469. Diese kritischen Bemerkungen müssen auch im Kontext ihrer Entstehung Mitte der siebziger Jahre gesehen werden, als sich Kunzelmann der maoistischen KPD angeschlossen hatte. In seinen Lebenserinnerungen bezeichnete Kunzelmann seinen Ausschluß schlicht als »Vatermord«, vgl. *Kunzelmann*, Keinen Widerstand!, S. 45.

287 Vgl. den Brief Dutschkes an die »Böckelmänner« vom 24. 8. 1965, HIS: RUD 151, 06, Bl. 2–4.

288 Vgl. Subversive Aktion, S. 341–436.

289 *Böckelmann*, Die schlechte Aufhebung der autoritären Persönlichkeit, Anschlag 3, S. 34–66. Nachdruck als: *Böckelmann*, Die schlechte Aufhebung der autoritären Persönlichkeit.

290 Editorische Notiz, in: ebd., S. 7. Vgl. auch die Sammlung seiner späteren Aufsätze: *Böckelmann*, Begriffe versenken, die diese kritische Intention variieren.

291 Brief Dutschkes an Kunzelmann vom 13. 9. 1965, HIS: RUD 151, 06, Bl. 1 rev.

292 Ebd., Bl. 2.

293 Brief Kunzelmanns an Dutschke vom 21. 9. 1965, HIS: RUD 151, 06, Bl. 1.

294 Ebd., Bl. 2.

295 *Dutschke*, Tagebücher, S. 21 (Eintragung vom 18. 9. 1964, Hervorhebung im Orig.).

296 Protokoll von Hamburg, HIS: RUD 210, 04, Bl. 2; Nachdruck in: Subversive Aktion, S. 224–225.

297 Brief Dutschkes an die »Böckelmänner« vom 24. 8. 1965, HIS: RUD 151,06, Bl. 3 rev. Mit »Carol« ist Dutschkes spätere Frau Gretchen Klotz gemeint. Der Einschub in eckigen Klammern stammt so von Dutschke selbst.

298 Brief Dutschkes an Kunzelmann vom 17. 5. 1965, HIS: RUD, 151,06, Bl. 3 rev. – Bl. 4. Dutschke zitierte hier mit den Worten »die ganze Scheiße« die »Deutsche Ideologie« von Marx und Engels.

299 Vgl. Brief Dutschkes an Kunzelmann vom 13. 9. 1965, HIS: RUD 151,06, Bl. 3. Rätselhaft sind in diesem Zusammenhang Kunzelmanns Erinnerungen an »haïtianische Studenten«, mit denen Dutschke gearbeitet habe, während diese sich auf eine Invasion ihrer Heimatinsel vorbe-

reitet hätten, vgl. *Kunzelmann*, Keinen Widerstand!, S. 48. Dutschkes Nachlaß zumindest legt, wie geschildert, Verbindungen nach Ecuador nahe.

300 Brief Kunzelmanns an Dutschke vom 9. 11. 1965, HIS: RUD, 151,06, Bl. 8.

301 Brief Kunzelmanns an Dutschke vom 21. 9. 1965, HIS: RUD 151, 06, Bl. 2. Vgl. *Fanon*, Die Verdammten dieser Erde; vgl. *Kebir*, Gewalt und Demokratie bei Fanon, Sartre und der RAF, in: *Kraushaar* (Hg.), Die RAF, Bd. 1, S. 262–279; *dies.*, Revolutionäre Subjekte bei Frantz Fanon, APuZ 14–15 (2008), S. 28–33.

302 *Fanon*, Von der Gewalt, Kursbuch 2 (August 1965), S. 1–55, hier S. 7.

303 Ebd., S. 22.

304 Brief Kunzelmanns an Dutschke vom 21. 9. 1965, HIS: RUD 151, 06, Bl. 2. Vgl. dazu den Artikel von *Rabehl*, Thesen zur Revolutionstheorie Frantz Fanons, unter APO: »Rabehl, Aufsätze III«.

305 Vgl. *G. Dutschke*, Barbarisches, schönes Leben, S. 84–87.

306 Textentwurf, HIS: RUD 600, 01 (Hervorhebung im Orig.).

307 Brief Dutschkes an die Münchner »Genossen« vom 12. 1. 1966, HIS: RUD 600, 01.

308 Vgl. *G. Dutschke*, Barbarisches, schönes Leben, S. 85–86.

309 Ebd. Vgl. den Brief Dutschkes an die Münchner Gruppe vom 9. 1. 1966, HIS: RUD 600, 01, Bl. 2.

310 *G. Dutschke*, Barbarisches, schönes Leben, S. 86.

311 Interview mit Dieter Kunzelmann, in: Nilpferd des höllischen Urwalds, S. 194.

312 *G. Dutschke*, Barbarisches, schönes Leben, S. 78–79.

313 Vgl. ebd.

314 Interview mit Dieter Kunzelmann, Nilpferd des höllischen Urwalds, S. 194.

315 Ebd.

316 Ebd., S. 195. Zur Bedeutung des Films für die »Dritte-Welt-Strategie« der Außerparlamentarischen Opposition vgl. *Siegfried*, Time is on my Side, S. 476–483; jetzt auch *Brown*, »1968« in East and West, bes. S. 78–81.

317 Interview mit Dieter Kunzelmann, Nilpferd des höllischen Urwalds, S. 194–195.

318 *Rabehl*, Viva Fanon! Die Revolution der Dritten Welt und der Revuefilm VIVA MARIA, Kino (Berlin) 4/1967, S. 23–29. Vgl. auch: *Lönnendonker* u.a., Antiautoritäre Revolte, S. 425.

319 *Rabehl*, Viva Fanon!, zit. nach: European 60s: Revolte, Phantasie & Utopie, S. 73.

320 Ebd., S. 74–75.

321 Vgl. ebd., S. 75.

322 Vorwort von Jean Paul Sartre in: *Fanon*, Die Verdammten, S. 9.

323 Vgl. in diesem Zusammenhang z.B. Fanons Ablehnung der post-kolonialen Nationalisten, die in seinen Augen die koloniale Ausbeutung durch Kompromisse mit den Europäern verlängern würden, »Mißgeschicke des nationalen Bewußtseins«, in: ebd., S. 127–174.

324 *Koenen*, Das Rote Jahrzehnt, S. 15.

325 *Lönnendonker* (Hg.), Linksintellektueller Aufbruch, S. 197.

326 Vgl. jetzt *Klimke* u. *Scharloth* (Hgg.), 1968. Ausführlicher zum medien-biographischen Werdegang Kunzelmanns: *Reimann*, Dieter Kunzelmann, die Revolte und ihr Medium, in: *Grampp, Kirchmann, Sandl, Schlögl* u. *Wiebel* (Hgg.), Revolutionsmedien, S. 651–676.

327 Vgl. dazu *Lönnendonker* u.a., Antiautoritäre Revolte, 400–435, wo Rabehl den Akzent deutlich auf existentialistische Aspekte des Neo-Marxismus verschiebt. Daneben eine Ereignisgeschichte aus der Perspektive des SDS in: ebd., S. 195–303. Noch stärker politikhistorisch orientiert sind *Fichter* u. *Lönnendonker*, Kleine Geschichte des SDS. In kritischer Distanz bilanzierte diese Geschichte bereits 1976 *Kraushaar*, Kinder einer abenteuerlichen Dialektik, in: Subversive Aktion, S. 9–31, nachgedr. in: *ders.*, Revolte und Reflexion, S. 9–37.

328 Brief Kunzelmanns an Dutschke vom 21. 9. 1965, Bl. 1, HIS: RUD 151, 06.

Dritter Teil
Berlin – 1966–1969

1 Brief Kunzelmanns an Dutschke vom 21. 9. 1965, HIS: RUD 151, 06, Bl. 1.

2 Brief Kunzelmanns an die Familie vom 22. 7. 1961, nach: *Kunzelmann*, Keinen Widerstand!, S. 26–27, hier: S. 27. Der Brief ist allerdings nachgedruckt, nicht faksimiliert, so daß die Authentizität nicht mit letzter Gewißheit überprüft werden kann.

3 Vgl. Subversive Aktion, S. 503.

4 Vgl. *Kontányi* u. *Vaneigem*, Elementarprogramm des Büros für einen Unitären Urbanismus, nach: Situationistische Internationale, Bd. 1, S. 223–225; vgl. auch schon ein Jahr zuvor die Diskussionen während der vierten Konferenz der Situationisten: Die 4. Konferenz der S.I. in London, nach: ebd., S. 172–176.

5 *Kontányi* u. *Vaneigem*, Elementarprogramm, S. 224.

6 Vgl. Kommune 2, S. 13; vgl. daneben auch den Bericht des dabei allerdings nicht anwesenden *Enzensberger*, Die Jahre der Kommune I, S. 53.

7 Vgl. *Przytulla*, »Niemand ahnte, dass wir ein ziemlich verklemmter Haufen waren«, in: *Kätzel* (Hg.), Die 68erinnen, S. 201–219. Dagmar Seehubers Biographie ist zwischenzeitlich zum Gegenstand einer Fernsehdokumentation des Bayrischen Rundfunks geworden, in der sie selbst ihren Ausstieg aus dem Berufsleben, ihre subversiven Erfahrungen in Kunzelmanns Keller, in der späteren Kommune I in Berlin, sowie ihren weiteren Lebensweg anschaulich schildert. Vgl. »Lebenslinien«, Fernseh-Dokumentation von Laszlo Hartmann, BR 2005.

8 *G. Dutschke*, Barbarisches, schönes Leben, S. 83.

9 Ebd.

10 *Dutschke-Klotz* in: *Kätzel* (Hg.), Die 68erinnen, S. 283. Kunzelmann und Stergar haben Gretchen Dutschkes Darstellung gegenüber Ulrich Enzensberger nicht bestätigen können oder wollen; vgl. *Enzensberger*, Die Jahre, Anm. 88, S. 387.

11 *G. Dutschke*, Barbarisches, schönes Leben, S. 84.

12 *Enzensberger*, Die Jahre, S. 53.

13 Ein späteres Gespräch zwischen Gretchen Dutschke-Klotz und Dieter Kunzelmann ist im Hamburger Institut für Sozialforschung als Tonbandmitschnitt erhalten, aus »technischen Gründen« aber leider für die Forschung nicht zugänglich. Vgl. HIS: RUD 720, 20–22.

14 *Dutschke*, Barbarisches, schönes Leben, S. 84.

15 Ebd., S. 96.

16 *Dutschke-Klotz* in: *Kätzel* (Hg.), Die 68erinnen, S. 283.

17 Ebd.; vgl. auch *dies.*, Barbarisches, schönes Leben, S. 97. Ihre Bilanz dieser Entwicklung fiel dann bitter aus: »Was die Kommune I daraus gemacht hat, war schon ein historisches Ding. Vielleicht wären wir mit unserer freundlichen und solidarischen Art gar nicht so medienwirksam gewesen. Ich finde es trotzdem irgendwie schade, daß Kunzelmann meine Idee geklaut und etwas ganz anderes damit gemacht hat. Natürlich gibt er es nicht zu, weil er ein Mann ist. Ich habe es auch in meinem Buch geschrieben, aber das glaubt oft niemand, jedenfalls nicht von den Männern. Ich hoffe, daß es wenigstens die Frauen glauben werden.«, *Dutschke-Klotz* in: *Kätzel* (Hg.), Die 68erinnen, S. 294–295.

18 Vgl. *Kunzelmann*, Keinen Widerstand!, S. 46–49; vgl. auch *G. Dutschke*, Barbarisches, schönes Leben, S. 97.

19 Vgl. Kommune 2, S. 13; *Kunzelmann*, Keinen Widerstand!, S. 46; *Rabehl*, Die Provokationselite, in: *Lönnendonker*, *Staadt* u. *Rabehl*, Die antiautoritäre Revolte, S. 400–512, hier: S. 429–431; *Enzensberger*, Die Jahre, S. 69.

20 *Marcuse*, Triebstruktur und Gesellschaft; *ders.*, Repressive Toleranz, in: *Marcuse*, *Barrington Moore* u. *Wolff*, Kritik der reinen Toleranz, S. 91–128.

21 Hier irrt Kunzelmann in seiner Autobiographie, wo er davon berichtet, daß der »Eindimensionale Mensch« bereits in Kochel diskutiert worden sei: *ders.*, Keinen Widerstand!, S. 47–48; vgl. dagegen anschaulich *G. Dutschke*, Barbarisches, schönes Leben, S. 108; ihr folgend: *Enzensberger*, Die Jahre, S. 75.

22 *Marcuse*, Triebstruktur, S. 146–147.

23 Ebd., S. 147 (Hervorhebung im Orig.); vgl. *Enzensberger*, Die Jahre, S. 19–20.

24 *Marcuse*, Triebstruktur, S. 147.

25 Ebd., S. 148.

26 Nach *G. Dutschke*, Barbarisches, schönes Leben, S. 97; vgl. *Enzensberger*, Die Jahre, S. 69.

27 *Marcuse*, Repressive Toleranz, S. 105.

28 Ebd., S. 114–115.

29 Vgl. *Kunzelmann*, Keinen Widerstand!, S. 48.

30 *Rabehl*, Provokationselite, S. 430.

31 Kommune 2, S. 17

32 Ebd.

33 Ebd., S. 17–18; vgl. *G. Dutschke*, Barbarisches, schönes Leben, S. 97.

34 Kommune 2, S. 18.

35 *Kunzelmann*, Keinen Widerstand!, S. 46.

36 *G. Dutschke*, Barbarisches, schönes Leben, S. 97.

37 *Enzensberger*, Die Jahre, S. 71.

38 *G. Dutschke*, Barbarisches, schönes Leben, S. 97.

39 Ebd., S. 98.

40 Vgl. Zeugenaussagen beteiligter Polizeibeamter und die Urteilsbegründung des Amtsgerichts München vom 26. 3. 1968 in HIS: SAK 130, 10.

41 Vgl. *Enzensberger*, Die Jahre, S. 71–74; Gebberts Prozeßakten zur »Africa-Addio«-Aktion sind im Hamburger Institut für Sozialforschung erhalten, HIS: SAK 110, 01–04. Darunter befindet sich auch eine Unterschriftensammlung gegen den Film mit den Unterschriften von Teufel, Gebbert, Dorothea Ridder, Horst Mahler, Tilman Fichter, Jürgen Horlemann und vielen anderen, HIS: SAK 110, 02.

42 Vgl. *Enzensberger*, Die Jahre, S. 72; *Marcuse*, Repressive Toleranz, S. 127–128.

43 *Kunzelmann*, Keinen Widerstand!, S. 49.

44 Vgl. *Debord*, Die Gesellschaft des Spektakels.

45 *Kunzelmann*, Keinen Widerstand!, S. 49.

46 *Enzensberger*, Die Jahre, S. 74; vgl. auch *Przytulla*, Niemand ahnte, S. 214, wo sie sich erinnert, daß sie Kunzelmann ein Jahr »durchgefüttert« habe, er ihr später aber aus der Berliner Kommune-Kasse keine Bahnfahrkarte nach München finanzieren wollte.

47 *Enzensberger*, Die Jahre, S. 74–75; zu Rabehls »Akt revolutionärer Gewalt« vgl. Subversive Aktion, S. 333.

48 *Enzensberger*, Die Jahre, S. 76; vgl. allgemein: *Lönnendonker*, *Staadt* u. *Rabehl*, Die antiautoritäre Revolte, S. 304–330.

49 Kommune 2, S. 20

50 Ebd., S. 20–21.

51 *Enzensberger*, Die Jahre, S. 76–77; vgl. *G. Dutschke*, Barbarisches, schönes Leben, S. 97, wo sie, anders als Enzensberger, die Finanzierung des Baus optimistischer erinnert: »Wenn alle nur einige Stunden in der Woche arbeiten würden, könnten wir gemeinsam die Baukosten aufbringen.« Die Idee des Kommune-Hauses erinnert wiederum an die ambitionierten Planungen eines SPUR-Baus vom Beginn der sechziger Jahre. Vgl. *Zimmer*, Gruppe SPUR, S. 217–224.

52 *Enzensberger*, Die Jahre, S. 77.

53 Interner Diskussionsbeitrag von Bernd Rabehl (November 1966), nach: Kommune 2, S. 19.

54 *Enzensberger*, Die Jahre, S. 84. Vgl. demgegenüber aber Enzensbergers Position zum Beginn der Großen Koalition vom Januar 1967, nach: Kommune 2, S. 35: »Warum reden wir über die große Koalition zwischen SPD und CDU, die uns einen Scheißdreck angeht, warum reden wir nicht über unsere persönlichen Schwierigkeiten[?]«

55 *Kunzelmann*, Notizen zur Gründung revolutionärer Kommunen in den Metropolen, nach: Richtlinien und Anschläge, S. 100.

56 Ebd., S. 100–101.

57 Ebd., S. 103.

58 Ebd., S. 101.

59 Vgl. dazu *Enzensberger*, Die Jahre, S. 77–80.

60 *Kunzelmann*, Notizen, nach: Richtlinien, S. 101.

61 Ebd.

62 Vgl. *Kunzelmann*, Keinen Widerstand!, S. 47; *Enzensberger*, Die Jahre, S. 49–53.

63 Vgl. ebd., S. 94.

64 Vgl. ebd., S. 95; *Kunzelmann*, Keinen Widerstand!, S. 56–58.

65 Vgl. z.B. den Brief eines »Nichtstudierten«, der auf sein Alter von 38 Jahren und seinen Status als Parteiloser wert legte, als er an den AStA schrieb: »Wir Älteren und die Alten sind nicht schuldlos daran, wenn in der Jugend Aufgestautes zur Explosion kommt und die Bequemlichkeit hindert, Selbstzweck zu bleiben. [...] Als westdeutscher ›Gastarbeiter‹ habe ich oft den Eindruck, die westberliner Polizei befände sich ständig in Manövern und reagiere sich, mangels besserer Gegner[,] an Staatbürgern aller Schattierungen ab. Die Verhaltensweise vieler westberliner Polizeibeamter und auch Bürger, ist dem guten Ruf Berlins abträglich und erweckt den Anschein, primitive, preußische Vereinfachung aller Dinge sei dem ›Berliner‹ eigen, bestimme ihn apolitisch und reif für den allmählichen Wiedereinzug faschistischer Uniformität.«, Brief von F. S. an den AStA der FU Berlin vom 18. 12. 1966, HIS: SAK 140, 02.

66 Brief Jacob Taubes' an Heinrich Albertz vom 20. Dezember 1966, HIS: SAK 140, 02, wiedergegeben in der »Dokumentation über das Vorgehen der Berliner Polizei anläßlich der Demonstrationen vom 10. 12. 1966 und 17. 12. 1966«, hg. vom AStA der FU Berlin, S. 1–3.

67 Vermerk über Rücksprache mit Herrn Dieter Kunzelmann, HIS: SAK 140, 02.

68 *Gebbert*, Bericht einer fragwürdigen Festnahme und Behandlung durch die Berliner Polizei während der Vietnamdemonstration vom 10. 12. 1966, HIS: SAK 140, 02.

69 *Kunzelmann*, Notizen, nach: Richtlinien, S. 104.

70 So *Enzensberger*, Die Jahre, S. 83.

71 Von diesem Gespräch haben wir nichts zu erwarten (Fachidioten-Flugblatt), faks. abgedr. in *Kunzelmann*, Keinen Widerstand!, S. 52–53.

72 *Kunzelmann*, Notizen, nach: Richtlinien, S. 104.

73 Ebd., S. 105.

74 Kommune 2, S. 30.

75 Internes Zirkular der Kommune-Gruppe (Januar 1967), nach: Kommune 2, S. 34.

76 Ebd.

77 Vgl. *Kunzelmann*, Keinen Widerstand!, S. 60; *Enzensberger*, Die Jahre, S. 109.

78 Vgl. *Kunzelmann*, Keinen Widerstand!, S. 59; *Enzensberger*, Die Jahre, S. 101–102.

79 Kunzelmann datiert den Umzug auf den 1. und 2. Januar 1967, das gemeinsam geführte Kassenbuch aber nennt den 19. Februar als Datum des Einzugs in die Frege- und die Niedstraße. Am 6. März erfolgte demnach eine Neuverteilung der Wohnplätze, nachdem nun anstelle von Enzensbergers Haus Johnsons Hauptwohnung in der Stierstraße zur Verfügung stand. Vgl. polizeiliche Abschrift aus dem Kassenbuch der Kommune I, APO: »Justiz I, K I«, Bl. 6; im beschriebenen Sinne abweichend: *Kunzelmann*, Keinen Widerstand!, S. 60; Kunzelmanns Irrtum ist um so erstaunlicher, als er, der ehemalige Sparkassen-Lehrling, im »Roten Schnellhefter« der Kommune als Verantwortlicher für die »Globalkasse« erwähnt wird, ihm mithin das »Kas-

senbuch« nicht hätte unbekannt sein sollen. Vgl. polizeiliche Abschrift des »Roten Schnellhefters«, APO: »Justiz I, K I«, Bl. 13.

80 Vgl. *Enzensberger*, Die Jahre, S. 66.

81 Nach: Abschrift Kassenbuch, APO: »Justiz, K I«, Bl. 6.

82 Die Abschriften befinden sich im Berliner Archiv für soziale Bewegungen (APO) unter dem Titel »Justiz I, K I«. Zu den Kommune-Protokollen vgl. ausführlich *Rabehl*, Provokationselite, S. 440–454; vgl. auch *Holmig*, Wenn's der Wahrheits(er)findung dient ..., S. 4–7.

83 Vgl. *Kunzelmann*, Notizen, in: Richtlinien, S. 100.

84 Roter Schnellhefter, Bll. 11, 22.

85 Ebd.

86 Gelber Schnellhefter, APO: »Justiz I, K I«, Bl. 64 u. 66. Der »Gelbe Schnellhefter« wurde von Dagmar Seehuber geführt.

87 Roter Schnellhefter, Bl. 41.

88 *Enzensberger*, Die Jahre, S. 109.

89 Roter Schnellhefter, Bl. 24.

90 Ebd., Bl. 29.

91 *Rabehl*, Provokationselite, S. 453.

92 Rabehl vermutet Hameister und Kunzelmann selbst als Protokollanten der Kommune-Diskussionen, was die etwas ungleichgewichtige Perspektive und das Ende März wohl deshalb entstandene Parallelprotokoll Dagmar Seehubers im »Gelben Schnellhefter« erklären würde; vgl. *Rabehl*, Provokationselite, S. 449–450.

93 Roter Schnellhefter, Bl. 27.

94 Vgl. *Enzensberger*, Die Jahre, S. 113–114.

95 Roter Schnellhefter, Bl. 20.

96 Vgl. *Enzensberger*, Die Jahre, S. 105.

97 Roter Schnellhefter, Bl. 42. Vgl. *Enzensberger*, Die Jahre, S. 113–114; *Langhans*, Ich bin's, S. 45–49.

98 Roter Schnellhefter, Bl. 43.

99 Enzensberger in der Zirkular-Diskussion, nach: Kommune 2, S. 35.

100 Roter Schnellhefter, Bl. 30.

101 Ebd., Bl. 35.

102 Flugblatt der Kommune I, nach: *Enzensberger*, Die Jahre, S. 112.

103 Vgl. ebd., S. 107; *Kunzelmann*, Keinen Widerstand!, S. 60, über die »Segnungen des bargeldlosen Einkaufens in den großen Kaufhäusern«: »Trotz geringen Realeinkommens konnten wir uns und unsere Gäste – die nur mal beiläufig reinschauten, wie es in der Kommune wohl zugehe – bei Hirschkeule, bestem Lachs und anderen Delikatessen auf heiterste Weise von den Vorzügen der neuen Lebensart überzeugen.« Chinesisches Propagandamaterial, die legendären »Mao-Bibeln« und die »Peking-Rundschau«, bezogen die Kommunarden über die chinesische Botschaft in Ost-Berlin, die sie bereits im November 1966, dann im März/April 1967 und wieder im August aufsuchten; vgl. MfS: ZAIG Nr. 1454, Bl. 28. Daneben erreichten umfangreiche Paketsendungen die Kommune direkt aus Peking. Vgl. die Rechnungen von Gouzi Shudian (Peking) an Rainer Langhans in HIS: SAK 130, 02; *Kunzelmann*, Keinen Widerstand!, S. 54–56.

104 Ebd., Bl. 36.

105 Vgl. *Enzensberger*, Die Jahre, S. 112.

106 Vgl. Gelber Schnellhefter, Bl. 53.

107 *Enzensberger*, Die Jahre, S. 113: »Die Aktion brachte frischen Wind in die Diskussion.«

108 Gelber Schnellhefter, Bl. 54.

109 Roter Schnellhefter, Bl. 39.

110 Gelber Schnellhefter, Bl. 55.

111 Ebd., Bl. 56

112 Ebd. (Hervorhebung im Orig.).

113 Ebd.; gemeint waren die Eierwürfe auf das Amerika-Haus in der Hardenbergstraße vom 5. Februar 1966, die ein großes, empörtes Presse-Echo ausgelöst hatten. Vgl. *Enzensberger*, Die Jahre, S. 58–60.

114 Vgl. Roter Schnellhefter, Bl. 20.

115 *Dutschke*, Diskussionsbeitrag zum Münchner Konzil, HIS: RUD 210, 04, S. 19.

116 Zur Funktion des Staatsbesuchs in der Bundesrepublik vgl. *Derix*, Bebilderte Politik.

117 Roter Schnellhefter, Bl. 39.

118 Gelber Schnellhefter, Bl. 56. Diese Geringschätzung der subversiven Qualitäten der Kommune kann man auch als Provokation seiner Mitstreiter werten, die sich in interne Debatten zu verlieren begannen. Eine solche Äußerung des »Kommunevaters« (Enzensberger) mußte die Anwesenden dazu motivieren, den subversiven Ansprüchen der Autorität Kunzelmann gerecht zu werden. Dieses Gespräch wurde in beiden »Schnellheftern« parallel protokolliert, doch allein Kunzelmanns Äußerung fehlt im »Roten Schnellhefter« – Rabehl vermutet, weil er selbst der Protokollant war; vgl. *Rabehl*, Provokationselite, S. 449–450.

119 Roter Schnellhefter, Bl. 41.

120 Ebd., Bl. 45.

121 Ebd., Bl. 49.

122 Roter Schnellhefter, Bl. 48. Bei den »Superbällen« handelte es sich um damals in Mode kommende, sehr hoch springende Gummibälle.

123 Ebd., Bl. 47.

124 Wiedergegeben in *Enzensberger*, Die Jahre, S. 116–117. Vgl. Gelber Schnellhefter, Bl. 60 u. 63, wo Dagmar Seehuber ein anderes Rezept notierte, das Fritz Teufel aus dem SDS-Zentrum mitgebracht haben soll; vgl. *Rabehl*, Provokationselite, S. 451–452.

125 Vgl. *Rabehl*, Provokationselite, S. 449.

126 Roter Schnellhefter, Bl. 50.

127 Vgl. *Enzensberger*, Die Jahre, S. 116–117. Vgl. die Mandantenakten, HIS: SAK, 130, 07.

128 Vgl. *Rabehl*, Provokationselite, S. 449; *Kunzelmann*, Keinen Widerstand!, S. 64; *Enzensberger*, Die Jahre, S. 116.

129 Diese Einschätzung stützen Enzensberger und Kunzelmann auf ihre eigenen Verfassungsschutz-Akten, die sie in den achtziger Jahren einsehen konnten. Vgl. ebd., S. 115; *Kunzelmann*, Keinen Widerstand!, S. 64 u. 95. Die Unterlagen wurden allerdings, so berichteten es beide, weitgehend von konkreten Hinweisen auf die Informationsquellen gesäubert. Vgl. auch die in diesem Zusammenhang wenig ergiebige Sichtung der Verfassungsschutz-Akten von *Rabehl*, Feindblick, S. 115. Einen Informanten aus den eigenen Reihen, wie er in der Presse angenommen wurde, schließen Enzensberger und Kunzelmann jedoch aus. Vgl. Der Spiegel Nr. 16 (1967), S. 34. Diese Spekulationen erinnern an Presseberichte zum Münchner Spur-Prozeß von 1962, als die Presse ebenfalls Polizei-Informanten innerhalb der Gruppe vermutete. Die Gruppe Spur hatte sich damals in einem Flugblatt über »Agenten veralterter religiöser Institutionen« beklagt, die sie »denunziert« hätten, worunter sich die des subversiven Jargons unkundige Presse wohl nur verdeckte Geheimagenten der Polizei vorstellen konnte. Vgl. Gruppe Spur (Katalog Villa Stuck), S. 81.

130 Vgl. *Enzensberger*, Die Jahre, S. 116–117.

131 Vgl. ebd., S. 112.

132 Vgl. die Pressedokumentation des AStA der FU Berlin: Analyse einer Hysterie – Dokumentation über die Publizität einer verhinderten Protestaktion, APO: »LV Berlin div., SDS«.

133 Vgl. ebd., S. 5–6. Daneben Zitate der internationalen Presse: ebd., S. 12–13.

134 Roter Schnellhefter, Bl. 39.

135 Vgl. Stern 17 (1967), S. 18–22; Die Anzeige des Kriminalkommissars Gutjahr und die Ermittlungsakten finden sich in APO: »Justiz I, K I«. Das Honorar für dieses Interview soll laut En-

zensberger später als Kaution für die Kommune-Wohnung am Stuttgarter Platz gedient haben. Vgl. *Enzensberger*, Die Jahre, S. 123.

136 Vgl. das Kündigungsschreiben der Johnsons an Dagrun Enzensberger vom 4. April, das sich »mit verständnislosen Grüßen« offensichtlich auf Beschwerden der Nachbarn bezog: »Es war nicht so gedacht dass du der armen Frau Kaiser Wasser auf den Kopf laufen laesst; es war nicht so gedacht dass du uns fremde Leute, aus welch edlen Gruenden immer, bei uns beherbergst; es war nicht so gedacht dass deine Gaeste laermen und unsere Nachbarn belaestigen.«, abgedr. in: Kommune I, S. 10. Die Behauptung Kunzelmanns, nur die internationale Berichterstattung über die Verhaftungsaktion der Polizei habe zur Kündigung geführt, (die auch Enzensberger in seiner Darstellung wiederholt) trifft also nicht zu. Die späteren Berichte in der New York Times hatten die Johnsons in ihrem Unmut wohl nur noch bestätigt und ihren Wunsch, die Wohnung räumen zu lassen, beschleunigt. Vgl. im beschriebenen Sinne abweichend: *Kunzelmann*, Keinen Widerstand!, S. 65; *Enzensberger*, Die Jahre, S. 123–124.

137 Vgl. den polizeilichen Bericht des Kriminalhauptmeisters Heindke, faks. abgedr. in *Kunzelmann*, Keinen Widerstand!, S. 67–68. Demnach erkundigte sich Grass, wohl in Johnsons Auftrag, nach Abhöranlagen in der Wohnung.

138 Bericht Heindke, ebd., S. 68.

139 *Enzensberger*, Die Jahre, S. 124–125.

140 Zur Berliner Hochschulpolitik im Frühjahr 1967 vgl.: Die Rebellen von Berlin, S. 101–112; *Bergmann*, *Dutschke*, *Lefèbvre* u. *Rabehl*, Rebellion der Studenten oder: Die neue Opposition, S. 26–32; eine scharfe Abrechnung mit den Aktivitäten der Kommune I bieten *Fichter* u. *Lönnendonker*, Kleine Geschichte des SDS, S. 103–106; vgl. daneben: *Rabehl*, Provokationselite, S. 454–458.

141 Analyse einer Hysterie, S. 0 (Die Seitenzählung beginnt auf dem zweiten Blatt mit »1«).

142 Ebd., S. 1.

143 Ebd., S. 1–2.

144 Die Rebellen, S. 108; Presseerklärung des Rektorats zu den Vorgängen am 19./20. April 1967 im Henry-Ford-Gebäude, unter APO: »Presse- und Informationsdienst der FUB, Flugblätter und -schriften, sonstige Dokumentationen, 1966/67–1967, 19. 4. 67 SIT-IN«; vgl. *Bergmann* u.a., Rebellion der Studenten, S. 28–29.

145 Der zweite Satz spielte einerseits auf den Universitäts-Rektor Hans Joachim Lieber, andererseits auf die zu diesem Zeitpunkt bekanntgewordenen Anwerbeaktionen der CIA in Berliner Studentenwohnheimen an. Vgl. FU Spiegel [März/April 1967], S. 1–4, APO: »Presse- und Informationsdienst der FUB«.

146 Flugblatt Nr. 2, in: *Kommune I*, Quellen zur Kommuneforschung, S. 30 (Hervorhebung im Orig.).

147 Flugblatt Nr. 5, ebd., S. 33.

148 Flugblatt Nr. 3, ebd., S. 31.

149 Vgl. Roter Schnellhefter, Diskussion vom 28. März 1967, Bl. 41.

150 *Lefèvre*, Referat zur Begründung des Antrags auf Ausschluß der Kommune I aus dem Berliner SDS, Landesvollversammlung vom 12. Mai 1967, an einem obskuren Ort archiviert unter APO: »SDS-Archiv, LV Berlin, Post + Flugblätter, 1967–69«, S. 1. Vgl. *Rabehl*, ›Geschichte wird gemacht, es geht voran‹, in: *Kuschey* (Hg.), Linke Spuren, S. 21–57.

151 *Lefèvre*, Referat, S. 2.

152 Vgl. »Hurra, ich lebe noch!«, Interview mit Dieter Kunzelmann, STERN Nr. 21/1999 (20. 5. 1999), S. 60–64: »Ich verrate Ihnen jetzt ein Geheimnis: Dieser Spruch ist nicht von mir. Er fiel mal während einer Pressekonferenz im April 1967. Ich glaube, er stammt von Rainer Langhans – ich kann es aber nicht beschwören. Er wurde aber mir zugeschrieben, und ich habe es nie dementiert. Mir gefiel, daß sich dadurch viele Frauen aufgefordert fühlten, meine angeblichen Schwierigkeiten genauer zu überprüfen.«, hier: S. 60.

153 *Lefèvre*, Referat, S: 5.
154 Ebd., S. 6.
155 Vgl. *Enzensberger*, Die Jahre, S. 129; *Fichter* u. *Lönnendonker*, Kleine Geschichte, S. 104–106; *Rabehl*, Provokationselite, S. 458; *Kunzelmann*, Keinen Widerstand!, S: 70–73.
156 Die Kommune ist tot – es lebe der SDS!, Flugblatt in: Quellen zur Kommuneforschung, S. 34.
157 Mietvertrag und Bankbürgschaft finden sich unter HIS: SAK, 130, 06. Die wechselvolle Geschichte des Hauses und seiner Besitzer wurde recherchiert von *Schümann*, Hinter deutschen Türen, TAGESSPIEGEL vom 6. 4. 2003. Demnach spiegelt die Geschichte der Kaiser-Friedrich-Str. 54a die Berliner Stadtgeschichte vom Wilhelminismus über die zwangsweise »Arisierung« im Jahr 1936 zum Spekulationsobjekt der siebziger und achtziger Jahre.
158 So jedenfalls *Enzensberger*, Die Jahre, S. 123; *Kunzelmann*, Keinen Widerstand!, S. 60, wo er auch Hameisters Stipendium der Studienstiftung des deutschen Volkes erwähnt, das in die Kommune-Kasse geflossen sei, »eine Investition, die dem deutschen Volk, wie man in allen einschlägigen Zeitgeistanalysen nachlesen kann, letztendlich einige alltagskulturelle Innovationen eingebracht haben soll.«
159 Vgl. *Rabehl*, Provokationselite, S. 440–441; Roter Schnellhefter, Bl. 13.
160 Dokumentiert in: Quellen zur Kommuneforschung, S. 35–38. Eine unvollständige Sammlung der Kommune-Flugblätter findet sich auch unter HIS: SAK 130, 09. Vgl. *Enzensberger*, Die Jahre, S. 138–143.
161 Vgl. ebd., S. 137–139.
162 Flugblatt Nr. 6, in: Quellen zur Kommuneforschung, S. 35.
163 Flugblatt Nr. 7, ebd., S. 36.
164 Flugblatt Nr. 8, ebd., S. 37. Vgl. *Koenen*, Vesper, Ensslin, Baader, S. 139–149; *Stern* u. *Herrmann*, Andreas Baader, S. 96–103.
165 Flugblatt Nr. 9, Quellen zur Kommune-Forschung, S. 38. Enzensberger nennt Dagrun Enzensberger und Rainer Langhans als Autoren dieser Collage, die sich mit der Formel »Revolution in rosé« an die damalige »Pril«-Werbung anlehnte. Vgl. *Enzensberger*, Die Jahre, S. 142.
166 Anklageschrift der Staatsanwaltschaft beim Berliner Landgericht gegen Fritz Teufel und Rainer Langhans vom 9. Juni 1967, zit. nach: *Kommune I*, Gesammelte Werke gegen uns, S. 26 u. 29.
167 Ebd., S. 28.
168 Die Verfahrensakten finden sich unter HIS: SAK 130, 12.
169 Die Gutachten finden sich unter HIS: SAK 130, 13.
170 Brief Horst Mahlers an das Landgericht Berlin vom 15. 3. 1968, S. 1–2, unter HIS: SAK 130, 13.
171 Brief Helmar Franks an Rechtsanwalt Mahler vom 1. 7. 1967, S. 3, ebd.
172 Gutachten Reinhart Baumgarts vom 3. 7. 1967, S. 1, ebd.
173 Stellungnahme Fritz Eberhards vom 21. 6. 1967, S. 2–3, ebd. (Hervorhebungen im Orig.).
174 Gutachten von Walter Jens vom 4. 7. 1967, S. 3, ebd.
175 *Grass*, Über die Flugblätter VI–IX der Kommune I, vom 5. 7. 1967, S. 3–4, ebd.; die »reflexionslose Aggressionsbereitschaft« der Polizei, die Grass beklagte, bezog sich vermutlich auf die zwischenzeitlichen Ereignisse vom 2. Juni 1967.
176 Brief Hans Werner Richters an Horst Mahler vom 4. 7. 1967, ebd.
177 Gutachten von Eberhard Lämmert vom 12. 3. 1968, S. 11, ebd.; bei dem Germanisten Lämmert wollte später Gudrun Ensslin promovieren; vgl. *Koenen*, Vesper, Ensslin, Baader, S. 133–134.
178 *Zwerenz*, An den Oberstaatsanwalt Kuntze in Westberlin zur Kenntnisnahme, vom 6. 7. 1967, S. 3, ebd. (Hervorhebung im Orig.). Man beachte die damals provokante Schreibweise »Westberlin«, welche die Behörden der DDR aufgrund ihres Postulats einer »unabhängigen politischen Einheit« pflegten. Zwerenz war in den 50er Jahren SED-Mitglied gewesen.
179 *Szondi*, Stellungnahmen zu Stellungnahmen, vom 30. 7. 1970, in: *ders.*: Über eine »Freie (d. h. freie) Universität«, S. 152.
180 Vgl. *Kraushaar*, Die Bombe im Jüdischen Gemeindehaus, S. 270–278, hier: 277–278.

181 Vgl. *Bohrer*, Surrealismus und Terror, oder die Aporie des Juste-Milieu, in: *ders.*, Die gefährdete Phantasie, S. 32–61, hier: S. 36–39.

182 Ebd., S. 34.

183 Ebd., S. 38–39.

184 Vgl. dazu seine spätere Kritik: *Bohrer*, Fantasie, die keine war, DIE ZEIT Nr. 7 (2001): »Die vielleicht trostloseste Wende zum regressiven, unanalytischen Moralismus ist die landauf, landab Bedenken auslösende Erwägung, die zurzeit betroffenen 68er müssten sich ihrer Vergangenheit stellen, so wie die Deutschen sich ihrer Nazivergangenheit gestellt hätten.«, ebd., S. 5.

185 *Gross*, Inside the Sixties, Kap.: The Berlin Commune, July 1967, unveröff. Ms., mit frdl. Genehmigung des Autors, S. 4–5, (Übersetzung A.R.).

186 Ebd., S. 5.

187 Es war sehr windig in der K1, Interview mit Antje Krüger, TAGESZEITUNG Nr. 3981 (10. 4. 1993), S. 48.

188 Flugblatt Nr. 10, in: Quellen zur Kommuneforschung, S. 39

189 Vgl. *Holmig*, Wenn's der Wahrheits(er)findung dient …, S. 8–9; *Meyer*, Die Inszenierung des Scheins.

190 Ebd., S. 177.

191 *Frohner Procontra*, Menschen und Paragraphen. Szenen aus dem Flugblattprozess gegen die Kommune I (14. 3. 1968), S. 15, unter: HIS: SAK 130, 14.

192 *Przytulla*, Niemand ahnte, in: *Kätzel* (Hg.), Die 68erinnen, S. 210–211.

193 Vgl. dazu auch die Fernsehdokumentation über Dagmar Seehubers Leben mit den Kommentaren Enzensbergers: »Lebenslinien«, BR 2005.

194 Flugblätter Nr. 7 u. 8, in: Quellen zur Kommuneforschung, S. 35–36.

195 Vgl. *Nirumand*, Persien, Modell eines Entwicklungslandes.

196 Rudi Dutschke während der Informationsveranstaltung an der Freien Universität Berlin am 1. Juni 1967, nach: »Aufrecht Gehen. Rudi Dutschke – ›Spuren‹«, Dokumentation von Helga Reidemeister, WDR / SDR (Stuttgart 1988); vgl. zum internationalen Kontext der Protestbewegung jetzt auch *Suri*, The Rise and Fall of an International Protestculture.

197 *Przytulla*, Niemand ahnte, in *Kätzel* (Hg.), Die 68erinnen, S. 211.

198 Dazu das Flugblatt Nr. 15, in Quellen zur Kommuneforschung, S. 43, mit dem Aufruf »Jedermann ist aufgefordert sich einzutüten!«

199 Vgl. z.B. die Photographien in *Soukup*, Wie starb Benno Ohnesorg?, S. 14 u. 26; Quellen zur Kommuneforschung, S. 44.

200 Flugblatt Nr. 11, ebd., S. 39.

201 Flugblatt Nr. 12, ebd., S. 40.

202 Briefwechsel Herzog und Kommune, faks. abgedr. in: *Kunzelmann*, Keinen Widerstand!, S. 83.

203 *Soukup*, Wie starb Benno Ohnesorg?

204 Vgl. *Enzensberger*, Die Jahre, S. 149–151.

205 Vgl. Vernehmungsprotokoll Kunzelmann vom 25. 10. 1967, S. 3, unter HIS: SAK 230,14.

206 Vgl. die Fernsehbilder des ZDF in: Quellen zur Kommuneforschung, S. 44; *Soukup*, Ohnesorg, S. 52–53; DIE ZEIT Nr. 30 (28. 7. 1967). Ein Vergleich der kurz hintereinander aufgenommenen Frames zeigt, daß sich Rainer Langhans kurz vor der gewaltsamen Räumung des »Schlauchs« eine Tütenmaske über den Kopf zog, möglicherweise um nicht von Polizisten erkannt zu werden.

207 Vgl. Vernehmung Kunzelmann vom 25. 10. 1967, S. 5. Damit war Kunzelmann nicht allein: Peter Schneider berichtete vierzig Jahre später, daß er an diesem Abend angesichts der Prügelorgie der Berliner Polizei vor den Steinwürfen auf die Beamten »zum ersten Mal keine Spur von Ekel« empfunden habe, *Schneider*, Rebellion und Wahn, S. 159.

208 Vernehmung Kunzelmann vom 25. 10. 1967, S. 5–6.

209 *Przytulla*, Niemand ahnte, S. 212. Sie erinnert die Durchsage hier so, daß die Polizei von einem

Studenten gesprochen habe, der von einem Kommilitonen erschossen worden sei – möglicherweise ein einfacher Irrtum, denn sonst erschiene die Furcht vor der Lynchjustiz-Stimmung, die sie schildert, weniger plausibel. Vgl. abweichend: Vernehmungsprotokoll Kunzelmann vom 25. 10. 1967, S. 6.

210 *Przytulla*, Niemand ahnte, S. 212.

211 Vgl. *Enzensberger*, Die Jahre, S. 162.

212 Vgl. Brief Dieter Kunzelmanns an Frank Böckelmann vom 4. 1. 1964, nach: Subversive Aktion, S. 129.

213 *Enzensberger*, Die Jahre, S. 177. Das Gerücht verbreiteten die Kommunarden am 26. 6. 1967 im »Oberbaumblatt«.

214 Vgl. *Buhmann*, Geschichte geschrieben, S. 271: »Obwohl es nur drei Tage waren, empfand ich den Hunger als zermürbend und wunderte mich, daß andere so lustig waren. Später erfuhr ich, daß einige von ihnen heimlich Nahrung zu sich genommen hatten und fühlte mich verarscht.«

215 Freiheit für Fritz Teufel, Ms. SDS (Hervorhebung im Orig.), unter APO: »Presse- und Informationsdienst der FUB, Flugblätter und -schriften FUB, sonstige Dokumentationen, SS 1967«, abgedr. in: Oberbaumblatt-Extrablatt (5. 7. 1967).

216 Vgl. hierzu ausführlich *Kloke*, Israel und die deutsche Linke, S. 65–76.

217 *Arabische Studentenvereinigung e.V.*, Erklärung der arabischen Studenten zum Frieden im Nahen Osten vom 25. 5. 1967, unter APO: »Presse- und Informationsdienst der FUB, Flugblätter und -schriften FUB, sonstige Dokumentationen, Schah-Besuch (Mai/Juni 1967)«, Bl. 157; vgl. kurze Zeit später die Dokumentation einer PLO-Tagung in Algier vom Juli 1967: Die Palästina-Frage, die den »Rechtszustand« näher definieren sollte.

218 *Stern*, *Wolffsohn* u. *Metzger* (für das Komitee der jüdischen Studentenorganisation), Israelische Aggression?, ebd., Bl. 160.

219 *Deutsch-Israelische Gesellschaft*, Spenden für Israel, unter APO: »Nahost, Palästina 2«.

220 Ebd.

221 Bezeichnend ist, daß einige frühere Darstellungen der Geschichte des SDS und der Berliner Hochschulpolitik auf diese Abstimmung nicht eingehen: vgl. *Fichter*: u. *Lönnendonker*, Kleine Geschichte des SDS, S. 106–107; Die Rebellen von Berlin, S. 156–172; Im Jahr 2002 widmeten *Lönnendonker*, *Rabehl* und *Staadt* diesem Moment nur eine kurze Bemerkung: *dies.*, Antiautoritäre Revolte, S. 337; vgl. demgegenüber aber deutlicher *Enzensberger*, Die Jahre, S. 156–157.

222 Vgl. zum Beispiel die Materialien der 22. Delegiertenkonferenz des SDS im September 1967 in Frankfurt: Die Militärdiktatur in Griechenland und die Parallele zur Notstandsgesetzgebung in der BRD, unter APO: »BV, 22. DK, 1967 (Frankfurt), SDS«, S. 20–23, wo darauf hingewiesen wurde, das Bundesinnenministerium und der SPD-Politiker Friedrich Schäfer hätten »den griechischen Notstandsartikel als Vorbild einer deutschen Notstandsverfassung herausgestellt«, ebd., S. 23. Den Polizeieinsatz vor der Berliner Oper hatten die eingeschlossenen Demonstranten am 2. Juni mit dem Sprechchor »Notstandsübung!« beantwortet.

223 *Enzensberger*, Die Jahre, S. 158–159.

224 Vgl. die vorzügliche Analyse von *Vowinckel*, Der kurze Weg nach Entebbe.

225 *Haffner*, Hände weg vom Nahost-Konflikt!, STERN Nr. 26 (25. Juni 1967), als Sonderdruck unter APO: »Presse- und Informationsdienst der FUB, Flugblätter und -schriften FUB, sonstige Dokumentationen, Schah-Besuch (Mai/Juni 1967)«, Bl. 156. Fünf Tage zuvor hatte Isaac Deutscher in einem Interview mit dem NEW LEFT REVIEW ein ganz ähnliches Bild gebraucht. Vgl. Klokes Analyse neutralistischer Positionen: *Kloke*, Israel, S. 68–71.

226 Vgl. die Dokumentation in: *Kraushaar* (Hg.), Frankfurter Schule und Studentenbewegung., Bd. 2: Dokumente, S. 246–255; ebd., Bd. 1: Chronik, S. 258–259. Bernd Rabehl geht in seiner kurzen Skizze vorwiegend auf Dutschkes Position ein: *Rabehl*, Zur archaischen Inszenierung linksradikaler Politik, in: ebd., Bd. 3, S. 34–64, bes. S. 43–44; vgl. *ders.*, Provokationselite, S. 465–468.

227 Habermas, nach: Bedingungen und Organisation des Widerstandes, S. 43.
228 Habermas, nach: ebd., S. 46. Das Imperfekt im Nachsatz dürfte Habermas als gezielte Provokation gesetzt haben, denn die »direkte Aktion« galt der subversiven Minderheit im SDS und den Kommunarden als hochaktuelle Taktik. Vgl. *Vester*, Die Strategie der direkten Aktion, Neue Kritik 30 (Juni 1965), S. 12–20; vgl. ebenso das zu dieser Zeit in subversiven Kreisen zirkulierende Heft der Oberbaum-Presse: Anleitung zum Handeln, das zwei Texte des »Manual for Direct Action« der US-amerikanischen Bürgerrechtsbewegung dokumentierte.
229 Habermas, nach: Bedingungen und Organisation des Widerstandes, S. 47.
230 Habermas, in: ebd., S. 48.
231 Redebeitrag Krahls, in: ebd., S. 72. Die Beiträge des Kongresses sind in dem vorliegenden Band zwar durchaus nachlässig transkribiert, an diesem Mißverständnis kann aber kein Zweifel bestehen. Daß Krahl selbst im folgenden Jahr das Ziel von Tomatenwürfen der beginnenden Frauenbewegung im SDS wurde, gehört ebenfalls zur historischen Ironie seines Beitrags vom Kongreß in Hannover.
232 Krahl, in: ebd., S. 72.
233 Habermas, in: ebd., S. 75. Es mag sein, daß sich dieser überraschende terminologische Wechsel von »masochistisch« zu »faschistisch« auf vorangegangene Diskussionen zwischen Habermas und den Frankfurter SDS-Mitgliedern bezog, mit denen er, Habermas, sich, wie er einleitend sagte, »nicht zum ersten Mal« auseinanderzusetzen hatte; ebd; vgl. *Koenen*, Das Rote Jahrzehnt, S. 25–27, wo die Mißverständnisse dieser Diskussion nicht wirklich zum Ausdruck kommen.
234 Vgl. die weitere Diskussion nach: Bedingungen und Organisation des Widerstandes, S. 88.
235 Redebeitrag Dutschkes, in: ebd., S. 78.
236 Ebd., S. 79–82.
237 Wieder abgebildet in: *Soukup*, Benno Ohnesorg, S. 150–151; vgl. *Enzensberger*, Die Jahre, S. 167.
238 Redebeitrag von Langhans, in: Bedingungen und Organisation des Widerstandes, S. 90.
239 Redebeitrag Kunzelmanns, in: ebd., S. 91–92.
240 Redebeitrag Dutschkes, in: ebd., S. 93.
241 Redebeitrag von Habermas, in: ebd., S. 101.
242 Vgl. *Behrmann*, Kulturrevolution: Zwei Monate im Sommer 1967, in: *Albrecht* u.a., Die intellektuelle Gründung der Bundesrepublik, S. 312–386.
243 *Habermas*, Die Scheinrevolution und ihre Kinder, in: Die Linke antwortet Jürgen Habermas, S. 5–15, hier: S. 13–14. Der Band dokumentiert die Beiträge des Pfingstkongresses für Schüler und Studenten, der am 3. Juni 1968 in Frankfurt stattfand.
244 Ebd., S. 14; vgl. *Koenen*, Das Rote Jahrzehnt, S. 26, der Krahl, Negt und Hans Magnus Enzensberger als die Gemeinten identifiziert.
245 *Kommune I*, Gesammelte Werke gegen uns.
246 Brief Vater Gebberts an seinen Sohn Volker vom 20. 4. 1967, nach: ebd., S. 11.
247 Brief der Eltern Teufel an ihren Sohn Fritz vom 26. Mai 1967, nach: ebd, S. 14–15.
248 Postkarte Vater Langhans' an seinen Sohn Rainer vom 4. 6. 1967, nach: ebd., S. 15.
249 Brief Otto Kunzelmanns an seinen Sohn Dieter vom 18. 4. 1967, unter HIS: SAK 130, 03, abgedr. in: Gesammelte Werke, S. 10–11. Die schließliche Versöhnung am Totenbett des Vaters schilderte Kunzelmann später in rührenden Worten, vgl. *Kunzelmann*, Keinen Widerstand!, S. 17.
250 Im amüsierten Gespräch über diese Aufnahme sind Dorothea Ridder und Dagmar Przytulla (geb. Seehuber) zu sehen in: »Lebenslinien«.
251 Vgl. *Enzensberger*, Die Jahre, S. 160.
252 Es war sehr windig, Interview mit Antje Krüger.
253 *Przytulla* in: *Kätzel* (Hg.), 68erinnen, S. 214.

254 *Reiche*, Sexuelle Revolution. Erinnerung an einen Mythos, in: *Baier* u.a., Die Früchte der Revolte, S. 45–71, hier: S. 65; vgl. *Herzog*, Die Politisierung der Lust, S. 218–220.

255 Vgl. *Reichardt*, Inszenierung und Authentizität. Zirkulation visueller Vorstellungen über den Typus des linksalternativen Körpers, in: *Knoch* (Hg.), Bürgersinn mit Weltgefühl, S. 225–250, bes. 227–235.

256 Es war sehr windig, Interview mit Antje Krüger. Gleichzeitig erinnerte sie an das professionell organisierte Arbeitszimmer der Kommune, das von der strikten systematischen Ordnung des Kommune-Archivs und Kunzelmanns parallel ausgerichteten Bleistiften geprägt gewesen sei.

257 Vgl. *Enzensberger*, Die Jahre, S. 167–168 mit Abb. auf S. 171.

258 Gebrauchsanweisung, in: *Langhans* u. *Teufel*, Klau Mich!, S. 67.

259 Selbstanzeige Kunzelmann, Gebbert, Hemmer, Enzensberger, nach: Gesammelte Werke, S. 30.

260 »Provokation als Öffentlichkeit«, FU Berlin am 18. 5. 1988.

261 Vgl. zur Provokationstaktik der Kommunarden vor Gericht *Scharloth*, Ritualkritik und Rituale des Protests, in: *Klimke* u. *Scharloth* (Hgg.), 1968, S. 75–87.

262 Befragung zur Person: Langhans, nach: Klau Mich!, S. 66.

263 Einlassung zur Sache: Teufel, nach: ebd., S. 76.

264 Ebd.

265 Ebd., S. 78.

266 Ebd., S. 80.

267 Ebd., S: 86.

268 Anklageschrift, nach Quellen zur Kommuneforschung, S. 61.

269 Gesammelte Werke, S. 46–47.

270 Das Ende der Utopie, S. 28–29.

271 Vgl. in diesem Zusammenhang die Reflexionen von *Payk*, Faszination der Gewalt: Konservative Revolution und Neue Linke, in: ZHF 5 (2008) H. 1, URL: http://www.zeithistorische-forschungen.de/16126041-Payk1-2008.

272 *Enzensberger*, Die Jahre, S. 186–187.

273 Jetzt gestehe ich, Flugblatt Nr. 23, in: Quellen zur Kommuneforschung, S. 59.

274 Rundbrief vom 6. 8. 1967, nach: Quellen zur Kommuneforschung, S: 63. »Unheilbar« spielte auf Löbes Vorsitz im Komitee »Unteilbares Deutschland« an. Zur »Löbe-Aktion« vgl. *Enzensberger*, Die Jahre, S. 190–195.

275 Pressemitteilung, in: Quellen zur Kommuneforschung, S. 64; zur »Löbe-Aktion« vgl. *Schneider*, Rebellion und Wahn, S. 199–200.

276 Pressemitteilung von Hartmut Häußermann für den AStA der FU Berlin vom 10. 8. 1967, unter APO: »Presse- und Informationsdienst der FUB, Flugblätter und -schriften FUB, sonstige Dokumentationen, SS 1967«.

277 *Enzensberger*, Die Jahre, S. 192; Urbachs Tätigkeit für den Berliner Verfassungsschutz wurde erst später bekannt. Kunzelmann wurde nach eigener Aussage (er hatte in den achtziger Jahren Einsicht in seine Verfassungsschutz-Akten) zu dieser Zeit bereits lückenlos, auch photographisch, überwacht, so daß die Geheimdienste seit dem Sommer 1967 einen genauen Einblick in die Kommune-Aktivitäten hatten, vgl. ebd., S. 193–194. Enzensberger zufolge soll die geschmacklose Formulierung »durch den Schornstein feiern« im Flugblatt-Text von Peter Urbach gestammt haben. Angesichts der offensichtlichen Zustimmung der Kommune würde das wenig erklären und klingt nach einer Schutzbehauptung, denn auch Enzensberger ist die »brutale Selbstherrlichkeit« bewußt, »mit der wir Löbes Konzentrationslagerhaft abtaten«, ebd., S. 194–195. Zu Urbach vgl. *Baumann*, Wie alles anfing, S. 27–28; *Mohr*, »S-Bahn-Peter«, in: *ders.* u. *Viehmann* (Hg.), Spitzel, S. 123–134; zu Baader und Ensslin vgl. *Koenen*, Vesper, Ensslin, Baader; *Herrmann* u. *Stern*, Andreas Baader.

278 Vgl. die Photographien in: Quellen zur Kommuneforschung, S. 68–69.

279 *Gross*, First Days of Berlin Commune, INTERNATIONAL TIMES (31. 8. 1967), S. 18 (Übers. A.R.).

280 *Enzensberger*, Die Jahre, S. 197.
281 Vgl. ebd., S. 202.
282 *Teufel*, Rudi, der Kampf geht weiter!, in: Gefundene Fragmente, Bd. 1, S. 166–175, hier: S. 168–169.
283 So *Enzensberger*, Die Jahre, S. 205.
284 Vgl. ebd., S. 203.
285 Interview Krüger, Es war windig.
286 *Gross*, Inside the Sixties, Kap.: Some major German Leaders, S. 1 (Übers. A.R.).
287 Ebd. (Übers. A.R.).
288 Ebd., S. 4 (Übers. A.R.).
289 Ebd., S. 5 (Übers. A.R.).
290 *Gross*, Inside the Sixties, Kap.: The Berlin Commune (Übers. A.R.).
291 Wieder abgedr. in: Nilpferd des höllischen Urwalds, S. 206–213; vgl. dazu *Kraushaar*, Autoritärer Staat und antiautoritäre Bewegung, in: *ders*. (Hg.), Frankfurter Schule, Bd.3, S. 15–33; *Gilcher-Holtey*, Transformation durch Subversion, bes. S. 209–212.
292 *Dutschke* u. *Krahl*, Vortrag auf der Delegiertenkonferenz des SDS in Frankfurt a.M. vom 3. 9. 1967, nach: Nilpferd des höllischen Urwalds, S. 213.
293 Ebd., S. 212–213.
294 Ebd., S. 213.
295 Vgl. Bedingungen, S. 72.
296 Subversive Aktion, in: Unverbindliche Richtlinien 2, S. 27–29.
297 Das Ende der Utopie, S. 29. Vgl. *Kraushaar*, Autoritärer Staat, S. 31–32.
298 Auf die lange Vorgeschichte von Dutschkes Gedankengang weist auch Kraushaar hin; vgl. *Kraushaar*, Rudi Dutschke und der bewaffnete Kampf, in: *ders*., *Wieland* u. *Reemtsma*, Rudi Dutschke, Andreas Baader und die RAF, S. 13–50, bes. S. 50.
299 Vgl. die zu dieser Zeit entstandene Übersetzung von *Guevara*, Schaffen wir zwei, drei, viele Vietnam.
300 Hier schwankt zum Beispiel Kraushaar, der einerseits mit Blick auf das »Organisationsreferat« darauf hinweist, daß die »Idee der Stadtguerilla« aus dem SDS stamme, andererseits das »Organisationsreferat« nicht als »intellektuelle Vorstufe der RAF« gekennzeichnet sehen will. Daß die Guerilla-Metapher in den beiden, auch zeitlich auseinanderliegenden Zusammenhängen von 1967 bzw. 1970 ganz unterschiedliche inhaltliche Implikationen transportierte, muß in der Diskussion stärker berücksichtigt werden; vgl. *Kraushaar*, Autoritärer Staat, S. 31.
301 Vgl. demgegenüber *Kloke*, Israel und die deutsche Linke, S. 77, der davon spricht, die Konferenz habe sich auf diesen Resolutionstext geeinigt. Rabehl, Lönnendonker und Staadt wiederum erwähnen diesen Text in ihrer Geschichte des SDS mit keinem Wort: vgl. *Lönnendonker*, *Staadt* u. *Rabehl*, Die antiautoritäre Revolte, S. 372–399.
302 Der Konflikt im Nahen Osten, Materialien der 22. DK des SDS in Frankfurt, unter APO: »BV, 22. DK, 1967 (Frankfurt), SDS«, S. 48–53, hier: S. 49.
303 Ebd., S. 50.
304 Ebd., S. 53.
305 Vgl. *Enzensberger*, Die Jahre, S. 209–210.
306 *Teufel*, Rudi, S. 169. Die Inspiration zu dieser Bart-Aktion stammte vermutlich vom deutschen Kommunisten Max Hölz, der aus dem Untergrund seinen Haarschopf an einen Reichswehroberst verschickt hatte, vgl. *Hölz*, Anklagerede gegen die bürgerliche Gesellschaft (1921), in: Klassenbuch 3, S. 12–25, hier: S. 20.
307 Vgl. *Enzensberger*, Die Jahre, S. 209–211.
308 Den Haftausweis Kunzelmanns druckten die Kommunarden später voller Ironie als »Passierschein« ihrer Leser für die Kommune-Wohnung ab, vgl. Klau Mich!, S. 81. Die Parole »Che lebt!« bezog sich auf die Nachricht von der Erschießung Guevaras am 9. Oktober in Bolivien.

309 Aussage Polizeimeister St. vom 7. 11. 1967, S. 1, unter HIS: SAK 260, 05.
310 Ebd., S. 2.
311 Aussage Polizeihauptwachtmeister M. vom 9. 11. 1967, S. 2, unter HIS: SAK 260, 05.
312 Vgl. *Enzensberger*, Die Jahre, S. 217–221; vgl. den Rundbrief von Langhans vom 24. Oktober: »Leute, Leute, ich bin die Kommune allein, wenigstens für drei Wochen. So eine Scheiße«, mit dem er für den 27. Oktober zum Besuch der chinesischen Botschaft in Ost-Berlin aufforderte, Quellen zur Kommuneforschung, S. 82.
313 Quellen zur Kommuneforschung, S. 83.
314 Vgl. *Enzensberger*, Die Jahre, S. 226.
315 Vgl. *Carini*, Fritz Teufel, S. 81–88.
316 Vgl. *Enzensberger*, Die Jahre, S. 227–234.
317 BStU: MfS ZAIG, Nr. 1454, Bl. 10.
318 Ebd., Bl. 11.
319 Ebd., Bl. 12–13.
320 Ebd., Bl. 13.
321 Vgl. *Nirumand*, Leben mit den Deutschen, S. 98–99; *Enzensberger*, Die Jahre, S. 177, über Dutschkes Auftritt während der Teufel-Kampagne vom Juni in der Neu-Westend-Kirche: »Nun war Rudi nicht mehr zu halten. Er stürmte auf die Kanzel. Er war wirklich unglaublich deutsch. Ohne Luther undenkbar, wie er da nun mit aufgekrempelten Ärmeln wetterte wie einst der Herr gegen die Tempelhändler.«
322 Was ist geschehen? Dokumentation zu den Störungen der Gottesdienste in der Kaiser-Wilhelm-Gedächtnis-Kirche am heiligen Abend und in der Silvesternacht 1967, S. 20, unter HIS: SAK 260, 04.
323 Anklageschrift der Oberstaatsanwaltschaft am Landgericht Berlin gegen Kunzelmann, Langhans, Teufel und Krüger vom 5. 6. 1968, S. 5–6, unter HIS: SAK 260,04.
324 Urteil des Schöffengerichts Tiergarten vom 23. 10. 1968 gegen Kunzelmann, Langhans und M. W., S. 23–24, unter HIS: SAK 260, 04.
325 *Gollwitzer*, Eine unchristliche Gemeinde, mündl. Beitrag für den Sender Freies Berlin vom 30. 12. 1967, nach: Was ist geschehen?, S. 14–16. Vgl. zum Weihnachtsgottesdienst *Nirumand*, Leben, S. 100.
326 Vgl. *Enzensberger*, Die Jahre, S. 239–241.
327 Vgl. zu dieser oft zitierten Episode *Dutschke-Klotz*, Barbarisches schönes Leben, S. 179–180; *Kraushaar*, Rudi Dutschke, S. 22–24; *Schneider*, Rebellion und Wahn, S. 249–250. Feltrinelli hatte schon im Januar bei einem seiner zahlreichen Besuche in Havanna verkündet, er verstehe sich nun nicht mehr als Verleger sondern als »antiimperialistischer Kämpfer«; vgl. *C. Feltrinelli*, Senior Service, S. 331, zum Berlin-Aufenthalt nur die knappe Notiz auf S. 352. Gilcher-Holtey bemerkt in diesem Zusammenhang, das Dynamit sei »in der Spree versenkt« worden, *Gilcher-Holtey*, Transformation durch Subversion, S. 216.
328 Vertreter der PSIUP (Italienische Sozialistische Partei der Proletarischen Einheit), in: Der Kampf des vietnamesischen Volkes und die Globalstrategie des Imperialismus., S. 105.
329 Nirumand auf dem Berliner Vietnam-Kongreß am 17. 2. 1968, in: ebd., S. 62–63.
330 Vgl. *Nirumand*, Leben, S. 112–114; *Kraushaar*, Rudi Dutschke, S. 23–24.
331 Vgl. die Auswertung der Verfassungsschutzakten durch *Rabehl*, Feindblick, S. 126–145.
332 Vgl. *Nirumand*, Leben, S. 113–114.
333 Vgl. Klau Mich!, S. 92–206, bes. S. 148–194. Die »Pro-Contra«-Protokolle der Frohners finden sich unter HIS: SAK 130, 14.
334 *Enzensberger*, Die Jahre, S. 261.
335 Vgl. *Koenen*, Vesper, Ensslin, Baader, S. 141.
336 So Rabehl nach Dutschkes Verfassungsschutzakte, *Rabehl*, Feindblick, S. 121; vgl. jetzt auch: 80 Jahre Justizpalastbrand.

337 *Rabehl*, Feindblick, S. 121
338 *Enzensberger*, Die Jahre, S. 221.
339 Vgl. Frohner Procontra, Menschen und Paragraphen, S. 15, unter: HIS: SAK 130, 14.
340 Vgl. *Enzensberger*, Die Jahre, S. 221. Dazu auch *Hakemi* u. *Hecken*, Die Warenhausbrandstifter, in: *Kraushaar* (Hg.), Die RAF, Bd.1, S. 316–331.
341 *Enzensberger*, Die Jahre, S. 268. Prolls Erinnerungen sind in dieser Hinsicht nicht sehr hilfreich: »Wir wollten schon etwas Unerhörtes tun, aber was genau, weiß ich nicht mehr. Ich glaube nicht, daß wir so genaue Vorstellungen hatten.«, *Proll* u. *Dubba*, Wir kamen von einem anderen Stern, S. 13. Proll bestritt auch, daß das Gespräch mit den Kommunarden überhaupt stattgefunden habe, ebd. S. 9–10.
342 Nach: *Jörg* u. *Herrmann*, Andreas Baader, S. 97.
343 *Carini*, Fritz Teufel, S. 109; vgl. auch *Aust*, Baader-Meinhof-Komplex, S. 59.
344 *Jörg* u. *Herrmann*, Andreas Baader, S. 97
345 *Aust*, Baader-Meinhof-Komplex, S. 59; *Koenen*, Vesper, Ensslin Baader, S. 146.
346 Darauf deuten Prolls Einlassungen hin, der von der Kommune in einer Mischung von Bewunderung und subversiver Inspiration spricht; vgl. *Proll* u. *Dubbe*, Anderer Stern, S. 11–12. Proll ließ sich zu dieser Zeit von den Kommune-Flugblättern für seine Lyrik inspirieren; vgl. *Aust*, Baader-Meinhof-Komplex, S. 59. Im Prozeß gegen die Brandstifter wurde seine Lyrik, die sich auch auf die Person Kunzelmanns bezog, aktenkundig: »Der Rote Dieter lacht: Der Rote Hahn sitzt / auf dem Dach / Der Zündelheimer schreit: schon wieder einer / Der Zündelfrieder schreit: schon wieder / und sie / bewegen sich / weil sie den Roten Dieter nie / zu fassen kriegen / der Zündelfrieder macht / jetzt schon seinen Frieden / Der Zündelheimer ist bald / keiner mehr der Rote Dieter lacht«, aus der Urteilsbegründung des Landgerichts Frankfurt a.M. vom 31. 10. 1968, S. 27, nach: Subkultur Berlin, S. 143.
347 *Enzensberger*, Die Jahre, S. 268.
348 Stellungnahme der Berliner Kommune I für den SPIEGEL, DER SPIEGEL 15/22 (8. April 1968), wieder abgedr. in: Quellen zur Kommuneforschung, S. 97.
349 *Enzensberger*, Die Jahre, S. 270.
350 Brief Ulrich Enzensbergers an Andreas Baader vom 10. 5. 1968 unter HIS: SAK 130, 01.
351 Kein schönrer Mord in dieser Zeit, Flugblatt vom 6. 4. 1968, in: Quellen zur Kommuneforschung, S. 98.
352 Vgl. z.B.: Martin L. King in Bonn, by Malcolm X, in: LINKECK Nr. 3a, S. 8. Dutschke war zuvor an einer Edition von Texten der Protagonisten der afro-amerikanischen Militanz in den USA beteiligt: Black Power. Dokumentation. Später erschienen die Reden von Malcolm X in Bernward Vespers Edition Voltaire: *Malcolm X*, Schwarze Gewalt.
353 *Enzensberger*, Die Jahre, S. 275.
354 *Buhmann*, Geschichte geschrieben, S. 289.
355 *Enzensberger*, Die Jahre, S. 275–276.
356 *Teufel*, Rudi, S. 171.
357 Ebd.
358 *Hübsch*, Keine Zeit für Trips, S. 42.
359 Vgl. *Grossmann* u. *Negt* (Hgg.), Die Auferstehung der Gewalt.
360 Vgl. Kunzelmanns Erinnerungen und Photographien in: *Kunzelmann*, Keinen Widerstand!, S. 95–98.
361 Vgl. z.B. die Fernseh-Dokumentation »Aufbrüche '68« von J. Miermeister und M. Hübinger, ZDF 1998.
362 Vgl. *Baumann*, Wie alles anfing, S. 38 u. 40; *Aust*, Baader-Meinhof-Komplex, S. 67.
363 *Kunzelmann*, Keinen Widerstand!, S. 98.
364 *Enzensberger*, Die Jahre, S. 279. Baumann berichtet über eine Irrfahrt mit den restlichen Molotow-Cocktails, für die kein Ziel mehr gefunden wurde, *Baumann*, Wie alles anfing, S. 42.

365 Einsatzbericht KOM W. vom 18. 4. 1968, S. 1–2, unter HIS: SAK 240, 01. Baumann berichtet über die Stimmung während der Ostertage: »Da waren Polizeioffiziere, die haben gesagt, Kinder wir können euch doch verstehen, aber machts nicht zu doll, die haben ja in dem Getümmel noch richtig mit uns gesprochen.«, *Baumann*, Wie alles anfing, S. 38.

366 Einsatzbericht KOM H. vom 13. 5. 1968, S. 2, unter HIS: SAK 240, 01.

367 Einsatzbericht KOM W., S. 1.

368 Dieter Kunzelmann am 15. 4. 1968 in der Technischen Universität Berlin, S. 1, in: TU-Reden vom 15. April 1968, unter HIS: SAK 240, 10. Ob die betonende Verdoppelung von »bisher« so von Kunzelmann stammt oder vom transkribierenden Beamten hinzugefügt wurde, um auf das Potential einer weiteren Eskalation der Gewalt hinzuweisen, ist nicht festzustellen.

369 Ebd., S. 2.

370 Fritz Teufel am 15. 4. 1968 in der Technischen Universität Berlin, ebd.

371 Ralf Dahrendorf am 15. 4. 1968 in der Technischen Universität, ebd., S. 1.

372 Ebd., S. 1–2.

373 Ebd., S. 2.

374 Ebd., S. 3.

375 Johann Wolfgang Landsberg am 15. 4. 1968 in der Technischen Universität Berlin, ebd. Von »Mördern« hatte laut Tonbandabschrift zuvor nur Klaus Meschkat im Hinblick auf Hamburger Einheiten des Bundesgrenzschutzes gesprochen.

376 Peter Gäng am 15. 4. 1968 in der Technischen Universität Berlin, ebd.

377 *Teufel*, Rudi, S. 173.

378 Rheinische Post vom 15. 5. 1968, zit. nach *Enzensberger*, Die Jahre, S. 291.

379 Zur Institutsbesetzung vgl. *Enzensberger*, Die Jahre, S. 291–293. Zu den Pariser Ereignissen vgl. *Gilcher-Holtey*, »Die Phantasie an die Macht«, bes. S. 171–338.

380 Vgl. *Enzensberger*, Die Jahre, S. 291–292.

381 Ebd., S. 293. Nach Baumanns Darstellung müßte es sich um die übriggebliebenen Molotow-Cocktails gehandelt haben, die Urbach zum Springer-Hochhaus mitgebracht hatte; vgl. *Baumann*, Wie alles anfing, S. 42.

382 Vgl. *Kunzelmann*, Keinen Widerstand!, S. 101. Eine Fabriketage ist heute ein begehrtes Loft und als Ferienwohnung zu mieten.

383 Ebd.

384 Einzelblatt aus HIS: SAK 130, 02.

385 Ebd. (Hervorhebungen im Orig.).

386 Ebd.

387 Kommunarde Kunzelmann!, anon. Brief von »zwei Maoistinnen« aus Braunschweig, unter HIS: SAK 130, 02.

388 Sehr windig, Interview mit Antje Krüger.

389 Schriftliche Botschaft von K. und R., S. 1, der Klammerzusatz ist nachträglich durchgestrichen, unter HIS: SAK, 130, 02.

390 Ebd., S. 2.

391 Schriftliche Botschaft von R. an »Kommünchen one (bes. kleiner Kunzelmann)«, undatiert unter HIS: SAK 130, 02.

392 Vgl. *Reichardt*, Inszenierung und Authentizität, in: *Knoch* (Hg.), Bürgersinn, S. 225–250.

393 Brief von C. an die Kommune vom 22. 6. 1967 unter HIS: SAK 130, 01.

394 Brief von B. J. an Teufel und Langhans, undatiert, S. 1, unter HIS: SAK, 130, 03.

395 Ebd., S. 2.

396 Brief von B. J. an Rainer Langhans, undatiert [2. Jahreshälfte 1967], S. 1–2, unter HIS: SAK 130, 03.

397 Ebd., S. 3.

398 Brief von B. J. an Teufel und Langhans, undatiert [März 1968], S. 1, unter HIS: SAK 130, 03.

Nach der Schreibweise des Namens von Che Guevara mußten sich die Ost-Berliner Briefpartner bezeichnenderweise erst bei den Kommunarden erkundigen.

399 »Brummbär« in: *Schober*, AMON DÜÜL. Tanz der Lemminge, S. 38–39. Die römische Numerierung rührt daher, daß sich die Band sehr schnell in zwei Teile gespalten hatte – AMON DÜÜL II blieb in Süddeutschland. Zu den Songtagen vgl. *Siegfried*, Time is on my Side, S. 608–614.

400 Vgl. dazu *Hübsch*, Keine Zeit für Trips, S. 67.

401 Brief Ulrich Enzensbergers an Andreas Baader vom 10. 5. 1968 (Hervorhebung im Orig.), unter HIS: SAK 130, 02.

402 Kunzelmann, Keinen Widerstand!, S. 112.

403 Brief von H. S. an Kunzelmann vom 3. 10. 1967 unter HIS: SAK 130, 01.

404 Brief von R. O. an die Kommune vom 22. 10. 1967, unter HIS: SAK, 130, 02.

405 Brief von K. H. »an die Berliner Volkskommune Nr. 1 Mao-Tse-Tung Stuttgarter Platz« vom 11. 10. 1967 unter HIS: SAK 130, 01.

406 Brief von K. H. an Kunzelmann vom 30. 10. 1967 unter HIS: SAK 130, 01.

407 Vgl. die Benachrichtigung unter HIS: SAK 130, 01.

408 Brief Michael Baumanns an die Kommune vom 3. 11. 1967 unter HIS: SAK 130, 01.

409 In den 80er Jahren wurde die Zeitschrift komplett nachgedruckt; in Auszügen und anderen Dokumenten auch in: Subkultur Berlin.

410 Kommune I, in: LINKECK Nr. 1 (29. 2. 1968), S. 5. Vgl. allgemein *Siegfried*, Time is on my Side, S. 506–520.

411 Ex – und flop – hopp hopp, LINKECK Nr. 3 (April 1968), S. 4–5. Vgl. dazu *Enzensberger*, Die Jahre, S. 288: »Alles nur Angeberei. Nach Ostern flog monatelang keine Brandflasche mehr.«

412 Wir sind nie mehr allein, LINKECK Nr. 3 (April 1968), S. 5.

413 Putschisten Kacke, LINKECK Nr. 3 (April 1968), S. 7.

414 Vgl. z.B. *Baumann*, Wie alles anfing, S. 47–48.

415 Vgl. *Enzensberger*, Die Jahre, S. 312–313.

416 Berlin: Leistungsbeweise der Gewalt, LINKECK Nr. 6 (Dezember 1968), S. 3 (Hervorhebung im Orig.).

417 Vgl. das Protokoll der Sitzung des Schöffengerichts Tiergarten vom 9. 7. 1968, zit. in der Gegenerklärung Horst Mahlers, S. 11–12, unter HIS: SAK 260, 04.

418 So *Enzensberger*, Die Jahre, S. 314.

419 Protokoll der Verhandlung vor dem Berliner Landgericht am 25. 11. 1968, S. 2–5, unter HIS: SAK 260, 05.

420 So *Hübsch*, Keine Zeit für Trips, S. 66.

421 Sitzungsprotokoll vom 25. 11. 1968, S. 12–13. Enzensberger überliefert den vorletzten Satz Kunzelmanns in der Formulierung, daß der »Terror« des Gerichts mit Gegengewalt beantwortet werden würde; *Enzensberger*, Die Jahre, S. 314; Kraushaar übernimmt diese Formulierung offenbar ungeprüft von Enzensberger: vgl. *Kraushaar*, Die Bombe, S. 281, Anm. 386. Der Gerichtsprotokollant hätte jedoch wohl kaum einen Grund gehabt, Kunzelmanns Äußerung nachträglich abzuschwächen.

422 Sitzungsprotokoll vom 25. 11. 1968, S. 13–14.

423 So *Enzensberger*, Die Jahre, S. 314, und ihm folgend *Kraushaar*, Die Bombe, S. 281. Enzensbergers Erinnerung ist hier die einzige Quelle. Hans-Joachim Rehse hatte vor 1945 an Hunderten von Todesurteilen mitgewirkt. Enzensberger erinnert an die Tatsache, daß die Kommunarden besonders in den höheren Berufungsinstanzen immer wieder mit NS-Richtern konfrontiert wurden; vgl. *Enzensberger*, Die Jahre, S. 305–306.

424 Kraushaar vermerkt sehr allgemein, Kunzelmann habe den »Rubikon« der Gewalt bereits im Herbst 1968 überschritten; vgl. *Kraushaar*, Die Bombe, S. 279.

425 *Kunzelmann*, Keinen Widerstand!, S. 99–100.

426 Vgl. *Siepmann*, Unergründliches Obdach für Reisende, in: CheSchahShit, S. 192–194, hier:

S. 194. Das Studium und den bewußten Einsatz von Drogen dokumentiert das Handbuch von *Steckel*, Bewußtseinserweiternde Drogen.

427 Vgl. Helmut Sturm im Gespräch mit Emil Kaufmann während eines Interviews mit der ehemaligen Gruppe Spur, in: Gruppe Spur (Galerie van de Loo), S. 26.

428 *Kunzelmann*, Keinen Widerstand!, S. 107; vgl. die Aussagen Fichters in *Kraushaar*, Die Bombe, S. 240–243.

429 Ebd., S. 242.

430 *Leary*, Politik der Ekstase, S. 114–116.

431 Vgl. den Beitrag von einem ehemaligen Kollegen Learys an der Harvard University: *Scheuch*, Haschisch und LSD als Modedrogen, bes. S. 29–34. Inzwischen fehlt es auch nicht an Hinweisen, daß die frühen Forschungen Learys von der CIA finanziert worden seien und die amerikanischen Geheimdienste sich mit großem zeitlichen und finanziellem Aufwand der Erforschung von LSD gewidmet hätten; vgl. *Lee* u. *Shlain*, Acid Dreams.

432 *Scheuch*, Haschisch und LSD, S. 33–34.

433 Vgl. *Siepmann*, Unergründliches Obdach.

434 *Enzensberger*, Die Jahre, S. 309–310.

435 Ebd., S. 311. Vgl. Hübschs eigene Erinnerungen: *Hübsch*, Keine Zeit für Trips, S. 63–68.

436 Ebd., S. 67.

437 Vgl. *Tanner*, »The Times They Are-A-Changin«. Zur subkulturellen Dynamik der 68er-Bewegungen, in: *Gilcher-Holtey* (Hg.), 1968. Vom Ereignis zum Gegenstand der Geschichtswissenschaft, S. 207–223, hier: S. 218; *Enzensberger*, Die Jahre, S. 312.

438 Vgl. *Siepmann*, Unergründliches Obdach, S. 192.

439 Vgl. *Langer*, Der Berliner »Blues«, in: CheSchahShit, S. 195–203, hier: S. 197.

440 *Enzensberger*, Die Jahre, S. 313.

441 Die genaue chronologische Struktur dieses Übergangs scheint in den Grundsatzdebatten um das Verhältnis der radikalen Linken zur politisch motivierten Gewalt bislang noch nicht genügend reflektiert. Vgl. dazu *Kraushaar*, *Wieland* u. *Reemtsma*, Rudi Dutschke, und die Kritik von *Gilcher-Holtey*, Transformation durch Subversion.

442 *Miermeister*, Dutschke, S. 99 (Hervorhebung im Orig.).

Vierter Teil
Trau' keinem über dreißig?

1 Vgl. *Kunzelmann*, Keinen Widerstand!, S. 106; *Enzensberger*, Die Jahre, S. 315.

2 *Kunzelmann*, Keinen Widerstand!, S. 107.

3 Vgl. z.B. die Impressionen von *Siepmann*, 1969 – Die große Sonnenfinsternis, in: Ch SchahShit, S. 204–205: »Es war das Jahr der nichtwiederzuerkennenden alten Freunde«, ebd., S. 204.

4 Rabben, Begegnung mit Niemand, S. 30 (Hervorhebung im Orig.).

5 Ebd., S. 31.

6 Ebd., S. 32.

7 Ebd., S. 35–36. Vgl. Kunzelmanns eigenen Artikel fünf Jahre zuvor: *Kunzelmann*, Die Bedeutung der Automation, in: Anschlag 2, S. 43–48.

8 *Rabben*, Begegnung mit Niemand, S. 51.

9 Ebd.

10 Ebd., S. 39; *Hübsch*, Keine Zeit für Trips, S. 68. Vgl. auch die Schallplatte, die der Dokumentation »Subkultur Berlin« beigelegt war, auf der Telephongespräche von Kunzelmann, Proll, Hartmut Sander und anderen zu hören sind: Subkultur Berlin.

11 *Rabben*, Begegnung mit Niemand, S. 45–48. Vgl. *Enzensberger*, Die Jahre, S. 318.

12 *Rabben*, Begegnung mit Niemand, S. 52.

13 Ebd., S. 53; vgl. demgegenüber die »Laudatio« in: ROTE HILFE, Nr. 1 (Dezember 1973), S. 32–35, hier: S. 34, die Kunzelmann als einen »fixer (der mit dem fixen schluß machte, bevor das fixen mit ihm schluß machte)« bezeichnet.

14 *Rabben*, Begegnung mit Niemand, S. 55–56. Die Erwähnung von Lyndon B. Johnson macht Rabbens Erinnerung fragwürdig, denn seit November war bereits Richard Nixon zum neuen US-Präsidenten gewählt und am 20. Januar auch vereidigt worden. Gerade fünf Wochen später hatte er Berlin besucht. Es ist kaum denkbar, daß Kunzelmann – selbst in seinem damaligen momentanen Zustand – das vergessen hatte. Vgl. weitgehend wörtlich nach Rabben auch *Enzensberger*, Die Jahre, S. 321–322.

15 *Kunzelmann*, Keinen Widerstand!, S. 107. Weitere Abbildungen Kunzelmanns mit Augenverband sich auch in der Broschüre: Kommunardenhaft und Anarchistenbekämpfung, S. 5, 17, 32 u. 41.

16 Ebd., S. 18–19; *Enzensberger*, Die Jahre, S. 323–324. Vgl. *Kraushaar*, Die Bombe, S. 179; *Koenen*, Das Rote Jahrzehnt, S. 173.

17 *Enzensberger*, Die Jahre, S. 317.

18 *Kunzelmann*, Keinen Widerstand!, S. 110.

19 Kommunardenhaft und Anarchistenbekämpfung, S. 2–8.

20 Ebd., S. 44–49.

21 Ebd., S. 18.

22 *Enzensberger*, Die Jahre, S. 317.

23 Ebd., S. 327.

24 Vgl. *Kunzelmann*, Keinen Widerstand!, S. 110–112.

25 Brief von Rainer Langhans an Horst Mahler vom 8. 3. 1969, nach: ebd., S. 111.

26 Nach der polizeilichen Abschrift: »Zeitplan über die Aufenthaltsorte des Dieter *Kunzelmann* im Jahre 1969 (entnommen aus seinem Tagebuch von 1969)«, S. 1, unter HIS: SAK 270, 05 X.

27 *Enzensberger*, Die Jahre, S. 328. Demnach sollen die Kommunarden Kunzelmann »an Armen und Beinen« aus der Fabrik getragen haben.

28 Vgl. dazu die Skizze von *Langer*, Der Berliner »Blues«, in: CheSchahShit, S. 195–203; *Koenen*, Das Rote Jahrzehnt, S. 174–176; *Hecken*, Avantgarde und Terrorismus, S. 87–90. Die erste gründliche Darstellung der linksradikalen Berliner »Szene« von 1969 leisteten bereits *Claessens* u. *de Ahna*, Das Milieu der Westberliner »scene« und die »Bewegung 2. Juni«, in: *von Baeyer-Katte*, *Claessens*, *Feger* u. *Neidhardt*, Gruppenprozesse (Analysen zum Terrorismus 3), S. 20–181, hier bes.: S. 106–122.

29 *Baumann*, Wie alles anfing, S. 47; zu Urbachs Rolle vgl. auch *Kraushaar*, Die Bombe, S. 173–181.

30 *Enzensberger*, Die Jahre, S. 323.

31 Vgl. *Baumann*, Wie alles anfing, S. 46, der Texte von Che Guevara, Régis Debray und Robert F. Williams erwähnt.

32 *Bakunin*, Texte aus den Gesammelten Werken u.a., als Raubdruck der Wielandkommune und Zentralrat der umherschweifenden Haschrebellen.

33 Vgl. *Enzensberger*, Die Jahre, S. 328.

34 *Mao*, Über die Berichtigung falscher Ansichten in der Partei, in: *ders.*: Fünf Schriften des Vorsitzenden Mao Tse Tung, S. 25–61, hier: S. 56–57. Der Abschnitt über die »Mentalität der umherschweifenden Rebellenhaufen« wurde nachgedr. in: AGIT 883, Nr. 36 (16. 10. 1969), S. 2.

35 *Mao*, Berichtigung, S. 57–58.

36 Auf Kunzelmanns Urheberschaft der Gruppenbezeichnung weist jedenfalls Ralf Reinders hin, »auch wenn er das heute vielleicht dementieren würde.« *Reinders* u. *Fritsch*, Die Bewegung 2. Juni, S. 23; vgl. auch *Debord*, Technik des Umherschweifens, nach: Situationistische Internationale, Bd. 1, S. 58.

37 *Guevara*, Schaffen wir zwei, drei, viele Vietnam, S. 8.
38 Ebd., S. 9.
39 Ebd., S. 14.
40 Ebd., S. 15.
41 *Salvatore* u. *Dutschke*, Einleitung, ebd., S. 6 (Hervorhebung im Orig.). In diesem Sinne wird Guevaras Text vermutlich den Hintergrund für Dutschkes »Organisationsreferat« während der 22. Delegiertenkonferenz des SDS im September 1967 in Frankfurt abgegeben haben.
42 *Guevara*, Guerilla – Theorie und Methode.
43 Ebd., S. 23.
44 Ebd., S. 101–105.
45 Ebd., S. 101.
46 Ebd., S. 101–102 u. S. 104.
47 Ebd., S. 50–51.
48 Ebd., S. 102–103.
49 Vgl. *Gierds*, Che Guevara, Régis Debray und die Focustheorie, in: *Kraushaar* (Hg.), Die RAF, Bd. 1, S. 182–204.
50 *Debray* Revolution in der Revolution?, S. 58.
51 Ebd., S. 58–59.
52 Ebd., S. 127–133, hier: S. 133.
53 *Williams*, Wie sich die schwarze Revolution bewaffnet, in: *ders.* u. *Rigg*, Großstadtguerilla, S. 11–18, hier: S. 14–15.
54 *Rigg*, Guerillakrieg im Betondschungel, ebd., S. 21–31, hier: S. 21.
55 Ebd., S. 23.
56 Ebd., S. 28.
57 Vgl. zur Beteiligung der »Umherschweifenden Haschrebellen« an den Diskussionen in AGIT 883: *Balz*, Militanz, Blues und Stadtguerilla, in: *rotaprint 25* (Hg.), AGIT 883, S. 127–139.
58 Vgl. allgemein *Koenen*, Rotes Jahrzehnt, S. 183–206; *Karl*, Die K-Gruppen; *Kühn*, Stalins Enkel, Maos Söhne.
59 Vgl. z.B. die Parolen der Haschrebellen in: AGIT 883, Nr. 21 (3. 7. 1969), S. 8: »In der Rechten das Gewehr, in der Linken den Joint / Zerschlagt den Staat mit dem Joint in der Hand«.
60 *Zentralrat der umherschweifenden Haschrebellen*, Ist »Hair« der würdige Repräsentant der Subkultur?, AGIT 883, Nr. 35, (9. 10. 1969), S. 7, wieder abgedr. in *Baumann*, Wie alles anfing, S. 52–53.
61 AGIT 883, Nr. 3 (27. 2. 1969), S. 1.
62 Ebd., S. 4.
63 AGIT 883, Nr. 3 (6. 3. 1969), S. 4; vgl. Flugblatt Nr. 2, in: *Kommune I*, Quellen zur Kommuneforschung, S. 30.
64 AGIT 883, Nr. 8 (3. 4. 1969), S. 5; AGIT 883, Nr. 9 (10. 4. 1969), S. 6.
65 Zu den komplexen Strukturen der linksradikalen Szene West-Berlins und der Funktion der Zeitschrift AGIT 883 vgl. *Andresen*, *Mohr* u. *Rübner*, Unruhe in der Öffentlichkeit, in: *rotaprint 25*, AGIT 883, S. 17–44.
66 Urteilsbegründung des Schöffengerichts Tiergarten vom 12. 6. 1969, S. 3, nach HIS: SAK 270, 03 VII.
67 Ebd., S. 4.
68 *Zentralrat der Umherschweifenden Haschrebellen*, Polizeiterror, AGIT 883, Nr. 21 (3. 7. 1969), S. 8 (Hervorhebung im Orig.); Vgl. *Balz*, Militanz, S. 128–129; *Baumann*, Wie alles anfing, S. 53 u. S. 57–60.
69 *Zentralrat der Umherschweifenden Haschrebellen*, Polizeiterror, AGIT 883, Nr. 21 (3. 7. 1969), S. 8 (Hervorhebung im Orig.). Die Ironie, ausgerechnet den Rebellen-Kritiker Mao für diese Guerilla-Propaganda in Anspruch zu nehmen, mag nicht jedem Leser verständlich gewesen sein.
70 Ebd.

71 Konterrevolutionär, faschistoid, BZ-Schreibe, AGIT 883, Nr. 22 (10. 7. 1969), S. 5.

72 Die zahlreiche Beteiligung der Unterstützerszene gereichte den Subversiven aller Ausrichtungen zum Nachweis ihrer Führungsrolle innerhalb der zerfallenden Protestbewegung. Demgemäß erinnert sich Ralf Reinders an »350–400 Leute« beim »Smoke-In« im Tiergarten; *Reinders* u. *Fritzsch*, Bewegung 2. Juni, S. 23.

73 Protokoll des hilflos aufgegriffenen Georg v. R., AGIT 883, Nr. 22 (10. 7. 1969), S. 5; von Rauchs Talent zur Selbstironie erhellt in diesem Zusammenhang aus *Baumann*, Wie alles anfing, S. 60: »Georg haute soviel Shitplätzchen rein, daß er im Gebüsch umfiel.«

74 Ebd.

75 Vgl. z.B. die wechselhafte Redaktionsgeschichte von *Oy*, Jede neue Nummer ist ein Abenteuer, in: *rotaprint 25*, AGIT 883, S. 47–58. Demnach wurde die Zeitung »am Ende« von dogmatischen Flügelkämpfen um die richtige »Linie« erschüttert.

76 Ebd., S. 57.

77 *Zentralrat der umherschweifenden Haschrebellen*, Is this what you want for your Children?, AGIT 883, Nr. 28 (21. 8. 1969), S. 4.

78 *Enzensberger*, Die Jahre, S. 333.

79 *Kunzelmann*, Keinen Widerstand!, S. 115.

80 Gemeinsam mit Frank Böckelmann dokumentierte Wetter seine Erfahrungen in: *Böckelmann* u. *Wetter*, Knast-Report.

81 Vgl. die erste Einladung: Kommt nach Ebrach!, AGIT 883, Nr. 18 (12. 6. 1969), S. 5.

82 Kommt zur roten Knastwoche nach Ebrach, AGIT 883, Nr. 22 (10. 7. 1969), S. 8 (Hervorhebung im Orig.); wieder abgedr. in *Kraushaar*, Die Bombe, S. 108.

83 Kunzelmanns Aufenthaltsorte im Sommer und Herbst 1969 sind im Zusammenhang mit den Ermittlungen wegen des versuchten Brandbombenanschlag auf den Berliner Juristenball 1970 polizeilich ermittelt worden. Vgl. die Anklageschrift der Berliner Staatsanwaltschaft vom 2. August 1971, S. 24, unter HIS: SAK 270, 01 I.

84 Kommt zur roten Knastwoche nach Ebrach, AGIT 883, Nr. 22 (10. 7. 1969), S. 8. In den Aufrufen der »Umherschweifenden Haschrebellen« beginnt im Sommer 1969 der subversive Gebrauch der Kleinschreibung, der sich gegen »bürgerliche« Alltagsnormen richtete, später auch als orthographische Symbolik die Schriften des deutschen Terrorismus prägte.

85 Vgl. die Dokumentation in: In Bamberg war der Teufel los, S. 56–59.

86 Zum folgenden vgl. ebd., S. 61–74.

87 So ein Bericht im FRÄNKISCHEN TAG vom 17. 7. 1969, nach: ebd., S. 69 u. 71.

88 Ebd., S. 71–74.

89 Vgl. *Kraushaar*, Die Bombe, S. 105–115; *Koenen*, Vesper, Ensslin, Bader, S. 223–226, der das »Knast-Camp« zu einer »Urszene des Terrorismus« erklärt und diesen Topos zum Untertitel seiner Entstehungsgeschichte der RAF macht. Vgl. auch den literarisch gestalteten Bericht von *Vesper*, Die Reise, S. 203–204.

90 Vgl. *Kraushaar*, Die Bombe, S. 107; Interview mit Dieter Kunzelmann, in: In Bamberg war der Teufel los, S. 114.

91 Ebd.

92 Vgl. ebd., S. 71.

93 Telegramm von Franz Josef Strauß an Alfons Goppel, dokumentiert im BAMBERGER VOLKSBLATT vom 19. 7. 1969, nach: ebd., S. 77–78.

94 Vgl. ebd., S. 79–80.

95 FRÄNKISCHER TAG vom 23. 7. 1969, nach: ebd., S. 81.

96 Vgl. PARDON 9 (1969), nach: ebd.

97 Interview Kunzelmann, ebd., S. 114.

98 Vgl. *de Siati*, Il Nonno in Ebrach, in: *Kunzelmann*, Keinen Widerstand!, S. 117–118. Diese humorvolle Aktion führte wiederum prompt zu einer Geldstrafe wegen Tierquälerei.

99 *Koenen*, Vesper, Ensslin, Baader, S. 262.

100 *Langer*, Der Berliner »Blues«, in: CheSchahShit, S. 197 u. 199. Der Bombenanschlag auf die Mailänder Banca Nazionale dell' Agricoltura, in dessen zeitlichem Umfeld diese Reise Langer zufolge stattgefunden haben soll, ereignete sich erst am 12. Dezember 1969. Ralf Reinders, auf diese Waffenbeschaffungstour angesprochen, erwähnte eben die Italienreise der Ebracher Camp-Teilnehmer vom Juli 1969, vgl. Bewegung 2. Juni, S. 38; vgl. aber daneben Baumanns Schilderung einer Reise im Winter 1968/69, als Georg v. Rauch und Thomas Weisbecker für den griechischen Untergrund nach Italien gereist und dort auf Feltrinelli getroffen sein sollen: *Stern*, Die Bewegung »2. Juni« und die Lorenzentführung, S. 39, nach: *König*, Zwei Ikonen des bewaffneten Kampfes, in: *Kraushaar* (Hg.), Die RAF, Bd. 1, S. 430–471, hier: S. 441.

101 Vgl. *Koenen*, Vesper, Ensslin, Baader, S. 261.

102 Vgl. ebd., S. 252–254; zu Feltrinellis Biographie vgl. *C. Feltrinelli*, Senior Service, bes. S. 367–380 zum Sommer 1969, als in Italien die Gerüchte um einen bevorstehenden rechtsgerichteten Staatsstreich nach griechischem Vorbild nicht verstummen wollten.

103 Vgl. *Enzensberger*, Die Jahre, S. 341–346.

104 Davon berichtet zumindest *Kunzelmann*, Keinen Widerstand!, S. 120.

105 Ebrach: Eine Sauerei, AGIT 883, Nr. 24 (24. 7. 1969), S. 4.

106 *Zahl*, Haschischkampagne, oder: Die Ideologie der glücklichen Verbraucher, AGIT 883, Nr. 24 (24. 7. 1969), S. 4–5.

107 *Saggel*, 883 – ein politischer Gernegross?, AGIT 883, Nr. 25 (31. 7. 1969), S. 9. Bei »Bonny's Ranch« handelt es sich um die psychiatrische Klinik in der Bonhoeffer-Straße, in die regelmäßig polizeilich aufgegriffene Rauschgift-Konsumenten eingeliefert wurden.

108 Zentralrat antwortet Werner Olles, AGIT 883, Nr. 29 (28. 8. 1969), S. 7.

109 *Lin Biao*, Es lebe der Sieg im Volkskrieg!, bes. S. 35–37.

110 Ebd., S. 58–65. Schließlich rechnete er auch mit den »Chruschtschowschen Revisionisten« ab, ebd., S. 65–73.

111 Vgl. z.B. *Olles*, Kiff und Revolution, AGIT 883, Nr. 28 (21. 8. 1969), S. 5; Einige Bemerkungen von »883« zur Polemik der ML-Gruppe gegen den Artikel eines umherschweifenden Haschrebellen, ebd., Nr. 36 (16. 10. 1969), S. 4; Schwarze Banditen, Rote Banditen, Antiautoritarismus und Mao Tse-Tung, ebd., Nr. 37 (23. 10. 1969), S. 2–3. Zu Maos Wende zum Partisanenkrieg vgl. auch *Haffner*, Der neue Krieg. Mao Tse-Tung und der Guerillakampf, in: *Kraushaar* (Hg.), Die RAF, Bd.1, S. 157–181.

112 Grundlegend zum Verhältnis der Linken zur Palästina-Problematik bleibt *Kloke*, Israel und die deutsche Linke.

113 *Guevara*, Zwei, drei, viele Vietnam, S. 10.

114 *Palästina-Komitee*, Palästina-Problem. Für ein revolutionäres Palästina! Für einen antiimperialistischen Nahen Osten!, AGIT 883, Nr. 30 (4. 9. 1969), S. 2–3, hier: S. 3.

115 Die genauen Daten und Aufenthaltsorte während der Hin- und Rückfahrt durch den Balkan, die Türkei und Syrien sind in den späteren polizeilichen Ermittlungen präzise rekonstruiert: Anklageschrift des Staatsanwaltschaft am Berliner Landgericht vom 2. August 1971, S. 21–24, unter HIS: SAK 270,01 I. Zugrunde liegen die Ein- und Ausreisevermerke in Kunzelmanns gefälschtem Paß und die Eintragungen in seinem Taschenkalender.

116 *Kloke*, Zwischen Ressentiment und Heldenmythos, Jahrbuch für Antisemitismusforschung 3 (1994), S. 227–253, hier S. 235–236; vgl. auch *Kraushaar*, Die Bombe, S. 116–122.

117 Die Geschichte dieser Entwicklung wurde klug analysiert von *Vowinckel*, Der kurze Weg nach Entebbe.

118 Vgl. *Kunzelmann*, Keinen Widerstand!, S. 120: »In einer endlosen Nachtdiskussion in einer eleganten Wohnung zu Roma wurde die Idee geboren, statt zu den Erdbebenopfern nach Sizilien zur El Fatah nach Palästina zu fahren.«; vgl. Albert Fichters Erinnerungen in: *Kraushaar*, Die Bombe, S. 243. Kraushaar weist daneben auf die bislang undurchsichtige Rolle der Brüder

Said und Hassan Dudin hin, die als palästinensische Kontaktleute im Umfeld der FU Berlin tätig gewesen sein sollen, ebd., S. 123–126.

119 Brief Georg v. Rauchs an »Hannibal« (d.i. Kurt Lietsch), wahrscheinlich im September 1969, unter HIS: SAK 270, 05 II.

120 Brief Kunzelmanns an »Hannibal« (d.i. Kurt Lietsch) und »Baumi« (d.i. Michael Baumann) vom 21. 9. 1969, unter HIS: SAK 270, 05 II.

121 Brief Kunzelmanns an Karl-Heinz Pawla (kurz vor der Abreise Ende September), unter HIS: SAK 270,05 II. Zur Begegnung mit der Hamburger »Ablaßgesellschaft« vgl. auch *Rabben*, Begegnung mit Niemand, S. 82.

122 A. Fichter, nach: *Kraushaar*, Die Bombe, S. 243

123 Vgl. *Kunzelmann*, Keinen Widerstand!, S. 119–120.

124 Vgl. *Kloke*, Israel, S. 76–81.

125 *Arabische Studenten-Vereinigung e.V.*, 15. Mai 1948 – 15. Mai 1968. Zwanzig Jahre Aggression, unter APO: »Presse- und Informationsdienst der FUB, Flugblätter und Schriften FUB, sonstige Dokumentationen SS 1968«.

126 *Arabische Studenten-Vereinigung e.V.*, Widerstand – Terror?, unter APO: »Presse- und Informationsdienst der FUB, Flugblätter und Schriften FUB, sonstige Dokumentationen SS 1968«.

127 Napalm und Shalom, AGIT 883, Nr. 19 (19. 6. 1969), S. 3.

128 *Al Khalili*, Shalom and Naplam [sic!], FREE PALESTINE 2/4 (September 1969), S. 7, unter APO: »Nahost, Palästina 3«.

129 Reisedaten nach der Anklageschrift der Staatsanwaltschaft am Landgericht Berlin vom 2. August 1971, S. 21–24, unter HIS: SAK 270, 01 I. Zur Sofia-Episode vgl. *Kunzelmann*, Keinen Widerstand!, S. 120–121.

130 Albert Fichter, nach: *Kraushaar*, Die Bombe, S. 245; *Kunzelmann*, Keinen Widerstand!, S. 121.

131 Fichter, nach: *Kraushaar*, Die Bombe, S. 245.

132 Ebd.; *Kunzelmann*, Keinen Widerstand!, S. 123.

133 Fichter, nach: *Kraushaar*, Die Bombe, S. 246.

134 Ebd., S. 245.

135 *Kunzelmann*, Keinen Widerstand!, S. 124.

136 Fichter, nach: *Kraushaar*, Die Bombe, S. 246, vgl. *Kunzelmann*, Keinen Widerstand!, S. 124–125, der sich an Siepmann erinnert, die sieben Jahre nach ihrer Freilassung im Zusammenhang mit der Lorenz-Entführung von 1975 bei einem israelischen Luftangriff im Libanon ums Leben gekommen sein soll.

137 Vgl. *Guevara*, Guerilla, S. 102–104.

138 Ebd., S. 125; vgl. *Kraushaar*, Die Tupamaros West-Berlin, in: *ders.* (Hg.), Die RAF, Bd.1, S. 512–530.

139 Vgl. Fichter, nach: *Kraushaar*, Die Bombe, S. 246; Brief Georg v. Rauchs an »Hannibal«; Brief Kunzelmanns an »Hannibal« und »Baumi«.

140 Vgl. Fichter, nach: *Kraushaar*, Die Bombe, S. 247; *Teufel*, Rudi, in: Gefundene Fragmente, S. 169.

141 Für ein revolutionäres Palästina! Für einen sozialistischen Nahen Osten!, unterzeichnet vom Palästina-Komitee Berlin, G.U.P.S. (General-Union der Palästinensischen Studenten), G.U.P.A. (General-Union der Palästinensischen Arbeiter), Iranische Studenten-Vereinigung, Lateinamerikanische Studenten-Vereinigung, Türkische Studentenvereinigung, Arabische Studenten-Vereinigung, I.N.F.I., unter APO: »Nahost, Palästina 1«.

142 Don't miss November 2, FREE PALESTINE 2/5 (Oktober 1969), S. 2 (Übers. A. R.).

143 W. Germany aids Israel, ebd.

144 Fichter, nach: *Kraushaar*, Die Bombe, S. 242.

145 *Kunzelmann*, Keinen Widerstand!, S. 98.

146 *Baumann*, Wie alles anfing, S. 65.

147 Ebd., S. 66.

148 Fichter, nach: *Kraushaar*, Die Bombe, S. 243 u. S. 247.

149 So ebd., S. 246.

150 Ebd. Vgl. *König*, Zwei Ikonen, in: *Kraushaar* (Hg.), Die RAF, Bd. 1, S. 430–471.

151 Fichter, nach: *Kraushaar*, Die Bombe, S. 237.

152 Vgl. *Tiedemann*, Lange Männerhaare als jugendkulturelles Zeichen nach 1945, in: *Janecke* (Hg.), Haar tragen, S. 251–269. Vgl. allgemein: *dies.*, Haar-Kunst; daneben: *König*, Zwei Ikonen; vgl. auch *Reimann*, Zwischen Machismo und Coolness, in: *Borutta u.a.* (Hgg.), Die Präsenz der Gefühle.

153 Vgl. *Kraushaar*, Die Tupamaros, in: *ders.* (Hg.), Die RAF, Bd. 1, S. 512–530.

154 Die Konzepte der uruguayischen Tupamaros sind dokumentiert in: *Nuñez / Die Tupamaros*, Stadtguerilla; Wir, die Tupamaros; vgl. daneben *Debray*, Was wir von den Tupamaros lernen können, in: Sozialistisches Jahrbuch, Bd. 4, S. 144–176; *Fischer*, Die Tupamaros in Uruguay. Das Modell der Stadtguerilla, in: *Kraushaar* (Hg.), Die RAF, Bd.2, S. 736–750. Im Oktober 1969 hatte Hans Magnus Enzensberger in einem »Kursbogen«, der dem von ihm herausgegebenen Kursbuch beilag, die Aktivitäten der Tupamaros im Stile der Boulevard-Presse gefeiert, vgl. *Kraushaar*, Die Bombe, S. 144–146.

155 Vgl. *Nuñez*, Stadtguerilla, S. 27–38.

156 So z.B. in: Wir, die Tupamaros.

157 *Schöller*, Debrays Kritik der Stadtguerilla und die objektiven Bedingungen, Sozialistische Politik 2 (1969), S. 72–75, wieder abgedr. in: *Nuñez*, Stadtguerilla, hier: S. 55.

158 Ebd., S. 54.

159 *Baumann*, Wie alles anfing, S. 66.

160 Vgl. z.B. *Aust*, Baader-Meinhof-Komplex, S. 215, *Prinz*, Lieber wütend als traurig, S. 216.

161 *Marighela*, Handbuch des Stadtguerillero, S. 31–38.

162 Ebd., S. 39.

163 Ebd.

164 *Debray*, Von den Tupamaros lernen, S. 155–170.

165 Vgl. dazu *Koenen*, Vesper, Ensslin, Baader, S. 257–262.

166 Fichter nach: *Kraushaar*, Die Bombe, S. 247.

167 *Kraushaar*, Die Bombe, S. 260–263. Vgl. die polizeiliche Abschrift: »Auszüge aus dem Tagebuch des Dieter Kunzelmann aus dem Jahre 1969«, S. 1, unter HIS: SAK 270, 05 X.

168 Bruhn, nach: *Kraushaar*, Die Bombe, S. 206; vgl. ebd., S. 260–263. Wiederum schien Frankfurt die Drehscheibe der deutsch-palästinensischen Kontakte des bewaffneten Kampfes zu sein.

169 Vgl. ebd., S. 262–263.

170 Fichter, nach: ebd., S. 248. Vgl. ebd., S. 34, wo Kraushaar darauf verweist, daß die Ermittlungsbehörden die Ähnlichkeit zu dem am 5. März in der Kommune I sichergestellten Brandsatz feststellten, der dort im Februar von Urbach abgelegt worden war.

171 Die Tage der Kommune, Der Spiegel 5 (19. 1. 2007), S. 136–152, hier: S. 145.

172 Fichter, nach: *Kraushaar*, Die Bombe, S. 248.

173 Ebd., S. 250.

174 Vgl. ebd., S. 248–249.

175 Vgl. insgesamt: *Kraushaar*, Die Bombe.

176 Fichter, nach: ebd., S. 248.

177 Ebd., S. 289–294.

178 *Baumann*, Wie alles anfing, S. 69.

179 Fichter nach *Kraushaar*, Die Bombe, S. 250.

180 Zu diesem Aspekt sei hier nur an die wichtigsten Beiträge erinnert: *Kloke*, Israel und die deutsche Linke; *Broder*, Linke Tabus; sowie die leider sprachlich kaum lesbare Arbeit von *Ludwig*, Israel-Kritik von links. Michael Baumann berichtete gegenüber Kraushaar von antisemitischen

Beschimpfungen, die Kunzelmann gegen Daniel Cohn-Bendit gerichtet haben soll. Cohn-Bendit kann sich seinerseits an einen solchen, doch sicherlich einprägsamen Vorfall nicht erinnern, vgl. *Kraushaar*, Die Bombe, S. 292.

181 Shalom und Napalm, AGIT 883, Nr. 40 (13. 11. 1969), S. 9.

182 Die Bombe, Presseerklärung des Republikanischen Clubs, AGIT 883, Nr. 40 (13. 11. 1969), S. 9.

183 Erklärung zum Bombenattentat auf das Jüdische Gemeindehaus in Berlin, unterzeichnet von Burkhard Bluem, Detlev Claußen, Daniel Cohn-Bendit, Ronny Loewy und Heiner Roetz, SC-Info Frankfurt a.M. (22. 11. 1969), S. 11.

184 Ebd., S. 11.

185 Ebd., S. 12.

186 *Fichter*, Was ist Antisemitismus?, AGIT 883, Nr. 41 (20. 11. 1969), S. 4–5.

187 Vgl. »Wir haben das nicht ernst genommen«, Interview von P. Gessler u. S. Reinecke mit T. Fichter, TAGESZEITUNG Nr. 7802 (25. 10. 2005), S. 15–17.

188 Vgl. das Vernehmungsprotokoll Fichters vom 20. 11. 1969, unter HIS: SAK 270, 05 III.

189 Tonbandrede der »Tupamaros Westberlin«, nach: AGIT 883, Nr. 41 (20. 11. 1969), S. 7. Vgl. daneben die polizeiliche Abschrift des an Galinski verschickten Tonbandes vom 17. 11. 1969: »Übertragung eines Tonbandtextes«, unter HIS: SAK 270, 05 III.

190 Polizeiliche Abschrift »Auszüge aus dem Tagebuch des Dieter KUNZELMANN aus dem Jahre 1969« vom 23. 7. 1970, S. 1–2, unter HIS: SAK 270, 05 X.

191 Der naive Anarchismus. Drei Dokumente. Warum veröffentlicht 883 diese Flugblätter?, AGIT 883, Nr. 41 (20. 11. 1969), S. 7.

192 Wie man eine Bombe schärft, AGIT 883, Nr. 41 (20. 11. 1969), S. 2.

193 Mohr u. Rübner, »Der Feind ist deutlich« Wie Dr. Wolfgang Kraushaar lernte, die Bombe zu lieben, JUNGE WELT (15. 10. 2005); Mohr und Rübner beziehen sich auf ein Aussageprotokoll Saggels vom 5. 12. 1969, in dem er schildert, daß er am 17. November der Polizei die wahren Täter benannt habe. Das Protokoll soll sich im Bestand HIS SAK 300, 46 befinden, der vom Hamburger Institut für Sozialforschung allerdings für Forschungszwecke gesperrt wurde. Mohr ereilte von Januar bis Juni 2006 ein Hausverbot des Hamburger Instituts für Sozialforschung, das mit zu lautem Tippen auf einer Computer-Tastatur und unerlaubtem Kaffeetrinken in der Institutskantine begründet wurde.

194 Vernehmungsprotokoll von H. J. vom 21. 11. 1969, unter HIS: SAK 270, 05 III, S. 2–3.

195 Vgl. *Kraushaar*, Die Bombe, S. 173–182.

196 Vgl. *Marighela*, Handbuch, S. 37.

197 Fichter nach *Kraushaar*, Die Bombe, S. 251. Kunzelmann selbst geht in seinen Erinnerungen nur auf eine Episode ein, wonach sich beim Reinigen seines Revolvers ein Schuß gelöst habe und er sich »beinahe ein Ei weggeschossen« habe. Danach habe er niemals wieder eine Waffe angefaßt, vgl. *Kunzelmann*, Keinen Widerstand!, S. 129.

198 So der Sachstandsbericht des Ermittlungsverfahrens »gegen Unbekannt« [sic!] vom 17. 4. 1970, S. 3, unter HIS: SAK 270, 05 III.

199 Flugblatt der »Tupamaros Westberlin« vom 14. Dezember 1969, zit. nach *Kraushaar*, Die Bombe, S. 160.

200 Vgl. *Kraushaar*, Die Bombe, S. 162, Anm. 247; »Wir haben das nicht ernst genommen«.

201 *Kunzelmann*, Keinen Widerstand!, S. 128–129.

202 *Kraushaar*, Die Bombe, S. 234–259; vgl. daneben auch *Enzensberger*, Die Jahre, S. 368–369, der bereits 2004 sehr distanziert und ohne die Zusammenhänge explizit zu machen, Kunzelmann in die Nähe des Anschlags rückte.

203 *Kunzelmann*, Brief aus Amman I, in: AGIT 883, Nr. 42 (27. 11. 1969), S. 5.

204 Vgl. »Wir haben das nicht ernst genommen«.

205 *Kunzelmann*, Brief aus Amman I.

206 Vgl. die Vernehmung Annekatrin Bruhns vom 3. 11. 1970 (Protokoll vom 9. 11. 1970), S. 2,

unter HIS: SAK 270, 04 I; vgl. daneben auch das 228-seitige Personendossier zum West-Berliner Untergrund, das Michael Baumann 1973 für das DDR-Ministerium für Staatssicherheit erstellt hat, unter BStU: MfS, HA IX Nr. 3990.

207 Vgl. die Aufstellung bei *Kraushaar*, Die Bombe, S. 152–153; daneben die Dokumentation in BStU: MfS, HA IX Nr. 3990, Bl. 1–14.

208 *Kunzelmann*, Keinen Widerstand!, S. 127.

209 Nach: *Kraushaar*, Die Bombe, S. 153.

210 *Kunzelmann*, Keinen Widerstand!, S. 127.

211 *Baumann* u. *Langer*, Nachwort – Bodo, der »Superkultur«-Athlet, in: *Saggel*, Der Antijurist, S. 137–141, bes. 140–141.

212 Nicht Sub-, sondern Superkultur, in: *Saggel*, Antijurist, S. 98–99, hier: S. 99.

213 Vgl. *Kraushaar*, Die Bombe, S. 156–161; *Siegfried*, Superkultur, in: *Knoch* (Hg.), Bürgersinn mit Weltgefühl, S. 251–268.

214 Vgl. *Kraushaar*, Die Bombe, S. 156; *Reimann*, Zwischen Machismo und Coolness.

215 Vgl. die Einladung zum Teach-In am 29. 11. 1969 in: *Saggel*, Antijurist, S. 96–97.

216 *Baumann*, Wie alles anfing, S. 72; vgl. dazu auch *Reinders* u. *Fritzsch*, Bewegung 2. Juni, S. 37. In derartigen Aktionen mag man subversiv-anarchische Vorformen der späteren »Freien Radios« sehen, vgl. *Wernecke*, »Freie Radios« – alternative Radiokultur, in: *Faulstich* (Hg.), Die Kultur der siebziger Jahre, S. 165–173.

217 Trip of the Week vom Sender TW, nach *Baumann*, Wie alles anfing, S. 71.

218 Vgl. ebd., S. 71–72.

219 *Kunzelmann*, Keinen Widerstand!, S. 128.

220 Ebd., S. 127–128.

221 Vgl. die Prozeßakten unter HIS: SAK 270, 01–06.

222 A misguided Act, FREE PALESTINE 2/7 (Dezember 1969), S. 4 (Übersetzung A.R.).

223 *Kunzelmann*, Brief aus Amman II, AGIT 883, Nr. 55 (3. 4. 1970), S. 11.

224 A misguided Act, FREE PALESTINE 2/7 (Dezember 1969), S. 4.

225 Vgl. z. B. das Interview »Al Fateh: Zur Judenfrage«, in: Palästinensische Revolution. Resistentia Flugschriften, Nr. 8 (November 1969), S. 19–20; Kraushaar vermutet an dieser Stelle die implizite Parole »Juden raus aus Deutschland«, doch der Zusammenhang legt hier nur nahe, daß Kunzelmann die militärischen Verbündeten Israels angreifen wollte. An gleicher Stelle wandte er sich explizit gegen die jüdische »Reintegration nach Israel«; vgl. abweichend: *Kraushaar*, Die Bombe, S. 164–165.

226 *Kunzelmann*, Brief aus Amman II, AGIT 883, Nr. 55 (3. 4. 1970), S. 11.

227 *Rote Armee Fraktion*, Das Konzept Stadtguerilla, zit. nach: *Koenen*, Das Rote Jahrzehnt, S. 369.

228 Zu diesem Treffen vgl. *Aust*, Baader-Meinhof-Komplex, S. 89–90; *Koenen*, Vesper, Ensslin, Baader, S. 271–273; *ders.*, Das Rote Jahrzehnt, S. 366; *Kunzelmann*, Keinen Widerstand!, S. 127–128; *Prinz*, Lieber wütend als traurig, S. 192; *Stern* u. *Herrmann*, Andreas Baader, S. 159–160; diese Episode fehlt merkwürdigerweise in: *Winkler* u. *Klöckener*, Die Geschichte der RAF.

229 Nach: *Stern* u. *Herrmann*, Andreas Baader, S. 159.

230 Teilnehmer nach: *Kunzelmann*, Keinen Widerstand!, S. 127. Die Identität von »Zupp« geht aus Michael Baumanns Personendossier für das MfS von 1973 hervor, vgl. BStU: MfS, HA IX, Nr. 3990, Bl. 62. Vgl. auch Buddees eigene Erinnerungen an seine Haftzeit in: *Kunzelmann*, Keinen Widerstand!, S. 136.

231 *Koenen*, Vesper, Ensslin, Baader, S. 272–273.

232 Vgl. ebd., S. 273; *Stern* u. *Herrmann*, Andreas Baader, S. 161–162.

233 Vgl. *Reinders* u. *Fritzsch*, Bewegung 2. Juni, S. 33–34; *Baumann*, Wie alles anfing, S. 88–89.

234 Vgl. dazu *Kraushaar*, Die Bombe, S. 165–166; vgl. *Kunzelmann*, Keinen Widerstand!, S. 130, wo er vermutet, daß der nordrhein-westfälische Verfassungsschutz Siepmanns Telephon abgehört habe.

235 *Kraushaar*, Die Bombe, S. 166.
236 *Kunzelmann*, Keinen Widerstand!, S. 130.
237 Ebd., S. 129.
238 Ebd., S. 130.
239 *Böckelmann* u. *Wetter*, Knast-Report.
240 Vgl. ebd., S. 221–228.
241 *Kunzelmann*, Keinen Widerstand!, S. 138.
242 Vgl. ebd., S. 130–131.
243 Vgl. die Anklageschrift der Staatsanwaltschaft beim Berliner Landgericht vom 2. 8. 1971, unter HIS: SAK 270, 01 I. Zum Prozeß vgl. auch *Kraushaar*, Die Bombe, S. 211–220.
244 So kolportiert bei *Spandau*, Die Kunzelmann-Story, Konkret, Nr. 17 (1970), S. 15–18, hier: S. 18.
245 So jedenfalls ohne weitere Quellenangabe *Aust*, Baader-Meinhof-Komplex, S. 188.
246 Protokoll der Öffentlichen Sitzung des Schwurgerichts Berlin, S. 1rev.-3, unter HIS: SAK 270,04 III.
247 Ebd., S. 3rev.-4rev. u. S. 5rev.
248 Ebd., S. 56rev.-58.
249 Ebd., S. 42–48.
250 Vgl. ihre Aussage unter HIS: SAK 270, 04 I.
251 Vermerk (von Hans Christian Ströbele) vom 25. 1. 1971, unter HIS: SAK 270, 06 IV, S. 1–2.
252 Ebd., S. 3–5.
253 Ebd., S. 5–6. Letzteren Sachverhalt bestätigte Staatsanwalt Böhmann in der mündlichen Verhandlung; vgl. Öffentliche Sitzung des Schwurgerichts Berlin, S. 105 rev.; ebenso die Aussage von KHM Kotsch, ebd., S. 117rev.
254 Vermerk (von Hans Christian Ströbele) vom 25. 1. 1971, S. 6.
255 Erklärung von P.-P. B. vom 18. 5. 1973, unter HIS: SAK 270, 05 VI.
256 Ebd., S. 2.
257 Ebd., S. 3.
258 Ebd., S. 4.
259 Öffentliche Sitzung des Schwurgerichts Berlin, S. 18–31rev. Zur Frage einer möglichen Strafmilderung vgl. den Widerspruch zwischen S. 22 u. S. 31.
260 Ebd., S. 101–104rev. u. S. 115rev.-116rev; Zitat Kunzelmann, S. 101rev.
261 Ebd., S. 156rev.
262 Kunzelmanns Schlußwort findet sich stichwortartig im Protokoll der mündlichen Verhandlung, S. 157–157rev. Unter dem Titel »Schlußwort – Eine politische Erklärung« wurde es publiziert z.B. in: Rote Hilfe, Nr. 1 (Dez. 1971), S. 45–51, wieder abgedr. in: Der Metzger, Nr. 18 (1972), S. 6–7.
263 Vgl. *Hölz*, Anklagerede gegen die bürgerliche Gesellschaft, in: Klassenbuch 3, S. 12–25. Dieser Text muß den Kommunarden um Kunzelmann und Fritz Teufel bereits 1967 bekannt gewesen sein, denn dessen Einfall vom September 1967, seinen abgeschnittenen Bart als Antwort auf einen Haftbefehl per Post an die Ermittlungsbehörden zu schicken, geht offensichtlich auf Hölz zurück; vgl. ebd., S. 20.
264 *Kunzelmann*, Schlußwort, nach: Rote Hilfe, Nr. 1 (Dez. 1971), S. 45–46.
265 Ebd., S. 46.
266 Ebd.
267 Ebd., S. 47; vgl. *Hölz*, Anklagerede, S. 12.
268 *Kunzelmann*, Schlußwort, S. 48.
269 Ebd.
270 Ebd., S. 49.
271 Ebd., S. 51.

272 Ebd.
273 Vgl. *Kunzelmann*, Keinen Widerstand, S. 129.
274 Öffentliche Sitzung des Schwurgerichts Berlin, S. 161.
275 Ebd., S. 162.
276 Vgl. *Baumann*, Wie alles anfing, S. 108–116.
277 *Kunzelmann*, Keinen Widerstand!, S. 138.
278 Ebd., S. 139.
279 Vgl. *Baumann*, Wie alles anfing, S. 115–116; vgl. auch *König*, Zwei Ikonen, in: *Kraushaar* (Hg.), Die RAF, S. 430–471.
280 Vgl. *Kraushaar*, Die Bombe, S. 218–220.
281 Zu den Kunzelmann-Prozessen vgl. den Bericht Ströbeles in der Dokumentation der Unterstützungskampagne für Kunzelmann: Sofortige Freilassung von Dieter Kunzelmann, S. 6–7.
282 *Anon.*, Laudatio für Dieter K., ROTE HILFE, Nr. 1 (Dez. 1971), S. 32–35; *Anon.* (d.i. Klaus Hartung), Der Prozess gegen Dieter Kunzelmann, ebd., S. 36–44; Schlußwort von Dieter Kunzelmann. Eine politische Erklärung, ebd., S. 45–51; *Anon.*, Neun Jahre Gefängnis gibt es für revolutionäre Gesinnung, ebd., S. 52–53.
283 Laudatio, S. 32–33.
284 Ebd., S. 34.
285 Ebd., S. 35.
286 *Hartung*, Der Prozeß, S. 37–38; in überarbeiteter Form wieder abgedr. in: Sozialistisches Jahrbuch, Bd. 4, S. 177–190; dieses Argument findet sich in abgewandelter Form bei *Reemtsma*, Was heißt »Die Geschichte der RAF verstehen«?, in: *Kraushaar* (Hg.), Die RAF, Bd. 2, S. 1353–1368.
287 *Hartung*, Der Prozeß, ROTE HILFE, Nr. 1 (Dezember 1971), S. 44.
288 Die Presseausschnitts-Sammlung findet sich unter HIS: SAK 270, 06–10.
289 Ein Dokument der ideologischen Diskussionen, die das Unterstützer-Umfeld mit den Gefangenen führte, sind zum Beispiel die Erinnerungen von Lerke von Saalfeld an ihre Besuchs-Gespräche mit Kunzelmann: »Freigeist hinter Mauern«, in: *Kunzelmann*, Keinen Widerstand!, S. 145–147.
290 Vgl. *Schneider*, Rebellion und Wahn, S. 335, und dort auch seinen süffisanten Kommentar: »Noch nie war meines Wissens eine deutsche Partei durch eine solche Übermacht von Germanisten gegründet worden.«
291 Vgl. *Karl*, Die K-Gruppen, S. 16–18; *Kühn*, Stalins Enkel, S. 27–33.
292 *Koenen*, Das Rote Jahrzehnt, S. 283.
293 Vgl. allgemein zu den kommunistischen Parteiorganisationen der siebziger Jahre *Stöß* (Hg.), Parteien-Handbuch, S. 901–981, S. 1599–1662, S. 1810–1851; *Koenen*, Das Rote Jahrzehnt, S. 280–315.
294 Anschreiben des »Rote Hilfe-Komitee / Rote Hilfe e.V.«, nach: ROTE HILFE, Nr.4 (1972), S. 3.
295 Brief Hilmar Buddees, nach: ebd.
296 Brief Werner Hoppes, nach: ebd.
297 Rote Hilfe Westberlin zum Brief des Rote Hilfe Kommitees [sic!] e.V. an die politischen Gefangenen, nach: ebd.
298 Brief der Roten Hilfe Frankfurt/M. an die Rote Hilfe e.V. vom 3. 9. 1973, nach: ROTE HILFE (e.V.) Nr. 1 (1973), S. 21.
299 Diskussionspapier von »Rolf H., Peter, Luise, Rolf K., Pepi, Winni, Doro, Jürgen, Tilman und * und **« aus dem Juli 1973, S. 1, unter APO: »Bewaffneter Kampf, Haftbedingungen + Gerichtsverhandlungen, Rote Hilfe«.
300 Ebd., S. 3.
301 Fritz Teufel quittierte diese Entscheidung seines einstigen Mitkommunarden später mit Unverständnis. Seine, Teufels, »grundsätzlichen Einstellungen in vielen Fragen, auch zur KPD« hät-

ten sich seit 1972 »kaum grundlegend geändert.« Er fragte ganz direkt bei Kunzelmann nach: »Aber wie's Dir so geht, was Du so treibst, was Dich als alten Antiautoritären dazu bewogen hat, die KPD zu unterwandern und wie lang Du das noch durchhalten willst, das würde mich schon interessieren.«, Postkarte Teufels vom 3. 12. 1976 an Kunzelmann, faks. abgedr. in: *Kunzelmann*, Keinen Widerstand!, S. 143.

302 Brief Dieter Kunzelmanns an die Rote Hilfe e.V. vom 2. 9. 1973, nach: ROTE HILFE (e.V.), Nr. 1 (1973), S. 21.

303 Vgl. z.B. die Artikel in der ROTEN FAHNE vom 6. 6. 1973, 5. 12. 1973, 12. 12. 1973, 24. 4. 1974, 19. 6. 1974, 10. 7. 1974, 28. 8. 1974, 18. 9. 1974, 2. 10. 1974, 30. 10. 1974, 27. 11. 1974, 8. 1. 1975, 22. 1. 1975.

304 Dieter Kunzelmann nach Tegel überführt. Ein neues Gangsterstück der Westberliner Justiz, ROTE FAHNE v. 15. 7. 1974.

305 So berichtete er es in einem Brief an Hilmar Buddee vom 17. 2. 1974, nach: *Buddee*, Der wundersame Weg vom Blues zur KPD, in: *Kunzelmann*, Keinen Widerstand!, S. 136–138, hier: S. 138.

306 Vgl. ebd., S. 139–140; demgegenüber die hier zitierte spätere »Erklärung« zum Hungerstreik der RAF, die Kunzelmann mitunterzeichnete, in: ROTE HILFE (e.V.), Jg. 3, Nr. 2 (März 1975), S. 5.

307 Beitrag der ROTEN HILFE zur Veranstaltung »Sofortige Freilassung von Dieter Kunzelmann«, in: Sofortige Freilassung von Dieter Kunzelmann, S. 12.

308 Ebd., S. 13.

309 Im Gefängnis: Der Kampf geht weiter!, in: ebd., S. 16.

310 Beitrag Dieter Kunzelmanns für die Rote Hilfeveranstaltung in Berlin 2. 7. 1974, in: ebd., S. 4–5.

311 Ebd., S. 4.

312 Ebd.

313 Ebd.

314 Ebd., S. 5.

315 *Fried*, Erklärung zum Fall Kunzelmann, ebd., S. 15.

316 Rundschreiben Gerhard Bauers vom 19. 7. 1974, unter HIS: SAK 270, 02 III.

317 Brief Ingeborg Drewitz' an den Berliner Justizsenator vom 19. 7. 1974, ebd.

318 Brief Manfred Liebels an den Berliner Justizsenator vom 27. 7. 1974, ebd.

319 Brief Helmut Ridders an den Berliner Justizsenator vom 25. 7. 1974, ebd.

320 Brief Gerhard Zwerenz' an den Berliner Justizsenator vom 19. 7. 1974, ebd.

321 Vgl. *Kunzelmann*, Keinen Widerstand!, S. 142 und die Abbildung vom 22. 1. 1975 auf S. 143.

322 Das Programm erschien im parteieigenen Verlag »Rote Fahne«: Programm der Kommunistischen Partei Deutschlands (KPD); vgl. die Analysen von *Bacia* in *Stöß* (Hg.), Parteien-Handbuch, S. 1812–1818, der innerhalb der ideologischen Entwicklung der KPD drei Phasen unterscheidet; *Karl*, Die K-Gruppen, S. 55–67; zu den ideologischen Besonderheiten der K-Gruppen auch: *Kühn*, Stalins Enkel, S. 101–135. Einen nützlichen Überblick über die Gründungsdokumente der verschiedenen K-Gruppen ermöglicht: Die Partei aufbauen; vgl. ebd. die erste »Vorläufige Plattform« der damaligen KPD/AO von 1970, die sich noch ganz den organisatorischen Fragen widmete: S. 5–18; vgl. allgemein *Koenen*, Das Rote Jahrzehnt, S. 281–295.

323 *Hartung*, Versuch, die Krise der antiautoritären Bewegung zur Sprache zu bringen, KURSBUCH 48 (Juni 1977), S. 14–43, hier: S. 42–43.

324 Programm der KPD, S. 18.

325 Ebd., S. 17.

326 Vgl. z.B. die Broschüre: Für ein unabhängiges, vereintes und sozialistisches Deutschland!, S. 57–64.

327 Vgl. *Kühn*, Stalins Enkel, S. 152–153.

328 Für ein unabhängiges, vereintes und sozialistisches Deutschland!, S. 55–56.

329 Vgl. *Baumann*, Wie alles anfing, S. 47.

330 Das brachte schon 1976 Wolfgang Kraushaar zur der kritischen Bemerkung, die Maoisten würden »die Politik der CSU kopieren, um sich die außenpolitische Gunst der chinesischen KP zu erdienen«, *Kraushaar*, Kinder einer abenteuerlichen Dialektik, in: Subversive Aktion, S. 27.

331 *Kühn*, Stalins Enkel, S. 131.

332 Vgl. ebd., S. 129–130; Kühn zitiert als Nachweis einen Artikel von *Buchholz*, Umsturz – Geld aus trüben Quellen. Anatomie einer Sekte, KONKRET 19 (1973) vom 3. 5. 1973, S. 39–41.

333 Vgl. *Kühn*, Stalins Enkel, S. 131–135.

334 Vgl. *Haury*, Antisemitismus von links, S. 253–292; *Silberner*, Kommunisten zur Judenfrage, S. 265–288.

335 *Stöß* (Hg.), Parteien-Handbuch, S. 1819.

336 Vgl. die Erinnerungen der Entführer *Reinders* u. *Fritzsch*, Bewegung 2. Juni, S. 61–113; dazu auch: *Wunschik*, Die Bewegung 2. Juni, in: *Kraushaar* (Hg.), Die RAF, Bd. 1, S. 531–561, bes. S. 551–553; *Stern*, Bewegung »2. Juni«.

337 Vgl. *Kunzelmann*, Keinen Widerstand!, S. 124–125.

338 Vgl. ROTE HILFE (e.V.) Nr. 3, Jg. 3 (April 1975), S. 5; *Kunzelmann*, Keinen Widerstand!, S. 142.

339 Ebd.; vgl. z.B. ROTE HILFE (e.V.), Jg. 3, Nr. 8 (September 1975), S. 6; ROTE HILFE (e.V.), Jg. 4, Nr. 1 (Januar 1976), S. 2.

340 Ebd., S. 143.

341 Vgl. z.B. die anonymen Erfahrungsberichte ehemaliger K-Gruppen-Mitglieder: Wir warn die stärkste der Partein ...

342 Vgl. *Kühn*, Stalins Enkel, bes. S. 59–99.

343 Vgl. *Reimann* Abschiedsbriefe der Bewegung, in: *van Rahden* u. *Fulda* (Hgg.), Demokratie im Schatten der Gewalt, erscheint demnächst.

344 Stärkste der Partein ..., S. 67. Zu den emanzipatorischen Defiziten, die bereits beim Klassiker der »sexuellen Befreiung« Wilhelm Reich dessen Position geprägt hatten, vgl. *Reich*, Die sexuelle Revolution, S. 260; *ders.*: Der sexuelle Kampf der Jugend, S. 74–75.

345 Vgl. *Koenen*, Das Rote Jahrzehnt, S. 293–300.

346 Vgl. ebd., S. 292–293.

347 Ebd., S. 287.

348 *Semler* u. *v. Plato*, Thesen zur Entwicklung der KPD und zur Perspektive kommunistischer Arbeit (Grundsatzantrag an den III. Parteitag der KPD), S. 15 (Hervorhebung im Orig.), unter APO: »KPD, div. Interna«.

349 Ebd., S. 15–16.

350 Ebd., S. 17.

351 *Stöß*, Parteien-Handbuch, S. 1821.

352 Presseerklärung des ehemaligen Ständigen Ausschusses des ZK der KPD vom 9. März 1980, unter APO: »KPD, div. Interna«.

353 Ebd.; vgl. dazu auch Semlers »Persönliche Erklärung« vom selben Tag, die beinahe wörtlich den ersten Antrag zitiert, ebd.

354 Nach der »Presseerklärung«, ebd.

355 Vgl. das bescheidene Presse-Echo in der FRANKFURTER RUNDSCHAU und in der FRANKFURTER ALLGEMEINEN ZEITUNG vom 11. und 12. März 1980, unter APO: »KPD, div. Interna«.

356 *Kunzelmann*, Keinen Widerstand!, S. 140 u. S. 143. Lerke von Saalfeld erinnerte sich weniger schmeichelhaft: »Anarchismus ist nur eine Seite; die Kehrseite bei D.K. ist ein autoritärer Zug mit Vorliebe für strenge Führung und Ordnung. Vielleicht war es dies, was ihn an der maoistischen KPD zeitweise anzog.«, ebd., S. 146.

357 Vgl. allgemein *Stöß*, Parteien-Handbuch, S. 1509–1598, hier: S. 1562.

358 Vgl. ebd., S. 1556–1560.

359 Vgl. z.B. *Kraushaar* (Hg.), Autonomie oder Ghetto?.

360 Vgl. *Kraushaar*, Thesen zum Verhältnis von Alternativ- und Fluchtbewegung, in: *ders.* (Hg.), Autonomie, S. 8–67; *Brückner*, Thesen zur Diskussion der »Alternativen«, ebd., S. 68–85; vgl. auch *Stephan*, Der Betroffenheitskult.

361 Vgl. *Fischer*, Für einen grünen Radikalreformismus, in: *Kraushaar* (Hg.), Was sollen die Grünen im Parlament?, S. 35–46; *Graue Zellen West-Berlin*, Die Verkehrung des Subjekts von der Klasse auf die Partei und autonome Bewegung, ebd., S. 46–55.

362 Ebd., S. 49 u. 55.

363 Vgl. allgemein: Zehn Jahre Alternative Liste Berlin.

364 Vgl. *Stöß*, Parteien-Handbuch, S. 1572.

365 Ebd., S. 1582.

366 Ebd., S. 1567.

367 Vgl. *Bodenschatz*, *Heise* u. *Korfmacher*, Schluß mit der Zerstörung?, bes. S. 17–112; zur öffentlichen Resonanz der Hausbesetzer-Bewegung in Berlin vgl. *Amann*, Der moralische Aufschrei.

368 Interview mit Dieter Kunzelmann, in: Aufrecht Gehen. Rudi Dutschke – »Spuren«, Fernsehdokumentation von Helga Reidemeister, WDR / SDR (Stuttgart, 1988).

369 vgl. die Dokumentation des Landesamtes für Verfassungsschutz: Der »Häuserkampf« in Berlin (West), unter APO: »Hausbesetzer, Stadt, Jugend (-Revolte), I b 1«.

370 Kunzelmann in: Aufrecht Gehen.

371 Vgl. die Chronik in: Zehn Jahre Alternative Liste Berlin, S. 61.

372 *Kraushaar*, Die Bombe, S. 221.

373 Lerke von Saalfeld, in: *Kunzelmann*, Keinen Widerstand!, S. 147.

374 Vgl. z.B. die geradezu hagiographische Schilderung eines Auftritts Kunzelmanns als Zuschauer im Berliner Abgeordnetenhaus im Januar 1981 durch *Fauser*: »Kunzelmann, eingekeilt zwischen Presseleuten, Sympathisanten und Ordnern, reckte in einer jeremiadischen Geste den Arm gegen den schweißgebadeten Regierenden Bürgermeister und rief mit einer Stentorstimme, die die langen Jahre von der Subversiven Aktion über die K I und den Knast verriet: ›Lüge, Lüge, Lüge!‹ Es war ein großer Augenblick, fand ich, das Alte Testament hatte Eingang gefunden in das Hohe Haus, ein Blitz war niedergefahren, Politik war ein schmutziges Geschäft, Politik war Lüge, es stand ihnen allen auf der Stirn geschrieben, und der Bürger Kunzelmann wurde aus dem Saal entfernt. Am Abend war indes auch der Senat entfernt, nicht aus dem Saal, aber aus der Macht, ja, diese Szene belegte es: Man kann Personen aus Hohen Häusern entfernen, Worte indes nicht und auch nicht das, wofür sie stehn, die Taten.«, nach: *Kunzelmann*, Keinen Widerstand!, S. 166.

375 Vgl. z.B. einige kleine Anfragen Kunzelmanns, im Landespressedienst Berlin: Aus dem Abgeordnetenhaus Nr. 2745 (14. 10. 1983), Nr. 3100 (15. 2. 1984), Nr. 3253 (21. 2. 1984), Nr. 3680 (28. 5. 1984), Nr. 4601 (12. 2. 1985), unter APO: »Berlin, Hausbesetzer«.

376 Landespressedienst Berlin: Aus dem Abgeordnetenhaus, Kleine Anfrage Nr. 3681 (24. 5. 1984).

377 Ebd.

378 Abgeordnetenhaus von Berlin: Plenarprotokolle, 9. Wahlperiode, 55. Sitzung (8. 12. 1983), S. 3382.

379 Ebd., 79. Sitzung (22. 11. 1984), S. 4889.

380 Ebd., 52. Sitzung (10. 11. 1983), S. 3104.

381 *Kunzelmann*, Keinen Widerstand!, S. 161–162.

382 Abgeordnetenhaus von Berlin, 79. Sitzung (22. 11. 1984), S. 4938.

383 Ebd., 51. Sitzung (27. 10. 1983), S. 3049.

384 Ebd.

385 Ebd.

386 Ebd., S. 3050.

387 Kunzelmanns Rede wurde im Jubiläumsband zum 10-jährigen Bestehen der Berliner Alternativen Liste wieder abgedruckt: Zehn Jahre Alternative Liste Berlin, S. 71–74.
388 *Kapek*, Nicht grün, halb rot und ganz schwarz, in: Zehn Jahre Alternative Liste Berlin, S. 49–52, hier: S. 52.
389 Kunzelmann in: Aufrecht Gehen. Dutschke hatte seinerzeit immer vom »Marsch *durch* die Institutionen« gesprochen.
390 Die Politik des ›Weg mit‹ ist mit einer konkreten Politik nicht mehr zu vereinbaren – Ein Gespräch mit Dieter Kunzelmann, Bürgerrechte & Polizei/CILIP 19 (1984), S. 45–50.
391 Ebd., S. 45 (Hervorhebung im Orig.).
392 Ebd., S. 46–49.
393 Ebd., S. 48.
394 Vgl. *Kunzelmann*, Keinen Widerstand!, S. 168–171.
395 *Kunzelmann*, Satanische Betrachtungen eines blinden Passagiers während der abenteuerlichen Überfahrt des Lastenseglers »Rot-grünes Chaos« von den Ufern der Spree ins Bermuda-Dreieck, in: TAGESZEITUNG Nr. 2744 (25. 2. 1989), Lokalteil Berlin, S. 31.
396 Ebd.
397 Ebd.
398 Ebd. Kunzelmann spielte mit dem »Ringverein« sowohl auf die organisierte Kriminalität im Berlin der Zwanziger Jahre als auch auf Diepgens früheren Vorsitz im Berliner RCDS an, mit dem »Bankdirektor Klaus-Rüdiger Barschelowsky« auf den skandalumwitterten Vorstandsvorsitzenden der Berliner Hypothekenbank und CDU-Fraktionsvorsitzenden Klaus-Rüdiger Landowsky, gleichzeitig auch auf den zwei Jahre zuvor gestürzten und unter nie vollständig geklärten Umständen zu Tode gekommenen schleswig-holsteinischen Ministerpräsidenten Uwe Barschel (CDU).
399 *Kunzelmann*, Keinen Widerstand!, S. 152.
400 Vgl. den faks. Abdruck seiner handgeschriebenen Austrittserklärung in: ebd., S. 153.
401 Ebd.
402 Ebd.
403 Vgl. das Protokoll der staatsanwaltlichen Vernehmung vom 7. 12. 1992, faks. abgedr. ebd., S. 185–186.
404 Ebd., S. 186.
405 »Urbi et Orbi«, Interview mit Dieter Kunzelmann von Hans Petit, JUNGLE WORLD 24 (9. 6. 1999). Sein Gebrauch des Adjektivs »urbanistisch« ist hier – wie auch manche seiner späteren Äußerungen an anderer Stelle – mißverständlich.
406 Vgl. *Kunzelmann*, Keinen Widerstand!., S. 179–181.
407 Vgl. ebd., S. 181–184. Kunzelmanns Erinnerung an das jeweilige Strafmaß sind an dieser Stelle nicht eindeutig, er sprach insgesamt von »knapp einem Jahr Gefängnis«.
408 BERLINER ZEITUNG vom 3. 4. 1998, faks. abgedr. in: *Kunzelmann*, Keinen Widerstand!, S. 205.
409 *Rabehl*, »Auch Du hast mitgeschossen«. Vorsorglicher Nachruf auf Dieter Kunzelmann, BERLINER ZEITUNG vom 4. 4. 1998.
410 Enzensberger, Kaspar ist tot, in: JUNGLE WORLD, 8. 4. 1998, nach: *Kunzelmann*, Keinen Widerstand!, S. 197–201.
411 internationale situationniste, No. 11 (Oktober 1967), nach: Situationistische Internationale, Bd. 2, S. 275.
412 »Hurra, ich lebe noch!«, STERN Nr. 21 (20. 5. 1999), S. 60–62.
413 Ebd., S. 61–62.
414 Ebd., S. 62.
415 »Urbi et Orbi«.
416 Gespräch mit Alfred Biolek in: »Boulevard Bio: Böse Überraschung« ARD am 1. 6. 1999 (Gäste waren: Dieter Kunzelmann, Michael Schanze und der Journalist Pit Schnitzler).

417 »Urbi et Orbi«. Er meinte den seinerzeitigen Berliner Polizeipräsidenten Hagen Saberschinsky.
418 »Weder Bier noch Buffet«, JUNGLE WORLD 30 (21. 7. 1999).
419 Alle Pressezitate nach: »Weder Bier noch Buffet«.
420 Tour-Tagebuch der Berliner Punk-Band »Terrorgruppe« von Archie »M.C. Motherfucker« Alert.
421 *Bruhns*, Er wirft wieder, BERLINER ZEITUNG (15. 5. 2000), S. 28.
422 Ebd.
423 *Enzensberger*, Die Jahre, S. 381.
424 *Kraushaar*, Die Bombe. Die Diskussion füllte von Juli bis Oktober 2005 die Diskussionsspalten der FAZ, der FRANKFURTER RUNDSCHAU und vor allen Dingen der TAGESZEITUNG.
425 Die Tage der Kommune, DER SPIEGEL Nr. 5 (29. 1. 2007), S. 136–152.
426 Ebd., S. 137.

Avantgarde, Protest und Radikalismus nach 1945

1 Vgl. dazu allgemein die bereits frühzeitige Analyse von *Guggenberger*, Die Neubestimmung des subjektiven Faktors im Neomarxismus; vgl. auch *Rabehl* »Geschichte wird gemacht, es geht voran«, in: *Kuschey* (Hg.), Linke Spuren, S. 21–57.
2 Vgl. *Voigt*, Aktivismus und moralischer Rigorismus.
3 Vgl. allgemein *Ehrlicher*, Die Kunst der Zerstörung; *ders.*, Von der Utopie zur Organisation des Scheiterns, in: *Kaiser* u. *Ley* (Hgg.), Von der Romantik zur ästhetischen Religion, S. 163–186.
4 Urbi et Orbi, Interview mit Hans Petit, Jungle World 9. 6. 1999.
5 Vgl. an dieser Stelle auch den esoterischen Versuch, die Protestbewegung als Selbstermächtigung einer modernen Säkularreligion zu deuten, von *Kießling*, Die antiautoritäre Revolte der 68er.
6 In diese Richtung tendiert auch Kraushaars frühere Charakterisierung Kunzelmanns als »Dr. Kimble der Bewegung«, vgl. *ders.*, Kinder einer abenteuerlichen Dialektik, in: Subversive Aktion., S. 9–31, hier: 26–27. Später fiel sein Urteil über Kunzelmann ernsthafter und sehr viel kritischer aus: vgl. *ders.*, Die Bombe.
7 Diesen Eindruck vermittelten schon früh Kommentare wie z.B. derjenige von *Spandau*, Die Kunzelmann-Story, KONKRET, Nr. 17 (1970), S. 15–18.
8 Vgl. *Schneider*, *Stillke* u. *Leineweber*, Trauma und Kritik, die die studentische Faszination für die während des Nationalsozialismus exilierten Vertreter der Kritischen Theorie sozialpsychologisch zu deuten versuchen. Vgl. daneben die Skizze von *Hartung*, Die Psychoanalyse der Küchenarbeit, in: CheSchahShit, S. 102–106, bes. S. 105, der in einem etwas anderem Zusammenhang in der Umkehrung von Kompetenz- und Machtverhältnissen ein Kernmotiv der Kommune-Bewegung ausmacht.
9 Vgl. eine frühe und wegweisende Kritik des linken Naturalismus bei *Kraushaar*, Thesen zum Verhältnis von Alternativ- und Fluchtbewegung, in: *ders.* (Hg.), Autonomie oder Ghetto?, S. 8–67.
10 Vgl. zu diesen merkwürdigen gegenseitigen Verschiebungen unterschiedlicher gesellschaftlicher und kultureller Modernisierungsphänomene *Herzog*, Die Politisierung der Lust.
11 Die Hintergründe dieses politischen Traumas sind präzise herausgearbeitet worden von *Blasius*, Weimars Ende.
12 Dazu inzwischen einschlägig: *Kühn*, Stalins Enkel, Maos Söhne.
13 Vgl. dazu z.B. die Aufsatzsammlung von *Klimke* u. *Scharloth* (Hgg.), 1968.
14 Vgl. *Scharloth*, Ritualkritik und Rituale des Protests, in: ebd., S. 75–87; *von Laak*, Wir nähern uns dem Zeitalter der Massenpolitik, in: *Frevert* u. *Braungart* (Hgg.), Sprachen des Politischen, S. 246–267.

15 Vgl. z.B. hier sehr knapp *Lee*, Umherschweifen und Spektakel, in: *Klimke* u. *Scharloth* (Hgg.), 1968, S. 101–106.

16 Vgl. *Holmig*, Die aktionistischen Wurzeln der Studentenbewegung, in: ebd., S. 107–118, bes. S. 112–113.

17 *Debord*, Thesen über die kulturelle Revolution, nach: Situationistische Internationale, Bd. 1, S. 26.

18 *Debord*, Die Gesellschaft des Spektakels.

19 Vgl. z.B. *Kunzelmann*, Keinen Widerstand!, S. 49–50.

20 Es ist ein faszinierender Gedanke, daß Debord seine eigene Todesanzeige – die erst im Herbst 1967 erschien – tatsächlich als nochmalige Verbannung Kunzelmanns aus den Reihen der Situationistischen Internationale gemeint haben könnte – so als hätte er die Berliner Kommunarden zu Totengräbern seiner kritisch gemeinten situationistischen Theorie erklären wollen.

21 Vgl. z.B. *Amodeo*, Das Opernhafte.

22 Vgl. ebd., S. 15–36.

23 Ebd., S. 169.

24 Vgl. *Habermas*, Die Scheinrevolution und ihre Kinder, in: Die Linke antwortet Jürgen Habermas, S. 14.

25 Wolfgang Kraushaar hat sich bereits über einen früheren, verwandten Diskussionsbeitrag des Autors empört geäußert. Vgl. *Kraushaar*, Die ultimative Provokation, TAZ-MAGAZIN Nr. 7818 (12. 11. 2005): Eine solche Interpretation sei »zynisch gegenüber den Opfern. Damit würde ein Terrorakt kulturalisiert und auf obszöne Weise zum Element einer Ästhetisierung des Terrors gemacht.« Vgl. daneben die von Kraushaar edierte Analyse des avantgardistischen Kontextes der RAF bei *Hakemi*, Terrorismus und Avantgarde, in: *Kraushaar* (Hg.), die RAF, Bd. 1, S. 604–619.

26 Vgl. z.B. die minutiöse Dokumentation in der Berliner Untergrundliteratur: Die Fraktionierung der amerikanischen SDS, die jeder einzelnen Gruppierung und Abspaltung in ihren Dokumenten nachgeht.

27 Vgl. *Koenen*, Vesper, Ensslin, Baader, S. 262. Daß sich der Berliner Verfassungsschutz zur selben Zeit über Peter Urbach mit eigenen Handreichungen als Unterstützer der ersten Militarisierungswelle des Linksradikalismus betätigte, mag auch damit zu tun haben, daß die Sicherheitsbehörden diese frühen internationalen Infrastrukturen des »bewaffneten Kampfes« mit allen Mitteln unter die eigene Kontrolle bringen wollten. Diese Verwicklungen stellen auf jeden Fall einen bis heute unaufgeklärten Skandal dar.

28 Der Topos des »Weltgefühls« ist einem Titel aus der neueren Forschung zur Geschichte der neuen Bürgerlichkeit in der Bundesrepublik entlehnt: *Knoch* (Hg.), Bürgersinn mit Weltgefühl.

29 Diese »Opfer-Vergessenheit« tauchte Jahrzehnte später als polemischer Vorwurf gegen das Münchner Institut für Zeitgeschichte auch in der Debatte um die wissenschaftliche Erforschung des Nationalsozialismus wieder auf, vgl. *Berg*, Der Holocaust und die westdeutschen Historiker.

30 Zur Entstehung vgl. *Kraushaar*, Die Bombe, S. 117–122.

31 Vgl. demgegenüber: ebd., S. 282–288. Ähnlich auch: *Broder*, Linke Tabus.

32 Einlassung zur Sache: Fritz Teufel, nach: Klau Mich!, S. 76.

33 Bei aller militanten Feindschaft gegenüber den USA war der sich immer weiter radikalisierende Rand der Protestbewegung auch nicht notwendigerweise anti-amerikanisch. Die amerikanisierte Jugendkultur hieß man willkommen, und die US-amerikanischen Oppositionsgruppen, insbesondere aber die »Weathermen« und »Black Panthers« zählten zu den Verbündeten. Dieses Bild änderte sich erst mit dem national-maoistischen Provinzialismus der K-Gruppen der siebziger Jahre.

34 Vgl. *Lönnendonker*, *Staadt* u. *Rabehl*, Die antiautoritäre Revolte, S. 338–346.

35 *Coleman*, Against the State, S. 196–221, hier: S. 199.

36 Vgl. einen ersten Versuch bei *Reimann*, Zwischen Machismo und Coolness, in: *Borutta, Holtorf* u. *Verheyen* (Hgg.), Die Präsenz der Gefühle.

37 »Lebenslinien«, Dokumentation von Laszlo Hartmann, BR 2005.

38 Vgl. *Herzog*, Die Politisierung der Lust, bes. S. 282–286.

39 *Kunzelmann*, Keinen Widerstand!, S. 16–17.

40 Vgl. dazu *Micheler*, Der Sexualitätsdiskurs in der deutschen Studierendenbewegung der 1960er Jahre, Zeitschrift für Sexualforschung 1 (2000), S. 1–39, bes. S. 30–32. Daneben deutlich optimistischer: *Herzog*, Die Politisierung der Lust, S. 270–273.

41 *Kunzelmann*, Busenfrei als Symptom der Unfreiheit, nach: Subversive Aktion, S. 185.

42 Vgl. *Micheler*, Sexualitätsdiskurs, S. 30–32.

43 *Kunzelmann*, Brief aus Amman I, in: AGIT 883, Nr. 42 (27. 11. 1969), S. 5.

44 *Kunzelmann*, Keinen Widerstand!, S. 12.

45 Kunzelmann-Interview in: Nilpferd des Höllischen Urwalds, S. 123.

46 *Kunzelmann*, Keinen Widerstand!, S. 12.

47 Vgl. zu diesem interpretatorischen Konzept: *Kreuzer*, Die Bohème, bes. S. 20–24 u. S. 324–326.

48 Ähnlich *Kraushaar*, Kinder einer abenteuerlichen Dialektik, in: Subversive Aktion, S. 9–31.

49 Vgl. *Jesse*, Biographisches Portrait: Dieter Kunzelmann, Jahrbuch für Extremismus und Demokratie 11 (1999), S. 200–214.

Quellen- und Literaturverzeichnis

I. Quellen

1. Archivmaterialien

a) Stadtarchiv Bamberg

BBa 79	Luftkrieg und Kriegsende
BBk 21	Situation der Jugend in Bamberg
BBk 37	Care-Paket und Vespa-Roller
BS 483	Einzelpersönlichkeiten, alphabetisch
BS 792/2–3	Große / kleine Fronleichnamsprozession
BS 6334/2–3	Kaiser-Heinrich-Gymnasium
BS 69568	Deutsche Jugend-Kraft Don Bosco
BS 6959/68	Film-Club Bamberg e.V.
BS 7332/4	Salesianer
C2 678/51	Filmclub Bamberg 1952
PS 4036	Vortragsankündigung »Die Krisis des deutschen Filmes« Johannes Eckhardt (Juni 1952)

b) Diözesanarchiv Bamberg

ZA 7	St. Heinrichsblatt, Bistumsblatt für die Erzdiözese Bamberg, 1947–1954

c) Hamburger Institut für Sozialforschung, Archiv

Nachlaß Rudi Dutschke

RUD 151,06	Korrespondenz »Anschlag«-Gruppe
RUD 200,04	Anschlag, 1964–66
RUD 210,01	Skripte und Exzerpte, 1961–1963
RUD 210,02	Skripte SDS-Arbeit
RUD 210,04	Hamburger Treffen der »Anschlag«-Gruppe 1964
RUD 210,05	Skripte, Protokolle, Flugblätter 1965
RUD 210,06	Manuskripte 1965–66
RUD 600,01	Briefwechsel mit Kunzelmann
RUD 600,04	Tagebuchausschnitte, Anschlag I 1964

Sozialistisches Anwaltskollektiv (Eschen, Mahler, Ströbele)

SAK 110,01	Protest gegen Film »Africa Addio« (Akte Gebbert)
SAK 110,02	Protest gegen Film »Africa Addio«, Stellungnahmen zum Film, Unterschriftensammlung
SAK 110,03	Protest gegen Film »Africa Addio«
SAK 110,04	Protest gegen Film »Africa Addio«
SAK 130,01	Korrespondenz der Kommune I (zahlreiche Kopien, u.a. Kuriositäten)
SAK 130,02	Korrespondenz der Kommune I (Verehrerinnenpost)
SAK 130,03	Korrespondenz der Kommune I (Ostberlin, Spinner, Familie)
SAK 130,04	Gefangenenpost
SAK 130,05	Broschüren und Raubdrucke
SAK 130,06	Korrespondenz, Mietvertrag, »Satzung«
SAK 130,07	wg. Humphrey
SAK 130,08	Flugblätter, div. Verfahren
SAK 130,09	Flugblätter
SAK 130,10	Kunzelmann, Verfahren 67–69
SAK 130,11	andere Verfahren, 67–69
SAK 130,12	Aufforderung zur Brandstiftung Langhans/Teufel
SAK 130,13	dto. Gutachten
SAK 130,14	Frohner: Procontra
SAK 140,02	Ku-Damm Wasserspiele, Kunzelmann u.a.
SAK 150,01–02	Landfriedensbruch Teufel
SAK 150,04	Kommune I div.
SAK 225,03	Rechtsbeihilfe Kunzelmann
SAK 226,01–02	Ermittlungsausschuß, Zusammenfassung von Prozessen
SAK 226,06	NS-Vergangenheit von Polizisten
SAK 230,02–03	Untersuchungsausschuß 2. Juni 1967
SAK 230,05	Ermittlungsausschuß Zeugenaussagen
SAK 230,10	div, u.a. Urteil Schwabing 62
SAK 230,14	div., u.a. Aussage Kunzelmann u. Langhans
SAK 240,01	Ostern '68, Peter Schneider u. Kunzelmann
SAK 240,10	TU-Reden 15. 4. 1968 (u.a. Kunzelmann, Teufel, Mahler, Dahrendorf)
SAK 240,12	Ostern '68, Springer-Demonstration, Urteil gegen Mahler
SAK 240,14–16	Zeugenaussagen Ostern 68
SAK 240,17	Liste der Festgenommenen
SAK 240,18–19	Zeugenaussagen Ostern 68
SAK 260,04–05	Rathaus Go-In 15. 9. 67 u. Gedächtniskirche 24./31. 12. 67
SAK 260,06	div. Verfahren Kunzelmann

SAK 260,07	Dutschke Gedächtniskirche
SAK 260,11	Studenten gegen Generalstaatsanwaltschaft
SAK 260,20	Beschlüsse in Haftsachen, Kunzelmann wg. vers. Mord
SAK 270,01–06	Prozeß Kunzelmann 1970–73
SAK 270,07–10	Pressesammlung aus dem Gefängnis
SAK 300,02	Hausverbot FU gegen Kunzelmann [gesperrt]
SAK 300,13	gegen Kommune I wg. Aufruhr Jan.68 (69–71) [gesperrt]
SAK 300,18	wg. Zeugensache Bookhagen, Nov.67 [gesperrt]
SAK 300,20	Demonstrationen Weihnachten 68, chinesische Botschaft 66
SAK 300,25	gegen S. Haffner wg. Artikel »Nacht der langen Knüppel« [gesperrt]
SAK 300,46	Bodo Saggel wg. Attentaten Nov. 69 [gesperrt]
SAK 300,52	Kommune I gegen falsche Anschuldigung (Pudding) [gesperrt]
SAK 300,65	Widerstand gegen Wohnungsdurchsuchung am 31. 5. 68 [gesperrt]
SAK 300,60	Kunzelmann, Farb-Ei-Wurf und Hausfriedensbruch 26. 3. 67

d) Archiv »APO und Soziale Bewegungen«, Otto-Suhr-Institut FU Berlin

Ordner/ Schuber:

Anschlag I+III
APO DOK
Berlin Hausbesetzer
Bewaffneter Kampf, Haftbedingungen + Gerichtsverhandlungen, Rote Hilfe
Hausbesetzer Stadt Jugend (-revolte) I b 1
Justiz I K I (Kassenbuch, Ordner)
KPD Broschüren
KPD div. Interna
Nahost Palästina 1–3
Palästinensische Revolution, Resistentia Schriften
Presse- und Informationsdienst der FUB, Flugblätter und -schriften, sonst. Dokumentationen, 1966/67–1967, 19. 4. 67 SIT-IN
Presse- und Informationsdienst der FUB, Flugblätter und -schriften, sonst. Dokumentationen, Schah-Besuch (Mai/Juni 1967)
Presse- und Informationsdienst der FUB, Flugblätter und -schriften, sonst. Dokumentationen, SS 1967
Presse- und Informationsdienst der FUB, Flugblätter und -schriften, sonst. Dokumentationen, SS 1968
Rabehl Aufsätze III
Rote Hilfe
Rote Hilfe Berlin
Rote Hilfe e.V. 1973-
SDS BV 22. DK 1967 (Frankfurt)
SDS Gruppen, München 60er
SDS LV Berlin 1967

SDS LV Berlin Div.
SDS LV Berlin Post+Flugblätter 1967–69
Stern-Artikel

e) Die Bundesbeauftragte für die Unterlagen des Staatssicherheitsdienstes der ehemaligen Deutschen Demokratischen Republik (BStU)

Karteikarten Kunzelmann

MfS ZAIG 1347	DB, 01–55, 59–109
MfS ZAIG 1367	DB, 01–06
MfS ZAIG 1454	DB, 01, 10–13, 19, 28, 32
MfS HA PS 4896	DB, 01–08
MfS HA II/19 Nr. 14060	DB, 211, 216, 229
MfS HA VI Nr. 2136	DB, 11–17, 58, 59, 63–71, 82–85
MfS HA IX Nr. 3990	DB, 01–14, 63, 225
MfS AOP 5900/74	DB, 03–05, 19–22
MfS AP 73104/92	DB, 14, 16, 33, 36, 37, 49–51, 54–57, 60–70, 201, 203–208
MfS HA XXII Nr. 251/3	DB, 86, 99
MfS HA XXII Nr. 416/2	DB, 27,28
MfS HA XXII Nr. 472	DB, 66–70
MfS HA XXII Nr. 6132	DB, 188

2. Periodika

Tageszeitungen:

Bamberger Volksblatt	1947–59, 1968
Fränkischer Tag	1947–59
die tageszeitung	1984–1990

Zeitschriften:

Konkret	1965–71
Spiegel	1962–69, 2007
Stern	1962–72, 1999

andere:

agit 883	1969–72
International Times / it	1966–73
linkeck	1968–69
Rote Fahne	1970–80
Rote Hilfe	1971–75
Rote Hilfe (e.V.)	1973–75
Situationistische Internationale	1958–1969

3. Selbstzeugnisse Dieter Kunzelmanns

Autobiographie:

Kunzelmann, Dieter: Leisten Sie keinen Widerstand! Bilder aus meinem Leben, Berlin 1998.

Publikationen der Gruppe Spur:

Spur 1–7, München 1959–1962, faksm. Nachdruck in: Gruppe Spur, hg. v. Jo-Anne Birnie Danzker u. Pia Dornacher, Katalog Villa Stuck, München 2006.

Publikationen im Vorfeld der Subversiven Aktion:

Unverbindliche Richtlinien, 2 Bde., München 1962/63.

Publikationen der Subversiven Aktion bzw. »Anschlag«-Gruppe:

Anschlag, 1–3, München / Frankfurt a.M. 1964/65.

Publikationen der Kommune I:

Kommune I. Gesammelte Werke gegen uns, Berlin 1967.

Kommune I. Quellen zur Kommuneforschung, Berlin 1968.

Langhans, Rainer u. Fitz Teufel: Klau Mich!, hg. von Bernward Vesper, Frankfurt a.M. / Berlin 1968.

Manifeste, Artikel und Aufsätze:

Arriviertes kleines Übel, tageszeitung Nr. 3274 (30. 11. 1990), S. 25.

Beitrag Dieter Kunzelmanns für die Rote Hilfeveranstaltung in Berlin 2. 7. 1974, in: Sofortige Freilassung von Dieter Kunzelmann. Dokumentation, Berlin 1974, S. 4–5.

Brief aus Amman, agit 883, Nr. 42 (27. 11. 1969).

Brief aus Amman, agit 883, Nr. 55 (3. 4. 1970).

Januar-Manifest (1961), in: Richtlinien und Anschläge. Materialien zur Kritik der repressiven Gesellschaft, hg. von Albrecht Goeschel, München 1968, S. 16–17.

Notizen zur Gründung revolutionärer Kommunen in den Metropolen, in: Richtlinien und Anschläge. Materialien zur Kritik der repressiven Gesellschaft, hg. von Albrecht Goeschel, München 1968, S. 100–105.

Satanische Betrachtungen eines blinden Passagiers während der abenteuerlichen Überfahrt des Lastenseglers »Rot-grünes Chaos« von den Ufern der Spree ins Bermuda-Dreieck, tageszeitung Nr. 2744 (25. 2. 1989), S. 31.

Schlußwort von Dieter Kunzelmann. Eine politische Erklärung, in: Rote Hilfe Nr. 1 (Dez. 1971), S. 45–51, wieder abgedr. in: Der Metzger Nr. 18 (1972), S. 6–7.

Zeitenwende, tageszeitung Nr. 3339 (22. 2. 1991), S. 17.

Interviews, Gespräche und Diskussionen:

»Die K I war eine Zelle im besten kommunistischen Sinne«. Ein Gespräch mit Dieter Kunzelmann, in: Klaus Wolschner (Hg.): Studentenleben, Reinbek 1980, S. 242–253.

»Die Politik des ›Weg mit‹ ist mit einer konkreten Politik nicht mehr zu vereinbaren« – Ein Gespräch mit Dieter Kunzelmann, Bürgerrechte & Polizei/CILIP 19 (1984), S. 45–50.

Diskussionsveranstaltung »Provokation als Öffentlichkeit«, FU Berlin am 18. 5. 1988 im Rahmen der Ringvorlesung »1968 – Vorgeschichte und Konsequenzen«, Teilnehmer: Dieter Kunzelmann und Dirk Müller, Diskussionsleitung: Jochen Staadt, nach http://www.partisan.net/archive/1968/29706.html [28. 8. 2003].
Einsamkeit hat viele Namen. Dieter Kunzelmann, eine kulturhistorische Ausstellung des Werkbund-Archivs, der Streit um richtige Werbemaßnahmen und die Form-Inhalt-Problematik in der Subversionskunst, tageszeitung Nr. 3448 (5. 7. 1991), S. 24.
Gespräch mit Alfred Biolek in: »Boulevard Bio: Böse Überraschung« Ausstrahlung der ARD vom 1. 6. 1999 (Gäste waren: Dieter Kunzelmann, Michael Schanze und der Journalist Pit Schnitzler).
»Hurra, ich lebe noch!«, Interview mit Dieter Kunzelmann, STERN Nr. 21/1999 (20. 5. 1999), S. 60–64.
Interview mit Dieter Kunzelmann, in: »Aufrecht Gehen. Rudi Dutschke – ›Spuren‹«, Fernsehdokumentation von Helga Reidemeister, WDR / SDR (Stuttgart) 1988 (Ausstrahlung der ARD vom 12. 4. 1988).
Interview mit Dieter Kunzelmann, in: In Bamberg war der Teufel los. K(l)eine 68er APO-Apologie. Eine Collage aus mehr oder weniger zufälligen Makulatur-, Flug- und Volksblättern, Gesprächsfetzen und Momentaufnahmen, hg. v. Werner Kohn u.a., Bamberg 1993, S. 112–115.
Interview mit Dieter Kunzelmann, in: Nilpferd des höllischen Urwalds. Situationisten Gruppe Spur Kommune I, hg. für das Werkbund-Archiv durch W. Dreßen, D. Kunzelmann, E. Siepmann, Berlin 1991, S. 116–143, 154–166, 194–212.
»Urbi et Orbi«, Interview mit Dieter Kunzelmann von Hans Petit, JUNGLE WORLD 24 (9. 6. 1999), nach: http://gib.squat.net/texte/kunzelmann-urbi-et-orbi.html [5. 2. 2004].

4. Publizierte Quellen

140 Jahre Städtische Sparkasse Bamberg, Bamberg 1965.
Abgeordnetenhaus von Berlin, Plenarprotokolle, 9. Wahlperiode, Berlin 1984.
Adorno, Th. W., Prismen. Kulturkritik und Gesellschaft, Frankfurt a.M. 1955.
– u. M. Horkheimer, Die Dialektik der Aufklärung. Philosophische Fragmente, Frankfurt a.M. 1969.
Aktionskomitee für die Macht der Arbeiterräte, Die revolutionäre Fete. Totenlied für die heutigen Städte und Explosionsfragmente für die neuen Siedlungen. Nebst eines Anhangs von A. Kontányi / R. Vaneigem, Elementarprogramm für den Unitären Urbanismus, MaD Flugschrift, Berlin 1974.
Albart R., Die ersten und die letzten Tage … Bamberger Kriegstagebuch 1944/46, Bamberg 1953.
–, Vom Hakenkreuz zum Sternenbanner. Die Jahrhundertmitte. Ein Bamberg-Report, Bamberg o.J. [1979].
Anleitung zum Handeln. Taktik direkter Aktionen, übers. von E. Krippendorff, Berlin 1967.
apo-adressbuch ’69/70. bundesrepublik deutschland westberlin österreich schweiz, München/Berlin 1969/70.

Bakunin, M., Sammelband mit Texten aus den Gesammelten Werken u.a., Raubdruck der Wielandkommune und Zentralrat der umherschweifenden Haschrebellen, Berlin 1968.
In Bamberg war der Teufel los. K(l)eine 68er APO-Apologie. Eine Collage aus mehr oder weniger zufälligen Makulatur–,Flug- und Volksblätter, Gesprächsfetzen und Momentaufnahmen, hg. v. W. Kohn u.a., Bamberg 1993.
Baumann, M., Wie alles anfing, München 1975.
Bedingungen und Organisation des Widerstandes. Der Kongreß in Hannover. Protokolle, Flugblätter, Resolutionen (Voltaire Flugschrift 12), Berlin 1968.
Der Beginn einer Epoche. Texte der Situationisten, aus d. Französischen übers. v. P. Gallissaires, H. Mittelstädt u. R. Ohrt, Hamburg 1995.
Bergmann, U., R. Dutschke, W. Lefèbvre u. B. Rabehl, Rebellion der Studenten oder: Die neue Opposition, Reinbek 1968[4].
Black Power. Dokumentation. Stokely Carmichael, Rap Brown, Malcolm X, hg. von Dutschke, Hammer, Hoornweg, Jacob-Baur u. Petermann, Berlin o.J. [1968?].
Böckelmann, F. (Hg.), Befreiung des Alltags. Modelle eines Zusammenlebens ohne Leistungsdruck, Frustration und Angst, München 1970.
–, Das Schillern der Revolte, Berlin 1978.
–, Die schlechte Aufhebung der autoritären Persönlichkeit, (marxismus bibliothek 7), Frankfurt a.M. 1971, orig. in: Anschlag 2/1 (März 1966), S. 34–66.
– u. R. Wetter, Knast-Report, mit Beiträgen von H. Trülzsch und G. Maschke, Frankfurt a.M. 1972.
Bohrer, K. H.,: Die gefährdete Phantasie, oder: Surrealismus und Terror, München 1970.
–, Fantasie, die keine war. Woran sich die 68er ungern erinnern: Ihre pazifistische Wende hat das geistige Abenteuer der Revolution verraten, Die Zeit Nr. 7 (2001), nach: http://www.zeit.de/2001/07/Fantasie_die_keine_war (25. 7. 2007).
Breton, A., Die Manifeste des Surrealismus, Reinbek [3]1982.
Brückner, P. u. A. Krovoza, Staatsfeinde. Innerstaatliche Feinderklärungen in der BRD (Rotbuch 40), Berlin 1972.
Buhmann, I., Ich habe mir eine Geschichte geschrieben, Frankfurt a.M. [5]1998.
CheSchahShit. Die sechziger Jahre zwischen Cocktail und Molotow, Redaktion: E. Siepmann, I. Lusk, J. Holtfreter, M. Schmidt und G. Dietz, Berlin 1984.
Cohn-Bendit, D. u. G. Cohn-Bendit, Linksradikalismus – Gewaltkur gegen die Alterskrankheit des Kommunismus, Reinbek 1968 (frz. Orig. Reinbek 1968).
Debord, G., Correspondance, 3 Bde., Paris 2001.
–, Die Gesellschaft des Spektakels, Hamburg 1978 (frz. Orig.: Paris 1967).
–, Œuvres cinématographique complètes, Edition Gallimard, Gaumont Vidéo 2005.
Guy Debord präsentiert Potlatch 1954–1957. Informationsbulletin der Lettristischen Internationale; mit einem Dokumentenanhang, Berlin 2002.
Debray, R., Revolution in der Revolution? Bewaffneter Kampf und politischer Kampf in Lateinamerika, München 1967[2].
–, Was wir von den Tupamaros lernen können, in: Sozialistisches Jahrbuch, Bd. 4, hg. v. W. Dreßen, Berlin 1972, S. 144–176.
Dietz, G., M. Schmidt u. C.v. Soden (Hgg.), Wild + Zahm. Die siebziger Jahre, Berlin 1997.
Dreßen, W., Antiautoritäres Lager und Anarchismus. Mit einem Lesebuch mit Texten von Michail Bakunin, Friedrich Engels, Wladimir I. Lenin, Georg Lukacs und Karl Marx (Rotbuch 7), Berlin 1968.

Dutschke, G., Wir hatten ein barbarisches, schönes Leben. Rudi Dutschke, eine Biographie, Köln 1996.
Dutschke, R., Geschichte ist machbar. Texte über das herrschende Falsche und die Radikalität des Friedens, hg. v. J. Miermeister, Berlin 1980.
–, Jeder hat sein Leben ganz zu leben. Die Tagebücher 1963–1979, hg. von G. Dutschke-Klotz, Köln 2003.
–, Die Revolte. Wurzeln und Spuren eines Aufbruchs, hg. von G. Dutschke-Klotz, J. Miermeister und J. Treulieb, Reinbek 1983.
Ein kultureller Putsch. Manifeste Pamphlete und Provokationen der Gruppe Spur, Hamburg 1991.
Das Ende der Utopie. Herbert Marcuse diskutiert mit Studenten und Professoren Westberlins an der Freien Universität Berlin über die Möglichkeiten und Chancen einer politischen Opposition in den Metropolen in Zusammenhang mit den Befreiungsbewegungen in den Ländern der Dritten Welt, Berlin 1967.
Enzensberger, U., Die Jahre der Kommune I. Berlin 1967–69, Köln 2004.
Erklärung zum Bombenattentat auf das Jüdische Gemeindehaus in Berlin, unterzeichnet von B. Bluem, D. Claußen, D. Cohn-Bendit, R. Loewy und H. Roetz, SC-Info Frankfurt a.M. (22. 11. 1969), S. 11–12, zit. nach: http://www.trend.infopartisan.net/litlisten/aufruhr/aufruhr25.html (29. 8. 2007).
Es brennt! Politische Pamphlete der Surrealisten, hg. von H. Becker, Hamburg 1998.
European 60s: Revolte, Phantasie & Utopie, hg. von R. Aurich, W. Jacobsen unter Mitarbeit von G. Jatho, Berlin 2002.
Fanon, F., Die Verdammten dieser Erde. Vorwort von J.-P. Sartre, Frankfurt a.M. 1997[7] (frz. Orig. Paris 1961, dt. Frankfurt a.M. 1966).
Faschismusanalyse. Bürgerlicher und faschistischer Antisemitismus, Revolutionäre Schriften III, Berlin 1968.
Feltrinelli, C., Senior Service. Das Leben meines Vaters Giangiacomo Feltrinelli, München 2003.
Die Fraktionierung der amerikanischen SDS, hg. von Where It's At, Berlin 1970.
Gefundene Fragmente. Die Umherschweifenden Haschrebellen & Peter Handke/Hartmut Sander, Rolf Dieter Brinkmann, Rudi Dutschke, Rainer Langhans/Fritz Teufel u.a. 1967–1980, Bd. 1, hg. von B. Kramer, Berlin 2004.
Goeschel, A., Verwissenschaftlichte Herrschaft und Spiel-Identität, dargestellt am Verhältnis von Polizei, Bewußtseinsindustrie und »Neuer Linker«, in: Republikanische Verlagsgesellschaft 1, Berlin o.J. [1968], S. 19–31.
Gross, A., Inside the Sixties: What really happened on an international scale, unveröff. Manuskript, zit. nach: http://language.home.sprynet.com/otherdex/60theory.htm [24. 6. 2003].
Grossmann, H. u. O. Negt (Hgg.), Die Auferstehung der Gewalt. Springerblockade und politische Reaktion in der Bundesrepublik, Frankfurt a.M. 1968.
Gruppe Spur, hg. v. J.-A. Birnie Danzker u. P. Dornacher, Katalog Villa Stuck, München 2006.
Gruppe Spur 1958–1965. Eine Dokumentation, Redaktion J. Weihrauch unter Mitarbeit von M. Kellner, Galerie van de Loo, München 1979.
Gruppe Spur 1958–1965. Lothar Fischer, Heimrad Prem, Helmut Sturm, hp zimmer. Galerie Christa Schübbe, Mettmann 2003.
Guérin, D., Anarchismus. Begriff und Praxis, Frankfurt a.M. [7]1978 (frz. Orig. 1965, dt. 1967).

Guevara, E. »Che«, Guerilla – Theorie und Methode, Berlin 1968.
–, Schaffen wir zwei, drei, viele Vietnam. Brief an das Exekutivsekretariat von OSPAAL, Kleine Revolutionäre Bibliothek, Bd. 1, eingeleitet u. übersetzt von Gaston Salvatore u. Rudi Dutschke, Berlin 1967.
Hack, L., O. Negt u. R. Reiche, Protest und Politik, Frankfurt a.M. 1968.
Hartung, K., Der Prozeß gegen Dieter Kunzelmann, in: Sozialistisches Jahrbuch, Bd. 4, hg. v. Wolfgang Dreßen, Berlin 1972, S. 177–190.
–, Über die langandauernde Jugend im linken Getto. Lebensalter und Politik – aus der Sicht eines 38-Jährigen, in: Kursbuch Nr.54: »Jugend« (Dezember 1978), S. 174–188.
–, Versuch, die Krise der antiautoritären Bewegung zur Sprache zu bringen, Kursbuch 48 (Juni 1977), S. 14–43.
Häuserkämpfe 1872/1920/1945/1982, hg. von R. Nitsche, Berlin o.J. [1983?].
Hochkeppel, W. (Hg.), Die Rolle der Neuen Linken in der Kulturindustrie, München 1972.
Hollweck, L., Von Wahnmoching bis zur Traumstadt. Schwabinger erzählen von Schwabing, München 1969.
Hübsch, P.G. »Hadayatullah«, Keine Zeit für Trips. Autobiographischer Bericht, Frankfurt a.M. 1991.
Huizinga, J., Homo Ludens. Vom Ursprung der Kultur im Spiel, Haarlem 1938.
Der Kampf des vietnamesischen Volkes und die Globalstrategie des Imperialismus. Internationaler Vietnam-Kongreß 17./18. 2. 1968 Westberlin, Berlin 1968.
Kätzel, U. (Hg.), Die 68erinnen. Porträt einer rebellischen Frauengeneration, Berlin 2002.
Kepplinger, H. M., Rechte Leute von links. Gewaltkult und Innerlichkeit, Freiburg 1970.
Kerbs, D. (Hg.), Die hedonistische Linke. Beiträge zur Subkultur-Debatte, Neuwied / Berlin 1971.
Kerler, R., Treffpunkt Traumstadt Schwabing, München 1970.
Klassenbuch 3. Ein Lesebuch zu den Klassenkämpfen in Deutschland 1920–1971, hg. von H. M. Enzensberger, R. Nitsche, K. Roehler und W. Schafhausen, Darmstadt/Neuwied 1972.
Koch, P.,: Schwabing. München 1958.
Kommunardenhaft und Anarchistenbekämpfung. Zur Verfolgungsstrategie in Westdeutschland, Zentraler Ermittlungsausschuß TU Westberlin, Berlin 1969.
Kommune 2. Versuch der Revolutionierung des bürgerlichen Individuums. Kollektives Leben mit politischer Arbeit verbinden, hg. v. Chr. Bookhagen, E. Hemmer u.a., Berlin 1969.
Kongreß gegen politische Unterdrückung an der Freien Universität vom 24. bis 26. 4. 1972. Referate und Diskussionen, Internationale Marxistische Diskussion, Arbeitspapiere No. 5, Berlin 1972.
Kramer, B., amerikanischer faschismus, Berlin 1968.
Kraushaar, W. (Hg.), Autonomie oder Ghetto? Kontroversen über die Alternativbewegung, Frankfurt a.M. 1978.
– (Hg.), Was sollen die Grünen im Parlament?, Frankfurt a.M. 1983.
Langhans, R., Ich bin's. Die ersten 68 Jahre, München 2008.
Leary, T., Politik der Ekstase. Einl. v. R. Steckel, übers. v. I. Brender, Hamburg 1970 (am. Orig. 1968).
»Lebenslinien«, Dokumentation von Laszlo Hartmann, BR 2005.

Lefèbvre, H., Kritik des Alltagslebens. Grundrisse einer Soziologie der Alltäglichkeit, Frankfurt a.M. 1987 (frz. Orig. 1947, zweite, zweibändige Ausgabe frz. 1958–61 / dt. 1974–75).

Leitner, O., West-Berlin! Westberlin! Berlin (West)! Die Kultur – die Szene – die Politik. Erinnerungen an eine Teilstadt der 70er und 80er Jahre, Berlin 2002.

Lieberth, H. G., Spurrillen im Rückspiegel, Bamberg 2004.

Lin Biao, Es lebe der Sieg im Volkskrieg! Zum 20. Jahrestag des Sieges des chinesischen Volkes im Widerstandskrieg gegen die japanische Aggression, Peking 1968.

Die Linke antwortet Jürgen Habermas, mit Beiträgen von W. Abendroth, J. Habermas, E. Krippendorff, O. Negt u.a., Frankfurt a.M. 1968.

Mao Tse-Tung, Fünf Schriften des Vorsitzenden Mao Tse Tung, Peking 1968.

Marcuse, H., Der eindimensionale Mensch. Studien zur Ideologie der fortgeschrittenen Industriegesellschaft, Neuwied/Berlin 1969[7/8] (orig. 1964/67).

–, Triebstruktur und Gesellschaft. Ein philosophischer Beitrag zu Sigmund Freud, Frankfurt a.M. 1995[17] (am. Orig. unter dem Titel »Eros and Civilisation«, Boston 1955; dt. zuerst unter dem Titel »Eros und Kultur«, 1957).

–, B. Moore u. R P Wolff, Kritik der reinen Toleranz, Frankfurt a.M. 1968[5] (orig. 1965/66).

Marks, S., Studentenseele. Erfahrung im Zerfall der Studentenbewegung, Hamburg 1977.

Marighela, C., Handbuch des Stadtguerillero, (port. Orig. 1969, dt. Orig. 1970), o.O. 1996.

McLuhan, M., Die Gutenberg-Galaxis. Das Ende des Buchzeitalters, Düsseldorf 1968

–, Understanding Media. The Extensions of Man, London 1964.

–, u. Q. Fiore, The Medium is the Massage. An Inventory of Effects, o.O.u.J.

Mension, J.-M., Wir haben unsere unfertigen Abenteuer gelebt. Eine Jugend im Paris der fünfziger Jahre, Berlin 2002.

Mitscherlich, A., Die Unwirtlichkeit unserer Städte. Anstiftung zum Unfrieden, Frankfurt a.M. 1996[3] (orig. 1965).

Nilpferd des Höllischen Urwalds. Situationisten, Gruppe Spur, Kommune I, Ausstellungskatalog des Werkbund-Archivs, hg. von W. Dreßen, D. Kunzelmann u.E. Siepmann, Gießen 1991.

Nirumand, B., Leben mit den Deutschen. Briefe an Leila, Reinbek 1989.

–, Persien, Modell eines Entwicklungslandes oder: Die Diktatur der Freien Welt, Reinbek 1967.

Nunez, C. / Die Tupamaros, Stadtguerilla. Neue Strategie (Schulungstext 1), Toulouse/Berlin 1970.

Oppenheimer, M., Stadt-Guerilla, Frankfurt a.M. / Berlin 1971 (am. Orig. Chicago 1969).

Die Palästina-Frage. Kolloquium arabischer Juristen über Palästina, Algier 22.–27. Juli 1967, Beuel 1969.

Die Partei aufbauen. Plattformen, Grundsatzerklärungen der KPD/AO, KPD/ML, KPD/ML-ZK-Linie, KPD/ML-Bolschewik-Linie, KPD/ML-Neue Einheit, Rote Garde, KB/ML, PL/PI, Proletarische Front, Berlin 1971.

Pfändtner, K.-G. (Hg.), »Schaurig gelbe schöne Rauchpilze«. Das Bamberg-Tagebuch 1944–1948 von Anton Rauh, Bamberg 1998.

Probst, U.: Die kommunistischen Parteien in der Bundesrepublik Deutschland, in: ZfP 26 (1979), S. 56–96.

Proll, Th. u. D. Dubba, Wir kamen von einem anderen Stern. Über 1968, Andreas Baader und ein Kaufhaus, Hamburg 2003.

Prosel, Th., Freistaat Schwabing. Erinnerungen des Simplwirts Theo Prosel, München 1951.

Provokationen. Die Studenten- und Jugendrevolte in ihren Flugblättern 1965–1971, hg. u. eingeleitet von J. Miermeister und J. Staadt, Darmstadt / Neuwied 1980.

Rabehl, B., Viva Fanon! Die Revolution der Dritten Welt und der Revuefilm VIVA MARIA, Kino (Berlin) 4/1967, S. 23–29.

Rabben, M. / Ma Hari Chetana, Begegnung mit Niemand. Die Geschichte eines Weges nach Poona, Berlin 1981.

Rammstedt, O. (Hg.), Anarchismus. Grundtexte zur Theorie und Praxis der Gewalt, Köln/Opladen 1969.

Die Rebellen von Berlin. Studentenpolitik an der Freien Universität, Dokumentation von Jens Hager, hg. von H. Häußermann, N. Kadritzke u. K. Nevermann, Köln 1967.

Reich, W., Die Funktion des Orgasmus. Zur Psychopathologie und zur Soziologie des Geschlechtslebens, Raubdruck o.O.u.J.

–, Kritik der bürgerlichen Sexualreform, Revolutionäre Schriften VI, Berlin 1968.

–, Der sexuelle Kampf der Jugend, Raubdruck o.O.u.J.

–, Die sexuelle Revolution, Raubdruck o.O.u.J.

Reinders, R. u. R. Fritsch, Die Bewegung 2. Juni. Gespräche über Haschrebellen, Lorenzentführung, Knast, Berlin 2003[4].

Richtlinien und Anschläge. Materialien zur Kritik der repressiven Gesellschaft, hg. von Albrecht Goeschel, München 1968.

Roth, R. R. u. E. Grasser, In Schwabing. Ein Bildband mit 113 Fotos, München 1958.

Rukwid, W., Geliebtes Schwabing, München 1961.

Saggel, B., Der Antijurist, oder die Kriminalität der schwarzen Roben & Bruchstücke aus meinem Leben, Berlin 1998.

Schaefer, O.(Hg.), Schwabing. Spinnete und erotische enorme und neurotische Moritaten und Verse von Scharfrichtern und Schlawinern aus dem Münchner Künstlerviertel Wahnmoching, Mit Illustrationen von E. Stern, München 1959.

Scheuch, E. K., Haschisch und LSD als Modedrogen. Wunschdenken und Tatsachen, Osnabrück 1970.

Schneider, P., Rebellion und Wahn. Mein '68, Köln 2008.

Schober, I., AMON DÜÜL. Tanz der Lemminge. Anfänge deutscher Rockmusik in der Protestbewegung der 60er und 70er Jahre, Augsburg 1994.

Schlögel, K., W. Jasper und B. Ziesemer, Partei kaputt. Das Scheitern der KPD und die Krise der Linken, Berlin. 1981.

Schubert, A. (Hg.), Stadtguerilla. Tupamaros in Uruguay – Rote Armee Fraktion in der Bundesrepublik (Rotbuch 26), Berlin 1971.

Siepmann, E. u.a. (Hgg), The Roaring Sixties. Der Aufbruch in eine neue Zeit, Berlin 1984.

Sofortige Freilassung von Dieter Kunzelmann. Dokumentation, Berlin 1974.

Spuren auf unserem Weg. Katholische Jugend im Erzbistum Bamberg 1933–1973. Erinnerungen und Dokumente, Bamberg 2001.

Steckel, R.: Bewußtseinserweiternde Drogen. Eine Aufforderung zur Diskussion, Voltaire Handbuch 6, Berlin 1969.

Strategie und Organisationsfrage in der Antiautoritären Bewegung. Eine Dokumentation, hg. v. H. Martin, Darmstadt 1970.
Subkultur Berlin. Selbstdarstellung, Text, Ton–,Bild-Dokumente. Esoterik der Kommunen, Rocker, subversiven Gruppen, Berlin o.J. [1969].
Subversive Aktion. Der Sinn der Organisation ist ihr Scheitern, hg. und kommentiert von F. Böckelmann und H. Nagel, Frankfurt 1976, Nachdruck: Verlag Neue Kritik 2002.
Szondi, P., Über eine »Freie (d.h. freie) Universität«. Stellungnahmen eines Philologen, Frankfurt a.M. 1973.
Tour-Tagebuch der Berliner Punk-Band »Terrorgruppe« von Archie »M.C. Motherfukker« Alert, nach: http://www.terrorgruppe.com/tourdiary_99.html (4. 12. 2007).
Vesper, B., Die Reise. Romanessay, Ausgabe letzter Hand, Reinbek 2000[5].
Vester, M., Die Strategie der direkten Aktion, Neue Kritik 30 (Juni 1965), S. 12–20.
Vexliard, A., Le Clochard. Étude de Psychologie Sociale, Paris 1957.
–, Introduction à la Sociologie du Vagabondage, Paris 1956.
Williams, R. F. u. R. B. Rigg, Großstadtguerilla, Voltaire Flugschriften 24, Berlin 1969.
Wir, die Tupamaros. Antiimperialistischer Kampf Nr. 8, Materialien und Diskussion, Frankfurt 1974.
Wir warn die stärkste der Partein … Erfahrungsberichte aus der Welt der K-Gruppen, Berlin 1977.
Wolfschlag, C.-M. (Hg.), Bye-bye '68. Renegaten der Linken, APO-Abweichler und allerlei Querdenken berichten, Graz 1998.
Wolschner, K. (Hg.), Studentenleben, Reinbek 1980.
Worte des Vorsitzenden Mao Tse-Tung, Peking 1967.
X, Malcolm, Schwarze Gewalt. Reden, Voltaire Handbuch 1, Berlin 1968.
Zehn Jahre Alternative. Bilder und Geschichte(n), hg. v. E. Mayer, M. Schmoll, H. Wolf, Bremen 1988.

II. Literatur

45 Jahre DJK Don Bosco Bamberg. Festschrift, Bamberg o.J. [1995].
80 Jahre Justizpalastbrand. Recht und gesellschaftliche Konflikte, hg. v. österr. Ministerium für Justiz, Wien 2008.
Albrecht, C., G. C. Behrmann, M. Bock, H. Hohmann u. Fr. H. Tenbruck, Die intellektuelle Gründung der Bundesrepublik. Eine Wirkungsgeschichte der Frankfurter Schule, Frankfurt a.M. 1999.
Alheit, P., B. Dausien, A. Hanses u. A. Scheuermann, Biographische Konstruktionen. Beiträge zur Biographieforschung, Bremen 1992.
Amann, R., Der moralische Aufschrei. Presse und abweichendes Verhalten am Beispiel der Hausbesetzungen in Berlin, Frankfurt / New York 1985.
Amodeo, I., Das Opernhafte. Eine Studie zum »gusto melodrammatico« in Italien und Europa, Bielefeld 2007.
Anastakis, D. (Hg.), The Sixties: passion, politics, and style, Montreal 2008.
Aufbrüche, Manifeste, Manifestationen. Positionen in der bildenden Kunst zu Beginn der 60er Jahre in Berlin, Düsseldorf und München, hg. von K. Schrenk, Städtische Kunsthalle Düsseldorf 1984.
Aust, S., Der Baader-Meinhof-Komplex, München 1989[3].

Bacia, J., Von der Subversiven Aktion zur Spontibewegung (1964–1973). Eine empirische Studie, Diss. FU Berlin 1984.
Baier, L. u.a., Die Früchte der Revolte. Über die Veränderung der politischen Kultur durch die Studentenbewegung, Berlin 1989.
Bamberg 1945–1949. Aspekte eines Neubeginns, Ausstellungen des Stadtarchivs Bamberg Nr. 3, hg. von W. Theuerer für das Stadtarchiv Bamberg, Bamberg 1988.
Baumeister, B. u. Z. Negator, Situationistische Revolutionstheorie. Eine Aneignung, 2 Bde., Stuttgart 2005.
Bavaj, R. u. F. Fritzen (Hgg.), Deutschland – ein Land ohne revolutionäre Traditionen? Revolutionen im Deutschland des 19. und 20. Jahrhunderts im Lichte neuerer geistes- und kulturgeschichtlicher Erkenntnisse, Frankfurt a.M. u.a. 2005.
Baeyer-Katte, W., D. Claessens, H. Feger, F. Neidhardt, Gruppenprozesse (Analysen zum Terrorismus 3), Opladen 1982.
Becker, H. u. J. Burdack, Amerikaner in Bamberg. Eine ethnische Minorität zwischen Segregation und Integration (Bamberger geographische Schriften, Sonderfolge, Nr. 2), Bamberg 1987.
Becker, J., Hitler's Children. The story of the Baader-Meinhof Gang, London 1979.
Becker, Th. P. u.U. Schröder, Die Studentenproteste der 60er Jahre. Archivführer, Chronik, Bibliographie, Köln/Weimar/Wien 2000.
Benz, W. (Hg.), Neuanfang in Bayern 1945 bis 1949. Politik und Gesellschaft in der Nachkriegszeit, München 1988.
Berg, N., Der Holocaust und die westdeutschen Historiker. Erforschung und Erinnerung, Göttingen 2003.
Beyme, K. von, Die Künstler der Avantgarde und die Demokratie, in: U. Franke u. J. Früchtl (Hgg.), Kunst und Demokratie. Positionen zu Beginn des 21. Jahrhunderts (Zeitschrift für Ästhetik und allgemeine Kunstwissenschaft, Sonderheft 3), Hamburg 2003, S. 127–140.
–, Das Zeitalter der Avantgarden. Kunst und Gesellschaft 1905–1955, München 2005.
Blasius, D., Weimars Ende. Bürgerkrieg und Politik 1930–1933, Göttingen 2004.
Böckelmann, F., Begriffe versenken. Belastungsproben und Liquidationen in drei Jahrzehnten, Bodenheim 1997.
Bodenschatz, H., V. Heise u. J. Korfmacher, Schluß mit der Zerstörung?. Stadterneuerung in West-Berlin, Amsterdam und London, Gießen 1983.
Bourdieu, P., Die biographische Illusion, Bios 3/1 (1990), S. 75–81.
Bourseiller, Chr., Vie et Mort de Guy Debord, Paris 1999.
Bracken, L., Guy Debord: Revolutionary, Venice/Ca. 1997.
Broder, H. M., Der ewige Antisemit. Über Sinn und Funktion eines beständigen Gefühls, Frankfurt a.M. 1986.
–, Linke Tabus. Linker Kitsch, linker Opportunismus, linker Antisemitismus, Berlin 1976.
Brown, T. S., »1968« in East and West: divided Germany as a case study in transnational history, AHR 114/1 (2009), S. 69–96.
Bude, H., Das Altern einer Generation. Die Jahrgänge 1938–1948, Frankfurt a.M. 1997.
–, The German *Kriegskinder*: origins and impact of the generation of 1968, in: M. Roseman (Hg.), Generations in Conflict: youth revolt and generation formation in Germany, 1770–1968, Cambridge 1995, S. 290–305.
Carini, M., Fritz Teufel. Wenn's der Wahrheitsfindung dient, Hamburg 2003.

Chaussy, U., Die drei Leben des Rudi Dutschke. Eine Biographie, Darmstadt 1983.
Claessens, D. u. K. de Ahna, Das Milieu der Westberliner »scene« und die »Bewegung 2. Juni«, in: W. von Baeyer-Katte, D. Claessens, H. Feger, F. Neidhardt, Gruppenprozesse (Analysen zum Terrorismus 3), Opladen 1982, S. 20–181.
Dahlmann, A. K., Demagogie oder politisches Konzept: zu Struktur und Inhalt der politischen Äußerungen Rudi Dutschkes und anderer Studentenführer (bis 1977), Kiel 1991.
Davis, B., Provokation als Emanzipation. 1968 und die Emotionen, vorgänge 4/2003, S. 41–49.
DeGroot, G., The Sixties unplugged: a kaleidoscopic history of a disorderly decade, London 2008.
Derix, S., Bebilderte Politik. Staatsbesuche in der Bundesrepublik Deutschland 1949–1990, Göttingen 2009.
Ditfurth, J., Ulrike Meinhof. Die Biographie, Berlin 2007.
Doering-Manteuffel, A., Wie westlich sind die Deutschen?, Amerikanisierung und Westernisierung im 20. Jahrhundert, Göttingen 1999.
Dowe, D. (Hg.), Jugendprotest und Generationenkonflikt in Europa im 20. Jahrhundert. Deutschland, England, Frankreich und Italien im Vergleich, Düsseldorf 1986.
Ehrlicher, H., Die Kunst der Zerstörung: Gewaltphantasien und Manifestationspraktiken, Berlin 2001.
–, Von der Utopie zur Organisation des Scheiterns: Manifestationen der Kunst nach dem Ende der Avantgarde, in: L. Kaiser u. M. Ley (Hgg.), Von der Romantik zur ästhetischen Religion, München 2004, S. 163–186.
Faber, R. u. E. Stölting (Hgg.), Die Phantasie an die Macht? 1968 – Versuch einer Bilanz, Berlin / Wien 2002.
Fahlenbrach, K., Protestinszenierungen. Visuelle Kommunikation und kollektive Identitäten in Protestbewegungen. Wiesbaden 2002.
–, Protestinszenierungen. Die Studentenbewegung von 1968 im Spannungsfeld von Kultur-Revolution und Medien-Evolution, in: M. Klimke u. J. Scharloth (Hgg.), Handbuch zur Kultur- und Mediengeschichte der Studentenbewegung. Stuttgart 2007, S. 11–23.
Faulstich, W. (Hg.), Die Kultur der 50er Jahre, München 2002.
–, (Hg.), Die Kultur der 60er Jahre, München 2003.
Fehrenbach, H., Cinema in Democratic Germany: Reconstructing National Identity after Hitler, Chapel Hill / London 1995.
–, The Fight for the »Christian West«: German Film Control, the Churches, and the Reconstruction of Civil Society in the Early Bonn Republic, in: R. G. Moeller (Hg.), West-Germany under Construction. Politics, Society and Culture in the Adenauer Era, Ann Arbor 1997, S. 321–345.
Fels, G., Der Aufruhr der 68er. Zu den geistigen Grundlagen der Studentenbewegung und der RAF, Bonn 1998.
Fichter, T. u. S. Lönnendonker, Kleine Geschichte des SDS. Der Sozialistische Deutsche Studentenbund von 1946 bis zur Selbstauflösung, Berlin 1977.
Fichtl, F., Bamberg. Ein etwas anderer Stadtplan und eine etwas andere Geschichte, Vereinigung der Verfolgten des Naziregimes – Bund der Antifaschisten, Kreisvereinigung, Bamberg 1992[2].
Fischer-Kowalski, M., Halbstarke 1958, Studenten 1968. Eine Generation und zwei Re-

bellionen, in: U. Preuss-Lausitz (Hg.), Kriegskinder, Konsumkinder, Krisenkinder. Zur Sozialisationsgeschichte seit dem Zweiten Weltkrieg, Weinheim / Basel 1991, S. 53–70.
Frank, K. D.: Die K-Gruppen, Bonn 1976.
Frei, N., 1968. Jugendrevolte und globaler Protest, München 2008
Frese, M., J. Paulus u. K, Teppe (Hgg.), Demokratisierung und gesellschaftlicher Aufbruch. Die sechziger Jahre als Wendezeit der Bundesrepublik, Paderborn 2003.
Fürmetz, G. (Hg), »Schwabinger Krawalle«. Protest, Polizei und Öffentlichkeit zu Beginn der 60er Jahre, Essen 2006.
–, H. Reinke u. K. Weinhauer (Hgg.), Nachkriegspolizei. Sicherheit in Ost- und Westdeutschland 1945–1969, Hamburg 2001.
Gassert, Ph. u. P. A. Richter, 1968 in West Germany. A Guide to Sources and Literature of the Extra-Parlamentarian Opposition, Washington D.C. 1998.
Gestrich, A. (Hg.), Biographie – sozialgeschichtlich. 7 Beiträge, Göttingen 1988.
Gilcher-Holtey, I. (Hg.), 1968. Vom Ereignis zum Gegenstand der Geschichtswissenschaft, GG Sonderheft Bd. 17, Göttingen 1998.
–, Guy Debord und die Situationistische Internationale, in: R. Grimminger (Hg.), Kunst – Macht – Gewalt. Der ästhetische Ort der Aggressivität, München 2000, S. 87–104.
–, »Die Phantasie an die Macht«. Mai 1968 in Frankreich, Frankfurt a.M. 1995.
–, Transformation durch Subversion: Die Neue Linke und die Gewaltfrage, in: F. Anders u. dies. (Hgg.), Herausforderungen des staatlichen Gewaltmonopols. Recht und politisch motivierte Gewalt am Ende des 20. Jahrhunderts, Frankfurt 2006, S. 198–220.
Ginzburg, C., Der Käse und die Würmer. Die Welt eines Müllers um 1600, Berlin 1990.
Golücke, Fr., Das Kriegsende in Franken. Ein Überblick über die militärischen Ereignisse im März und April 1945, Mainfränkisches Jahrbuch für Geschichte und Kunst 28 (1976), S. 103–122.
Görtemaker, M., Geschichte der Bundesrepublik Deutschland. Von der Gründung bis zur Gegenwart, München 1999.
Grigat, S., J. Grenzfurthner u. G. Friesinger (Hgg.), Spektakel Kunst Gesellschaft. Guy Debord und die Situationistische Internationale, Berlin 2006.
Haffner, S. u. W. Venohr, Preußische Profile, Frankfurt a.M. / Berlin 1982.
Hamann, B., Hitlers Wien. Lehrjahre eines Diktators, München 1996.
Haury, Th., Antisemitismus von links. Kommunistische Ideologie, Nationalismus und Antizionismus in der frühen DDR, Hamburg 2002.
Hecken, Th., Avantgarde und Terrorismus. Rhetorik der Intensität und Programme der Revolte von den Futuristen bis zur RAF, Bielefeld 2006.
–, Gegenkultur und Avantgarde 1950–1970, Tübingen 2006.
–, Kunst und/oder Leben. Futuristisches, dadaistisches Varieté, situationistische Aktion, Pop Art, in: ders. (Hg.), Der Reiz des Trivialen. Künstler, Intellektuelle und Popkultur, Opladen 1997, S. 109–140.
Hein, P. U., Protestkultur und Jugend. Ästhetische Opposition in der Bundesrepublik Deutschland, Münster 1984.
Hemler, S., 1968: Soziale Bewegung oder Generationskonflikt? Ein Schlichtungsvorschlag im Deutungskampf um »1968«, vorgänge 4/2003, S. 32–40.
Herbert, U., Best. Biographische Studien über Radikalismus, Weltanschauung und Vernunft, 1903–1989, Bonn 1996.

– u. Lutz Raphael (Hg.): Wandlungsprozesse in Deutschland. Belastung, Integration, Liberalisierung 1945–1980, Göttingen 2002.
Herman, A., The Idea of Decline in Western History, New York 1997.
Herrmann, J. u. K. Stern, Andreas Baader. Das Leben eines Staatsfeindes, München 2007.
Herrmann, U. (Hg.), Protestierende Jugend. Jugendopposition und politischer Protest in der deutschen Nachkriegsgeschichte, Weinheim/München 2002.
Herzog, D., Die Politisierung der Lust. Sexualität in der Geschichte des 20. Jahrhunderts, München 2005.
Hickethier, K., Die bundesdeutsche Kinoöffentlichkeit in den fünfziger Jahren, in: Zwischenbilanz. Eine Festschrift zum 60. Geburtstag von Joachim Paech, hg. von Frank Furtwängler, Kay Kirchmann, Andreas Schreitmüller u. Jan Siebert, Konstanz 2002, http://www.uni-konstanz.de/paech2002/zdm/beitrg/Hickethier.htm (6. 9. 2007).
Hobsbawm, E. J., Bandits, London 2000.
–, Revolutionaries, rev. ed., London 2007.
–, Uncommon People. Resistance, Rebellion and Jazz, London 1998.
Hodenberg, Chr. von, Konsens und Krise. Eine Geschichte der westdeutschen Medienöffentlichkeit 1945–1973, Göttingen 2006.
– u. Detlef Siegfried (Hgg.), Wo »1968« liegt. Reform und Revolte in der Geschichte der Bundesrepublik, Göttingen 2006.
Hoffmann, J., Jeder Mensch ein Saboteur oder Eine kleine Kunstgeschichte der Sabotage, zit. nach http://www.k3000.ch/archiv/saboteur.html [12. 11. 2003].
Holmig, A., »Wenn's der Wahrheits(er)findung dient …« Wirken und Wirkung der Berliner Kommune I (1967–1969), Kurzfassung einer Magisterarbeit im Fach Neuere und Neueste Geschichte am Institut für Geschichtswissenschaften der Philosophischen Fakultät I der Humboldt-Universität zu Berlin, in: Kulturation 1/2005, http://www.kulturation.de/t_text.php?uebergabe=88 [29. 11. 2006].
Horn, G.-R., The Spirit of '68. Rebellion in Western Europe and North America, 1956–1976, Oxford 2007.
Hussey, A., The Game of War: The Life and Death of Guy Debord, London 2002.
Jäger, H., G. Schmidtchen u. L. Süllwold, Lebenslaufanalysen (Analysen zum Terrorismus 2), Opladen 1981.
Jappe, A. u. D. Nicholson-Smith, Guy Debord, Berkeley 1999.
Jarausch, K., Die Umkehr. Deutsche Wandlungen 1945–1995, München 2004.
Jesse, E., Biographisches Portrait: Dieter Kunzelmann, Jahrbuch für Extremismus und Demokratie 11 (1999), S. 200–214.
Juchler, I., Die Studentenbewegung in den Vereinigten Staaten und der Bundesrepublik Deutschland der sechziger Jahre. Eine Untersuchung hinsichtlich ihrer Beeinflussung durch Befreiungsbewegungen und -theorien aus der Dritten Welt, Berlin 1996.
–, Rebellische Subjektivität und Internationalismus: Der Einfluß Herbert Marcuses und der nationalen Befreiungsbewegungen in der sogenannten Dritten Welt auf die Studentenbewegung in der BRD, Marburg 1989.
Jureit, U. u. M. Wildt (Hgg.), Generationen. Zur Relevanz eines wissenschaftlichen Grundbegriffs, Hamburg 2005.
Kaiser, L. u. M. Ley (Hgg.), Von der Romantik zur ästhetischen Religion, München 2004.
Karl, F. D.: Die K-Gruppen: Kommunistischer Bund Westdeutschlands, Kommunistische Partei Deutschlands, Kommunistische Partei Deutschlands / Marxisten-Leninisten;

Entwicklung, Ideologie, Programme, hg. von der Friedrich-Ebert-Stiftung, Bonn-Bad Godesberg, 1976.
Karl, M., Rudi Dutschke. Revolutionär ohne Revolution, Frankfurt a.M. 2003.
Kaufmann, V., Guy Debord – Die Revolution im Dienste der Poesie. Aus dem Französischen von Wolfgang Kukulies, Berlin 2004.
Kepplinger, H. M., Der Einfluß der Konfliktstruktur auf die Darstellung und Wahrnehmung politischer Gewalt, in: Publizistik 24 (1979), S. 317–336.
Kestler, S. u. G.-U. Penzel, Bamberg. Zufluchtsort für Vertriebene, Flüchtlinge und Heimatlose, Bamberg 1999.
Kießling, S., Die antiautoritäre Revolte der 68er. Postindustrielle Konsumgesellschaft und säkulare Religionsgeschichte der Moderne, Köln/Weimar/Wien 2006.
Klein, A., Bewegungsforschung: Quo Vadis? Ein Überblick zu Entstehung, Ausprägung und Forschungsstand, vorgänge 4/2003, S. 12–21.
Klein, Chr. (Hg.), Grundlagen der Biographik. Theorie und Praxis des biographischen Schreibens, Stuttgart 2002.
Klimke, M. u. J. Scharloth (Hgg.), 1968. Handbuch zur Kultur- und Mediengeschichte der Studentenbewegung, Stuttgart 2007.
– (Hgg.), 1968 in Europe: A History of Protest and Activism, 1956–1977, New York / Basingstoke 2008.
Kloke, M. W., Antizionismus und Antisemitismus als Weltanschauung? Tendenzen im deutschen Linksradikalismus und -extremismus, in: Bundesministerium des Innern (Hg.), Extremismus in Deutschland. Erscheinungsformen und aktuelle Bestandsaufnahme, Berlin Juni 2004, S. 163–196.
–, Israel und die deutsche Linke. Zur Geschichte eines schwierigen Verhältnisses, Frankfurt a.M. 1990.
–, »Das zionistische Staatsgebilde als Brückenkopf des Imperialismus«. Vor vierzig Jahren wurde die neue deutsche Linke antiisraelisch, Merkur 61/6 (Juni 2007), S. 487–497.
–, Zwischen Ressentiment und Heldenmythos. Das Bild der Palästinenser in der deutschen Linkspresse, Jahrbuch für Antisemitismusforschung 3 (1994), S. 227–253.
Knoch, H. (Hg.), Bürgersinn mit Weltgefühl. Politische Moral und solidarischer Protest in den sechziger und siebziger Jahren, Göttingen 2007.
Koenen, G., Das Rote Jahrzehnt. Unsere kleine deutsche Kulturrevolution, Köln 2001.
–, Vesper, Ensslin, Baader. Urszenen des deutschen Terrorismus, Köln 2003.
Kössler, T., Abschied von der Revolution. Kommunisten und Gesellschaft in Westdeutschland 1945–1968 (Beiträge zur Geschichte des Parlamentarismus und der politischen Parteien 143), Düsseldorf 2004.
Kraus-Burger, S., Joschka Fischer. Der Marsch durch die Illusionen, Stuttgart 1997.
Kraushaar, W., 1968. Das Jahr, das alles verändert hat, München/Zürich 1998².
–, 1968 als Mythos, Chiffre und Zäsur, Hamburg 2000.
–, 1968 und Massenmedien, Archiv für Sozialgeschichte 41 (2001), S. 317–347.
–, Die Bombe im Jüdischen Gemeindehaus, Hamburg 2005.
–, Fischer in Frankfurt. Karriere eines Außenseiters, Hamburg 2001.
–, (Hg.): Frankfurter Schule und Studentenbewegung. Von der Flaschenpost zum Molotow-Cocktail, 1946–1995, 3 Bde., Hamburg 1998.
–, »Kinder einer abenteuerlichen Dialektik«, in: Subversive Aktion. Der Sinn der Orga-

nisation ist ihr Scheitern, hg. und kommentiert von F. Böckelmann und H. Nagel, Frankfurt 1976, Nachdruck: Verlag Neue Kritik 2002, S. 9–31.
– (Hg.), Die RAF und der linke Terrorismus, 2 Bde., Hamburg 2006.
–, Revolte und Reflexion. Politische Aufsätze 1976–87, Frankfurt a.M. 1990.
–, Die »Revolutionierung des bürgerlichen Subjekts«. 1968 als erneuerte bürgerliche Utopie?, in: M. Hettling und B. Ulrich (Hgg.), Bürgertum nach 1945, Hamburg 2005, S. 374–406.
–, K. Wieland u. J. Ph. Reemtsma, Rudi Dutschke, Andreas Baader und die RAF, Hamburg 2005.
Krebs, M., Ulrike Meinhof. Ein Leben im Widerspruch, Reinbek 1988.
Kreuzer, H., Die Bohème. Beiträge zu ihrer Beschreibung, Stuttgart 1968.
Kühn, A., Stalins Enkel, Maos Söhne. Die Lebenswelt der K-Gruppen in der Bundesrepublik der 70er Jahre, Frankfurt / New York 2005.
Kurme, S., Halbstarke. Jugendprotest in den 1950er Jahren in Deutschland und den USA, Frankfurt a.M. 2006.
Laak, L. von: »Wir nähern uns dem Zeitalter der Massenpolitik«. Bertolt Brechts dialektisch-experimentelle Vorführung des »öffentlichen Zustands« im »Dreigroschenprozeß«, in: U. Frevert u. W. Braungart (Hgg.), Sprachen des Politischen. Medien und Medialität in der Geschichte, Göttingen 2004, S. 246–267.
Lee, M. A. u. B. Shlain, Acid Dreams. The CIA, LSD, and the Sixties Rebellion, New York 1985.
Legal – illegal: Wenn Kunst Gesetze bricht. Art beyond Law, hg. v. Neue Gesellschaft für Bildende Kunst, Berlin 2004.
Leggewie, C., 1968. Ein Laboratorium der nachindustriellen Gesellschaft? Zur Tradition der antiautoritären Revolte seit den sechziger Jahren, in: Aus Politik und Zeitgeschichte 20 (1988), S. 3–15.
Levin, Th. Y., Geopolitik des Winterschlafs: Zum Urbanismus der Situationisten, in: Wolkenkuckucksheim – Internationale Zeitschrift für Theorie und Wissenschaft der Architektur, Positionen, Heft 2 Nov. 1997, http://www.theo.tu-cottbus.de/Wolke/X-positionen/Levin/levin.html [21. 11. 2003].
Lindemann, U., Kriegsschauplatz Öffentlichkeit. Die Sturmtrupps, Partisanen und Terroristen der künstlerischen Avantgarde, in: H. L. Arnold (Hg.), Aufbruch ins 20. Jahrhundert. Über Avantgarden, München 2001, S. 17–36.
Lindner, W., Jugendprotest seit den fünfziger Jahren. Dissens und kultureller Eigensinn, Opladen 1986.
Loers, V., Gruppe SPUR 1958–1965. Lothar Fischer, Heimrad Prem, Helmut Sturm, Hans-Peter Zimmer, Regensburg 1986.
Lönnendonker, S., J. Staadt u. B. Rabehl, Die antiautoritäre Revolte. Der Sozialistische Deutsche Studentenbund nach der Trennung von der SPD, Bd. 1: 1960–1967, Wiesbaden 2002.
– (Hg.), Linksintellektueller Aufbruch zwischen »Kulturrevolution« und »kultureller Zerstörung«. Der Sozialistische Deutsche Studentenbund (SDS) in der Nachkriegsgeschichte (1946–1969). Dokumentation eines Symposiums, Opladen 1998.
Lucke, A. von, 68 oder neues Biedermeier. Der Kampf um die Deutungsmacht, Berlin 2008.
Ludwig, A., Israel-Kritik von links: über die Auseinandersetzung in der bundesdeutschen Linken seit 1967, Berlin 1992.

–, Neue oder deutsche Linke? Nation und Nationalismus im Denken von Linken und Grünen, Opladen 1995.
Luftkrieg und Kriegsende in Bamberg. Ausstellung des Stadtarchivs Bamberg, hg. von Robert Zink, Bamberg 1995[2].
Maak, H. u. O. Pelz, 150 Jahre Sparkasse Coburg, Coburg 1971.
Maase, K., Amerikanisierung von unten. Demonstrative Vulgarität und kulturelle Hegemonie in der Bundesrepublik der 50er Jahre, in: A. Lüdtke, I. Marßolek u. A. v. Saldern (Hgg.), Amerikanisierung. Traum und Alptraum im Deutschland des 20. Jahrhunderts, Stuttgart 1996, S. 29–313.
–, BRAVO Amerika. Erkundungen zur Jugendkultur der Bundesrepublik in den fünfziger Jahren, Hamburg 1992.
–, »Lässig« contra »Zackig«. Nachkriegsjugend und Männlichkeiten in geschlechtergeschichtlicher Perspektive, in: Chr. Benninghaus u. K. Kohtz (Hgg.), »Sag' mir wo die Mädchen sind …« Beiträge zur Geschlechtergeschichte der Jugend, Köln 1999, S. 79–101.
Malinowski, S. u. A. Sedlmaier, »1968« als Katalysator der Konsumgesellschaft. Performative Regelverstöße, kommerzielle Adaptionen und ihre gegenseitige Durchdringung, GG 32/2 (2006), S. 238–267.
Louis Malle, Reihe Film Bd. 34, mit Beiträgen von F. Arnold u. a., München /Wien 1985.
Marcus, G., Lipstick Traces – von Dada bis Punk, kulturelle Avantgarden und ihre Wege aus dem 20. Jahrhundert, Hamburg 1992.
Marwick, A., The Sixties. Cultural Revolution in Britain, France, Italy, and the United States, c. 1958–1974, Oxford 1998.
McDonough, T. (Hg.), Guy Debord and the Situationist International. Texts and Documents, Cambridge/Mass. 2002.
Meyer, Th., Die Inszenierung des Scheins. Voraussetzungen und Folgen symbolischer Politik, Frankfurt a.M. 1992.
Micheler, S., Der Sexualitätsdiskurs in der deutschen Studierendenbewegung der 1960er Jahre, Zeitschrift für Sexualforschung 1 (2000), S. 1–39.
Mickwitz, B, von. Streit um die Kunst. Über das spannungsreiche Verhältnis von Kunst, Öffentlichkeit und Recht. Fallstudien aus dem 19. und 20. Jahrhundert mit dem Schwerpunkt Deutschland, München 1996.
Miermeister, J., Rudi Dutschke, Reinbek 1986.
Mistele, K. H., Das Ende einer Gemeinde: Juden in Bamberg 1930–1942 (Veröffentlichungen des Stadtarchivs Bamberg, Bd. 2), Bamberg 1988.
Mohr, M. u. H. Rübner, »Der Feind ist deutlich« Wie Dr. Wolfgang Kraushaar lernte, die Bombe zu lieben, JUNGE WELT vom 15. 10. 2005, zit: nach: http://www.jungewelt.de/2005/10-15/037.php (16. 1. 2006).
– u. Klaus Viehmann (Hg.), Spitzel. Eine kleine Sozialgeschichte, Hamburg 2004.
Moser, P., Bamberg. Aufschwung in alten Mauern, Bamberg 2000.
–, Bamberg. Ein verlorenes Stadtbild, Bamberg 1995.
–, Bamberg. Geschichte einer Stadt, Bamberg 1998.
–, Bamberg. Zwischen Care-Paket und Vespa-Roller. hg. vom Stadtarchiv Bamberg, Gudensberg-Gleichen 1996.
– u. J. Schraudner, Bamberg gestern und heute – eine Gegenüberstellung, Bamberg 1997.
Nehring, H., Die Anti-Atomwaffenproteste in der Bundesrepublik und in Großbritannien. Zur Entwicklung der Ostermarschbewegung, vorgänge 4/2003, S. 22–31.

Ohrt, R. (Hg.), Das große Spiel. Die Situationisten zwischen Politik und Kunst, Hamburg 1999.
–, Phantom Avantgarde. Eine Geschichte der Situationistischen Internationale und der modernen Kunst, Hamburg ²1997.
Paech, A., Schule der Zuschauer? Zur Geschichte der deutschen Filmclub-Bewegung, in: H. Hoffmann u. W. Schobert (Hgg.), Zwischen gestern und morgen: westdeutscher Nachkriegsfilm 1946–1962, Frankfurt a.M. 1989, 226–246.
Poiger, U. G., Jazz, Rock, and Rebels. Cold War Politics and American Culture in a divided Germany, Berkeley 2000.
Preuss-Lausitz, U. u.a. (Hgg.), Kriegskinder – Konsumkinder – Krisenkinder. Zur Sozialisationsgeschichte seit dem Zweiten Weltkrieg, Weinheim/Basel 1983.
Prinz, A., Lieber wütend als traurig. Die Lebensgeschichte der Ulrike Meinhof, Frankfurt a.M. 2005.
Rabehl, B., Die Provokationselite. Aufbruch und Scheitern der subversiven Rebellion in den sechziger Jahren, in: Lönnendonker, Siegward, Jochen Staadt u. Bernd Rabehl: Die antiautoritäre Revolte. Der Sozialistische Deutsche Studentenbund nach der Trennung von der SPD, Bd. 1: 1960–1967, Wiesbaden 2002, S. 400–512.
–, Feindblick. Der SDS im Fadenkreuz des »Kalten Krieges«, Berlin 2000.
–, »Geschichte wird gemacht, es geht voran.« Über die existentialistischen Grundlagen des Marxismus der Außerparlamentarischen Opposition der sechziger Jahre im westlichen Deutschland, in: B. Kuschey (Hg.), Linke Spuren. Marxismus seit den 60er Jahren, Wien 1987, S. 21–57.
Reader, K. A. u. Kh. Wadia, The May 1968 Events in France, Basingstoke/London 1995.
Reimann, A., Abschiedsbriefe der Bewegung. Nabelschau der bundesrepublikanischen Linken in den späten 1970er Jahren, in: T. van Rahden u. D. Fulda (Hgg.), Demokratie im Schatten der Gewalt, erscheint 2009.
–, Dieter Kunzelmann, die Revolte und ihr Medium, in: S. Grampp, K. Kirchmann, M. Sandl, R. Schlögl u. E. Wiebel (Hgg.), Revolutionsmedien – Medienrevolutionen, Konstanz 2008, S. 651–676.
–, Zwischen Machismo und Coolness. Männlichkeit und Emotion in der westdeutschen »Kulturrevolution« der sechziger und siebziger Jahre, in: M. Borutta, Chr. Holtorf u. N. Verheyen (Hgg.), Die Präsenz der Gefühle. Männlichkeit und Emotion in der Moderne, erscheint 2009.
Reulecke, J. u. E. Müller-Luckner (Hgg.), Generationalität und Lebensgeschichte im 20. Jahrhundert, München 2003.
Röhl, B., So macht Kommunismus Spaß! Ulrike Meinhof, Klaus Rainer Röhl und die Akte Konkret. Hamburg 2006.
Rolke, L., Protestbewegungen in der Bundesrepublik. Eine analytische Sozialgeschichte des politischen Widerspruchs, Opladen 1987.
rotaprint 25 (Hg.), agit 883. Bewegung Revolte Underground in Westberlin 1969–1972, Hamburg/Berlin 2006.
Roth, R. u. D. Rucht (Hgg.), Neue soziale Bewegungen in der Bundesrepublik Deutschland, Bonn 1987.
Rucht, D., Zum Wandel des politischen Protests in der Bundesrepublik, vorgänge 4/2003, S. 4–11.
Rumold, R., The Janus Face of the German Avantgarde. From Expressionism toward Postmodernism, Evanston 2002.

Rutschky, M., Erfahrungshunger. Ein Essay über die siebziger Jahre, Köln 1980.
Sack, F. u. H. Steinert, Protest und Reaktion (Analysen zum Terrorismus 4/2), Opladen 1984.
Sadler, S., The Situationist City, Cambridge/Mass. / London 1998.
Scherpe, K. R., Die Unwirklichkeit der Städte. Großstadtdarstellungen zwischen Moderne und Postmoderne, Reinbek 1988.
Schildt, A. (Hg.), Moderne Zeiten. Freizeit, Massenmedien und »Zeitgeist« in der Bundesrepublik der 50er Jahre, Hamburg 1995.
–, Zwischen Abendland und Amerika. Studien zur westdeutschen Ideenlandschaft der 50er Jahre, München 1999.
– u. D. Siegfried (Hgg.), Between Marx and Coca-Cola. Youth Cultures in Changing European Societies, 1960–1980, Oxford 2006.
–, D. Siegfried u. K. Chr. Lammers (Hgg.), Dynamische Zeiten. Die 60er Jahre in beiden deutschen Gesellschaften, Hamburg 2000.
Schmidt, Chr., »Wir sind die Wahnsinnigen ...«. Joschka Fischer und seine Frankfurter Gang, München 1999.
Schmidt, U., Zwischen Aufbruch und Wende. Lebensgeschichten der sechziger und siebziger Jahre, Tübingen 1993.
Schmidtke, M. A., Like a Rolling Stone. Die 68er Jahre zwischen Konsumrausch, Civil Society und »postmodernem« Kulturverständnis, vorgänge 2/2001, S. 51–59.
Schneider, Chr., C. Stillke u. B. Leineweber, Trauma und Kritik. Zur Generationengeschichte der Kritischen Theorie, Münster 2000.
Schneider, M., Den Kopf verkehrt aufgesetzt oder Die melancholische Linke. Aspekte des Kulturzerfalls in den siebziger Jahren, Darmstadt 1981.
Schröder, J., Ideologischer Kampf vs. Regionale Hegemonie. Ein Beitrag zur Untersuchung der »K-Gruppen« (Berliner Arbeitshefte und Berichte zur sozialwissenschaftlichen Forschung Nr. 40), Berlin 1990.
Schubert, V. (Hg.), 1968: 30 Jahre danach, St. Otilien 1999.
Schüle, A. (Hg.), Biographie als religiöser und kultureller Text, Münster 2002.
Schümann, H., Hinter deutschen Türen, Tagesspiegel (Berlin), 6. April 2003.
Schwarze, J., Geschichte, Ideologie und Programmatik der Grünen, Diss. München 1999.
Siegfried, D., Kunzelmanns Rache. Öffentlichkeit und Privatheit in der Bundesrepublik der 60er Jahre, in: Chr. Bartmann, H. Roswall Laursen u. H. P. Lund (Hgg.), Et opmærsomt blik. Litteratur, sprog og historie hen over grænserne. Festskrift til Per Øhrgaard, Kopenhagen 2004, S. 205–220.
–, Stars der Revolte. Die Kommune 1, in: D. Münkel u. L. Seegers (Hgg.), Medien und Imagepolitik im 20. Jahrhundert. Deutschland, Europa, USA, Frankfurt a.M. 2008, S. 229–246.
–, Superkultur. Authentizität und politische Moral in linken Subkulturen der frühen siebziger Jahre, in: H. Knoch (Hg.), Bürgersinn mit Weltgefühl. Politische Moral und solidarischer Protest in den sechziger und siebziger Jahren, Göttingen 2007, S. 251–268.
–, Time is on my side. Konsum und Politik in der westdeutschen Jugendkultur der 60er Jahre, Göttingen 2006.
–, Weite Räume, schneller Wandel. Neuere Literatur zur Sozial- und Kulturgeschichte der langen 60er Jahre in Westdeutschland, Sammelrezension für h-soz-u-kult, url: http://hsozkult.geschichte.hu-berlin.de/rezensionen/id=2327 (12. 12. 2002).

Silbermann, A. u. J. Schoeps (Hgg.), Antisemitismus nach dem Holocaust. Bestandsaufnahme und Erscheinungsformen in deutschsprachigen Ländern, Köln 1986.
Silberner, E., Kommunisten zur Judenfrage. Theorie und Praxis des Kommunismus, Opladen 1983.
Soukup, U., Wie starb Benno Ohnesorg? Der 2. Juni 1967, Berlin 2007.
Spence, J., Der kleine Herr Hu, München 1990.
Staadt, J., Der Versuch, sich an der Glatze aus dem Sumpf zu ziehen. Die K-Gruppen, in: G. Dietz, (Hg.), Wild + Zahm. Die Siebziger, Berlin 1997, S. 74–77.
Steffen, M., Geschichten vom Trüffelschwein. Politik und Organisation des Kommunistischen Bundes 1971–1991, Berlin 2002.
Stephan, C., Der Betroffenheitskult. Eine politische Sittengeschichte, Berlin 1993.
Stierle, K., Der Mythos von Paris. Zeichen und Bewußtsein der Stadt, München / Wien 1993.
Stöß, R. (Hg.), Parteien-Handbuch. Die Parteien der Bundesrepublik Deutschland 1945–1980, Bd. 1–4, Opladen 1986.
Suri, J., The Rise and Fall of an International Counterculture, 1960–1975, AHR 114/1 (2009). S. 45–68.
Tiedemann, N., Haar-Kunst. Zur Geschichte und Bedeutung eines menschlichen Schmuckstücks, Köln/Weimar/Wien 2006.
–, Lange Männerhaare als jugendkulturelles Zeichen nach 1945, in: Chr. Janecke (Hg.), Haar tragen. Eine kulturwissenschaftliche Annäherung, Köln/Weimar/Wien 2004, S. 251–269.
Ullrich, V., Der ruhelose Rebell. Karl Plättner 1893–1945. Eine Biographie, München 2000.
van den Berg, H., Avantgarde und Anarchismus. Dada in Zürich und Berlin, Heidelberg 1999.
Veen, H.-J., Von der Studentenbewegung zur Oekopax-Bewegung. Die Wähler, Mandatsträger, organisatorischen Vorläufer und politisch-ideologischen Traditionen der Grünen, Sankt Augustin 1986.
Voigt, L., Aktivismus und moralischer Rigorismus. Die politische Romantik der 68er Studentenbewegung, Wiesbaden 1991.
Vondung, K., Apokalypse in Deutschland, München 1988.
Vorländer, H. (Hg.), Oral History. Mündlich erfragte Geschichte. Acht Beiträge, Göttingen 1990.
Vowinckel, A., Der kurze Weg nach Entebbe oder die Verlängerung der deutschen Geschichte in den Nahen Osten, Zeithistorische Forschungen 2/1 (2004), S. 236–254.
Waldmann, S., »Es muß alles anders werden, wurscht was«. Entstehung und Entwicklung von politischem Bewußtsein anhand der Lebensgeschichten von ehemaligen APO-Studenten, München 1991.
Warneken, B. J. (Hg.), Massenmedium Straße. Zur Kulturgeschichte der Demonstration, Frankfurt a.M. 1991.
Weber, W., Die »Kulturrevolution« 1968, in: V. Dotterweich (Hg.), Kontroversen der Zeitgeschichte. Historisch-politische Themen im Meinungsstreit, München 1998, S. 207–228.
Weinhauer, K., Schutzpolizei in der Bundesrepublik. Zwischen Bürgerkrieg und innerer Sicherheit: Die turbulenten sechziger Jahre, Paderborn 2003.

–, J. Requate, H.-G. Haupt (Hgg.), Terrorismus in der Bundesrepublik. Medien, Staat und Subkulturen in den 1970er Jahren, Frankfurt a.M./ New York 2006.

Wernecke, K., »Freie Radios« – alternative Radiokultur, in: W. Faulstich (Hg.), Die Kultur der siebziger Jahre, München 2004, S. 165–173.

Wersch, O. von, Politische Opposition und Protesthandlungen. Bemerkungen zur neueren Literatur in einem unübersichtlichem Forschungsfeld, in: NPL 42 (1997), S. 431–445.

Wilhelm, H., Die Münchner Bohème. Von der Jahrhundertwende bis zum Ersten Weltkrieg, München 1993.

Winkler, W. u. B. Klöckener, Die Geschichte der RAF, Berlin 2007.

Wolfrum, E., »1968« in der gegenwärtigen deutschen Geschichtspolitik, Aus Politik und Zeitgeschichte 22/33 (2001), S. 28–36.

Zemon Davis, N., The Return of Martin Guerre, Cambridge/Mass. 1983.

Zimmer, N., Spur und andere Künstlergruppen. Gemeinschaftsarbeit in der Kunst um 1960 zwischen Moskau und New York, Berlin 2002.

Zinnecker, J., Jugendkultur 1940–1985, Opladen 1987.

Zwick, M. M., Neue soziale Bewegungen als politische Subkultur. Zielsetzungen, Anhängerschaft, Mobilisierung – eine empirische Analyse, Frankfurt / New York 1990.

Personenregister